westermann

Jörg Behncke, Marion Dräger, Hans-Gerd Düngen, Volker Müller, Dr. Günter Schiller, Antje Schneyer, Dr. Frank Schneyer, Meinolf Solfrian, Ursula Wathling

Recht und Wirtschaft in der öffentlichen Verwaltung

Lernsituationen und Übungen

7. Auflage

Bestellnummer 221065

Die in diesem Produkt gemachten Angaben zu Unternehmen (Namen, Internet- und E-Mail-Adressen, Handelsregistereintragungen, Bankverbindungen, Steuer-, Telefon- und Faxnummern und alle weiteren Angaben) sind i. d. R. fiktiv, d. h., sie stehen in keinem Zusammenhang mit einem real existierenden Unternehmen in der dargestellten oder einer ähnlichen Form. Dies gilt auch für alle Kunden, Lieferanten und sonstigen Geschäftspartner der Unternehmen wie z. B. Kreditinstitute, Versicherungsunternehmen und andere Dienstleistungsunternehmen. Ausschließlich zum Zwecke der Authentizität werden die Namen real existierender Unternehmen und z. B. im Fall von Kreditinstituten auch deren IBANs und BICs verwendet.

Zusatzmaterialien zu „Recht und Wirtschaft in der öffentlichen Verwaltung. Lernsituationen und Übungen“

Für Lehrerinnen und Lehrer

Lösungen: 978-3-14-221071-1
Lösungen Download: 978-3-14-104960-2
Lösungen zum Band Rechnungswesen: 978-3-14-221074-2
Lösungen zum Band Rechnungswesen Download: 978-3-14-104962-6

BiBox Einzellizenz für Lehrer/-innen (Dauerlizenz)
BiBox Klassenlizenz Premium für Lehrer/-innen und bis zu 35 Schüler/-innen (1 Schuljahr)
BiBox Kollegiumslizenz für Lehrer/-innen (Dauerlizenz)
BiBox Kollegiumslizenz für Lehrer/-innen (1 Schuljahr)

Für Schülerinnen und Schüler

Rechnungswesen in der öffentlichen Verwaltung: 978-3-14-221068-1
Grundlagenband: 978-3-14-221062-9

BiBox Einzellizenz für Schüler/-innen (1 Schuljahr)
BiBox Einzellizenz für Schüler/-innen (4 Schuljahre)
BiBox Klassensatz PrintPlus (1 Schuljahr)

Druck und Bindung: Westermann Druck GmbH, Georg-Westermann-Allee 66, 38104 Braunschweig

ISBN 978-3-14-**221065**-0

Vorwort

Diese Buchreihe zur Verwaltungsausbildung deckt alle Lernfelder des Rahmenlehrplans der Kultusministerkonferenz für den Ausbildungsberuf Verwaltungsfachangestellte/-r ab.

Die Lernfelder 7 und 13 werden im Band **Rechnungswesen in der öffentlichen Verwaltung** (Bestellnummer 221068) dargestellt. Die beiden Bände **Recht und Wirtschaft in der öffentlichen Verwaltung** behandeln alle übrigen Lernfelder. Der **Grundlagenband** (Bestellnummer 221062) bietet als „Wissensspeicher" Sachinformationen zu den Lernfeldern der Berufsausbildung. Der vorliegende Band **Lernsituationen und Übungen (mit ergänzenden Dateien in der BiBox und zum Download)** erschließt die Lernfelder über zahlreiche Handlungssituationen und praxisnahe Aufgaben. Er dient der weitgehend selbstständigen Erarbeitung und dem Training beruflicher Handlungskompetenz im Unterricht.

Im Mittelpunkt der Lernsituationen und Übungen steht eine Modellverwaltung. In der fiktiven „kreisangehörigen Stadt Neustadt" werden verwaltungsrechtliche und betriebswirtschaftliche Aufgabenstellungen einer Behörde in einen überschaubaren Zusammenhang gestellt und situationsbezogen bearbeitet.

Der vorliegende wie auch der Grundlagenband sind grundsätzlich gleichartig aufgebaut. Die Gliederungen entsprechen sich in der Regel auf den beiden ersten Gliederungsebenen jedes Lernfeldes, sodass das parallele Thema im jeweils anderen Band in der Regel unter der gleichen Gliederungsziffer zu finden ist. Ausnahmsweise sind einzelne Gliederungspunkte nicht durch spezifische Lernsituationen abgedeckt, wenn etwa der sachliche Umfang des Themas sehr gering ist bzw. wenn das Thema in anderen Aufgaben mit behandelt wird.

Das Aufgabenangebot ist meistens so umfangreich, dass eine schülergemäße Auswahl getroffen werden kann. Die Dateien zum Download enthalten ergänzende Materialien und Aufgaben. Zum systematischen Wiederholen des Lernstoffs stehen **digitale Lernkarteien (Bestellnr. 35323)** bereit. Diese sind sowohl als Webversion als auch als App erhältlich. Die Inhaltsgliederung entspricht auch hier den Bänden dieser Reihe.

Im Unterricht sollte eine Vorschriftensammlung verwendet werden, die auch Landesrecht enthält.

Über Vorschläge und Anregungen zur Verbesserung des Buches freuen wir uns.

Sommer 2025

Autorinnen, Autoren und Verlag

Buchreihe „Recht und Wirtschaft in der öffentlichen Verwaltung"			
Grundlagenband	**Lernsituationen und Übungen**	**Rechnungswesen**	**Lernkarteien**
mit ergänzenden Dateien	mit ergänzenden Dateien	mit ergänzenden Dateien	digital als Webversion und als App, erhältlich unter www.westermann.de/landing/lernkartei
enthält alle Lernfelder (außer 7 und 13)	enthält alle Lernfelder (außer 7 und 13)	enthält die Lernfelder 7 und 13	enthalten alle Lernfelder

Kostenloser Internet-Zugang zu den ergänzenden Dateien:

Den Webshop des Verlages finden Sie unter www.westermann.de. Als Suchbegriff geben Sie bitte den unten abgedruckten Webcode ein. Es findet sich an den gegebenen Stellen des Buches ein Web Symbol als Hinweis auf die jeweilige Datei.

Zu diesem Produkt sind digitale Zusatzmaterialien kostenlos online für Sie erhältlich. Sie können diese ganz einfach über die Eingabe des nachfolgenden Codes im Suchfeld unter www.westermann.de abrufen.

WBB-221065-007

Sollten Sie zu diesem Produkt bereits eine BiBox mit Material erworben haben, so sind die Zusatzmaterialien selbstverständlich dort bereits integriert.

LF 1 Die eigene Berufsausbildung mitgestalten

LF 2 Die Verwaltung in das staatliche Gesamtgefüge einordnen

2210656

22106510

LF 8 Verwaltungsleistungen wirtschaftlich erstellen und kundenorientiert anbieten

22106512

LF 9 Verwaltungsverfahren bürgerfreundlich durchführen

LF 9 1 Rechtliche Grundlagen des Verwaltungshandelns erarbeiten

LF 10 Rechtseingriffe verwaltungsmäßig vorbereiten, durchführen und überprüfen

LF 10 1 Rechtseingriffe zur Gefahrenabwehr vorbereiten und durchführen

LF 12 Öffentliche Leistungen in alternativen rechtlichen Formen erbringen

LF 14 Staatliches Handeln in nationale und internationale wirtschaftliche Zusammenhänge einordnen

22106518

1 Das Ausbildungsverhältnis rechtlich einordnen

1.1 Den Ausbildungsberuf erkunden und einordnen

1.1.1 Lernsituation

Berufsausbildung in Deutschland und Norwegen

Bjarne aus Norwegen beendet im nächsten Jahr seine Schule und will dann eine berufliche Richtung in dem berufsbildenden Programm Bau- und Anlagentechnik einschlagen. Wie viele Jugendliche weiß auch er noch nicht genau, welche Ausbildung dort für ihn infrage kommt.

Deshalb ist „Ausbildung und Beruf" zurzeit Thema im Unterricht. Dabei schauen die Jugendlichen im Politikunterricht über den Tellerrand hinaus und beschäftigen sich mit verschiedenen europäischen Berufsausbildungssystemen. Schließlich besteht im zusammenwachsenden Europa die Möglichkeit, die Ausbildung vollständig oder teilweise in einem anderen Land zu durchlaufen.

Bjarne hat seinem Brieffreund Moritz Frisch geschrieben. Er bittet ihn um Informationen über das Berufsausbildungssystem in Deutschland. Die langjährige Freundschaft hat ihn auf die Idee gebracht, im Unterricht das deutsche Berufsausbildungssystem vorzustellen.

Bjarne hat seinem Brieffreund Informationen über das norwegische Berufsausbildungssystem zusammengestellt (s. Arbeitsmaterialien).

1.1.2 Arbeitsaufträge zur Lernsituation

1. Informieren Sie sich über das duale Berufsbildungssystem in Deutschland im Grundlagenband, im Berufsbildungsgesetz und im Internet (z. B. Bundesinstitut für Berufsbildung, www.bildungsserver.de/berufsbildungssystem-ueberblick-497-de.html m. w. Nachweisen).
2. Schreiben Sie für Moritz Frisch einen Antwortbrief an Bjarne, in dem Sie ihm unser Berufsausbildungssystem erläutern. Stellen Sie ggf. Unterschiede zum norwegischen Berufsbildungssystem kurz heraus.

1.1.3 Arbeitsmaterialien zur Lernsituation

Lieber Moritz,

...

In Norwegen wird die berufliche Qualifikation durch eine Kombination von schulischer und betrieblicher Ausbildung erworben. Nach einer zehnjährigen verpflichtenden Grundschulbildung (grunnskole) ab dem 6. Lebensjahr setzen Schülerinnen und Schüler ihre Ausbildung an einer weiterführenden, in der Regel staatlichen, Schule der Sekundarstufe II (vidergående skole) fort.

1. Dort werden sowohl studien- als auch berufsvorbereitende Ausbildungsprogramme angeboten. In den berufsvorbereitenden Programmen erwerben wir in drei Stufen am Ende je nach Beruf einen Gesellenbrief (svennerbrev) oder einen Fachbrief (fagbrev). Eine Kombination aus schulischer und betrieblicher Ausbildung führt in 3–4 Jahren zur Berufsbefähigung (yrkekompetanse).
2. Das Ministerium für Bildung und Forschung erlässt die Rahmenrichtlinien für den Unterricht aller Klassenstufen, ist Aufsichtsbehörde für die vidergående skole und regelt die Berufsausbildung in den Betrieben. In den 18 Provinzen Norwegens ist für die Sekundarstufe II ein staatliches Amt für das Bildungswesen verantwortlich, das unsere Lehrkräfte einstellt und die Einhaltung der gesetzlichen Rahmenbedingungen kontrolliert.
3. Bildung für alle ist bei uns ein Grundprinzip der Politik. Stehen nicht genügend Ausbildungsplätze zur Verfügung, muss die Provinzregierung Ausbildungsplätze im Sekundarbereich einrichten. Norwegen legt sehr viel Wert auf einen hohen Bildungsgrad, um den Herausforderungen für die Gesellschaft zukünftig gerecht werden zu können. Über unsere Fachschulen (fagskole) kann ich auch ohne Hochschulreife zu einer Hochschulzugangsberechtigung gelangen. Auf den deutschsprachigen Internetseiten der OECD (Organisation for Economic, Co-operation and Development) und dem sog. bq-Portal eurer Bundesregierung kannst du Näheres über unser System und mein Land erfahren: www.oecd.org/norway/ und www.bq-portal.de/db/Länder-und-Berufsprofile/norwegen.
   Hier findest du ein übersichtliches Schaubild zu unserem Schulsystem.

...

Viele Grüße

Bjarne

1.1.4 Aufgaben

1. Erläutern Sie die rechtlichen Grundlagen der Berufsausbildung für Verwaltungsfachangestellte.
2. Erklären Sie das duale Berufsausbildungssystem am Beispiel Ihres Ausbildungsberufs.
3. Wie ist die Berufsschulpflicht in Ihrem Bundesland geregelt?
4. Der Bund hat in der Verordnung über die Berufsausbildung zum bzw. zur Verwaltungsfachangestellten grundlegende Regelungen getroffen, die die Länder in ihre Verordnungen übernommen haben. Kennzeichnen Sie anhand dieser Vorschriften stichwortartig
   a) das Ausbildungsberufsbild,
   b) den Ausbildungsrahmenplan sowie
   c) die Prüfungsbereiche.
5. Erläutern Sie, auf welche Weise Sie während der Berufsausbildung jederzeit feststellen können, ob Sie vorschriftsmäßig ausgebildet werden.
6. a) Nennen Sie die für Ihre Ausbildung zuständige Stelle nach dem Berufsbildungsgesetz (BBiG).
   b) Zählen Sie drei Aufgaben der zuständigen Stelle auf.

1.2 Den Berufsausbildungsvertrag verstehen und erfüllen

1.2.1 Lernsituation

Konflikte in der Ausbildung – wer Rechte hat, hat auch Pflichten

Das Standesamt Neustadt ist in einer repräsentativen Villa untergebracht. In diesem Ambiente lernt und arbeitet die 18-jährige Auszubildende Mandy Peters in ihrem ersten Ausbildungsjahr. Ausbilderin ist die Standesbeamtin Frau Singer.

Am Vormittag des 3. November schneit es unerwartet, sodass Schnee geräumt werden muss. Der Hausmeister hat im Rathaus zu tun und kann erst in einer Stunde im Standesamt sein. Es stehen mehrere Trautermine an, laufend kommen Besucherinnen und Besucher. Deshalb muss der Eingangsbereich unbedingt sofort vom Schnee befreit werden, gegen die Glätte ist Granulat zu streuen. Frau Singer bittet Mandy, diese Arbeit zu übernehmen.

Mandy: „Das ist mir zu anstrengend. Außerdem bin ich hier zur Ausbildung und nicht zum Schneeschippen und Granulatstreuen. Da müssen Sie schon auf den Hausmeister warten."

Frau Singer: „Letzte Woche haben Sie die Berufsschule geschwänzt. In der Vorwoche hat es mit Ihrer Krankmeldung auch nicht so recht geklappt. Jetzt sind Sie zu müde zum Arbeiten, weil Sie gestern Abend in der Diskothek bedient haben. Man hat Sie gesehen! Zudem haben Sie einige Fotos des Abends in sozialen Netzwerken gepostet. So geht das nicht weiter. Kommen Sie bitte um 12:00 Uhr in mein Büro."

Mandy befürchtet, die Ausbilderin habe vielleicht ihre Kündigung im Sinn. Aber den Gedanken schiebt sie schnell beiseite, denn schließlich hat sie ja einen gültigen Berufsausbildungsvertrag mit der Stadt.

Nach zwei Stunden hat Frau Singer die Trautermine wahrgenommen und Mandy Peters kommt mit einer Begleitperson zum Gespräch.

1.2.2 Arbeitsaufträge zur Lernsituation

1. Bereiten Sie in zwei Gruppen ein Konflikt-Rollenspiel vor, an dem Frau Singer, Mandy Peters und ihre Begleitperson beteiligt sind.

   Gruppe I berücksichtigt, dass Mandy Peters ihre Ausbildung am 1. September begonnen hat. Gruppe II geht davon aus, dass die Ausbildung bereits am 1. August begonnen wurde.

   a) Versuchen Sie zunächst in jeder Gruppe, die rechtliche Lage zu klären, insbesondere unter Beachtung der Probezeit, der Rechte und Pflichten in der Ausbildung sowie der Kündigungsmöglichkeiten. Nutzen Sie dafür Ihren Berufsausbildungsvertrag, ein Muster aus dem Internet, das Berufsbildungsgesetz (BBiG) und den Tarifvertrag für Auszubildende des öffentliches Dienstes (TVAöD).

   b) Welche Person empfehlen Sie Mandy Peters als hilfreiche Begleitung?

   c) Erarbeiten Sie in jeder Gruppe eine Strategie
   - sowohl für Frau Singer (Gesprächsleitung)
   - als auch für Mandy Peters.

   Behalten Sie das Gesprächsziel im Blick. Argumentieren Sie!

   Im Internet finden Sie zahlreiche unterschiedlich umsetzbare Darstellungen zum Ablauf und zu den Regeln eines Konfliktgesprächs. Der Kommunikationsleitfaden der Stadt Neustadt enthält zudem allgemeine Grundsätze mündlicher Kommunikation.

2. Führen Sie beide Rollenspiele durch. Beobachten und vergleichen Sie in der Klasse

   a) die rechtlichen Konfliktlösungsmöglichkeiten,

   b) den Gesprächsaufbau und die verbale und nonverbale Kommunikation der am Gespräch teilnehmenden Personen.

3. a) Bei Konfliktgesprächen kommt es auf die angemessene und zielgerichtete Kommunikation an. Können Sie den Rollenspielen Hinweise hierzu entnehmen? Sind Ihnen typische „Kommunikationsfallen“ aufgefallen? Nutzen Sie die Hinweise zu Gesprächsstörern im Kommunikationsleitfaden.

   b) Konflikte sind nicht nur belastend. Sie haben auch positive Funktionen. Nennen Sie solche sinnvollen Funktionen von Konflikten.

1.2.3 Aufgaben zu den Kapiteln 1.2 und 1.3

1. a) Prüfen Sie, ob der nebenstehende Berufsausbildungsvertrag mit Paula Merz den rechtlichen Regelungen entspricht. Notieren Sie, welche Vorschriften Sie dazu benötigen. Beachten Sie auch den Auszug aus dem Arbeitszeitgesetz (siehe Folgeseiten).

   b) Stellen Sie das Ergebnis in einer Tabelle nach folgendem Muster stichwortartig dar:

§ im Vertrag	Fehler	Berichtigung

   (Diese Tabelle werden Sie für eine Aufgabe im Kapitel 2.2.4 wieder benötigen.)

Berufsausbildungsvertrag

Zwischen der Stadt Neustadt, vertreten durch den Bürgermeister Herrn Schultheiß – Ausbildender –,

und Frau Paula Merz, geboren am 4. Juli 2004 in Neustadt, wohnhaft in 49999 Neustadt, Nelkenstraße 17
– Auszubildende –,

wird folgender Berufsausbildungsvertrag geschlossen:

§ 1 – Sachliche und zeitliche Gliederung sowie Ziel der Berufsausbildung

(1) Die Auszubildende wird in dem staatlich anerkannten Ausbildungsberuf Verwaltungsfachangestellte – Fachrichtung Kommunalverwaltung – auf der Grundlage der Verordnung über die Ausbildung und Prüfung zur Verwaltungsfachangestellten/zum Verwaltungsfachangestellten im Lande – Fachrichtung Kommunalverwaltung – (APO VFAng) vom 12. Juli 1999 in der jeweils geltenden Fassung ausgebildet.

(2) Die sachliche und zeitliche Gliederung der Berufsausbildung ergibt sich aus dem anliegenden Ausbildungsplan.

§ 2 – Beginn und Dauer der Berufsausbildung, Probezeit

(1) Die Berufsausbildung dauert drei Jahre. Sie beginnt am 1. September 2024 und endet am 31. August 2027.

(2) Die Probezeit beträgt vier Monate.

§ 3 – Grundsätzliches über das Rechtsverhältnis

Das Berufsausbildungsverhältnis richtet sich nach dem Jugendschutzgesetz vom 4. Dezember 1951 sowie nach dem Tarifvertrag für Auszubildende des öffentlichen Dienstes (TVAöD) vom 13. September 2005 – in den jeweils geltenden Fassungen.

§ 4 – Ausbildungsmaßnahmen außerhalb der Ausbildungsstätte

(1) Die Auszubildende ist verpflichtet, die vorgeschriebene Berufsschule regelmäßig zu besuchen und an der dienstbegleitenden Unterweisung im Kommunalen Studieninstitut in Neustadt teilzunehmen. Sie wird dafür vom Ausbildenden freigestellt.

§ 5 – Dauer der regelmäßigen täglichen und wöchentlichen Ausbildungszeit

(1) Die regelmäßige durchschnittliche wöchentliche Ausbildungszeit und die tägliche Ausbildungszeit der Auszubildenden, die nicht unter das Jugendarbeitsschutzgesetz fallen, richten sich nach den für die Beschäftigten des Ausbildenden maßgebenden Vorschriften über die Arbeitszeit (Tarifvertrag, Arbeitszeitgesetz, Dienstvereinbarung). Die Ausbildungszeit beträgt zurzeit 39 Stunden wöchentlich.

(2) Die regelmäßige tägliche Ausbildungszeit richtet sich nach der Dienstvereinbarung über die Arbeitszeit. Sie dauert zurzeit einschließlich einer halben Stunde Pause Montag bis Mittwoch von 8:00 – 16:30 Uhr, Donnerstag von 8:00 – 18:00 Uhr und Freitag 8:00 – 14:00 Uhr.

(3) Soweit in einer Dienststelle flexible Arbeitszeitformen gelten, beträgt die Ausbildungszeit der jugendlichen Auszubildenden höchstens achteinhalb Stunden täglich und vierzig Stunden wöchentlich und die der volljährigen Auszubildenden höchstens zehn Stunden täglich.

§ 6 – Ausbildungsentgelt

(1) Die Auszubildende erhält ein monatliches Ausbildungsentgelt nach Maßgabe des § 8 des Tarifvertrags für Auszubildende des öffentlichen Dienstes. Es beträgt (Stand 1. April 2024)

	im ersten Ausbildungsjahr	1.218,26 €,
	im zweiten Ausbildungsjahr	1.268,20 €,
	im dritten Ausbildungsjahr	1.314,02 €.

(2) Das Ausbildungsentgelt wird monatlich am letzten Tag des Monats für den laufenden Kalendermonat auf ein von der Auszubildenden benanntes Konto innerhalb eines Mitgliedstaats der Europäischen Union gezahlt.

§ 7 – Dauer des Urlaubs

(1) Die Auszubildende erhält Erholungsurlaub nach § 9 des Tarifvertrags für Auszubildende des öffentlichen Dienstes.

(2) Der Erholungsurlaub für die Auszubildende beträgt zurzeit

vom	1. September 2024	bis 31. Dezember 2024	8 Ausbildungstage
vom	1. Januar 2025	bis 31. Dezember 2025	30 Ausbildungstage
vom	1. Januar 2026	bis 31. Dezember 2026	30 Ausbildungstage
vom	1. Januar 2027	bis 31. August 2027	19 Ausbildungstage

§ 8 – Voraussetzungen, unter denen der Berufsausbildungsvertrag gekündigt werden kann

(1) Während der Probezeit (§ 2 Abs. 2) kann das Ausbildungsverhältnis vom Ausbildenden jederzeit ohne Einhalten einer Kündigungsfrist gekündigt werden.

(2) Nach der Probezeit kann das Berufsausbildungsverhältnis nur gekündigt werden
a) aus einem wichtigen Grund ohne Einhalten einer Kündigungsfrist,
b) von der Auszubildenden mit einer Kündigungsfrist von vier Wochen, wenn sie die Berufsausbildung aufgeben oder sich für eine andere Berufstätigkeit ausbilden lassen will.

§ 9 – Sonstiges

(1) Änderungen und Ergänzungen dieses Vertrags sowie Nebenabreden sind nur wirksam, wenn sie schriftlich vereinbart werden.

(2) An den Kosten der dienstbegleitenden Unterweisung beteiligt sich die Auszubildende mit einem Anteil von monatlich 50,00 €. Dieser Betrag wird monatlich von dem Ausbildungsentgelt einbehalten.

Neustadt, den 13. Februar 2024

Schultheiß	*Paula Merz*
Unterschrift des Ausbildenden	Unterschrift der Auszubildenden

Auszug aus dem Arbeitszeitgesetz (ArbZG)

§ 1 – Zweck des Gesetzes

Zweck des Gesetzes ist es,

1. die Sicherheit und den Gesundheitsschutz der Arbeitnehmer in der Bundesrepublik Deutschland und in der ausschließlichen Wirtschaftszone bei der Arbeitszeitgestaltung zu gewährleisten und die Rahmenbedingungen für flexible Arbeitszeiten zu verbessern sowie
2. den Sonntag und die staatlich anerkannten Feiertage als Tage der Arbeitsruhe und der seelischen Erhebung der Arbeitnehmer zu schützen.

§ 3 – Arbeitszeit der Arbeitnehmer

Die werktägliche Arbeitszeit der Arbeitnehmer darf acht Stunden nicht überschreiten. Sie kann auf bis zu zehn Stunden nur verlängert werden, wenn innerhalb von sechs Kalendermonaten oder innerhalb von 24 Wochen im Durchschnitt acht Stunden werktäglich nicht überschritten werden.

§ 4 – Ruhepausen

Die Arbeit ist durch im Voraus feststehende Ruhepausen von mindestens 30 Minuten bei einer Arbeitszeit von mehr als sechs bis zu neun Stunden und 45 Minuten bei einer Arbeitszeit von mehr als neun Stunden insgesamt zu unterbrechen. Die Ruhepausen nach Satz 1 können in Zeitabschnitte von jeweils mindestens 15 Minuten aufgeteilt werden. Länger als sechs Stunden hintereinander dürfen Arbeitnehmer nicht ohne Ruhepause beschäftigt werden.

2. Jessica Heinze befindet sich seit einem Jahr in der Ausbildung zur Verwaltungsfachangestellten bei der Stadt Neustadt. In welchen der folgenden Fälle hat Jessica das Recht, das Ausbildungsverhältnis zu kündigen? Nutzen Sie die Bestimmungen des BBiG.
   a) Jessica wird seit über einem Jahr als Krankheitsvertretung auf demselben „Ausbildungsplatz“ beschäftigt. Nach ihrer Beschwerde begründet der Ausbildungsleiter dies mit einem Personalengpass, der noch einige Zeit bestehen werde. Jessica sieht nun ihr Ausbildungsziel ernsthaft gefährdet.
   b) Jessica will in das 50 km entfernte Burgdorf ziehen. Sie will sich dort um ihre Mutter kümmern, die pflegebedürftig geworden ist und ohne die Hilfe der Tochter in ein Pflegeheim ziehen müsste. Jessica kann ihre Ausbildung zur Verwaltungsfachangestellten in einer Behörde in Burgdorf fortsetzen.
   c) Jessica möchte bei der Stadt Neustadt eine Ausbildung zur Fachangestellten für Bäderbetriebe machen.
   d) Jessica möchte die Ausbildung zur Verwaltungsfachangestellten in der Gemeinde Unterdorf fortsetzen. Ein Freund ihres Vaters arbeitet am Studieninstitut, das für die Auszubildenden der Gemeinde Unterdorf zuständig ist.

3. Nennen Sie weitere Möglichkeiten, ein Berufsausbildungsverhältnis zu beenden.

4. Chiara Taccaro hat mit 16 Jahren mit Zustimmung ihrer Eltern eine Berufsausbildung bei Rechtsanwalt Fuchs begonnen. Der schriftliche Berufsausbildungsvertrag enthielt nicht alle in § 11 BBiG genannten Punkte (so fehlen z. B. die zeitliche Gliederung der Ausbildung, Dauer der täglichen Ausbildungszeit und die Urlaubsdauer). Zwischen Herrn Fuchs und Chiara gab es mehrfach Unstimmigkeiten.
   Die Eltern der minderjährigen Auszubildenden kündigen im Namen ihrer Tochter nach einem Jahr das Berufsausbildungsverhältnis schriftlich mit dem allgemeinen Hinweis auf „die Vorfälle, die sich in der Vergangenheit ereignet haben“. Außerdem stellen sie das Bestehen eines gültigen Berufsausbildungsverhältnisses wegen Verletzung der Formvorschrift infrage. Herr Fuchs nimmt die Kündigung nicht an. Er geht vom Bestehen des Ausbildungsverhältnisses aus. Daraufhin klagt Chiara Taccaro vor dem Arbeitsgericht mit dem Ziel, dass das Ausbildungsverhältnis durch die fristlose Kündigung aufgehoben worden sei. In der Verhandlung gibt sie als Kündigungsgründe „Ausnutzung als billige Arbeitskraft, fortlaufende grobe Beleidigung und Beschäftigung über die zulässige Arbeitszeit hinaus“ an.
   Lesen Sie zur Lösung der folgenden Aufgaben §§ 10, 11, 22 BBiG, § 125 BGB.
   a) Beurteilen Sie die Verletzung der Schriftform des Berufsausbildungsvertrags. Ist das Berufsausbildungsverhältnis wirksam zustande gekommen?
   b) Prüfen Sie, ob die Kündigung den gesetzlichen Erfordernissen entspricht. Wurde der Berufsausbildungsvertrag (Gültigkeit unterstellt) rechtswirksam gekündigt?
   c) Wie wird das Arbeitsgericht entscheiden? (Begründung)

2.2 Arbeitsschutzbestimmungen für Auszubildende anwenden

2.2.1 Lernsituation

Mobbing

„Ich will da nicht mehr hin, erklärt Sarah ihrer Freundin Cayda wütend. „Entweder meckern sie an mir herum oder sie sprechen gar nicht mit mir. Am schlimmsten ist dieser Roland!“

Sarah ist angehende Verwaltungsfachangestellte im 1. Ausbildungsjahr, Cayda ist im 2. Jahr. „Ganz so schlimm wird es nicht sein, manche Kollegen haben schon mal einen schlechten Tag. Vielleicht solltest du weniger empfindlich sein“, versucht Cayda sie zu beruhigen.

„Weniger empfindlich? Nur weil mein Vater aus Marokko stammt und einigen Leuten hier meine dunklere Hautfarbe nicht gefällt, muss ich mir doch nicht alles gefallen lassen. Es fing damit an, dass Roland, der Sachbearbeiter aus dem Bürgeramt, mich nur kopieren und abheften ließ. Als ich mit einem Kopierauftrag beschäftigt war, hörte ich ihn dann zu einem wartenden Antragsteller sagen: ‚Das wird sie ja wohl können, die dunkle Schönheit.‘ Später in der Pause bemerkte er gegenüber einer Kollegin: ‚Eine wie die erhält einen Ausbildungsplatz und meine Kusine ist heute noch arbeitslos.‘ So geht das jeden Tag.

Außerdem erklärt mir Roland nichts. Neulich habe ich mich beim Abteilungsleiter beschwert. Der meinte nur: ‚Das haben wir gern! Sie müssen mit den Kollegen schon zurechtkommen. Aber von mir aus kann Frau Kunze Sie ab morgen unter ihre Fittiche nehmen. Vorher zeigen Sie mir noch bitte Ihren Ausbildungsnachweis. Ah ja, viel haben Sie ja noch nicht gelernt.‘

Frau Kunze bat mich, für sie Kleidungsstücke aus der Reinigung abzuholen und ihr etwas aus der Kantine zu besorgen. Prompter Kommentar von Roland: ‚Ein Kamel aus Marrakesch transportiert alles!‘ Er hat mich dann beim Abteilungsleiter angeschwärzt, weil er mich während der Dienstzeit in der Stadt gesehen hat. Daraufhin wurde ich streng ermahnt, weil die Allgemeine Dienst- bzw. Geschäftsanweisung private Besorgungen während der Dienstzeit verbietet. Und als Frau Kunze dann ihr Portemonnaie vermisste, meinte der Abteilungsleiter zu mir: ‚Ich habe noch nicht erlebt, dass in einer deutschen Behörde geklaut wird. Aber früher haben wir auch keine Ausländerinnen und Ausländer ausgebildet!‘ Darauf habe ich ihm gesagt: ‚Wie gut, dass ich deutsche Staatsbürgerin bin.‘ Wahrscheinlich haben mich viele für eine Diebin gehalten, bis Frau Kunze das Portemonnaie zu Hause wiedergefunden hat. Das alles hat mich nervlich völlig fertig gemacht.

Außer von Frau Kunze werde ich von allen geschnitten, keiner erklärt mir etwas. Hinzu kommt, dass einige männliche Kollegen sexuelle Anzüglichkeiten für alle hörbar äußern, und Rolands Beleidigungen nehmen kein Ende. Der Abteilungsleiter nimmt davon keine Notiz. Ich kann diesem Mobbing nicht ausweichen, ich will es aber auch nicht länger ertragen.

Vielleicht kann man meinen Ausbildungsplan ändern. Ins Bürgeramt gehe ich jedenfalls nicht mehr, eher bleibe ich zu Hause. Aber riskiere ich dadurch nicht eine Kündigung des Ausbildungsvertrags?“

Cayda: „Vielleicht hättest du eher einen Grund, selbst zu kündigen. Aber das nützt dir ja nichts. Wir müssen überlegen, wie du dich jetzt verhalten solltest, ohne die spätere Übernahme in ein festes Arbeitsverhältnis zu gefährden.“

2.2.2 Arbeitsaufträge zur Lernsituation

1. Im Sachverhalt kommen mehrere Pflichtverletzungen vor. Nennen und erläutern Sie
   a) Pflichtverletzungen der Ausbildenden, Kolleginnen und Kollegen,
   b) Pflichtverletzungen der Auszubildenden.
2. Sarah fühlt sich „gemobbt“.
   a) Klären Sie, was allgemein unter „Mobbing“ verstanden wird. , siehe hierzu: https://www.antidiskriminierungsstelle.de/DE/startseite/startseite-node.html (08.03.2025).
   b) Prüfen Sie, welche Verhaltensweisen der Beschäftigten gegenüber Sarah als Mobbing zu bezeichnen sind.

22106526

3. Das Allgemeine Gleichbehandlungsgesetz (AGG) soll Menschen vor Benachteiligungen innerhalb wie außerhalb des Berufs schützen. Prüfen Sie in arbeitsteiligen Gruppen anhand des Gesetzes:
   a) Erfasst die Zielsetzung des AGG den beschriebenen Sachverhalt? (§§ 1, 7 AGG)
   b) Fällt der beschriebene Sachverhalt unter den Anwendungsbereich des AGG? (§§ 2, 6 AGG)
   c) Welche Art(en) von Benachteiligung(en) liegt bzw. liegen hier vor? (§ 3 Abs. 1, 3, 4 AGG)
   d) Nennen Sie allgemeine Pflichten der Arbeitgeberin oder des Arbeitgebers zum Schutz vor Benachteiligungen nach dem AGG und beschreiben Sie anschließend konkrete Maßnahmen, die die Behörde im vorliegenden Fall ergreifen könnte.
   e) Erläutern Sie die allgemeinen Rechte von Beschäftigten gegenüber ihren Arbeitgeberinnen und Arbeitgebern nach dem AGG, wenn sie sich am Arbeitsplatz benachteiligt fühlen bzw. tatsächlich benachteiligt wurden.
4. Prüfen Sie mithilfe des AGG, ob Sarah berechtigt ist, die Tätigkeit ohne Verlust ihres Ausbildungsentgelts einzustellen.
5. Empfehlen Sie Sarah, wie sie sich verhalten sollte.
6. Nennen Sie mögliche Folgen von Mobbing für eine Behörde als öffentliche Einrichtung.

2.2.3 Arbeitsmaterialien zur Lernsituation

Allgemeines Gleichbehandlungsgesetz (Auszug)

Abschnitt 1 – Allgemeiner Teil

§ 1 Ziel des Gesetzes

Ziel des Gesetzes ist, Benachteiligungen aus Gründen der Rasse oder wegen der ethnischen Herkunft, des Geschlechts, der Religion oder Weltanschauung, einer Behinderung, des Alters oder der sexuellen Identität zu verhindern oder zu beseitigen.

§ 2 Anwendungsbereich

(1) Benachteiligungen aus einem in § 1 genannten Grund sind nach Maßgabe dieses Gesetzes unzulässig in Bezug auf:
1. die Bedingungen, einschließlich Auswahlkriterien und Einstellungsbedingungen, für den Zugang zu unselbstständiger und selbstständiger Erwerbstätigkeit, unabhängig von Tätigkeitsfeld und beruflicher Position, sowie für den beruflichen Aufstieg,
2. die Beschäftigungs- und Arbeitsbedingungen einschließlich Arbeitsentgelt und Entlassungsbedingungen, insbesondere in individual- und kollektivrechtlichen Vereinbarungen und Maßnahmen bei der Durchführung und Beendigung eines Beschäftigungsverhältnisses sowie beim beruflichen Aufstieg,
3. den Zugang zu allen Formen und allen Ebenen der Berufsberatung, der Berufsbildung einschließlich der Berufsausbildung, der beruflichen Weiterbildung und der Umschulung sowie der praktischen Berufserfahrung,
4. die Mitgliedschaft und Mitwirkung in einer Beschäftigten- oder Arbeitgebervereinigung oder einer Vereinigung, deren Mitglieder einer bestimmten Berufsgruppe angehören, einschließlich der Inanspruchnahme der Leistungen solcher Vereinigungen,
5. den Sozialschutz, einschließlich der sozialen Sicherheit und der Gesundheitsdienste,
6. die sozialen Vergünstigungen,
7. die Bildung,
8. den Zugang zu und die Versorgung mit Gütern und Dienstleistungen, die der Öffentlichkeit zur Verfügung stehen, einschließlich von Wohnraum. ...

§ 3 Begriffsbestimmungen

(1) Eine unmittelbare Benachteiligung liegt vor, wenn eine Person wegen eines in § 1 genannten Grundes eine weniger günstige Behandlung erfährt als eine andere Person in einer vergleichbaren Situation erfährt, erfahren hat oder erfahren würde. Eine unmittelbare Benachteiligung wegen des Geschlechts liegt in Bezug auf § 2 Abs. 1 Nr. 1 bis 4 auch im Falle einer ungünstigeren Behandlung einer Frau wegen Schwangerschaft oder Mutterschaft vor.

(2) Eine mittelbare Benachteiligung liegt vor, wenn dem Anschein nach neutrale Vorschriften, Kriterien oder Verfahren Personen wegen eines in § 1 genannten Grundes gegenüber anderen Personen in besonderer Weise benachteiligen können, es sei denn, die betreffenden Vorschriften, Kriterien oder Verfahren sind durch ein rechtmäßiges Ziel sachlich gerechtfertigt und die Mittel sind zur Erreichung dieses Ziels angemessen und erforderlich.

(3) Eine Belästigung ist eine Benachteiligung, wenn unerwünschte Verhaltensweisen, die mit einem in § 1 genannten Grund in Zusammenhang stehen, bezwecken oder bewirken, dass die Würde der betreffenden Person verletzt und ein von Einschüchterungen, Anfeindungen, Erniedrigungen, Entwürdigungen oder Beleidigungen gekennzeichnetes Umfeld geschaffen wird.

(4) Eine sexuelle Belästigung ist eine Benachteiligung in Bezug auf § 2 Abs. 1 Nr. 1 bis 4, wenn ein unerwünschtes, sexuell bestimmtes Verhalten, wozu auch unerwünschte sexuelle Handlungen und Aufforderungen zu diesen, sexuell bestimmte körperliche Berührungen, Bemerkungen sexuellen Inhalts sowie unerwünschtes Zeigen und sichtbares Anbringen von pornografischen Darstellungen gehören, bezweckt oder bewirkt, dass die Würde der betreffenden Person verletzt wird, insbesondere wenn ein von Einschüchterungen, Anfeindungen, Erniedrigungen, Entwürdigungen oder Beleidigungen gekennzeichnetes Umfeld geschaffen wird.

(5) Die Anweisung zur Benachteiligung einer Person aus einem in § 1 genannten Grund gilt als Benachteiligung. ...

Abschnitt 2 – Schutz der Beschäftigten vor Benachteiligung

§ 6 Persönlicher Anwendungsbereich

(1) Beschäftigte im Sinne dieses Gesetzes sind

1. Arbeitnehmerinnen und Arbeitnehmer,
2. die zu ihrer Berufsbildung Beschäftigten, ...

(2) Arbeitgeber (Arbeitgeber und Arbeitgeberinnen) im Sinne dieses Abschnitts sind natürliche und juristische Personen sowie rechtsfähige Personengesellschaften, die Personen nach Absatz 1 beschäftigen.

§ 7 Benachteiligungsverbot

(1) Beschäftigte dürfen nicht wegen eines in § 1 genannten Grundes benachteiligt werden; dies gilt auch, wenn die Person, die die Benachteiligung begeht, das Vorliegen eines in § 1 genannten Grundes bei der Benachteiligung nur annimmt.

(2) Bestimmungen in Vereinbarungen, die gegen das Benachteiligungsverbot des Absatzes 1 verstoßen, sind unwirksam.

(3) Eine Benachteiligung nach Absatz 1 durch Arbeitgeber oder Beschäftigte ist eine Verletzung vertraglicher Pflichten.

§ 12 Maßnahmen und Pflichten des Arbeitgebers

(1) Der Arbeitgeber ist verpflichtet, die erforderlichen Maßnahmen zum Schutz vor Benachteiligungen wegen eines in § 1 genannten Grundes zu treffen. Dieser Schutz umfasst auch vorbeugende Maßnahmen.

(2) Der Arbeitgeber soll in geeigneter Art und Weise, insbesondere im Rahmen der beruflichen Aus- und Fortbildung, auf die Unzulässigkeit solcher Benachteiligungen hinweisen und darauf hinwirken, dass diese unterbleiben. Hat der Arbeitgeber seine Beschäftigten in geeigneter Weise zum Zwecke der Verhinderung von Benachteiligung geschult, gilt dies als Erfüllung seiner Pflichten nach Absatz 1.

(3) Verstoßen Beschäftigte gegen das Benachteiligungsverbot des § 7 Abs. 1, so hat der Arbeitgeber die im Einzelfall geeigneten, erforderlichen und angemessenen Maßnahmen zur Unterbindung der Benachteiligung wie Abmahnung, Umsetzung, Versetzung oder Kündigung zu ergreifen.

(4) Werden Beschäftigte bei der Ausübung ihrer Tätigkeit durch Dritte nach § 7 Abs. 1 benachteiligt, so hat der Arbeitgeber die im Einzelfall geeigneten, erforderlichen und angemessenen Maßnahmen zum Schutz der Beschäftigten zu ergreifen.

(5) Dieses Gesetz und § 61b des Arbeitsgerichtsgesetzes sowie Informationen über die für die Behandlung von Beschwerden nach § 13 zuständigen Stellen sind im Betrieb oder in der Dienststelle bekannt zu machen. Die Bekanntmachung kann durch Aushang oder Auslegung an geeigneter Stelle oder den Einsatz der im Betrieb oder der Dienststelle üblichen Informations- und Kommunikationstechnik erfolgen.

§ 13 Beschwerderecht

(1) Die Beschäftigten haben das Recht, sich bei den zuständigen Stellen des Betriebs, des Unternehmens oder der Dienststelle zu beschweren, wenn sie sich im Zusammenhang mit ihrem Beschäftigungsverhältnis vom Arbeitgeber, von Vorgesetzten, anderen Beschäftigten oder Dritten wegen eines in § 1 genannten Grundes benachteiligt fühlen. Die Beschwerde ist zu prüfen und das Ergebnis der oder dem beschwerdeführenden Beschäftigten mitzuteilen.

(2) Die Rechte der Arbeitnehmervertretungen bleiben unberührt.

§ 14 Leistungsverweigerungsrecht

Ergreift der Arbeitgeber keine oder offensichtlich ungeeignete Maßnahmen zur Unterbindung einer Belästigung oder sexuellen Belästigung am Arbeitsplatz, sind die betroffenen Beschäftigten berechtigt, ihre Tätigkeit ohne Verlust des Arbeitsentgelts einzustellen, soweit dies zu ihrem Schutz erforderlich ist. § 273 des Bürgerlichen Gesetzbuchs bleibt unberührt.

§ 15 Entschädigung und Schadensersatz

(1) Bei einem Verstoß gegen das Benachteiligungsverbot ist der Arbeitgeber verpflichtet, den hierdurch entstandenen Schaden zu ersetzen. Dies gilt nicht, wenn der Arbeitgeber die Pflichtverletzung nicht zu vertreten hat.

(2) Wegen eines Schadens, der nicht Vermögensschaden ist, kann der oder die Beschäftigte eine angemessene Entschädigung in Geld verlangen. Die Entschädigung darf bei einer Nichteinstellung drei Monatsgehälter nicht übersteigen, wenn der oder die Beschäftigte auch bei benachteiligungsfreier Auswahl nicht eingestellt worden wäre. (...)

(6) Ein Verstoß des Arbeitgebers gegen das Benachteiligungsverbot des § 7 Abs. 1 begründet keinen Anspruch auf Begründung eines Beschäftigungsverhältnisses, Berufsausbildungsverhältnisses oder einen beruflichen Aufstieg, es sei denn, ein solcher ergibt sich aus einem anderen Rechtsgrund.

§ 16 Maßregelungsverbot

(1) Der Arbeitgeber darf Beschäftigte nicht wegen der Inanspruchnahme von Rechten nach diesem Abschnitt oder wegen der Weigerung, eine gegen diesen Abschnitt verstoßende Anweisung auszuführen, benachteiligen. Gleiches gilt für Personen, die den Beschäftigten hierbei unterstützen oder als Zeuginnen oder Zeugen aussagen. (...)

22106528

2.2.4 Aufgaben zu den Kapiteln 2 und 3

1. Die Stadt Neustadt hat einen „Dienstleistungs-Donnerstag" eingeführt. Einzelne Dienststellen sind bis 20:30 Uhr geöffnet. Die 17-jährige Auszubildende Melis Turan ist wie folgt eingesetzt:

	Ausbildungszeit	Pausen
Donnerstag	10:00 – 13:00 Uhr 14:00 – 17:00 Uhr 17:30 – 20:00 Uhr	13:00 – 14:00 Uhr 17:00 – 17:30 Uhr
Freitag	7:30 – 11:00 Uhr 11:15 – 12:45 Uhr	11:00 – 11:15 Uhr

   Prüfen Sie mithilfe des JArbSchG, ob dieser Einsatz zulässig ist.

2. Die Dauer des jährlichen Erholungsurlaubs beträgt

   nach § 3 BUrlG mindestens 24 Werktage,

   nach § 9 TVAöD (Stand April 2023) 30 Ausbildungstage bei fünftägiger, wöchentlicher Ausbildungszeit,

   nach § 19 JArbSchG 30 Werktage für zu Beginn des Kalenderjahres noch nicht 16-Jährige.

   Prüfen Sie, wie hoch der Urlaubsanspruch eines oder einer Auszubildenden im öffentlichen Dienst ist, der oder die im Februar 16 Jahre alt geworden ist. Begründen Sie Ihre Antwort.

3. Beschreiben Sie mithilfe des JArbSchG Beschäftigungsverbote und -beschränkungen für Jugendliche.

4. Im Kapitel 1.2.3 dieses Lernfelds haben Sie in Aufgabe 1 den Berufsausbildungsvertrag von Paula Merz überprüft. Sie haben dabei einige Fehler berichtigt.

   Ein ähnlicher Vertrag soll nun mit dem ebenfalls am 1. September 2024 einzustellenden Daniel König, geboren am 13. August 2008 in Neustadt, wohnhaft in Neustadt, Rosenweg 24, geschlossen werden. Daniel war nicht gegen Polio geimpft und ist seit einer Erkrankung an Kinderlähmung gehbehindert, in seinem Schwerbehindertenausweis ist der Grad der Behinderung (GdB) mit 80 angegeben.

   Welche Änderungen im Berufsausbildungsvertrag von Paula Merz sind – außer den bereits korrigierten Fehlern und den Personalien – vorzunehmen, damit der Vertrag mit Daniel König allen rechtlichen Vorschriften entspricht? Beachten Sie den Auszug aus dem SGB IX sowie die Bestimmungen des BBiG, des TVAöD und des JArbSchG.

   Auszug aus dem Sozialgesetzbuch – Neuntes Buch
   § 208 SGB IX – Zusatzurlaub (Stand Oktober 2024)

   (1) Schwerbehinderte Menschen haben Anspruch auf einen bezahlten zusätzlichen Urlaub von fünf Arbeitstagen im Urlaubsjahr; verteilt sich die regelmäßige Arbeitszeit des schwerbehinderten Menschen auf mehr oder weniger als fünf Arbeitstage in der Kalenderwoche, erhöht oder vermindert sich der Zusatzurlaub entsprechend. Soweit tarifliche, betriebliche oder sonstige Urlaubsregelungen für schwerbehinderte Menschen einen längeren Zusatzurlaub vorsehen, bleiben sie unberührt.

   (2) Besteht die Schwerbehinderteneigenschaft nicht während des gesamten Kalenderjahres, so hat der schwerbehinderte Mensch für jeden vollen Monat der im Beschäftigungsverhältnis vorliegenden Schwerbehinderteneigenschaft einen Anspruch auf ein Zwölftel des Zusatzurlaubs nach Absatz 1 Satz 1. Bruchteile von Urlaubstagen, die mindestens einen halben Tag ergeben, sind auf volle Urlaubstage aufzurunden. Der so ermittelte Zusatzurlaub ist dem Erholungsurlaub hinzuzurechnen und kann bei einem nicht im ganzen Kalenderjahr bestehenden Beschäftigungsverhältnis nicht erneut gemindert werden. (...)

5. Neben JArbSchG und AGG gibt es weitere Arbeitsschutzbestimmungen, die (auch) für Auszubildende von Bedeutung sein können. Ermitteln Sie im Internet oder in einer Vorschriftensammlung weitere Arbeitsschutzvorschriften für Auszubildende.

6. Welche der folgenden Aufgaben sind Aufgaben der Jugend- und Auszubildendenvertretung einer Behörde?
   a) Maßnahmen für jugendliche Beschäftigte und Auszubildende beim Personalrat beantragen;
   b) Regelung von Ausbildungsfragen mit der Ausbildungsbehörde in Dienst- oder Betriebsvereinbarungen,
   c) darauf achten, dass die Berufsbildungsvorschriften, der Jugendarbeitsschutz und die Ausbildungsrahmenpläne durchgeführt werden,
   d) aufpassen, dass die Unfallverhütungsvorschriften eingehalten werden,
   e) bei Verstößen gegen Vorschriften, die für jugendliche Beschäftigte und Auszubildende gelten, die Einhaltung der Rechte bei Arbeitgeberinnen und Arbeitgebern einfordern.

7. Was leisten Gewerkschaften für Auszubildende?

8. Worträtsel zum Thema „Berufsausbildung"

   Welche Begriffe verbergen sich hinter den Beschreibungen von a) bis s)? Schreiben Sie die Lösungen untereinander. Die Anfangsbuchstaben – von oben nach unten gelesen – ergeben das Wort für ein Signalgerät eines öffentlichen Verkehrsmittels (dabei ss = ß). In Klammern steht die reine Anzahl der Buchstaben.
   a) Pflicht der Auszubildenden (auch nach ihrem Ausscheiden!) (15)
   b) schriftliche Übereinkunft zwischen Arbeitgeberverband und Gewerkschaften, in der z. B. Arbeitsentgelte, Ausbildungsvergütungen oder Arbeitsbedingungen geregelt werden (12)
   c) Rechtsgrundsatz, nach dem das Recht auf der höheren Ordnungsstufe dem Recht auf der niedrigeren Ordnungsstufe vorgeht (11)
   d) höchste erlaubte tägliche Arbeitszeit für Jugendliche in ganzen Stunden (4)
   e) Pflicht der Auszubildenden, die Ausbildungs- bzw. Arbeitsmittel pfleglich zu behandeln (16)
   f) Form der Kündigung des Ausbildungsverhältnisses (11)
   g) Spitze der „Rechtspyramide" (7)
   h) Sammelbegriff für Rechte und Hilfen behinderter Menschen (18)
   i) Schutzvorschrift für Personen, die Aufgaben nach dem Personalvertretungsgesetz wahrnehmen (18)
   j) Gesetz (Abkürzung), das die Pflicht der Arbeitgebenden regelt, alle Beschäftigten vor bestimmten Benachteiligungen im Arbeitsleben zu schützen (3)
   k) Nachname eines deutschen Managers, der durch die Reformen des Arbeitsmarkts und der Sozialleistungen in den frühen 2000er-Jahren bekannt wurde (5)
   l) Maßnahme während der Berufsausbildung zur Feststellung eventueller gesundheitsschädlicher Folgen der Beschäftigung (16)
   m) Möglichkeit zur vorzeitigen Beendigung des Ausbildungsverhältnisses (9)
   n) Pflicht der Auszubildenden, sich um die berufliche Handlungsfähigkeit zu bemühen, die zum Erreichen des Ausbildungsziels erforderlich ist (11)
   o) allgemeine Hauptaufgabe jeder Gewerkschaft (20)
   p) rechtliche Folge einer Vereinbarung von Vertragsstrafen bei Begründung des Ausbildungsverhältnisses – § 12 BBiG (11)
   q) arbeitsrechtlicher Grundsatz, nach dem bei konkurrierenden arbeitsrechtlichen Regelungen die Regelung auf der niedrigeren Rangstufe gilt, wenn sie für Arbeitnehmerinnen und Arbeitnehmer bzw. Auszubildende günstiger ist (19)
   r) Gehalt der Beschäftigten im öffentlichen Dienst (7)
   s) Fachrichtung im Ausbildungsberuf „Verwaltungsfachangestellte/-r" (16)

22106530

9. Maia Oldanai, 28 Jahre alt, hat ihre Ausbildung zur Verwaltungsfachangestellten zum 01.09.2024 bei der Stadt Neustadt begonnen. Sie ist Mutter der dreijährigen Carla und hat bereits eine Ausbildung im Einzelhandel abgeschlossen. In den Einstellungsgesprächen im Frühjahr 2024 hat Maia mit der damaligen Ausbildungsleiterin Frau Schmitz vereinbart, sich an vier Tagen in der Woche mit je fünf Stunden ausbilden zu lassen. Mehr lässt Maias familiäre Situation nicht zu. Die Berufsschule besucht sie an den bestimmten Tagen in der Woche mit der vorgegebenen Stundenzahl.

In der Pause trifft Maia in der Behördenkantine auf Lena, die schon im dritten Ausbildungsjahr ist. Maia klagt Lena ihr Leid: „Der neue Ausbildungsleiter Herr Möller möchte, dass ich jede zweite Woche, in der wir zwei Berufsschultage haben, einen weiteren Tag ins Amt komme. In der betreffenden Woche hätte ich montags von 7:30 Uhr bis 14:40 Uhr Berufsschule; das ist unser Langtag in der Berufsschule. Dienstags und mittwochs wäre ich jeweils fünf Stunden im Amt. Donnerstags wäre wieder Schule von 7:30 Uhr bis 12:40 Uhr; das ist unser kurzer Berufsschultag. Dann habe ich noch die lange Heimfahrt von 40 Minuten zur Kindertagesstätte von Carla hinzubekommen. Alles stressig genug! Da komme ich doch auf mehr als 20 Stunden die Woche, oder? Was meinst du, Lena? Wie ist das eigentlich rechtlich genau geregelt?“

Prüfen Sie mithilfe der Vorschriften des BBiG und des JArbSchG, wie die Situation rechtlich einzuschätzen ist, und verfassen Sie eine kurze, schriftliche Stellungnahme.

1 Grundlagen des Staates und des Grundgesetzes erarbeiten

1.1 Grundlagen des Staates kennenlernen

1.1.1 Lernsituation

Einen Antrag auf Ausbürgerung prüfen

Klaus Forsch
Immobilien

Stadt Neustadt
Bürgeramt
49999 Neustadt

20..-11-24

Sehr geehrte Damen und Herren,

hiermit beantrage ich für mich, meine Frau Anke und unseren Sohn Tim die sofortige Ausbürgerung. Wir sind seit Kurzem Staatsbürger des Fürstentums Sealand und verzichten deshalb auf die deutsche Staatsangehörigkeit. Pässe des Fürstentums legen wir auf Wunsch gerne vor, die nicht mehr benötigten Bundespersonalausweise sowie unsere Reisepässe gebe ich hiermit zurück.

Da unser Sohn bald volljährig wird und seine Wehrerfassung bevorsteht, bitte ich um beschleunigte Bearbeitung.

Mit freundlichem Gruß

Klaus Forsch   Anke Forsch   Tim Forsch

Anlagen:
3 Bundespersonalausweise, 2 Reisepässe

Ein solcher Antrag ist neu für den Sachbearbeiter Kunze. Bei der nächsten Dienstbesprechung im Bürgeramt Neustadt bringt er das Thema zur Sprache. „Sind wir als kreisangehörige Stadt für Ausbürgerungen überhaupt zuständig? Und außerdem: Kann man sich beim Staat so ohne Weiteres ‚abmelden‘?" „Warum denn nicht – in der früheren DDR hat doch die Regierung selbst die eigenen Leute ausgebürgert, z. B. den Wolf Biermann", meint Dirk Petersen, der im Rahmen seiner Ausbildung zum Verwaltungsfachangestellten im Bürgeramt mitarbeitet. Er fügt hinzu: „Ich kann die Forschs schon verstehen. Vielleicht ist es für Einzelne sogar vorteilhafter, gar keine Staatsangehörigkeit zu besitzen – die Wehrpflicht ist ja nur vorläufig ausgesetzt. Man diskutiert darüber, sie wieder aufleben zu lassen. Außerdem bleiben die Forschs doch in Europa. Ist die EU-Bürgerschaft nicht auch eine Art Staatsangehörigkeit?" Frau Bachmann, die Büroleiterin, meint: „Jedenfalls kann man mit Steuerflüchtlingen überhaupt keinen Staat machen. Allerdings habe ich bisher noch nichts von einem Staat ‚Fürstentum Sealand‘ gehört. Gibt's diesen Staat überhaupt?" Hier kann Dirk Petersen helfen. „Ich habe im Internet nachgesehen und ein Foto von Sealand ausgedruckt. Hier ist es. Der ehemalige britische Major Roy Bates zog vor über 50 Jahren mit seiner Familie auf eine 1 300 m² große und auf zwei Beton-Pfeilern ruhende frühere Flakstellung in der Nordsee, östlich von Harwich und außerhalb der britischen Hoheitsgewässer. Er nannte sein Besitztum ‚Fürstentum Sealand‘ und betrachtete es als Staat. Auf der Insel halten sich angeblich etwa 30 Menschen auf. ‚Roy of Sealand‘ hat – gestützt auf eine selbst erlassene Verfassung – einigen Hundert ‚Staatsangehörigen‘ Pässe ausgestellt; er ließ Münzen prägen und Briefmarken drucken. Das reicht doch für einen Staat – oder nicht? Kürzlich fragte mich ein Bürger noch nach einer möglichen Ausbürgerung nach „Liberland". Dort sei man nicht mit überflüssigen Verboten und Steuern unangenehm belastet."

1.1.2 Arbeitsaufträge zur Lernsituation

1. Untersuchen Sie, ob und gegebenenfalls unter welchen Voraussetzungen die Familie Forsch aus der Staatsbürgerschaft der Bundesrepublik Deutschland entlassen werden kann.
2. Prüfen Sie, ob das „Fürstentum Sealand" ein Staat ist.
3. a) Stellen Sie Rechte und Pflichten gegenüber, die sich im Allgemeinen aus der Staatsbürgerschaft ergeben.
   b) Stimmen Sie Dirk Petersen in der Bewertung der Staatsangehörigkeit zu?
4. a) Ist die EU-Bürgerschaft eine Staatsbürgerschaft?
   b) Welche Rechte ergeben sich aus der EU-Bürgerschaft?
5. Vergleichen Sie durch Internetrecherche die Besonderheiten der Mikronation „Liberland" mit denen des „Fürstentums Sealand".

1.1.3 Aufgaben

Fragen zum Basiswissen

1. Prüfen Sie mithilfe des Grundlagenbandes und des Internets, ob bei den folgenden Beispielen alle Staatselemente vorhanden sind:
   a) Bundesrepublik Deutschland
   b) Land Bayern
   c) Aufsichts- und Dienstleistungsdirektion (ADD) mit Sitz in Trier (Rheinland-Pfalz)
   d) Deutsche Demokratische Republik (DDR) bis zum 3. Oktober 1990 (lange Zeit von den meisten Staaten nicht als Staat anerkannt)
   e) Kurdistan (In Kurdistan leben etwa 20 Millionen Kurden. Nach dem Ersten Weltkrieg wurde ihr Siedlungsgebiet der Türkei, der damaligen UdSSR, dem Iran, Irak und Syrien zugeschlagen. Viele Kurden wehren sich gegen ihre Eingliederung in andere Völker.)
   f) Land der Samen in Nordeuropa
   g) Exklave Büsingen am Hochrhein
2. Grenzen Sie die Begriffe Staatsvolk, Nation und Bevölkerung voneinander ab.
3. a) Unterscheiden Sie die Gebietshoheit von der Personalhoheit des Staates.
   b) Welche Bedeutung hat die Gebietshoheit der Bundesrepublik für ausländische Diplomaten und Botschaftsgebäude?
4. Aufgaben zum staatlichen Gewaltmonopol:
   a) Begründen Sie das Gewaltmonopol des Staates.
   b) Erklären Sie Inhalt und Zweck der Gewaltenteilung.
   c) Trifft es zu, dass das staatliche Gewaltmonopol durch die Gewaltenteilung aufgehoben wird?
   d) Bietet die Gewaltenteilung den Bürgerinnen und Bürgern ausreichenden Schutz vor staatlicher Willkürherrschaft?
5. a) Nennen Sie die wichtigsten Aufgaben eines jeden Staates. Orientieren Sie sich u. a. am Haushaltsplan des Bundes, siehe hierzu: https://www.bundeshaushalt.de/static/daten/2025/soll/draft/Vorspann.pdf, S. 65 ff. (08.03.2025).
   b) In den letzten Jahrzehnten veränderten sich die Aufgaben der Bundesrepublik Deutschland. Nennen Sie Beispiele.

Aufgaben zur Übung und Vertiefung

6. In der jüngsten Zeit erscheinen im Neustädter Rathaus Bürgerinnen und Bürger, die ungewöhnliche Anträge stellen und z. T. verbale Drohungen gegenüber städtischen Bediensteten aussprechen. Beim Bürgerservice, im Steueramt, im Ordnungsamt und in verschiedenen anderen Ämtern tauchen diese Personen auf, welche sich selbst als Reichsbürgerinnen und Reichsbürger, Selbstverwaltende oder Germaniten bezeichnen.

Aktenfüllend werden juristische Theorien und umfängliche Begründungen vorgetragen. Aufgefallen ist vor allem Walter Hochscheidt, der einen Pass des Fürstentums Germania vorlegt und nun einen Staatsangehörigkeitsausweis beantragt. Die Bundesrepublik Deutschland existiere gar nicht, argumentiert er, und daher könnten öffentlich-rechtliche Forderungen auch nicht wirksam eingefordert werden. Sozialversicherungsbeiträge, GEZ-Gebühren und Bußgelder werde er nicht bezahlen. Die Bundesrepublik sei nur eine GmbH und die Staatsbürgerinnen und Staatsbürger lediglich Personal der GmbH. Dies sei durch den Personalausweis sehr deutlich zu sehen. Im Übrigen erteile er der Stadt Neustadt ein Zustellverbot für behördliche Post.

a) Informieren Sie sich durch Recherche im Internet über die „Reichsbürger- und Selbstverwalterbewegung". Notieren Sie typische Eigenschaften dieser Gruppen.
b) Ermitteln Sie in Ihrem Bundesland die Handlungsempfehlungen der zuständigen Stellen für den Umgang mit den Reichsbürgerinnen und Reichsbürgern.
c) Diskutieren Sie in Ihrer Lerngruppe diese Handlungsempfehlungen.
d) Prüfen Sie, welche rechtliche Bedeutung der beantragte Staatsangehörigkeitsausweis im vorliegenden Fall hat.

7. In den letzten Jahren ist es immer wieder zu gewalttätigen Ausschreitungen gegenüber Ausländerinnen und Ausländern, Geflüchteten und Menschen jüdischen Glaubens gekommen. Seit 2017 ist die Zahl der Angriffe auf Asylunterkünfte zurückgegangen. Jedoch registrierte die Polizei im ersten Halbjahr 2024 deutschlandweit bereits 519 Übergriffe auf Geflüchtete und Asylbewerberinnen und -bewerber (Antwort der Bundesregierung auf eine Kleine Anfrage im Bundestag). Dabei ging es um Straftaten wie Volksverhetzung, Nötigung und gefährliche Körperverletzung. Im gesamten Jahr 2023 wurden 2 450 Übergriffe dokumentiert (2019 waren es 1 620).

Der Neustädter Kurier meldete am 9. November 2023 den folgenden Vorfall im Ortsteil Unterdorf vom Vorabend: „Mit Holzknüppeln, Fahnenstangen und Bierflaschen schlugen gestern sechs junge Rechtsextreme, Parolen skandierend, auf zwei junge Männer der jüdischen Gemeinschaft in Neustadt ein. Die 22 und 35 Jahre alten Angegriffenen trugen Blutergüsse und Platzwunden sowie Gesichtsfrakturen davon. Die Angreifer ließen erst von den beiden Männern ab, als couragierte Passantinnen und Passanten einschritten. In der Wohnung von zwei Tatverdächtigen wurden nicht registrierte Waffen sowie Musikdateien rechtsextremistischer Musik gefunden."

Hinweis: § 32 Strafgesetzbuch
„Wer eine Tat begeht, die durch Notwehr geboten ist, handelt nicht rechtswidrig. Notwehr ist die Verteidigung, die erforderlich ist, um einen gegenwärtigen rechtswidrigen Angriff von sich oder einem anderen abzuwenden."

Erläutern Sie, wie die beiden jungen Männer der jüdischen Gemeinschaft, die deutschen Rechtsextremen und die couragierten Passantinnen und Passanten in dem geschilderten Fall (unterschiedlich) von dem Gewaltmonopol betroffen werden.

8. **Informieren – diskutieren – protokollieren zum Thema „Gewaltmonopol des Staates"**

Die Arbeitsvorschläge zum folgenden Text sind als z. T. alternative Möglichkeiten gedacht, ein Sachthema fachlich und zugleich kommunikativ zu bearbeiten. Hier sollen auch selbst beschaffte Informationen einfließen, verschiedene Standpunkte diskutiert sowie Ergebnisse festgehalten werden. Verwaltungsfachangestellte sollen in der Lage sein, die Grundregeln des Diskutierens und Protokollierens beruflich anzuwenden.

Wieviele Sheriffs braucht Neustadt – Privater Security-Service ist umstritten

Neustadt – Sie sind bei den meisten Passantinnen und Passanten nicht gerade beliebt – die markigen Männer des privaten Sicherheitsdienstes, die die neue Einkaufspassage am Markt und den Neustädter Bahnhof bewachen. Für die einen stehen sie für Recht und Ordnung, andere fühlen sich eingeschüchtert und ständig beobachtet. Die Rolle uniformierter und mit einem Schlagstock ausgerüsteter „schwarzer Sheriffs" wird in Neustadt heftig und kontrovers diskutiert.

„Wenn möglich mache ich um diese grimmigen Typen einen weiten Bogen", sagt Studentin Svenja Maurer (22), als sie zwei „Sheriffs" in der Passage am Markt erblickt. „In schicken Shopping-Meilen wie hier wird Sicherheit vorgegaukelt, in der schlecht beleuchteten Nordstadt oder im Stadtpark sieht man aber nie einen Ordnungshüter."

22106534

Carlo Santini (47), Inhaber der gleichnamigen Boutique im Fußgängerbereich, formuliert provokant: „Sicherheit gibts offenbar nur noch für Reiche." – „Das stimmt doch nicht", wehrt sich Henning König, Hausinspektor der Einkaufspassage am Markt. „Wir wollen unseren Kundinnen und Kunden doch nur ein unbeschwertes Einkaufen ermöglichen. Dafür sind die Sicherheitskräfte leider unersetzlich.

Schließlich müssen wir unseren Mieterinnen und Mietern gewährleisten, dass die Hausordnung eingehalten wird. Aggressives Betteln und fliegende Händlerinnen und Händler sind in der Einkaufspassage unerwünscht."

Was sagen Polizei und Ordnungsamt zu den Vorwürfen, Sicherheit werde mehr und mehr zum Luxusgut für gutsituierte Bürgerinnen und Bürger? „Das Gewaltmonopol des Staates wird durch die privaten Sicherheitskräfte in keiner Weise infrage gestellt", erklärt Hauptkommissar Jürgen Grabowski, „denn die hoheitlichen Aufgaben der Polizei können und dürfen von den privaten Unternehmen nicht wahrgenommen werden."

Wolfgang Jäger, Leiter des städtischen Ordnungsamts, sieht das immer häufigere Auftreten der „schwarzen Sheriffs" mit gemischten Gefühlen: „Es ist schon paradox, dass das subjektive Angstgefühl der Menschen stetig wächst, obwohl – oder gerade weil? – immer mehr private Sicherheitskräfte zu sehen sind. Ich hoffe, dass unsere städtischen Ordnungskräfte und die Polizei es schaffen, das Vertrauen der Neustädter Bürgerinnen und Bürger in die öffentliche Sicherheit zurückgewinnen."

Neustädter Kurier vom Samstag, 10.02.2024

a) Markieren Sie Kernaussagen im Zeitungstext. Halten Sie die Argumente der zu Wort kommenden Personen in einer Tabelle fest.

b) Versetzen Sie sich in die Lage dieser Personen und ergänzen Sie deren Argumente im Zeitungstext gemeinsam mit einer Lernpartnerin oder einem Lernpartner um eigene, weitere Standpunkte.

c) Diskutieren Sie im Plenum das Thema „Gewaltmonopol des Staates – pro und kontra". Beziehen Sie rechtliche Überlegungen mit ein. Beachten Sie die wichtigen Regeln des Diskutierens (s. Kommunikationsleitfaden im Grundlagenband).

d) Protokollieren Sie die Diskussion in geeigneter Form.

e)

Sachverhalt

Durch die örtliche Presse nachdrücklich gefordert, kommt es in Ihrer Gemeinde zu einer Versammlung der Bürgerinnen und Bürger mit Podiumsdiskussion, nachdem diese häufiger angepöbelt, Fassaden immer wieder verschmiert und auch zwei Jugendliche nach einem Discobesuch krankenhausreif geprügelt wurden. Die Presse hatte von der „Ohnmacht und Unfähigkeit" der Behörden gesprochen und eine Art Bürgerwehr gefordert.

Podiumsdiskussion

Sechs Schülerinnen und Schüler bilden die Podiumsbesetzung. Mithilfe der Regeln im Leitfaden zur Gestaltung der Kommunikation in der Stadtverwaltung Neustadt haben sie sich auf Ihre Rolle vorbereitet. Sie sitzen an einem Tisch vor der Lerngruppe, die die Bürgerschaft darstellt. Neben einer die Diskussion leitenden Person nehmen folgende Personen teil: der Ordnungsamtsleiter, die Leiterin oder der Leiter der örtlichen Polizeibehörde, eine Vertreterin oder ein Vertreter der Kirchengemeinde, die 19-jährige Patrizia sowie ein Gemeindemitglied, das als Verfechterin oder Verfechter der Bürgerwehr-Idee gilt und selbst Opfer einer Gewalttat geworden ist.

Herr Möller und Frau Lohmann – zwei Lehrkräfte, die von einem Schüler und einer Schülerin dargestellt werden – schreiben eifrig ein Protokoll der Veranstaltung, um später mit ihren Berufsschülerinnen und -schülern darüber diskutieren zu können.

Nach einer angemessenen Diskussionszeit sollen einige Bürgerinnen und Bürger aus dem Plenum einer Reporterin oder einem Reporter des Lokalradios erläutern, welche Wortbeiträge und Standpunkte die Podiumsteilnehmerinnen und -teilnehmer sie inhaltlich und sprachlich am ehesten überzeugt haben.

Aufgaben zum Staatsangehörigkeitsrecht

9. Erwirbt das Kind in den folgenden Fällen die deutsche Staatsangehörigkeit (oder ist dieser Erwerb möglich)?

	Staatsangehörigkeit		Aufenthaltsort	Geburt des Kindes
	der Mutter	des Vaters		
a)	Deutschland	Afghanistan	Deutschland	Afghanistan 2023
b)	Griechenland	USA	Deutschland (seit 2019)	Deutschland 2015

	Staatsangehörigkeit		Aufenthaltsort	Geburt des Kindes
	der Mutter	des Vaters		
c)	Vietnam	Deutschland (unverheiratet, Vaterschaftsanerkennung)	Deutschland (seit fünf Jahren)	Vietnam 2003
d)	Österreich	unbekannt	Deutschland (seit acht Jahren), mehrfache Teilnahme an antisemitischen Kundgebungen	Österreich vor 21 Jahren
e)	Türkei	Türkei	Deutschland (Vater seit fünf Jahren mit unbefristetem Aufenthalts-recht)	Deutschland vor einem Jahr

10. Herr H. besitzt mehrere Staatsangehörigkeiten und möchte sich dauerhaft außerhalb Deutschlands niederlassen. Kann er nach § 26 StAG auf die deutsche Staatsangehörigkeit rechtswirksam verzichten?

11. a) Frau Yilmaz. stammt aus der Türkei und ist seit mehreren Jahren deutsche Staatsangehörige. Sie hat bei einem Besuch in ihrer Heimat wieder die türkische Staatsangehörigkeit angenommen.
    b) Der deutsche Ingenieur Hans Meier wird bei einem Urlaub in Schweden unerwartet auf einen interessanten Arbeitsplatz aufmerksam. Da seine Frau Schwedin ist, nimmt er die schwedische Staatsbürgerschaft an.

    Sowohl Frau Yilmaz als auch Herr Meier sind der Ansicht, nun zwei Staatsangehörigkeiten zu besitzen. Prüfen Sie mithilfe des § 17 StAG, ob diese Auffassung zutrifft.

12. Ein deutsches Konsulat erhält folgende Anfrage: „Mein Ehemann und ich sind beide deutsche Staatsangehörige. Unsere Tochter ist in den USA geboren und hat daher zusätzlich zur deutschen Staatsangehörigkeit auch die amerikanische erworben. Muss sich unsere Tochter später für eine der beiden Staatsangehörigkeiten entscheiden?“

13. Vor 1945 wurde vielen „unerwünschten“ Deutschen die deutsche Staatsangehörigkeit gegen ihren Willen entzogen, sodass sie staatenlos wurden.
    a) Welche Folgen hatte dies für die Betroffenen?
    b) Prüfen Sie mithilfe des Grundgesetzes, ob ein solches Vorgehen heute möglich wäre.

1.2 Verfassungsprinzipien des Grundgesetzes überblicken

1.2.1 Lernsituation

Wer die Wahl hat ...

Aufruf auf der Homepage der kreisangehörigen Stadt Neustadt:

Demokratie live erleben – wo und wie?

Bei uns in Neustadt! Für die Bundestagswahl und die in diesem Jahr gleichzeitig stattfindende Kommunalwahl sucht die Stadt Neustadt

180 Wahlhelferinnen und Wahlhelfer.

Übernehmen Sie für einen Tag ein Ehrenamt im Wahlvorstand eines Wahlbezirks.

Wahlhelferin oder Wahlhelfer können alle Personen sein, die bei der Bundestagswahl wählen dürfen. Die Wahlvorstände haben die Aufgabe, die Wahl im Wahllokal zu organisieren und für ihren korrekten Ablauf zu sorgen. Unter anderem vermerken sie im Wählerverzeichnis, wenn Wahlberechtigte ihre Stimme abgegeben haben, damit jeder und jede Wahberechtigte nur einmal wählen kann. Nach dem Schließen des Wahllokals um 18:00 Uhr zählt der Wahlvorstand die abgegebenen Stimmen aus.

22106536

Für das Ehrenamt gibt es kein Arbeitsentgelt. Die Stadt Neustadt zahlt aber ein steuerfreies „Erfrischungsgeld“ von 35,00 bis 50,00 €, je nach der Aufgabe im Wahlvorstand. Außerhalb des eigenen Wahlbezirks werden die notwendigen Fahrkosten erstattet.

Demokratie lebt von Beteiligung! Seien Sie mittendrin statt nur dabei!

Bitte melden Sie sich beim **Wahlamt der Stadt Neustadt**,

Tel.: 02999 177-541 Mail: wahlamt@stadtneu.de Online-Meldung hier

Mara Müller ist Auszubildende bei der Stadt Neustadt. Sie überlegt, ob sie sich melden soll.

Wahlen sind ihr irgendwie schon wichtig, denn wer nicht wählt, lässt andere über sich bestimmen. Das geht gar nicht, findet sie. Außerdem ist der Aufwand gering, sowohl für Wählerinnen und Wähler als auch für Personen, die bei der Wahl helfen. Andererseits fände sie es demokratischer, an Volksentscheiden teilzunehmen und über Sachfragen abzustimmen. Denn bei der Wahl stellen wir den Politikerinnen und Politikern einen „Blankoscheck“ aus, ihre Wahlversprechen einzuhalten oder nicht.

Für das „Erfrischungsgeld“ hätte sie auch schon einen Verwendungszweck.

Ob Mara wohl den Anmelde-Button anklickt?

1.2.2 Arbeitsaufträge zur Lernsituation

1. Mara Müller macht sich Gedanken über Sinn und Aufgabe einer Bundestagswahl. Ordnen Sie den folgenden Aussagen a) bis e) je eine **Wahlfunktion** aus der Tabelle unten zu.
   a) Die Wahl ist ein Auftrag an die Abgeordneten, verbindliche Gesetze zu beschließen.
   b) Wählerinnen und Wähler können die bisherige Regierung bestätigen oder der Opposition die Chance für eine andere Politik geben.
   c) Eine hohe Wahlbeteiligung zeigt, dass die Wählerinnen und Wähler Vertrauen in die politischen Institutionen haben und das politische System akzeptieren.
   d) In der Wahl entscheidet das Wahlvolk über Personen und Programme und beteiligt sich auf diese Weise an der Politik.
   e) Das gewählte Parlament ist Vertreter des ganzen Volkes und spiegelt die unterschiedlichen Meinungen und Interessen der Bürgerinnen und Bürger wider.

Wichtige Wahlfunktionen	Wortbedeutung in der Politik
Kontrolle	Überprüfung, Bestätigung bzw. Auswechselung politisch Herrschender
Partizipation	an der Politik teilnehmen
Repräsentation	eine Personengesamtheit vertreten
Legitimation	Berechtigung und Auftrag, z. B. allgemein verbindliche politische Entscheidungen zu treffen
Integration	Einbeziehung des Einzelnen in das politische System

2. Art. 38 Abs. 1 GG enthält fünf Grundsätze der Bundestagswahl: „Die Abgeordneten des Deutschen Bundestages werden in allgemeiner, unmittelbarer, freier, gleicher und geheimer Wahl gewählt.“ Ordnen Sie diese fünf demokratischen Wahlgrundsätze den folgenden Definitionen a) bis e) zu.
   a) Alle Wählerinnen und Wähler haben mit ihrer Stimme den gleichen Einfluss auf das Wahlergebnis.
   b) Bei einer demokratische Wahl ist gewährleistet, dass niemand feststellen kann, wie der oder die Einzelne sich bei der Stimmabgabe entscheidet.

c) Eine demokratische Wahl erfordert, dass die Wählenden keinem Zwang oder Druck ausgesetzt sind, keine Nachteile wegen ihrer Wahlentscheidung befürchten müssen und dass ihnen eine Auswahl zwischen inhaltlichen politischen Alternativen geboten wird.

d) Alle Staatsbürgerinnen und Staatsbürger besitzen grundsätzlich das aktive und passive Wahlrecht – unabhängig von Geschlecht, Hautfarbe, Sprache, Beruf, Bildung, Vermögen, Einkommen, Religion oder politischen Ansichten.

e) Bei der Wahl zum Deutschen Bundestag werden alle Abgeordneten direkt und allein durch die Stimmabgabe der Wählerinnen und Wähler bestimmt. (Die Wahl ist also nicht indirekt, wie z. B. die Präsidentschaftswahl in den USA, bei der ein Wahlkollegium (Electoral College) gewählt wird, dass seinerseits die Präsidentin oder den Präsidenten wählt.)

3. Mara Müller hat sich als Wahlhelferin gemeldet. Am Wahltag wird sie Zeugin einiger Ereignisse. Erörtern Sie die folgenden Begebenheiten – auch im Hinblick auf die Wahlgrundsätze – und überlegen Sie, wie der Wahlvorsteher Holger Kasparek reagieren sollte. Nehmen Sie ggf. die Wahlordnung Ihrer Heimatgemeinde hinzu.

a) Wahlhelfer Tobias Knopp teilt gleich nach der Ankunft im Wahllokal mit, dass er um 10:00 Uhr wieder gehen werde, um den Ausflug des Kegelvereins nicht zu verpassen.

b) Der Wähler Herr Neu zeigt im Wahllokal seinen Personalausweis vor und erklärt, keine Wahlbenachrichtigung erhalten zu haben. Mara Müller kann Herrn Neu im Wählerverzeichnis nicht finden.

c) Wahlhelferin Lena Berger wurde vom Ortsvorsitzenden ihrer Partei als Wahlhelferin geworben. Stolz trägt sie im Wahllokal ein dezentes Parteiabzeichen. Auch einige Wählerinnen und Wähler erscheinen mit unterschiedlichsten Abzeichen und T-Shirt-Aufdrucken.

d) Ein Wähler hat hinter der Wahlblende den Stimmzettel so umständlich geknickt, dass dieser sich auf dem Weg zur Urne entfaltet und die Wahlentscheidung erkennbar ist.

4. Lesen Sie den Text „**Wahl in der DDR**“ (Arbeitsmaterial 1).

Stimmt die Beschreibung einer Wahl in der ehemaligen Deutschen Demokratischen Republik (bis 1990) mit den demokratischen Wahlgrundsätzen überein? Begründen Sie bitte Ihre Antwort.

5. Der Lückentext beschreibt das **Wahlsystem der Bundestagswahl**. Ordnen Sie den Lücken 1 bis 13 die folgenden Begriffe zu. Führen Sie eine gesonderte Liste.

demokratischen Verfahren, Direktmandat, Direktmandate, Erststimme, fünf Prozent, kleine Parteien, Landesliste, Listenmandate, personalisierten, Region, Reihenfolge, Verhältniswahl, Zweitstimme

Wahlsystem der Bundestagswahl (bis 2025)

Mit der ....(1) wählt man einen Kandidaten oder eine Kandidatin aus dem Wahlkreis. Die Kandidatinnen und Kandidaten werden von den Parteien in einem ....(2) aufgestellt. Jedoch sind auch unabhängige Kandidatinnen und Kandidaten möglich. Der Kandidat oder die Kandidatin mit den meisten Stimmen im Wahlkreis erhält ein ....(3) im Bundestag. Die Stimmen der unterlegenen Kandidatinnen und Kandidaten verfallen.

Es gibt in Deutschland 299 Wahlkreise, in denen jeweils etwa 250 000 Menschen leben (die ausländische Bevölkerung nicht mitgerechnet). Durch die direkte Wahl von 299 Abgeordneten in den Wahlkreisen ist nahezu jede

....

(4) im Bundestag vertreten. Die Direktmandate müssen zukünftig allerdings eine sogenannte Zweitstimmendeckung haben. Der Bundestag wird gesetzlich auf 630 Sitze begrenzt.

Die ....(5) entscheidet über die Mehrheitsverhältnisse im Bundestag. Die Bundestagswahl ist eine ....(6), denn das Verhältnis der Zweitstimmen zueinander ist maßgeblich für die Verteilung aller 598 Sitze auf die einzelnen Parteien. (Da eine Hälfte der Abgeordneten persönlich direkt gewählt wird, spricht man auch von einer ....(7) Verhältniswahl.) Erreicht eine Partei z. B. 30 % der Zweitstimmen, so stehen ihr im Prinzip mindestens 30 % aller Bundestagsmandate zu. Berücksichtigt werden aber nur Parteien, die mindestens ....(8) aller Zweitstimmen oder drei Wahlkreise gewonnen haben. So sind auch

22106538

....(9), die die Sperrklausel überwinden, im Bundestag vertreten. Die 5 %-Sperrklausel im neugefassten BWahlG verstößt gem. BVerfG-Urteil gegen Art. 21 Abs. 1 und Art. 38 Abs. 1 Satz 1 GG (Urteil vom 30. Juli 2024). Bis zu einer Neuregelung gilt sie insoweit fort, dass bei der Sitzverteilung Parteien mit weniger als 5 % der Zweitstimmen nur dann nicht berücksichtigt werden, wenn ihre Bewerber in weniger als drei Wahlkreisen die meisten Erststimmen auf sich vereinigt haben.
Die Zweitstimmen werden für die ....(10) einer Partei abgegeben. Auf dieser Liste stehen die Kandidatinnen und Kandidaten einer Partei aus einem Bundesland. Die ....(11) der Kandidatinnen und Kandidaten auf der Landesliste entscheidet letztlich über die Chancen dieser Kandidatinnen und Kandidaten, Abgeordnete zu werden.
Bei der Verteilung der Mandate wird zunächst berechnet, wie viele Sitze jeder Partei insgesamt zustehen. Von dieser Sitzzahl werden die ....(12) jeder Partei abgezogen. Die übrigen Sitze, die einer Partei zustehen, werden als ....(13) aus den Landeslisten der jeweiligen Partei in der Reihenfolge der Listenplätze vergeben. Ausgleichs- und Überhangmandate entfallen zukünftig, um das Parlament in seiner Größe zu verkleinern (Stand 2024).

6. Bei kommunalen Wahlen führte die unkorrekte **Gestaltung der Stimmzettel** schon zu gerichtlichen Beanstandungen und Wahlwiederholungen (z. B. Rheinland-Pfalz 2014, Oberbürgermeisterwahl Köln 2015, Landtagswahl NRW 2017 Köln, Aachen, Gelsenkirchen). Die Gestaltung der Stimmzettel muss übersichtlich und neutral sein. Sie soll den Wahlvorgang erleichtern und keinen Kandidaten, keine Kandidatin und keine Partei benachteiligen. Vorgaben enthalten § 30 BWahlG und § 45 Bundeswahlordnung, siehe hierzu: https://www.politische-bildung.nrw.de/digitale-medien/titelverzeichnis/details/medien/macht-die-fehlende-ecke-den-stimmzettel-ungueltig?category=5&cHash=d9ef1fca2a7a4b7e47e634e3e0d9298c (09.03.2025).

   Erörtern Sie, ob der als Arbeitsmaterial 2 abgebildete Stimmzettel den Grundsätzen der Neutralität und der Wahlerleichterung entspricht. Gehen Sie auf folgende Punkte ein:
   a) Bedeutung der Farben
   b) Unterschiedliche Anordnung der Texte bei Erst- und Zweitstimme, Reihenfolge
   c) Inhaltliche Angaben zu den Wahlvorschlägen bei Erst- und Zweitstimme
   d) Schriftgestaltung
   e) Sehen Sie Gründe, die Gestaltung zu ändern?

7. Am Wahlabend nach 18:00 Uhr hilft Wahlhelferin Mara Müller bei der Stimmenauszählung. Sie hat sich informiert, was nach der Auszählung passiert:

   Bringen Sie die folgenden Schritte a) bis f) in die richtige Reihenfolge (Liste von 1. bis 6.):
   a) Aufstellen des Wahlkreisergebnisses und Weitergabe an die Landeswahlleiterin oder den Landeswahlleiter.
   b) Die Landeswahlleiterinnen und -leiter der 16 Bundesländer stellen jeweils ein Landesergebnis fest.
   c) Schnellmeldung der Ergebnisse aus den Wahllokalen und Briefwahlbezirken an die Gemeindebehörde (zur Weiterleitung an den Kreiswahlleiter oder die Kreiswahlleiterin).
   d) Nun stehen alle 299 direkt gewählten Abgeordneten fest.
   e) Der Bundeswahlleiter oder die Bundeswahlleiterin fasst die Ländergebnisse bundesweit zusammen.
   f) Wie viele Sitze die Parteien aus ihren Landeslisten erhalten, wird in einem besonderen Rechenverfahren berechnet (Verfahren Sainte-Laguë/Schepers).

8. Mara Müller bespricht das Wahlergebnis der Bundestagswahl 2021 (siehe Arbeitsmaterial 3) mit einer anderen Wahlhelferin. Dabei kommen mehrere Fragen auf.

   Welchen Grund könnte es haben, ...
   a) dass die „Sonstigen Parteien" keine Bundestagsmandate erhielten, obwohl sie 8,6 % der Zweitstimmen erhalten hatten?
   b) dass die SPD 27,99 % der Bundestagsmandate erhielt, obwohl sie auf 26,4 % der Erststimmen und 25,7 % der Zweitstimmen kam?

c) dass die Partei DIE LINKE 39 Mandate erhielt, obwohl sie nur 4,9 % der Zweitstimmen gewinnen konnte?
d) dass die allgemein sinkende Wahlbeteiligung für eine kleine Partei mit vielen Stammwählerinnen und Stammwählern vorteilhaft war?

Volksbegehren und -abstimmungen, Bürgerbegehren und -entscheide

In Deutschland findet die verfassungsmäßige Demokratie grundsätzlich **indirekt** statt, d. h. durch gewählte Parlamente bzw. Gemeinderäte. Das parlamentarische System wird aber ergänzt durch Volks- bzw. Bürgerentscheide. Dies sind Elemente der **direkten** Demokratie.

In dieser Lernsituation ging es zunächst um Wahlen von Personen. Aber auch die Abstimmungen über Sachfragen, die in 20 Abs. 2 GG ausdrücklich genannt sind, sollen als wichtiger Teil unserer Demokratie untersucht werden, und zwar auf **Bundes-, Länder- und Gemeindeebene** sowie für die **Europäische Union**.

Volksabstimmungen und Bürgerentscheide haben in letzter Zeit an Bedeutung gewonnen, sie wurden häufig zusammen mit Wahlen organisiert und durchgeführt. Für Verwaltungsmitarbeiterinnen und -mitarbeiter sind sie daher auch beruflich wichtig. Die folgenden Aufgaben können in Gruppen bearbeitet werden.

9. Auf Bundesebene wird die Staatsgewalt vom Volk durch **Wahlen** und **Abstimmungen** und durch „besondere Organe" ausgeübt (Art. 20 Abs. 2 GG).
   a) Welches Bundesorgan wird bzw. welche Bundesorgane werden durch die **Wahl** des Volkes besetzt?
   b) Für welchen Fall sieht Art. 29 GG die **Abstimmung** des Volkes vor?
   c) Nennen Sie Beispiele für die besonderen **Organe**, die nach Art. 20 Abs. 2 GG auch die Staatsgewalt des Bundes ausüben.

10. In den Verfassungen der Bundesländer spielt die Volksgesetzgebung durch Volksabstimmungen und -entscheide eine größere Rolle als im Bund.

Beispiel:

Das Volksbegehren „Rettet die Bienen" (Artenvielfalt u. Naturschönheit in Bayern) war eine Volksabstimmung, die Anfang 2019 in Bayern durchgeführt wurde. Sie hatte zum Ziel, durch eine Änderung des Bayerischen Naturschutzgesetzes die Entwicklung der Artenvielfalt dauerhaft zu sichern und bestehende Lebensräume zu schützen und nachhaltig weiterzuentwickeln.

Initiiert und unterstützt wurde das Volksbegehren von Naturschutzverbänden, einzelnen politischen Parteien sowie zahlreichen gemeinnützigen Vereinen. Der Landtag Bayerns nahm das – erfolgreiche – Volksbegehren an, sodass es nicht zum Volksentscheid kam. Tiefgreifende Änderungen des Bayerischen Naturschutzgesetzes traten in der Folge am 1. August 2019 durch Landtagsbeschluss in Kraft.

Die Verfassungen der Länder lassen einen anschließenden **Volksentscheid** nur dann zu, wenn

- der **Abstimmungsinhalt** erlaubt ist,
- der **Antrag** auf das Volksbegehren, das dem Volksentscheid vorausgeht (in einigen Ländern: Volksinitiative), eine Mindestanzahl von Unterschriften stimmberechtigter Bürgerinnen und Bürger trägt und

- das **Volksbegehren** selbst von einer Mindestzahl von Stimmberechtigten unterstützt wird.

Aufgaben:

a) Themen wie das Haushaltsgesetz, Abgabengesetze (Steuern) sowie Dienst- und Versorgungsbezüge sind bei Volksentscheiden in der Regel nicht zugelassen. Geben Sie bitte Gründe dafür an.

b) Sammeln Sie Vor- und Nachteile zu Volksbegehren und Volksentscheid und nehmen Sie Stellung.

c) In Berlin, Niedersachsen, Nordrhein-Westfalen, Rheinland-Pfalz und Sachsen-Anhalt gibt es außerdem das Verfahren der Volksinitiative, in dem Gesetzesentwürfe dem Parlament zur Beschlussfassung vorgelegt werden (Sachsen: Volksantrag, Bremen und Thüringen: Bürgerantrag). Dieses Recht ist dem Petitionsrecht (Art. 17 GG) nicht unähnlich.
Informieren Sie sich in Ihrer Landesverfassung.
Informationen: Mehr Demokratie e. V., www.mehr-demokratie.de.

d) Ermitteln Sie die Erfolgsaussichten der Volksbegehren und Volksentscheide in den Bundesländern.

11. Bürgerentscheide sind aus der Kommunalpolitik nicht mehr wegzudenken. Meistens ergeben sie sich aus Bürgerbegehren, die „von unten" initiiert sind, in einem Drittel der Fälle haben die Gemeinderäte selbst den Bürgerinnen und Bürgern ein Thema zur Abstimmung vorgelegt („Ratsreferendum").

Beispiel:

Die Landeshauptstadt München wollte sich um die Olympischen Winterspiele 2022 bewerben, die in Oberbayern durchgeführt werden könnten.

Doch zunächst wurde in Bürgerentscheiden über die Bewerbung abgestimmt, und zwar in den beteiligten Kommunen München, Garmisch-Partenkirchen sowie den Landkreisen Berchtesgadener Land und Traunstein.

Bei allen vier Bürgerentscheiden stimmte die Bevölkerung gegen eine Bewerbung. Damit war das Thema „Winterspiele 2022" für diese Region beendet.
In Deutschland fanden im Jahr 2019 358 Bürgerbegehren statt.

Informationen:

Mehr Demokratie e. V., www.mehr-demokratie.de/themen/bundesweite-volksabstimmung/bundesweite-volksabstimmung

Stimmzettel

für den Bürgerentscheid
„Bewerbung der Landeshauptstadt München um die Olympischen und Paralympischen Winterspiele 2022"
am 10. November 2013

Sind Sie dafür, dass sich die Landeshauptstadt München zusammen mit der Marktgemeinde Garmisch-Partenkirchen und den Landkreisen Berchtesgadener Land und Traunstein um die Olympischen und Paralympischen Winterspiele 2022 bewirbt?

Sie haben hier eine Stimme

◯ **JA** ◯ **NEIN**

Aufgaben:

a) Wenn Sie in einem „Flächenland" wohnen, sehen Sie in der Gemeindeordnung Ihres Bundeslands nach, wie das Thema „Bürgerbegehren und Bürgerentscheid" geregelt ist. Wie hoch ist die „Unterschriftenhürde" für das Bürgerbegehren? Wie hoch ist der Prozentsatz der Bürgerinnen und Bürger, der für eine gültige Mehrheitsentscheidung im Bürgerentscheid mindestens erreicht werden muss?

b) Über die Berechtigung von Bürgerentscheiden gibt es unterschiedliche Meinungen.
   - „Der Rat allein sollte alle örtlichen Angelegenheiten entscheiden, denn dazu wurde er gewählt. Er repräsentiert die gesamte Bürgerschaft. Die Befürworterinnen und Befürworter eines Bürgerbegehrens dagegen vertreten nur bestimmte Interessen, nicht die gesamte Bürgerschaft."

- „Es gibt Themen, bei denen die Bürgerinnen und Bürger selbst besser wissen, was für sie gut ist. Diese Fragen sollte auch die gesamte Bürgerschaft im Bürgerentscheid entscheiden."

Nehmen Sie Stellung.

12. Die Europäische Union hat noch immer demokratischen Nachholbedarf. Weil die Mitgliedstaaten immer mehr Zuständigkeiten auf die EU übertragen, verlieren die Bürgerinnen und Bürger bei diesen Themen an Einfluss. Denn mehr als drei Viertel aller neuen Gesetze, die unser tägliches Leben regeln, haben ihren Ursprung in EU-Regelungen.

Mit der Europäischen Bürgerinitiative (EBI) können die Bürgerinnen und Bürger unterschiedlicher EU-Staaten gemeinsam die Europäische Kommission auffordern, sich mit einem Thema zu befassen oder eine Gesetzesinitiative zu ergreifen. Innerhalb von drei Monaten entscheidet die EU-Kommission, ob ein neuer Gesetzesvorschlag gemacht werden kann oder nicht. Die EBI ist damit ein wesentlich schwächeres Mittel als ein Volksentscheid.

Das Thema „Europäische Bürgerinitiative (EBI)" eignet sich für kurze Berichte aufgrund eigener Recherchen im Internet. Themenvorschläge:

- Start und Organisation einer EBI (Überblick)
- Unterstützen einer laufenden EBI (Überblick)
- Unterscheidung zwischen einer EBI und einer Petition an das Europäische Parlament

Informationen im Internet

- über Europäische Bürgerinitiativen:
  https://ec.europa.eu/citizens-initiative/public/welcome
- über Petitionen an das Europäische Parlament:
  www.europarl.europa.eu/atyourservice/de/20150201PVL00037/Petitionen

1.2.3 Arbeitsmaterialien zur Lernsituation

Arbeitsmaterial 1

Wahl in der DDR

Am 7. Mai 1989 sind die DDR-Bürger wieder einmal aufgerufen, die „Kandidaten der Nationalen Front" zu wählen. Das Wahlverfahren ist jedoch nur scheinbar demokratisch: Auf einer von der SED abgesegneten Einheitsliste stehen die Kandidaten – die fast keinem der Wähler bekannt sind. Eine Abstimmung über einzelne Wahlvorschläge ist nicht möglich. Es gibt nur die Unterscheidung zwischen Ja-Stimme, Nein-Stimme und ungültiger Stimme für die gesamte Liste. Was nur wenige DDR-Bürger wissen: Eine Nein-Stimme, also eine Ablehnung des Wahlvorschlags wird nur dann anerkannt, wenn der Wähler auf der Liste jeden einzelnen Namen säuberlich durchstreicht. Jede Abweichung von dieser äußeren Form macht den Stimmzettel ungültig.

Zwar ist in jedem Wahlbüro eine Wahlkabine aufgebaut, doch werden die Bürger, welche die Kabine tatsächlich benutzen, von den bestellten, linientreuen Wahlhelfern registriert [...].

Quelle: Zandonella, Bruno: Wahl(un)recht in der deutschen Geschichte (2). Thema im Unterricht/Extra. Arbeitsmappe. Wahlen für Einsteiger. 3. Auflage. Bundeszentrale für politische Bildung (Hrsg.), Bonn, 2020, S. 9.

Da wundert es nicht mehr, dass der Staatssicherheitsdienst z. B. in einem Bericht vom 07.05.1989 über die Wahl in Menz (Brandenburg) einen Wähler namentlich nennt, der alle Kandidaten auf dem Wahlzettel durchgestrichen hat *(vgl. auch: www.bpb.de/geschichte/deutsche-einheit/kontraste/42446/wahlen-als-farce [abgerufen am 09.03.2025]).*

Normalerweise wird der Wahlzettel ohne Markierung (= gültig) gefaltet in die Urne gesteckt. In der Bevölkerung wird der Gang zur Wahlurne deshalb auch treffend als „Zettelfalten" bezeichnet.

22106542

Arbeitsmaterial 2

Stimmzettel

für die Wahl zum Deutschen Bundestag im Wahlkreis 000 Neustadt

am ______________

Sie haben 2 Stimmen

hier 1 Stimme für die Wahl eines/einer Wahlkreis-abgeordneten

Erststimme

1	**Müller, Hannah** Kaufm. Angestellte Neustadt **CDU**	Christlich Demokratische Union Deutschlands	◯
2	**Schulze, Philipp** Ingenieur Neustadt **SPD**	Sozialdemokratische Partei Deutschlands	◯
3	**Koch, Laura** Lehrerin Neustadt **GRÜNE**	Bündnis 90 / Die Grünen	◯

hier 1 Stimme für die Wahl einer Landesliste (Partei) – maßgebende Stimme für die Verteilung der Sitze insgesamt auf die einzelnen Parteien –

Zweitstimme

◯	**CDU**	**Christlich Demokratische Union Deutschlands** Wolf Kirsch, Dr. Friedrich Neu, Ursula Schumann, Tim Albert, Franz Steiger	1
◯	**SPD**	**Sozialdemokratische Partei Deutschlands** Alf Abel, Dr. Heike Bebel,Ernst Ahrendt, Ines Schimanski, Paul Brand	2
◯	**GRÜNE**	**Bündnis 90/Die Grünen** Britta Baum, Lars Tomsen, Knut Kibowski, Lucia Zielke, Günter Meier	3

Arbeitsmaterial 3

Ergebnis der Bundestagswahl 2021 (Auszug, Zahlen gerundet)				
Wahlberechtigte	61 181 072			
Wählende	46 854 508		76,6 %	
Ungültige Zweitstimmen	412 485		0,9 %	
Gültige Zweitstimmen	46 442 023		99,1 %	

Parteien	Zweitstimmen		Mandate	
	Stimmen	in Prozent	Sitze	in Prozent
SPD:	11 955 434	25,7	206	27,18
CDU:	8 775 471	18,9	152	20,66
GRÜNE	6 852 206	14,8	118	16,04
FDP	5 319 952	11,5	92	12,50
AFD	4 803 902	10,3	83	11,28
CSU	2 402 827	5,2	45	6,12
DIE LINKE	2 270 906	4,9	39	5,30
SSW		0,1	1	0,14
sonstige		8,6	0	0,0
Gesamt:	46 515 492		736	

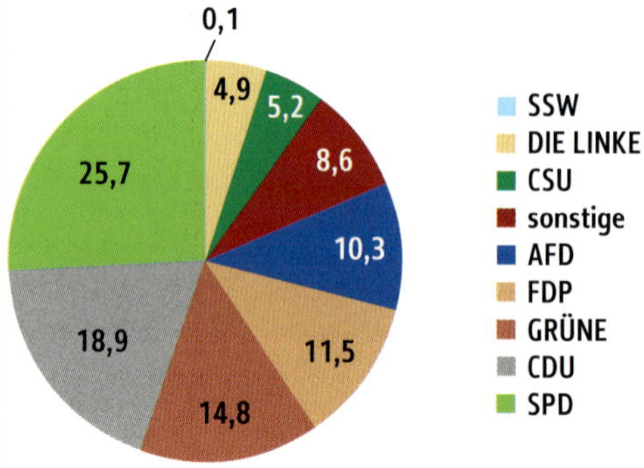

1.2.4 Aufgaben

1. a) Nennen Sie die beiden Teile, die den Inhalt moderner Staatsverfassungen bilden.
   b) Bedarf eine Verfassung der Schriftform?
   c) An wen richten sich die Regelungen in einer Staatsverfassung?
   d) Wann und wo wurde das Grundgesetz für die Bundesrepublik Deutschland verkündet?
   e) Handelt es sich beim Grundgesetz um eine reguläre Staatsverfassung?
   f) Wer hat das Grundgesetz beschlossen?
   g) Nennen Sie die fünf Grundprinzipien für die staatliche Ordnung in Bund und Ländern.
2. Staatsoberhaupt der Bundesrepublik ist die Bundespräsidentin oder der Bundespräsident.
   a) Ist die Bundesrepublik deshalb eine Präsidentschaftsrepublik?
   b) Nennen Sie einige Aufgaben der Bundespräsidentin oder des Bundespräsidenten.
3. Der Demokratiegrundsatz im Sinne des GG kann durch bestimmte Merkmale gekennzeichnet werden. Zählen Sie stichwortartig fünf verschiedene Merkmale auf.
4. Der Bundestag ist die Volksvertretung auf Bundesebene.
   a) Sind die Mitglieder des Bundestags an Aufträge ihrer Wählerinnen und Wähler oder ihrer Parteien gebunden?
   b) Was ist mit Immunität und Indemnität der Abgeordneten gemeint?
   c) Erläutern Sie die Bedeutung der Opposition im Deutschen Bundestag.
   d) Im Grundlagenband sind Aufgaben des Deutschen Bundestags dargestellt. Geben Sie drei besonders wichtige Aufgaben an, die unbedingt von einer Volksvertretung wahrgenommen werden sollten.
5. In Art. 20 Abs. 2 GG heißt es: „Alle Staatsgewalt geht vom Volke aus." Zeigen Sie anhand einer „Legitimationskette", wie dieser Satz für die Tätigkeit des Bundeskriminalamts zu verstehen ist.
6. Art. 21 GG unterstreicht die Bedeutung der Parteien in der Bundesrepublik. Beschreiben Sie die Aufgaben politischer Parteien im demokratischen Staat.

22106544

7. Informelle Beteiligungsformen sind in der Demokratie zunehmend gewünscht. Bürgerräte, Bürgerforen, Bürger- oder Zukunftsdialoge tragen zur Lösung von politischen Konflikten bei und unterstützen die parlamentarisch vorgesehenen Beteiligungsmöglichkeiten. Insgesamt knapp 300 Bürgerräte gab es bisher: seit 2019 auf Bundesebene zehn und in den Bundesländern 20. Die meisten finden in den Kommunen statt.

Deutschland ist „Weltmeister“ der losbasierten Bürgerbeteiligung

Immer häufiger setzen Kommunen, Länder und der Bundestag auf sogenannte Bürgerräte. Das zeigt der Bericht „Bürgerräte in Deutschland“ auf, der 322 Verfahren seit 1972 erfasst (siehe hierzu: https://www.mehr-demokratie.de/fileadmin/pdf/2024/Publikationen/2024_10_22_Buergerratsbericht_web.pdf). Im Vergleich der Bundesländer liegt Nordrhein-Westfalen mit aktuell 75 Losverfahren vor Baden-Württemberg mit 67 Bürgerräten und Bayern mit 40 Losversammlungen. Bei den Kommunen liegt Berlin mit 25 Bürgerräten in den Bezirken und Stadtteilen vor München mit acht und Bochum mit sechs Verfahren. Häufige Themen sind Stadtplanung und Infrastruktur, Nachhaltigkeit, Soziales, Umwelt, Bau, Bürgerbeteiligung, Klima und Verkehr. Auf Bundesebene gab es bisher einen vom Bundestag eingesetzten Bürgerrat („Ernährung im Wandel“, Ende Januar 2024). Auch von Bundesministerien oder zivilgesellschaftlichen Akteurinnen und Akteuren organisierte bundesweite Bürgerräte und knapp 20 Bürgerräte auf Landesebene sind dokumentiert.

Setzen Sie sich in den nachfolgenden Aufgaben arbeitsteilig mit den verschiedenen Aspekten dieser besonderen Form der Bürgerbeteiligung auseinander.

a) Definieren Sie das politische Beteiligungsverfahren „Bürgerrat“ mithilfe der offiziellen Aussagen des Deutschen Bundestages (siehe hierzu: https://www.bundestag.de/buergerraete).

b) Ermitteln Sie im Einzelnen, wie ein Bürgerrat zustande kommt und welche Voraussetzungen dafür bestehen.

c) Informieren Sie sich über aktuelle oder abgeschlossen Bürgerratsthemen auf den nationalen sowie europäischen und globalen Ebenen: Kommunen, Land, Bund, EU, Global (siehe hierzu: https://www.buergerrat.de/buergerraete/). Notieren Sie Beispiele und deren jeweilige Zielsetzungen.

d) Ermitteln Sie durch Recherche im Internet, ob und in welcher Weise Bürgerräte von der Politik, der Presse oder anderen Einrichtungen des öffentlichen Lebens (z.B. Stiftungen) eingeschätzt, beurteilt und mitunter auch kritisiert werden.

e) Vergleichen Sie die öffentlichen Beurteilungen mit zum Teil schon vorliegenden faktenbasierten, wissenschaftlichen Ergebnissen (siehe hierzu: https://www.mehr-demokratie.de/fileadmin/pdf/2024/Publikationen/2024_10_22_Buergerratsbericht_web.pdf).

8. Das Sozialstaatsgebot fordert vom Staat „soziale Aktivität“.

a) Welcher Teil der Staatsgewalt ist hier in erster Linie angesprochen?

b) Der Staat hat sich um ein System sozialer Sicherheit und um sozialen Ausgleich zu bemühen. Was ist mit „sozialem Ausgleich“ gemeint?

9. Der folgende Artikel befasst sich mit einem Aspekt des Sozialstaats, der Kinderarmut.

Kinderarmut in Deutschland

Deutschland gilt als reich. Dennoch ist jedes fünfte Kind von Armut betroffen. (...) Das sind fast drei Millionen Mädchen und Jungen unter 18 Jahren. Doch was heißt das genau? Und ab wann gelten Kinder in Deutschland als arm?

Es werden unterschiedliche Formen von Armut definiert – und zwar die absolute, die relative und die gefühlte Armut (siehe hierzu: https://www.malteser.de/aware/stories/wohlstandsland-deutschland-was-bedeutet-es-arm-zu-sein.html). Kinder, die in Deutschland als armutsgefährdet eingestuft werden, fallen meist unter die relative Armut, weil sie und ihre Familien immer noch mehr Geld zur Verfügung haben als arme Menschen in Entwicklungsländern. Die Armutsgrenze wird am Einkommen gemessen: Wer weniger als 60 Prozent des mittleren Einkommens (Bundesmedian) zur Verfügung hat, gilt als armutsgefährdet (siehe hierzu: https://www.diw.de/de/diw_01.c.413351.de/medianeinkommen.html).

Zahlen gibt es dazu aus dem Jahr 2020: Der sogenannte Schwellenwert für Armutsgefährdung lag dabei für Alleinlebende bei 14.076 Euro, für Familien war er dementsprechend höher. Bei einem Paar mit zwei Kindern unter 14 Jahren etwa bei 29.560 Euro (siehe hierzu: https://politik.watson.de/politik/analyse/303599792-existenzaengste-durch-inflation-wieso-wir-armut-als-gesellschaft-angehen-muessen). (...)

Kinderarmut muss nicht bedeuten, dass gehungert wird oder kein Obdach zur Verfügung steht. Hierzulande ist meist von „relativer Armut" die Rede. (...) Kinder sind abhängig von ihren Eltern. Wenn die nur wenig Geld verdienen oder auf Sozialleistungen angewiesen sind, bleibt für die Kinder nicht viel übrig. Selbst das Kindergeld, das jeder Familie zusteht, wird beispielsweise mit Hartz-IV-Sätzen verrechnet.

Der Hauptrisikofaktor, in Deutschland unter Armut zu leiden, ist Arbeitslosigkeit. Mehr als die Hälfte aller Erwerbslosen ist derzeit armutsgefährdet. Ein weiterer Faktor ist die familiäre Situation: Etwa 42 Prozent aller Menschen, die in einem Haushalt von Alleinerziehenden leben, waren in den vergangenen Jahren armutsgefährdet. Das betraf auch diejenigen, deren Elternteil feste Jobs hatte: Mehr als jede oder jeder fünfte erwerbstätige Alleinerziehende (22,3 Prozent) war etwa 2019 armutsgefährdet. Einer der Gründe können mangelnde Betreuungsmöglichkeiten für Kinder sein, sodass das Elternteil nur in Teilzeit arbeiten kann. Daneben tritt Kinderarmut in Familien mit mehr als drei Kindern gehäuft auf, vor allem, wenn nur ein Elternteil erwerbstätig ist (siehe hierzu: https://de.statista.com/statistik/daten/studie/436185/umfrage/armutsgefaehrdungsquote-in-deutschland-nach-haushaltstyp/). Der Bildungsstand spielt ebenfalls eine Rolle: Je höher er ist, desto weniger sind die Menschen statistisch von Armut betroffen. Menschen mit einem niedrigen Bildungsstand hingegen haben geringere Chancen, von ihrer Erwerbsarbeit gut leben zu können. (...)

Kinderarmut in Deutschland ist nicht gleichbedeutend mit Obdachlosigkeit oder fehlender Nahrung. Familien, die in Deutschland von Armut betroffen sind, haben eine gesicherte Existenz, leben aber oft nur mit dem Nötigsten. Täglich eine warme Mahlzeit ist für arme Kinder in Deutschland nicht selbstverständlich. Die Kinder müssen auf vieles verzichten, was für andere Gleichaltrige selbstverständlich ist. Armut ist deshalb nicht nur ein materielles, sondern auch ein gesellschaftliches Problem. (...)

Kinder aus ärmeren Familien haben es in vielen Lebenslagen schwerer: Wenn sie zu Kindergeburtstagen eingeladen werden, können sie keine teuren Geschenke mitbringen wie die Klassenkameraden. Arme Kinder haben oft kein eigenes Smartphone und können keine angesagten Markenklamotten tragen. Im Winter frieren einige, weil die Eltern keine warme Kleidung kaufen können. Taschengeld ist für sie nicht selbstverständlich und fürs Schwimmbad oder das Kino ist ebenfalls kein Geld da. Sport im Verein kostet Geld, genauso wie der Musikunterricht. In vielen Fällen haben die Eltern kein Auto und können ihre Kinder gar nicht erst zum Training fahren. (...)

Jede und jeder sechste Minderjährige lebt zudem in beengten Wohnverhältnissen: Mit 16,4 Prozent sind die unter 18-Jährigen sogar die Altersgruppe, die am häufigsten davon betroffen ist (siehe hierzu: https://www.destatis.de/DE/Presse/Pressemitteilungen/2021/11/PD21_506_63.html). Das führte beim Homeschooling (in der Corona-Zeit, d. Verf.) für die betreffenden Mädchen und Jungen zu deutlichen Nachteilen: Sie hatten einerseits nicht die räumlichen Möglichkeiten, sich zurückzuziehen, anderseits fehlte auch häufig die technische Ausstattung. Laut Bertelsmann Stiftung haben etwa „24 Prozent der Kinder im Grundsicherungsbezug keinen internetfähigen PC im Haushalt" (siehe hierzu: https://www.bertelsmann-stiftung.de/de/themen/aktuelle-meldungen/2020/juli/kinderarmut-eine-unbearbeitete-grossbaustelle). Damit besteht das Risiko, dass die betroffenen Kinder Lerninhalte versäumt und den Anschluss an ihre Klassen verloren haben. (...)

22106546

Wer in seiner Kindheit Armut erlebt, leidet häufig sein gesamtes Leben darunter. Zu den mittel- und langfristigen Folgen gehören unter anderem:

- Bildungsarmut: Viele Kinder benötigen Hilfe bei den Hausaufgaben. Doch häufig können sich die Eltern nicht genug um die Bildung der eigenen Kinder kümmern und sich auch keine Nachhilfe oder dergleichen leisten. Ohne guten Schulabschluss fällt es den Kindern schwer, einen Beruf zu erlernen, mit dem sie später selbst Geld verdienen können.
- Psychische und soziale Störungen: Von Armut Betroffene können oft nicht am gesellschaftlichen Leben teilnehmen, weil ihnen das Geld dafür fehlt. Darunter leiden Kinder ganz besonders (siehe hierzu: https://www.bertelsmann-stiftung.de/fileadmin/files/BSt/Publikationen/GrauePublikationen/Studie_WB_Armutsfolgen_fuer_Kinder_und_Jugendliche_2016.pdf). Ihre mangelnden Möglichkeiten, was Kleidung, Ernährung, Freizeit- und Konsumangebote angeht, führen oft zu Stigmatisierung, Stress und Isolation. Die Kinder schämen sich für die ärmlichen Lebensumstände, ziehen sich zurück, verlieren ihre Hoffnung für die Zukunft und Ansprüche an sich selbst. Daraus resultieren wiederum psychische Krankheiten und Depressionen, die bei Kindern aus einkommensschwachen Haushalten deutlich öfter auftreten als bei Kindern von wohlhabenden Eltern (siehe hierzu: https://www.malteser.de/aware/hilfreich/was-du-ueber-depressionen-wissen-solltest.html).
- Beeinträchtigung der Gesundheit: Eltern geben das vorhandene Geld zu selten für gesunde Lebensmittel aus, da sie vergleichsweise teuer sind. Durch den Mangel an ausgewogener Ernährung, medizinischer Versorgung und ausreichender Bewegung leidet die Gesundheit der Kinder langfristig. (...)

Ein Patentrezept, um die Kinderarmut zu bekämpfen, gibt es nicht. Vorrangig muss sich die Politik darum kümmern. Viele Faktoren müssen sich verbessern, damit Kinder nicht mehr von Armut betroffen sind. Ein paar Beispiele:

- Finanzielle Förderungen, die Familien vom Staat bekommen können, sind sehr aufwendig und kompliziert zu beantragen. Wenn alle Leistungen zum Beispiel zu einer Kindergrundsicherung zusammengefasst würden, fielen viele bürokratische Hürden für die Eltern weg.
- Kultur und Freizeit kosten Geld. Erhielten Kinder kostenlos Zugang zu Theater und Schwimmbad, könnten sie gesellschaftlich und sozial mithalten.
- Nicht immer werden faire Löhne bezahlt. Trotz Vollzeitjob können manche Eltern ihre Familie nicht optimal versorgen.
- Kita nur bis mittags, Schulschluss um eins? Wenn es mehr Betreuungsmöglichkeiten für Kinder gibt, können Eltern das Familienleben besser organisieren. Kinder profitieren von der professionellen Förderung, die sie beispielsweise in der Vorschule oder der Ganztagsschule erhalten. Ein Angebot an Ganztags-Kitas würde sowohl Eltern als auch Kindern helfen.

Quelle: aware, Malteser Hilfsdienst e. V.: Kinderarmut in Deutschland. In: malteser.de. https://www.malteser.de/aware/hilfreich/kinderarmut-in-deutschland-alles-was-du-darueber-wissen-musst.html [07.07.2025] (verändert)

a) Lesen Sie den Artikel. Geben Sie die Meinung des Trägers der freien Wohlfahrtspflege mit eigenen Worten wieder.

b) Wie lässt sich Kinderarmut definieren?

c) Welche Gründe für die Kinderarmut werden benannt?

d) Welche Auswirkungen der Kinderarmut werden beschrieben?

e) Welche Lösungen werden hier zur Bekämpfung längerfristiger Kindermut vorgestellt?

f) Vergleichen Sie die Einschätzungen zur Kinderarmut im vorliegenden Text mit den Ergebnissen des Kinderreportes Deutschland 2023 des Kinderhilfswerkes (siehe hierzu: https://www.bmfsfj.de/resource/blob/228174/f84545059dda8d42b17e419e30c40163/kinderreport-2023-data.pdf).

10. Mit Rücksicht auf die hohen Sozialausgaben und die zunehmende Verschuldung der öffentlichen Hand beantragt die A-Fraktion im Deutschen Bundestag in einem Gesetzesvorschlag den Abbau sozialer Leistungen, insbesondere des Bürgergeldes. Sie argumentiert, jede Bürgerin und jeder Büger sei selbst verantwortlich, für Notfälle Vorsorge zu treffen.

Mit der gleichen Begründung (hohe Sozialausgaben und öffentliche Verschuldung) macht die B-Fraktion einen anderen Vorschlag. Sie beantragt, die gesetzliche Sozialversicherung aufzuheben und die Bürgerinnen und Bürger stattdessen auf die private Kranken- und Rentenversicherung usw. zu verweisen. Eine solche Regelung würde auch den Arbeitgeberinnen und Arbeitgebern ihre Anteile zur Sozialversicherung ersparen, dadurch Kosten senken und so „die Wirtschaft ankurbeln".

Die Bundestagsfraktion der C-Partei – seit der letzten Wahl erstmals im Bundestag vertreten – schlägt zur Vereinfachung die Streichung des Sozialstaatsprinzips aus dem Grundgesetz vor.

Untersuchen Sie jeden der drei Vorschläge auf seine Realisierbarkeit nach dem GG.

11. Wie ist es möglich, dass zwischen den Lehrplänen an den Schulen in Düsseldorf und den Lehrplänen an Schulen in München Unterschiede bestehen?

12. Vergleichen Sie die Vorteile und die Nachteile des Bundesstaats gegenüber dem Einheitsstaat.

13. Beschreiben Sie die Befugnisse des Bundesrats im Gesetzgebungsbereich.

14. „Da die Bundestagsabgeordneten aus allen Bundesländern kommen, können die Länderinteressen im Bundestag ebenso berücksichtigt werden wie im Bundesrat. Dieses Bundesorgan ist deshalb überflüssig." Nehmen Sie zu dieser Meinung Stellung.

15. Unterscheiden Sie stichwortartig die Institutionen Bundestag, Bundesrat und Bundesversammlung, indem Sie ihre Zusammensetzung und ihre Hauptaufgaben nennen.

16. Ordnen Sie den Aussagen a) bis k) die passenden Bundesorgane 1 bis 5 zu.

    (1) Bundespräsidentin/Bundespräsident (2) Bundestag (3) Bundesversammlung
    (4) Bundeskanzlerin/Bundeskanzler (5) Bundesrat

    a) Die Mitglieder treten grundsätzlich nur alle fünf Jahre zusammen.
    b) Dieses Organ wählt die Bundeskanzlerin oder den Bundeskanzler.
    c) Dieses Organ ernennt und entlässt die Bundesministerinnen und Bundesminister.
    d) Dieses Organ kann Untersuchungsausschüsse einsetzen, die Missstände durch Beweiserhebung aufklären sollen.
    e) Dieses Organ schlägt Bundesministerinnen und Bundesminister zur Ernennung oder Entlassung vor.
    f) Die Mitglieder dieses Organs haben ein gebundenes Mandat.
    g) Dieses Organ wählt die Bundespräsidentin oder den Bundespräsidenten.
    h) Die Mitglieder werden nach einem aus Verhältnis- und Mehrheitswahl gebildeten Wahlsystem gewählt.
    i) Dieses Organ kann gegen beschlossene Gesetze Einspruch erheben oder ihnen die Zustimmung verweigern.
    j) Dieses Organ kann das Begnadigungsrecht für Verurteilungen durch ein Bundesgericht ausüben.
    k) Dieses Organ bestimmt die Richtlinien der Politik.

22106548

1.3 Das Rechtsstaatsprinzip untersuchen und anwenden

1.3.1 Lernsituation

Verhältnismäßigkeit des Abschleppens eines Autos prüfen

Moritz ist auf die Ordnungshüter nicht mehr gut zu sprechen, seit er eines Tages sein Auto nicht wiederfand. Er hatte es am Rande der Fußgängerzone in einer engen Straße – halb auf dem Gehweg – geparkt, weil er sonst keine Parkmöglichkeit sah. Nun erfuhr er bei der Polizei, man habe es abgeschleppt. Zwar hatte er wahrscheinlich einige Fußgängerinnen und Fußgänger behindert, sodass diese die Straßenseite wechseln mussten. Aber für den Fall, dass sich jemand wirklich gestört fühlte, hatte er noch schnell einen Zettel mit seiner Handynummer gut sichtbar hinter die Scheibe gelegt. Hätte man ihn angerufen, wäre er herbeigeeilt und hätte das Auto weggefahren. Er wurde aber nicht angerufen. Das Verwarnungsgeld von 70,00 € zuzüglich Gebühren und Auslagen will Moritz zahlen, nicht aber die Abschleppkosten von 175,00 €. Er hält das Abschleppen für unverhältnismäßig, auch wegen der Kosten.

Wenn er einen Bußgeldbescheid erhält, will er Einspruch einlegen und – wenn nötig – gerichtlich klären lassen, ob das Abschleppen rechtens war. Denn er kennt Fälle, in denen die Polizei sich anders verhalten hat.

1.3.2 Arbeitsaufträge zur Lernsituation

1. In einem Rechtsstaat müssen alle staatlichen Eingriffe in Rechte der oder des Einzelnen verhältnismäßig sein. Stellen Sie die Voraussetzungen zusammen, unter denen eine Verwaltungsmaßnahme verhältnismäßig ist.
2. Prüfen Sie systematisch, ob das Abschleppen des Fahrzeuges dem Grundsatz der Verhältnismäßigkeit entspricht.
3. Der Sachverhalt enthält Hinweise auf weitere Merkmale eines Rechtsstaats, die – neben dem Grundsatz der Verhältnismäßigkeit – bei Entscheidungen der Staatsgewalt eine Rolle spielen. Finden Sie solche Merkmale.

1.3.3 Aufgaben

1. Ein Rechtsstaat ist noch nicht mit einer Demokratie gleichzusetzen. Erklären Sie den Unterschied.
2. Welche Mängel des formalen Rechtsstaats veranlassten den Parlamentarischen Rat 1948/49, im GG einen materiellen Rechtsstaat festzuschreiben?
3. Ist der Gewaltenteilungsgrundsatz in der Bundesrepublik Deutschland in strenger Form verwirklicht? Begründen und erläutern Sie Ihre Antwort.
4. a) Ordnen Sie die in der unten stehenden Tabelle genannten Abschnitte des Gesetzgebungsverfahrens in zeitlicher Reihenfolge und geben Sie die handelnden Organe/das handelnde Organ an.

Abschnitte des Gesetzgebungsverfahrens	zeitl. Reihenfolge (1., 2., 3., ...)	handelndes Bundesorgan bzw. handelnde Bundesorgane
Gesetzesberatung und -beschluss		
Berücksichtigung von Länderinteressen		
Gesetzesinitiative		
Ausfertigung		
Verkündung		
Gegenzeichnung		

   b) Was wird bei der Gegenzeichnung des Gesetzes dokumentiert (bekundet)?
   c) Was wird bei der Ausfertigung des Gesetzes dokumentiert (bekundet)?

5. DER SPIEGEL meldete im Dezember 2004: „Bundespräsident Horst Köhler hat offenkundig Vorbehalte gegen das mit rot-grüner Mehrheit beschlossene Luftsicherheitsgesetz. Es würde dem Verteidigungsminister erlauben, von Terroristen gekaperte Passagierflugzeuge durch die Luftwaffe notfalls abschießen zu lassen. ...“
(Quelle: Bundespräsident Köhler hat Vorbehalte gegen Luftsicherheitsgesetz. In: DER SPIEGEL, 18.12.2004)

Hintergrund: Ein Flugzeugabschuss als letztes Mittel zur Abwendung eines terroristischen Angriffs würde auch die Pilotin oder den Piloten sowie unbeteiligte Menschen gefährden. Die CDU/CSU-Fraktion lehnt eine Zuständigkeit des Verteidigungsministers für einen entsprechenden Auftrag und damit das Gesetz ab. Sie war aber beim Gesetzesbeschluss durch den Bundestag unterlegen.

a) Hätte die CDU/CSU im weiteren Ablauf des Gesetzgebungsverfahrens noch eine Chance gehabt, das Luftsicherheitsgesetz in der damals vorliegenden Fassung zu verhindern?

b) Unter welchen Voraussetzungen hätte der Bundespräsident das Gesetzgebungsverfahren stoppen (bzw. das Inkrafttreten des ihm vorliegenden Gesetzes evtl. verhindern) können? Geben Sie zwei mögliche Voraussetzungen an.

c) Das Bundesverfassungsgericht hat sich in Grundsatzentscheidungen zum Luftsicherheitsgesetz geäußert (u. a. BVerfG 2012, 2 PBvU 1/11; BVerfGE v. 20.3.2013 I 1118 – 2 BvF 1/05): „Eine solche Behandlung (Abschuss eines Flugzeuges, d. Verf.) missachtet die Betroffenen als Subjekte mit Würde und unveräußerlichen Rechten. Sie werden dadurch, dass ihre Tötung als Mittel zur Rettung anderer benutzt wird, verdinglicht und zugleich entrechtlicht; indem über ihr Leben von Staats wegen einseitig verfügt wird, wird den als Opfern selbst schutzbedürftigen Flugzeuginsassen der Wert abgesprochen, der dem Menschen um seiner selbst willen zukommt.“

Prüfen Sie, ob diese Grundhaltung des BVerfG im § 14 des Luftsicherheitsgesetzes beachtet wird.

§ 14 LuftSiG

(1) Zur Verhinderung des Eintritts eines besonders schweren Unglücksfalles dürfen die Streitkräfte im Luftraum Luftfahrzeuge abdrängen, zur Landung zwingen, den Einsatz von Waffengewalt androhen oder Warnschüsse abgeben.

(2) Von mehreren möglichen Maßnahmen ist diejenige auszuwählen, die den Einzelnen und die Allgemeinheit voraussichtlich am wenigsten beeinträchtigt. Die Maßnahme darf nur so lange und so weit durchgeführt werden, wie ihr Zweck es erfordert. Sie darf nicht zu einem Nachteil führen, der zu dem erstrebten Erfolg erkennbar außer Verhältnis steht.

(3) ...

6. Einem Verwaltungsfachangestellten wird die Aufgabe übertragen, zusammen mit einer Mitarbeiterin der Polizei auf den öffentlichen Plätzen in einem Innenstadtbereich zur Aufrechterhaltung der öffentlichen Sicherheit beizutragen. Die Einflussmöglichkeiten reichen von bloßer Anwesenheit und Ansprechbarkeit über das Zeigen von Aufmerksamkeit, Verhaltensempfehlungen bis hin zu Platzverweisen, Verwarnungen und Überführungen in Polizeigewahrsam.

Erläutern Sie die Bedeutung der Rechtsstaatsmerkmale Gesetzesvorbehalt und Verhältnismäßigkeitsprinzip für die geschilderte Tätigkeit.

7. Einigen Politikerinnen und Politikern wird vorgeworfen, hohe Spenden für Parteien angenommen und diese nicht (entsprechend gesetzlicher Vorschrift) offengelegt zu haben. Aufgrund der „Parteispendenaffäre“ setzt der zuständige Staatsanwalt strafrechtliche Ermittlungsverfahren gegen eine Bundesministerin und einen Bundesminister in Gang. Öffentliche Gerichtsverhandlungen gegen die Regierungsmitglieder stehen bevor. Um das Ansehen der Bundesregierung zu wahren, beschließt die Bundestagsmehrheit ein Gesetz, nach dem Gerichtsverfahren gegen Mitglieder der Bundesregierung sofort einzustellen sind.

Prüfen Sie, ob der Gesetzesbeschluss mit dem Rechtsstaatsprinzip vereinbar ist.

Hinweis zur Vorgehensweise: a) Welches Merkmal des Rechtsstaatsprinzips könnte infrage kommen? b) Was ist unter diesem Merkmal nach dem GG zu verstehen? c) Worin könnte eine Verletzung dieses Merkmals liegen?

22106550

8. Beantworten Sie stichwortartig die folgenden Fragen:
   a) Wer gehört dem Bundeskabinett an?
   b) Wer wählt die Bundeskanzlerin oder den Bundeskanzler
   c) Wer bestimmt die Bundesministerinnen und Bundesminister?
   d) Wer bestimmt die Richtlinien der Politik (Richtlinienkompetenz)?
   e) Wer beschließt Bundesgesetze?
   f) Wer erlässt Rechtsverordnungen?
   g) Welche Amtsbezeichnung führen die Stellvertreterinnen und Stellvertreter der Bundesministerinnen und Bundesminister?

9. **Situation: Wenn es dem Esel zu wohl wird, geht er aufs Eis ...**

Familie Wortkötter hat im Außenbereich von Neustadt vor Jahren einen Restbauernhof gekauft, um den Kindern Malte und Lilli eine schöne, unbeschwerte Kindheit zu ermöglichen. Neben dem Ponyhengst Alicante, mehreren Hühnern und dem Gänserich Gustav ist seit vier Monaten Eselin Carlotta im Tierpark der Wortkötters zu Hause. Alicante und Carlotta sind in der Weihnachtszeit gern gesehene Begleiter von Martinsumzügen und vorweihnachtlichen Feiern in Kindergärten. Hans Wortkötter stellt die Tiere immer kostenfrei zur Verfügung und freut sich mit den Kindern über die zutraulichen Vierbeiner.

Bei routinemäßigen Kontrollen der zuständigen Kreisbehörde zur Überprüfung der artgerechten Tierhaltung auf den umliegenden Höfen wird bei Familie Wortkötter die Unterbringung und Haltung von Carlotta beanstandet. Carlotta scheint falsch und unzureichend ernährt, sichtbar an einer deutlichen Fettansammlung an ihrem Hals. Sie steht auf einer Kotschicht, ihre Box weist kein frisches Stroh auf. Ihr Pflegezustand zeigt, dass Huf- und Fellpflege nicht regelmäßig durchgeführt werden. Ein geeigneter und ausreichender Stroh- und Heufuttervorrat kann ebenfalls nicht festgestellt werden. Von Alicante ist Carlotta durch ein einfaches Seil getrennt. Hans Wortkötter erklärt, dass Carlotta zur Winterzeit überwiegend im Stall gehalten werde, während im Sommer genügend Außenfläche zur Verfügung stehe, die sie sich mit Alicante teile.

Der zuständige, von der Kreisverwaltung bestellte Tierarzt droht daraufhin Hans Wortkötter an, Carlotta mittels einer Ordnungsverfügung zwangsweise vom Hof zu entfernen, falls sich die Zustände nicht unverzüglich besserten. Hans Wortkötter ist fassungslos: „Das ist unverhältnismäßig, das können Sie meinen und den Kindern der örtlichen Kitas nicht antun. Die Empfehlungen des Bundeslandes zur Eselhaltung kenne ich, das sind doch keine Gesetze und soweit bin ich bei der Haltung von Carlotta auch nicht davon entfernt. Im Übrigen erscheinen Sie hier einfach unangemeldet und wollen dann noch meine Eigentumsrechte beschränken", regt sich Hans Wortkötter sichtlich erbost auf. Carlotta hatte er amtlich gemeldet, sie ist auch durch entsprechende Kennzeichnung im Sinne einer EU-Verordnung als Equide (Pferde, Esel, Zebras und Kreuzungen) identifizierbar.

Nehmen Sie an, dass sich die Zustände auf dem Wortkötterschen Hof seit der Kontrolle der Kreisbehörde nicht geändert haben. Prüfen Sie in geeigneter Weise mithilfe der beigefügten Anlage, ob eine Ordnungsverfügung (mit Zwangswegnahme von Carlotta) rechtmäßig wäre. Gehen Sie dabei auf die Aussagen von Hans Wortkötter ein. Zuständigkeits- und Verfahrensfragen müssen Sie nicht bearbeiten.

Ziehen Sie die Paragrafen 1, 2, 11 und 16a des Tierschutzgesetzes (TierSchG) in der Fassung der Bekanntmachung vom 18. Mai 2006 sowie die folgenden Empfehlungen des zuständigen Bundeslandes zur Eselhaltung als Hilfen heran.

Quelle: in Anlehnung an: Attendorn, Thorsten: Der Reitstall. In: Deutsche Verwaltungspraxis, 2/2021, S. 62 ff.

Empfehlungen zur Haltung von Eseln, Niedersächsisches Ministerium für Ernährung, Landwirtschaft und Verbraucherschutz (Stand: 22.07.2019, Auszug):

(...) Aufgrund ihrer Evolutionsgeschichte, entsprechender Verhaltenseigenheiten und physiologischer Besonderheiten stellen Esel zum Teil andere, aber keineswegs geringere, Ansprüche an ihre Haltung und ihre Nutzung als Pferde. Diese Empfehlungen tragen den genannten Besonderheiten Rechnung. (...)

Der Halter/die Halterin bzw. der Betreuer/die Betreuerin muss die gesundheitliche Verfassung der Tiere erkennen und die Bedeutung von Verhaltensänderungen verstehen können. Er bzw. sie muss die notwendigen Maßnahmen ergreifen, um auftretenden Störungen unverzüglich zu begegnen.

Esel müssen täglich gründlich kontrolliert werden. (...) Der Gesundheitszustand (Fressverhalten, Haarkleid, Bewegungsapparat) ist zu überprüfen. (...)

Esel neigen bei mangelnder Beschäftigung rasch dazu, sich zu langweilen. Sie können z. B. als Reittier, Last-/Tragtier, Zugesel und als Freizeitpartner Verwendung finden. Eine häufige Beschäftigung mit dem Esel ist für dessen Ausgeglichenheit und für den Kontakt mit dem Menschen nötig.

Esel müssen auch an den erforderlichen Umgang bei Pflege und Kontrolle (vor allem auch der Hufe) gewöhnt sein. (...)

Grundsätzlich sind Esel in Gruppen zu halten. Die Einzelhaltung von Eseln ist nicht artgemäß und verstößt gegen die Grundsätze des Tierschutzgesetzes. Der Mensch oder ein artfremdes Tier kann dem Esel den Artgenossen nicht ersetzen. (...)

Die Haltung eines einzelnen Esels zusammen mit Pferden ist vor dem Hintergrund verhaltensbiologischer Unterschiede grundsätzlich abzulehnen. Abweichungen hiervon sind nur in Ausnahmefällen fachlich begründbar. (...)

Für das Wohlbefinden der Tiere ist eine artgemäße Fütterung Voraussetzung. (...)

Fehlernährung führt zu gesundheitlichen Schäden wie Stoffwechselerkrankungen und Hufveränderungen. Dem hohen Bedarf an Rohfaser und dem Knabberbedürfnis der Esel ist bei der Zusammenstellung des Futters Rechnung zu tragen. (...)

In Deutschland leiden Esel weit häufiger an Über- als an Unterernährung. Die Mehrzahl der Tiere weist bspw. eine unregelmäßige Hufbeschaffenheit als Folge von Energie- und Proteinüberschüssen in der Futterration auf. Typische Stellen für Fetteinlagerungen sind der Hals, der sich dadurch zum „Kipphals“ entwickelt und die Lendenregion. (...)

Es wird empfohlen, ganztägig faserreiches, energie- und proteinarmes Stroh und Heu anzubieten (mehr Stroh als Heu). (...)

Für eine geregelte Verdauung benötigen Esel außerdem ständig Holz als Bestandteil der artgemäßen Ernährung. Dies kann in Form von Borke und Ästen, Zweigen und Büschen (ungiftige Arten wie Weide, Birke, Buche, Hasel, Obstbäume) angeboten werden. (...)

Eine ganzjährige Stallhaltung ohne Bewegungsfläche im Freien ist aus Tierschutzgründen abzulehnen. Unter hiesigen Klimabedingungen ist die ganzjährige Weidehaltung von Eseln ohne die Möglichkeit, einen trockenen, windgeschützten Witterungsschutz auf der Weide oder einen Stall aufzusuchen, nicht tierschutzgerecht. (...)

Der Stall oder Unterstand muss eine trockene und windgeschützte Unterbringung der Esel ermöglichen. Eine Öffnung zur Hauptwetterseite sollte vermieden werden. (...)

Der Stallboden muss befestigt und leicht zu reinigen sein. Die Liegefläche muss sauber und trocken sein und eine ausreichende Wärmedämmung durch geeignete Einstreu bieten. (...)

Esel sind an ein Leben in steinigen Wüstengebieten angepasst. Auf diesen Böden besteht genügend Abrieb, die Hufe sind fest und elastisch.

Hiesige Böden, das feuchte Klima und der kaum vermeidbare Kontakt der Tiere mit ihrem Kot und Urin machen eine besondere Pflege der Hufe unverzichtbar. Esel müssen daher jederzeit trockene Bereiche aufsuchen können. Die Hufe müssen täglich gepflegt werden.

Quelle: Niedersächsisches Ministerium für Ernährung, Landwirtschaft und Verbraucherschutz: Haltung von Eseln. In: ml.niedersachsen.de. https://www.ml.niedersachsen.de/startseite/themen/tiergesundheit_tierschutz/tierschutz_allgemein/haltung-von-eseln-179172.html [07.07.2025], S. 2, 9–12, 14–15, 20 (verändert)

22106552

Die folgenden Aufgaben beziehen sich auf die Abschaffung der Rechtsstaatlichkeit in der Vergangenheit.

10. Das nationalsozialistische Ermächtigungsgesetz

Am 24. März 1933 nahm der Reichstag das Ermächtigungsgesetz mit 444 von 538 abgegebenen Stimmen gegen die Stimmen der SPD an (bei Ausschluss rechtswidrig verhafteter kommunistischer Abgeordneter).

Gesetz „zur Behebung der Not von Volk und Reich"

Der Reichstag hat das folgende Gesetz beschlossen, das mit Zustimmung des Reichsrats hiermit verkündet wird, nachdem festgestellt ist, dass die Erfordernisse verfassungsändernder Gesetzgebung erfüllt sind:

Artikel 1

Reichsgesetze können außer in dem in der Reichsverfassung vorgesehenen Verfahren auch durch die Reichsregierung beschlossen werden. Dies gilt auch für die in den Artikeln 85 Abs. 2 und 87 der Reichsverfassung bezeichneten Gesetze.

Artikel 2

Die von der Reichsregierung beschlossenen Reichsgesetze können von der Reichsverfassung abweichen, soweit sie nicht die Einrichtung des Reichstags und des Reichsrats als solche zum Gegenstand haben. Die Rechte des Reichspräsidenten bleiben unberührt.

Artikel 3

Die von der Reichsregierung beschlossenen Reichsgesetze werden vom Reichskanzler ausgefertigt und im Reichsgesetzblatt verkündet. Sie treten, soweit sie nichts anderes bestimmen, mit dem auf die Verkündung folgenden Tage in Kraft. Die Artikel 68 bis 77 der Reichsverfassung finden auf die von der Reichsregierung beschlossenen Gesetze keine Anwendung.

Artikel 4

Verträge des Reiches mit fremden Staaten, die sich auf Gegenstände der Reichsgesetzgebung beziehen, bedürfen nicht der Zustimmung der an der Gesetzgebung beteiligten Körperschaften. ...

Artikel 5

Dieses Gesetz tritt mit dem Tage seiner Verkündung in Kraft. Es tritt mit dem 1. April 1937 außer Kraft; es tritt ferner außer Kraft, wenn die gegenwärtige Reichsregierung durch eine andere abgelöst wird. *)

*) Die Geltungsdauer wurde mehrfach verlängert.

a) Beschreiben Sie den Umfang der Ermächtigungen durch das Gesetz.

b) Prüfen Sie, ob durch dieses vom Reichstag beschlossene Gesetz rechtsstaatliche Grundsätze verletzt wurden.

c) Prüfen Sie, ob in der Bundesrepublik Deutschland ein ähnliches Ermächtigungsgesetz möglich ist (Artikel 80 GG).

11. In der DDR waren die Gerichte Teil der einheitlichen Staatsmacht (keine Gewaltenteilung) und hatten zum Aufbau der kommunistischen Gesellschaft beizutragen. Damit wurde die Rechtsprechung zum Mittel der Politik (politische Justiz).

Untersuchen Sie den folgenden Textauszug aus dem Gerichtsverfassungsgesetz der DDR auf Abhängigkeit bzw. Unabhängigkeit der Rechtsprechung in der DDR.

Gesetz über die Verfassung der Gerichte der Deutschen Demokratischen Republik (Gerichtsverfassungsgesetz) in der Fassung vom 1. Oktober 1959 (GBl. I S. 756)

§ 5 – Zusammenarbeit des Richters mit den örtlichen Organen der Staatsmacht

(1) Die Richter der Kreis- und Bezirksgerichte sind verpflichtet, vor den Volksvertretungen, durch die sie gewählt wurden, über ihre Tätigkeit Rechenschaft zu legen.

(2) Die Richter der Kreis- und Bezirksgerichte haben mit den örtlichen Organen der Staatsmacht, vor allem mit den Volksvertretungen, durch die sie gewählt wurden, ständig eng zusammenzuarbeiten. ...

§ 13 – Beziehungen des Ministeriums der Justiz zu den Gerichten

(1) Die Kreis- und Bezirksgerichte werden in ihrer Tätigkeit durch das Ministerium der Justiz angeleitet und kontrolliert.

(2) Die Anleitung und Kontrolle haben die Erfüllung der Aufgaben der Rechtsprechung und der politischen Arbeit unter den Werktätigen zu gewährleisten. Sie haben sich auch auf die Zusammenarbeit zwischen dem Gericht und den Organen der Staatsmacht zu erstrecken und sicherzustellen, dass das Gericht durch seine Tätigkeit mithilft, die sich aus den Beschlüssen der örtlichen Volksvertretungen und ihrer Räte ergebenden Aufgaben zu lösen.

§ 18 – Grundpflichten eines Richters

Die Richter sind verpflichtet,

- nach den Grundsätzen der sozialistischen Moral zu leben sowie aktiv und vorbildlich beim sozialistischen Aufbau mitzuwirken,
- sich politisch und fachlich ständig weiterzubilden,
- ... sich aktiv an der politischen Tätigkeit unter den Werktätigen zu beteiligen, ...

§ 25 – Abberufung eines Richters eines Kreis- oder Bezirksgerichts

(1) Ein Richter eines Kreis- oder Bezirksgerichts kann vor Ablauf seiner Wahlperiode von der Volksvertretung, die ihn gewählt hat, im Einvernehmen mit dem Minister der Justiz abberufen werden.

(2) Die Abberufung eines Richters ist zulässig, wenn

a) er gegen die Verfassung oder andere Gesetze verstoßen oder sonst seine Pflichten als Richter gröblich verletzt hat,

b) er rechtskräftig zu einer gerichtlichen Strafe verurteilt worden ist,

c) Tatsachen über sein Verhalten vor der Wahl bekannt werden, die bei Würdigung aller Umstände einer weiteren Ausübung seiner Tätigkeit entgegenstehen.

1.4 Die Bedeutung der Grundrechte für Bürgerinnen und Bürger und Verwaltung untersuchen

Hinweis: Das prüfungsvorbereitende Kapitel 5 im Lernfeld 10 „Staats- und verfassungsrechtliche Zusammenhänge berufsbezogen darstellen und beurteilen“ enthält weitere Lernsituationen zu Grundrechten:

5.1 Eingriffe der Verwaltung in Freiheitsrechte	Festsetzung einer Demonstration
5.2 Eingriffe der Verwaltung in Gleichheitsrechte	Förderung politischer Jugendarbeit
5.3 Gerichtliche Überprüfung von Grundrechtseingriffen	Meinungsfreiheit in der Schule

22106554

1.4 Die Bedeutung der Grundrechte für Bürgerinnen und Bürger und Verwaltung untersuchen

1.4.1 Lernsituation

Rechtsradikale Demonstration während der Fußball-Weltmeisterschaft?

Die NPD meldete bei der Polizei in der Stadt Gelsenkirchen, einem Spielort der Fußball-Weltmeisterschaft 2006, eine Demonstration mit anschließender Kundgebung nach einem WM-Spiel in der Innenstadt an. Vier verschiedene Aktionsbündnisse kündigten daraufhin Gegendemonstrationen unter dem Motto „Für die bunte Vielfalt, gegen braune Einfalt" an. Die Polizei verhängte gegen die NPD ein Demonstrationsverbot und begründete dies damit, dass durch einen rechtsextremistischen Aufmarsch in Gelsenkirchen das Ansehen der Bundesrepublik Deutschland nachhaltig geschädigt werde, wenn vor den Augen der Weltöffentlichkeit während einer Fußballweltmeisterschaft Rechtsextremisten durch die Straßen ziehen und rassistische und ausländerfeindliche Parolen verbreiten. Außerdem seien gewalttätige Auseinandersetzungen zwischen den Teilnehmenden der Demonstration und der Gegendemonstration zu erwarten.

Das Demonstrationsverbot der Polizei wurde von drei Gerichten geprüft, die zu unterschiedlichen Bewertungen kamen. Lesen Sie hierzu die Presseberichte in den Arbeitsmaterialien.

1.4.2 Arbeitsaufträge zur Lernsituation

1. Untersuchen Sie mithilfe des GG, auf welche Grundrechte sich die Vertreter der NPD berufen können.
2. Die Grundrechte des GG sind Abwehrrechte der Bürgerinnen und Bürger gegen den Staat. Prüfen Sie, ob die Grundrechte durch die Staatsgewalt eingeschränkt werden dürfen.
3. Welche Entscheidungen haben der Polizeipräsident, das Verwaltungsgericht Gelsenkirchen, das Oberverwaltungsgericht Münster und das Bundesverwaltungsgericht in Karlsruhe getroffen?
4. Der Polizeipräsident und die Gerichte stellen in ihren unterschiedlichen Entscheidungen verschiedene Gründe in den Vordergrund. Vergleichen Sie diese Argumente.
5. Welche Argumente halten Sie für besonders überzeugend?

1.4.3 Arbeitsmaterialien zur Lernsituation

Polizeipräsident verbietet Versammlung der NPD

In seiner Urteilsbegründung zur Verfassungsbeschwerde der NPD vor dem Bundesverfassungsgericht führte dieses zum Verbot des Polizeipräsidenten in Gelsenkirchen aus:

„Am 5. Februar 2006 meldete der Beschwerdeführer [Anm. d. Verf.: die NPD] für den 10. Juni 2006 einen Aufzug mit Kundgebung in Gelsenkirchen unter dem Motto an: „Arbeit für Millionen statt Profit für Millionäre". Mit Verfügung vom 24. Mai 2006 verbot das Polizeipräsidium in Gelsenkirchen [...] die Durchführung dieser Veranstaltung und ordnete mit weiterer Verfügung vom 30. Mai 2006 die sofortige Vollziehung des Verbots an. Die Versammlung gefährde die öffentliche Sicherheit, da eine Durchführung von Versammlungen von Rechtsextremisten während der am 9. Juni 2006 beginnenden Austragung der Fußball-Weltmeisterschaft eine nachhaltige Schädigung des Ansehens der Bundesrepublik im Ausland bewirke, der durch mildere Mittel als ein Verbot der angemeldeten Versammlung nicht entgegen getreten werden könne. Der Beschwerdeführer ziele zudem darauf ab, gegen die Durchführung der Versammlung gerichtete Ausschreitungen der autonomen Szene und gewaltbereiter ausländischer Fußballanhänger (Hooligans) zu provozieren und könne daher als Zweckveranlasser dieser drohenden Gewalttätigkeiten in Anspruch genommen werden."

Quelle: Bundesverfassungsgericht (Hrsg.): BVerfG, Beschluss der 1. Kammer des Ersten Senats vom 9. Juni 2006 – 1 BvR 1429/06 – Rn. (2), www.bverfg.de/e/rk20060609_1bvr142906.html [07.07.2025].

Sicherheit bei der WM – Verfassungsgericht genehmigt NPD-Marsch in Gelsenkirchen

Die NPD darf nun doch im WM-Spielort Gelsenkirchen demonstrieren. Das Bundesverfassungsgericht hat einem entsprechenden Eilantrag der rechtsextremen Partei gegen ein Demonstrationsverbot stattgegeben. Die rechtsextreme Partei NPD darf an diesen Samstag am WM-Spielort Gelsenkirchen demonstrieren. Das hat das Bundesverfassungsgericht in Karlsruhe entschieden. Es gab einem entsprechenden Eilantrag der Partei gegen eine Verbotsentscheidung des Oberverwaltungsgerichts Münster statt. Die Genehmigung ist nicht mit Auflagen durch das Bundesverfassungsgericht verbunden.

Die Neonazi-Kundgebung findet damit nur 15 Stunden nach dem Spiel Polen gegen Ecuador statt. Die Polizei erwartet den Aufmarsch von rund 200 Rechtsextremisten. Außerdem werden mehrere Tausend Teilnehmer zu Gegendemonstrationen erwartet.

„Für bunte Vielfalt, gegen braune Einfalt"

Der Gelsenkirchener Oberbürgermeister Frank Baranowski hat die Bürger unter dem Motto „Für bunte Vielfalt, gegen braune Einfalt" zu einer Kundgebung gegen Rechtsextremismus aufgerufen. „In allererster Linie wollen wir in Gelsenkirchen friedlich zeigen, dass die WM-Besucher herzlich als Gast in unserer Stadt willkommen sind, braune Gesinnung aber nicht!", erklärte er. Auf der Kundgebung wird am Samstagmittag auch Vizekanzler und Bundesarbeitsminister Franz Müntefering sprechen.

Der Entscheidung des Bundesverfassungsgerichts war ein juristisches Tauziehen vorangegangen. Das Oberverwaltungsgericht (OVG) in Münster hatte den Aufmarsch mit der Begründung untersagt, von der Demonstration gehe eine „unmittelbare Gefahr für die öffentliche Sicherheit" aus. Die Fußball-WM sei ein Ereignis von globaler Bedeutung, erklärte das OVG. Es sei zudem eine der zentralen Garantien der Bundesregierung, für eine sichere WM Sorge zu tragen.

Rassistische Propaganda

Mit seiner Entscheidung hatte das OVG ein vom Gelsenkirchener Polizeipräsidenten Rüdiger von Schoenfeldt erlassenes Verbot bestätigt, das zwischenzeitlich von einem Verwaltungsgericht aufgehoben worden war. Schoenfeldt hatte den Aufmarsch der NPD verboten, damit die Rechtsradikalen die Fußball-Weltmeisterschaft nicht als Forum zum Verbreiten rassistischer Propaganda missbrauchen können. Er sehe den geplanten Aufmarsch in direktem Zusammenhang „mit der bundesweiten Kampagne der NPD zur WM 2006, mit der sie dunkelhäutige Spieler verunglimpft", hatte Schoenfeldt erklärt. Er befürchtet, dass das weltweite Ansehen Deutschlands „nachhaltig geschädigt" werde.

In erster Instanz hatte das Verwaltungsgericht Gelsenkirchen entschieden, dies reiche nicht aus, um das hohe Rechtsgut der Demonstrations- und Meinungsfreiheit einzuschränken. Das Ansehen Deutschlands sei gerade geprägt durch die freiheitliche Grundordnung, zu der auch diese Grundrechte gehörten.

Hinweise auf drohende Gewalt

In zweiter Instanz hatte dagegen das OVG Münster diese Entscheidung aufgehoben und das Verbot unter Hinweis auf drohende Gewalt bestätigt. Nach Hinweisen des italienischen Innenministeriums hätten rechtsextremistische Fanclubs, die Jungen Nationaldemokraten und andere extremistische Organisationen, über die Möglichkeit gesprochen, „Zusammenstöße und Unfälle" zu provozieren, insbesondere „bei der Gelegenheit der Demonstration, die am 10. Juni 2006 in Gelsenkirchen stattfinden" werde. Dabei sah das OVG keine Anhaltspunkte, an der Seriosität der italienischen Erkenntnisse zu zweifeln.

Diese Einschätzung teilte das Bundesverfassungsgericht offenbar nicht. Gründe für ihren Eilbeschluss gaben die Karlsruher Richter aber noch nicht bekannt. Am Vorabend der nun erlaubten NPD-Demonstration sollen in Gelsenkirchen die Nationalteams von Polen und Ecuador aufeinandertreffen; am Montag ist die Schalker WM-Arena dann Schauplatz des Spiels Vereinigte Staaten gegen Tschechien.

Die Entscheidung des Bundesverfassungsgerichts zum Zeitungsbericht auf der vorangegangenen Seite steht mit Begründung im Internet unter www.bundesverfassungsgericht.de/entscheidungen/rk20060609_1bvr142906.html.

Web

Hinweis: 2005 verschärfte der Bundestag den § 130 StGB (Volksverhetzung) und das Versammlungsrecht. 2009 hat das Bundesverfassungsgericht seine Entscheidungspraxis geändert: Eine Versammlung kann verboten werden, wenn sie den Nationalsozialismus billigt oder verherrlicht. Informationen hierzu enthält die Datei „Rechtsextreme Demonstrationen" im Download-Bereich.

22106556

1.4.4 Aufgaben

Ausführliche Informationen zu den Grundrechten gibt die Bundeszentrale für politische Bildung, Bonn, heraus. Es sind verschiedene Materialien bestell- und downloadbar, siehe u.a.
https://www.bpb.de/themen/politisches-system/politik-einfach-fuer-alle/236624/was-sind-grundgesetz-rechte-und-grundrechte/ [26.06.2025].

1. Welche Grundrechte des 1. Abschnittes des Grundgesetzes sind durch Gesetze einschränkbar, welche unterliegen verfassungsunmittelbaren Schranken? Erstellen Sie eine Übersicht.
2. Grenzen Sie Grundrechtsfähigkeit und Grundrechtsmündigkeit gegeneinander ab.
3. Stellen Sie die Grundrechte des GG zusammen, die als „Menschenrechte“ ausgestaltet sind, und jene, die als „Bürgerrechte“ gelten.
4. Das zuständige Organ einer großen Gewerkschaft hat beschlossen, dass eine Mitgliedschaft in dieser Gewerkschaft mit der gleichzeitigen Mitgliedschaft in der Partei „Freies Deutschland“ nicht zu vereinbaren ist. Falls Gewerkschaftsmitglieder dieser Partei angehören, müssen sie mit dem Ausschluss aus der Gewerkschaft rechnen.

   Gewerkschaftsmitglied Günther Haubold hält diesen Beschluss für unvereinbar mit Art. 3 Abs. 3 GG und damit für grundgesetzwidrig und unzulässig. Hat er recht?
5. Ilse Büttner ist 78 Jahre alt und lebt allein. Seitdem ihr Dackel Waldi vor einem Jahr gestorben ist, sind Tauben ihre ganze Freude. Vor allem im Winter bedauert sie die hungrigen Tiere. Deshalb findet man Frau Büttner häufig in der nahen Parkanlage, wo sie den Tauben zuschaut und sie füttert. „Tierliebe war immer ein Teil meines Lebens. Und die Tauben sind ja keine Schädlinge. Die kann ich doch nicht verhungern lassen.“

   Dies erklärte sie neulich auch der Außendienstmitarbeiterin des Neustädter Ordnungsamts, Pia Richter, die ihr erklärte, dass Taubenfüttern verboten sei. Außerdem drohte sie ihr ein Bußgeld an, wenn sie sich noch einmal erwischen lasse. Frau Büttner erwiderte, dass sie sich nicht vorstellen könne, dass ein solches Fütterungsverbot – zumal im Winter – rechtens sei.

   „Das wird schon seine Richtigkeit haben“, entgegnete Pia Richter. „Schließlich haben wir in Neustadt eine ganze Reihe städtischer Satzungen und auch Verordnungen, die alle auf Ermächtigungen in Landesgesetzen gestützt werden. Das Verbot der Taubenfütterung ist in der Straßen- und Anlagenverordnung geregelt. Es dient der ‚öffentlichen Reinlichkeit‘. Unsaubere Straßen und Anlagen gefährden die Gesundheit und den Straßenverkehr und damit auch die öffentliche Sicherheit.“

   „Hören Sie auf, Schluss damit!“ Frau Büttner reicht es. „Ich verschmutze keine Straße. Und das bisschen Taubendreck können Sie doch vergessen! Gibt es etwa auch ein Fütterungsverbot für Hunde oder streunende Katzen oder ein Tankverbot für stinkende Lastwagen, die uns mit Feinstaub abfüllen? Die Freiheit einer Tierfreundin lasse ich mir nicht nehmen und gegen Bußgelder werde ich mich wehren. Ich habe auch Grundrechte.“

   Prüfen Sie, ob das Taubenfütterungsverbot der Stadt Neustadt ein Grundrecht von Frau Büttner verletzen könnte.
   Hinweis: Lernsituationen zum Thema „Grundrechte“ enthält auch Lernfeld 10, Kapitel 5.
6. Büromaschinenhändler Schmidt schuldet der Stadtkasse eine Gewerbesteuer-Nachforderung von 200,00 €. Der Vollziehungsbeamte der Stadtkasse Neustadt lässt deshalb die Eigentumswohnung des Händlers durch einen Schlosser öffnen. Herr Schmidt wehrt sich dagegen, weil der Neustädter Beamte keine richterliche Anordnung für das Durchsuchen seiner Wohnung vorlegt und er sich deshalb in seinen Grundrechten verletzt fühlt. Der Vollziehungsbeamte beruft sich jedoch auf den Pfändungsauftrag seiner Behörde.

   Abwandlung des Falles: Vermieter Scholz hat mit einem Nachschlüssel heimlich die Wohnung seines Mieters Murat Cevik betreten. § 123 StGB nennt dieses Verhalten Hausfriedensbruch.

   a) Kann Herr Cevik sich gegenüber einem Vollziehungsbeamten und seinem Vermieter grundsätzlich auf ein Grundrecht berufen (wenn ja, welches)? (Begründung!)

b) Prüfen Sie mithilfe des GG, ob die von dem Neustädter Beamten erzwungene Durchsuchung verfassungswidrig sein könnte.

c) Kann Murat Cevik sein Grundrecht gerichtlich durchsetzen?

7. Nachdem es bei politischen Veranstaltungen, die die Y-Partei in großen Sporthallen abgehalten hat, zu schweren gewalttätigen Auseinandersetzungen gekommen ist, fordern besorgte Bürgerinnen und Bürger von ihren Abgeordneten ein Gesetz, das Versammlungen von mehr als 50 Personen genehmigungspflichtig macht.

   Wäre ein solches Gesetz mit dem Grundgesetz vereinbar?

8. Der Neustädter Biologe Dr. Möller experimentiert in seinem Labor mit lebensgefährlichen Viren ohne hinreichende Schutzvorkehrungen.

   a) In welches Grundrecht könnte eine vorbeugende Maßnahme der Polizeibehörde eingreifen?

   b) Ist der Geltungsbereich dieses Grundrechts einschränkbar?

   c) Lässt sich ein Eingriff des Staates in dieses Grundrecht rechtfertigen?

9. Bei Demonstrationen gegen den Abbau von Braunkohle in der Neustädter Senke setzen sich Demonstrierende mit Spruchbändern auf verschiedene Zufahrtsstraßen zur Senke auf die Straßen (Sitzblockaden), um die Zu- und Abfahrt von Transportfahrzeugen zu behindern. Es kommt zudem zu erheblichen Behinderungen des allgemeinen Straßenverkehrs. Obwohl sich die Demonstrantinnen und Demonstranten auf das Grundgesetz berufen, werden sie von der Polizei wegen verschiedener Straftatbestände angezeigt, u. a. wegen Nötigung.

   a) Auf welche Regelungen des Grundgesetzes könnten sich die Demonstrierenden berufen?

   b) Wie ist es verfassungsrechtlich erklärlich, dass sie dennoch angezeigt werden?

10. Um Benachteiligungen für Frauen abzubauen, bringt die X-Fraktion im Bundestag einen Gesetzentwurf ein, der berufstätigen alleinstehenden Frauen mit eigenem Hausstand einen Anspruch auf einen bezahlten arbeitsfreien Wochentag pro Monat („Hausarbeitstag") gewährt. Die Y-Fraktion hat gegen diesen Entwurf verfassungsrechtliche Bedenken.

    Halten Sie ein solches Gesetz für vereinbar mit dem Grundgesetz?

11. Aufregung in Neustadt: Auf dem zentral gelegenen Platz der Deutschen Einheit wird im Rahmen des Neustädter Kunst- und Theaterfestivals eine drei Meter hohe silberne Figur eines umstrittenen Staatspräsidenten aufgestellt. Erregte, annähernd tumultartige Diskussionen der Bürgerschaft, Schmierereien und provokante Aufschriften auf der Statue nach der Aufstellung sind die Folgen. Die Aufstellung einer „menschenähnlichen" Figur war von der Stadtverwaltung genehmigt worden, der verantwortliche Künstler verteidigt seine Installation mit den Worten „Hier soll diskutiert werden, und Kunst darf alles." Es gibt die Meinung, auch die Schmierereien müsse man aushalten. Von der Stadtverwaltung wird von mehreren Bürgergruppen gefordert, endlich einzuschreiten und dieses „Schandmal" zu beseitigen.

    a) In welches Grundrecht könnte die Stadtverwaltung Neustadt eingreifen?

    b) Ist der Geltungsbereich dieses Grundrechtes einschränkbar?

    c) Lässt sich ein Eingriff des Staates in dieses Grundrecht rechtfertigen?

22106558

1.5 Die Bundesrepublik Deutschland in das europäische Rechtssystem einordnen

1.5.1 Lernsituation

Die EU-Richtlinie 92/43/EWG (Fauna-Flora-Habitat-Richtlinie) wird umgesetzt

Es geht um die „Richtlinie 92/43/EWG des Rates der EG vom 21. Mai 1992 zur Erhaltung der natürlichen Lebensräume sowie der wild lebenden Tiere und Pflanzen" (ABl. EG Nr. L 206/7 vom 22. Juli 1992), geändert durch Richtlinie 97/62/EG des Rates vom 27. Oktober 1997 (ABl. EG Nr. L 305/42) – Fauna-Flora-Habitat-Richtlinie (FFH-RL). Durch die Richtlinie werden die EU-Staaten verpflichtet, bestimmte schützenswerte Lebensräume der EU-Kommission zu melden. Anschließend legt die EU-Kommission fest, welche Gebiete als Schutzgebiete im europäischen ökologischen Netz „Natura 2000" festgelegt werden sollen. Für diese Gebiete gilt dann ein „Verschlechterungs- und Störungsverbot", d. h., für die geschützten Arten bzw. Lebensräume darf es keine erheblichen Beeinträchtigungen geben.

Eine spezielle finanzielle Förderung der FFH-Gebiete durch die EU ist nicht vorgesehen. Allerdings sind diese Gebiete z. T. auch wirtschaftsschwache Gebiete, die deshalb aus EU-Strukturfonds-Mitteln gefördert werden.

Die Richtlinie wurde mit mehrjähriger Verspätung erst 1998 im nationalen Recht der Bundesrepublik Deutschland berücksichtigt und 2002 durch das Neuregelungsgesetz zum Bundesnaturschutzgesetz vollständig in deutsches Recht übertragen.

Die Frist für die Übermittlung der nationalen Gebietsliste an die EU endete im Juni 1995. Die ersten FFH-Gebietsmeldungen Deutschlands gingen aber erst 1996 bei der EU ein. Weitere Meldungen folgten in Raten. Wegen nicht ausreichender Meldung von FFH-Gebieten wurde Deutschland 1998/99 von der EU-Kommission verklagt und am 11. September 2001 vor dem Europäischen Gerichtshof in Luxemburg verurteilt. Gleichzeitig wurde ab dem Jahr 2000 finanziell Druck auf Deutschland ausgeübt, da die Zahlung von Strukturfonds-Mitteln an eine abschließende Meldung von FFH-Gebieten gekoppelt wurde. Im Laufe des Jahres 2001 übersandten die Bundesländer schließlich weitere Meldeunterlagen an die EU. Im Jahr 2002 stellte die EU-Kommission immer noch erhebliche Defizite fest. Die letzten Meldungen der Bundesländer gingen 2006 in Brüssel ein.

Das Gespräch zwischen einer Forstwirtin und einem Forstwirt lässt erkennen, wie schwierig allein die Meldung von FFH-Schutzflächen umzusetzen ist:

„Wir sind ja nun schon einige Jahre Unionsbürgerinnen und -bürger, also gewissermaßen europäische Staatsbürgerinnen und Staatsbürger. Trotzdem gehen die Brüsseler mit uns nicht besonders schonend um."

„Quatsch, die EU ist doch kein Staat."

„Das kommt mir aber doch so vor, denn von der EU kommen Vorschriften, die wir bei uns umsetzen müssen. Nach der Richtlinie für Pflanzen, Viecher, Heimat – abgekürzt FFH – werden wir Waldbäuerinnen und -bauern verpflichtet, naturnah zu wirtschaften, Alt- und Totholz im Wald liegen zu lassen ..."

„ ... und sogar die Nutzung von Waldgebieten ganz aufzugeben, ..."

„ ... um die Hainsimsen-Buchenwälder und die Erlen-Eschenwälder zu schützen ..."

„ ... und den Schwarzspecht, den Mittelspecht und den Wespenbussard! Und alles ohne Entschädigung durch die EU! Wenn ich in meinem Wald kaum noch etwas tun darf und kein Holz mehr schlagen und verkaufen darf, bin ich bald beim Job-Center."

„Und die Hoffnung auf einen Verkauf von FFH-Schutzflächen oder gar des einen oder anderen Baugrundstücks können wir schon jetzt aufgeben! Aber bis die Naturschutzbehörden die Richtlinie umgesetzt haben, bin ich vielleicht schon in Rente. Im Stadtrat will keiner einen Beschluss fassen und auch der Landesverkehrsminister geht lustlos an das Thema heran, denn wenn die FFH-Gebiete schnell festgelegt würden, könnte der die Pläne für einige Straßenbauvorhaben aufgeben."

„Andererseits machen die Naturschutzverbände, also der Bund für Umwelt und Naturschutz und der Naturschutzbund, der Regierung ordentlich Dampf. Schließlich hat Berlin schon einen Prozess in der Sache verloren und wenn es weiterhin so schleppend voran geht, dann schickt die EU Bußgeldbescheide."

1.5.2 Arbeitsaufträge zur Lernsituation

1. Die EU-Organe üben – u. a. durch die FFH-Richtlinie – offensichtlich staatliche Hoheitsbefugnisse aus.
   a) Untersuchen Sie, auf welcher rechtlichen Grundlage dies geschieht.
   b) Prüfen Sie, ob die EU ein Staat (eventuell ein Bundesstaat) ist.
2. Sammeln Sie Informationen über die Unionsbürgerschaft und berichten Sie.
3. Lesen Sie den Auszug aus der FFH-Richtlinie (Arbeitsmaterialien) und geben Sie an,
   a) welche Organe der EU an der Entstehung beteiligt waren und welches Organ die Richtlinie beschlossen hat,
   b) an wen die Richtlinie gerichtet ist und wozu die Adressatinnen und Adressaten verpflichtet werden,
   c) wie lange die Mitgliedstaaten der EU Zeit haben, die erforderlichen Vorschriften zu erlassen, um dieser Richtlinie nachzukommen.
4. a) Sehen Sie Gründe für die schleppende Umsetzung der FFH-RL?
   b) Welche Möglichkeiten hat die EU, die Bundesrepublik Deutschland zu einer schnelleren und vollständigen Umsetzung der FFH-RL zu bewegen?

1.5.3 Arbeitsmaterialien zur Lernsituation

Auszug:

**RICHTLINIE 92/43/EWG DES RATES
vom 21. Mai 1992
zur Erhaltung der natürlichen Lebensräume sowie
der wild lebenden Tiere und Pflanzen**

Der Rat der europäischen Gemeinschaften ...

- gestützt auf den Vertrag zur Gründung der Europäischen Wirtschaftsgemeinschaft, insbesondere auf Artikel 130s,
- auf Vorschlag der Kommission (2),
- nach Stellungnahme des Europäischen Parlaments (3),
- nach Stellungnahme des Wirtschafts- und Sozialausschusses (4),
- in Erwägung nachstehender Gründe:

... hat folgende Richtlinien erlassen:

Begriffsbestimmungen

(Es folgen Erläuterungen wichtiger Rechtsbegriffe sowie der Ziele der Richtlinie.)

Erhaltung der natürlichen Lebensräume und der Habitate der Arten

Artikel 3

1. Es wird ein kohärentes europäisches ökologisches Netz besonderer Schutzgebiete mit der Bezeichnung „Natura 2000" errichtet. Dieses Netz besteht aus Gebieten, die die natürlichen Lebensraumtypen des Anhangs I sowie die Habitate der Arten des Anhangs II umfassen, und muss den Fortbestand oder gegebenenfalls die Wiederherstellung eines günstigen Erhaltungszustandes dieser natürlichen Lebensraumtypen und Habitate der Arten in ihrem natürlichen Verbreitungsgebiet gewährleisten. ...
2. Jeder Staat trägt im Verhältnis der in seinem Hoheitsgebiet vorhandenen in Absatz 1 genannten natürlichen Lebensraumtypen und Habitate der Arten zur Errichtung von Natura 2000 bei. Zu diesen Zweck weist er nach den Bestimmungen des Artikels 4 Gebiete als besondere Schutzgebiete aus, wobei er den in Absatz 1 genannten Zielen Rechnung trägt. ...

➡

22106560

Artikel 4

1. Anhand der in Anhang III (Phase 1) festgelegten Kriterien und einschlägiger wissenschaftlicher Informationen legt jeder Mitgliedstaat eine Liste von Gebieten vor, in der die in diesen Gebieten vorkommenden natürlichen Lebensraumtypen des Anhangs I und einheimischen Arten des Anhangs II aufgeführt sind. ...

   Binnen drei Jahren nach der Bekanntgabe dieser Richtlinie wird der Kommission diese Liste gleichzeitig mit den Informationen über die einzelnen Gebiete zugeleitet. ...
2. Auf der Grundlage der in Anhang III (Phase 2) festgelegten Kriterien und im Rahmen der fünf in Artikel 1 Buchstabe c) Ziffer III) erwähnten biogeografischen Regionen sowie des in Artikel 2 Absatz 1 genannten Gesamtgebietes erstellt die Kommission jeweils im Einvernehmen mit den Mitgliedstaaten aus den Listen der Mitgliedstaaten den Entwurf einer Liste der Gebiete von gemeinschaftlicher Bedeutung, in der die Gebiete mit einem oder mehreren prioritären natürlichen Lebensraumtyp(en) oder einer oder mehreren prioritären Art(en) ausgewiesen sind.

   Die Liste der Gebiete, die als Gebiete von gemeinschaftlicher Bedeutung ausgewählt wurden und in der die Gebiete mit einem oder mehreren prioritären natürlichen Lebensraumtyp(en) oder einer oder mehreren prioritären Art(en) ausgewiesen sind, wird von der Kommission nach dem Verfahren des Artikels 21 festgelegt.
3. Die in Absatz 2 erwähnte Liste wird binnen sechs Jahren nach Bekanntgabe dieser Richtlinie erstellt.
4. Ist ein Gebiet aufgrund des in Absatz 2 genannten Verfahrens als Gebiet von gemeinschaftlicher Bedeutung bezeichnet worden, so weist der betreffende Mitgliedstaat dieses Gebiet so schnell wie möglich – spätestens aber binnen sechs Jahren – als besonderes Schutzgebiet aus und legt dabei die Prioritäten nach Maßgabe der Wichtigkeit dieser Gebiete für die Wahrung oder die Wiederherstellung eines günstigen Erhaltungszustands eines natürlichen Lebensraumtyps des Anhangs I oder einer Art des Anhangs II und für die Kohärenz des Netzes Natura 2000 sowie danach fest, inwieweit diese Gebiete von Schädigung oder Zerstörung bedroht sind.
5. Sobald ein Gebiet in die Liste des Absatzes 2 Unterabsatz 3 aufgenommen ist, unterliegt es den Bestimmungen des Artikels 6 Absätze 2, 3 und 4.

Artikel 6

1. Für die besonderen Schutzgebiete legen die Mitgliedstaaten die nötigen Erhaltungsmaßnahmen fest, die gegebenenfalls geeignete, eigens für die Gebiete aufgestellte oder in andere Entwicklungspläne integrierte Bewirtschaftungspläne und geeignete Maßnahmen rechtlicher, administrativer oder vertraglicher Art umfassen, die den ökologischen Erfordernissen der natürlichen Lebensraumtypen nach Anhang I und der Arten nach Anhang II entsprechen, die in diesen Gebieten vorkommen.
2. Die Mitgliedstaaten treffen die geeigneten Maßnahmen, um in den besonderen Schutzgebieten die Verschlechterung der natürlichen Lebensräume und der Habitate der Arten sowie Störungen von Arten, für die die Gebiete ausgewiesen worden sind, zu vermeiden, sofern solche Störungen sich im Hinblick auf die Ziele dieser Richtlinie erheblich auswirken könnten.

Artikel 11

Die Mitgliedstaaten überwachen den Erhaltungszustand der in Artikel 2 genannten Arten und Lebensräume, wobei sie die prioritären natürlichen Lebensraumtypen und die prioritären Arten besonders berücksichtigen.

Artenschutz

Artikel 12

1. Die Mitgliedstaaten treffen die notwendigen Maßnahmen, um ein strenges Schutzsystem für die in Anhang IV Buchstabe a) genannten Tierarten in deren natürlichen Verbreitungsgebieten einzuführen; dieses verbietet: ...

Artikel 13

1. Die Mitgliedstaaten ergreifen die erforderlichen Maßnahmen, um ein striktes Schutzsystem für die in Anhang IV Buchstabe b) angegebenen Pflanzenarten aufzubauen, das Folgendes verbietet: ...

Information

Artikel 17

1. Alle sechs Jahre nach Ablauf der in Artikel 23 vorgesehenen Frist erstellen die Mitgliedstaaten einen Bericht über die Durchführung der im Rahmen dieser Richtlinie durchgeführten Maßnahmen. ...

Schlussbestimmungen

Artikel 23

1. Die Mitgliedstaaten erlassen die erforderlichen Rechts- und Verwaltungsvorschriften, um dieser Richtlinie binnen zwei Jahren nach ihrer Bekanntgabe nachzukommen. Sie setzen die Kommission unverzüglich davon in Kenntnis. ...
3. Die Mitgliedstaaten teilen der Kommission den Wortlaut der wichtigsten innerstaatlichen Rechtsvorschriften mit, die sie auf dem unter diese Richtlinie fallenden Gebiet erlassen.

Artikel 24

Diese Richtlinie ist an die Mitgliedstaaten gerichtet.

Geschehen zu Brüssel am 21. Mai 1992.

Im Namen des Rats

Der Präsident
Arlindo MARQUES CUNHA

1.5.4 Aufgaben

1. Die Bundesrepublik Deutschland und das Land Sachsen haben seinerzeit die Erweiterung des VW-Werks Mosel bei Zwickau mit mehreren hundert Millionen DM unterstützt. Ebenso sollte Mercedes-Benz für Investitionen in Ludwigsfelde (Brandenburg) staatliche Subventionen erhalten. Aus wettbewerbsrechtlichen Gründen genehmigte die EU-Kommission diese Subventionsentscheidungen jedoch nur mit erheblichen Kürzungen.
   Welche Schlüsse auf die Souveränität der EU-Mitgliedstaaten und die Art der Staatengemeinschaft lässt diese Meldung zu?
2. Die Gesetzgebung und das Budgetrecht (Beschluss des Haushaltsplans) sind die wichtigsten Rechte eines Parlaments. Wie werden diese Rechte in der Bundesrepublik Deutschland und in der Europäischen Union wahrgenommen? Vergleichen Sie.
3. Mindestvorschriften bezüglich der Sicherheit und des Gesundheitsschutzes bei der Arbeit an Bildschirmgeräten sind in einer Richtlinie der EU enthalten.
   Das Verbot unterschiedlicher Behandlung von Arbeitnehmerinnen und Arbeitnehmern aus anderen EU-Staaten ist durch eine EU-Verordnung geregelt.
   Vergleichen Sie, welche Auswirkungen die unterschiedlichen Regelungsarten (Richtlinie, Verordnung) auf den Erlass, die Adressatinnen und Adressaten und die Verbindlichkeit der Regelungen haben.
4. a) Erläutern Sie auf der Grundlage des folgenden Textes das Verhältnis von europäischem Recht zu bundesdeutschem Recht.
   b) Unterscheiden Sie die Anwendungsbereiche der Grundrechte der EU-Grundrechtecharta und des Grundgesetzes.

Richtlinie zur Vorratsdatenspeicherung

EuGH verurteilt Schweden zu Geldstrafe

Von Martin Bohne, MDR-Hörfunkstudio Brüssel

Der Europäische Gerichtshof (EuGH) hat Schweden zu einer Geldstrafe von drei Millionen Euro verurteilt. Das Land hatte die EU-Richtlinie über die Vorratsdatenspeicherung nicht fristgerecht umgesetzt. Das Urteil ist auch für Deutschland von Bedeutung.

In Europa müssen sämtliche Verbindungsdaten von Telefon- und Internetnutzern für sechs Monate gespeichert werden. Die Daten sollen bei der Bekämpfung von schwerer Kriminalität und Terrorismus helfen. Aber Schweden tat sich aus Datenschutzgründen schwer mit dieser Richtlinie. Erst 2012 – fünf Jahre zu spät – wurden die Bestimmungen in nationales Recht umgesetzt. Und auch erst, nachdem die EU-Kommission das Land verklagt und vor dem EuGH in einem ersten Urteil Recht bekommen hatte.

22106562

Pauschalstrafe von drei Millionen Euro
Wegen dieser Verzögerung muss Schweden nun noch eine Pauschalstrafe in Höhe von drei Millionen Euro zahlen. Die Europarichter begründeten das mit der erheblichen Dauer der Vertragsverletzung und dem potenziellen Schaden für Einzelne und für die Gesellschaft, der durch die unterlassene Vorratsdatenspeicherung entstanden ist. ...

Deutschland hat Richtlinie noch nicht umgesetzt
Das Urteil dürfte in Berlin mit großem Interesse zur Kenntnis genommen werden. Denn die Bundesrepublik hat die Richtlinie – als einziges EU-Land – immer noch nicht umgesetzt. Ein erstes Gesetz ist 2010 vom Bundesverfassungsgericht gekippt worden. Seitdem kann sich die schwarz-gelbe Koalition nicht auf einen neuen Text einigen. ...
Die EU-Kommission hat daher Deutschland im vergangenen Jahr verklagt und beim EuGH ein Zwangsgeld in Höhe von über 300.000 Euro pro Tag beantragt. Das wären immerhin über 100 Millionen Euro im Jahr. (...)

Quelle: Bohne, Martin: Richtlinie zur Vorratsdatenspeicherung. EuGH verurteilt Schweden zu Geldstrafe. In: tagesschau.de. 30.05.2013., www.tagesschau.de/ausland/schwedenvorratsdatenspeicherung100.html [07.07.2025]

Hinweis:

Der EuGH hat am 08.04.2014 entschieden, dass die EU-Richtlinie über das absolut Notwendige hinaus in die Grundrechte (EU-Grundrechtecharta) auf Achtung des Privatlebens und auf den Schutz personenbezogener Daten eingreift. Sie verstößt gegen europäisches Recht und ist ungültig.

Seit dem 18.12.2015 werden in Deutschland aufgrund des Gesetzes zur Einführung einer Speicherpflicht und einer Höchstspeicherfrist für Verkehrsdaten (VerkdHSpFruSpPflEG, BGBl. I S. 2218) anlasslos Daten zur Kommunikation der Bürgerinnen und Bürger gespeichert. Gegen das Gesetz wurde Verfassungsbeschwerde erhoben.

5. a) Lesen Sie den folgenden Artikel. Gegen wen klagen die geschädigten Touristinnen und Touristen vor dem Landgericht Bonn? Auf welches Argument stützen sie die Klage?
   b) Unter welchen Voraussetzungen geht der EuGH davon aus, dass die Geschädigten Schadensersatz verlangen können?
   c) Bedeutet dies, dass zu spät umgesetzte Richtlinien der EG, die diese Voraussetzungen erfüllen, auch vor ihrer Umsetzung bereits allgemeingültige Rechtsnormen sind?

Bonn muss Opfer von Reise-Pleiten entschädigen

Europäischer Gerichtshof rügt verzögerte Umsetzung der EU-Richtlinie

Pauschaltouristen, deren Reiseveranstalter pleite macht, können unter bestimmten Umständen vom Staat Schadensersatz verlangen. Der Europäische Gerichtshof (EuGH) entschied am Dienstag, die Bundesrepublik sei dafür haftbar, dass sie ein europäisches Gesetz zum Schutz der Pauschalreisenden nicht fristgerecht in deutsches Recht umgesetzt hat.

BRÜSSEL, 8. Oktober. Die 1990 erlassene „Richtlinie über Pauschalreisen" verpflichtet die Touristik-Unternehmen unter anderem, sicherzustellen, dass der Kunde bei einem Konkurs Anzahlungen erstattet bekommt und in jedem Fall für die Rückreise vom Urlaubsort gesorgt ist. Dies hätten die Mitgliedsländer spätestens Ende 1992 in nationales Recht umsetzen müssen. Die Bundesregierung ließ sich anderthalb Jahre länger Zeit.

Dass diese Richtlinie 1993 noch nicht als deutsches Recht galt, wurde beim Konkurs des Reiseunternehmens „MP Travel Line" offenkundig. Tausende von Urlaubern blieben nach dessen Pleite an Urlaubsorten hängen. Sieben Deutsche, die Opfer eines Konkurses ihrer Reiseveranstalter geworden waren, klagten vor dem Landgericht Bonn.

Dieses legte mehrere Fälle in Luxemburg zur Grundsatzentscheidung vor. Dort kamen die Richter zum Schluss, dass sich die Geschädigten in der Tat an die Staatskasse halten können. Es lägen alle Voraussetzungen vor, die der EuGH in einem Grundsatzurteil 1990 (Fall „Francovich") und der folgenden Rechtsprechung entwickelt hat: Das betreffende europäische Gesetz muss erkennbar die Absicht haben, dem Einzelnen konkrete Rechte zu verleihen; er muss durch verzögerte Umsetzung nachweisbaren und bezifferbaren Schaden erlitten haben; der nationale Gesetzgeber muss die Umsetzungsfrist wider besseres Wissen und ohne Not überschritten haben.

Weil all das nach Ansicht der Luxemburger Richter zutrifft, können die Kläger im Bonner Verfahren nun mit einem Urteil in ihrem Sinne rechnen.

Quelle: Pries, Knut: Bonn muss Opfer von Reise-Pleiten entschädigen. In: Frankfurter Rundschau vom 09.10.1996.

6. Die EU-Richtlinie 2004/23/EG vom 31. März 2004 über Qualitätsstandards für die Spende, Testung und Verteilung von menschlichen Geweben und Zellen enthält u. a. folgende Vorschriften:

Artikel 1 Zweck	**Artikel 31** Umsetzung
Diese Richtlinie legt Qualitäts- und Sicherheitsstandards für zur Verwendung beim Menschen bestimmte menschliche Gewebe und Zellen fest, um ein hohes Gesundheitsschutzniveau zu gewährleisten.	(1) Die Mitgliedstaaten setzen die Rechts- und Verwaltungsvorschriften in Kraft, die erforderlich sind, um dieser Richtlinie spätestens ab dem 7. April 2006 nachzukommen. Sie unterrichten die Kommission unverzüglich davon. ...

a) Patient Hintermoser der Städtischen Klinik in Altdorf in Deutschland erhält Ende 2004 eine Transplantation. Kann er sich bei Ansprüchen wegen Missachtung von Sicherheitsstandards erfolgreich auf diese Richtlinie berufen? (kurze Erläuterung)

b) Nehmen wir an, dass der Inhalt der Richtlinie Mitte 2007 in deutsches Recht übertragen wurde. Könnte die im Dezember 2006 transplantierte Patientin Linneweber Ansprüche wegen Missachtung von Sicherheitsstandards auf diese Richtlinie stützen? (kurze Erläuterung)

7. Die FFH-Richtlinie wurde erst 2002 in deutsches Recht übertragen. Prüfen Sie, ob die Richtlinie zwischen 1995 (Ende der regulären Umsetzungsfrist) und 2002 im Einzelfall unmittelbar wirkendes Recht war.

22106564

2.1 Verwaltungsträger unterscheiden und Möglichkeiten der Verwaltungsgliederung überblicken

2.1.1 Lernsituation

Bürokratieabbau

Uwe Rosemann lernt Industriekaufmann in einer Maschinenfabrik. Beim Frühstück wirft er einen Blick in die Zeitung. „Wahrscheinlich war es doch richtig, eine Ausbildung in der Industrie zu machen", spricht er seine Mutter an, die mit ihm frühstückt und ungeduldig auf die Uhr schaut, denn gleich muss sie sich zu ihrer Behörde auf den Weg machen, in der sie als Verwaltungsangestellte arbeitet. „Hier steht, dass das Land endlich die Bürokratie abbauen will. Einige Behörden sollen aufgelöst werden, manchmal werden deren Aufgaben gleich mit abgeschafft, z. B. wird es keinen Widerspruch mehr gegen Behördenbescheide geben, da muss man dann gleich vor Gericht gehen. Und der Stadtrat hat ein Konzept ‚Neustadt 2030' beschlossen. Da steht drin, welche Aufgaben sie bis dahin privatisieren und wie viele Personalstellen sie dadurch einsparen wollen." „Da muss ich noch zufrieden sein, wenn ich mit einer Versetzung davonkomme", meint Uwes Mutter. „Die Behörden schrumpfen, während dein Arbeitgeber immer weiter wächst." „Aber es gibt doch so viele Behörden", entgegnet Uwe, „auch hier in der Umgebung, da könntest du notfalls in eine andere Verwaltung wechseln und wir müssten dann nicht umziehen." „Jetzt wird es für mich höchste Zeit, Uwe. Tschüss, bis heute Abend!"

Uwe überlegt, dass es eine Vielzahl öffentlicher Verwaltungen in und um Neustadt gibt. Nicht nur die Stadt- und die Kreisverwaltung, auch die Polizei, die Feuerwehr und das Finanzamt, das Job-Center der Bundesagentur für Arbeit, die Ersatzkasse, bei der er krankenversichert ist, und das Wasserwerk Neustadt. Ist der Stromlieferant RWE nicht auch ein öffentlicher Arbeitgeber? Post und Bahn gehören teilweise dem Staat, obwohl man sie heute vielleicht nicht mehr zur öffentlichen Verwaltung rechnet. Banken und Versicherungen verwalten das Geld ihrer Kundinnen und Kunden, aber diese Verwaltung ist bestimmt nicht öffentlich. Und die Schulen und das Theater sind öffentliche kulturelle Betriebe, die aber eher nicht unter dem Begriff „Verwaltung" einzuordnen sind. Und ein Amtsgericht haben wir hier auch, nicht zu vergessen das städtische Seniorenheim, in dem ich Oma jede Woche besuche.

Es gibt doch viele Arbeitsplätze bei Behörden und öffentlichen Einrichtungen. Dass dort der Personalbestand auch mal schwankt, ist doch normal. Selbst auflösen kann sich eine Behörde nicht. Aber wer ist für die Gründung und Auflösung von Behörden zuständig, wer gibt und entzieht denen Geld und Aufgaben? Wer koordiniert den Behördendschungel mit seinen Millionen Arbeitskräften? Da blickt doch niemand mehr durch! Bürokratieabbau wäre da sicher angesagt, wenn da nicht der Arbeitsplatz meiner Mutter wäre, denkt sich Uwe als besorgter Sohn.

2.1.2 Arbeitsaufträge zur Lernsituation

1. Uwe fallen eine Vielzahl von Arbeitgeberinnen und Arbeitgebern in und um Neustadt ein, die er der öffentlichen Verwaltung mehr oder weniger eindeutig zuzuordnen versucht.
   a) Versuchen Sie, „Verwaltung" und „öffentliche Verwaltung" zu definieren.
   b) Prüfen Sie, ob die von Uwe genannten Beispiele der öffentlichen Verwaltung zuzuordnen sind. Bringen Sie die Beispiele in eine Liste mit zwei zusätzlichen Spalten.
2. a) Notieren Sie, welche Vorstellungen Sie mit den Begriffen „Bürokratie" bzw. „bürokratisch" verbinden.
   b) Lesen Sie den Text 1 im Arbeitsmaterial. Stimmt er mit ihren Vorstellungen überein? Erklären Sie die grundlegenden Unterschiede.
   c) Nennen Sie beispielhaft Maßnahmen, die zum Bürokratieabbau beitragen.
3. Unter dem Leitgedanken des Bürokratieabbaus wurden in der letzten Zeit in mehreren Bundesländern Behörden aufgelöst bzw. zusammengelegt. Untersuchen Sie mithilfe des Textes 2, wer in den Bundesländern die Organisationsgewalt ausübt hinsichtlich

a) der Errichtung und Schließung von Behörden,
b) der inneren Organisation von Behörden.

4. Grundsätzlich regelt der Staat die Erledigung öffentlicher Aufgaben. Soweit es sich um Verwaltungsaufgaben handelt, spielen hier die Begriffe „unmittelbare Staatsverwaltung" und „mittelbare Staatsverwaltung" eine Rolle. Tragen Sie in die zu 1. b) erstellte Liste ein, bei welchen Beispielen es sich um unmittelbare oder mittelbare Staatsverwaltung handelt.

2.1.3 Arbeitsmaterialien zur Lernsituation

Text 1

Bürokratie

„Bürokratie", 1894 lexikalisch als „Schreibstubenherrschaft" definiert, ist eine bestimmte Form der organisierten Verwaltung. Dabei kann es sich um öffentliche oder private Verwaltung handeln. Wichtig sind bestimmte Merkmale, z. B.:

- Eine festgelegte Amts- oder Autoritätshierarchie wird in einem Instanzenweg abgebildet.
- Die Beschäftigten handeln entsprechend einer festen Kompetenzverteilung nach starren Verhaltensregeln und treffen Entscheidungen im Geist formaler Unpersönlichkeit.
- Das Verwaltungshandeln wird in Akten genau und vorschriftsmäßig festgehalten.
- Die Positionen werden nach der Fachqualifikation besetzt, die durch Prüfungen ermittelt wird.
- Eine vorgegebene Laufbahn kennzeichnet den beruflichen Aufstieg, der von Beurteilungen und Lebensalter abhängig ist.
- Die Bezahlung richtet sich nach Funktion und Dienstzeit, weniger nach dem Arbeitsergebnis.

Der Soziologe Max Weber (1864–1920) hat die Bürokratie in Deutschland in diesem Sinne beschrieben. Vor dem Hintergrund einer obrigkeitlichen Tradition des zentral gelenkten Staatsdienstes und der Industrialisierung, die ebenfalls Arbeitsdisziplin und Unterordnung verlangte, war die Bürokratie eine zweckmäßige Organisationsform der Verwaltung.

In der zweiten Hälfte des letzten Jahrhunderts wurden die Arbeitsabläufe in den stark gewachsenen bürokratisierten Verwaltungen jedoch zunehmend komplizierter und teurer. Die Kritik an der unsachgemäßen Ausdehnung (Aufblähung) und der z. T. ineffizienten (wirkungslosen) Arbeit der Bürokratie wurde immer schärfer. „Bürokratisch" wurde ein abwertendes Attribut. In der Privatwirtschaft sorgten Wettbewerb, Kundenorientierung und Kostenbewusstsein schon früh für eine Änderung der Unternehmensphilosophie. In der öffentlichen Verwaltung führte erst die Verwaltungsreform am Ende des Jahrhunderts zu einer gewissen „Entbürokratisierung". Es ist schwierig, den bürokratischen Aufwand für eine Aufgabe so niedrig wie möglich, aber so umfangreich wie nötig zu bemessen.

Text 2

Organisationsgewalt in der öffentlichen Verwaltung

Organisationsgewalt ist das Recht, Verwaltungsträger bzw. deren Behörden zu errichten oder aufzulösen, ihnen Aufgaben (Zuständigkeiten) zuzuweisen und ihre innere organisatorische Ausgestaltung zu regeln.

Wer besitzt diese Organisationsgewalt? Darf z. B. eine Behörde sich selbst „Unterbehörden" schaffen, wenn sie dies für nötig hält?

Die Ausübung der staatlichen Befugnisse und die Erfüllung der staatlichen Aufgaben ist nach Art. 30 GG grundsätzlich Sache der Länder. Nach Art. 83 GG führen sie die Bundesgesetze grundsätzlich als eigene Angelegenheit aus. Der Bund nimmt Verwaltungsaufgaben nur aufgrund verfassungsrechtlicher Ermächtigung wahr, er verfügt daher nur in wenigen Bereichen über einen eigenen Verwaltungsapparat.

Dem Grundsatz des Parlamentsvorbehalts entsprechend regeln die Länder ihren Verwaltungsaufbau (Errichtung und Schließung von Behörden) und die Zuständigkeiten durch Gesetz. Verwaltungsinterne Organisationsmaßnahmen (Untergliederung, Geschäftsverteilung in einer Behörde) sind jedoch Sache der Exekutive.

Im kommunalen Bereich ist die Organisationsgewalt der Gemeinden und Kreise Teil des kommunalen Selbstverwaltungsrechts (Art. 28 Abs. 2 GG).

In mehreren Ländern ist der Verwaltungsaufbau durch Organisationsgesetze geregelt.

22106566

2.1.4 Aufgaben

1. Ordnen Sie die nachfolgenden Tätigkeiten der Regierung, der Verwaltung oder der Justiz zu.
   a) staatsleitende, auf politische Entscheidungen bezogene Tätigkeiten der Exekutive
   b) gestaltende Wahrnehmung öffentlicher Aufgaben innerhalb rechtlicher, finanzieller und organisatorischer Grenzen
   c) Organisation des nachgeordneten Behördenapparats
   d) Rechtsanwendung nach dem Gesetz, im Übrigen aber unabhängig
   e) Gesetzesvorlagen im Parlament einbringen
   f) Entscheiden von Rechtsstreitigkeiten
   g) weisungsgebundene Ausführung von Rechtsvorschriften
2. Bei welchen der Beispiele a) bis k) handelt es sich um
   (1) eine juristische Person des privaten Rechts,
   (2) eine juristische Person des öffentlichen Rechts,
   (3) keine juristische Person?
   a) Stadt Neustadt
   b) Bürgermeister Schultheiß
   c) Verkehrsbetrieb Neustadt GmbH
   d) Theater Neustadt (Eigenbetrieb der Stadt Neustadt)
   e) Deutsche Post AG
   f) Freistaat Sachsen
   g) Verwaltungsgericht Aachen
   h) Katrin Lütke, Richterin am Verwaltungsgericht Aachen
   i) Kegelklub „Alle Neune"
   j) Allgemeine Ortskrankenkasse Hessen
   k) Förderverein der Adam-Riese-Grundschule e. V.
3. Ordnen Sie den drei typischen Arten von Verwaltungsträgern die folgenden Merkmale zu: Nutznießer, Mitglieder, Benutzerinnen und Benutzer, Personenverband, Zusammenfassung personeller und sächlicher Mittel, juristische Person des öffentlichen Rechts, Vermögensmasse.
4. Fünf Gemeinden gründen einen Verband mit dem Zweck, gemeinsam eine Volkshochschule zu unterhalten. Es werden Räume angemietet und zwei Mitarbeiterinnen und ein Mitarbeiter eingestellt.
   a) Bestimmen Sie den Rechtscharakter des Zweckverbands.
   b) Wer ist auf der Verwaltungsseite Vertragspartnerin oder Vertragspartner in den Arbeits- und Mietverträgen?
   c) Welchen Rechtscharakter hat die gemeinsame Volkshochschule?
5. a) Schülerin Melanie (18) hat einen Unfall in der Berufsschule des Kreises Neustadt erlitten.
   b) Kunde Ehlers streitet mit der Sparkasse des Kreises Neustadt wegen einer verlorenen EC-Karte.

   Gegen wen müssen Melanie und Herr Ehlers ihre Klagen richten?
6. Prüfen Sie, ob es sich in den folgenden Beispielen um „beliehene Personen" handelt.
   a) Notarinnen und Notare üben in den meisten Ländern einen freien Beruf aus. § 1 der Bundesnotarordnung überträgt ihnen die Aufgabe, Rechtsvorgänge öffentlich zu beurkunden.
   b) Verwaltungsfachangestellte Düzgün arbeitet in der Meldebehörde. Zu ihren Aufgaben gehört die Beglaubigung von Zeugniskopien.
   c) Polizeibeamter Peters regelt den Straßenverkehr.
   d) Schülerlotsin Nicole hilft Grundschülern, sicher über die Fahrbahn zu gelangen.
   e) Ein Kapitän auf hoher See beurkundet den Tod eines Seemanns.
7. Welche Vorteile ergeben sich für den Staat, wenn er „beliehene Personen" einsetzt?

8. Ordnen Sie die Beispiele a) bis j) folgenden Verwaltungsbereichen zu:
(1) unmittelbare Staatsverwaltung des Landes
(2) unmittelbare Staatsverwaltung des Bundes
(3) mittelbare Staatsverwaltung
(4) private (keine öffentliche) Verwaltung
(5) keine Verwaltung

Beispiele:

a) Das Kraftfahrtbundesamt (Flensburg) teilt der örtlichen Polizei die „Strafpunkte" einiger Verkehrssünderinnen und Verkehrssünder aus Neustadt mit.
b) Der Rat der Stadt Strockelhovel beschließt eine Erhöhung der Abwassergebühren in einer Satzung.
c) Das Gemeindeamt der evangelischen Kirchengemeinde Neustadt erhebt von Familie Schulze einen Kindergartenbeitrag.
d) Die Geschäftsstelle Frankfurt der Allianz Krankenversicherung AG ersetzt einem Versicherten die ärztlichen Behandlungskosten.
e) Die Hauptverwaltung der Deutschen Bahn AG kauft ein Grundstück für eine Bahnstrecke.
f) Das Verwaltungsgericht Gelsenkirchen stellt die Rechtmäßigkeit der Rücknahme einer Gewerbeerlaubnis fest.
g) Die Stadt Neustadt (der Bürgermeister, Fachbereich 4, Bauwesen und Liegenschaften) genehmigt einen Bauantrag nach der Landesbauordnung.
h) Das Finanzamt Neustadt erteilt einen Einkommensteuerbescheid.
i) Die Bundesagentur für Arbeit veröffentlicht die neueste Arbeitslosenstatistik.
j) In § 1 der Bundesnotarordnung überträgt der Bund den Notarinnen und Notaren die Aufgabe, Rechtsvorgänge öffentlich zu beurkunden.

9. In den großen Bundesländern haben die Regierungspräsidentinnen und -präsidenten (Bezirksregierungen, Regierungen) die Funktion einer „Bündelungsbehörde". Wie ist dies zu verstehen?

10. Welche Unterschiede bestehen zwischen oberen und mittleren Behörden?

2.2 Ziele, Aufgaben und Organstruktur einer Verwaltung darstellen

2.2.1 Lernsituation

Die Bürgerschaft als Königin

In diesem Lernfeld geht es um die moderne Verwaltung, wie sie mit ihren Zielen umgeht und wie sie sich organisiert. „Kundenorientierung" und „Verwaltungsreform" sind wichtige Begriffe, jedoch sind sie nicht mehr neu. Vor etwa vierzig Jahren erregten sie viel mehr Aufsehen als heute, wie die folgende Geschichte erzählt.

In den fernen Vereinigten Staaten, war einst ein Bürgermeister sehr unglücklich. Er dachte: „Die Bürgerinnen und Bürger klagen über Straßengangs und Drogen. Kriminalität, Smog und Verkehrskollaps machen uns Sorgen. Und wir haben es nicht geschafft, daran etwas zu ändern, denn die Kassen sind leer, die Arbeitslosigkeit steigt und unsere Millionenstadt Phoenix liegt in der Wüste Arizonas." Und er träumte, dass alle Bürgerinnen und Bürger in seiner Stadt sorgenfreie, kleine Königinnen und Könige seien. Dieser Traum ging ihm nicht mehr aus dem Kopf.

Zwar konnte der Bürgermeister nicht zaubern, aber er hatte die besondere Gabe, seine Träume Wirklichkeit werden zu lassen, wenn er nur fleißig genug daran arbeitete.

Er ließ die Bürgerinnen und Bürger von Phoenix befragen, was sie bedrückte. Überall lagen Beschwerdeformulare aus, mehrsprachige natürlich, denn in Arizona gibt es viele Apachen, Navajos und Hopis sowie spanischsprachige Eingewanderte aus Mexiko. Die Leute glaubten aber nicht an den Sinn neuer Ideen, weil sie befürchteten, dass am Ende doch wieder überall nur Dollars eingespart würden, wie sie es schon oft erlebt hatten. Als er die Unzufriedenheit wahrnahm, beriet sich der Bürgermeister mit seinen Mitarbeiterinnen und Mitarbeitern und vereinbarte viele neue Regelungen.

22106568

„Wir müssen versuchen, mehr Arbeit mit weniger Aufwand zu erledigen. Dazu sollten wir in der Verwaltung ideenreicher zusammenarbeiten und sehen, wo der Bürgerschaft wirklich der Schuh drückt", sagte er und setzte Leitsätze für die Arbeit der City von Phoenix. Seit 2013 lesen sich die Vision und die Leitsätze von Phönix wie folgt:

City of Phoenix Mission, Vision and Values

City of Phoenix Mission Statement

To improve the quality of life in Phoenix through efficient delivery of outstanding public services.

City of Phoenix Vision Statement 2013

We will make Phoenix a great place to live, work and visit by fostering a dynamic and sustainable environment with exceptional public services.

City of Phoenix Values Statements 2013

We are committed to excellence through:

1. Exceptional Customer Service

We exist to provide responsive and consistent customer service to the community and to city employees. We exhibit empathy by listening to each other and to the public in our efforts to deliver services that improve people's lives.

2. Integrity and Transparency

We safeguard the public trust through honest business practices and open communication. Our credibility with the public depends on our strong ethical stewardship of all resources.

3. Respect for Diversity

We recognize and respect the differences that make us unique. We embrace diversity in everything we do to create a healthy and productive community and workplace.

4. Personal Empowerment

We trust our employees to always own the problem and solution in addressing business challenges. We value and invest in the growth and development of our employees.

5. Engaged Teamwork

We engage employees and the public in productive and respectful dialogue. Our success hinges on dynamic and interdependent partnerships. We achieve our highest performance by working together.

6. Consistent Professionalism

We work to the highest standards of proficiency and expertise. We are accountable to ourselves, to the city and to the public.

7. Creativity and Innovation for Excellent Results

We promote an environment of inventive thinking and imaginative solutions to community needs. We encourage a spirit of continuous improvement in all our activities to exceed community expectations.

Quelle: City of Phoenix (Hrsg.): City of Phoenix: City of Phoenix Mission, Vision and Values. In: https://www.phoenix.gov/administration/departments/citymanager/city-manager-initiatives/strategic-plan/city-of-phoenix-mission-vision-and-values.html [07.07.2025]

Außerdem ordnete der Bürgermeister seinerzeit an:

„Es kann nicht sein, dass in einer Abteilung keiner ans Telefon geht. In Zukunft darf kein Telefon öfter als dreimal klingeln. Denn in Phoenix ist die Verwaltungsarbeit immer an den Kundinnen und Kunden, unserer Bürgerschaft, orientiert.

Um öffentliche Aufträge bewerben sich künftig private Unternehmen wie auch Verwaltungsabteilungen gleichberechtigt. Wer qualitativ nicht mithält, scheidet aus. Bei guten Leistungen entscheidet der Angebotspreis.

Alle Verwaltungsleistungen werden begutachtet, selbst Straftäterinnen und Straftäter dürfen ihre Aufseherinnen und Aufseher beurteilen.

Mit allen 11 000 Mitarbeiterinnen und Mitarbeitern wird mindestens einmal im Jahr über ihre Leistung gesprochen, und zwar deutlich. Unfähige oder unfreundliche Kolleginnen und Kollegen werden entlassen, besonders leistungsstarke können Zulagen erhalten. Für ihre Verbesserungsvorschläge erhalten die Angestellten zehn Prozent des eingesparten Geldes, höchstens 2.500,00 $." Einige Mitarbeitende stöhnten, viele erkannten neue Chancen.

Auch die Einwohnerinnen und Einwohner der Wüstenmetropole wurden um Mitarbeit gebeten: Im Rahmen des Programms „adopt-a-street" übernahmen Firmen, Anliegerinnen und Anlieger sowie Nachbarschaftsgruppen die Pflege von Straßenabschnitten. Über 400 km Asphalt werden seitdem auf diese Weise vom Abfall befreit. Das neu geschaffene Nachbarschaftsamt koordiniert die Aktivitäten und schießt bei Bedarf Geld zu. Das ist billiger als die Entsorgung durch die Stadt. Ähnlich verfährt man beim Beseitigen von Graffiti. So sparen die Bürgerinnen und Bürger nicht nur Gebühren, einige verdienen auch noch etwas dazu.

Nach ein paar Jahren fragte der Bürgermeister seine Angestellten: „Ist Phoenix insgesamt eine gute Stadt zum Arbeiten?" 97 % der städtischen Mitarbeiterinnen und Mitarbeiter antworteten positiv.

Und der Bürgermeister Frank Fairbanks hatte wieder einen Traum: Eine Fee trat an sein Bett und legte ihm einen Scheck über einen hohen Betrag auf die Bettdecke, weil er mit seinen Angestellten seine Träume von einst so gut umgesetzt hatte. Als er erwachte, war der Scheck weg. Aber es lag ein Brief im Kasten, in dem die Bertelsmann-Stiftung aus dem fernen Deutschland ihm mitteilte, sie halte Phoenix in Arizona für die am besten verwaltete Stadt der Welt und sie wolle ihm als dem City-Manager dieser Stadt den Carl-Bertelsmann-Preis verleihen. Und wenn Phönix seine Ziele nicht aufgegeben hat, so wirken sie heute noch fort in der Stadt der Königinnen und Könige.

2.2.2 Arbeitsaufträge zur Lernsituation

1. Untersuchen Sie die Geschichte, welche Regelungen als Neuerungen für Phoenix herausgestellt werden.
2. Welche dieser Punkte werden in Ihrer Heimatgemeinde (bzw. in Ihrer Ausbildungsbehörde) ebenfalls umgesetzt?
3. Auf ihrer Homepage gibt die City of Phoenix Ziele für die Mitarbeiterinnen und Mitarbeiter bekannt („Phoenix Vision and Values“, https://www.phoenix.gov/administration/departments/citymanager/city-manager-initiatives/strategic-plan/city-of-phoenix-mission-vision-and-values.html [26.06.2025]).
   a) Erfassen Sie diese Ziele und akzentuieren Sie die Aussagen, indem Sie mögliche Gegenpositionen formulieren.
   b) Schätzen Sie die Wirklichkeit in den Behörden hier und heute ein: Welche Visionen und Werte der Stadt Phoenix sind verwirklicht, welche nicht (und warum nicht)?

2.2.3 Aufgaben

1. Durch welche Dokumentationsmittel (Pläne, Beschreibungen) werden folgende Themen dargestellt?
   a) Verwaltungsaufgaben
   b) allgemeine (formale) Verwaltungsziele und Verhaltensziele
   c) bestimmte Arbeitsabläufe und Verfahrensweisen
   d) Aufbauorganisation
2. Wie können Vorgesetzte die Durchsetzung von Zielen unterstützen?
3. a) Vergleichen Sie die Organigramme einer größeren und einer kleineren Behörde.
   b) Ermitteln Sie die Veränderung dieser Organigramme in der letzten Zeit und versuchen Sie, die Ursachen dafür herauszufinden.
4. Untersuchen Sie die Beispiele a) bis h) daraufhin,
   (1) zu welcher juristischen Person die Institution gehört,
   (2) ob es sich um ein Organ dieser juristischen Person handelt und
   (3) ob es sich um eine Behörde im Sinne des VwVfG handelt.
   a) Bundesinnenministerin/-minister
   b) Finanzamt
   c) Gemeinderat
   d) Landtag
   e) Ordnungsamt einer Stadtverwaltung
   f) Kreistag
   g) Verwaltungsgericht
   h) Zweigstelle der Familien-Krankenkasse
5. Prüfen Sie, bei welchen der folgenden Aktivitäten ein Organ der Stadt Neustadt und bei welchen eine Behörde tätig wird. Beachten Sie die Behördendefinition von Maurer im Grundlagenband.
   a) Vorlage des Bürgermeisters an den Rat mit dem Vorschlag, den Hebesatz der Gewerbesteuer zu senken
   b) Beschluss des Rats über die Haushaltssatzung
   c) Gewerbesteuerbescheid des Bürgermeisters – Abteilung 1.4 Finanzwesen – an die Schnellbau GmbH
   d) Notfallrettung mit Krankentransport einer schwerverletzten Person durch die Rettungswache Neustadt
   e) Vollstreckungsauftrag der Stadtkasse Neustadt gegen die Schnellbau GmbH
6. Prüfen Sie, ob man die öffentlichen Schulen auch als Behörden ansehen kann.

22106570

3 Grundzüge der kommunalen Selbstverwaltung kennen lernen

3.1 Grundlagen der kommunalen Selbstverwaltung überblicken

3.1.1 Lernsituation

Die Stadt Neustadt fördert das bürgerschaftliche Engagement

Die Beschäftigten der Stadt Neustadt sind überrascht, als Bürgermeister Schultheiß in der Personalversammlung in der Stadthalle bekannt gibt, wie die Verwaltungsleitung das bürgerschaftliche Engagement fördern will: „Die Bürgerinnen und Bürger sind nicht nur unsere politischen Auftraggeberinnen und Auftraggeber und unsere Kundinnen und Kunden, sie sind auch Mitgestalterinnen und Mitgestalter unseres Gemeinwesens. In den Wohlfahrtsverbänden, Sportvereinen und Spielplatzpatenschaften finden wir ehrenamtliches Engagement, das auch zu unserem Gemeinwohl beiträgt. Und dieses bürgerschaftliche Engagement – das in der Öffentlichkeit hoch geschätzt wird – müssen wir fördern."

„Um dabei Personalkosten zu senken und den Haushalt auszugleichen!", tönt es unüberhörbar aus der Versammlung. „Und die Wiederwahl des Bürgermeisters wird von diesem auch hoch geschätzt!", tuschelt eine jüngere Kollegin ihrer Nachbarin zu.

„Nein, wahrscheinlich werden wir noch Geld drauflegen müssen", erklärt der Bürgermeister, „denn die Leistungen der Bürgerschaft muss man schon irgendwie anerkennen. Außerdem müssen wir für die Verbesserung mancher Zustände erst dann bezahlen, wenn uns jemand den richtigen Vorschlag macht. Der Nutzen des bürgerschaftlichen Engagements liegt nicht im Einsparen, sondern darin, dass die Bürgerinnen und Bürger durch ihre Hilfsbereitschaft anderen und letztlich sich selbst etwas Gutes tun.

Folgende Vorschläge sind erste Schritte, über die ich mit dem Rat der Stadt reden will:

Bürgerinnen und Bürger im Stadtteil Kleinau beklagen, dass unsere Verkehrsbetriebe den Busverkehr dorthin wegen schlechter Auslastung der Busse eingestellt haben. Nachdem Dr. Landmann seine Arztpraxis in Kleinau geschlossen hat und auch das letzte Lebensmittelgeschäft zugemacht hat, möchte nun die ‚Bürgerinitiative Bürgerbus Kleinau', dass die Stadt einen Kleinbus stellt, der dann von Mitgliedern der Bürgerinitiative ehrenamtlich gefahren wird. Die Fahrgäste sollen ein geringes Entgelt entrichten."

„Und was sagen die Taxifahrerinnen und Taxifahrer dazu?", ruft jemand dazwischen.

„Ein zweiter Vorschlag betrifft die Sportförderung. Die Mittel hierfür könnte der Stadtsportbund an die Vereine verteilen, und nicht mehr der Sportausschuss. Vielleicht können die Sportvereine auch einige Sportstätten selbst bewirtschaften und unterhalten für eine geringe Anerkennungspacht."

„Dieser Aufgabenabbau kostet aber Arbeitsplätze!", mokiert sich ein Hausmeister. „Unser Bürgermeister ist doch ein Sparfuchs", meint ein anderer.

„Nicht Aufgabenabbau, mein Lieber, sondern Aufgabenumbau! Wenn wir die Anlagen im Wert erhalten wollen, muss die Stadt auch hier zuzahlen. Aber ich habe noch einen dritten Vorschlag: Unsere Stadtbibliothek soll ihre öffentliche Zweigstelle im Stadtteil Großdorf schließen, die dort in der ehemaligen Hausmeisterwohnung der Realschule untergebracht ist. Das hat der Rat als Beitrag zum Haushaltsausgleich so beschlossen. Nun haben sich die Arbeiterwohlfahrt, die Kirchengemeinden und das Lehrerkollegium angeboten, die Zweigstelle ehrenamtlich mitzubetreuen, wenn die Stadt personell aushilft. Ich habe angeregt, einen Förderverein zu gründen, mit dem wir einen Vertrag über die Betreuung abschließen können."

„Das ist doch keine kontinuierliche Aufgabenerfüllung, wenn letztlich niemand verantwortlich ist. Da waren früher zwei Fachkräfte notwendig, aber ehrenamtlich geht es ja billiger!", empört sich eine Bibliotheksmitarbeiterin.

„Vielleicht", entgegnet Herr Schultheiß, „aber bedenken Sie: Mit einem Förderverein findet die Bibliothek viel mehr Interesse im Stadtteil. Viele Mitbetreuende bedeutet zugleich: vielfältigere Anschaffungsvorschläge, passende Öffnungszeiten, mehr Gestaltungsmöglichkeiten im Interesse der Benutzerinnen und Benutzer der Bibliothek. Und um einen ordentlichen Zuschuss kommt die Stadt natürlich nicht herum.

Letztlich denke ich auch an eine ‚Freiwilligenzentrale', die Ehrenamtliche vermittelt und Diskussionen zum sozialen Engagement anregt. Und eine städtische Beauftragte oder ein städtischer Beauftragter könnte das bürgerschaftliche Engagement koordinieren."

„Und den stellen Sie sich wohl ebenfalls ehrenamtlich vor!", empört sich der Personalratsvorsitzende Martin Steinke. „Was sind wir Ihnen denn noch wert, Herr Schultheiß, wenn Sie unsere Arbeit an jeden hilfsbereiten, aber fachlich unvorbereiteten Lückenbüßer vergeben wollen? Wie wird sich so ein ehrenamtlicher Arbeitsplatzkiller fühlen?"

„Herr Steinke, ich möchte doch nur ein Stück gemeindlicher Selbstverwaltung verwirklichen. Ihnen ist deren Sinn anscheinend verborgen geblieben."

3.1.2 Arbeitsaufträge zur Lernsituation

1. a) Beschreiben Sie die Interessen der Akteurinnen und Akteure Bürgermeister, Stadtrat, Beschäftigte und Bürgerinnen und Bürger am bürgerschaftlichen Engagement.
   b) Welche Interessengegensätze stellen Sie fest?
2. a) Untersuchen Sie den Begriff „gemeindliche Selbstverwaltung". Was ist mit Selbstverwaltung im rechtlichen und im politischen Sinne gemeint?
   b) Hat Herr Schultheiß mit seiner Äußerung Recht, er wolle „ein Stück gemeindlicher Selbstverwaltung verwirklichen"?

3.1.3 Aufgaben

1. Erläutern Sie
   a) die Existenzgarantie für Gemeinden,
   b) die Selbstverwaltungsgarantie für Gemeinden.
2. Einige der folgenden Aussagen zur kommunalen Selbstverwaltung sind falsch. Ermitteln Sie diese Aussagen. Wie müssten sie richtig lauten?
   a) Das Grundgesetz bestimmt, was grundsätzlich mit gemeindlicher Selbstverwaltung gemeint ist.
   b) Die gesetzliche Ausgestaltung des Gemeinderechts gehört zur Gesetzgebungs-Zuständigkeit des Bundes.
   c) Das Selbstverwaltungsrecht haben die Gemeinden im Rahmen der Gesetze; deshalb führt der Staat die Aufsicht über Gesetz- und Zweckmäßigkeit der Kommunalverwaltung.
   d) Die Gemeinden erfüllen ihre Aufgaben in eigener Verantwortung; hierzu reicht es aus, wenn die Gemeinden die Verwaltungshoheit und die Finanzhoheit besitzen.
   e) Zu den Angelegenheiten der örtlichen Gemeinschaft zählen alle Verwaltungsaufgaben, die in einer kommunalen Verwaltung erledigt werden müssen.
   f) Die Gemeinden dürfen die Angelegenheiten der örtlichen Gemeinschaft regeln; hiermit ist die Regelung durch Verwaltungsakte (Einzelfallregelungen) gemeint.
3. In den folgenden Beispielen ist jeweils ein Merkmal der kommunalen Selbstverwaltung besonders betroffen. Wie beurteilen Sie die dargestellten Maßnahmen/Absichten?
   a) Nachdem sich herausstellt, dass der Zuschussbedarf zur Bundesgartenschau in der Stadt D. mehr als 25 Mio. € beträgt, weist die Aufsichtsbehörde die Stadt D. an, im Gartenschaugelände vorerst keine neuen Pflanzen mehr einzusetzen und das Gärtnerpersonal zu reduzieren.
   b) Der Bericht des Landesrechnungshofs kritisiert u. a. den zu großzügigen Umgang verschiedener Städte mit Finanzmitteln des Landes. Deshalb schlägt die X-Partei im Landtag vor, den Kommunen die Ausführung derjenigen Aufgaben zu entziehen, die sie für das Land wahrnehmen, und in allen größeren Gemeinden „Landesdienststellen" einzurichten.
   c) Das Beamtenrecht legt für die Anteile der Beförderungsämter der Beamtinnen und Beamten Obergrenzen fest. Beispiel: Von 100 Stellen im gehobenen Dienst einer Stadt darf der Anteil der mit A 11 bewerteten Stellen höchstens 33 % betragen. Damit wird auch der kommunale „Stellenkegel" vom Staat mitbestimmt.
   d) Das Stabilitätsgesetz verpflichtet die öffentliche Hand und damit auch die Gemeinden zu konjunkturgerechtem Verhalten.

22106572

e) Eine als Reiterstadt bekannte Stadt will eine Pferdesteuer einführen.
f) Der Landesentwicklungsplan eines Bundeslands enthält u. a. Vorgaben für die Nutzung des Gemeindegebietes der Stadt D (Flughafenausbau, Technologiepark).
g) In einer neuen Verwaltungsvorschrift zur Gemeindeordnung soll einheitlich geregelt werden, wann bestimmte Amtsträgerinnen und Amtsträger der Kommunen (z. B. Bürgermeisterinnen und Bürgermeister) bestimmte Ehrenzeichen (Amtskette, Verdienstkreuze) tragen.

3.2 Die Gemeinde als Gebietskörperschaft rechtlich einordnen

3.2.1 Lernsituation

Die Stadt Neustadt erhöht die Hundesteuer

Schon mehrfach war die bisher relativ niedrige Hundesteuer Thema in Ratssitzungen der Stadt Neustadt. Die Freie Wählergemeinschaft Neustadt, die seit der letzten Kommunalwahl die stärkste Fraktion stellt, hat die Anhebung der Hundesteuer – insbesondere für gefährliche Hunde – erneut auf die Tagesordnung gebracht. In der Sitzung wird hart diskutiert:

„Neustadt darf keine tierfeindliche Stadt werden, in der ältere oder alleinstehende Mitbürgerinnen und Mitbürger sich wegen einer höheren Steuer keinen Hund mehr leisten können! Wir haben doch die Möglichkeit, die Hundesteuer völlig abzuschaffen. Warum tun wir das nicht?"

„Die meisten Ratsmitglieder, die die alte Hundesteuersatzung beschlossen haben, gehören dem Rat der Stadt inzwischen nicht mehr an. Auch bei den Einwohnerinnen und Einwohnern gab es viele Zu- und Abgänge. Da ist doch die Frage berechtigt, ob so eine alte Satzung überhaupt noch gilt!"

„In Neustadt können wir die Hundesteuer für gefährliche Hunde so hoch setzen, dass sich bald niemand mehr diesen ‚Luxus' leisten wird."

„Wir können doch nicht völlig andere Steuersätze beschließen als die Nachbargemeinden!"

Schließlich werden mehrere Änderungen zur Hundesteuersatzung beschlossen. Nun gilt die nachstehend abgedruckte Satzung.

3.2.2 Arbeitsaufträge zur Lernsituation

1. Nehmen Sie Stellung zu den Argumenten, die in der Ratssitzung geäußert werden.
2. Aus welchen Gründen erheben die Gemeinden die Hundesteuer?
3. Ermitteln Sie die Ermächtigungen für eine Hundesteuersatzung.
   Warum reicht die allgemeine Satzungsermächtigung durch die Gemeindeordnung nicht aus?
4. Nennen Sie Pflichten der Hundehalterinnen und -halter nach der Hundesteuersatzung.
5. Stellen Sie die in der Satzung vorgesehenen Maßnahmen der Stadt zur Durchsetzung der Hundesteuer zusammen.
6. Welche Bedeutung hat die öffentliche Bekanntmachung der Satzung für die Hundehalterinnen und -halter? Entspricht die Art der Bekanntmachung (Amtsblatt) dieser Bedeutung?
7. Wie können sich Hundehalterinnen und -halter gegen einen möglicherweise fehlerhaften Hundesteuerbescheid wehren?

3.2.3 Arbeitsmaterialien zur Lernsituation

Hundesteuersatzung der Stadt Neustadt (2024)

Aufgrund der §§ 7, 41 Abs. 1 und 76 der Gemeindeordnung für das Land ... und der §§ 3 und 20 Abs. 2 des Kommunalabgabengesetzes für das Land ... hat der Rat der Stadt Neustadt in seiner Sitzung am 22.11.2023 folgende Hundesteuersatzung beschlossen:

§ 1 – Steuergegenstand, Steuerpflicht, Haftung

(1) Gegenstand der Steuer ist das Halten von Hunden im Stadtgebiet Neustadt.

(2) Steuerpflichtig ist der Hundehalter bzw. die Hundehalterin. Hundehalter oder Hundehalterin ist, wer einen Hund im eigenen Interesse oder im Interesse der Haushaltsangehörigen im eigenen Haushalt aufgenommen hat. Alle in einen Haushalt aufgenommenen Hunde gelten als von ihren Halterinnen und Haltern gemeinsam gehalten. Halten mehrere Personen gemeinsam einen Hund oder mehrere Hunde, so sind sie Gesamtschuldnerinnen und -schuldner.

(3) Als Hundehalter oder Hundehalterin gilt auch, wer einen Hund in Pflege oder Verwahrung genommen hat oder auf Probe oder zum Anlernen hält, wenn er oder sie nicht nachweisen kann, dass der Hund in einer Gemeinde der Bundesrepublik bereits versteuert wird oder von der Steuer befreit ist. Die Steuerpflicht tritt in jedem Fall ein, wenn die Pflege, Verwahrung oder die Haltung auf Probe oder zum Anlernen den Zeitraum von zwei Monaten überschreitet.

§ 2 – Steuermaßstab und Steuersatz

(1) Die Steuer beträgt jährlich, wenn von einem Hundehalter oder einer Hundehalterin oder von mehreren Personen gemeinsam

a) nur ein Hund gehalten wird, 168,00 €,

b) zwei Hunde gehalten werden, je Hund 192,00 €,

c) drei oder mehr Hunde gehalten werden, je Hund 216,00 €,

d) ein gefährlicher Hund (Listenhund) gehalten wird oder mehrere gefährliche Hunde gehalten werden, je Hund 432,00 €.

Wurde ein Listenhund (gefährlicher Hund) vor dem 01.01.2016 angemeldet und wird vom Hundehalter oder von der Hundehalterin eine Erlaubnis nach § 4 oder § 21 des Hundegesetzes für das Land ... in der jeweils geltenden Fassung vorgelegt, entfällt die Steuer gemäß § 2 Abs. 1 Satz 1 Buchstabe d).

(2) Hunde, für die Steuerfreiheit nach § 3 besteht, für die Steuerbefreiung nach § 4 gewährt wird, werden bei der Berechnung der Anzahl der Hunde nicht berücksichtigt; Hunde, für die Steuerermäßigung nach § 5 gewährt wird, werden mitgezählt. Bei der Berechnung der Hundesteuer nach § 2 Abs. 1 Buchstaben a) – c) wird die Zahl der gehaltenen gefährlichen Hunde gemäß § 2 Abs. 3 mitgerechnet.

(3) Listenhunde (gefährliche Hunde)

a) Gefährliche Hunde im Sinne der Satzung sind Hunde, deren Gefährlichkeit nach Buchstabe b) vermutet wird oder nach Buchstabe c) im Einzelfall festgestellt worden ist.

b) Gefährliche Hunde sind Hunde der Rassen Pittbull Terrier, American Staffordshire Terrier, Staffordshire Bullterrier und Bullterrier und deren Kreuzungen untereinander sowie deren Kreuzungen mit anderen Hunden. Kreuzungen nach Satz 1 sind Hunde, bei denen der Phänotyp einer der dort genannten Rassen deutlich hervortritt. In Zweifelsfällen hat die Halterin oder der Halter nachzuweisen, dass eine Rasse oder Kreuzung nach Satz 1 nicht vorliegt.

c) Im Einzelfall gefährliche Hunde sind

1. Hunde, die mit dem Ziel einer gesteigerten Aggressivität ausgebildet, gezüchtet oder gekreuzt worden sind,
2. Hunde, mit denen eine Ausbildung zum Nachteil des Menschen, zum Schutzhund oder auf Zivilschärfe begonnen oder abgeschlossen worden ist,
3. Hunde, die einen Menschen gebissen haben, sofern dies nicht zur Verteidigung anlässlich einer Straftat geschah,
4. Hunde, die einen Menschen in Gefahr drohender Weise angesprungen haben,
5. Hunde, die einen anderen Hund durch Biss verletzt haben, ohne selbst angegriffen worden zu sein,
6. Hunde, die bewiesen haben, dass sie unkontrolliert Wild, Vieh, Katzen oder Hunde hetzen, beißen oder reißen. Die Feststellung der Gefährlichkeit nach Satz 1 erfolgt durch das Ordnungsamt der Stadt Neustadt als örtliche Ordnungsbehörde nach Begutachtung durch den amtlichen Tierarzt oder die amtliche Tierärztin.

§ 3 – Steuerfreiheit

Steuerfrei sind Personen, die sich nicht länger als zwei Monate in der Stadt aufhalten, für diejenigen Hunde, die sie bei ihrer Ankunft besitzen, wenn sie nachweisen, dass die Hunde in einer anderen Gemeinde versteuert werden oder von der Steuer befreit sind.

➡

§ 4 – Steuerbefreiung

Steuerbefreiung für einen nicht gefährlichen Hund wird auf Antrag gewährt für:

a) Hunde, die ausschließlich dem Schutz und der Hilfe blinder, gehörloser oder sonst hilfloser Personen dienen; die Steuerbefreiung kann von der Vorlage eines amtsärztlichen Zeugnisses abhängig gemacht werden; sonst hilflose Personen sind solche Personen, die einen Schwerbehindertenausweis mit den Merkzeichen „B", „aG" oder „H" besitzen.

b) Gebrauchshunde, die ausschließlich zur Bewachung von nicht gewerblich gehaltenen Herden verwandt werden, in der hierfür benötigten Anzahl.

c) Hunde, die die Hundehalterin/der Hundehalter aus einem Tierheim übernimmt, dessen Gemeinnützigkeit bestätigt ist und dessen Genehmigung die Auslandsvermittlung grundsätzlich ausschließt. Die Steuerbefreiung wird nur für Hunde erteilt, die erstmalig in den Haushalt aufgenommen werden. Sie wird für die ersten zwölf Monate der Hundehaltung, längstens bis zum Ablauf des elften Monats, der auf den Monat der Aufnahme des Hundes in den Haushalt folgt und nur für einen Hund innerhalb von fünf Jahren gewährt.

d) Hunde, die als Rettungs- oder Assistenzhunde eingesetzt werden und die dafür vorgesehene Prüfung vor qualifizierten Leistungsprüferinnen/Leistungsprüfern mit Erfolg abgelegt haben; die Ablegung der Prüfung ist durch das Vorlegen eines Prüfungszeugnisses und der Einsatz des Hundes in geeigneter Weise nachzuweisen.

§ 5 – Steuerermäßigung

(1) Für Hunde, die zur Bewachung von Gebäuden, welche von dem nächsten bewohnten Gebäude mehr als 200 m entfernt liegen, erforderlich sind, ist die Steuer auf Antrag auf die Hälfte des Steuersatzes nach § 2 zu ermäßigen.

(2) Für Hunde, die zur Bewachung von landwirtschaftlichen Anwesen, welche von dem nächsten im Zusammenhang bebauten Ortsteil mehr als 400 m entfernt liegen, erforderlich sind, ist die Steuer auf Antrag auf ein Viertel des Steuersatzes nach § 2 zu ermäßigen.

(3) Für Hunde, die von Personen gehalten werden, die Grundsicherungsleistungen für Arbeitssuchende (nach SGB II) oder Sozialgeld nach dem SGB II, Hilfe zum Lebensunterhalt oder Grundsicherungsleistungen nach dem 3. bzw. 4 Kapitel des SGB XII erhalten, und von solchen Personen, die diesen einkommensmäßig gleichstehen, gehalten werden, ist die Steuer auf Antrag auf die Hälfte des Steuersatzes nach § 2 zu ermäßigen, jedoch nur für einen Hund.

(4) Für Empfänger von laufenden Leistungen nach dem Wohngeldgesetz (WoGG) ist die Steuer auf Antrag auf die Hälfte des Steuersatzes nach § 2 zu ermäßigen.

(5) Für Empfänger laufender Leistungen nach dem Asylbewerberleistungsgesetz (AsylbLG) ist die Steuer auf Antrag auf die Hälfte des Steuersatzes nach § 2 zu ermäßigen.

(6) Für gefährliche Hunde nach § 2 Abs. 3 Buchst. b) beträgt die Steuer jährlich 350,00 €, wenn der Nachweis erbracht wurde, dass eine Gefahr für die öffentliche Sicherheit nicht zu befürchten ist. Der Nachweis ist durch eine Verhaltensprüfung bei einer für den Vollzug des Tierschutzgesetzes zuständigen Behörde zu erbringen.

(7) Für einen gefährlichen Hund nach § 2 Abs. 3 wird eine Steuerermäßigung nach Abs. 1–3 nicht gewährt.

§ 6 – Allgemeine Voraussetzungen für Steuerbefreiung und Steuerermäßigung (Steuervergünstigung)

(1) Steuervergünstigung wird nur gewährt, wenn der Hund, für den Steuervergünstigung in Anspruch genommen wird, für den angegebenen Verwendungszweck hinlänglich geeignet ist.

(2) Der Antrag auf Steuervergünstigung ist mit der Anmeldung des Hundes zu stellen. Wird der Antrag später oder für bereits vom Antragsteller oder von der Antragstellerin angemeldete und versteuerte Hunde gestellt, wird die Steuervergünstigung ab dem auf den Antrag folgenden Monat wirksam. Wird die rechtzeitig beantragte Steuervergünstigung für einen neu angeschafften Hund abgelehnt, so wird die Steuer nicht erhoben, wenn der Hund binnen zweier Wochen nach Bekanntgabe des ablehnenden Bescheids wieder abgeschafft wird.

(3) Die Steuervergünstigung gilt für die Halterinnen und Halter, für die sie beantragt und bewilligt worden ist.

(4) Fallen die Voraussetzungen für eine Steuervergünstigung weg, so ist dies innerhalb von zwei Wochen nach dem Wegfall der Stadt anzuzeigen.

§ 7 – Beginn der Steuerpflicht

(1) Die Steuerpflicht beginnt mit dem Ersten des Monats, in dem der Hund aufgenommen worden ist, bei Hunden, die der Halterin oder dem Halter durch Geburt von einer von ihr oder ihm gehaltenen Hündin zuwachsen, jedoch erst mit dem Ersten des Monats, in dem der Hund drei Monate alt geworden ist. In den Fällen des § 1 Abs. 3 Satz 2 beginnt die Steuerpflicht mit dem Ersten des Monats, in dem der Zeitraum von zwei Monaten überschritten ist.

(2) Bei Zuzug eines Hundehalters oder einer Hundehalterin aus einer anderen Gemeinde beginnt die Steuerpflicht mit dem Ersten des auf den Zuzug folgenden Monats.

➡

§ 8 – Ende der Steuerpflicht

(1) Die Steuerpflicht endet mit dem Ablauf des Monats, in dem der Hund veräußert oder abgeschafft wird, abhanden kommt oder eingeht.

(2) Bei Wegzug der Hundehalterin oder des Hundehalters aus der Stadt endet die Steuerpflicht mit Ablauf des Monats, in den der Wegzug fällt.

§ 9 – Festsetzung und Fälligkeit der Steuer

(1) Die Steuer wird für ein Kalenderjahr oder – wenn die Steuerpflicht erst während des Kalenderjahres beginnt – für den Rest des Kalenderjahres festgesetzt.

(2) Die Steuer wird erstmalig einen Monat nach dem Zugehen des Festsetzungsbescheids für die zurückliegende Zeit und sodann vierteljährlich am 15.2., 15.5., 15.8. und 15.11. mit einem Viertel des Jahresbetrags fällig. Sie kann auf Antrag für das ganze Jahr am 01.07. entrichtet werden. Der Antrag muss spätestens bis zum 30.09. für das folgende Kalenderjahr gestellt werden. Bis zum Zugehen eines neuen Festsetzungsbescheids ist die Steuer über das Kalenderjahr hinaus zu den gleichen Fälligkeitsterminen weiter zu entrichten.

(3) Wer einen bereits in einer Gemeinde der Bundesrepublik versteuerten Hund erwirbt oder mit einem solchen Hund zuzieht oder wer anstelle eines abgeschafften, abhandengekommenen oder eingegangenen Hundes einen neuen Hund erwirbt, kann die Anrechnung der nachweislich bereits entrichteten, nicht erstatteten Steuer auf die für den gleichen Zeitraum zu entrichtende Steuer verlangen.

§ 10 – Sicherung und Überwachung der Steuer

(1) Der Hundehalter oder die Hundehalterin ist verpflichtet, einen Hund innerhalb von zwei Wochen nach der Aufnahme oder – wenn der Hund ihm oder ihr durch Geburt von einer von ihm oder ihr gehaltenen Hündin zugewachsen ist – innerhalb von zwei Wochen, nachdem der Hund drei Monate alt geworden ist, bei der Stadt anzumelden. In den Fällen des § 1 Abs. 3 Satz 2 muss die Anmeldung innerhalb von zwei Wochen nach dem Tage, an dem der Zeitraum von zwei Monaten überschritten worden ist, und in den Fällen des § 7 Abs. 2 innerhalb der ersten zwei Wochen des auf den Zuzug folgenden Monats erfolgen. Bei der Anmeldung des Hundes ist die Hunderasse anzugeben. Bei Mischlingen sind mindestens zwei Hunderassen mitzuteilen. Liegt eine Kreuzung mit einem gefährlichen Hund gemäß § 2 Abs. 3 vor, ist diese Hundegruppe immer anzugeben. Bei einem Wechsel der Hundehaltung und dem damit verbundenen Wechsel der Hunderasse ist dies der Stadt innerhalb von zwei Wochen mitzuteilen.

(2) Die Hundehalterin oder der Hundehalter hat den Hund innerhalb von zwei Wochen, nachdem sie oder er ihn veräußert oder sonst abgeschafft hat, nachdem der Hund abhanden gekommen oder eingegangen ist oder nachdem die Halterin oder der Halter aus der Stadt weggezogen ist, bei der Stadt abzumelden. Mit der Abmeldung des Hundes ist die noch vorhandene Hundesteuermarke an die Stadt zurückzugeben. Im Falle der Abgabe des Hundes an eine andere Person sind bei der Abmeldung der Name und die Anschrift dieser Person anzugeben.

(3) Die Stadt übersendet für jeden Hund eine Hundesteuermarke. Der Hundehalter oder die Hundehalterin darf Hunde außerhalb seiner oder ihrer Wohnung oder seines oder ihres umfriedeten Grundbesitzes nur mit der sichtbar befestigten, gültigen Steuermarke umherlaufen lassen. Eine Ausnahme für die Tragepflicht einer Hundesteuermarke besteht für Jagdhunde während des jagdlichen Einsatzes. Die Hundehalterin oder der Hundehalter ist verpflichtet, den Beauftragten der Stadt die gültige Steuermarke auf Verlangen vorzuzeigen. Bis zur Übersendung einer neuen Steuermarke ist die bisherige Steuermarke zu befestigen oder vorzuzeigen. Andere Gegenstände, die der Steuermarke ähnlich sehen, dürfen dem Hund nicht angelegt werden. Bei Verlust der gültigen Steuermarke wird der Hundehalterin oder dem Hundehalter auf Antrag eine neue Steuermarke gegen Ersatz der Kosten ausgehändigt.

(4) Grundstückseigentümerinnen und -eigentümer, Haushaltungsvorstände und deren Stellvertreterinnen und Stellvertreter sind verpflichtet, den Beauftragten der Stadt auf Nachfrage über die auf dem Grundstück, im Haushalt gehaltenen Hunde und deren Halterinnen und Halter wahrheitsgemäß Auskunft zu erteilen (§ 12 Abs. 1 Nr. 3 a KAG ... in Verbindung mit § 93 AO). Zur wahrheitsgemäßen Auskunftserteilung ist auch die Hundehalterin oder der Hundehalter verpflichtet.

(5) Bei Durchführung von Hundebestandsaufnahmen sind die Hundehalterin oder der Hundehalter und die Grundstückseigentümerinnen und -eigentümer, die Haushaltungsvorstände sowie deren Stellvertreterinnen und Stellvertreter zur wahrheitsgemäßen Auskunft verpflichtet (§ 12 Abs. 1 Nr. 3 a KAG ... in Verbindung mit § 93 AO). Durch die Auskunft wird die Verpflichtung zur An- und Abmeldung nach den Absätzen 1 und 2 nicht berührt.

§ 11 – Ordnungswidrigkeiten

Ordnungswidrig im Sinne des § 20 Abs. 2 des Kommunalabgabengesetzes (KAG) für das Land ... in seiner jeweiligen Fassung handelt, wer vorsätzlich oder leichtfertig

1. als Hundehalterin oder Hundehalter entgegen § 6 Abs. 4 den Wegfall der Voraussetzungen für eine Steuervergünstigung nicht rechtzeitig anzeigt,

➡

22106576

2. als Hundehalterin oder Hundehalter entgegen § 10 Abs. 1 einen Hund nicht oder nicht rechtzeitig anmeldet,
3. als Hundehalterin oder Hundehalter entgegen § 10 Abs. 2 einen Hund nicht oder nicht rechtzeitig abmeldet,
4. als Hundehalterin oder Hundehalter entgegen § 10 Abs. 3 einen Hund außerhalb ihrer oder seiner Wohnung oder ihres oder seines umfriedeten Grundbesitzes ohne sichtbar befestigte Steuermarke umherlaufen lässt, die Steuermarke auf Verlangen der Beauftragten der Stadt nicht vorzeigt oder dem Hund andere Gegenstände, die der Steuermarke ähnlich sehen, anlegt,
5. als Hundehalterin oder Hundehalter, als Haushaltungsvorstand oder dessen Stellvertreterin oder Stellvertreter entgegen § 10 Abs. 4 nicht wahrheitsgemäß Auskunft erteilt,
6. als Hundehalterin oder Hundehalter, als Haushaltungsvorstand oder dessen Stellvertreterin oder Stellvertreter entgegen § 10 Abs. 5 keine wahrheitsgemäßen Angaben macht,
7. als Hundehalterin oder Hundehalter entgegen § 10 Abs. 1 die Rasse(n) nicht oder falsch angibt.

§ 12 – Inkrafttreten

Diese Hundesteuersatzung tritt zum 1. Januar 2024 in Kraft. Gleichzeitig tritt die Hundesteuersatzung vom 22. November 2018 (Neustädter Bekanntmachungen, Amtsblatt der Stadt vom 12. Dezember 2018) außer Kraft.

Bekanntmachungsanordnung

Die vorstehende Hundesteuersatzung der Stadt Neustadt wird hiermit öffentlich bekannt gemacht. Es wird darauf hingewiesen, dass eine Verletzung von Verfahrens- und Formvorschriften der Gemeindeordnung des Landes ... beim Zustandekommen dieser Satzung nach Ablauf eines Jahres seit dieser Bekanntmachung nicht mehr geltend gemacht werden kann, es sei denn

a) eine vorgeschriebene Genehmigung fehlt,
b) diese Satzung ist nicht ordnungsgemäß öffentlich bekannt gemacht worden,
c) der Oberbürgermeister oder die Oberbürgermeisterin hat den Ratsbeschluss vorher beanstandet oder
d) der Form- oder Verfahrensmangel ist gegenüber der Stadt Neustadt vorher gerügt und dabei die verletzte Rechtsvorschrift und die Tatsache bezeichnet worden, die den Mangel ergibt.

Neustadt, 27.11.2023

Der Bürgermeister
Schultheiß

3.2.4 Aufgaben

1. Das Gemeindegebiet größerer Gemeinden ist in den meisten Bundesländern gegliedert.
   a) Beschreiben Sie die in Ihrem Bundesland geltenden Gliederungsmöglichkeiten und die für die jeweiligen Gebietsteile vorgesehenen Organe.
   b) Bewerten Sie Gebietsgliederung und -organisation in demokratischer und finanzwirtschaftlicher Hinsicht.
2. Die Stadt Neustadt baut ihr Theater um. Im gleichen Jahr organisiert sie auch die Landtagswahl im Stadtgebiet. Außerdem wird in einer Satzung beschlossen, die Hundesteuer für „Kampfhunde" deutlich zu erhöhen.
   a) Nennen Sie die Aufgabentypen, denen Sie diese Beispiele zuordnen.
   b) Inwiefern ist die Zuordnung zu verschiedenen Aufgabentypen von Bedeutung?
3. Kann der Rat der Stadt Neustadt mit einfacher Mehrheit die folgenden Satzungsbeschlüsse rechtswirksam fassen?
   a) Satzung zur Aufrechterhaltung der öffentlichen Sicherheit und Ordnung in Parks und Grünanlagen
   b) Satzung über ein allgemeines Verbot von Spielhallen in der Gemeinde
   c) Benutzungs- und Gebührenordnung für die kommunalen Friedhöfe
   d) Haushaltssatzung
   e) Satzung zur Änderung der Hauptsatzung

3.3 Beim Wahrnehmen der Rechte und Pflichten der Gemeindemitglieder mitwirken

3.3.1 Lernsituation

Wer darf die Stadthalle benutzen?

Die Stadt Neustadt hat eine neue Stadthalle gebaut, die aus einem großen und einem kleinen Saal besteht. Für große Veranstaltungen kann die variable Trennwand zwischen beiden Räumen geöffnet werden. Um die Gleichbehandlung der Interessenten bei der Vergabe der Halle zu gewährleisten, hat der Bürgermeister bereits vor der feierlichen Eröffnung eine vorläufige Benutzungsordnung erlassen. Nun möchte man erst einmal Erfahrungen sammeln. Es ist noch nicht klar, ob später entweder die Stadt die Halle in eigener Regie nach einer Stadthallen-Satzung führen soll oder ob eine Stadthallen-GmbH die Halle betreiben wird.

Der Abteilung 3/2 – Kultur – liegen u. a. folgende Anträge auf Benutzung der Stadthalle vor:

a) Das Neustädter Schülerkabarett „Dreckschleuder“ möchte die Premiere seines von Politikerinnen und Politikern, Lehrerinnen und Lehrern und Behörden gefürchteten Programms in der Stadthalle aufführen. Bedenken bestehen hinsichtlich der zu erwartenden kritischen Beiträge des Kabaretts, die eventuell Bürgerinnen und Bürger der Stadt lächerlich machen oder beleidigen könnten.

b) Die in Neustadt vertretene „Gerechtigkeitspartei“ möchte in der Halle eine Kundgebung zur Kommunalwahl abhalten. Es kam bei der letzten Veranstaltung dieser Partei zu Gegendemonstrationen und Krawallen, sodass eine Gefährdung der öffentlichen Sicherheit sowie Sachbeschädigungen nicht ganz auszuschließen sind, ganz zu schweigen von dem möglichen Schaden für das Image der Stadt.

c) Ein auswärtiges Modehaus möchte eine Modenschau in der Stadthalle durchführen. Hier bestehen Bedenken, dass die Zulassung einer gewerblichen Veranstaltung einen Präzedenzfall (Musterfall) darstellen könne und dass man demnächst jede andere Werbe- und Verkaufsveranstaltung gleichermaßen zulassen müsse.

Der Rat der Stadt Neustadt möchte „missliebige Gruppen“ aus öffentlichen Räumen verbannen, ohne mit dem Gesetz in Konflikt zu geraten. Aus diesem Grund schlägt die Freie Wählergemeinschaft vor, eine Stadthallen-GmbH zu gründen, die mit den Benutzerinnen und Benutzern privatrechtliche Mietverträge abschließen und dabei die Vorteile der Vertragsfreiheit nutzen kann.

3.3.2 Arbeitsaufträge zur Lernsituation

1. Lesen Sie die Regelungen über öffentliche Einrichtungen in der Gemeindeordnung Ihres Landes sowie die Benutzungsordnung der Stadt Neustadt.
2. Welchen Rechtscharakter hat die Benutzungsordnung?
3. a) Vergibt die Stadt Neustadt die Stadthalle nach öffentlichem oder privatem Recht an Benutzerinnen und Benutzer?

   b) Überlegen Sie, welche rechtlichen Auswirkungen diese Feststellung hat. Begründen Sie Ihre Ansicht.
4. Prüfen Sie, ob die Stadt Neustadt in den Fällen a) bis c) die Benutzung der Halle durch die jeweilig Interessierten zulassen muss.
5. Überlegen Sie, ob eine Stadthallen-GmbH einen Mietvertrag mit der „Gerechtigkeitspartei“ abschließen müsste.

22106578

3.3.3 Arbeitsmaterialien zur Lernsituation

Auszug: **Vorläufige Benutzungsordnung für die Stadthalle der Stadt Neustadt**

§ 1 – Zweck
Die Stadthalle der Stadt Neustadt ist eine öffentliche Einrichtung zur kulturellen Betreuung der Einwohnerinnen und Einwohner. Dieser Zweck schließt auch gesellschaftliche, sportliche, religiöse, politische und gewerkschaftliche Aufgaben ein.

§ 2 – Benutzungsrecht
Alle Einwohnerinnen und Einwohner sind im Rahmen dieser Benutzungsordnung berechtigt, die Stadthalle zu benutzen. Die Regelungen dieser Benutzungsordnung gelten entsprechend für juristische Personen und für Personenvereinigungen.

§ 3 – Verfahren
(1) Anträge auf Benutzung der Stadthalle sollen spätestens vier Wochen vorher schriftlich an den Bürgermeister oder die Bürgermeisterin der Stadt Neustadt – Abteilung 3/2 – gerichtet werden. Über Anträge wird grundsätzlich in der Reihenfolge des Eingangs entschieden. Mit der Benutzerin oder dem Benutzer wird ein Verwaltungsvertrag geschlossen.

(2) Für die Benutzung ist ein Entgelt im Voraus zu zahlen, das von der Art der Veranstaltung, der benutzten Grundfläche und der Benutzungsdauer abhängt. Die Höhe bestimmt sich nach der Entgeltordnung (§ 4). In begründeten Fällen kann die Benutzung von der Hinterlegung einer angemessenen Kaution bzw. vom Abschluss einer Tumultschadensversicherung abhängig gemacht werden.

(3) Die Reinigungskosten trägt die Benutzerin oder der Benutzer.

...

Neustadt, 1. Februar 2024

Schultheiß
Bürgermeister

3.3.4 Aufgaben zu den Kapiteln 3.3 und 3.4

1. Luigi Rossi ist italienischer Staatsangehöriger und mit einer Deutschen verheiratet. Beide wohnen seit vielen Jahren in Dortmund. Er betreibt in der Nachbarstadt Hagen ein Restaurant, dessen Eigentümer er ist. Seine Frau, Anna Rossi, hält sich häufig bei ihren Eltern in Bochum auf, wo sie auch aufgewachsen ist. Sie ist dort immer noch mit einem zweiten Wohnsitz gemeldet. Die 16-jährige Tochter Giulia geht in Dortmund zur Schule, wird aber überwiegend von der Großmutter in Bochum betreut.
   a) Welchen Rechtsstatus (Bürgerinnen/Bürger, Einwohnerinnen/Einwohner, Abgabepflichtige/Abgabepflichtiger) haben Luigi, Anna und Giulia in den verschiedenen Gemeinden?
   b) Welche Rechte und Pflichten hat Herr Rossi gegenüber der Stadt Hagen?
2. Die Rechtsbeziehungen zwischen Gemeinde und Einwohnerinnen bzw. Einwohnern sind u. a. geprägt
   a) von Informationspflichten der Gemeinde und Mitwirkungsmöglichkeiten der Einwohnerinnen und Einwohner sowie der Bürgerinnen und Bürger.
   b) von dem Recht, öffentliche Einrichtungen zu benutzen, und der Pflicht, öffentliche Lasten zu tragen.

   Erläutern Sie den Zusammenhang.
3. Die Sport-Cars GmbH hat ihren Hauptsitz in der Landeshauptstadt. Sie unterhält in Neustadt eine Filiale, deren Erweiterung das Unternehmen am Samstag, den 24. November, mit einer Oldtimer-Ausstellung feiern will.

   Wegen des kleinen Betriebsgrundstücks und des zu erwartenden schlechten Wetters beantragt das Unternehmen, die an das Grundstück angrenzende offene Pausenhalle einer städtischen Schule an dem unterrichtsfreien Wochenende zu mieten. In dem Antrag wird darauf verwiesen, dass kürzlich auch die Stadtverwaltung und das Technische Hilfswerk in der Pausenhalle eine Ausstellung zum Katastrophenschutz mit zahlreichen Einsatzfahrzeugen gezeigt haben. Eine für die Schule bestehende Schulordnung regelt nur den Unterrichtsbetrieb, Pausen sowie Schülerinnen- und Schülerverhalten.
   a) Erläutern Sie die rechtliche Stellung der Sport-Cars GmbH gegenüber der Stadt Neustadt.

b) Prüfen Sie, ob die Sport-Cars GmbH einen Rechtsanspruch auf entgeltliche Überlassung der Pausenhalle hat.

c) Wie sollte sich die Stadtverwaltung Neustadt verhalten?

4. Gärtnermeister Hans Grün wohnt in Altdorf und betreibt in Neustadt am Stadtrand eine Gärtnerei. Aus der Zeitung erfährt Herr Grün von einer Ratssitzung in Neustadt. Dort wurde eine Satzung zur Ausdehnung des Anschluss- und Benutzungszwanges vorgeschlagen. Der für die Innenstadt bestehende Anschluss- und Benutzungszwang für die Wasserversorgung soll nun auch die Außenbezirke einbeziehen. Außerdem soll der Anschluss- und Benutzungszwang für die Gasversorgung derjenigen Grundstücke eingeführt werden, vor denen die Stadtwerke bereits Rohrleitungen in der Straße verlegt haben. Diese Investition ist nur dann wirtschaftlich, wenn sich alle Anliegerinnen und Anlieger anschließen.

Herr Grün ist von beiden Maßnahmen betroffen. Er schreibt deshalb folgende Beschwerde an den Stadtrat von Neustadt: „Vor fünf Jahren habe ich zur Bewässerung der Anbauflächen einen neuen Brunnen bohren lassen. Außerdem wurde die Ölheizung für die Treibhäuser erneuert. Diese teure Modernisierung würde überflüssig, wenn ich nun Wasser und Gas von der Stadt kaufen müsste. Außerdem meine ich, dass die geplanten Anschluss- und Benutzungszwänge der Stadt Neustadt mich als Gärtner unverhältnismäßig hart treffen würden, zumal in meinem Wohnort Altdorf keinerlei Anschluss- und Benutzungszwang besteht. Gegen die geplanten Anschluss- und Benutzungszwänge werde ich gleich nach dem Beschluss Widerspruch einlegen. Nötigenfalls werde ich auch klagen. Überlegen Sie sich bitte Ihre Pläne noch einmal."

a) Beurteilen Sie Herrn Grüns Argumentation hinsichtlich des Anschluss- und Benutzungszwangs zur Wasserversorgung.

b) Sehen Sie Möglichkeiten für die Stadtverwaltung, Herrn Grüns Situation bei der Einführung des Anschluss- und Benutzungszwangs zur Wasserversorgung zu berücksichtigen?

c) Wie beurteilen Sie den Anschluss- und Benutzungszwang zur Gasversorgung?

d) Es bestehen zurzeit nur Vorschläge. Welche Voraussetzungen wären noch erforderlich, damit ein Anschluss- und Benutzungszwang für Gärtnermeister Grün überhaupt verbindlich wird?

e) Wie beurteilen Sie den Inhalt der Beschwerde?

5. Die Gemeinde Altdorf (12 000 Einwohnerinnen und Einwohner) betreibt eine öffentliche Bibliothek. Die Personalkosten für eine Bibliothekarin und einen Verwaltungsfachangestellten betragen 100.000,00 €; die Sachkosten belaufen sich auf ca. 80.000,00 € jährlich. Leserinnen und Leser laut Datenbestand: 2 800; je Tag besuchen etwa 20 bis 40 Benutzerinnen und Benutzer die Bücherei.

Der Haushalt der Gemeinde Altdorf für das kommende Jahr kann nicht mehr ausgeglichen werden. Da die Bibliothekarin zum Jahresende ohnehin die Stelle wechselt, beschließt der Gemeinderat am 3. November unter dem Tagesordnungspunkt „Gemeindebibliothek" die Schließung der Bibliothek zum Jahresende. Die Einwohnerinnen und Einwohner der Gemeinde Altdorf erfahren dies am folgenden Tag aus der Zeitung.

Am 7. November steht in der Tageszeitung der folgende Leserbrief von Studienrat Hofmeister, der sich sehr um das kulturelle Leben der Gemeinde bemüht:

> Die Bevölkerung der Gemeinde kann die Schließung der Bücherei nicht hinnehmen. Dieser Beschluss würde es dem finanzschwächeren Teil der Bevölkerung sehr erschweren, sein Recht auf Bildung zu verwirklichen, denn Bildung ist ohne Bücher und weitere ausleihbare Medien kaum möglich. Außerdem ist der Schließungsbeschluss rechtswidrig und darf deshalb nicht ausgeführt werden. Gründe:
>
> I Nach der Gemeindeordnung ist die Gemeinde verpflichtet, öffentliche Einrichtungen zur kulturellen Betreuung ihrer Einwohnerinnen und Einwohner zu schaffen und zu unterhalten. Sie darf die Einrichtung „Bibliothek" daher nicht schließen.
>
> II Vor so einschneidenden Entscheidungen hätte die Gemeindebevölkerung informiert werden müssen. Eine Einwohnerversammlung hätte stattfinden müssen. Da aber der Beschluss ohne „Vorankündigung" gefasst wurde, hat die Gemeinde ihre Informationspflicht verletzt. Deshalb ist der Beschluss rechtlich unwirksam.
>
> III Die Schließung ist gar nicht nötig, denn um den Fehlbetrag im Haushalt zu mindern, schlage ich die Einführung des Anschluss- bzw. Benutzungszwanges für die Bücherei und die Einführung einer Benutzungsgebühr von 0,50 € je Buch bzw. Ausleihmedium vor. Eine solche „Lesepflicht" ist im Vergleich zur Schulpflicht usw. ein sehr mildes Mittel, das zudem den Bildungsstand der Bevölkerung hebt.

Nehmen Sie zu diesem Leserbrief Stellung.

22106580

6. Beschreiben Sie Unterschiede in der Rechtsstellung der Ratsmitglieder und der Abgeordneten im Bundes- bzw. Landtag.

7. Der Rat der Stadt Neustadt hat 39 Mitglieder. Obwohl der Rat ordnungsgemäß einberufen wurde, sind wegen des ausgesprochen ungünstigen Termins nur 21 Mitglieder erschienen.

   Der Rat beschließt mit 15 gegen sechs Stimmen den für ein neues Baugebiet notwendigen Bebauungsplan als Satzung.

   Ratsmitglied Heinz Maurer stimmt für den Plan. Er ist Bauunternehmer und rechnet mit Aufträgen. Ratsmitglied Martha Ruhe stimmt gegen den Bebauungsplan. Im Plangebiet liegt zwar das Grundstück ihres Neffen, der es auch gern bebauen möchte, sie möchte jedoch, dass die Bebauung kleiner und „exklusiver" gestaltet wird.

   a) Ist der Ratsbeschluss über den Bebauungsplan rechtmäßig zustande gekommen?
   b) Wie ist zu verfahren, wenn ein Ratsmitglied zu einem Tagesordnungspunkt einen Ausschließungsgrund für gegeben hält?
   c) Sollte in dem vorstehenden Sachverhalt die Öffentlichkeit ausgeschlossen werden, wenn Frau Ruhe dies mit Hinweis auf betroffene Grundstücksangelegenheiten beantragt?

8. **Streit im Gemeinderat**

   In der Gemeinde X im Bundesland A beginnt die mit Spannung erwartete Ratssitzung. Der Gemeinderat besteht aus 20 gewählten Mitgliedern und dem stimmberechtigten Bürgermeister. Die A-Fraktion hat neun, die mit ihr zusammenarbeitende B-Fraktion drei und die C-Fraktion acht Sitze.

   Es geht um die Frage, ob ein heruntergekommenes Haus, das im Besitz der Gemeinde ist, abgerissen werden soll, um einem Geschäft Platz zu machen, oder ob das Haus renoviert und als Wohnhaus genutzt werden soll.

   I Der Bürgermeister eröffnet die Sitzung. Während er das Problem vortragen will, wird er durch Zwischenrufe aus dem Publikum unterbrochen. Er droht damit, die Öffentlichkeit auszuschließen, wenn man sich nicht richtig verhalte. Als ein Vertreter der C-Fraktion sagt, so könne er nicht mit den Leuten umgehen, entzieht er diesem das Wort und erteilt ihm einen Ordnungsruf.

   II Dann kommt man zur Sache. Als der Bürgermeister seinen Vortrag beendet hat, melden sich gleich vier Vertreterinnen und Vertreter der A-Partei zu Wort. Da ruft eine Vertreterin der C-Partei dazwischen, das sei unfair, wenn vier Ratsmitglieder von einer Fraktion nacheinander sprechen würden. Hier solle doch eigentlich diskutiert werden. Der Bürgermeister sagt, er müsse leider nun einmal die Reihenfolge einhalten. Danach meldet sich ein fünftes Mitglied der A-Fraktion „zur Geschäftsordnung" und beantragt den Schluss der Debatte, da „alles Wichtige" gesagt sei und jede weitere Diskussion Zeitvergeudung sei. Da die B-Fraktion mit der C-Fraktion dagegen stimmt, ist der Antrag abgelehnt und es wird weiterdebattiert.

   III Am Schluss stehen sich drei Anträge gegenüber: Fraktion A will den völligen Abriss, Fraktion B will einen Teilabriss, wobei das geplante Geschäftshaus die alte Fassade einbeziehen soll. Fraktion C ist für die kostspielige Renovierung und für die Nutzung als Wohnhaus. Man streitet sich, über welchen Antrag zuerst abgestimmt werden soll. Die B-Fraktion schlägt vor, da sie einen Kompromiss beantragt habe, müsse über ihren Antrag zuerst abgestimmt werden, sonst gäbe es ja auch für gar keinen Vorschlag eine Mehrheit. Das lehnen A- und C-Fraktion ab. Der Bürgermeister entscheidet, dass zuerst über den Antrag der A-Fraktion abgestimmt werde.

   IV Daraufhin verlassen die B- und C-Fraktion unter Protest und dem Gelächter der A-Fraktion den Sitzungsraum. Die Mitglieder dieser Fraktion, die nun einen Beschluss ohne Gegenstimmen herbeiführen wollen, machen jedoch lange Gesichter, als der Bürgermeister ihnen erklärt, er müsse die Sitzung schließen, weil der Gemeinderat nicht mehr beschlussfähig sei.

   Sachverhalt nach „Unsere Gemeinde/Themenheft (Zeitlupe 28)" 1992

   a) Überprüfen Sie die vier dargestellten Probleme mithilfe der Gemeindeordnung und der Geschäftsordnung eines Gemeinderats.
   b) Nehmen Sie Stellung
      - zu den Entscheidungen und Erklärungen des Bürgermeisters,
      - zu den Argumenten und zum Verhalten der Fraktionen.

9. Worträtsel zum Thema „kommunale Selbstverwaltung"

Welche Begriffe sind mit den Beschreibungen a) bis m) gemeint? Schreiben Sie die Lösungen auf einem Blatt untereinander. Die Anfangsbuchstaben – von oben nach unten gelesen – ergeben den Namen eines Mitinitiators der preußischen Städtereform (1808). In Klammern steht die Anzahl der Buchstaben.

a) gemeindliche Verwaltungsbefugnisse, die grundsätzlich ausschließen, dass das Land auf Ortsebene behördlich tätig wird (17)

b) Der Staat bedient sich bei der Durchführung einer staatlichen Aufgabe des Organs (Verwaltungschef) einer Kommune wie einer eigenen Behörde. (10)

c) Satzung zur nachträglichen Änderung der Haushaltssatzung (25)

d) Pflichtsatzung, in der Fragen der Verwaltungsorganisation geregelt werden (12)

e) Pflicht von Grundstückseigentümerinnen und -eigentümern zur Schaffung von Vorrichtungen, die die Benutzung einer öffentlichen Einrichtung (z. B. Wasserversorgung) ermöglichen (14)

f) Grundmodell der Kommunalverfassung in den deutschen Flächenstaaten (14)

g) Zweck, zu dem die Gemeinden öffentliche Einrichtungen bereitstellen (15)

h) jede Person, die in einer Gemeinde wohnt (9)

i) Bericht, der nach jeder Rats- oder Ausschusssitzung zu schreiben ist (13)

j) Mitwirkungsmöglichkeit in der Gemeinde, bei der Bürgerinnen und Bürger statt des Gemeinderats entscheiden (15)

k) öffentliche Aufgabe, die von einem Gemeindemitglied unentgeltlich wahrgenommen wird (8)

l) ordnungsgemäß einberufene Versammlung von Bürgervertreterinnen und Bürgervertretern der Gemeinde zur Entscheidung kommunaler Fragen (11)

m) öffentlich-rechtliche Körperschaft, zu der auch die Kommunen zählen (19)

22106582

1 Die Stadt Neustadt – ein betriebswirtschaftliches Lernmodell

1.1 Eine Stadtverwaltung als Verwaltungsbetrieb kennzeichnen

1.1.1 Lernsituation

Stadtverwaltung Neustadt als Betrieb

Sonja Schramm befindet sich seit Anfang August in der Ausbildung zur Verwaltungsfachangestellten bei der Stadt Neustadt. An ihrem ersten Berufsschultag erfährt sie von der Existenz des Fachs Verwaltungsbetriebslehre (VBL). Dieser Begriff macht sie nachdenklich; nach ihrem bisherigen Verständnis sind zwar das benachbarte Reisebüro oder auch die nahe gelegene Brauerei Betriebe, nicht aber Kommunalverwaltungen.

Sonja ist neugierig geworden und möchte noch vor der ersten VBL-Stunde klären, ob die Stadtverwaltung Neustadt ein Betrieb ist. Sie beschließt, ihren Bruder zu fragen. Der muss es schließlich wissen, denn er studiert an der Fachhochschule für öffentliche Verwaltung. Leider ist ihr Bruder nicht zu Hause, aber in einem seiner Fachbücher findet Sonja die folgenden Ausführungen:

Der Betrieb ist eine ...

- bewusst geschaffene
- arbeitsteilig und planvoll organisierte Institution (Einrichtung),
- in der Produktionsfaktoren eingesetzt und kombiniert werden
- nach dem ökonomischen Prinzip
- unter Wahrung des finanziellen Gleichgewichts
- zur Herstellung bzw. Bereitstellung von Sachgütern oder Dienstleistungen, die
- der Fremdbedarfsdeckung dienen.

in Anlehnung an: Schmidt, H. J.: Betriebswirtschaftslehre für die Verwaltung, Heidelberg 1998, S. 6

Betriebswirtschaftliche Produktionsfaktoren

Güter und Dienstleistungen, die zur Leistungserstellung notwendig sind:

- menschliche Arbeitskraft
- Betriebsmittel (z. B. Gebäude, Maschinen, Büromöbel)
- Werkstoffe (z. B. Rohstoffe, Büromaterial)

Ausprägungen des ökonomischen Prinzips:

Maximalprinzip:

- Die Beteiligten versuchen, mit gegebenen Mitteln einen möglichst großen (maximalen) Erfolg zu erzielen.

Minimalprinzip:

- Die Beteiligten versuchen, einen vorgegebenen Erfolg mit möglichst geringen (minimalen) Mitteln zu erzielen.

1.1.2 Arbeitsaufträge zur Lernsituation

1. Prüfen Sie, ob die Stadtverwaltung Neustadt die Merkmale eines Betriebs erfüllt. Ziehen Sie zur Aufgabenlösung auch den Organisationsplan der Stadt Neustadt heran (siehe Kapitel 1.2.1).
2. Was veranlasste Sonja Schramm, nur das Reisebüro und die Brauerei für einen Betrieb zu halten, nicht aber die Stadtverwaltung Neustadt?
3. Sonja Schramm und ihr Bruder wohnen noch bei ihren Eltern. Sonjas Mutter findet, dass auch die Familie Schramm ein Betrieb ist („Hotel Mama"). Sonja meint, private Haushalte seien keine Betriebe. Wer hat Recht? (Begründung)

1.1.3 Aufgaben

1. Der Leiter des Ordnungsamts der Stadt Ruhrtal meint, Betriebe gebe es nur in der Privatwirtschaft. Sein Stellvertreter hingegen ist der Auffassung, auch die Kommunalverwaltung sei ein Betrieb.
   a) Zwei Merkmale von Betrieben sind „arbeitsteilige und planvolle Organisation" sowie „Fremdbedarfsdeckung".
      aa) Nennen Sie die weiteren Merkmale eines Betriebs und geben Sie an, ob diese auch auf eine Kommunalverwaltung zutreffen (durch Vermerk „trifft zu"/„trifft nicht zu").
      ab) Erläutern Sie ausführlicher, ob bei einer Kommunalverwaltung auch die zwei eingangs genannten Merkmale erfüllt sind.
   b) Beurteilen Sie abschließend, wer Recht hat: der Leiter des Ordnungsamts oder sein Stellvertreter.
2. Nennen Sie die vier betriebswirtschaftlichen Produktionsfaktoren.
3. Erklären Sie den Unterschied zwischen Betriebsmitteln und Werkstoffen. Bilden Sie je drei Beispiele für den Bereich der Kommunalverwaltung.
4. Welche Bedeutung hat die menschliche Arbeit im Rahmen der betriebswirtschaftlichen Produktionsfaktoren?
5. Veranschaulichen Sie an einem selbst gewählten Beispiel aus Ihrem Berufsleben die Kombination der Elementarfaktoren bei der Erstellung einer Leistung.
6. Auch die privaten Haushalte müssen wirtschaften, da den tendenziell unbegrenzten Bedürfnissen nur ein begrenztes Einkommen gegenübersteht. Rational (vernünftig) handelnde Haushalte treffen deshalb ihre Entscheidungen über die Einkommensverwendung nach dem ökonomischen Prinzip.
   a) Familie Rabe hat für den geplanten Pauschalurlaub am Mittelmeer 2.500,00 € zur Verfügung. Die Familienmitglieder vergleichen die Prospekte verschiedener Reiseveranstalter. Diese Woche soll die Entscheidung getroffen werden. Wird das Minimal- oder das Maximalprinzip angewandt? (Begründung)
   b) Der 18. Geburtstag von Sonja Schramm naht. Sonja möchte den Führerschein machen. Die Eltern haben die Übernahme der Kosten als Geburtstagsgeschenk bereits angekündigt. Sonja vergleicht die Angebote verschiedener Fahrschulen. Wird das Minimal- oder das Maximalprinzip angewandt? (Begründung)
   c) Bilden Sie jeweils ein weiteres Beispiel zum Minimal- und Maximalprinzip aus dem Bereich der privaten Haushalte. Geben Sie dabei auch an, welche Größe vorgegeben und welche Größe gesucht ist.
7. Die Gemeindeordnungen verpflichten die Kommunen zur Sparsamkeit.
   a) In welcher Ausprägung des ökonomischen Prinzips ist das Gebot der Sparsamkeit enthalten?
   b) Warum ist Sparsamkeit „um jeden Preis" ökonomisch unvernünftig?

1.2 Teilbetriebe und Tochterunternehmen des kommunalen Verwaltungsbetriebs voneinander unterscheiden

1.2.1 Lernsituation

Teilbetriebe und Tochterunternehmen im Organisationsplan der Stadtverwaltung Neustadt

Die ca. 50 000 Einwohnerinnen und Einwohner der kreisangehörigen Stadt Neustadt und die Unternehmen der Region sollen künftig die Möglichkeit haben, sich im Internet über die Organisationsstruktur der Stadtverwaltung zu informieren. Die Abteilung Organisation und Datenverarbeitung hat den Auftrag erhalten, den bestehenden Organisationsplan so aufzubereiten, dass er auf der städtischen Internetseite veröffentlicht werden kann. Der zuständige Mitarbeiter legt seiner Abteilungsleiterin den folgenden Entwurf vor:

22106584

1.2 Teilbetriebe und Tochterunternehmen des kommunalen Verwaltungsbetriebs voneinander unterscheiden

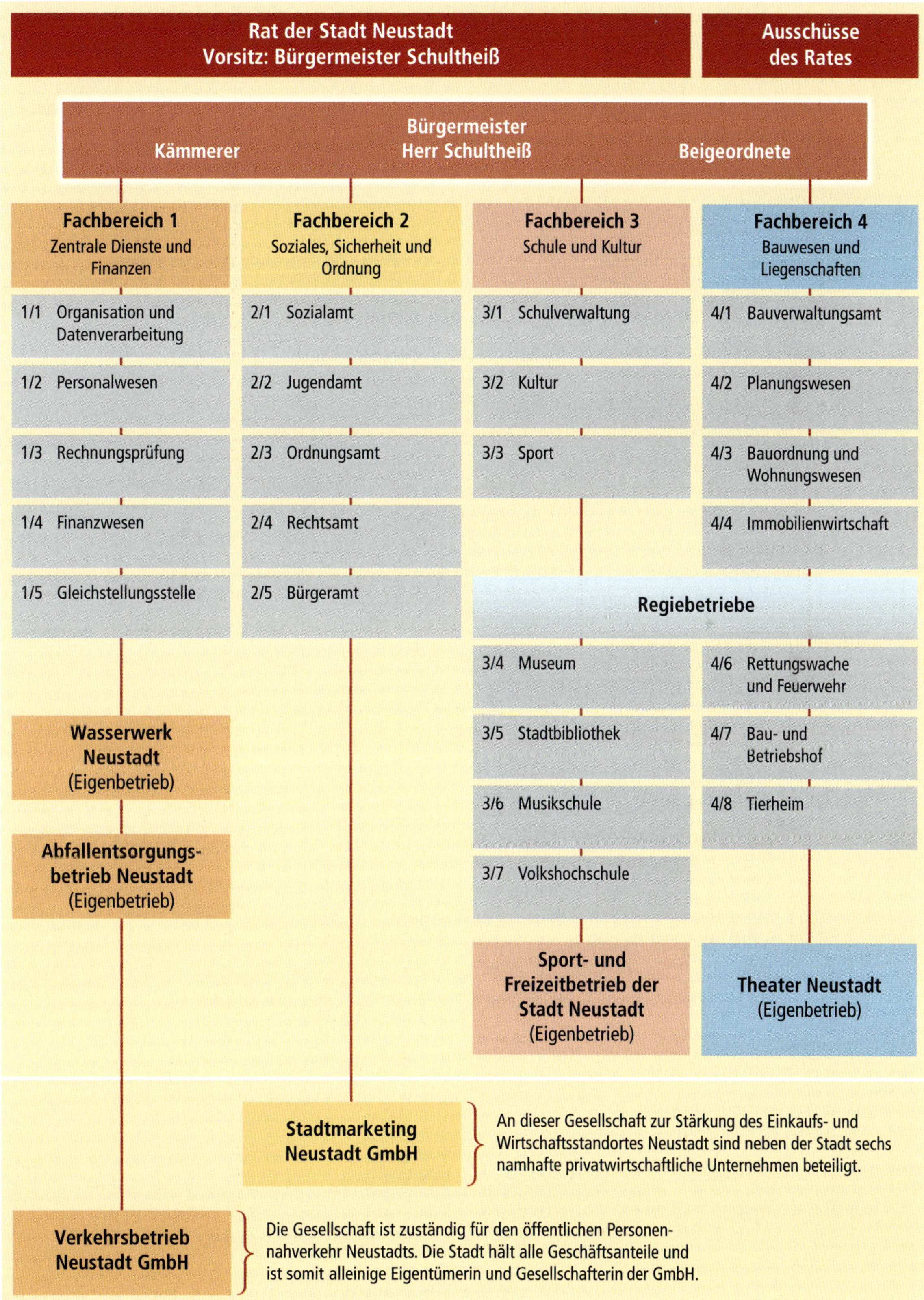

1.2.2 Arbeitsaufträge zur Lernsituation

Bearbeiten Sie die folgenden Aufgaben zum Organisationsplan mithilfe der Sachdarstellung im Grundlagenband.

1. Begründen Sie, warum die beiden GmbHs von den übrigen Organisationseinheiten getrennt sind.
2. Klären Sie, warum die Eigenbetriebe zwar über den GmbHs angesiedelt sind, zu den Abteilungen, Ämtern und Regiebetrieben aber einen gewissen Abstand aufweisen.
3. Erläutern Sie, warum die Regiebetriebe ohne Abstand von den Abteilungen und Ämtern dargestellt sind.

1.2.3 Aufgaben

1. Beurteilen Sie, ob die folgenden Aussagen richtig oder falsch sind. Begründen Sie Ihre Lösung.
   a) Jedes Amt ist ein Verwaltungsbetrieb.
   b) Das Theater der Stadt Neustadt ist eine Eigengesellschaft.
   c) Die Stadtmarketing Neustadt GmbH ist ein rechtlich selbstständiges Tochterunternehmen der Stadt Neustadt.
   d) Regiebetriebe sind finanzwirtschaftlich und organisatorisch selbstständig.
   e) Das Wasserwerk Neustadt darf einen angemessenen Gewinn erzielen.
   f) Eigengesellschaften sind kommunale Teilbetriebe, weil sie rechtlich unselbstständig sind.
   g) Eigenbetriebsähnliche Einrichtungen gehen einer nicht wirtschaftlichen Betätigung auf den Gebieten Erziehung, Bildung, Kultur, Sport, Erholung usw. nach.
   h) Der Verkehrsbetrieb Neustadt ist eine Beteiligungsgesellschaft.
   i) Eigenbetriebe werden auch als Netto-Betriebe bezeichnet, weil sie im Haushaltsplan nur mit dem Erfolg ihrer Geschäftstätigkeit (Gewinn/Verlust) und nicht detailliert veranschlagt werden.
2. Begründen Sie, warum Fachbereiche/Ämter, Regie- und Eigenbetriebe keine eigenständigen Verwaltungsbetriebe darstellen, sondern lediglich Teilbetriebe.

1.3 Betriebliche Grundfunktionen voneinander unterscheiden

1.3.1 Lernsituation

Unterschiedliche Tätigkeiten den Grundfunktionen zuordnen

Die Freunde Peter Artmann und Thomas Rabe haben nach dem gemeinsamen Abschluss der Höheren Handelsschule ihre Ausbildung begonnen: Peter bei der Neustädter Actien-Brauerei (NAB) als Industriekaufmann, Thomas als Verwaltungsfachangestellter bei der Stadt Neustadt.

Peter Artmann nutzt bei einer Betriebsbesichtigung während der Einführungswoche für Auszubildende bei der Neustädter Actien-Brauerei jede Gelegenheit, um die Vielfalt der anfallenden Tätigkeiten zu beobachten:

- Rechnungen werden geschrieben.
- Arbeitskräfte werden eingestellt.
- Hefe und Hopfen werden bestellt.
- Die Flaschenabfüllanlage wird bedient und gewartet.
- Löhne werden überwiesen.
- Die Temperatur in den Gärkesseln wird eingestellt.
- Eine Statistik über die Gewinnentwicklung der letzten fünf Geschäftsjahre wird ausgewertet.

22106586

- Preise werden kalkuliert.
- Bierproben werden verkostet, um die Qualität zu überprüfen.
- Es wird beschlossen, dass Großabnehmerinnen und -abnehmer höhere Rabatte erhalten.
- Die Werbeaktivitäten für den kommenden Monat werden festgelegt.
- Ein neuer Computer wird angeschafft.
- Zahlungen werden geleistet.
- Eine Inventur wird durchgeführt.

Auch der Auszubildende Thomas Rabe beobachtet während eines Rundgangs in der Einführungswoche bei der Stadtverwaltung Neustadt zahlreiche Tätigkeiten:

- Gebührenbescheide über Grundbesitzabgaben (Entwässerung, Abfallentsorgung, Straßenreinigung) werden erstellt.
- Die Bewerberinnen und Bewerber für eine Stadtinspektorenstelle im Sozialamt werden zu einem Vorstellungsgespräch eingeladen.
- In der Abteilung Organisation und Datenverarbeitung wird eine Ausschreibung zur Anschaffung von PCs vorbereitet.
- Die Produkte (Leistungen) und Öffnungszeiten des Bürgeramts werden für die Bürgerinnen und Bürger übersichtlich dargestellt.
- In den Sport- und Freizeitbetrieben werden die Eintrittsgelder für das städtische Schwimmbad „Nord-Pool" neu kalkuliert, um den Kostendeckungsgrad zu erhöhen.
- In der Stadtkasse wird eine Buchung aufgrund einer Eingangsrechnung vorgenommen.
- Das städtische Museum führt einen „Tag der offenen Tür" durch.
- Das Bürgeramt führt eine Befragung durch, um festzustellen, ob die Bürgerinnen und Bürger mit den Dienstleistungen dieser Organisationseinheit zufrieden sind.
- Eine Mitarbeiterin des Bürgeramts bearbeitet den Antrag eines Bürgers auf Ausstellung eines neuen Personalausweises.
- Die Stadtkasse überweist den Rechnungsbetrag an einen Lieferanten.
- Die Stadt Neustadt bereitet eine Inventur zur Erstellung ihres Inventars und ihrer Eröffnungsbilanz vor.

1.3.2 Arbeitsaufträge zur Lernsituation

1. Finden Sie mithilfe der Sachdarstellung im Grundlagenband heraus, welche betrieblichen Grundfunktionen in den Beispielen angesprochen sind. Ordnen Sie die Tätigkeiten zu.
2. Erläutern Sie, welche Beziehungen zwischen den betrieblichen Grundfunktionen bestehen. Gibt es Grundfunktionen, die wichtiger sind als die anderen?
3. Überlegen Sie, warum in der Darstellung des Verwaltungsbetriebs (im Grundlagenband, LF 3, Kapitel 1.3) Leistungserstellung und Absatz nicht voneinander getrennt sind.

1.3.3 Aufgaben

1. Beschreiben Sie, welche Aktivitäten die Grundfunktion Beschaffung im Allgemeinen umfasst.
2. Geben Sie jeweils beispielhaft drei Tätigkeiten für die folgenden Grundfunktionen des kommunalen Verwaltungsbetriebs an: Beschaffung, Personalwirtschaft, Leistungserstellung/Absatz, Rechnungswesen. (Verwenden Sie bitte Beispiele, die nicht in der Lernsituation vorkommen.)
3. Was sind „Querschnittsfunktionen"?
4. Vergleichen Sie den kommunalen Verwaltungsbetrieb mit privatwirtschaftlichen Betrieben im Hinblick auf ihren Input und Output.

2 Das Güterangebot des kommunalen Verwaltungsbetriebs kennzeichnen

2.1 Lernsituation

Kommunale Leistungen nach verschiedenen Merkmalen gliedern

Öffentliche Haushalte
sollen den **Bedarf an öffentlichen Gütern** decken,
insbesondere auch durch die Bereitstellung von:

lebensnotwendigen Gütern und Dienstleistungen
z. B.
- Energie
- Wasser
- Feuerwehr
- Krankenhaus

sozialen und kulturellen Einrichtungen
z. B.
- Kindergärten
- Schulen
- Sportanlagen
- Theater
- Jugendzentren

verkehrstechnischer und kommunikativer Infrastruktur
z. B.
- öffentlicher Personennahverkehr

innerer und äußerer Sicherheit
z. B.
- Bundeswehr
- Polizei
- Ordnungsbehörden
- Gerichte

Ausgangspunkt der Erarbeitung sollen Ihre bisherigen Berufserfahrungen sein. Notieren Sie bitte drei Leistungen, bei deren Erstellung Sie mitgewirkt haben, möglichst groß und leserlich auf DIN-A5-Blättern (je Beispiel ein Blatt). Es sollte sich nicht um interne Leistungen für andere Organisationseinheiten der Verwaltung handeln. Auch Leistungen, die in Zusammenhang mit der Steuererhebung oder Güterbeschaffung anfallen, sind ungeeignet (sie schaffen erst die Voraussetzungen für die Erfüllung der eigentlichen kommunalen Aufgaben). Falls Sie noch nicht an der Erstellung externer kommunaler Leistungen beteiligt waren oder gar nicht in einer Gemeindeverwaltung ausgebildet werden, notieren Sie ersatzweise kommunale Leistungen, die Sie (oder Ihre Eltern) in Anspruch genommen haben.

Anschließend sollen Gruppen gebildet und die Arbeitsaufträge bearbeitet werden.

2.2 Arbeitsaufträge zur Lernsituation

Arbeitsphase 1

1. Lesen Sie aufmerksam die Sachdarstellung zur Gütereinteilung im Grundlagenband (LF 3, Kapitel 2.1 bis 2.3).
2. Gliedern Sie Ihre Beispiele nach der Art der Güterbeschaffenheit.
3. Kennzeichnen Sie alle marktfähigen Leistungen (im engeren Sinne), die sich unter Ihren Beispielen befinden (z. B. durch einen gut erkennbaren roten Punkt).
4. Kennzeichnen Sie alle marktfähigen Leistungen (im engeren Sinne) aus der Abbildung der Lernsituation.
5. Wählen Sie aus Ihren Beispielen oder aus der Abbildung ein spezifisch-öffentliches Gut aus. Verdeutlichen Sie die Merkmale spezifisch-öffentlicher Güter anhand dieses Beispiels.
6. Hängen Sie Ihre DIN-A5-Blätter so im Klassenraum aus, dass die Ergebnisse zu den Arbeitsaufträgen 2 und 3 sichtbar werden.
7. Stellen Sie Ihren Mitschülerinnen und Mitschülern die Ergebnisse der Arbeitsphase 1 vor.

Arbeitsphase 2

1. Formulieren Sie zusammenfassende Aussagen, die das Güterangebot der Kommunalverwaltung treffend kennzeichnen.
2. Entwickeln Sie eine auf die Kommunalverwaltung bezogene Übersicht zur Gütereinteilung mit den drei Einteilungsmöglichkeiten, die Sie kennengelernt haben. Integrieren Sie einige Beispiele aus der Arbeitsphase 1 oder aus der Abbildung in Ihre Übersicht.
3. Stellen Sie Ihren Mitschülerinnen und Mitschülern die Ergebnisse der Arbeitsphase 2 vor.

22106588

2.3 Aufgaben

1. Legen Sie eine Tabelle mit einer Vorspalte und weiteren sieben schmalen Spalten an. Ergänzen Sie folgende Überschriften: Beispiel (Vorspalte), Sachgut, Dienstleistung/Recht, spezifisch-öffentlich, meritorisch, privat, marktfähig, nichtmarktfähig. Tragen Sie in die Vorspalte die Beispiele a) bis o) ein und kreuzen Sie das jeweils Zutreffende an.

   a) Fernseher
   b) Bereitstellung der Gerichtsbarkeit/Rechtsprechung
   c) Möglichkeit zur Nutzung der Strandkörbe im öffentlichen Schwimmbad Neustadts
   d) Betrachten des gotischen Neustädter Rathauses von außen
   e) Film im Pay-TV-Programm „Gala“ (Empfang nur mit kostenpflichtigem Abonnement und Decoder)
   f) Höhenfeuerwerk, das die Stadt Neustadt zum 500-jährigen Jubiläum veranstaltet
   g) Landesverteidigung durch die Bundeswehr
   h) Parkmöglichkeiten im städtischen Parkhaus
   i) Hochwasserdeich
   j) Aufführung eines Theaterstücks im Theater Neustadt
   k) Ausstellung einer Baugenehmigung
   l) Leerung der Restmülltonne durch den Entsorgungsbetrieb Neustadt
   m) Wanderwege und Ruhebänke im Neustädter Forst
   n) Betrachten des Spiels Borussia Dortmund gegen Schalke 04 im Stadion
   o) Glockenspiel am Neustädter Rathaus

2. Der wohlhabende Hubert Kaufmann wohnt in der besten Wohnlage Neustadts. Im Stadtteil stehen Ein- und Zweifamilienhäuser, in die in der Vergangenheit häufiger eingebrochen wurde. Aus Sorge um seine Sicherheit bittet Herr Kaufmann die Polizeidirektion, in seiner Straße häufiger Streifen patrouillieren zu lassen, um Verbrecher abzuschrecken. Die Polizeidirektion teilt ihm mit, dass nach ihrer Einschätzung der reguläre Streifendienst ausreiche. Herr Kaufmann überlegt daraufhin, ob er ein Unternehmen beauftragt. Nach seinen Erkundigungen bieten Wach- und Schließdienste Privatpersonen im Rahmen des Objektschutzes verschiedene Dienstleistungen an, wie beispielsweise Urlaubsbewachungen (Überprüfung morgens und abends, Blumengießen) und Einbau von Alarmanlagen, die ständig mit der Zentrale des Unternehmens verbunden sind.

   a) Welches Bedürfnis will Herr Kaufmann befriedigen?
   b) Welches Gut will Kaufmann durch die Polizei bereitstellen lassen? (Tipp: Güter sind Mittel zur Bedürfnisbefriedigung.) Handelt es sich hierbei um ein privates oder öffentliches Gut?
   c) Herr Kaufmann entscheidet sich schließlich für den Einbau einer Alarmanlage, die online mit dem Wachschutzunternehmen verbunden ist. Handelt es sich um ein privates oder öffentliches Gut?
   d) Legen Sie eine Tabelle mit drei Spalten und den Überschriften Frage, Gut der Polizei, Gut des Wachdienstes an. Tragen Sie in die erste Spalte die Fragen da) bis dg) ein. Beantworten Sie die folgenden Fragen jeweils zu dem Gut, das die Polizei bereitstellt (siehe Lösung zur Aufgabe b), und zu dem Gut, das der Wachdienst anbietet (Alarmanlage, online mit der Zentrale verbunden; siehe Aufgabe c).
      da) Wer trägt die Kosten für die Erstellung des Gutes?
      db) Wer hat den Nutzen an dem Gut?
      dc) Kann die Anbieterin oder der Anbieter des Gutes jemanden von der Nutzung/vom Konsum ausschließen?
      dd) Kann die Anbieterin oder der Anbieter des Gutes für jede Nutzung/für jeden Konsum einen Preis erzielen?
      de) Konkurrieren die Nutzerinnen und Nutzer um das Gut?
      df) Gibt es einen funktionierenden Markt, auf dem sich durch Angebot und Nachfrage ein Preis für das Gut bildet?
      dg) Wie finanziert die Anbieterin oder der Anbieter das Güterangebot?

3.1 Märkte unterscheiden

3.1.1 Lernsituation

Teurer Strom

Wir begeben uns auf eine Zeitreise zurück in das Jahr 2012. Familie Scholz sitzt beim Abendessen in der Küche ihres Einfamilienhauses zusammen. Es entwickelt sich folgendes Gespräch:

Mutter: „Heute kam die Stromrechnung für das letzte Jahr."
Vater: „Oh je, unser Verbrauch ist bestimmt wieder gestiegen."
Mutter: „Nein, er ist ähnlich hoch wie im letzten Jahr. Wir pendeln uns auf hohem Niveau bei ca. 5 000 kWh ein. Gestern habe ich in der Zeitung gelesen, dass der Durchschnittsverbrauch vierköpfiger Familien bei 4 400 kWh liegt."
Tochter: „Du kennst doch deinen Sohn, der Griff zum Netzschalter ist schon zu viel. Stand-by-Betrieb ist angesagt."
Sohn: „Und du chattest dir die Finger wund!" Ich wette, du verbrauchst mit deinem Handy doppelt so viel Strom wie ich.
Tochter: „Das halte ich für ein Gerücht. Außerdem frisst mein Fernseher keinen Strom, wenn ich ihn nicht nutze!"
Vater: „Streitet nicht. Ich bin froh, dass der Anstieg des Verbrauchs gebremst ist. Ich vermute mal, die Stromrechnung ist ähnlich hoch wie im Vorjahr."
Mutter: „Da irrst du aber gewaltig. Sie ist um sechs Prozent gestiegen. Und das nicht nur in diesem Jahr. Die Verbraucherinnen und Verbraucher zahlen heute im Schnitt ein Fünftel mehr als vor fünf Jahren."
Vater: „Du erstaunst mich, woher weißt du das alles?"
Mutter: „Ich kann rechnen und lese mehr als nur den Sportteil der Zeitung. Außerdem spüren wir es deutlich am Geldbeutel."
Vater: „Warum wird denn Strom ständig teurer? Es herrscht doch Wettbewerb auf dem Strommarkt."
Tochter: „Papa, lebst du denn hinter dem Mond? Die Stromkonzerne bereichern sich auf Kosten der Verbraucherinnen und Verbraucher."
Sohn: „Wer hat dir das denn ins Ohr geflüstert."
Tochter: „Davon war heute früh im Morgenmagazin die Rede, Bruderherz. Und das ist eine angesehene Radiosendung."

3.1.2 Arbeitsaufträge zur Lernsituation

Arbeitsphase 1

1. a) Welche Ursachen könnte der stetige Anstieg der Strompreise damals gehabt haben?
   b) Was kann Familie Scholz (unabhängig vom Zeitpunkt des Gesprächs) selbst tun, um die Stromrechnung zu reduzieren?
   Diskutieren Sie mögliche Antworten zu a) und b) in Ihrer Arbeitsgruppe. Halten Sie die Ergebnisse stichwortartig fest.
2. Angenommen, Familie Scholz wird von dem gleichen Stromlieferanten zum gleichen Tarif versorgt wie der Haushalt, in dem Sie leben. Ermitteln Sie, welche Höhe die Stromrechnung der Familie Scholz dann aktuell haben würde. (Hinweis: Rechnen Sie mit einem Durchschnittswert, wenn der Preis pro kWh sich im Laufe des Jahres verändert hat.)
3. Recherchieren Sie im Internet,
   a) ob es für Familie Scholz einen wesentlich günstigeren Stromanbieter gibt als den in Aufgabe 2 unterstellten,
   b) welches Sparpotenzial (in Euro oder Prozent) für Familie Scholz besteht, wenn sie einen der Vorschläge realisiert, die Sie zu Aufgabe 1 b) gemacht haben.

Arbeitsphase 2

Web

1. Werten Sie die Hintergrundinformation zum Strommarkt und zur Radiosendung aus dem Jahr 2012 (siehe Download-Bereich) unter folgenden Fragestellungen aus:
   a) Warum hatten E.ON, RWE, EnBW und Vattenfall eine marktbeherrschende Stellung im Strommarkt?

22106590

b) Welche Marktsegmente (Teilmärkte) des Strommarkts lassen sich (damals wie heute) voneinander abgrenzen?

c) Welche Rolle spielt (damals wie heute) die Strombörse für die Preisentwicklung in den unterschiedlichen Marktsegmenten?

d) Die Strompreise für private Haushalte stiegen bis 2012 stetig an. Welche Gründe werden dafür angeführt? Wie erklären die Stromerzeuger (damals wie heute) die hohen Strompreise für die privaten Haushalte?

2. Betrachten Sie den Bereich des Strommarkts, in dem die Stromerzeuger und ihre Großkunden agieren (Großkunden: private Stromhändler, Stadtwerke, große Unternehmen).
Welche Marktart und Marktform lagen 2012 in diesem Segment des Strommarkts vor? (Begründung)
Ziehen Sie im Grundlagenband LF 3, Kapitel 3.1.1 bis 3.1.3, zur Lösung der Aufgabe zurate.

3. Untersuchen Sie, wie sich die Strompreise seit 2012 für die privaten Haushalte entwickelt haben und ob die oben genannten Konzerne auch heute noch eine marktbeherrschende Stellung einnehmen.

4. Der folgende Text fasst Erkenntnisse zusammen, die aus der Unterscheidung von Marktformen gewonnen werden können. Übernehmen Sie die Texte in Ihre Unterlagen und füllen Sie die Lücken aus.

a) **Wie ist das Verhältnis zwischen der Zahl der Marktteilnehmenden und der entsprechenden Marktmacht?**

Je geringer die Zahl der Marktteilnehmenden ist, desto .... ist in der Regel die Marktmacht der einzelnen Marktteilnehmenden.

Die **größte Marktmacht** besteht in der Marktform des ....; über **keinerlei Marktmacht** verfügen die Anbietenden und Nachfragenden in der Marktform des

....

b) **Wie ist das Verhältnis zwischen der Zahl der Marktteilnehmenden und der Möglichkeit zur Preisbeeinflussung?**

Je geringer die Zahl der Marktteilnehmenden ist, desto .... ist tendenziell die Möglichkeit zur Preisbeeinflussung auf dem Markt und umgekehrt.

c) **Wie ist das Verhältnis zwischen der Zahl der Marktteilnehmenden und der Stärke (Intensität) des auf dem Markt herrschenden Wettbewerbs?**

Je geringer die Zahl der Marktteilnehmenden ist, desto .... ist der auf diesem Markt herrschende Wettbewerb.

Keinerlei Wettbewerb gibt es in der Marktform des zweiseitigen ....

Vollständigen Wettbewerb hingegen gibt es bei der Marktform des ....

5. Wie der Strommarkt, so wurde auch der Markt für Telekommunikation „liberalisiert", d. h. neuen Anbietenden zugänglich gemacht. Welche Auswirkungen hatte die Marktöffnung in diesem Fall für die Verbraucherinnen und Verbraucher?

3.1.3 Aufgaben

1. **Bedürfnisse, Bedarf, Markt**
Für die Personalverwaltung der Stadt Neustadt soll ein neuer Kopierer beschafft werden. Erstellen Sie eine Mindmap oder ein Plakat zum Kopierermarkt. Darauf sollten die folgenden Fragen a) bis f) geklärt werden. Nutzen Sie dazu die unten stehenden inhaltlichen und methodischen Hinweise.

Arten von Kopierern

Man kann Kopierer in folgende Gruppen einteilen:

- Farb- oder Schwarz-Weiß-Geräte
- nach Funktionen (Kopieren, Faxen, Scannen, Drucken, Duplex-Druck, Sortieren, Lochen usw.)
- nach Druckgeschwindigkeit (z. B. bis 30 Seiten, schneller als 30 Seiten pro Minute)
- nach Verwendungszweck (Heimanwender oder Office-Bereich)

Plakate gestalten

- ✓ Überschrift
- ✓ Stichworte/Schlüsselworte
- ✓ lesbar große Druckschrift
- ✓ ca. 7 – 10 Themen
- ✓ ca. 7 Worte pro Thema

- ✓ Vernetzungen, Hierarchien
- ✓ Linien, Muster, Farben, Pfeile
- ✓ Bilder, Grafiken
- ✓ übersichtliches Layout
- ✓ max. 70 % der Plakatfläche

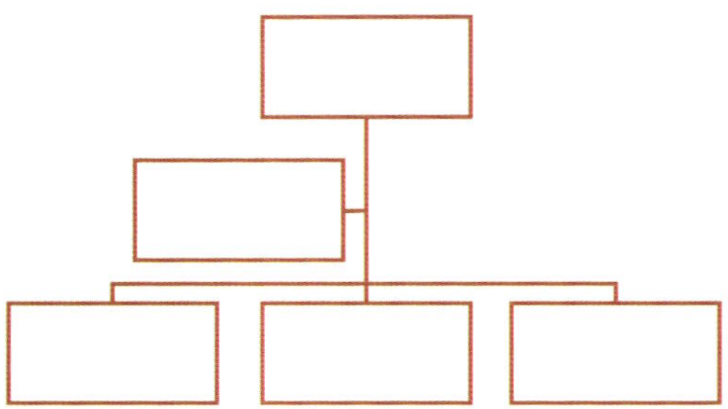

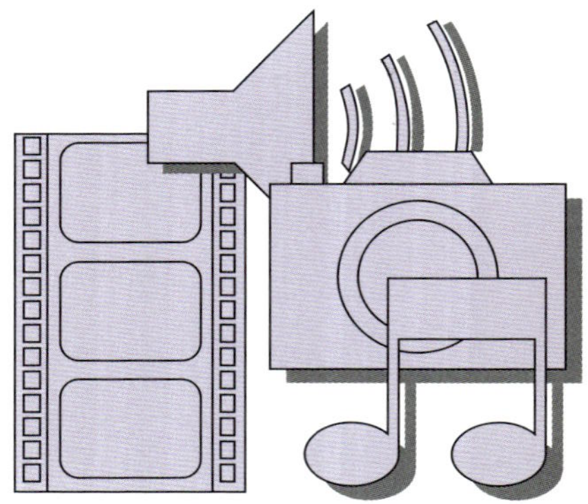

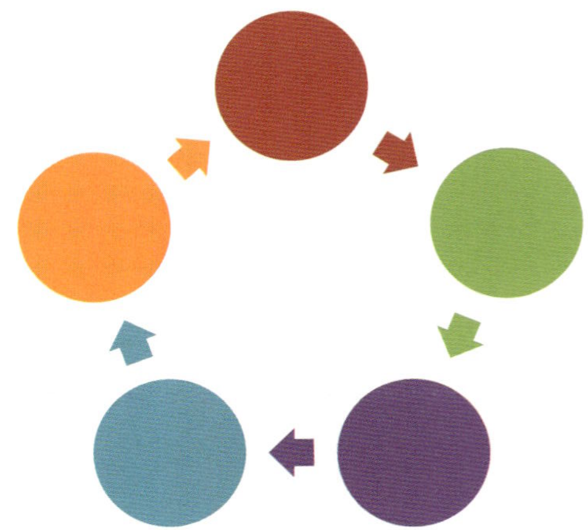

a) Ein Kopierer ist ein Mittel zur Bedürfnisbefriedigung. Welches Bedürfnis liegt zugrunde? Überlegen Sie dazu, wie dieses Bedürfnis früher befriedigt wurde.
b) Für welches Unternehmen ist der Kopierer ein Produktionsfaktor, für welches ein (Absatz-)Gut?
c) Wie könnte der Markt sachlich und räumlich abgegrenzt werden?
d) Wer sind Anbietende und Nachfragende auf dem Markt?
e) Ordnen Sie den Markt nach folgenden Merkmalen ein:
- nach seiner Funktion für Betriebe und Verwaltungen (Marktart: Beschaffungsmarkt/Faktormarkt bzw. Absatzmarkt/Gütermarkt),
- Marktbedingungen (Markttyp: vollkommen – unvollkommen),
- Anzahl der Marktteilnehmenden (Marktform: Polypol, Oligopol, Monopol).

f) Welche Art von Kopierer empfehlen Sie der Personalverwaltung?

2. **Markteinteilungen: Arten, Formen**

a) Beantworten Sie die folgenden Fragen zu jedem der aufgezählten Märkte:
aa) Wer tritt als Anbietender, wer als Nachfragender auf?
ab) Handelt es sich um einen Beschaffungsmarkt/Faktormarkt oder um einen Absatzmarkt/Gütermarkt?
ac) Liegt ein Arbeitsmarkt, Immobilienmarkt, Investitionsgütermarkt, Konsumgütermarkt oder Kapitalmarkt vor?
- Arbeitsmarkt,
- Markt für private Orts-Telefongespräche,
- Markt für Bäckereimaschinen,
- Markt für Pauschalreisen nach Mallorca,
- Markt für landwirtschaftliche Nutzfläche,
- Markt für Kopierpapier (für Großabnehmer),
- Markt für Mittelklasse-Pkw (für den privaten Gebrauch),
- Markt für Schiffsmotoren (für Großschiffe),
- Markt für Konsumentenkredite,
- Stahlmarkt,
- Markt für Holzspielzeug (für den privaten Gebrauch).

b) Ordnen Sie die folgenden Märkte nach der Anzahl der Marktteilnehmenden ein. (Marktformen: Polypol/Oligopol/Monopol? Geben Sie jeweils die Menge der Anbietenden **und** Nachfragenden an.)
- Markt für Benzin
- Markt für Panzer für die deutsche Bundeswehr
- Aktienmarkt
- Markt für Briefbeförderung

3. **Marktbeziehungen des kommunalen Verwaltungsbetriebs**

a) Setzen Sie die Zahlen an der richtigen Stelle in das Schaubild auf der folgenden Seite ein:
1 Verwaltungsleitung
2 Beschaffungsmärkte
3 nichtmarktfähige Leistungen
4 Input
5 Betriebsmittel
6 Leistungserstellung/Absatz
7 Verwaltungs- und Benutzungsgebühren, Beiträge
8 überwiegend Dienstleistungen
9 Absatzmärkte
10 Löhne und Gehälter

b) Vergleichen Sie die Marktbeziehungen des kommunalen Verwaltungsbetriebs mit denen privatwirtschaftlicher Unternehmen hinsichtlich der Beschaffungs- und Absatzseite.

Schaubild zur Aufgabe 3. a) siehe folgende Seite

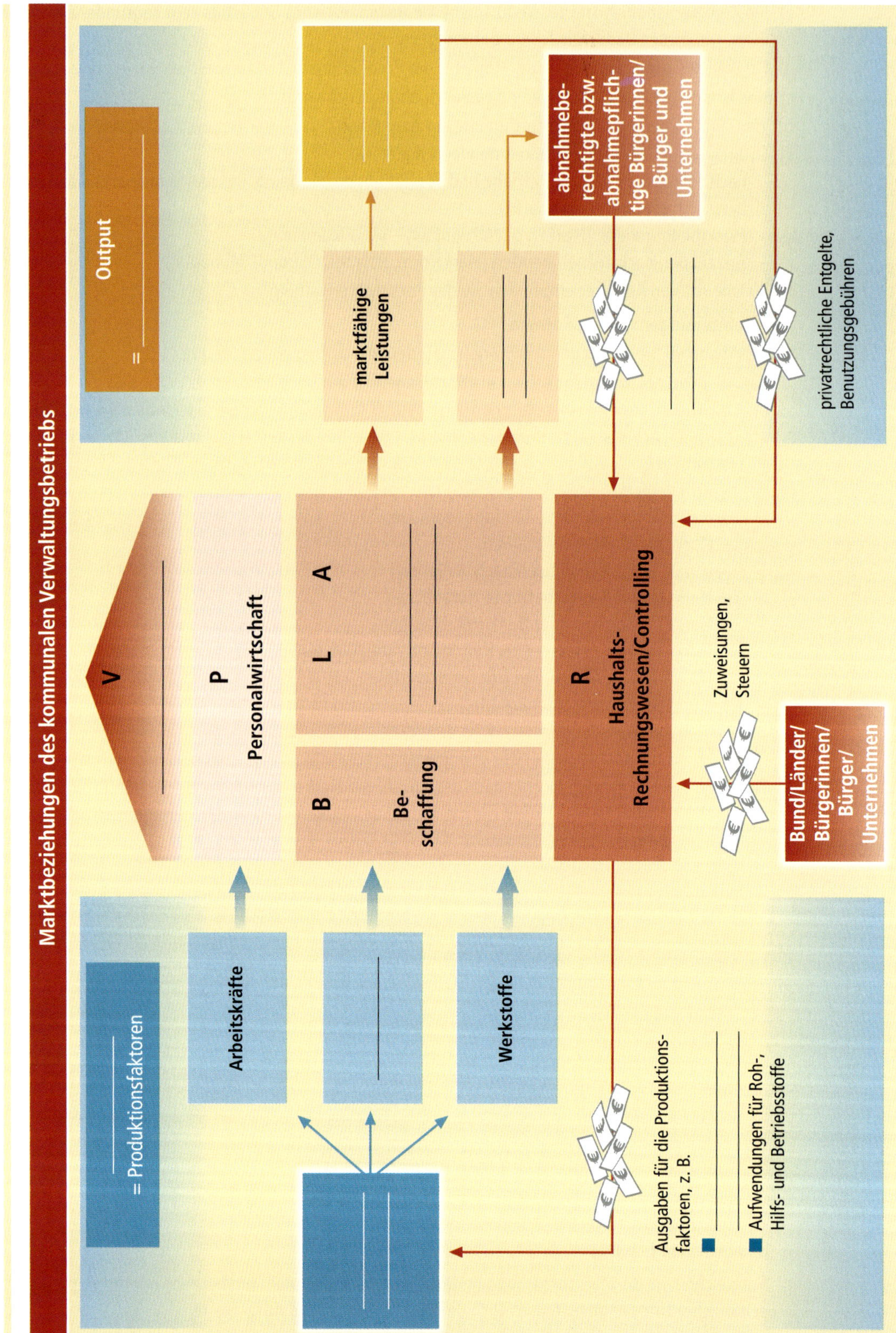
Marktbeziehungen des kommunalen Verwaltungsbetriebs
= Produktionsfaktoren
Arbeitskräfte
Werkstoffe
Ausgaben für die Produktionsfaktoren, z. B.
Aufwendungen für Roh-, Hilfs- und Betriebsstoffe
V
P
Personalwirtschaft
B
Beschaffung
L
A
R
Haushalts-Rechnungswesen/Controlling
Zuweisungen, Steuern
Bund/Länder/Bürgerinnen/Bürger/Unternehmen
Output
=
marktfähige Leistungen
abnahmeberechtigte bzw. abnahmepflichtige Bürgerinnen/Bürger und Unternehmen
privatrechtliche Entgelte, Benutzungsgebühren

22106594

3.2 Die Preisbildung auf Märkten beschreiben

3.2.1 Lernsituation

Colamarkt auf dem Neustädter Schulfest – Preisbildung bei vollkommener Konkurrenz

Ermittlung der aggregierten Nachfrage der Schule, Bestimmung von Gleichgewichtsmenge und -preis

Im Schulzentrum Neustadt soll gefeiert werden. Die Schule hat 50 Klassen mit der durchschnittlichen Klassenstärke Ihrer Klasse. Alle Schülerinnen und Schüler erscheinen zum Fest. Auf dem Fest wird von vielen Anbieterinnen und Anbietern als einziges Getränk Cola in Bechern (0,2 l) angeboten. Das Mitbringen von Getränken ist nicht erlaubt, außerdem mögen alle Schülerinnen und Schüler Cola. Angebot und Nachfrage auf dem Colamarkt des Schulfestes sollen untersucht werden. Dabei wird der Einfachheit halber davon ausgegangen, dass auf dem Colamarkt des Schulfestes viele Anbietende und Nachfragende vorhanden sind, ein vollkommener Markt vorliegt und die Nachfrage Ihrer Klasse repräsentativ für alle Klassen der Neustädter Schule ist.

3.2.2 Arbeitsaufträge zur Lernsituation

1. Ein Schüler Ihrer Klasse stellt allen Schülerinnen und Schülern die Frage, wie viele Becher Cola sie jeweils trinken würden, wenn die Cola auf diesem Fest **alternativ** 0,50 € bzw. 0,75 € usw. (siehe Tabelle zu Aufgabe 3) kosten würde. Jede Mitschülerin und jeder Mitschüler notiert ihre oder seine individuelle Cola-Nachfrage in Bechern (0,2 l) für den jeweils angegebenen Preis und gibt einen entsprechenden Notizzettel ab.
2. Die Notizzettel werden von zwei Schülerinnen und Schülern ausgewertet und die Nachfragemengen je Preisangabe zusammengezählt. Damit ist der erste Schritt der Aggregation (= Zusammenfassung, Anhäufung) vollzogen und die Cola-Nachfrage Ihrer Klasse festgestellt.
3. Wenn vereinfacht davon ausgegangen wird, dass die Nachfrage in den anderen Klassen ähnlich verläuft, kann die Cola Nachfrage Ihrer Klasse auf die der Neustädter Schule „hochgerechnet" werden (Annahme: die Schule hat 50 Klassen, siehe Situation). Übernehmen Sie die Tabelle in Ihre Unterlagen und tragen Sie die Gesamtnachfrage der Schule in die Tabelle ein.

Preis je Becher (in €)	geplante Einkaufsmenge = Nachfrage der Klasse (in Bechern)	Gesamtnachfrage aller Schülerinnen und Schüler (in Bechern)
1,50		
2,00		
2,50		
3,00		
3,50		

4. **Preisbildung auf dem Colamarkt des Neustädter Schulfestes**

1. Preis je Becher (in €)	2. geplante Einkaufsmengen = Gesamtnachfrage aller Schülerinnen und Schüler (in Bechern)	3. geplante Verkaufsmengen = Gesamtangebot (in Bechern)	4. tatsächliche Verkaufsmengen = Absatz (in Bechern)	5. Umsatz = Preis · abgesetzte Menge (in €)	6. Verhältnis N > A N < A N = A	7. Preisentwicklung (fallend ↓, steigend ↑, gleichbleibend =)
1,50		500				
2,00		2000				
2,50		3000				
3,00		3500				
3,50		4000				

Übernehmen Sie die vorstehende Tabelle in Ihre Unterlagen. Berücksichtigen Sie die grau unterlegte Zeile zunächst nicht und lösen Sie für die übrigen Zeilen folgende Aufgaben:

a) Übertragen Sie die Gesamtnachfrage auf dem Schulfest in Spalte Nr. 2.

b) Bestimmen Sie den Absatz (Spalte Nr. 4) und den Umsatz (Spalte Nr. 5) auf dem Markt.

c) Füllen Sie die Spalte Nr. 6 aus.

d) Überlegen Sie sodann, wie sich der Preis entwickeln wird, wenn z. B. die Nachfrage größer als das Angebot auf einem Markt ist. Wird der Preis eher steigen oder fallen? Füllen Sie die Spalte Nr. 7 entsprechend aus.

5. Zeichnen Sie die Angebots- und Nachfragekurve verschiedenfarbig in ein von Ihnen skizziertes Preis-Mengen-Diagramm ein (Koordinatensystem, y-Achse: Preis, x-Achse: Menge) und ermitteln Sie den **Gleichgewichtspreis,** d. h. den Preis, bei dem sich die Angebots- und Nachfragekurve schneiden, sowie die **Gleichgewichtsmenge** grafisch.

6. Füllen Sie nun die gesamte grau unterlegte Zeile für den von Ihnen grafisch ermittelten Gleichgewichtspreis aus. Beschreiben Sie die in der Tabelle erkennbaren Eigenschaften des Gleichgewichtspreises: Welche Worte fehlen im Lückentext?

Merke: Beim Gleichgewichtspreis sind angebotene und .... Menge gleich. Die Pläne der Marktteilnehmenden entsprechen sich, d. h., es wird alles verkauft, was .... wird. Der Markt ist geräumt, es gibt keine Überhänge von .... (N > A) oder .... (N < A).

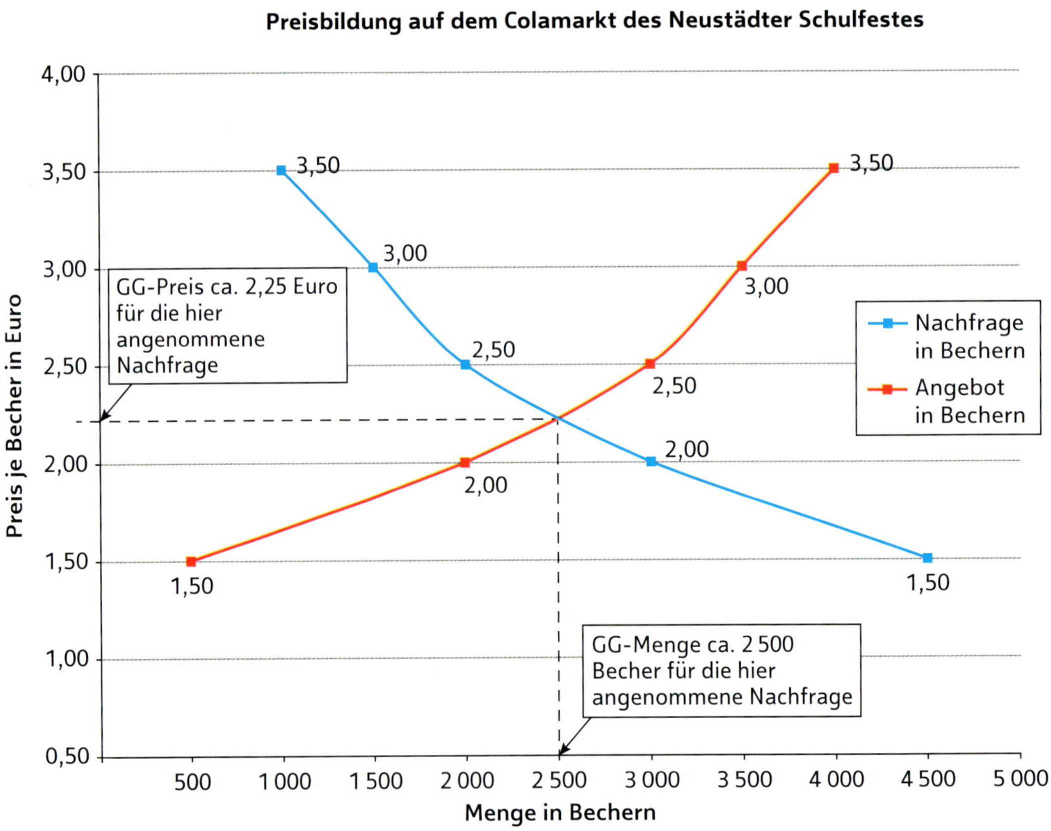

7. Der Colamarkt des Neustädter Schulfests ist ein Modell, da er sich von der Realität unterscheidet und die Bildung des Gleichgewichtspreises veranschaulichen soll. Benennen Sie drei einschränkende Modellannahmen.

3.2.3 Aufgaben

1. **Angebot und Nachfrage**

Entscheiden Sie, welche zwei Angaben jeweils richtig sind.

22106596

Je höher der Preis, desto	❑ a) geringer das Angebot. ❑ b) größer das Angebot. ❑ c) größer die Nachfrage. ❑ d) geringer die Nachfrage.
Auf einem vollkommenen Polypol/in der vollständigen Konkurrenz	❑ a) werden verschiedenartige Güter angeboten. ❑ b) reagieren Angebot und Nachfrage schnell durch Mengenanpassungen auf Preisveränderungen. ❑ c) beeinflussen Faktoren wie Werbung und Mode die Preisbildung. ❑ d) können weder Anbietende noch Nachfragende Marktmacht ausüben.
Wie lässt sich diese Nachfragefunktion beschreiben? 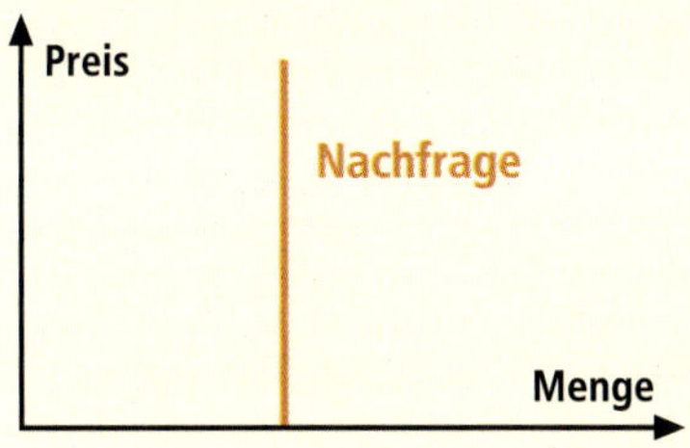	❑ a) Die Nachfrage steigt, wenn der Preis steigt. ❑ b) Auf dem Markt gibt es gar keine Nachfrage. ❑ c) Die Nachfrage ist starr und unabhängig vom Preis. ❑ d) Für die Nachfragenden ist das Gut sehr wichtig.
Welche Ursache könnte der Rechtsverschiebung der Angebotskurve zugrunde liegen? 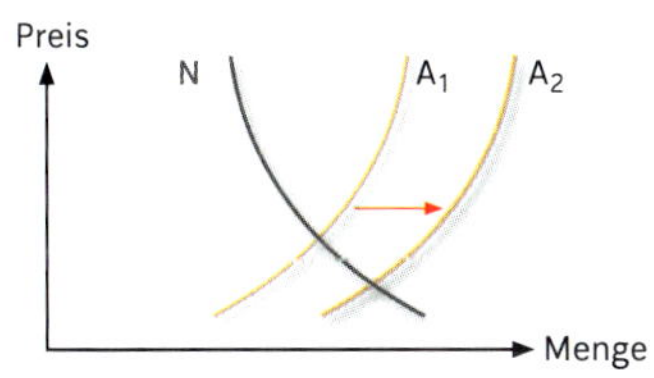	❑ a) Die Löhne für die Herstellung des Produkts sind gesunken. ❑ b) Aufgrund von Importen aus Asien sind mehr Waren am Markt. ❑ c) Das Einkommen der Bevölkerung ist gestiegen und unterstützt den Absatz. ❑ d) Die Umsatzsteuer wurde erhöht.

2. Modell der vollkommenen Konkurrenz

a) Beschreiben Sie allgemein, was ein Modell ist.

b) Welche der untenstehenden Aussagen sind richtig oder falsch?

Die Marktform der vollkommenen Konkurrenz (des vollkommenen Polypols) ist dadurch gekennzeichnet, dass ...	**richtig**	**falsch**
ba) Produzentinnen und Produzenten und Händlerinnen und Händler versuchen, ihr Produkt mit einem bestimmten Image bzw. einer Marke zu versehen.		
bb) Nachfragende über Preise Bescheid wissen.		
bc) Anbietende den Preis der gehandelten Güter beeinflussen können.		
bd) Nachfragende und Anbietende sich kennen.		
be) Anbietende Mengenanpasser sind.		
bf) Anbietende und Nachfragende rational handeln.		

c) Interpretieren Sie das abgebildete Preis-Mengen-Diagramm. Welche Schlussfolgerung ist richtig?

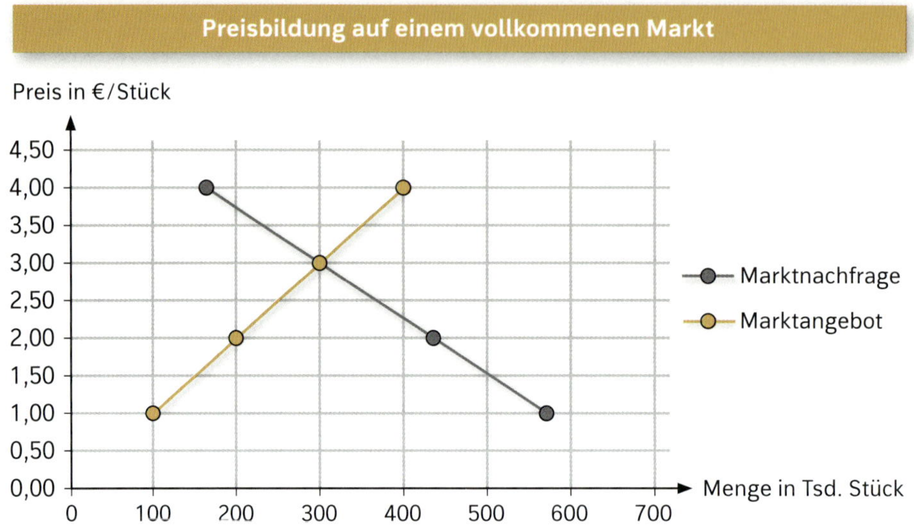

ca) Beim Gleichgewichtspreis wird auf dem Markt ein Umsatz von 900,00 € erzielt.
cb) Bei einem Preis von 1,00 €/Stück werden über 500 000 Stück verkauft.
cc) Bei einem Preis von 4,00 €/Stück spricht man von einem Verkäufermarkt.
cd) Bei einem Preis von 2,00 €/Stück kommt es zu einem Angebotsüberhang.
ce) Bei einem Preis von 2,00 €/Stück spricht man von einem Käufermarkt.
cf) Beim Gleichgewichtspreis kommt es zu einem Umsatz von 900.000,00 €.

3. **Gleichgewicht in der vollkommenen Konkurrenz**

Einige Imbissinhaberinnen und -inhaber möchten auf dem Neustädter Straßenfest gegrillte Nackensteaks anbieten.

a) Übernehmen Sie die Tabelle in Ihre Unterlagen und füllen Sie die leeren Spalten aus.
b) Wo liegt der Gleichgewichtspreis?

Preisbildung für Nackensteaks auf dem Neustädter Straßenfest

Preis je Stück (in €)	Nachfrage (N) in Stück	Angebot (A) in Stück	Verhältnis von Angebot und Nachfrage (N > A, N < A, N = A)	Preistendenz (fallend, steigend, gleichbleibend)
4,00	1 000	250		
4,50	750	430		
5,00	570	570		
5,50	470	680		
6,00	380	770		

c) Zeichnen Sie ein Preis-Mengen-Diagramm und wählen Sie sinnvolle Achsenskalen und -beschriftungen.
d) Zeichnen Sie die Angebots- und Nachfragekurve verschiedenfarbig in das Diagramm ein.
e) Kennzeichnen Sie Gleichgewichtsmenge und Gleichgewichtspreis auf den Achsen.

22106598

f) Übernehmen Sie die Tabelle mit den Spalten Preis, Nachfrage und Angebot in ein Excel-Tabellenblatt und platzieren Sie darunter ein Diagramm als Objekt im Tabellenblatt mit Angebots- und Nachfragekurve. Auf der y-Achse soll der Preis, auf der x-Achse die Menge ausgewiesen werden, wie es in der Ökonomie üblich ist.

Excel-Tipp: Verwenden Sie statt eines Liniendiagramms ein Punktdiagramm, hier lassen sich die Achsen neu definieren.

4. **Gleichgewicht in der vollkommenen Konkurrenz, Nachfrageänderungen**

Lesen Sie folgende Zeitungsmeldung und bearbeiten Sie die unten stehenden Aufgaben:

Kälteprognose erhitzt Ölpreis.

Lagerbestände schrumpfen/Nachfragende müssen mehr zahlen.

Die Ölpreise sind am Mittwoch bei Erwartung einer weiteren Kälteperiode in Europa und einer neuen Kältewelle in den USA kräftig angestiegen. ... In Deutschland steigen dabei die Heizöldurchschnittspreise in der Woche zum Mittwoch um ... € je 100 Liter, wie die Verbraucherzentrale mitteilte.

a) Nennen Sie die Modellannahmen für die vollkommene Konkurrenz (= vollkommenes Polypol) und prüfen Sie, ob sie für den Weltölmarkt zutreffen.

b) Zeichnen Sie ein Preis-Mengen-Diagramm mit typischer Angebots- und Nachfragekurve für die vollkommene Konkurrenz, beschriften Sie die Achsen und die Kurven und kennzeichnen Sie Gleichgewichtspreis und Gleichgewichtsmenge.

c) In dem Artikel wird ein Faktor dargestellt, der die Nachfrage nach Öl beeinflusst.

ca) Welchen Einfluss hat dieser Faktor auf Gleichgewichtsmenge und -preis von Öl?

cb) Zeichnen Sie diese Nachfrageänderung in Ihr Diagramm ein. Kennzeichnen Sie den neuen Gleichgewichtspreis sowie die Gleichgewichtsmenge.

5. **Änderungen von Angebot und Nachfrage in der vollkommenen Konkurrenz**

Zeichnen Sie eine typische Nachfrage- und Angebotskurve in ein Preis-Mengen-Diagramm ein (vergessen Sie nicht die Achsenbezeichnungen).

Annahme: Es handelt sich um den Markt für Rindfleisch, der die Bedingungen der vollkommenen Konkurrenz erfüllt.

a) Nach einem Tierfutter-Skandal entscheiden sich etliche Nachfragende für Schweinefleisch statt Rindfleisch.

b) Die Landwirtinnen und Landwirte züchten nun Schafe statt Rinder.

Erläutern Sie die jeweiligen Wirkungen kurz und kennzeichnen Sie diese im Koordinatensystem.

6. **Monopole**

Ordnen Sie die Buchstaben mit Entstehungsgründen a) bis d) den Arten von Monopolen (1) bis (4) zu.

(1) natürliche Monopole

(2) gesetzliche Monopole

(3) staatliche Monopole

(4) wirtschaftliche Monopole

a) Gründung z. B. zur Versorgung der Bürgerinnen und Bürger

b) Kooperation und Konzentration von Unternehmen

c) Patent-, Urheber-, Markenrecht

d) Bodenschätze (z. B. Heilwasser)

7. **Marktformen und Preisbildung**

Ordnen Sie den Aussagen (1) bis (5) jeweils die richtige Marktform a) bis c) zu.

Ein Anbieter oder eine Anbieterin ...

(1) hat keinerlei Einfluss auf den Preis.

(2) verdrängt durch massive Preissenkungen die Konkurrenz aus dem Markt.
(3) versucht, sich zum Beispiel durch Werbung von Wettbewerberinnen und Wettbewerbern abzugrenzen, um einen höheren Preis zu erzielen.
(4) kann den Preis allein festlegen, muss aber die von der Nachfrage bestimmte Absatzmenge auf dem Markt hinnehmen.
(5) entwickelt ein völlig neuartiges, patentiertes Produkt und kalkuliert bei der Preisbildung die hohen Forschungskosten ein.

a) vollkommenes Polypol/vollkommene Konkurrenz, b) Oligopol, c) Monopol

8. Oligopolpreisbildung

a) Beschreiben Sie die abgebildete Karikatur – auch in Details – ausführlich!
b) Interpretieren Sie die Aussage des Karikaturisten ökonomisch.

9. Preisbildung in unvollkommenen Märkten

Lesen Sie folgende Meldung und bearbeiten Sie die unten stehenden Aufgaben:

Wann dürfen Energieanbieter die Preise erhöhen?
Strom- und Gaspreise setzen sich aus einer Vielzahl von Einzelposten zusammen. So beinhalten die Preise neben dem Einkaufspreis für Strom und Gas an der Börse und der Gewinnmarge des Unternehmens auch Kosten für den Vertrieb und Steuern, sonstige Abgaben und Umlagen. Dazu zählen beim Strom zum Beispiel Netzentgelte, die Strom-anbietende für die Nutzung der Stromnetze zahlen müssen, Konzessionsabgaben und die Stromsteuer. Konzessionsabgaben sind Entgelte, die die Energieversorgungsunternehmen Städten und Gemeinden dafür zahlen, dass diese ihnen das Recht einräumen, für die Verlegung und den Betrieb von Leitungen öffentliche Wege zu nutzen. Grundversorger dürfen die Preise erhöhen, wenn Kostenfaktoren, auf die sie keinen Einfluss haben, steigen.

a) Um welche Marktform handelt es sich beim deutschen Markt der Stromanbieter?
b) In dem Artikel wird ein Faktor dargestellt, der das Angebot von Strom beeinflusst.
   ba) Wie müsste diese Angebotsänderung in einem Preis-Mengen-Diagramm dargestellt werden?
   bb) Welchen Einfluss hat dieser Faktor auf den Gleichgewichtspreis und die Gleichgewichtsmenge?

221065100

10. Preisfunktionen in der Marktwirtschaft

Was bedeutet „Schweinezyklus"?

In der Landwirtschaft ist in der Vergangenheit beobachtet worden, dass auf Preiserhöhungen eines Gutes mit zeitlicher Verzögerung ein Überangebot an diesem Gut folgt:

Der Preis für Schweinefleisch steigt. Der steigende Preis zeigt die erhöhte Zahlungsbereitschaft der Käuferinnen und Käufer für Schweinefleisch (...); er weist auf Knappheit hin (...). Nehmen die Landwirtinnen und Landwirte nun an, dass die Preiserhöhung für Schweinefleisch dauerhaft ist, werden sie darüber nachdenken, mehr Schweine zu züchten (...) und dies schließlich auch tun. Die Landwirtinnen und Landwirte werden Haltung, Fütterung und Zuchtmethoden verbessern wollen (...). Außerdem werden sie ihre Arbeitskraft und Bodenbewirtschaftung stärker auf die Produktion von Schweinen richten und neue Ställe bauen (...). Eventuell werden sie teure Arbeitskraft durch Maschinen ersetzen (...). Durch das dann entstehende Überangebot an Schweinefleisch sinkt jedoch der Marktpreis wieder bis zum neuen, niedrigeren Gleichgewichtspreis (...). Die Landwirtinnen und Landwirte werden nun erheblich weniger Schweine züchten. Das niedrigere Angebot hat wiederum einen steigenden Preis zur Folge usw.

Derartige Phänomene von Auf- und Abwärtsbewegungen des Angebots nennt man in der Ökonomie „Schweinezyklus". In der Landwirtschaft versucht die EU-Marktordnung, diese zeitweiligen Überreaktionen zu verhindern und das Angebot zum Schutz der Landwirtinnen und Landwirte zu stabilisieren.

Welche Preisfunktion gehört zu welcher Aussage? Ordnen Sie die jeweilige Nummer der passenden Stelle zu (Jede Funktion kommt genau einmal vor!):

1. Ausgleich, 2. Lenkung/Allokation, 3. Signal, 4. Anreiz, 5. Substitution, 6. Innovation, 7. Information/Bewertung

3.3 Staatliche Eingriffe in Märkte und Preise begründen

3.3.1 Lernsituation

Internalisierung externer Effekte durch Zertifikatehandel

Beispiel 1: Handel mit Emissions-Zertifikaten: Gleicher Klimaschutz für weniger EURO!

In Neustadt werden bei der industriellen Produktion von der Alltag GmbH jährlich 20 Einheiten und von der Neumo AG jährlich zehn Einheiten CO_2 ausgestoßen, also insgesamt 30 Einheiten emittiert. Nun soll die CO_2-Emission landesweit um 10 %, also in Neustadt um drei Einheiten gesenkt werden.

1. Möglichkeit:
Der Staat gibt allen Unternehmen auf, ihre Emissionen jeweils um 10 % zu senken.

Das bedeutet, dass die Alltag GmbH ihre Emissionen um zwei Einheiten, die Neumo AG um eine Einheit vermindern müssen. Die Neumo AG arbeitet aber bereits mit der neuesten Umwelttechnologie. Noch weiter Emissionen zu verringern, ist für Neumo viel teurer als das Vermeiden von CO_2-Emission für Alltag, die noch mit veralteter Technik produziert.

Man kann die gewünschte Gesamtreduktion von drei Einheiten mit weniger Gesamtkosten für beide Unternehmen erreichen.

2. Möglichkeit:
Der Staat führt handelbare Emissionszertifikate ein.

Die Emissionszertifikate erlauben den Unternehmen, eine bestimmte Menge CO_2 auszustoßen. Alltag erhält Emissionszertifikate für 18 statt 20 Einheiten CO_2 und Neumo in Höhe von neun statt zehn Einheiten CO_2 ausgestellt. Alltag müsste seine Emissionen also wiederum um zwei, Neumo um eine Einheit reduzieren. Für Alltag ist es wesentlich billiger als für Neumo, eine Einheit CO_2-Emission zu vermeiden. Neumo wird Alltag ein Emissionszertifikat abkaufen wollen. Das bedeutet, dass Neumo dann zehn Einheiten, Alltag nur noch 17 Einheiten CO_2 ausstoßen darf. Solange der Preis eines Zertifikats geringer ist als die Kosten zur Vermeidung einer Einheit CO_2, wird Neumo Zertifikate kaufen wollen. Umgekehrt wird Alltag so lange Emissionszertifikate verkaufen wollen, wie für ein Zertifikat mehr bezahlt wird, als die Vermeidung einer weiteren Einheit CO_2 für Alltag kostet. Dieser Marktpreismechanismus führt letztlich dazu, dass die zuletzt reduzierte Einheit CO_2-Emission Neumo genauso viel kostet wie Alltag. Dann besteht nämlich kein Interesse mehr, die Zertifikate zu handeln.

Die handelbaren Emissionszertifikate sorgen so dafür, dass ein angestrebtes Emissionsziel zu den geringsten Kosten erreicht wird.

1. Möglichkeit: gesetzliche Vorgabe 10 % Emissionssenkung			
	Emission Jahr 1	Vorgabe 10% Emissionssenkung	Emission Jahr 2
Unternehmen		Einheit/Jahr	
Alltag AG	20	2	18
Neumo AG	10	1	9
Summe	30	3	27

2. Möglichkeit: Ausgabe und Handel von Emissionszertifikaten			
	Emission Jahr 1	Ausgabe Emissionszertifikate	Emission nach Zertifikathandel Jahr 2
Unternehmen		Einheit/Jahr	
Alltag AG	20	18	17
Neumo AG	10	9	10
Summe	30	27	27

3.3.2 Arbeitsaufträge zur Lernsituation

a) Vervollständigen Sie den unten stehenden Lückentext:

Beispiel 2: Handel mit Emissions-Zertifikaten:

Gleicher Klimaschutz für weniger EURO!

Die Neustädter Colwig AG und die Drobner GmbH stoßen jeweils 10 000 t CO_2 aus. Die Emissionen sollen nun um 25 % gesenkt werden. Der Staat gibt handelbare Emissionszertifikate für den angestrebten CO_2-Ausstoß aus. Beide Unternehmen erhalten Emissionszertifikate für einen Ausstoß von je .... t CO_2 statt bisher 10 000 t.

Die Colwig AG produziert mit veralteten Anlagen. Für jede eingesparte Tonne CO_2 muss sie ca. 20,00 € an Investitionen aufwenden, das bedeutet für die notwendige Emissionsreduzierung .... € Ausgaben.

Die Drobner GmbH arbeitet bereits mit neuer Technologie. Sie müsste für 80,00 € pro eingesparter Tonne CO_2 aufwenden, also insgesamt .... €.

Der Marktpreis für ein Emissionszertifikat je Tonne CO_2-Emission beträgt zzt. 50,00 €.

b) Bearbeiten Sie folgende Aufgaben zum Lückentext:

ba) Wie viel würde den Betreiber Drobner der Kauf von Zertifikaten für eine 25%ige Senkung kosten? (Die Berechnungsgrundlage ist der Marktpreis.)
Vergleichen Sie mit den sonst notwendigen Investitionen: Warum lohnt sich der Zertifikatkauf mit Verzicht auf jegliche Investition für Drobner?

bb) Der Betreiber Colwig überlegt, die Zertifikate an Drobner zu verkaufen.
Lohnen sich der Zertifikatverkauf und die Zusatzinvestition in weitere Emissionssenkung um 25 %, also bis auf 50 % für den Betreiber Colwig? Berechnen Sie dazu, wie viel Colwig für die Zusatzinvestition aufwenden müsste und wie viel er durch den Zertifikatverkauf einnehmen würde.

bc) Bis zu welchem Marktpreis für ein Emissionszertifikat je Tonne CO_2 wird Drobner kaufen wollen?

bd) Wie viel würde die Emissionssenkung die beiden Unternehmen **ohne** den Zertifikathandel kosten? (Tipp: Addieren Sie die jeweils notwendigen Investitionen.)
Wie viel kostet die Emissionssenkung die beiden Unternehmen **mit** Zertifikathandel? (Bedenken Sie, dass die Ausgaben des Zertifikatkäufers Einnahmen des Zertifikatverkäufers darstellen.)

be) Erläutern Sie mithilfe Ihrer Ergebnisse aus bd) die Überschrift der Möglichkeiten „Gleicher Klimaschutz für weniger EURO!“. Nach welcher Ausprägung des ökonomischen Prinzips/des Wirtschaftlichkeitsgrundsatzes (Minimal-, Maximalprinzip) wird hier verfahren?

221065102

3.3.3 Aufgaben

1. **Meritorische Güter**

Nach einer Veröffentlichung zur Lernmittelfreiheit (Stand 2024):

Anfang der 1970er-Jahre wurde nahezu flächendeckend die kostenlose Schulbuch-Ausleihe für alle Schülerinnen und Schüler eingeführt. Dann kam die Kehrtwende: Wegen leerer Kassen reduzierten die Länder ihre Schulbuchausgaben immer stärker. Der „Trend“ zur Privatisierung zuvor steuerfinanzierter Ausgaben machte auch vor den Bildungseinrichtungen nicht Halt, unter anderem mit dem Effekt, dass die Lernmittelfreiheit eingeschränkt oder abgeschafft wurde. Beispiele:

- Berlin: Ab Klasse 7 sind die Eltern verpflichtet, für jedes Schuljahr Schulbücher und ergänzende Druckschriften bis zu einem Betrag von 100,00 € je Schülerin und Schüler auf eigene Kosten zu beschaffen.
- Niedersachsen: Das Entgelt für die Schulbuchausleihe wird von der Schule festgesetzt. Für Einjahresbände beträgt es zwischen 33 % und 40 % des Ladenpreises, für Mehrjahresbände zwischen 40 % und 60 %.
- Rheinland-Pfalz: Das Ausleihentgelt richtet sich nach der Verwendungsdauer der Lernmittel. Es beträgt pro Schuljahr zwischen 1/3 und 1/6 des Ladenpreises.

a) Erläutern Sie die Aussage: „Bildung im öffentlichen Schulwesen ist ein meritorisches Gut.“

b) Stellen Sie mithilfe der oben stehenden Quelle die Entwicklung bei der Lernmittelfreiheit dar. Ist die Nutzung von Schulbüchern ein meritorisches Gut?

2. **Gründe für Marktversagen**

Setzen Sie die Ziffer an der richtigen Stelle ein: 1. Autobahnmaut – 2. Verkehrsinfrastruktur – 3. Verursacher – 4. geringeren – 5. Schienenwege – 6. Auflagen – 7. Nutzern – 8. Nutzerentgelte – 9. begünstigen

Marktversagen am Beispiel des Verkehrsbereichs

Marktunvollkommenheiten durch Monopole

Monopole können ökonomisch sinnvoll sein, wenn eine Anbieterin oder ein Anbieter die Nachfrage zu .... Kosten befriedigen kann als zwei oder mehr Anbietende. Beispiele dafür sind die Eisenbahninfrastruktur oder Flughäfen. Es ist nicht wirtschaftlich, wenn viele Unternehmen ihre eigenen .... und Bahnhöfe bauen. Sinnvoller ist es, das Schienennetz im Eigentum eines Unternehmens zu lassen, welches die Anlagen an die verschiedenen Betreiberinnen und Betreiber vermietet. Dabei besteht allerdings die Gefahr überhöhter Preise. Hier muss der Staat die .... überwachen, den Zugang für alle Betreibenden gewährleisten und bei der Planung der Schienenwege mitwirken.

Externe Effekte

Die Kosten der verkehrsbedingten Umweltverschmutzung und Lärmbelastung werden nicht von den Verkehrsteilnehmenden selbst, sondern von der Allgemeinheit getragen. Man kann die .... zusätzlich belasten (z. B. durch die Ökosteuer) oder entsprechende .... zur Emissionsminderung (z. B. Katalysatoren, Rußfilter) machen. Außerdem wäre es möglich, Verkehrsträger, die geringere externe/soziale Kosten verursachen, zu ....: durch Ermäßigung der Tarife des öffentlichen Nah- und Fernverkehrs.

Öffentliche Güter

Die .... wird üblicherweise als spezifisch-öffentliches Gut betrachtet. Allerdings sind die Annahmen der Nicht-Rivalität im Konsum und der Nicht-Ausschließbarkeit von .... nicht immer gegeben. Rivalität im Konsum tritt heute nämlich immer mehr auf: Straßen, Schienen und Luftraum sind in Ballungsräumen überfüllt. Die Nicht-Ausschließbarkeit wird ebenfalls durch die technologischen Möglichkeiten verändert. Ein Beispiel ist die ....

4.1 Einen Überblick über die Beschaffungsplanung gewinnen

4.1.1 Lernsituation

PCs und Drucker verursachen Probleme

Im Bürgeramt der Stadt Neustadt treten immer wieder unliebsame Unterbrechungen der Arbeitsabläufe auf, da die PC- und Drucker-Ausstattung der Arbeitsplätze veraltet ist:

- Der Computer von Frau Schramm stürzt täglich mindestens zweimal ab und verursacht dadurch Störungen im bestehenden Netzwerk.
- Die Rechner benötigen für die Datenverarbeitung zu viel Zeit; es kommt zu unnötigen Wartezeiten bei den Bürgerinnen und Bürgern.
- Ein Drucker ist nur noch für den internen Gebrauch verwendbar, da er gelegentlich Schmierränder auf den Drucksachen hinterlässt.

Kommentar des Servicetechnikers: „Austauschen, eine Reparatur lohnt nicht mehr!"
Frau Bröhl, die Abteilungsleiterin, und Herr Balke, der Leiter des Bürgeramts, sind sich einig: „Es muss etwas geschehen, so kann es nicht weitergehen."

4.1.2 Arbeitsaufträge zur Lernsituation

1. Welche Überlegungen/Tätigkeiten/Aspekte sind für die Planung der anstehenden Beschaffung wichtig?
   Bilden Sie Gruppen und bearbeiten Sie die Eingangsfrage nach der Methode PLACEMAT-Activity.

PLACEMAT-Activity:

Jede Gruppe fertigt aus einem DIN-A3-Blatt ein PLACEMAT (engl. für Tischdeckchen). Das PLACEMAT erhält ein Feld für jedes Gruppenmitglied sowie ein weiteres Feld in der Mitte:

PLACEMAT für vier Personen

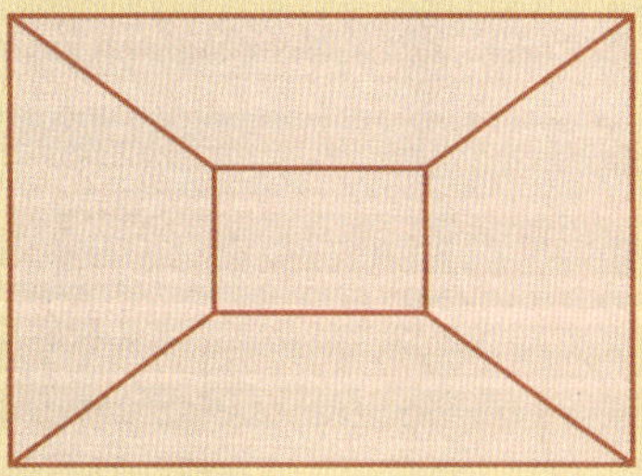

PLACEMAT für fünf Personen

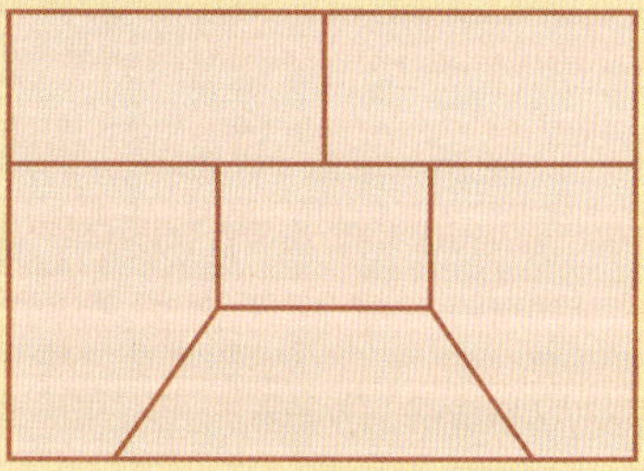

Jedem Gruppenmitglied wird ein Feld des PLACEMATs zugewiesen. Darin notiert es seine Gedanken und Ideen zur Fragestellung innerhalb einer vorher festgelegten Zeit. Wichtig: In dieser Zeit darf nicht geredet werden. Alle konzentrieren sich auf die eigenen Gedanken.

Nach Ablauf der vorgegebenen Zeit wird das PLACEMAT so häufig gedreht, bis alle Gruppenmitglieder die Notizen der anderen gelesen haben. Dann formuliert die Gruppe ein gemeinsames Ergebnis im mittleren Feld.

2. Schreiben Sie Ihr Gruppenergebnis auf DIN-A5-Blätter (je Überlegung/Tätigkeit/Aspekt ein Blatt!). Schreiben Sie groß und deutlich; die Notizen müssen später von Ihren Plätzen aus lesbar sein.
3. Ihre Lehrerin oder Ihr Lehrer gibt Fragewörter zur Beschaffungsplanung vor. Heften Sie Ihre Notizen unter das passende Fragewort.
4. Überprüfen Sie, ob alle Zuordnungen richtig sind, wenn sämtliche Gruppen ihre Einteilungen vorgenommen haben.
5. An der Wand ist eine systematische Übersicht zur Beschaffungsplanung entstanden. Ihre Lehrerin oder Ihr Lehrer gibt Ihnen abschließend vier Fachbegriffe vor. Ordnen Sie diese ebenfalls den Fragewörtern zu.

221065104

4.2 Das Vergabeverfahren auswählen

4.2.1 Lernsituation

Beauftragung der zuständigen Vergabestelle

Inzwischen wurde im Bürgeramt eine grobe Bedarfsplanung durchgeführt. Es sind zwölf neue PCs und ein Drucker notwendig, um in Zukunft reibungslose Arbeitsabläufe zu garantieren.

Eine erste Schätzung der Anschaffungskosten dieser Betriebsmittel ergab einen Betrag von rund 11.000,00 €. Die anschließende Budgetkontrolle führte zu dem Ergebnis, dass noch genügend Finanzmittel für die geplante Investition zur Verfügung stehen.

In der Verwaltung der Stadt Neustadt wird die Beschaffung von DV-Geräten von der Abteilung Organisation und Datenverarbeitung (Fachbereich Zentrale Dienste) durchgeführt. Die DV-Fachleute werden tätig, wenn ihnen ein Auftrag von der Dienststelle vorliegt, die neue Geräte anschaffen möchte. In Zusammenarbeit mit der Auftrag erteilenden Stelle werden dann die Details der Bedarfsplanung bestimmt. Anschließend wird das Vergabeverfahren durchgeführt.

Frau Bröhl, die zuständige Abteilungsleiterin im Bürgeramt, überreicht Ihnen heute den Vordruck, mit dem die Abteilung Organisation und Datenverarbeitung beauftragt werden soll, die Beschaffung durchzuführen.

4.2.2 Arbeitsauftrag zur Lernsituation

Web

Den besagten Vordruck finden Sie im zum Lehrbuch gehörenden Download-Bereich. Bearbeiten Sie ihn so, dass er der Abteilungsleiterin zur Unterschrift vorgelegt werden kann. Machen Sie sich zuvor sachkundig mithilfe

a) der Beschaffungsordnung der Stadt Neustadt (vgl. Kapitel 4.2.3),
b) den Sachinformationen zum Thema „Vergabe öffentlicher Aufträge“ im Grundlagenband, LF 3, Kapitel 4.2.

4.2.3 Arbeitsmaterialien zur Lernsituation

Beschaffungsordnung der Stadt Neustadt

Der Rat der Stadt Neustadt hat folgende Beschaffungsordnung beschlossen:

§ 1 Anwendungsbereich

(1) Lieferungen und Leistungen, die zum Bereich der Unterschwellenvergabeverordnung (UVgO), und Bauleistungen, die zum Bereich der Vergabe- und Vertragsordnung für Bauleistungen (VOB) gehören, sind nach der UVgO bzw. VOB und nach Maßgabe dieser Beschaffungsordnung sowie der vom Bürgermeister oder von der Bürgermeisterin zu erlassenden Dienstanweisung zu vergeben.

(2) Die Beschaffungsordnung gilt für alle mittelbewirtschaftenden Dienststellen der Stadtverwaltung und die Eigenbetriebe.

(3) Bei Maßnahmen, die mit Zuweisungen oder Darlehen (z. B. des Bundes oder Landes) gefördert werden, sind die durch die jeweiligen Bewilligungsbescheide vorgeschriebenen Vergabegrundsätze zu beachten.

§ 2 Vergabearten

(1) Die Vergabe erfolgt grundsätzlich nach einer Öffentlichen Ausschreibung oder einer Beschränkten Ausschreibung mit Teilnahmewettbewerb. Zur Vereinfachung des Vergabeverfahrens gelten jedoch bei nationaler Vergabe nachstehende Ausnahmen:

1.1 Wertgrenzen für die Vergabearten:

Liefer- und Dienstleistungen (UVgO)	bis 10.000,00 €	Verhandlungsvergabe ohne Teilnahmewettbewerb
	bis 50.000,00 €	Beschränkte Ausschreibung ohne Teilnahmewettbewerb
Bauleistungen (VOB/A)	bis 10.000,00 €	Freihändige Vergabe ohne Teilnahmewettbewerb
	je nach Art der Bauleistung: bis 50.000,00 € bzw. 100.000,00 € bzw. 150.000,00 € (vgl. § 3a Abs. 2 VOB/A)	Beschränkte Ausschreibung ohne Teilnahmewettbewerb

Die Vergabestellen müssen in diesen Fällen jedoch sicherstellen, dass sie über eine ausreichende Marktübersicht verfügen.

1.2 Liefer- und Dienstleistungen bis zu einem voraussichtlichen Auftragswert von 1.000,00 € und Bauleistungen bis zu einem voraussichtlichen Auftragswert von 3.000,00 € können unter Berücksichtigung der Haushaltsgrundsätze der Sparsamkeit und Wirtschaftlichkeit ohne die Durchführung eines Vergabeverfahrens beschafft werden (Direktauftrag). Dabei soll zwischen den beauftragten Unternehmen gewechselt werden.

1.3 Im Übrigen sind sowohl bei Verhandlungsvergabe (UVgO) als auch bei Freihändiger Vergabe (VOB/A) und Beschränkter Ausschreibung mindestens drei Bieter zur Abgabe eines Angebotes aufzufordern. Der Bieterkreis soll ständig gewechselt werden, wobei in der Regel auch Bieter von außerhalb zu berücksichtigen sind.

(3) Es ist unzulässig, Aufträge zu teilen, um die festgesetzten Wertgrenzen zu umgehen.

(4) Für wiederkehrende Leistungen ist in der Regel der Jahresbedarf auszuschreiben und bei Festlegung der Vergabeart zugrunde zu legen. Wird eine Rahmenvereinbarung angestrebt, ist das Auftragsvolumen für die gesamte Laufzeit maßgeblich.

§ 3 Bekanntgaben

Öffentliche Ausschreibungen und Teilnahmewettbewerbe werden in den einschlägigen Veröffentlichungsblättern, auf der Homepage der Stadt Neustadt und dem Internetportal www.service.bund.de bekannt gegeben. Gegebenenfalls erfolgt ein kurzer Hinweis auf die Ausschreibung in den örtlichen Tageszeitungen.

§ 4 Inkrafttreten

Diese Vergabeordnung tritt mit Wirkung vom 01.01.2019 in Kraft. Die Vergabeordnung vom 01.01.2014 wird hiermit aufgehoben.

221065106

4.3 Vergabeunterlagen zusammenstellen, Lieferanten auswählen und zur Abgabe eines Angebots auffordern

4.3.1 Lernsituation

Durchführung der Ausschreibung

Herr Fröhlich ist Mitarbeiter der Abteilung Organisation und Datenverarbeitung, die das Vergabeverfahren durchführt. In seinem E-Mail-Postfach findet er eine Nachricht seines Vorgesetzten.

Von:	Wolfgang Weber
An:	Dieter.Froehlich@stadtNEU-wvd.de
Betreff:	Beschränkte Ausschreibung zur Anschaffung von zwölf PCs und einem Drucker für das Bürgeramt

Guten Morgen Herr Fröhlich,

unser Fachbereichsleiter hat kurzfristig eine wichtige Besprechung angesetzt. Deshalb bin ich erst gegen 13:45 Uhr wieder im Büro. Vorsichtshalber erinnere ich Sie deshalb auf diesem Wege daran, dass heute die Ausschreibung für unser Bürgeramt eingeleitet werden muss.

- Stellen Sie bitte die notwendigen Vergabeunterlagen zusammen.
- Wählen Sie vier geeignete Unternehmen aus, die als Lieferanten infrage kommen.
- Legen Sie mir bitte nach der Mittagspause die vier Anschreiben zur Unterschrift vor, mit denen wir die ausgewählten Unternehmen zur Angebotsabgabe auffordern.
- Versenden Sie bitte anschließend die Anschreiben zusammen mit den übrigen Vergabeunterlagen.

Vielen Dank für Ihre Bemühungen, mit freundlichen Grüßen

W. Weber

4.3.2 Arbeitsaufträge zur Lernsituation[1]

1. Sichten Sie die von Herrn Fröhlich zusammengestellten Vergabeunterlagen (vgl. Kapitel 4.3.3). Stellen Sie fest, welche Bestandteile die Vergabeunterlagen haben.
2. Verschaffen Sie sich einen Überblick über die Allgemeinen Bewerbungs- und Vertragsbedingungen der Stadt Neustadt (vgl. Kapitel 4.3.3).
   a) Finden Sie heraus, welcher Teil Verbindungen zur UVgO und welcher Teil Verbindungen zur VOL/B aufweist.
   b) Klären Sie, in welcher Reihenfolge die folgenden Regelwerke anzuwenden sind (Anwendungshierarchie): VOL/B, gesetzliche Bestimmungen (BGB), Teil B der Allgemeinen Bewerbungs- und Vertragsbedingungen der Stadt Neustadt. Lesen Sie dazu die Nummern 2 und 12 des Teiles B der Allgemeinen Bewerbungs- und Vertragsbedingungen der Stadt Neustadt.
   c) Überlegen Sie, warum die Stadt Neustadt eigene Allgemeine Bewerbungs- und Vertragsbedingungen verwendet und sich nicht allein auf die UVgO und VOL/B stützt.
3. Herr Fröhlich hat aus der Vielzahl möglicher Lieferanten vier ausgewählt, die ein Angebot abgeben sollen. Auf welche (verwaltungs-)internen und externen Informationsquellen konnte er dabei möglicherweise zurückgreifen? Listen Sie solche Quellen auf.
4. Herr Fröhlich legt seinem Chef das Anschreiben an die Gruninger AG zur Unterschrift vor (vgl. Kapitel 4.3.3). Bei der Durchsicht des Schreibens wird Herr Weber stutzig. Er stellt acht fehlerhafte Angaben fest. Finden Sie heraus, welche Fehler Herr Weber entdeckt hat. Richten Sie sich dabei nach
   - § 28 Abs. 2 UVgO
   - § 13 UVgO hinsichtlich der im Anschreiben genannten Fristen sowie
   - den weiteren Vorschriften, auf die im Anschreiben hingewiesen wird.

   Begründen Sie jeweils, warum ein Fehler vorliegt.

Web

1 Sie benötigen hier die UVgO. Diese ist im Download-Bereich bereitgestellt.

4.3.3 Arbeitsmaterialien zur Lernsituation

Anschreiben der Stadt Neustadt an die Gruninger AG vom 23. Juni (Auszug):

Vergabeunterlagen

I. Aufforderung zur Abgabe eines Angebots

[**x**] Öffentliche Ausschreibung	[ ] Beschränkte Ausschreibung [ ] mit Teilnahmewettbewerb [ ] ohne Teilnahmewettbewerb	[ ] Verhandlungsvergabe [ ] mit Teilnahmewettbewerb [ ] ohne Teilnahmewettbewerb

über **Lieferung und Installation von 12 PCs und 1 Drucker**

Sehr geehrte Damen und Herren,

ich bitte Sie um Abgabe eines Angebots für die in der Beschreibung genauer definierte Leistung (siehe unter II.).

Änderungsvorschläge und Nebenangebote nach § 25 UVgO werden	[**x**] zugelassen und sind auf einer besonderen Anlage zusammen mit dem Angebotsblatt unterschrieben einzureichen. [ ] nicht zugelassen.
Angebotsfrist:	**13. August 20..**
Empfänger des Angebots: Einsicht der Verdingungsunterlagen bei: Der Zuschlag wird erteilt von:	Fachbereich Zentrale Dienste und Finanzen Abteilung Organisation und Datenverarbeitung Rathausplatz 20, 49999 Neustadt

Reichen Sie bitte ein schriftliches Angebot ein, und zwar direkt oder auf dem Postweg (§ 38 Abs. 1 und Abs. 4 UVgO).

Den beigefügten roten Kennzettel mit dem Vermerk **„Schriftliches Angebot, nur zu öffnen von der Abteilung Organisation und Datenverarbeitung"** bitte ich auf die mit Namen und Anschrift versehene und verschlossene Briefhülle zu kleben.

Bindefrist:	**23. Juli 20..**
Ausführungsfrist:	Die Leistung ist innerhalb von **2 Wochen** nach Ablauf der Bindefrist zu erbringen.
Auftragserteilung nach § 22 Abs. 1 UVgO in Form einer	[**x**] Gesamtvergabe [ ] Vergabe der folgenden Positionen als Einzellose: ....
Anlieferungs- oder Annahmestelle:	**Bürgeramt Neustadt, Rathausplatz 20**
Eine Sicherheitsleistung ist	[ ] nicht erforderlich. [**x**] in Höhe von **400,00 €** zu erbringen.

Eignungsnachweise (§§ 33 und 35 UVgO)

1. Eigenerklärungen (auf beigefügtem Vordruck)[1]
2. Belege und Bescheinigungen lt. beigefügter Liste[2]

Zahlungsbedingungen:	Zahlung innerhalb von 30 Tagen nach Eingang der Ware und Rechnung; ansonsten gelten die Regelungen der Ziffern 8 bis 10 im Teil B unserer Allg. Bewerbungs- und Vertragsbedingungen.

Die Angebote müssen die Preise und die in den Vergabeunterlagen geforderten Erklärungen enthalten. Soweit Erläuterungen zur Beurteilung des Angebots erforderlich erscheinen, können sie auf besonderer Anlage dem Angebot beigefügt werden.

Bis zum Ablauf der Angebotsfrist kann das Angebot zurückgezogen oder geändert werden (Ziff. 3 unserer Allgemeinen Bewerbungs- und Vertragsbedingungen).

Die erfolglosen Bieter werden 15 Tage vor der beabsichtigten Zuschlagserteilung über ihre Nichtberücksichtigung unterrichtet (§ 46 Abs. 1 UVgO).

Wir bitten Sie, bei der Angebotseröffnung anwesend zu sein, damit wir über den Angebotspreis verhandeln können (§§ 40, 11 u. 9 UVgO).

1 z. B. die Angabe von Referenzen (etwa eine bestimmte Anzahl erfolgreich erbrachter vergleichbarer Leistungen in den letzten drei Jahren)

2 z. B. Nachweis des Bestehens einer Berufs- oder Betriebshaftpflichtversicherung in bestimmter Höhe

221065108

Vergabeunterlagen

II. Leistungsbeschreibung

A Vorbemerkungen

Nachweisbar umweltschonende Herstellungs- oder Arbeitsverfahren, die Verwendung umweltfreundlicher Materialien sowie ein geringer Energieverbrauch werden bei der Auftragsvergabe berücksichtigt.

B Vertragsgegenstand

Beschreibung

Lieferung und Installation eines Laserdruckers und der PC-Ausstattung für zwölf Arbeitsplätze im Bürgeramt Neustadt zur Einbindung in das vorhandene Netzwerk der Stadt Neustadt

Spezifizierung: zwölf PCs mit Tastatur, Maus, Monitor und externem Chipkartenlesegerät

- Gehäuse: mit Akustikdämmmatten und extraleisem Lüfter, Tower
- Prozessorleistung: Vierkernprozessor (4 x mind. 3,6 GHz)
- Arbeitsspeicherkapazität: mind. 32 GB DDR5-RAM
- Grafikfähigkeit entspr. MS-Office-Standard
- Netzwerkanschluss: 2,5G-LAN-Port
- 7 x USB 3.2-Anschlüsse inkl. eines Frontports vom Typ USB-C mit 20 Gbit/s
- Festplatte: mind. 1 000 GB SSD
- Chipkartenlesegerät, geeignet für elektronische Signatur und als Lesegerät für den neuen Personalausweis
- Monitor: LED-Bildschirm, mind. 27″, Full HD, mit Lautsprechern (2 x 2 Watt) und integrierter Webcam (2 MP)
- Standard-Tastatur und optische Scroll-Maus
- vorkonfiguriertes Betriebssystem MS Windows 11 Professional 64 Bit OEM
- Energieverbrauchswerte gem. Energy Star (oder eines gleichwertigen Umweltzeichens)

Spezifizierung: ein Netzwerk-Laserdrucker

- Papierformat A4
- Duplexfunktion
- Druckauflösung 1 200 x 1 200 dpi
- Druckgeschwindigkeit: mind. 35 S./Min.
- Schwarzweiß- u. Farbdruck
- Arbeitsspeicher: mind. 1 GB
- Papierkapazität: mind. 500 Blatt
- PostScriptfähig
- Druckleistung: mind. 15 000 S./Monat
- Energieverbrauchswerte gem. Energy Star (oder eines gleichwertigen Umweltzeichens)

III. Besondere Vertragsbedingungen

Entsorgung Altgeräte

Der Bieter übernimmt die fachgerechte Entsorgung der vorhandenen Altgeräte.

IV. Erklärungen des Bieters (bitte unterschreiben und mit Ihrem Angebot einreichen)

- Wir erkennen die auf der Rückseite abgedruckten Allgemeinen Vertragsbedingungen und die in Gliederungspunkt III. genannten Besonderen Vertragsbedingungen an.
- Bis zum Ablauf der Bindefrist sind wir an unser Angebot gebunden.
- Eigenerklärungen (auf besonderem Vordruck)
- ...

____
Firmenstempel und rechtsverbindliche Unterschrift

Vergabeunterlagen

V. Allgemeine Bewerbungs- und Vertragsbedingungen der Stadt Neustadt

A Bedingungen für die Angebotsabgabe bei nationaler Vergabe (Bewerbungsbedingungen)

1. Der Auftraggeber verfährt bei Lieferungen und Dienstleistungen, ausgenommen Bauleistungen, nach der Unterschwellenvergabeordnung (UVgO), bei Bauleistungen nach den Allgemeinen Bestimmungen für die Vergabe von Bauleistungen (VOB/A), ohne dass diese Teile Vertragsbestandteil werden; ein Rechtsanspruch des Bieters auf die Anwendung besteht nicht.
   Der Bewerber unterliegt mit der Abgabe seines Angebots den Bestimmungen über nicht berücksichtigte Angebote (§ 46 UVgO bzw. § 19 VOB/A).
2. Für die Bearbeitung des Angebots wird keine Vergütung gewährt. Dem Angebot beigefügte Unterlagen, Muster usw. gehen, wenn nichts anderes vereinbart wird, ohne Anspruch auf Vergütung in das Eigentum der Stadt Neustadt über.
3. Bis zum Ablauf der Angebotsfrist können Angebote in der für ihre Einreichung vorgesehenen Form zurückgezogen oder geändert werden.
4. Das Angebot soll nur die geforderten Angaben über Preise und Preisnachlässe für die in der Leistungsbeschreibung angegebenen Gegenstände oder Leistungen enthalten. Nebenangebote oder Änderungsvorschläge sind auf besonderer Anlage abzugeben und deutlich zu kennzeichnen. Das Angebot muss vollständig sein; ansonsten kann es ausgeschlossen werden. Änderungen des Bieters an seinen eigenen Eintragungen müssen zweifelsfrei sein.
5. Enthalten die Vergabeunterlagen nach Auffassung des Bieters Unklarheiten, so hat er den Auftraggeber darauf vor Angebotsabgabe hinzuweisen. Bei E-Vergabe müssen die Bieterfragen innerhalb der dafür vorgesehenen Frist über die Nachrichtenfunktion des Vergabeportals an den Auftraggeber gerichtet werden. Ist ausnahmsweise keine E-Vergabe vorgesehen, sind Bieterfragen schriftlich oder per E-Mail einzureichen. Eigenmächtige Änderungen an den Vergabeunterlagen sind unzulässig. Die Vergabeunterlagen sind an der dafür vorgesehenen Stelle zu unterschreiben bzw. wie gefordert elektronisch zu signieren.
6. Beabsichtigt der Bieter, Teile der Leistung von Nachunternehmern ausführen zu lassen, ist er verpflichtet, in seinem Angebot Art und Umfang der durch Nachunternehmer auszuführenden Leistungen anzugeben. Ferner muss er diese Unternehmen auf Verlangen benennen.
7. Angebote von Bietern, die sich im Zusammenhang mit diesem Vergabeverfahren an einer wettbewerbsbeschränkenden Absprache beteiligen (z.B. über die zu fordernden Preise), werden ausgeschlossen.

...

B Bedingungen für die Auftragserteilung (werden mit der Auftragserteilung Vertragsbestandteil)

1. Die Leistungsbeschreibung mit den zugehörigen Anlagen (Mustern) ist verbindlich.
2. Soweit in diesen allgemeinen Vertragsbedingungen nichts anderes festgelegt ist, gelten
   a) für Leistungen
   die Allgemeinen Vertragsbedingungen für die Ausführung von Leistungen (VOL, Teil B).
   b) für Bauleistungen
   die Allgemeinen Vertragsbedingungen für die Ausführung von Bauleistung (VOB, Teil B).
3. Liegt dem Auftrag kein Angebot zugrunde, hat der Auftragnehmer die Annahme dieses Auftrags dem Auftraggeber schriftlich zu bestätigen. Der Auftraggeber kann fristlos zurücktreten, wenn diese Bestätigung/Empfangsanzeige nicht innerhalb von zehn Tagen (gerechnet vom 3. Tag nach der Aufgabe zur Post) eingeht.
4. Die Gesamtauftragssumme darf ohne schriftliche Genehmigung (Nachtragsauftrag) nicht überschritten werden. Leistungen, die nicht beschrieben sind, gelten als nicht bestellt und werden nicht vergütet.
5. Falls die Lieferung nicht eingehalten werden kann, ist der Auftraggeber sofort – wenn möglich fernmündlich – zu unterrichten.
6. Jeder Leistung oder Bauleistung ist ein Nachweis (z. B. Lieferschein, Abnahme- oder Wiegezettel) beizufügen.
7. Verpackungsstoffe sind vom Auftragnehmer kostenlos zurückzunehmen und unter Beachtung der umweltrechtlichen Bestimmungen ordnungsgemäß zu entsorgen. Verpackungsmaterial sind sowohl Transportverpackungen (z. B. Paletten, Versandverpackungen, Transportsicherungen) als auch Umverpackungen (z. B. Schachtel um Dose, Blister um Schachtel) sowie Verkaufsverpackungen (z. B. Schachtel, Beutel, Flasche, Dose).
8. Die Rechnung ist sofort nach Leistung in zweifacher Ausfertigung mit Empfangs- oder Ausführungsbestätigung der Leistung oder Bauleistung einzureichen. Teillieferungen werden nicht gesondert abgerechnet.
   Auf der Rechnung sind anzugeben:
   Geschäftszeichen des Auftraggebers, Zeit der Ausführung, Wohnung oder Geschäftssitz, Fernsprechnummer und Bank- oder Postbankkonto.
9. Wenn bei Leistungen oder Bauleistungen der Rechnungsbetrag innerhalb 21 Kalendertagen nach Eingang der Ware und der Rechnung beglichen wird, werden 2 % oder der vereinbarte Prozentsatz vom Rechnungsbetrag abgezogen.
10. Zahlungs- und Skontofrist beginnen am Tage nach dem Eingang der Rechnung beim Auftragnehmer.
11. Die Abtretung von Forderungen des Auftragnehmers gegen den Auftraggeber an Dritte ist ohne Genehmigung des Auftraggebers ausgeschlossen.
12. Im Übrigen sind die gesetzlichen Bestimmungen für das Vertragsverhältnis maßgebend. Allgemeine Geschäftsbedingungen des Auftragnehmers finden für die Ausführung dieses Auftrags keine Anwendung.

C Bestechungsklausel für Auftrags- und Lieferungsverträge

1. Der Auftraggeber ist berechtigt, vom Vertrag zurückzutreten, wenn der Auftragnehmer städt. Dienstkräften, die mit der Vorbereitung, dem Abschluss oder der Durchführung des Vertrags befasst sind, Geschenke oder andere Vorteile (auch Darlehn) anbietet, verspricht oder gewährt. Solche Handlungen des Auftragnehmers selbst stehen Handlungen von Personen gleich, die für den Auftragnehmer mit der Vorbereitung, dem Abschluss oder der Durchführung von Verträgen mit dem Auftraggeber befasst sind. Dabei ist es gleichgültig, ob die Geschenke oder Vorteile Dienstkräften des Auftraggebers unmittelbar oder in ihrem Interesse Angehörigen oder anderen ihnen nahe stehenden Personen oder im Interesse des einen oder anderen einem anderen angeboten, versprochen oder gewährt werden.
2. Vor Ausübung des Rücktritts ist dem Auftragnehmer Gelegenheit zu geben, zu dem Tatverdacht Stellung zu nehmen.
3. Tritt der Auftraggeber nach Abs. 1 vom Vertrag zurück, so ist er berechtigt, aber nicht verpflichtet, die empfangenen Leistungen zurückzugeben. Behält er diese, so hat er ihren Wert zu vergüten; werden sie zurückgegeben, so muss auch der Auftragnehmer die empfangenen Leistungen zurückgeben. Der Auftraggeber kann vom Auftragnehmer den Ersatz des Schadens verlangen, der ihm durch den Rücktritt vom Vertrag entsteht. Dagegen stehen dem Auftragnehmer gegen den Auftraggeber aufgrund des Rücktritts keine Ansprüche wegen Nichterfüllung des Vertrags zu. Im Übrigen gelten die gesetzlichen Vorschriften über den Rücktritt.
4. Andere gesetzliche oder vertragliche Ansprüche der Vertragsparteien bleiben unberührt.

221065110

4.4 Die eingegangenen Angebote vorschriftsmäßig öffnen

4.4.1 Lernsituation

Die Angebote werden geöffnet

An der Öffnung der Angebote hätte Abteilungsleiter Weber gern Herrn Fröhlich mitwirken lassen, der ja inzwischen mit dem Vergabefall vertraut war. Damit würde er jedoch gegen eine Dienstanweisung des Bürgermeisters verstoßen. Diese verbietet es, Angebote von Personen öffnen zu lassen, die zuvor an der Ausschreibung beteiligt waren. Deshalb hat Herr Weber die Gruppenleiterin Mayerling und die Sachbearbeiterin Schröer mit der Öffnung der Angebote beauftragt.

Die beiden Frauen treffen sich einen Tag nach Ablauf der Angebotsfrist. Frau Mayerling leitet die Sitzung, während Frau Schröer die Aufgabe der Schriftführerin übernimmt. Frau Mayerling stellt fest, dass die Angebote ordnungsgemäß verschlossen und äußerlich gekennzeichnet sind mit dem roten Aufkleber „Schriftliches Angebot, nur zu öffnen von der Abteilung Organisation und Datenverarbeitung". Anhand der Eingangsvermerke auf den Briefumschlägen kann sie außerdem feststellen, dass alle vier Angebote innerhalb der Angebotsfrist eingegangen sind.

Die Verhandlungsleiterin öffnet die Briefumschläge und kennzeichnet die Angebote und die dazugehörigen Anlagen jeweils durch eine sternchenförmige Lochung am oberen rechten Rand. Dann reicht sie die Unterlagen an Frau Schröer weiter, damit diese die erforderlichen Eintragungen auf dem dafür vorgesehenen Protokollbogen vornehmen kann. Anschließend unterschreiben beide Frauen den Protokollbogen.

4.4.2 Arbeitsaufträge zur Lernsituation

1. Aus welchem Grund ist in der besagten Dienstanweisung vorgeschrieben, dass nur Personen, die bisher nicht an der Ausschreibung beteiligt waren, die Öffnung der Angebote vornehmen dürfen?
2. Prüfen Sie anhand der §§ 6 und 40 UVgO, ob die Öffnung der Angebote vorschriftsmäßig erfolgt ist.

4.5 Die geöffneten Angebote prüfen und werten

4.5.1 Lernsituation

Die Angebote werden überprüft

Frau Mayerling und Frau Schröer müssen die geöffneten Angebote auf Vollständigkeit sowie auf rechnerische und fachliche Richtigkeit prüfen (§ 41 Abs. 1 UVgO). Anschließend leiten die beiden Frauen den Wertungsvorgang ein, indem sie untersuchen, ob Gründe vorliegen, Angebote nach § 42 UVgO vom weiteren Verfahren auszuschließen.

4.5.2 Arbeitsaufträge zur Lernsituation

1. Sichten Sie die vorliegenden Angebote (vgl. 4.5.3). Stellen Sie für jedes Angebot fest, ob Gründe vorliegen, es nach § 42 UVgO vom weiteren Verfahren auszuschließen.
2. Für die nicht ausgeschlossenen Angebote sind die für die Beurteilung der Wirtschaftlichkeit maßgebenden Gesichtspunkte festzuhalten.

   Stellen Sie zu diesem Zweck die wesentlichen Inhalte der nicht ausgeschlossenen Angebote in einer Tabelle zusammen, die Sie im Download-Bereich finden.

   Hilfestellung: Übersicht zu Angebotsinhalten im Grundlagenband (LF 3, Kapitel 4.5)

Web

4.5.3 Arbeitsmaterialien zur Lernsituation

GRUNINGER
BÜRO- UND COMPUTER-TECHNIK AG

Gruninger AG · Feldstraße 65 · 45289 Essen

Stadt Neustadt
Fachbereich Zentrale Dienste u. Finanzen
Organisation und Datenverarbeitung
Rathausplatz 20
49999 Neustadt

Gruninger
Büro- und Computer-Technik AG
Feldstraße 65
45289 Essen
Telefon 0201 528505
Telefax 0201 528501

Ihr Zeichen/Ihre Nachricht vom	Unser Zeichen/unsere Nachricht vom	Telefon	Datum
Frö 20..-..-..	Holtgreve	0201 528505	20..-..-..

Angebot

Sehr geehrte Damen und Herren,

wir danken für Ihre Anfrage und bieten Ihnen die zwölf Computer und den Drucker zu folgenden Konditionen an:

Artikel-Nr.:	Artikelbezeichnung		Listenpreis/Stück inkl. MwSt.
P933-122	**PC:**	Gruni Spezial 4 x 3,6 GHz lt. Leistungsbeschreibung	944,86 €
D 233-521	**Drucker:**	HP ecosys 6525 nach Leistungsbeschreibung	476,00 €

Die Verpackungskosten sind in den angegebenen Preisen enthalten.

Wir gewähren Skonto bei Zahlung innerhalb von 21 Tagen (lt. Ihren Allg. Vertragsbedingungen). Der Skontosatz beträgt 2 %. Ansonsten ist die Rechnung fällig binnen 30 Tagen netto Kasse. Ab einer Bestellung von zehn Geräten (unabhängig von der Warenart) gewähren wir einen Rabatt von 5 %. Die Lieferung erfolgt frei Haus, und zwar innerhalb von fünf Tagen.

PCs und Drucker tragen das Umweltlabel „Energy Star“. Notwendige Reparaturen führen wir innerhalb von 24 Stunden aus. Die umweltgerechte Entsorgung Ihrer Altgeräte erfolgt kostenlos.

Über einen Auftrag von Ihnen würden wir uns sehr freuen.

Mit freundlichen Grüßen

i. V. P. Holtgreve

Peter Holtgreve

Vergabeunterlagen

II. Leistungsbeschreibung
- A ...
- B ...

III. Besondere Vertragsbedingungen

IV. Erklärungen des Bieters
- ...
- ...
- ...
- ...

P. Holtgreve GRUNINGER AG
Firmenstempel und rechtsverbindliche Unterschrift

221065112

Bürotechnik
Hard- und Software GmbH

Bürotechnik GmbH · Hard- und Software · Münsterstr. 130 · 44145 Dortmund

Stadt Neustadt
Fachbereich Zentrale Dienste u. Finanzen
Organisation und Datenverarbeitung
Rathausplatz 20
49999 Neustadt

Bürotechnik GmbH
Hard- und Software

Münsterstraße 130
44145 Dortmund

Telefon 0231 818540
Telefax 0231 81854-10

Ihr Zeichen/Ihre Nachricht vom	Unser Zeichen/unsere Nachricht vom	Telefon	Datum
Frö 20..-..-..	Kluse	0231 818540	20..-..-..

Angebot

Sehr geehrte Damen und Herren,

wir danken für Ihre Anfrage und bieten Ihnen die zwölf Computer und den Drucker zu folgenden Konditionen an:

Artikel-Nr.:	**Artikelbezeichnung**		**Listenpreis/Stück** inkl. MwSt.
5009632	**PC:**	PC Trendy 4 x 3,6 GHz lt. Leistungsbeschreibung	871,08 €
6003421	**Drucker:**	HP ecosys 6525 nach Leistungsbeschreibung	487,90 €

Das Zahlungsziel beträgt 30 Tage. Bei Zahlung innerhalb von 21 Tagen gewähren wir 3 % Skonto auf den Warenwert. Für die Lieferung und Verpackung berechnen wir 34,00 € (inkl. MWSt) pro Gerät. Unsere Lieferzeit beträgt ca. zehn Tage.

PCs und Drucker tragen das Umweltlabel „Energy Star". Sollte trotz der hohen Qualität unserer Produkte eines unserer Geräte Probleme bereiten, garantieren wir eine Reparatur durch unseren Kundendienst innerhalb von vier Tagen. Die gewünschte Rücknahme der Altgeräte übernehmen wir kostenlos.

Über die Erteilung eines Auftrages würden wir uns sehr freuen.

Mit freundlichen Grüßen

i. A. M. Kluse

Martina Kluse

Vergabeunterlagen

II. Leistungsbeschreibung
- **A …**
- **B …**

III. Besondere Vertragsbedingungen

IV. Erklärungen des Bieters
- …
- …
- …
- …

Bürotechnik GmbH

M. Kluse

Firmenstempel und rechtsverbindliche Unterschrift

221065113

office-team gmbh
umweltfreundliche bürotechnik

office-team gmbh · Südstraße 120 · 49999 Neustadt

Stadt Neustadt
Fachbereich Zentrale Dienste u. Finanzen
Organisation und Datenverarbeitung
Rathausplatz 20
49999 Neustadt

office-team gmbh

Südstraße 120
49999 Neustadt

Telefon 0999 212957
Telefax 0999 212958

Ihr Zeichen/Ihre Nachricht vom	Unser Zeichen/unsere Nachricht vom	Telefon	Datum
Frö 20..-..-..	Strüwer	0999 212957	20..-..-..

Angebot

Sehr geehrte Damen und Herren,

wir danken für Ihre Anfrage und bieten Ihnen die zwölf Computer und den Drucker zu folgenden Konditionen an:

Artikel-Nr.:	Artikelbezeichnung		Listenpreis/Stück inkl. MwSt.
P 933-122	**PC:**	Ulti Com 4 x 3,6 GHz lt. Leistungsbeschreibung	974,61 €
D 233-521	**Drucker:**	HP ecosys 6525 nach Leistungsbeschreibung	476,00 €

Die angegebenen Preise verstehen sich inkl. Verpackungskosten.

Unsere Zahlungsbedingungen lauten: 21 Tage, 3 % Skonto auf den Warenwert oder 30 Tage netto. Ab einer Abnahmemenge von zehn Geräten (unabhängig von der Warenart) gewähren wir Ihnen einen Rabatt von 5 %. Die Lieferung erfolgt frei Haus innerhalb von acht Tagen.

Wir sichern Ihnen zu, notwendige Reparaturen durch unseren Kundendienst innerhalb von zwei Tagen vornehmen zu lassen. Alle Produkte sind mit dem Blauen-Engel-Zertifikat ausgezeichnet, das bezüglich des Energieverbrauchs den Anforderungen von Energy Star entspricht. Zusätzlich erfüllt es weitere strenge Umweltschutzvorgaben.

Wir bieten auf unsere Produkte eine Garantie von 30 Monaten. Die umweltgerechte Entsorgung Ihrer Altgeräte übernehmen wir kostenlos.

Wir würden uns über eine Bestellung sehr freuen.

Mit freundlichen Grüßen

i. A. Strüwer

Strüwer

Vergabeunterlagen

II. Leistungsbeschreibung
- A …
- B …

III. Besondere Vertragsbedingungen

IV. Erklärungen des Bieters
- …
- …
- …
- …

office-team gmbh

Firmenstempel und rechtsverbindliche Unterschrift

221065114

Computer Center Fromm KG

Computer · Zubehör · Netzwerklösungen · Beratung · Sicherheit · Service

CCF KG · Industriestr. 6 · 44894 Bochum

Stadt Neustadt
Fachbereich Zentrale Dienste u. Finanzen
Organisation und Datenverarbeitung
Rathausplatz 20
49999 Neustadt

Computer Center Fromm KG

Industriestraße 6
44894 Bochum

Telefon 0234 412857
Telefax 0234 412858

Ihr Zeichen/Ihre Nachricht vom	Unser Zeichen/unsere Nachricht vom	Telefon	Datum
Frö 20..-..-..	Fromm	0234 412857	20..-..-..

Angebot

Sehr geehrte Damen und Herren,

wir danken für Ihre Anfrage und bieten Ihnen die zwölf Computer und den Drucker zu folgenden Konditionen an:

Artikel-Nr.:	**Artikelbezeichnung**		**Listenpreis/Stück** inkl. MwSt.
P 933-122	**PC:**	CCF-PC 4 x 3,6 GHz lt. Leistungsbeschreibung	891,31 €
D 233-521	**Drucker:**	HP ecosys 6525 nach Leistungsbeschreibung	468,86 €

Die Verpackung berechnen wir zu Selbstkosten von 2,00 € pro Gerät.

PCs und Drucker tragen das Umweltlabel „Energy Star". Das Zahlungsziel beträgt 30 Tage. Bei Zahlung innerhalb von 21 Tagen gewähren wir 2 % Skonto auf den Warenwert.

Die Lieferung erfolgt ab Lager.

Notwendige Reparaturen führen wir innerhalb von zwei Tagen aus. Die geforderte Entsorgung Ihrer Altgeräte übernehmen wir ohne Kostenberechnung.

Wir würden uns über eine Bestellung sehr freuen.

Mit freundlichen Grüßen

Herbert Fromm

Vergabeunterlagen

II. Leistungsbeschreibung
- **A ...**
- **B ...**

III. Besondere Vertragsbedingungen

IV. Erklärungen des Bieters
- ...
- ...
- ...
- ...

Firmenstempel und rechtsverbindliche Unterschrift

4.6 Den Bezugspreis der verbliebenen Angebote ermitteln

4.6.1 Lernsituation

Die Bezugspreise werden berechnet

Im Rahmen der Angebotswertung ermitteln Frau Mayerling und Frau Schröer den Bezugspreis der noch im Verfahren befindlichen Angebote. So wird ein vollständiger Preisvergleich möglich.

4.6.2 Arbeitsauftrag zur Lernsituation

Web

Ermitteln Sie den Bezugspreis für zwölf Computer und einen Drucker im vorgegebenen Kalkulationsschema. Gehen Sie davon aus, dass jeder mögliche Skontoabzug genutzt wird. Das Kalkulationsschema finden Sie im Download-Bereich.

4.7 Eine Entscheidung für das wirtschaftlichste Angebot mithilfe einer Nutzwertanalyse treffen

4.7.1 Lernsituation

Entscheidung für ein Angebot

Die Angebotswertung findet ihren Abschluss in der Entscheidung für ein Angebot. Frau Mayerling und Frau Schröer müssen die folgenden Vorschriften beachten:

§ 43 Abs. 1 und 2 UVgO
Der Zuschlag wird auf das wirtschaftlichste Angebot erteilt.
Die Ermittlung des wirtschaftlichsten Angebots erfolgt auf der Grundlage des besten Preis-Leistungs-Verhältnisses. (...)

§ 6 Abs. 1 UVgO
Das Vergabeverfahren ist von Anbeginn fortlaufend (...) zu dokumentieren, sodass (...) die einzelnen Maßnahmen sowie die Begründung der einzelnen Entscheidungen festgehalten werden.

In die Ermittlung des Bezugspreises sind alle rechenhaften (quantitativen) Entscheidungsfaktoren eingeflossen. Jetzt sind zusätzlich noch die nicht rechenhaften (qualitativen) Faktoren zu berücksichtigen. Diese Aufgabe erfüllen Frau Mayerling und Frau Schröer mithilfe der Nutzwertanalyse. Dabei verwenden sie eine Entscheidungstabelle.

4.7.2 Arbeitsaufträge zur Lernsituation

Entscheidungstabelle: Angebotsvergleich mit Berücksichtigung qualitativer Entscheidungsfaktoren

Entscheidungsfaktoren[1]		Gewichtungsprozentzahl	Gruninger AG		Bürotechnik GmbH		office-team GmbH	
			P	GP	P	GP	P	GP
quantitativ	*Bezugspreis*							
qualitativ								
Summe/Nutzwert		100						

1 Die Zuschlagskriterien und ihre Gewichtung müssen den Bietern schon vor der Abgabe eines Angebots mitgeteilt werden. Im Entwurf des Anschreibens „Aufforderung zur Abgabe eines Angebots" hatte Herr Fröhlich deren Angabe zunächst vergessen, seinen Fehler dann aber korrigiert (siehe Kap. 4.3.1). Gehen Sie davon aus, dass er die relevanten Entscheidungsfaktoren aufgrund seiner Erfahrungen in ähnlichen Beschaffungsfällen vorausschauend bestimmen konnte.

221065116

4.8 Aufgaben

Vorgehensweise:

1. Bestimmen Sie die für die Entscheidung bedeutsamen qualitativen Entscheidungsfaktoren und tragen Sie diese in die Entscheidungstabelle ein.
2. Gewichten Sie alle Entscheidungsfaktoren (inkl. des Bezugspreises). Richten Sie sich dabei nach der Bedeutung, die Sie den einzelnen Faktoren beimessen.
3. Bewerten Sie die Leistung jedes Lieferanten pro Entscheidungsfaktor durch die Vergabe von Punkten. Weisen Sie die Punkte für den Bezugspreis nach der Methode der **linearen Interpolation** zu (siehe LF 3, Kap. 4.7 im Grundlagenband).
4. Multiplizieren Sie die Punkte mit der Gewichtungsprozentzahl und tragen Sie die Anzahl der gewichteten Punkte in die entsprechende Spalte ein.
5. Bilden Sie die Summe der gewichteten Punkte je Lieferant. Den Zuschlag erhält der Anbieter mit der höchsten Summe an gewichteten Punkten.

Punkte:

Sehr gut: .... 5 Punkte
Gut: .... 4 Punkte
Befriedigend: .... 3 Punkte
Ausreichend: .... 2 Punkte
Mangelhaft: .... 1 Punkt
Ungenügend/ Nicht vorhanden: .... 0 Punkte

Gew: Gewichtungsprozentzahl (Summe = 100)
P: Punkte
GP: Gewichtete Punkte (= Gew * P)

1. Ermitteln Sie das wirtschaftlichste Angebot unter Berücksichtigung qualitativer Entscheidungsfaktoren in der vorgegebenen Entscheidungstabelle. Richten Sie sich dabei nach der dort beschriebenen Vorgehensweise. (Die von Ihnen aufgelisteten Angebotsinhalte helfen ebenfalls bei der Aufgabenbewältigung.) Die Entscheidungstabelle ist im Download-Bereich bereitgestellt.
2. Fertigen Sie einen Aktenvermerk, aus dem die Gründe für Ihre Entscheidung hervorgehen. Beziehen Sie sich dabei auf Ihre Nutzwertanalyse.
3. Beurteilen Sie, ob die Nutzwertanalyse ein geeignetes Hilfsmittel bei der Entscheidungsfindung in Beschaffungsfällen darstellt.

Web

4.8 Aufgaben[1]

Vergabe öffentlicher Aufträge

1. Warum existieren für die Vergabe von Aufträgen durch öffentliche Auftraggeber (z. B. Kommunen) besondere Vorschriften (z. B. Vergabe- und Vertragsordnungen)?
2. Werden Verwaltungsbetriebe bei der Vergabe von Aufträgen hoheitlich (im Rahmen des öffentlichen Rechts) tätig oder handeln sie privatrechtlich? (Begründung)
3. Recherchieren Sie, wer die UVgO verfasst hat und wie sie rechtswirksam in Kraft gesetzt wird.
4. Unterscheiden Sie die Regelungsinhalte der UVgO (früher VOL/A, 1. Abschnitt) mit denen der (weiterhin gültigen) VOL/B.
5. Ab welchem Gesamtauftragswert müssen Kommunen
   a) Bauleistungen, b) Liefer- und Dienstleistungen
   EU-weit ausschreiben?
6. Nennen Sie die drei Vergabearten bei nationaler Vergabe. Wo werden diese Verfahren in der UVgO definiert?
7. Im Unterschwellenbereich ist für die Vergabe von Liefer- und Dienstleistungsaufträgen die UVgO maßgeblich, im Oberschwellenbereich die VgV. Welchen Rechtscharakter haben die genannten Vorschriften: Gesetz, Verordnung oder Verwaltungsvorschrift?

1 Sie benötigen hier die UVgO. Diese ist im Download-Bereich bereitgestellt.

8. Welche Folgen ergeben sich aus dem unterschiedlichen Rechtscharakter der UVgO (nationale Vergabe) und VgV (EU-weite Vergabe) für die am Verfahren beteiligten Unternehmen (= Bieter)?

9. In einigen Bundesländern ist die Anwendung der UVgO durch die Kommunen bei nationaler Vergabe nicht verbindlich vorgeschrieben.

   An welcher Stelle in der Beschaffungsordnung der Stadt Neustadt (BO Neustadt) wird deutlich, dass diese Kommunalverwaltung die UVgO bei nationaler Vergabe anwendet?

10. Die Stadt Neustadt gibt in ihrer Beschaffungsordnung Wertgrenzen vor, bis zu denen Bauaufträge sowie Liefer- und Dienstleistungsaufträge jeweils ohne Teilnahmewettbewerb beschränkt bzw. freihändig ausgeschrieben bzw. im Wege der Verhandlungsvergabe vergeben werden können. Warum darf die Stadt Neustadt in dieser Weise von den Regelverfahrensarten (Öffentliche Ausschreibung oder Beschränkte Ausschreibung mit Teilnahmewettbewerb) abweichen?

11. In der Vergabeordnung der Bundestadt Bonn ist festgelegt, dass Liefer- und Dienstleistungsaufträge mit einem Wert bis zu 75.000,00 € im Rahmen einer Beschränkten Ausschreibung ohne Teilnahmewettbewerb vergeben werden können. Bei der Stadt Neustadt ist diese Verfahrensart bei solchen Aufträgen nur bis zu einem Auftragswert von 50.000,00 € möglich.

    Überlegen Sie, warum es die Stadt Bonn zulässt – verglichen mit der Stadt Neustadt –, bis zu einer wesentlich höheren Wertgrenze von den beiden Regelverfahrensarten (Öffentliche Ausschreibung oder Beschränkte Ausschreibung mit Teilnahmewettbewerb) abzuweichen.

12. Beschreiben Sie kurz, was der Wettbewerbsgrundsatz besagt. An welcher Stelle wird er in der UVgO behandelt?

13. Beschreiben Sie kurz den Sinn der Losvergabe. An welcher Stelle der UVgO wird sie beschrieben?

14. Die Aufgaben 12 und 13 haben zwei Vergabegrundsätze zum Inhalt. Nennen Sie zwei weitere Grundsätze der Vergabe. An welchen Stellen in der UVgO werden sie behandelt?

15. Die Verkehrsbetriebe Neustadt GmbH will neue Busse anschaffen. Der Gesamtauftragswert liegt bei 250.000,00 €. Finden Sie heraus und begründen Sie, ob für diese Anschaffung vergaberechtliche Bestimmungen zu berücksichtigen sind oder nicht.

Vergabeunterlagen und Öffnung der Angebote

16. In der Aufforderung zur Abgabe eines Angebots werden bestimmte Fristen vorgegeben. Nennen Sie diese Fristen und erläutern Sie ihren sachlogischen Zusammenhang.

17. Das Bürgeramt der Stadt Neustadt soll mit neuen Büromöbeln ausgestattet werden. Nach einer ersten groben Schätzung sind für die geplante Anschaffung rund 12.000,00 € erforderlich. Die Büromöbel GmbH und drei andere Unternehmen erhielten von der Vergabestelle die Aufforderung zur Abgabe eines Angebots.

    Heute bekommt die zuständige Sachbearbeiterin zwei Anrufe, in denen sie um verschiedene Auskünfte zum Verfahren gebeten wird.

    - Anruf von Frau Gabriel, der Geschäftsführerin der Büromöbel GmbH.

    a) Frau Gabriel fragt an, ob sie bei der Öffnung der Angebote anwesend sein könne, um zu erfahren, welche Preise die Konkurrenz verlangt. Es wäre durchaus vorstellbar, dass sie an diesem Tag ihren Angebotspreis noch etwas unter den der Konkurrenz drücken könne, um den Zuschlag zu erhalten.

    b) Frau Gabriel möchte auch wissen, ob es möglich sei, im Angebot von der Leistungsbeschreibung abzuweichen. Sie könne auch neu entwickelte Schreibtische anbieten, die nicht genau zur Leistungsbeschreibung passten, aber ergonomisch unübertroffen seien.

    c) Schließlich fragt die Geschäftsführerin noch, welche Bedeutung das „Kleingedruckte" habe und ob sie das wirklich alles lesen müsse. (Mit dem Kleingedruckten meint sie die Allgemeinen Bewerbungs- und Vertragsbedingungen der Stadt Neustadt.)

    - Anruf von Herrn Engel, dem Inhaber von Büromöbel Engel. Er hat durch Zufall erfahren, dass die Stadt neue Schreibtische beschafft.

    d) Herr Engel beschwert sich, dass sein Haus keine Aufforderung zur Abgabe eines Angebots erhalten hat. Er ist der Meinung, die Stadt habe den Wettbewerbsgrundsatz des Vergaberechts verletzt.

221065118

Welche Auskünfte und Stellungnahmen erhalten Frau Gabriel und Herr Engel von der zuständigen Sachbearbeiterin? (Binden Sie die einschlägigen Vorschriften der UVgO, der Beschaffungsordnung und der Allgemeinen Bewerbungs- und Vertragsbedingungen der Stadt Neustadt in die Aufgabenlösung ein.)

Lieferbedingungen, Zahlungsbedingungen, Angebotsvergleich

18. Wählen Sie das günstigste Angebot aus.

Angebot A: Bareinkaufspreis je Liter 0,39 € einschließlich Verpackung;
Angebot B: Bareinkaufspreis für 0,5 Liter 0,17 € zuzüglich 0,03 € Verpackungskosten je 0,5 Liter.
Es werden 100 Liter benötigt.

19. Für die Lieferung einer Ware fallen die folgenden Beförderungskosten an: Verladekosten: 30,00 €, Entladekosten: 30,00 €, Preis je Schienenkilometer: 0,90 €, Preis je Straßenkilometer: 0,85 €.

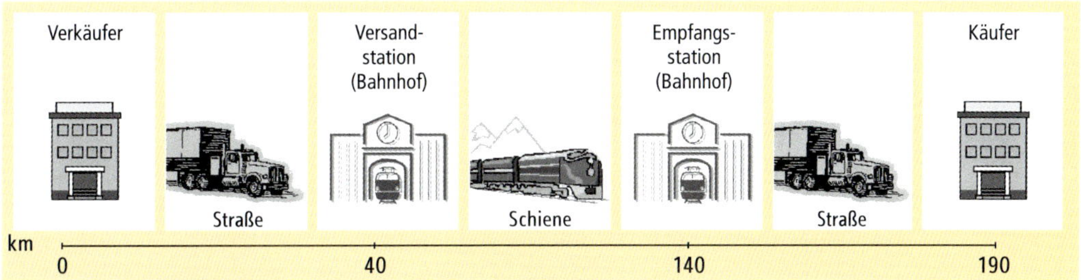

Welche Kosten trägt der Käufer, wenn die folgenden Klauseln Vertragsbestandteil werden:
a) ab Werk, b) unfrei, c) frachtfrei, d) frei Waggon?

20. Welches Angebot ist am günstigsten?

Angebot A: Bareinkaufspreis pro Stück: 262,00 €, frei dort
Angebot B: Bareinkaufspreis pro Stück: 258,00 €, ab Bahnhof hier
Es sollen fünf Stück bestellt werden.
Frachtkosten A: 21,35 €; Frachtkosten B: 16,40 €
Rollgeld 1 zum Versandbahnhof A: 5,90 €, Rollgeld 1 zum Versandbahnhof B: 7,50 €
Rollgeld 2 vom Empfangsbahnhof jeweils 6,50 €

21. Es liegen zwei Angebote über einen Schreibtisch gleicher Qualität vor. Der Bezugspreis beträgt in beiden Fällen 1.000,00 €. Die Zahlungsbedingung des Angebots A lautet: Ziel 30 Tage netto, Angebot B enthält keine Zahlungsbedingungen. Welches Angebot ist günstiger?

22. Frau Mayerling und Frau Schröer haben in dem Beschaffungsfall „PCs und Drucker" das Angebot der CCF KG ausgeschlossen (vgl. Kapitel 4.5). Wäre dieses Angebot eine sinnvolle Alternative gewesen? Gehen Sie folgendermaßen vor:

a) Listen Sie die Inhalte des CCF-Angebots in ähnlicher Weise auf, wie Sie es bei den drei anderen Angeboten getan haben. (Hinweis: Die Beförderungskosten betragen 40,00 €. Diese Information hätte Herr Fröhlich der Lieferantendatei entnehmen können.)
b) Ermitteln Sie den Bezugspreis.
c) Ermitteln Sie die Summe der gewichteten Punkte, die dieses Angebot im Rahmen der durchgeführten Nutzwertanalyse erhalten hätte.
d) Formulieren Sie eine Antwort auf die Eingangsfrage.

23. Im Zimmer des Bürgermeisters von Neustadt soll von städtischen Handwerksbetrieben Nussbaumparkett neu verlegt werden. Es werden insgesamt 25 m^2 Parkett benötigt. Drei Holzhandelsbetriebe werden aufgefordert, ein Angebot abzugeben.

Angebot I (Schneider OHG)
Listeneinkaufspreis 27,80 € (je m^2), Rabatt 33,3 %; bei Zahlung innerhalb von 10 Tagen 3 % Skonto, innerhalb von 30 Tagen rein netto Kasse, je m^2 fallen an: Verpackungskosten 2,50 €, Fracht 2,00 € und Rollgeld 1,00 €.

Angebot II (Müller GmbH)
Listeneinkaufspreis 29,00 € (je m²), Rabatt 20 %; bei Zahlung innerhalb von 10 Tagen 2 % Skonto, innerhalb von 30 Tagen netto Kasse, Lieferung frei Haus.

Angebot III (Holz-Werke KG)
Listeneinkaufspreis 14,70 € (je m²), bei Zahlung innerhalb von 10 Tagen 3 % Skonto, innerhalb von 30 Tagen rein netto Kasse, je m² fallen an: Verpackungskosten 3,50 €, Fracht 3,00 € und Rollgeld 1,50 €.

Alle drei Anbietenden lieferten in der Vergangenheit bereits mehrfach Material an die Stadt Neustadt. In der Lieferantendatei finden Sie deshalb folgende Erfahrungsberichte zu den drei möglichen Lieferanten:

Schneider OHG, Burgstadt
Stets qualitativ hervorragende Ware. Die Verpackung der Ware lässt allerdings manchmal zu wünschen übrig. Die Lieferzeit beträgt laut Schneider OHG drei Wochen. Probleme gibt es vereinzelt mit dem Kundenservice: bei Rückfragen muss meist sehr lange auf Antwort gewartet werden, Fachpersonal ist i. d. R. nur schwierig zu erreichen. Anders sieht es allerdings in konkreten Garantiefällen aus. Diese werden zügig und zu unserer vollsten Zufriedenheit bearbeitet. Die weitere Auftragsabwicklung inklusive Rechnungsstellung erfolgt umgehend.

Müller GmbH, Weilheim
Die Qualität der Ware ist mittelmäßig. Die Ware ist immer gut verpackt. Die angegebene Lieferzeit (max. 14 Tage) wird stets eingehalten. Mit Auftragsabwicklung und Kundenservice sind wir sehr zufrieden. Fragen werden umgehend, ausführlich und fachlich fundiert beantwortet. Die Garantieabwicklung verläuft hingegen mitunter etwas schleppend.

Holz-Werke KG, Neustadt
Die Qualität der Ware ist als ausreichend einzustufen. Hinzu kommt eine gerade noch ausreichende Verpackung der Ware. Aufgrund der kurzen Transportwege wird eine Lieferung innerhalb von acht Tagen angegeben – allerdings betrug die Lieferzeit in wenigen Fällen bis zu zwölf Tagen. Der Kundenservice ist hingegen in Ordnung. Die Auftragsabwicklung ist allerdings deutlich schlechter als bei der Konkurrenz; z. B. dauert die Erstellung von Auftragsbestätigungen regelmäßig recht lang. In Garantiefällen wird jedoch zügig neue und fehlerfreie Ware geliefert.

Web

Siehe Vorlage im Download-Bereich.

a) Führen Sie einen quantitativen Angebotsvergleich durch. Berechnen Sie den Bezugspreis für 25 m².
b) Lesen Sie die Erfahrungsberichte aus der Lieferantendatei. Bestimmen Sie neben dem Bezugspreis weitere Entscheidungskriterien und führen Sie dann eine Nutzwertanalyse mit Entscheidungstabelle durch. Orientieren Sie sich dabei an dem Muster, das in der Lernsituation des Kapitels 4.7 vorgegeben ist.
c) Begründen Sie Ihre Entscheidung, indem Sie auch auf die von Ihnen vorgenommene Gewichtung der Entscheidungsfaktoren eingehen.

Hinweis: Kapitel 5.5.2 bietet eine weitere Aufgabe mit Bezugskalkulation und Nutzwertanalyse. Sie thematisiert auch Klauseln zur Übernahme von Beförderungskosten.

221065120

5 Optimierung des Beschaffungsprozesses von Verbrauchsgütern

5.1 Eine ABC-Verbrauchsanalyse durchführen

5.1.1 Lernsituation

Einsparmöglichkeiten bei der Verwendung von Büromaterial

In der Stadtverwaltung der Stadt Neustadt muss wie in jedem Jahr die Haushaltsplanung für das übernächste Jahr erstellt werden. Die städtischen Finanzen sind in Folge der schlechten konjunkturellen Entwicklung weiterhin angespannt. Daher muss die Wirtschaftlichkeit der Stadtverwaltung weiter gesteigert werden, um die notwendigen finanziellen Einsparungen erwirtschaften zu können, möglichst ohne dass das Angebot an städtischen Leistungen für Bürgerinnen und Bürger und Unternehmen eingeschränkt werden muss. Der Bürgermeister hat hierzu das Effizienzsteigerungsprogramm NEU³ (in Worten: NEU-hochdrei) ins Leben gerufen, das alle Fachbereiche der Verwaltung umfassen soll. Ein durch eine externe Unternehmensberatungsfirma durchgeführter sogenannter Verwaltungs-Quick-Check zu Beginn des Programms hat dabei u. a. ergeben, dass die Ausgaben für Büromaterial weiter gestiegen sind. Dies ist bemerkenswert, weil eigentlich zu erwarten war, dass aufgrund der zunehmend digitalen Kommunikation in der Stadtverwaltung (z. B. intern über E-Mail) die Ausgaben für Büromaterial zukünftig abnehmen. Die Unternehmensberatung hat daher die Durchführung einer Detailanalyse in diesem Bereich empfohlen.

Der Bürgermeister greift diesen Vorschlag der Unternehmensberatung auf und beauftragt die Kämmerei, bereits im Rahmen der Haushaltsplanung diese Detailanalyse durchzuführen und Optimierungspotenziale auszuschöpfen. Der Kämmerer verfasst folglich folgende E-Mail an die Fachbereichsleitungen:

Von:	kinzer@neustadt-wvd.de
An:	Fachbereichsleitungen
Betreff:	Detailanalyse

Liebe Kolleginnen und Kollegen,

wie in jedem Herbst beginnen mit diesem internen Schreiben die Arbeiten zur Erstellung der Planungen für den übernächsten Haushalt. Wie Sie wissen, sind die städtischen Finanzen nach wie vor angespannt. Die Verwaltungsführung verzichtet zunächst auf konkrete Einsparvorgaben für die Fachbereiche, bittet aber darum, Wirtschaftlichkeitsreserven konsequent auszunutzen und zu erwartende finanzielle Einsparungen im Rahmen der Haushaltsplanungen für Ihren Fachbereich zu berücksichtigen. Verwiesen sei dabei insbesondere auch auf die Ergebnisse des Verwaltungs-Quick-Checks, der zum Start unseres derzeit laufenden Effizienzsteigerungsprogramms NEU³ von einer externen Beratungsfirma durchgeführt wurde. Die Ergebnisse können Sie in unserem Intranet im Verzeichnis Verwaltungsmodernisierung/ NEU³ einsehen und ggf. downloaden.

Besonderen Wert legt die Verwaltungsführung in diesem Planungszyklus auf die Verringerung der Ausgaben für Büromaterial. Nachdem in den letzten Jahren umfangreiche Investitionen in die Modernisierung der IT-Infrastruktur der Stadtverwaltung als Vorbereitung für E-Government getätigt wurden, wird nun erwartet, dass sich diese Investitionen über sinkende Ausgaben für Büromaterial auszuzahlen beginnen. Hierfür gibt es aber noch keine Anzeichen, wie der Verwaltungs-Quick-Check ergeben hat.

Daher bitte ich Sie im Rahmen einer gesonderten Detailanalyse,

- die Ursachen hierfür in Ihrem Fachbereich zu analysieren,
- Optimierungsmaßnahmen vorzuschlagen und
- die Ausgaben für Büromaterial im übernächsten Haushaltsjahr detailliert zu planen.

Verwenden Sie hierfür bitte die beigefügte EXCEL-Tabelle. Ich bitte um Rücksendung per E-Mail an kinzer@neustadt-wvd.de bis zum Ende der 45. KW und verbleibe mit kollegialen Grüßen

Ihr Peter Kinzer

E-Mail-Anhang auf der folgenden Seite

Web

E-Mail-Anhang (siehe Download-Bereich):

Büromaterial	mengenmäßiger Verbrauch im letzten Jahr	Ist-Preis pro Mengen-einheit	Jahres-verbrauchs-wert	geplanter Verbrauch im übernächsten Jahr	Plan-Preis pro Mengen einheit	geplanter Jahresver-brauchswert
Aktenordner		1,50 €			1,40 €	
Briefumschläge (10er-Packung)		1,00 €			0,90 €	
Büroklammern (100er-Packung)		1,99 €			2,20 €	
Druckerpatronen		23,00 €			21,00 €	
Faxfarbbänder		13,00 €			15,00 €	
Formulare		0,30 €			0,35 €	
Heftklammern (1 000er-Packung)		1,99 €			2,20 €	
Kopier- und Druckerpapier (2 500-Blatt-Karton)		8,00 €			8,80 €	
Kugelschreiber		0,50 €			0,40 €	
Plastikhüllen (50er-Packung)		1,50 €			1,30 €	
Spezialfolien (10er-Packung)		1,00 €			1,10 €	
Tonerkartuschen		80,00 €			75,00 €	
Trennblätter (10er-Packung)		1,00 €			1,10 €	
Umlaufmappen		0,30 €			0,33 €	
Büromaterial-Ausgaben	-	-	0,00 €	-	-	0,00 €

Der Haushaltsbevollmächtigte des Fachbereichs 2 Soziales, Sicherheit und Ordnung beauftragt daraufhin zunächst die ihn unterstützende Auszubildende mit der Erstellung einer kombinierten ABC- und Optimierungs-Analyse.

5.1.2 Arbeitsaufträge zur Lernsituation

Sie sind vom Haushaltsbevollmächtigten des Fachbereichs 2 Soziales, Sicherheit und Ordnung mit der Erstellung einer kombinierten ABC- und Optimierungs-Analyse beauftragt worden. Folgende Teilaufgaben sind von Ihnen durchzuführen:

1. a) Prüfen Sie zunächst, bei welchen Büromaterialien das höchste Einsparpotenzial besteht. Führen Sie hierzu eine ABC-Analyse auf der Basis des mengenmäßigen Verbrauchs im letzten Jahr durch, der von der Beschaffungsstelle als Summe der entsprechenden Anforderungen wie folgt gemeldet wird:

Büromaterial	mengenmäßiger Verbrauch im letzten Jahr
Aktenordner	150
Briefumschläge (10er-Packung)	200
Büroklammern (100er-Packung)	200
Druckerpatronen	50
Faxfarbbänder	20
Formulare	2 200
Heftklammern (1 000er-Packung)	60
Kopier- und Druckerpapier (2 500-Blatt-Karton)	200
Kugelschreiber	800
Plastikhüllen (50er-Packung)	50
Spezialfolien (10er-Packung)	50
Tonerkartuschen	111
Trennblätter (10er-Packung)	120
Umlaufmappen	60

221065122

Web

Verwenden Sie hierzu die EXCEL-Tabelle (siehe im Download-Bereich), die der Kämmerer an seine E-Mail angehängt hatte. Löschen Sie zunächst die drei nicht benötigten Spalten für die Angabe der Plandaten für das übernächste Haushaltsjahr. Übernehmen Sie dann aus der oben stehenden Tabelle die Angaben zum mengenmäßigen Verbrauch im letzten Jahr und errechnen Sie den Jahresverbrauchswert.

Erweitern Sie anschließend die Tabelle um folgende drei Spalten:

- den prozentualen Anteil am Jahresverbrauchswert (einschließlich Kontrollsumme),
- die Rangordnung (nach dem Prozentanteil) am Jahresverbrauchswert,
- den kumulierten Prozentanteil am Jahresverbrauchswert.

Sortieren Sie die Verbrauchsmaterialien aufsteigend nach der Rangordnung.

Bestimmen Sie dann in einer weiteren Spalte die Güterklasse und setzen Sie dabei die Grenzen für die Klasseneinteilung wie folgt fest:

- A-Klasse: die ersten 75 % der kumulierten Jahresverbrauchswerte,
- B-Klasse: die nächsten 20 % der kumulierten Jahresverbrauchswerte,
- C-Klasse: die letzten 5 % der kumulierten Jahresverbrauchswerte.

b) Verdeutlichen Sie die kumulierten Prozentanteile der A-, B- und C-Güter am Jahresverbrauchswert in einem Liniendiagramm. Versehen Sie das Diagramm mit einem Titel und geben Sie bei der Rubrikenachse (= x-Achse) die Materialien und bei der Größenachse (= y-Achse) die Prozente an.

c) Berechnen Sie das Mengen-Wert-Verhältnis der A-, B- und C-Güter. Übernehmen Sie dazu folgende Tabelle in Ihre Unterlagen (siehe im Download-Bereich):

Web

Güterart	Mengenanteil		Wertanteil	
	in Stück	**%-Anteil an der Jahresverbrauchsmenge**	**%-Anteil am Jahresverbrauchswert**	**in €**
A-Güter				
B-Güter				
C-Güter				
Summe				

d) Erstellen Sie ein Säulendiagramm, das das Mengen-Wert-Verhältnis der A-, B- und C-Güter darstellt. Verwenden Sie hierzu die Angaben aus Aufgabe c).

e) Beschreiben Sie mündlich das Mengen-Wert-Verhältnis der A-, B- und C-Güter.

2. Nennen Sie mindestens drei mögliche **Ursachen,** die dazu geführt haben können, dass trotz der deutlich verbesserten Möglichkeiten zur digitalen Kommunikation in der Stadt Neustadt die Ausgaben für Büromaterial noch nicht gesunken sind.

3. Schlagen Sie mindestens drei **Maßnahmen** vor, die bei konsequenter Umsetzung zu einer deutlichen Verringerung der Verwaltungsausgaben bei den identifizierten A-Büromaterialien führen werden.

4. Erläutern Sie, inwiefern **ökologische Aspekte** bei der alltäglichen Verwaltungsarbeit mit den zuvor genannten Büromaterialien berücksichtigt werden können.

5.2 Die Lagerkennziffern berechnen

5.2.1 Lernsituation

Optimierung der Lagerbestände

Im Rahmen des Effizienzsteigerungsprogramms NEU³ soll auch analysiert werden, ob Einsparpotenziale bei der Lagerhaltung in der Beschaffungsstelle, die im Fachbereich 1 Zentrale Dienste und Finanzen im Referat Organisation und Datenverarbeitung angesiedelt ist, vorhanden sind. Die Controllingabteilung der Stadt Neustadt vermutet das höchste Einsparpotenzial bei den IT-Verbrauchsmaterialien und hier insbesondere bei den Tonerkartuschen für die Laserdrucker. Sie beauftragt daher die ihr zugeordnete Auszubildende, eine Analyse der Lagerkosten für dieses Material der A-Klasse vorzunehmen, um ihre Hypothese zu prüfen.

5.2.2 Arbeitsaufträge zur Lernsituation

Sie haben als Auszubildender oder Auszubildende vom Controlling der Stadt Neustadt den Auftrag erhalten, eine Analyse der Lagerkosten für Tonerkartuschen vorzunehmen.

Zunächst besorgen Sie sich daher die Lager-Dispositionskarte für Tonerkartuschen für das vergangene Jahr. Der Anfangsbestand am 1. Januar beträgt 50 Kartuschen.

Datum	Eingang	Ausgang	Bestand
15. Januar		42	
15. Februar	100	51	
18. Februar		8	
15. März		44	
15. April	100	34	
15. Mai		36	
15. Juni	100		
18. Juni		55	
15. Juli		38	
15. August	100	59	
18. August		8	
15. September		48	
15. Oktober	100	54	
15. November		44	
15. Dezember	100	59	

Anmerkungen:

Die einzelnen Ämter melden der Beschaffungsabteilung am 15. des Monats, spätestens am 18. des Monats ihren Bedarf. Unmittelbar nach der Bedarfsmeldung wird ausgeliefert. Wenn danach keine weiteren Bestandszu- oder -abgänge stattfinden, entspricht der Bestand nach der letzten Auslieferung auch dem Monatsendbestand. Das Jahr wird mit 360 Tagen berechnet.

Web

1. Errechnen Sie die Monatsendbestände und tragen Sie die Werte in die Lager-Dispositionskarte ein (siehe im Download-Bereich).
2. a) Wie viele Tonerkartuschen sind im Laufe des Jahres ausgeliefert worden?
   b) Wie hoch ist die Summe der Monatsendbestände?
3. Errechnen Sie für die Tonerkartuschen die folgenden Lagerkennziffern: durchschnittlicher Lagerbestand, Umschlagshäufigkeit, durchschnittliche Lagerdauer, Lagerzinssatz, durchschnittliche Lagerkosten, durchschnittliche Kapitalbindung im Lager, Lagerzinsen.

221065124

Gehen Sie von einem Marktzinssatz von 5 % aus. Die Lagerkosten je Stück betragen 1,00 €.
Erstellen Sie eine Tabelle nach folgendem Muster und tragen Sie die Ergebnisse in die Tabelle ein (siehe Download-Bereich).

Web

Lagerkennziffer	Formel	Berechnung	Ergebnis	Einheit

4. Was teilen Sie dem Controlling nach eingehender Betrachtung der Lagerkennziffern als Ergebnis Ihrer Analyse mit? Gibt es Einsparpotenziale bzw. Optimierungsmöglichkeiten bei der Beschaffung der Tonerkartuschen? Betrachten Sie dabei insbesondere die Vorgehensweise bei der Bestellung. Welches Bestellverfahren wurde in diesem Fall gewählt?
5. Tonerkartuschen sind A-Materialien. Entstehen bei A-Materialien höhere oder niedrigere Lagerzinsen als bei B- und C-Materialien bei gleicher durchschnittlicher Lagerdauer? Begründen Sie Ihre Antwort.

5.3 Die optimale Bestellmenge ermitteln

5.3.1 Lernsituation

Beschaffung von Drucker- und Kopierpapier

Die ABC-Analyse für alle Büromaterialien der Stadtverwaltung Neustadt hat ergeben, dass nach den Tonerkartuschen auch das Drucker- und Kopierpapier ein Material der A-Klasse ist. Die Controllingabteilung ist sich sicher, dass der Bestellvorgang für das Drucker- und Kopierpapier optimiert werden kann. Bisher wird die Jahresverbrauchsmenge zu Beginn des Jahres geschätzt, anschließend einmalig beschafft und in einem gesonderten Lagerraum der Beschaffungsstelle eingelagert. Der Controller fragt die Auszubildende Schiller, ob sie einen Vorschlag hat, wie die Beschaffung von Drucker- und Kopierpapier wirtschaftlicher gestaltet werden kann.

Frau Schiller: „Zurzeit bestellen wir einmal jährlich 1 000 Kartons à 2 500 Blatt. Wir sollten in Zukunft den Jahresbedarf in kleineren Mengen ordern. Ich denke, wenn wir zehn Mal im Jahr 100 Kartons bestellen, sinken die Lagerkosten erheblich."

Controller: „Kein schlechter Gedanke. An unsere Beschaffungsabteilung haben Sie bei Ihrem Vorschlag aber nicht gedacht."

Frau Schiller: „Warum sollte ich?"

5.3.2 Arbeitsaufträge zur Lernsituation

Als Auszubildender oder Auszubildende sollen Sie prüfen, ob es unter Kostengesichtspunkten wirtschaftlichere Möglichkeiten der Beschaffung an Drucker- und Kopierpapier gegenüber der bisherigen Lösung der Einmalbestellung von 1 000 Kartons (à 2 500 Blatt) zu Jahresbeginn gibt.

1. Überlegen Sie zunächst, was der Controller Frau Schiller in der oben geschilderten Situation antwortet.
2. Übernehmen Sie die folgende Tabelle in Ihre Unterlagen (siehe Download-Bereich). Ermitteln Sie nun die aus Bestell- und Lagerkosten bestehenden Gesamtkosten für die in der nachfolgenden Tabelle aufgeführten Mehrfachbestellungen pro Jahr. Gehen Sie dabei vereinfachend davon aus, dass der Papierverbrauch kontinuierlich erfolgt, der Einstandspreis von 8,00 € pro Karton bei jeder Bestellmenge und zu jedem Bestellzeitpunkt unverändert bleibt und der durchschnittliche Lagerbestand die Hälfte der Bestellmenge ausmacht. Ihre Anfrage bei der Beschaffungsstelle nach der Höhe der Bestellkosten ergibt, dass je Bestellung Kosten von 17,50 € anfallen. Für die Ermittlung der Lagerhaltungskosten wird mit einem Lagerhaltungskostensatz von 7 % gerechnet. Damit werden die Kosten des Lagerbestands wie Lagerzinsen oder Wertverluste durch Schwund und Verderb kalkulatorisch erfasst.

Web

Bei welcher Menge kann von der optimalen Bestellmenge gesprochen werden?

alternative Bestell-mengen	Anzahl Bestellungen pro Jahr	durchschnitt-licher Lager-bestand in Stück	Wert des durch-schnittlichen Lagerbestands	Lagerhaltungs-kosten pro Jahr	Bestell-kosten pro Jahr	Gesamt-kosten
1000	1	500	4.000,00 €	280,00 €	17,50 €	297,50 €
	2					
	3					
	4					
	5					
	6					
	7					
	8					
	9					
	10					

Jahresbedarf:	1000	Kartons
Einstandspreis:	8,00 €	pro Karton
Lagerhaltungskostensatz:	7 %	
Bestellkosten:	17,50 €	pro Bestellvorgang

3. Stellen Sie in einem Koordinatensystem die Lagerhaltungskosten pro Jahr, die Bestellkosten pro Jahr und die Gesamtkosten als Liniendiagramm dar (Achsenbeschriftung: x-Achse: Anzahl Bestellungen pro Jahr oder alternativ Bestellmenge in Kartons, y-Achse: Kosten) und ermitteln Sie auf diese Weise die optimale Anzahl an Bestellungen oder die optimale Bestellmenge.
4. Überprüfen Sie Ihre Ergebnisse aus der tabellarischen und grafischen Ermittlung der optimalen Bestellmenge mittels mathematischer Formel. Zu welchem Ergebnis kommen Sie und was empfehlen Sie dem Controlling der Stadt Neustadt?
5. Wie hoch müsste der Kostenvorteil durch Mengenrabatte und günstige Liefer- und Zahlungsbedingungen sein, damit die Beibehaltung der Einmalbestellung die günstigste Lösung für die Stadt Neustadt bliebe?

5.4 Die optimalen Bestellzeitpunkte festlegen

5.4.1 Lernsituation

Bestandsmanagement von Tonerkartuschen

Im Büro des Bürgermeisters herrscht große Aufregung vor einem für die Stadt bedeutenden Treffen mit Unternehmen, die an einer Investition in das geplante Einkaufsareal am Bahnhof interessiert sind. Die Chefsekretärin ist nicht in der Lage, die umfangreichen Unterlagen für die Sitzung, die erst in letzter Minute fertiggestellt wurden, auszudrucken. Die Tonerkartusche für den Laserdrucker ist leer. Im Lager der Beschaffungsstelle sind ausgerechnet an diesem Tag keine vollen Tonerkartuschen mehr vorhanden, obwohl noch ein Restbestand von fünf Tonerkartuschen vorhanden sein müsste. Die Unterlagen müssen daher im nahe gelegenen Copy-Center „Fast-Copy 4U" ausgedruckt werden und stehen erst 20 Minuten nach Sitzungsbeginn zur Verfügung.

Der Bürgermeister ist empört. „Es kann nicht sein, dass so wichtige Büromaterialien plötzlich nicht mehr verfügbar sind. Es muss etwas geschehen!"

221065126

5.4.2 Arbeitsaufträge zur Lernsituation

1. Unterbreiten Sie Vorschläge zur Lösung des Problems.
2. Berechnen Sie mithilfe der Bestellmengenformel zunächst die optimale Bestellmenge. Runden Sie Ihr Ergebnis auf eine volle Stückzahl. Der Jahresbedarf wird für das nächste Jahr auf 572 Tonerkartuschen geschätzt, wobei mit einem kontinuierlichen Verbrauch an Druckertoner gerechnet wird. Die Bestellkosten pro Bestellung betragen in diesem Fall 18,50 €. Der Lagerhaltungskostensatz wird unverändert mit 7 % angesetzt. Der Einstandspreis soll für das nächste Jahr mit 70,00 € pro Tonerkartusche berücksichtigt werden.
3. Übernehmen Sie die Tabelle in Ihre Unterlagen (siehe Download-Bereich) und berechnen Sie folgende Größen unter Angabe des Rechenwegs. Bei der Lieferzeit wird aus Sicherheitsgründen mit einer Woche gerechnet. Um in Zukunft auch bei Engpässen den Bedarf decken zu können, wird festgelegt, dass zur Sicherheit immer 25 Tonerkartuschen auf Lager sein müssen.

Web

Größe	Rechenweg	Ergebnis
Mindestlagerbestand	–	25 Tonerkartuschen
durchschnittlicher wöchentlicher Verbrauch		
Meldebestand		
Höchstbestand		
durchschnittlicher Lagerbestand		
Bestellintervall		

4. Stellen Sie Ihre Ergebnisse aus Aufgabe 3 in einem Koordinatensystem grafisch dar. Beginnen Sie dabei mit dem Höchstbestand. Tragen Sie auf der x-Achse die Zeit (in Wochen – mindestens 26 Wochen) und auf der y-Achse die Menge ein. Verdeutlichen Sie folgende Größen im Diagramm:
   - Höchstbestand
   - Meldebestand
   - Mindestbestand
   - Entwicklung des Lagerbestands

   Tragen Sie zudem auf der x-Achse die Bestellzeitpunkte ein.
   Wie oft müssen im Laufe des Jahres Tonerkartuschen bestellt werden?
5. Es sind noch 41 Tonerkartuschen auf Lager. Wann muss die nächste Bestellung nach dem Bestellpunktverfahren erfolgen?

5.5 Einen komplexen Beschaffungsvorgang bearbeiten

5.5.1 Lernsituation

Beschaffung von Büromaterial

Die Fachbereiche haben termingerecht ihre Schätzungen des Bedarfs an Büromaterial für das übernächste Jahr im Rahmen der Haushaltsplanung per E-Mail an die Kämmerei übermittelt. Konsolidiert ergibt sich folgender Gesamtbedarf der Stadtverwaltung der Stadt Neustadt:

Übersicht siehe folgende Seite

Büromaterial	mengenmäßiger Verbrauch im letzten Jahr	Ist-Preis pro Mengen-einheit	Jahres-verbrauchs-wert	geplanter Ver-brauch im über-nächsten Jahr	Plan-Preis pro Mengen-einheit	geplanter Jahresver-brauchswert
Aktenordner	800	1,50 €	1.200,00 €	500	1,40 €	700,00 €
Briefumschläge (10er-Packung)	1 000	1,00 €	1.000,00 €	1 000	0,90 €	900,00 €
Büroklammern (100er-Packung)	860	1,99 €	1.711,00 €	480	2,20 €	1.056,00 €
Druckerpatronen	290	23,00 €	6.670,00 €	155	21,00 €	3.255,00 €
Faxfarbbänder	110	13,00 €	1.430,00 €	90	15,00 €	1.350,00 €
Formulare	11 000	0,30 €	3.300,00 €	7 000	0,35 €	2.450,00 €
Heftklammern (1 000er-Packung)	320	1,99 €	636,80 €	220	2,20 €	484,00 €
Kopier- und Druckerpapier (2 500-Blatt-Karton)	1 000	8,00 €	8.000,00 €	530	8,80 €	4.664,00 €
Kugelschreiber	3 700	0,50 €	1.850,00 €	3 000	0,40 €	1.200,00 €
Plastikhüllen (50er-Packung)	280	1,50 €	420,00 €	170	1,30 €	221,00 €
Spezialfolien (10er-Packung)	400	1,00 €	400,00 €	140	1,10 €	154,00 €
Tonerkartuschen	580	80,00 €	46.400,00 €	340	75,00 €	25.500,00 €
Trennblätter (10er-Packung)	700	1,00 €	700,00 €	400	1,10 €	440,00 €
Umlaufmappen	360	0,30 €	108,00 €	200	0,33 €	66,00 €
Büromaterial-Ausgaben	–	–	**73.826,20 €**	–	–	**42.440,00 €**

Die Haushaltsplanung für das übernächste Jahr ist nunmehr fertiggestellt. Die differenzierte Bedarfsschätzung für das Büromaterial zeigt, dass alle Fachbereiche eine drastische Reduzierung des Bürobedarfs in ihren Haushaltsplanungen einkalkuliert haben. Dies ist auf die Pläne der Verwaltungsführung zurückzuführen, die derzeit an der Einführung eines digitalen Vorgangsbearbeitungssystems arbeitet, das ab Anfang des nächsten Jahres sukzessive in Betrieb genommen werden soll. Die Verwaltungsvorgänge können dann digital bearbeitet werden, Papierausdrucke bei der Bearbeitung innerhalb der Verwaltung werden überflüssig. Mittelfristig soll auch der Briefverkehr mit den Bürgerinnen und Bürgern und Unternehmen als Kundinnen und Kunden der Stadtverwaltung entfallen. Der Austausch soll nach der erfolgreichen Einführung von E-Government weitestgehend digital erfolgen, sodass die Vision vom papierlosen Büro in der Stadtverwaltung Neustadt in einigen Jahren Realität werden kann.

Nunmehr stellt sich die Frage, wie viel Büromaterial im nächsten Jahr beschafft werden muss. Schließlich müssen die entsprechenden Beschaffungsaufträge noch vergeben, im Fall der A-Materialien vermutlich sogar ausgeschrieben werden.

Der Kämmerer und der ihm zugeordnete Auszubildende setzen sich daher zusammen und prüfen noch einmal die Bedarfsschätzungen der Fachbereiche für das nächste Jahr, die ja bereits im Rahmen der Haushaltsplanungen vor einem Jahr erstellt worden und daher ggf. nicht mehr aktuell sind. Sie analysieren gemeinsam den Verbrauch an Büromaterial im letzten Jahr, rechnen den Verbrauch für das laufende Haushaltsjahr auf Basis der 10-Monatszahlen hoch und untersuchen kritisch die vorliegenden Schätzungen für die kommenden beiden Jahre, die jeweils im Rahmen der Haushaltsplanungen erstellt worden sind.

Aus Erfahrung weiß der Kämmerer, dass die Bedarfsschätzungen im Rahmen der Haushaltsplanung von den Fachbereichen i. d. R. mit einer Sicherheitsmarge von 20 % angesetzt werden, „um noch ein wenig Luft zu haben“, wenn Haushaltskürzungen zu befürchten sind. Offen bleibt, wie hoch die Reduzierung des Bedarfs an Büromaterial durch die Einführung des digitalen Vorgangsbearbeitungssystems ausfällt. Aufgrund von zu erwartenden Anlaufschwierigkeiten – erfahrungsgemäß arbeiten die Beschäftigten in der Verwaltung lieber mit Papierausdrucken und Umlaufmappen als mit digitalen Akten am Bildschirm – wird nur mit einer Reduzierung um 15 % gerechnet, sodass vom vorliegenden Bedarf in der vorliegenden Haushaltsplanung für das nächste Jahr ein pauschaler 35-%-Abschlag vorgenommen wird.

221065128

Nachdem geklärt ist, mit welchem Bedarf an Büromaterial für das nächste Jahr intern geplant wird, ist nunmehr die Beschaffung des Büromaterials zu organisieren. Da die Aufträge für die Beschaffung des Büromaterials jährlich neu vergeben werden, muss zunächst geklärt werden, welches Beschaffungsverfahren gewählt wird und welches Vergabeverfahren ggf. angewendet werden muss. Kämmerei und Controllingabteilung sind sich einig: Da gespart werden muss, müssen die Lieferanten „gegeneinander ausgespielt werden", um die Preise zu drücken. Das geht am besten, wenn jeder Beschaffungsauftrag für einen Büroartikel gesondert vergeben wird. Das hat auch den Vorteil, dass in den meisten Fällen die Wertgrenzen für die Vergabeart Öffentliche Ausschreibung unterschritten werden, sodass keine aufwändige Ausschreibung durchgeführt werden muss. Das minimiert den internen Verwaltungsaufwand bei der Vergabe, so die einhellige Meinung der beiden Abteilungen.

Da die Zeit drängt, beauftragt der Kämmerer den ihm unterstellten Auszubildenden zunächst mit der Prüfung, bei welchen Büroartikeln nach der angepassten Bedarfsschätzung die Wertgrenzen für die Vergabearten Verhandlungsvergabe und Beschränkte Ausschreibung überschritten werden. Die weitere Arbeitsplanung sieht vor, dass der Kämmerer nur für die Organisation der Beschaffung derjenigen Büromaterialien zuständig ist, bei denen eine Öffentliche Ausschreibung durchgeführt werden muss, während sich der Auszubildende um die Beschaffung aller anderen Büromaterialien kümmert. Dies umfasst alle Aspekte der Auftragsvergabe: die Bezugsquellen- sowie ggf. Preisermittlung, die Einholung von schriftlichen Angeboten sowie die Verfassung eines Votums bezüglich der Vergabeentscheidung, die zunächst dem Kämmerer vorgelegt werden soll, bevor diese an die Beschaffungsstelle weitergeleitet wird.

5.5.2 Arbeitsaufträge zur Lernsituation

Der Auszubildende hat einen umfangreichen Arbeitsauftrag vom Kämmerer erhalten. Um die Übersicht zu behalten, erstellt er zunächst eine Arbeitsplanung mit entsprechenden Teilaufgaben, die er nun nacheinander abarbeiten muss. Zunächst muss je Büroartikel ermittelt werden, wie hoch das Beschaffungsvolumen im nächsten Jahr sein wird. Hierzu muss eine ABC-Analyse auf der Basis der aktualisierten Bedarfsschätzung erstellt werden. Aus Vereinfachungsgründen soll dabei mit den Beschaffungspreisen des letzten Jahres gerechnet werden, da sich die Beschaffungspreise seither nicht maßgeblich geändert haben, wie eine stichprobenartige Internetrecherche ergibt. Anschließend kann anhand der Wertgrenzen bestimmt werden, welche Vergabeart beim jeweiligen Büromaterial angewandt werden muss. Die Basisdaten sind schnell zusammengestellt. Übernehmen Sie die Tabelle in Ihre Unterlagen (siehe Download-Bereich).

Web

Büromaterial	lt. HH-Planung geplanter Verbrauch im nächsten Jahr	aktualisierte Bedarfsschätzung für das nächste Jahr	Ist-Preis pro Mengeneinheit im letzten Jahr	geschätzter Jahresverbrauchswert im nächsten Jahr	Vorschlag für zu wählende Vergabeart gem. Beschaffungsordnung der Stadt Neustadt
Aktenordner	900		1,50 €		
Briefumschläge (10er-Packung)	1 200		1,00 €		
Büroklammern (100er-Packung)	900		1,99 €		
Druckerpatronen	300		23,00 €		
Faxfarbbänder	150		13,00 €		
Formulare	12 000		0,30 €		
Heftklammern (1 000er-Packung)	400		1,99 €		
Kopier- und Druckerpapier (2 500-Blatt-Karton)	1 200		8,00 €		
Kugelschreiber	4 000		0,50 €		
Plastikhüllen (50er-Packung)	400		1,50 €		
Spezialfolien (10er-Packung)	500		1,00 €		
Tonerkartuschen	600		80,00 €		
Trennblätter (10er-Packung)	800		1,00 €		
Umlaufmappen	400		0,30 €		
Büromaterial-Ausgaben	-	-	-		-

1. a) Aktualisieren Sie nun die Bedarfsschätzung, indem Sie den pauschalen 35-%-Abschlag auf den für das nächste Haushaltsjahr geplanten Verbrauch laut Haushaltsplanung vornehmen, und ermitteln Sie anschließend den geschätzten Jahresverbrauchswert im nächsten Jahr.
   b) Prüfen Sie dann die Beschaffungsordnung der Stadt Neustadt und machen Sie auf der Basis der dort vorgesehenen Wertgrenzen für die Vergabearten Vorschläge für die zu wählende Vergabeart für jedes Büromaterial.

Der Kämmerer bestätigt nach Rücksprache mit der Beschaffungsstelle Ihre Vorschläge bezüglich der Vergabearten und beauftragt Sie mit der Bezugsquellenermittlung, der Einholung und dem Vergleich von Angeboten für die Beschaffung aller Büromaterialien mit Ausnahme der Tonerkartuschen (dieser Auftrag muss ausgeschrieben werden). Um möglichst günstige Einkaufspreise bei jedem Büromaterial zu erzielen, sollen Sie auch bei Verhandlungsvergaben mindestens drei verbindliche Angebote einholen, wovon mindestens eines von einem überregionalen Lieferanten sein sollte. Er bittet Sie darum, beim Angebotsvergleich besonders auf die Liefer- und Zahlungsbedingungen zu achten und auch qualitative Kriterien in den Angebotsvergleich mit einfließen zu lassen. Sie machen sich sofort an die Arbeit und beginnen mit der Bezugsquellenrecherche.

2. a) Welche Möglichkeiten haben Sie als Auszubildender oder Auszubildende, um Bezugsquellen für die Beschaffung von Büromaterial zu ermitteln? Ermitteln Sie mindestens fünf regionale und fünf überregionale Lieferanten von Büromaterial. Geben Sie jeweils Ihre Informationsquellen an.
   b) Sie sprechen zunächst mit der Beschaffungsstelle, nehmen Einsicht in die Lieferantendatei und befragen die Mitarbeitenden nach guten und schlechten Erfahrungen mit den dort aufgeführten potenziellen Lieferanten. In der Stadt Neustadt haben in den letzten Jahren drei lokale Unternehmen die Beschaffungsaufträge unter sich ausgemacht. Die Leitung der Beschaffungsstelle empfiehlt Ihnen jedoch, nur noch zwei der drei potenziellen Lieferanten zur Abgabe eines Angebots für jedes Büromaterial aufzufordern, da sich eines der regionalen Unternehmen bereits in einem Insolvenzverfahren befindet. Sie recherchieren noch im Internet und nehmen entsprechend der Weisung der Kämmerei noch ein überregionales Unternehmen mit in den Angebotsvergleich auf.
   Welche Angaben dürfen in einer Anfrage keinesfalls fehlen? Entwerfen Sie eine schriftliche Angebotsaufforderung (Briefvorlage siehe Download-Bereich).
   c) Schon eine Woche nach der Aufforderung zur Abgabe eines Angebots liegen Ihnen alle drei Angebote vor, weil die Wirtschaftslage schlecht und die Aufträge offensichtlich knapp sind. Die zuständige Fachkraft in der Beschaffungsstelle hat bereits die Daten der beiden regionalen Unternehmen in der Lieferantenkartei für das Kopier- und Druckerpapier aktualisiert. Sie müssen nunmehr nur noch die entsprechenden Angaben des überregionalen Unternehmens in die Lieferantenkartei einpflegen (siehe Download-Bereich).

Web

Web

	A	B	C	D
4	**Lieferant**	**Bürowelt AG**	**Papierfabrik GmbH**	**Büroartikel & Mehr KG**
5	Ansprechpartner	Frau Sachse	Herr Meyer	
6	Artikelnummer	39237	49372	
7	Listenpreis (pro Karton)	8,30 €	7,80 €	
8	Mindestabnahmemenge	200 Kartons	–	
9	Mengenrabatt	ab 200 Kartons 2 %	–	
10		ab 300 Kartons 3 %	–	
11	Zahlungsbedingungen	10 Tage 3 % Skonto	10 Tage 2 % Skonto	
12	Lieferungsbedingungen	frachtfrei	ab Werk	
13	Kosten Anfuhr	pauschal 30,00 €	0,10 € pro Karton	
14	Verladekosten/Fracht	30,00 €/100 Kartons	0,20 € pro Karton	
15	Kosten Zufuhr	pauschal 30,00 €	0,10 € pro Karton	
16	Lieferzeitpunkt/-termin	5 Tage nach Bestellung	sofort	
17	Qualität der Ware	sehr gut	ausreichend	Probelieferung mittlerer Qualität
18	Lieferzuverlässigkeit	Zusagen immer eingehalten	Verzögerungen max. 2 Tage	in einem Fall 5 Tage Verzug wegen Krankheit
19	Auftragsabwicklung	schnell und präzise	zufriedenstellend	mitunter sehr langsam
20	Garantieabwicklung	schleppend	sehr kulant	soll unproblematisch sein
21	Verpackung	einwandfrei	noch ausreichend	sehr gut

221065130

Büroartikel & Mehr KG

Büroartikel & Mehr KG · Feldstraße 1 · 63524 Felden

Stadt Neustadt
Fachbereich Zentrale Dienste und Finanzen
Organisation und Datenverarbeitung
Rathausplatz 20
49999 Neustadt

Büroartikel & Mehr KG

Feldstraße 1
63524 Felden

Telefon 06621 485-0
Telefax 06621 485-10

Ihr Zeichen/Ihre Nachricht vom	Unser Zeichen/unsere Nachricht vom	Telefon	Datum
	Kr	06621 485-483	20..-..-..

Angebot Büroartikel

Sehr geehrte Damen und Herren,

wir danken für Ihre Anfrage. Die von Ihnen gewünschten Büroartikel können wir zu folgenden Preisen anbieten:

Büromaterial	Artikel-Nr.	Mindest-abnahmemenge	Listenpreis in €
Aktenordner	239	100	1,30
Briefumschläge (10er-Packung)	493	200	1,20
Büroklammern (100er-Packung)	428	200	2,25
Druckerpatronen	172	50	21,50
Faxfarbbänder	938	20	12,99
Formulare	482	1 000	0,50
Heftklammern (1 000er-Packung)	382	80	2,99
Kopier- und Druckerpapier (2 500-Blatt-Karton)	182	200	8,00
Kugelschreiber	112	1 000	0,40
Plastikhüllen (50er-Packung)	746	100	1,77
Spezialfolien (10er-Packung)	657	100	0,90
Trennblätter (10er-Packung)	574	100	1,10
Umlaufmappen	392	50	0,40

Bei einem Auftragswert ab 30.000,00 € gewähren wir 10 % Rabatt, ab 50.000,00 € 20 %. Wir liefern frei Haus. Die Lieferzeit beträgt zurzeit 2–3 Wochen. Wir sind gerne bereit, Ihnen eine Probesendung unserer Artikel zukommen zu lassen.

Wir gewähren Ihnen ein Zahlungsziel von 30 Tagen. Bei Zahlung innerhalb 8 Tagen können Sie 3 % Skonto in Anspruch nehmen.

Wir würden uns freuen, Sie als Kunden gewinnen zu können.

Mit freundlichen Grüßen

i. A. Kraft

Kraft

Sitz der Gesellschaft ist Felden
Handelsregister HRA 111, AG Felden
Komplementär: Dr. Hans Müller

Büroartikel & Mehr KG
Feldstraße 1
63524 Felden

Stadtsparkasse Felden
BIC SSNTUCMO29U • IBAN DE75 3925 0000 0000 4934 39
USt-IdNr. DE2867931

Web

d) Führen Sie einen quantitativen Angebotsvergleich der drei anbietenden Unternehmen für 300 Kartons Kopier- und Druckerpapier durch (siehe Download-Bereich).

	A	B	C	D	E	F	G
3		Bürowelt AG		Papierfabrik GmbH		Büroartikel & Mehr KG	
4		%-Sätze/€	Betrag/€	%-Sätze/€	Betrag/€	%-Sätze/€	Betrag/€
5	Listenpreis 300 Kartons						
6	– Rabatt						
7	= Zieleinkaufspreis						
8	– Skonto						
9	= Bareinkaufspreis						
10	+ Bezugskosten:						
11	Anfuhr/Versand						
12	Fracht und Verladekosten						
13	Zufuhr						
14	= Bezugspreis						

Web

e) Führen Sie einen qualitativen Angebotsvergleich der drei anbietenden Unternehmen durch. Verwenden Sie dabei die Entscheidungstabellenvorlage, die Ihnen die Fachkraft der Beschaffungsstelle freundlicherweise per E-Mail zugeschickt hat (siehe Download-Bereich).

	A	B	C	D	E	F	G	H
5			Bürowelt AG		Papierfabrik GmbH		Büroartikel & Mehr KG	
6	**Auswahlkriterien zum Angebotsvergleich**	**Wichtigkeit (W)**	**Bewertung:** sehr gut = 3 Punkte; sehr schlecht = 0 Punkte (B)	**Gewichteter Nutzen:** (G = W · B)	**Bewertung:** sehr gut = 3 Punkte; sehr schlecht = 0 Punkte (B)	**Gewichteter Nutzen:** (G = W · B)	**Bewertung:** sehr gut = 3 Punkte; sehr schlecht = 0 Punkte (B)	**Gewichteter Nutzen:** (G = W · B)
7								
8								
9								
10								
11								
12								
13								
14	**Summen**	100						

f) Führen Sie die Ergebnisse der quantitativen und der qualitativen Angebotsanalyse zusammen und ermitteln Sie das insgesamt wirtschaftlichste Angebot. Für welches Unternehmen werden Sie votieren? Mit welcher Begründung?

Web

g) Verfassen Sie eine Bestellung für 300 Kartons des Kopier- und Druckerpapiers (Briefvorlage siehe Download-Bereich).

221065132

5.6 Informationen zur elektronischen Beschaffung sammeln und bewerten

5.6.1 Lernsituation

Internetrecherche zum E-Procurement

Endlich hat der Auszubildende es geschafft: Die eingegangenen Angebote für die Beschaffung der verschiedenen Büromaterialien sind für jedes Büromaterial quantitativ und qualitativ miteinander verglichen, das wirtschaftlichste Angebot ist jeweils ermittelt, der Zuschlag im Rahmen der Auftragsvergabe erteilt und die schriftliche Bestellung verfasst und versendet worden. „Das war ja ein aufwändiges Verfahren", denkt der Auszubildende, „und dann auch nur für Büromaterial, das man ja vor allem noch deswegen braucht, weil die Verwaltungsarbeit überwiegend noch papiergestützt abläuft, was sich aber ja ändern soll. Wie aufwändig mag das Verfahren erst sein, wenn umfangreichere Dienstleistungen eingekauft oder gar öffentliche Bauten erstellt werden. Unter Umständen muss dann ja sogar europaweit ausgeschrieben und in einem mehrstufigen Verfahren vergeben werden. Nicht auszudenken, wie viel Verwaltungsarbeit so ein Verfahren erst machen würde!

Zumindest bei geringwertigen Büromaterialien, die man ja einfach so ohne großes Vergabeprozedere einkaufen kann, muss das doch in den Zeiten des Internets auch einfacher gehen, denkt sich der Auszubildende und beschließt, mal im Internet zu recherchieren, ob es da nicht bessere Verfahren als in der Stadtverwaltung der Stadt Neustadt gibt. „Vielleicht kann man ja mal von anderen lernen."

5.6.2 Arbeitsaufträge zur Lernsituation

Sie haben das Gefühl, dass der Prozess zur Beschaffung von Büromaterial in der Verwaltung der Stadt Neustadt in Zeiten des Internets optimiert werden könnte. Daher haben Sie beschlossen, zunächst eine Internetrecherche zu starten, um zu ermitteln, ob es nicht bessere Möglichkeiten der Beschaffung von Büromaterial gibt.

1. Suchen Sie im Internet nach anderen Kommunen bzw. kommunalen Verwaltungen, die ihre Beschaffungsprozesse bereits (teilweise oder vollständig) elektronisch abwickeln. Nennen Sie mindestens ein Beispiel und ermitteln Sie die jeweilige Internetadresse (URL) derjenigen Webseite, auf der sich eine private Firma anmelden muss, wenn sie zukünftig (potenzieller) Lieferant der Stadtverwaltung sein will.
2. Ermitteln Sie mindestens zwei Beschaffungsplattformen für öffentliche Verwaltungen im Internet, über die elektronische Beschaffungsverfahren vergaberechtskonform abgewickelt werden können. Geben Sie die jeweiligen Internetadressen an und skizzieren Sie die Funktionsweise dieser Beschaffungsplattformen. Nennen Sie fünf Vorteile, die eine kommunale Verwaltung hat, wenn sie ihre Beschaffungen elektronisch vornimmt.
3. Wenn die Stadt Neustadt zumindest diejenigen Büromaterialien, die aufgrund des geringen Beschaffungsvolumens per Direktauftrag oder Verhandlungsvergabe vergeben werden können, ab sofort über eine Beschaffungsplattform im Internet beschaffen würde:
   a) Welche Prozessschritte könnten gegenüber dem herkömmlichen Beschaffungsverfahren entfallen oder zumindest elektronisch abgewickelt werden?
   b) Sind im Falle einer elektronischen Beschaffung dieser Büromaterialien unmittelbare finanzielle Einsparungen gegenüber dem herkömmlichen Beschaffungsverfahren zu erwarten? Begründen Sie Ihre Antwort.
   c) Sollte der elektronische Beschaffungsvorgang – wie bisher – zentral von der Beschaffungsstelle gemanagt werden, die ja den Bedarf an Büromaterial der Fachbereiche bündelt? Oder sollte jeder Fachbereich die Möglichkeit erhalten, im Rahmen seines Haushaltsbudgets das Büromaterial, das er benötigt, selbst per Internet zu den Zeitpunkten zu beschaffen, wenn es wirklich benötigt wird? Begründen Sie Ihre Antwort, indem Sie die Vor- und Nachteile der beiden Verfahren in einer Tabelle einander gegenüberstellen.
   d) Warum können öffentliche Ausschreibungen häufig zwar schon per Internet bekannt gemacht, aber noch nicht vollständig elektronisch abgewickelt werden? Welche Voraussetzung ist aufseiten der Stadtverwaltungen, aber auch insbesondere der kleinen und mittleren Unternehmen mitunter noch nicht gegeben?

e) Welche nachteiligen volkswirtschaftlichen Auswirkungen auf die lokale Wirtschaft könnte es haben, wenn eine Kommune wie die Stadt Neustadt beschließt, alle öffentlichen Ausschreibungen bzw. Vergabeaufträge grundsätzlich nur elektronisch per Internet zu vergeben?

5.7 Aufgaben

ABC-Analyse

Sachlage
Die Leitung des Beschaffungsamts der Stadt S. hat alle in den Fachämtern benötigten Materialien in zehn jeweils gleichartige Gruppen eingeteilt und zu diesen die folgenden Daten zusammengetragen:

Materialgruppe (MG)	Verbrauch pro Periode (in Mengeneinheiten)	durchschnittlicher Bezugspreis (in € pro Mengeneinheit)
MG 01	250	5,00
MG 02	320	13,00
MG 03	5490	0,50
MG 04	2500	10,00
MG 05	175	28,00
MG 06	570	16,00
MG 07	300	37,00
MG 08	1500	2,50
MG 09	700	25,00
MG 10	10	123,00

Web

1. Führen Sie mit den oben genannten Angaben eine ABC-Analyse durch (siehe Download-Bereich). Dabei sollten die A-Materialien ca. 80 %, die B-Materialien etwa 15 % und die C-Materialien den verbleibenden Rest von etwa 5 % des gesamten Verbrauchswerts ausmachen.
2. Verdeutlichen Sie die kumulierten Prozentanteile der A-, B- und C-Güter am Jahresverbrauchswert in einem Liniendiagramm. Geben Sie bei der Rubrikenachse (= x-Achse) die Materialien und bei der Größenachse (= y-Achse) die Prozente an.

Web

3. Wie stellt sich das Mengen-Wert-Verhältnis bei A-Gütern, B-Gütern und C-Gütern dar? Übernehmen Sie folgende Tabelle in Ihre Unterlagen (siehe Download-Bereich). Füllen Sie sie aus und beschreiben Sie, wie sich das Mengen-Wertverhältnis für die drei Güterarten darstellt.

Güterart	%-Anteil am Jahresverbrauchswert	%-Anteil an der Jahresverbrauchsmenge
A-Güter		
B-Güter		
C-Güter		

4. Erstellen Sie ein Säulendiagramm, das das Mengen-Wert-Verhältnis der A-, B- und C-Güter darstellt.
5. Welche unternehmerischen Konsequenzen ergeben sich für A-Güter in den folgenden drei Entscheidungsbereichen: Angebotsbearbeitung, Einkaufsverhandlungen (soweit möglich), personelle Besetzung des Beschaffungsamts?

221065134

Lagerkennziffern

Sachlage

Die Standortverwaltung der Bundeswehr ist zuständig für die Bekleidung und Ausrüstung der Soldatinnen und Soldaten. Der Lagerbestandskarte ist zu entnehmen, dass zu Beginn des Jahres ein Lagerbestand von 300 Uniformen vorhanden ist.

Außerdem ergeben sich für das Jahr folgende Monatsendbestände für Uniformen:

Januar: 246, Februar: 150, März: 300, April: 250, Mai: 0, Juni: 175, Juli: 325, August: 270, September: 400, Oktober: 160, November: 240, Dezember: 200.

Eine Uniform hat einen Einstandspreis von 350,00 €. Insgesamt werden im Jahr Waren im Wert von 1.218.000,00 € eingesetzt. Der Marktzinssatz beträgt 14 %.

Web

1. Übernehmen Sie die Tabelle in Ihre Unterlagen (siehe Download-Bereich). Berechnen Sie folgende Lagerkennziffern. (Anmerkung: Rechnen Sie mit 360 Tagen/Jahr).

Lagerkennziffer	Formel	Berechnung	Ergebnis	Einheit
durchschnittlicher Lagerbestand				
Umschlagshäufigkeit				
durchschnittliche Lagerdauer				
Lagerzinssatz				
durchschnittliche Kapitalbindung im Lager				
Lagerzinsen				

2. Ende Mai befinden sich keine Uniformen mehr im Lager. Welche Maßnahme schlagen Sie vor, um zukünftig eine solche Situation zu vermeiden?

Optimale Bestellmenge

1. In welcher Reihenfolge müssen die folgenden Tätigkeiten im Rahmen eines Beschaffungsvorgangs durchgeführt werden? Nummerieren Sie.

Liefertermin und Lieferung kontrollieren	
Buchungen vornehmen	
Angebote vergleichen	
Aufforderung zur Abgabe eines Angebots (= Anfrage schreiben)	
Bedarf ermitteln	
Zuschlag erteilen (= Bestellung vornehmen)	
Lieferant auswählen	
Rechnung prüfen und bezahlen	

2. Die gelieferten Waren müssen gelagert werden. Dabei entstehen Lagerkosten, wie z. B. Raumkosten, Verwaltungskosten und Lagerbestandskosten.

   Geben Sie zu jeder der drei Kostenkategorien drei Beispiele, welche Kosten im Einzelnen anfallen. (Kostenkategorie 1: Raumkosten: z. B. Miete ...)

3. Warum werden in die Berechnung der optimalen Bestellmenge nur die Lagerbestandskosten einbezogen, nicht aber Raum- und Verwaltungskosten?

4. Mit der Lagerhaltung ergibt sich ein Zielkonflikt zwischen ertragswirtschaftlichen und kostenwirtschaftlichen Zielen. Erläutern Sie ertragswirtschaftliche und kostenwirtschaftliche Ziele. Erklären Sie den Zielkonflikt.
5. Angenommen, die Materialien werden bei Bedarf bestellt. Wie nennt man dieses Bestellverfahren? Welche Größe muss dafür festgelegt werden?
6. Welche Folgen hätte eine Einmalbestellung im Vergleich zu dem in Aufgabe 5 genannten Bestellverfahren auf die Lager- und Bestellkosten?
7. Es gibt eine optimale Bestellmenge. Welches Ziel wird mit der Bestimmung der optimalen Bestellmenge angestrebt?
8. In der Stadt S. werden jährlich 80 t Streusalz benötigt. Der Einstandspreis beträgt 6,00 € je 100 kg Salz. Kostenrechnerische Auswertungen haben ergeben, dass die Bestellkosten 15,00 € je Bestellung betragen. Im Lager wird mit einem Lagerhaltungskostensatz von 10 % gerechnet.

Web

   a) Berechnen Sie die optimale Bestellmenge mithilfe einer Tabelle (siehe Download-Bereich). Die Anzahl der Bestellungen pro Jahr soll zwischen 1 und 8 liegen (fortlaufend). (durchschnittlicher Lagerbestand = die Hälfte der Bestellmenge)
   b) Überprüfen Sie Ihr Ergebnis zu a) durch die Berechnung der optimalen Bestellmenge mithilfe der Formel.
   c) Welche Voraussetzungen, die im Rechenmodell der optimalen Bestellmenge gelten, halten Sie gerade für die Beschaffung von Streusalz für wenig realistisch? Begründen Sie Ihre Aussagen.
9. Stellen Sie die drei Kostenkurven (Lagerhaltungskosten, Bestellkosten und Gesamtkosten pro Jahr) in einem Liniendiagramm grafisch dar und bestimmen Sie die optimale Bestellmenge (bzw. die optimale Anzahl an Bestellungen pro Jahr).
10. Nennen Sie drei Gründe, die eine Verwaltung dazu veranlassen könnte, von der optimalen Bestellmenge abzuweichen.

Zeitplanung

Sachlage

Die Beschaffungsabteilung des Kreiskrankenhauses der Stadt S. ist u. a. zuständig für die zentrale Beschaffung von Lebensmitteln und Getränken für die Versorgung der Patientinnen und Patienten. Aus der Statistik geht hervor, dass im letzten Kalenderjahr die 450 Betten zu 80 % ausgelastet waren. Weiterhin ist bekannt, dass durchschnittlich jeder Patient bzw. jede Patientin pro Tag eine Flasche Wasser trinkt. Die Wasserflaschen werden kistenweise (zwölf Flaschen Wasser pro Kiste) geliefert. Der Mindestbestand soll für drei Kalendertage ausreichen. Der Höchstbestand beträgt 210 Wasserkisten. Die Bestellzeit beträgt zwei Tage.

Web

1. Berechnen Sie folgende Größen unter Angabe des Rechenweges in Zahlen (siehe Download-Bereich).

Größe	Rechenweg/Formel	Ergebnis
durchschnittlicher täglicher Wasserverbrauch (in Kisten)		
Mindestbestand (= eiserner Bestand) (in Kisten)		
Meldebestand (in Kisten)		
erforderliche Bestellmenge, damit der Höchstbestand nicht überschritten wird (in Kisten)		
Bestellintervall (in Tagen)		

2. Beschriften Sie die Koordinaten, tragen Sie die Ergebnisse (Zahlen) folgender Größen in das Schaubild ein: Bestellintervall, eiserne Reserve/Mindestbestand, Meldebestand, Höchstbestand; beschriften Sie die eingezeichneten Linien. Übernehmen Sie das Koordinatenkreuz (folgende Seite) in Ihre Unterlagen.

221065136

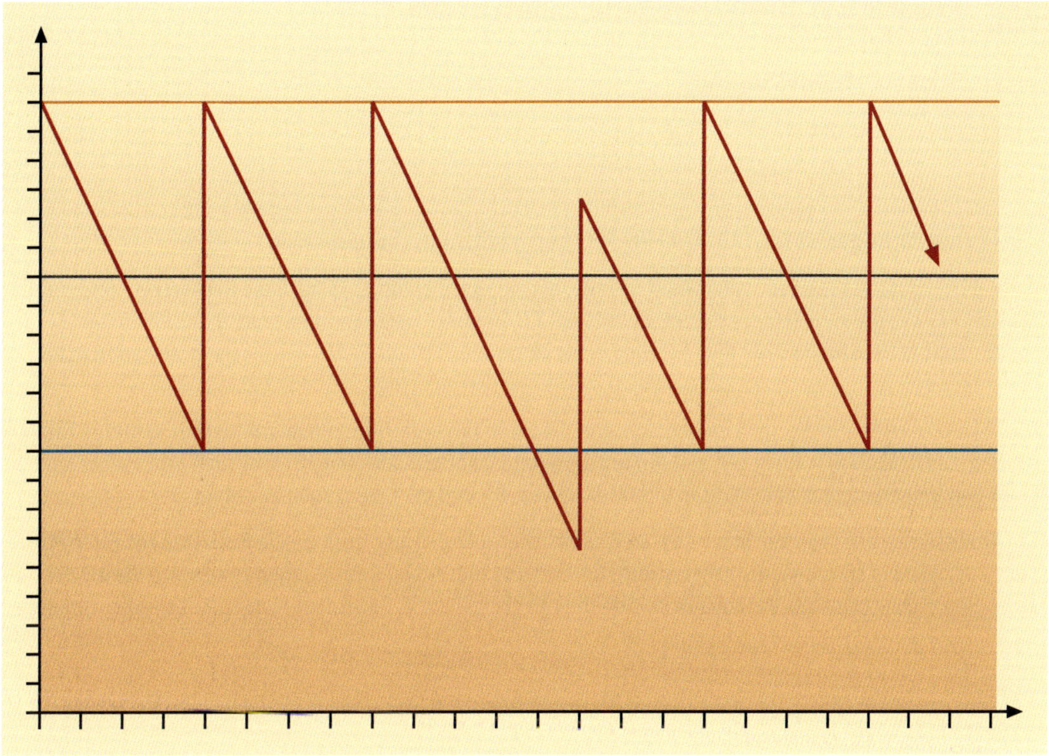

3. Im dritten Bestellintervall ist eine Situation aufgetreten, die vom normalen Ablauf abweicht. Was ist hier passiert und wie hat die Beschaffungsabteilung darauf reagiert?
4. Nennen Sie zwei mögliche Gründe/Situationen, die dazu führen, dass öfter bzw. mehr Kisten bestellt werden müssen, als von Ihnen berechnet.

1 Rechtliche Grundlagen aufzeigen

1.1 Privates und öffentliches Recht unterscheiden

1.1.1 Lernsituation

Graffiti – Kunst, Verbrechen oder Kostenfaktor?

Zwei Tatverdächtigen werden 107 Graffiti-Sachbeschädigungen vorgeworfen

Polizeiliche Ermittlungsarbeit dauert häufig lange, bis sie zum Ziel führt. So auch die Recherchen der Ermittlungskommission Graffiti, die in Neustadt arbeitet. Bereits am 17. August ... waren morgens gegen 06:30 Uhr ein 21-jähriger und ein 22-jähriger Neustädter nach dem Sprayen eines illegalen Graffitos an der Haußmannstraße auf frischer Tat festgenommen worden.

Durch intensive Anschlussermittlungen konnten die zwei Tatverdächtigen nun zahlreicher weiterer Taten überführt werden. Die Polizei wirft ihnen vor, seit Anfang des letzten Jahres insgesamt 107 Graffiti-Sachbeschädigungen in Neustadt und Umgebung mit einem Gesamtschaden von **ca. 85.000,00 €** begangen zu haben.

Die Arbeitsweise der Täter zeichnete sich im Wesentlichen dadurch aus, dass sie die **Buchstabenfolgen MUC und MOX** auf Hausfassaden sprühten. Als sehr hilfreich bei den umfangreichen Ermittlungen zeigte sich die bei der Polizei Neustadt eingerichtete Graffiti-Datenbank, aus der den beiden allein 35 Straftaten zugeordnet werden konnten.

(Bericht aus der Neustädter Tageszeitung)

Begriffserklärung: Das Wort Graffiti (Mehrzahl; Einzahl: Graffito) kommt aus dem Italienischen (sgraffiare) und bedeutet kratzen, einritzen.

1.1.2 Arbeitsaufträge zur Lernsituation

1. **Rechtliche Beurteilung**
   a) Welche Rechtsgrundlagen liegen dem Handeln der Polizei, der Staatsanwaltschaft und dem Anspruch der Geschädigten zugrunde?
   b) Welche Maßnahmen bzw. Rechtsfolgen drohen den „Writern" MUC und MOX?
   c) Ordnen Sie die Rechtsfolgen dem privaten und öffentlichen Recht zu.
2. **Finanzielle Konsequenzen**
   Errechnen Sie, wie viele Jahre MUC und MOX zahlen müssen, wenn sie den Gesamtschaden ersetzen müssen und monatlich beide je 50,00 €, 100,00 € oder 500,00 € aufbringen können. (Vereinfachte Rechnung: Anfallende Zinsen bleiben außer Betracht!)
3. **Gesamtwirtschaftliche Folgen**
   Eine Bundestagsabgeordnete behauptet: „Egal, ob über Mieten oder Steuern: Letztlich zahlt jede Bürgerin und jeder Bürger dafür mit." Erläutern Sie diese Aussage zu den Kosten von Graffiti.

1.1.3 Aufgaben

Abgrenzung des privaten und öffentlichen Rechts

1. Übernehmen Sie das Schaubild in Ihre Unterlagen. Setzen Sie die Begriffe an der richtigen Stelle ein:
   1. Privatautonomie
   2. Staat
   3. zwingend
   4. Gleichordnung
   5. Bürger
   6. dispositiv

221065138

1.1 Privates und öffentliches Recht unterscheiden

Unterscheidungs-merkmale	Privatrecht (PR)	Öffentliches Recht (ÖR)
Wie ist das Verhältnis der Beteiligten zueinander?	.... Bürger/-in ⟷ Bürger/-in **oder** .... ⟷ Staat	Über-/Unterordnung .... ↓ Bürger/-in **oder** Gleichordnung Staat ⟷ Staat
Welche Grundsätze kennzeichnen das Recht?	.... und Vertragsfreiheit Das Recht ist häufig	Das Recht ist ....

Rechtsquellen

2. Entscheiden Sie, welche Normen zum öffentlichen Recht und welche zum privaten Recht gehören.
   a) Versicherungsvertragsgesetz
   b) Handelsgesetzbuch
   c) Grundgesetz
   d) Gesetz über Ordnungswidrigkeiten
   e) GmbH-Gesetz
   f) Zivilprozessordnung

Beispiele

3. Welcher Fall betrifft das private Recht?
   a) Die Bundesländer Brandenburg, Berlin und Mecklenburg-Vorpommern vereinbaren die Gründung einer gemeinsamen Rundfunkanstalt.
   b) Das Finanzamt Emden erhebt Körperschaftsteuer.
   c) Die Bundeswehr lässt vom Bauunternehmen Schneller AG eine neue Kaserne in Baden-Württemberg bauen.
   d) Kevin Timoschenko erhält einen Brief von der Bundesagentur für Arbeit, in dem ihm die Höhe seines Arbeitslosengeldes mitgeteilt wird.
   e) Dietmar Schwarz hat schuldhaft einen Verkehrsunfall verursacht und wird vom Gericht zu einer Geldstrafe von 500,00 € wegen fahrlässiger Körperverletzung verurteilt.

1.2 Rechtssubjekte und Rechtsobjekte benennen

1.2.1 Lernsituation

Systematik der Rechtssubjekte und -objekte

1. Heidi Bohl (geb. 05.03.19..)
2. Tierschutzverein Neustadt e. V.
3. Bürobedarf Gebrüder Petuchov OHG
4. Bekleidungshaus Quadel GmbH
5. Zeitschrift Goldene Seiten
6. Titelblatt der Zeitschrift Goldene Seiten
7. Kreditbank Neustadt AG
8. Deutsche Rentenversicherung Bund
9. Grundstück Steinstraße 9, Neustadt
10. Anspruch auf Miete aus dem Wohnungsmietvertrag zwischen Frau Bohl und Herrn Hansen

1.2.2 Arbeitsaufträge zur Lernsituation

1. Beschriften Sie jeweils eine Karteikarte DIN-A8 mit einem der oben genannten Beispiele und schreiben Sie auf die Rückseite die Antworten zu den folgenden Fragen. Nehmen Sie den Grundlagenband zu Hilfe.
   a) Welche Art von Rechtssubjekt oder Rechtsobjekt liegt vor? Bezeichnen Sie die Art so genau wie möglich: natürliche Person, juristische Person, Personengesellschaft, Sache, Recht usw.

   Zusätzlich bei Rechtssubjekten:

   b) Entscheiden Sie, ob Rechts- und Geschäftsfähigkeit (ggf. welche Stufe) gegeben sind oder nicht.
   c) Handelt es sich um einen Verbraucher, einen Unternehmer oder einen Kaufmann?

   Verbraucher sind ausschließlich natürliche Personen.
   Kaufleute führen stets eine Firma mit Rechtsformzusatz (e. K., OHG usw.).
   Unternehmer handeln mit Gewinnerzielungsabsicht. (Tipp: Nicht jeder Unternehmer ist ein Kaufmann. Aber jeder Kaufmann ist ein Unternehmer!)

2. Legen Sie in Partner- oder Gruppenarbeit mit den Beispiel-Karteikarten auf dem Tisch eine Struktur, die die Arten von Rechtssubjekten und Rechtsobjekten verdeutlicht. Dazu schreiben Sie auf weitere Karteikarten folgende Überschriften: Rechtssubjekte, Rechtsobjekte, Natürliche Personen, Juristische Personen, Juristische Personen des privaten Rechts, Juristische Personen des öffentlichen Rechts, Sachen, Rechte, Kapitalgesellschaften, Personengesellschaften.

1.2.3 Aufgaben

Rechts- und Geschäftsfähigkeit

1. Übernehmen Sie die Tabelle in Ihre Unterlagen. Kreuzen Sie das Zutreffende an und ergänzen Sie in der vierten Spalte jeweils eine kurze Begründung (natürliche Person, juristische Person des PR/ÖR usw.).

Beispiel	rechtsfähig ...	nicht rechtsfähig ...	..., weil:	(voll) geschäftsfähig	beschränkt geschäftsfähig	geschäftsunfähig
1. Deniz, 6 Jahre						
2. Hannemann GmbH						
3. Fiona, 17 Jahre						
4. Bundesagentur für Arbeit						
5. Bernhardiner Benno, 14 Jahre						

221065140

Beispiel	rechtsfähig ...	nicht rechtsfähig ...	..., weil:	(voll) geschäftsfähig	beschränkt geschäftsfähig	geschäftsunfähig
6. neugeborenes Baby Miguel						
7. Gemeinnützige Siedlungsgenossenschaft in Steglitz e. G.						
8. Ausländer Jamal, 40 Jahre						
9. Bundesland Thüringen						
10. Städtisches Albert-Einstein-Gymnasium						
11. einsitzender Straftäter Egon, 54 Jahre						
12. Technische Universität Dresden						
13. Bayerischer Rundfunk						
14. Strafanstalt Stammheim						
15. Deutsche Bahn AG						
16. Rechtsanwalt Mehmet Müller						
17. Kegelklub Fröhliches Miteinander e. V.						
18. Allgemeine Ortskrankenkasse Berlin						
19. Stiftung Warentest						
20. Dr. Gauss, Richterin am Bundesgerichtshof						

Natürliche und juristische Personen

§ 54 Sozialgesetzbuch VIII
(1) Ein rechtsfähiger Verein kann Pflegschaften, Vormundschaften oder Beistandschaften übernehmen ...

2. Lesen Sie den oben stehenden Paragrafenauszug und beantworten Sie dazu folgende Fragen:
   a) Was heißt Rechtsfähigkeit?
   b) Wie handelt ein Verein?
   c) Ist ein Verein eine juristische Person des privaten oder öffentlichen Rechts?
   d) Nennen Sie mindestens jeweils zwei weitere Arten von juristischen Personen des ÖR und PR.
   e) Wie erlangen juristische Personen des ÖR bzw. PR grundsätzlich Rechtsfähigkeit?
   f) Grenzen Sie die Begriffe Vormundschaft und Betreuung mithilfe der §§ 1773 f., 1814 BGB voneinander ab.
   g) Zu welcher Art von Rechtssubjekten gehört ein Notar bzw. eine Notarin?

Rechtsobjekte: Gliederung

3. Lesen Sie die angegebenen Beispiele und ordnen Sie die Nummern der jeweils passenden Kategorie zu: (ACHTUNG: Es können auch mehrere sein!)

1. 1 kg Mehl Type 405
2. Sessel aus der Serie „Ragazzi“
3. Polsterung eines Sessels
4. Grundstück
5. Baum auf einem Grundstück
6. Gebäude
7. neuer Pkw der Marke XYZ
8. neuer Ersatzreifen im Kofferraum
9. Holsteiner Landbrot
10. Gebrauchtwagen
11. Aufenthalt auf dem eigenen Grundstück
12. Zins aus Darlehen
13. Birnen aus einem gepachteten Obstgarten
14. gebrauchter Reifen an einem Pkw

15. Eigentum
16. Kaufpreisanspruch
17. Leben
18. Anspruch auf Werklohn
19. Huhn
20. Hühnerei

Rechtsobjekte (Rechtsgegenstände)			
Sachen § 90 BGB, Einteilung in:		**Tiere § 90a BGB**	**Rechte**
■ bewegliche	■ unbewegliche		■ absolute Rechte (wirken gegen jedermann)
■ vertretbare, § 91 BGB	■ nicht vertretbare		
■ verbrauchbare, § 92 BGB	■ nicht verbrauchbare		■ relative Rechte (richten sich gegen einzelne Personen, siehe auch § 241 Abs. 1 BGB)
Bei enger Zugehörigkeit zu anderen Sachen oder Rechten:			
■ Früchte, § 99 BGB	■ wesentliche Bestandteile, §§ 93, 94 BGB		

Rechtsfähigkeit natürlicher Personen

4. Alle Menschen in der Bundesrepublik Deutschland sind gleichermaßen rechtsfähig. In der deutschen Geschichte gab es dagegen eine zivilrechtliche Ausgrenzung bestimmter Personenkreise. Ordnen Sie die wiedergegebenen Quellen [1], [2] historisch ein und erläutern Sie deren Inhalt.

[1] Gesetz zur Verhütung erbkranken Nachwuchses

Die Reichsregierung hat das folgende Gesetz beschlossen, das hiermit verkündet wird:

§ 1 (1) Wer erbkrank ist, kann unfruchtbar gemacht (sterilisiert) werden, wenn nach den Erfahrungen der ärztlichen Wissenschaft mit großer Wahrscheinlichkeit zu erwarten ist, dass seine Nachkommen an schweren körperlichen oder geistigen Erbschäden leiden werden.

(2) Erbkrank im Sinne dieses Gesetztes ist, wer an einer der folgenden Krankheiten leidet:

1. angeborenem Schwachsinn,
2. Schizophrenie,
3. zirkulärem (manisch-depressivem) Irresein,
4. erblicher Fallsucht,
5. erblichem Veitstanz (Huntingtonsche Chorea),
6. erblicher Blindheit,
7. erblicher Taubheit,
8. schwerer erblicher körperlicher Missbildung.

(3) Ferner kann unfruchtbar gemacht werden, wer an schwerem Alkoholismus leidet [...]

[2] Gesetz zum Schutze des deutschen Blutes und der deutschen Ehre

Durchdrungen von der Erkenntnis, dass die Reinheit des deutschen Blutes die Voraussetzung für den Fortbestand des deutschen Volkes ist, und beseelt von dem unbeugsamen Willen, die deutsche Nation für alle Zukunft zu sichern, hat der Reichstag einstimmig das folgende Gesetz beschlossen, das hiermit verkündet wird.

§ 1 (1) Eheschließungen zwischen Juden und Staatsangehörigen deutschen oder artverwandten Blutes sind verboten. Trotzdem geschlossene Ehen sind nichtig, auch wenn sie zur Umgehung dieses Gesetzes im Auslande geschlossen sind.

(2) Die Nichtigkeitsklage kann nur der Staatsanwalt erheben.

§ 2 Außerehelicher Verkehr zwischen Juden und Staatsangehörigen deutschen oder artverwandten Blutes ist verboten.

[...]

§ 5 (1) Wer dem Verbot des § 1 zuwiderhandelt, wird mit Zuchthaus bestraft.

(2) Der Mann, der dem Verbot des § 2 zuwiderhandelt, wird mit Gefängnis oder mit Zuchthaus bestraft.

(3) Wer den Bestimmungen der § 3 oder § 4 zuwiderhandelt, wird mit Gefängnis bis zu einem Jahr und mit Geldstrafe oder mit einer dieser Strafen bestraft.

§ 6 Der Reichsminister des Innern erlässt im Einvernehmen mit dem Stellvertreter des Führers und dem Reichsminister der Justiz die zur Durchführung und Ergänzung des Gesetzes erforderlichen Rechts- und Verwaltungsvorschriften.

1.3 Privatrechtliche Einzelfallregelungen abgrenzen

1.3.1 Lernsituation

Dokumente im Nachlass

①

Neustadt, 30. Dezember 20..

Mein letzter Wille

Erbe meines gesamten Vermögens soll nach meinem Tode der Tierschutzverein Neustadt e. V. sein.

Bohl

②

Bestellung
Bekleidungshaus Quadel GmbH, 90751 Fürth, Zabelweg 9
Faxnummer: 0180-984566

Kundennr.	Geburtsdatum (Tag / Monat / Jahr)	Geschl. (m / w)
866417	05 / 03 / 19..	w: x

Name, Vorname
BOHL

Straße, Hausnummer
STEINSTRASSE 9

Postleitzahl	Wohnort
49999	NEUSTADT

Bestellnummer	Größe	Menge	Gesamtpreis (EUR, Cent)
84017	44	01	59,99
84588	66	01	80,30
88254	54	01	103,50

4. Juni 20.., Bohl

per Brief ab am 4. Juni

③

Kreditbank Neustadt AG
IBAN: DE 7600 6000 4011 8028 04
BIC: KRNEUKDE

Kontoauszug Datum Mai 20..

Kontoart	Konto-Nummer	Inhaber
Multi-Giro	4012980004	Bohl

Buchung	Wertstellung	Vorgang	Betrag
02.05.	02.05.	Überweisung Miete	440,00 –
04.05.	04.05.	Lastschrift Telekom	26,77 –
09.05.	09.05.	Dauerauftrag Goldene Seiten II. Quartal 20..	16,00 –

④

Arbeitsvertrag

Zwischen der Großhandel Bürobedarf Gebrüder Rohde OHG, Lippstädter Straße 11, 49999 Neustadt

und Frau Bohl

wird folgender Arbeitsvertrag geschlossen:

§ 1 Beginn und Dauer des Arbeitsverhältnisses

Das Arbeitsverhältnis beginnt am 1. Januar … Die ersten sechs Monate gelten als Probezeit. Das Arbeitsverhältnis kann von beiden Vertragsparteien mit gesetzlicher Frist gekündigt werden.

§ 2 Tätigkeit

Frau Bohl wird als kaufmännische Angestellte eingestellt. Das Aufgabengebiet erstreckt sich auf alle Tätigkeitsbereiche, die im Rahmen der Filiale anfallen (u. a. Schriftverkehr, Anfragen, Angebote, Bestellungen, Rechnungen schreiben; Kalkulation; Rechenschaftspflicht gegenüber der Geschäftsleitung usw.). Die Rohde OHG behält sich vor, den vereinbarten Tätigkeitsbereich jederzeit zu ändern sowie der Angestellten eine andere zumutbare Arbeit im Betrieb zuzuweisen.

§ 3 Arbeitszeit

Die regelmäßige Arbeitszeit beträgt 40 Stunden wöchentlich. Die Pausen richten sich nach den gesetzlichen Vorschriften und zählen nicht zur Arbeitszeit.

…

⑤

Neustadt, 2. Mai 20..

Kündigung meiner Wohnung

Sehr geehrter Herr Hansen,

hiermit kündige ich unser Mietverhältnis zum nächstmöglichen Termin. Da ich allein lebe, habe ich mich entschlossen, in eine Seniorenwohnanlage zu ziehen.

Mit freundlichen Grüßen

Bohl

Original persönlich übergeben am 3. Mai

⑥

Bürgschaft

Für alle bestehenden und künftigen – auch bedingten oder befristeten – Ansprüche, die der Kreditbank Neustadt AG aus der Geschäftsverbindung, insbesondere aus laufender Rechnung und aus der Gewährung von Krediten jeder Art, aus abgetretenen oder kraft Gesetzes übergegangenen Forderungen gegen

Frau Sabine Schmidt, Steinstraße 9, 49999 Neustadt (Hauptschuldnerin), zustehen, übernimmt die Bürgin Bohl, Steinstraße 9, 49999 Neustadt, die betragsmäßig beschränkte selbstschuldnerische Bürgschaft.

Sie beläuft sich auf 5.000,00 € (fünftausend Euro).

Die Bürgschaft besteht bis zur Beendigung der Geschäftsverbindung und bis zur Rückführung aller gesicherten Ansprüche der Bank; sie erlischt insbesondere nicht durch eine vorübergehende Rückzahlung der Kredite.

...

Für das Bürgschaftsverhältnis ist deutsches Recht maßgebend.

Neustadt, 4. September 20..

Bohl

1.3.2 Arbeitsaufträge zur Lernsituation

Die zweiundsechzigjährige Frau Bohl ist am 6. Juni 20.. bei einem Verkehrsunfall verstorben und hat keine näheren Verwandten. Der Vermieter Hansen möchte die Wohnung räumen lassen. Er beantragt beim Nachlassgericht von Neustadt deshalb die Einsetzung einer Nachlasspflegschaft (§ 1960 f. BGB). Sie sind nebenberufliche Mitarbeiterin oder Mitarbeiter des bestellten Nachlasspflegers bzw. der Nachlasspflegerin und haben zunächst die Aufgabe, vorhandene Dokumente in der Wohnung zu sichten und erste Maßnahmen zu ergreifen.

1. Legen Sie eine Tabelle mit folgenden Spalten an: Dokument, Willenserklärungen: Anzahl/empfangsbedürftig, ein-/zweiseitiges Rechtsgeschäft. Berücksichtigen Sie zusätzlich Platz für eine Erweiterung um mehrere Spalten.

   Füllen Sie die Tabelle für die Dokumente 1 bis 6 aus:

   a) Wie viele Willenserklärungen mussten hier vorliegen, damit ein wirksames Rechtsgeschäft zustande kommen konnte?
   b) Sind diese empfangsbedürftig?
   c) Handelt es sich um ein ein- oder mehrseitiges Rechtsgeschäft?
2. Wen würden Sie aufgrund der vorliegenden Dokumente unmittelbar benachrichtigen?

1.3.3 Aufgaben

Willenserklärungen

1. Übertragen Sie die Tabelle in Ihre Unterlagen. Entscheiden Sie, ob Frau Greta Garcia in den unten stehenden Fällen Willenserklärungen abgibt. Wenn ja, kreuzen Sie die Form der Äußerung an. Wenn nicht, begründen Sie Ihre Entscheidung kurz.

Sachverhalt	Ja, ausdrücklich	Ja, schlüssig, konkludent	Nein, weil ...
a) Garcia setzt handschriftlich ihr Testament auf.			
b) Garcia ruft beim Versandhaus an und lässt sich einen Katalog zuschicken.			

221065144

Sachverhalt	Ja, ausdrücklich	Ja, schlüssig, konkludent	Nein, weil ...
c) Garcia bucht im Internet einen Flug.			
d) Garcia rutscht mit ihrem Pkw auf eisglatter Straße und beschädigt einen parkenden Wagen.			
e) Garcia nimmt für ihre Nachbarin ein Paket entgegen.			
f) Garcia kündigt schriftlich ihren Arbeitsvertrag.			

Rechtsgeschäfte

2. Nach der Anzahl der erforderlichen Willenserklärungen unterscheidet man ein-, zwei- oder mehrseitige Rechtsgeschäfte. In welchem Fall handelt es sich um ein einseitiges Rechtsgeschäft?
   a) Die Sekretärin Franziska Adamtschuk beauftragt einen Busunternehmer für den Betriebsausflug der Tourismus Marketing GmbH.
   b) Die Stadt Neustadt nimmt einen Geschäftskredit bei der Kreditbank Neustadt AG auf.
   c) Der Auszubildende Gül Akkaya erhält wegen sehr guter Leistungen einen Tablet-PC geschenkt.
   d) Die Ausbildungsleiterin Iris Thule kündigt der Auszubildenden Inga Gonz außerordentlich wegen unentschuldigter Fehlzeiten.
   e) Der Leiter der Tourismus Marketing GmbH veranstaltet eine 1990er-Jahre-Oldies-but-Goldies-Open-Air-Party in Neustadt.
3. **Vollmacht** und 4. **Stellvertretung** (Aufgaben im Download-Bereich und in der BiBox)

Web

1.4 Vertragsarten bezeichnen

1.4.1 Lernsituation (Fortsetzung Lernsituation 1.3.1): Dokumente im Nachlass

(Text siehe Seite 137 f.)

1.4.2 Arbeitsaufträge zur Lernsituation

1. In einigen der Dokumente werden bestimmte Verträge verkörpert, vorbereitet oder beendet.
   Erweitern Sie Ihre Tabelle aus dem 1. Arbeitsauftrag zur Lernsituation 1.3.1 um folgende Spalten: Vertrag/Paragraf, Vertragspartner/Hauptpflichten.
   a) Ermitteln Sie den jeweiligen Paragrafen und geben Sie die Vertragsart an.
   b) Geben Sie die Vertragsparteien und deren Hauptpflichten wieder.
2. Welcher dieser Verträge ist nicht gegenseitig verpflichtend?

1.4.3 Aufgabe

Vertragsarten: Zuordnungsaufgabe
Welche Vertragsart liegt vor? Ordnen Sie den Beispielen die zutreffenden Buchstaben der Vertragsart zu.

Vertragsarten	
a) Kaufvertrag, § 433 BGB	i) Pachtvertrag, § 581 BGB
b) Leasing	j) Zahlungsdienstevertrag, § 675f BGB
c) Schenkungsvertrag, § 516 BGB	k) Sachdarlehen, § 607 BGB
d) Werkvertrag, § 631 BGB	l) Leihvertrag, § 598 BGB
e) Mietvertrag, § 535 BGB	m) (Geld-)Darlehen, § 488 BGB
f) Dienstvertrag, § 611 BGB	n) Bürgschaft, § 765 BGB
g) Arbeitsvertrag, § 611a BGB	o) Werklieferungsvertrag, § 650 Abs. 1 BGB
h) Auftrag, § 662 BGB	p) Bauvertrag, § 650a BGB

„In Meierbach ist etwas los!" (Beispiele für Vertragsarten)	Buchstabe
1. Bürgermeister Neumann erwirbt für sein Gemeindebüro bei der Möbelgut AG eine neue Büroeinrichtung.	
2. Die Gemeinde Meierbach lässt von der Eventservice Perfect GmbH für den 07.08.20.. Biertischgarnituren, Zelte und eine Bühne für die 750-Jahrfeier der Gemeinde gegen Entgelt bereitstellen.	
3. Die Gemeinde Meierbach beauftragt die Zeytin AG, auf dem Marktplatz ein Gebäude zu errichten, in das die Touristeninformation einziehen soll.	
4. Juwelierin Hasanovic spendet der Gemeinde Meierbach zum Jubiläum einen Wappenteller in Silber.	
5. Die Gemeinde Meierbach lässt sich von der Hard & Soft GmbH ein Programm zur Erstellung von Hundesteuerbescheiden entwickeln.	
6. Frau Groß „mietet" eine der örtlichen Brauerei gehörende Ausflugsgaststätte in Meierbach mit allem Inventar.	
7. Für die Bedienung in der Gaststätte stellt Frau Groß eine Kellnerin ein.	
8. Als am Sonntag Hochbetrieb in der Gaststätte ist, geht Frau Groß das Wechselgeld aus. Sie bittet ihren Freund Saadi, mit einem 100-Euro-Schein zum Wechseln zur Tankstelle zu fahren.	
9. An diesem Sonntag geht Frau Groß auch die Schlagsahne aus. Sie borgt in der Nachbarschaft einige Sprühsahnedosen und verspricht Rückgabe nach der nächsten Lieferung.	
10. Da Frau Groß kein Auto besitzt, bittet sie ihren Freund, ihr sein Auto für drei Tage kostenlos zur Verfügung zu stellen, um in der Kreisstadt einige Geschäfte erledigen zu können.	
11. In der Kreisstadt eröffnet Frau Groß bei der Privatbank Fournier AG ein Geschäftskonto.	
12. Außerdem nimmt Frau Groß einen Kredit für die Erweiterung ihres Geschäfts auf.	
13. Steuerberaterin Wrobel berät Frau Groß eine Stunde lang über Abschreibungsmöglichkeiten nach verschiedenen Rechtsvorschriften.	
14. Aufgrund des Gesprächs mit Frau Wrobel lässt sich Frau Groß von der Bürgerwagen AG für eine langjährige Laufzeit einen Pkw bereitstellen. Sie zahlt monatliche Raten an die Bürgerwagen AG. Für Wartung und Instandhaltung muss sie selbst sorgen.	
15. Der Faschingsverein Meierbach e. V. bestellt bei der Schneiderin Solmaz sieben maßzufertigende Faschingskostüme für die Damentanzgruppe. Stoff und Zubehör sind von der Schneiderin zu stellen.	
16. Frau Groß steht für eine Schuld ihres Freunds Saadi gegenüber einem Kreditinstitut ein.	

1.5 Vorschriften für die Form von Willenserklärungen anwenden

1.5.1 Lernsituation (Fortsetzung Lernsituation 1.3.1): Dokumente im Nachlass

(Text siehe Seite 137 f.)

1.5.2 Arbeitsauftrag zur Lernsituation

Erweitern Sie Ihre Tabelle aus den Arbeitsaufträgen zur Lernsituation 1.3.1 um die Spalte: Form. Prüfen Sie, ob die in den Dokumenten repräsentierten Willenserklärungen, Rechtsgeschäfte bzw. Verträge einem Formzwang unterliegen. Geben Sie die gegebenenfalls erforderliche Form und den entsprechenden Paragrafen an.

1.5.3 Aufgaben

Formvorschriften

1. Beantworten Sie die folgenden Fragen.
   a) Erläutern Sie, welche Formvorschrift unterschriebene Faxe und E-Mails erfüllen.
   b) Nennen und erklären Sie drei Gründe, warum der Gesetzgeber Formvorschriften erlassen hat.
   c) Veranschaulichen Sie an einem Beispiel den Begriff der „Heilung" von Formmängeln.

Übungsfälle

2. Prüfen Sie, ob in den nachfolgenden Fällen Formvorschriften zu beachten sind. Wenn ja, nennen Sie die Form und geben Sie an, ob ggf. die Heilung eines Formmangels möglich ist.

   1. Carla Bekkers kauft von Reiner Vogel einen Pkw-Oldtimer für 25.000,00 € bar. (§ 433 BGB)
   2. Farah Ahmadi möchte ein Reihenhaus erwerben. (§§ 311b, 873 BGB)
   3. Zehn Personen wollen einen Tennisklub gründen. Sie wählen einen Vorstand und teilen dem zuständigen Amtsgericht (Vereinsregister) per notariell beurkundetem Schriftstück die Gründung des Vereins mit. Sie bitten um Eintragung ins Vereinsregister. (§§ 77, 129 BGB)
   4. Der volljährige Elias Adomatis verspricht seiner Freundin, ihr zum Weihnachtsfest einen Ring mit einem Diamanten von einem Karat zu schenken. (§ 518 BGB)
   5. Der Vermieter teilt der Mieterin Ria Gonzales mündlich die Erhöhung ihrer Miete bis zur ortsüblichen Vergleichsmiete mit. (§ 558a BGB)
   6. Die Yilmaz Bau GmbH schließt mit dem Verbraucher Charles McCoy einen schriftlichen Vertrag über die Errichtung eines Einfamilienhauses ab. Beide Parteien haben original unterschrieben. (§ 650i BGB)

1.6 Vertragsfreiheit und Grenzen der Vertragsfreiheit beschreiben

1.6.1 Lernsituation

Ein Girokonto für jedermann

Das Zahlungskontengesetz setzte 2016 eine EU-Richtlinie um. Danach hat jeder Verbraucher, der in Deutschland legal ansässig ist, ungeachtet seiner Bonität Anspruch auf den Zugang zu einem Zahlungskonto mit grundlegenden Funktionen: Bareinzahlungen und -auszahlungen, Überweisungen, Lastschriften und Kartenzahlungen. Wenn sich Banken weigern ein derartiges Basiskonto zu eröffnen, müssen sie mit Konsequenzen rechnen: Sie können von der Bundesanstalt für Finanzdienstleistungsaufsicht dazu gezwungen werden.

Von dieser Regelung profitieren zum Beispiel Asylsuchende, geduldete Personen, Menschen ohne festen Wohnsitz oder überschuldete Menschen. Sie hatten zuvor Schwierigkeiten, ein Konto zu eröffnen.

1.6.2 Arbeitsaufträge zur Lernsituation

1. Begründen Sie: Warum ist ein Girokonto heute für jedermann wichtig?
2. Welcher Teil der Vertragsfreiheit wird durch das Zahlungskontengesetz beschränkt?
3. Wie nennt man eine derartige gesetzliche Verpflichtung?

1.6.3 Aufgaben

Vertragsfreiheit

1. Welche Aussage ist falsch?
   a) Vertragsfreiheit ist ein Teilgebiet der Privatautonomie.
   b) Inhaltsfreiheit umfasst u. a., dass ein Unternehmen grundsätzlich seine Preise frei kalkulieren kann.
   c) Wer Verträge abschließt, muss dies normalerweise in Schriftform tun.
   d) Abschlussfreiheit heißt, sich entscheiden zu können, ob und mit wem man einen Vertrag abschließt.
   e) Durch staatliche Gesetzgebung wird die Vertragsfreiheit eingeschränkt, um z. B. Schwächere vor Ausbeutung durch Stärkere zu schützen und somit Vertragsgerechtigkeit zu fördern.

Grenzen der Vertragsfreiheit

2. Die auf dieser und der folgenden Seite wiedergegebenen Normen begrenzen die Vertragsfreiheit. Übernehmen Sie die Tabelle in Ihre Unterlagen und füllen Sie sie aus: Welche der drei Ausprägungen der Vertragsfreiheit wird vom Gesetzgeber beschränkt; welche Vertragspartei wird beschränkt, welche geschützt?

Norm	Beschränkt ist hierbei die ...	a) Wer wird beschränkt? b) Was wird gesichert?
§ 5 Jugendarbeitsschutzgesetz (1) Die Beschäftigung von Kindern ... ist verboten.		
§ 3 Bundesurlaubsgesetz (1) Der Urlaub beträgt jährlich mindestens 24 Werktage.		
§ 154 Sozialgesetzbuch IX (1) S. 1 ... Arbeitgeber mit ... mindestens 20 Arbeitsplätzen ... haben auf wenigstens fünf Prozent der Arbeitsplätze schwerbehinderte Menschen zu beschäftigen.		

221065148

Norm	Beschränkt ist hierbei die ...	a) Wer wird beschränkt? b) Wer wird geschützt?
§ 557 BGB (3) Im Übrigen kann der Vermieter Mieterhöhungen nur nach Maßgabe der §§ 558 bis 560 verlangen, ... (4) Eine zum Nachteil des Mieters abweichende Vereinbarung ist unwirksam.		
§ 307 BGB (1) S. 1 Bestimmungen in Allgemeinen Geschäftsbedingungen sind unwirksam, wenn sie den Vertragspartner des Verwenders entgegen den Geboten von Treu und Glauben unangemessen benachteiligen.		
§ 623 BGB Die Beendigung von Arbeitsverhältnissen durch Kündigung oder Auflösungsvertrag bedarf zu ihrer Wirksamkeit der Schriftform; die elektronische Form ist ausgeschlossen.		
§ 11 Anschluss- und Benutzungszwang Gemeindeordnung Baden-Württemberg (1) Die Gemeinde kann bei öffentlichem Bedürfnis durch Satzung für die Grundstücke ihres Gebiets den Anschluss an Wasserleitung, Abwasserbeseitigung, Straßenreinigung, die Versorgung mit Nah- und Fernwärme und ähnliche der Volksgesundheit oder dem Schutz der natürlichen Grundlagen des Lebens einschließlich des Klima- und Ressourcenschutzes dienende Einrichtungen (Anschlusszwang) und die Benutzung dieser Einrichtungen sowie der Schlachthöfe (Benutzungszwang) vorschreiben. In gleicher Weise kann die Benutzung der Bestattungseinrichtungen vorgeschrieben werden.		

1.7 Technik der Rechtsanwendung

1.7.1 – 1.7.3 Lernsituation und Aufgaben im Download-Bereich sowie in der BiBox

Web

Das Zustandekommen und die Erfüllung von Verträgen erläutern (am Beispiel des Kaufvertrags)

2.1 Den (Kauf-)Vertragsabschluss darlegen

2.1.1 Lernsituation

Büromaterialbestellung

(A)

Landesinstitut
für Medien- und Informationsdienste

Landesinstitut für Medien- und Informationsdienste, Moselstr. 2, 49999 Neustadt

Bürowelt GmbH
Wrangelstraße 98
10997 Berlin

Ihr Zeichen:
Ihre Nachricht vom:
Unser Zeichen: ti
Unsere Nachricht vom:

Name: Fr. Tischer
Telefon: 02999 234-02
Telefax: 02999 234-22
E-Mail: info@lamein-wvd.de
Internet: www.lamein-wvd.de

Datum: 19. Mai 20.. ?

Bestellung 20../18 ?

Sehr geehrter Herr Melnik, ?
wir beziehen uns auf Ihren Online-Katalog und bestellen ab Lager:

Menge	Artikel-Nr.	Artikelbezeichnung	Listen-Netto-Stückpreis
7 000	6618	Trennblätter DIN A4, Packung à 50 Stück	1,46 €
250	6306	Kopierpapier DIN A4, chlorfrei, Packung à 1 000 Blatt	4,20 €

Wir bitten um Übersendung einer Auftragsbestätigung. ?

Mit freundlichen Grüßen

im Auftrag

Tischer
Tischer

221065150

B

Landesinstitut
für Medien- und Informationsdienste

Landesinstitut für Medien- und Informationsdienste, Moselstr. 2, 49999 Neustadt

UHGE GmbH
Pachemstraße 19
81673 München

Ihr Zeichen:	ba
Ihre Nachricht vom:	13. April 20.. (?)
Unser Zeichen:	ti
Unsere Nachricht vom:	
Name:	Fr. Tischer
Telefon:	02999 234-02
Telefax:	02999 234-22
E-Mail:	info@lamein-wvd.de
Internet:	www.lamein-wvd.de
Datum:	20. Mai 20.. (?)

Bestellung 20../19 (?)

Sehr geehrte Frau Bagini, (?)

wir bedanken uns für Ihr Angebot und bestellen zur sofortigen Lieferung:

Menge	Artikel-Nr.	Artikelbezeichnung	Listen-Netto-Stückpreis
400	41837	ALBA-RADO-Ordner, 5 cm schwarz	0,90 €
400	41857	ALBA-RADO-Ordner, 7,5 cm schwarz	1,04 €

Die Lieferung erfolgt frei Lager wie angeboten.

Mit freundlichen Grüßen

im Auftrag

Tischer
Tischer

2.1.2 Arbeitsaufträge zur Lernsituation

1. Arbeiten Sie zu zweit: Einer oder eine von Ihnen bearbeitet Schriftstück A, der oder die andere Schriftstück B.
2. Beurteilen und begründen Sie jeweils, ob ein Kaufvertrag zwischen dem Landesinstitut und den beteiligten Unternehmen zustande gekommen ist. Gehen Sie dabei auf die Rechtswirkung der im Schriftverkehr genannten Vorgänge ein. (Tipp: Die ? helfen Ihnen dabei.)
3. Erläutern Sie sich Ihre Ergebnisse gegenseitig und diskutieren Sie Unklarheiten.

2.1.3 Aufgaben

Wirksamwerden von Willenserklärungen

1. Übernehmen Sie den Zeitstrahl in Ihre Unterlagen.

1.	2.	3.	4.	5. Zeit
Vorgänge				
Rechtsfolgen				

Bringen Sie die folgenden Ereignisse bei einem Beschaffungsvorgang für die Tourismus Marketing Neustadt GmbH in die richtige zeitliche Reihenfolge (Nummer 1 bis 5) und benennen Sie die rechtlichen Wirkungen der Vorgänge.

a) Frau Krömer ruft bei den Unternehmen Schadow GmbH, Kampouridis UG und Abramson OHG an und erfragt Preise.
   - Die Auftragsbestätigung geht bei Frau Krömer rechtzeitig ein.
   - Die Bestellung von Frau Krömer geht bei der Schadow GmbH ein; eine Mitarbeiterin bearbeitet die Bestellung und sendet eine Auftragsbestätigung ab.
   - Frau Krömer stellt fest, dass im Lager dringender Bedarf an Druckerpapier besteht.
   - Frau Krömer schreibt eine Bestellung an die Schadow GmbH und schickt sie ab.

b) Frau Krömer erfährt, dass es beim Händler Beytas KG zurzeit einen Sonderpreis für Kopierpapier gibt und widerruft die Bestellung bei der Schadow GmbH telefonisch.
   Wann müsste dieser Anruf stattfinden, damit er rechtlich wirksam ist? Begründen Sie Ihre Antwort.

Antrag und Annahme: Überblick

2. a) Entscheiden Sie, welche Aussage richtig ist.
   1. Anträge unter Anwesenden müssen immer sofort angenommen werden.
   2. Eine E-Mail ist kein gültiger Antrag.
   3. Wenn ein schriftlicher Antrag ohne Befristung abgegeben wird, gilt er unbegrenzt.
   4. Ein Schriftstück gilt als am Postzustellungstag zugegangen, auch wenn der Empfänger oder die Empfängerin im Urlaub ist.
   5. Eine vom Antrag abweichende Annahme hat rechtlich keinerlei Wirkung.

b) Geben Sie das richtige Datum an.
Ein schriftlicher Antrag vom 4. August wird am 7. August abgeschickt, am 9. August zugestellt. Die Annahme vom 10. August, abgeschickt am 11. August, zugestellt am 13. August, wird am 19. August gelesen. Wann ist der Vertrag durch zwei übereinstimmende Willenserklärungen zustande gekommen?

2.1.4 Fristen und Termine

Aufgabe zu Fristen und Terminen im Download-Bereich und in der BiBox

Web

2.2 Allgemeine Geschäftsbedingungen (AGB) analysieren

2.2.1 Lernsituation

Autokauf mit AGB

Die Auszubildende Inga Klein und ihr Freund Denis Accoca haben sich ihr erstes neues Auto gekauft. Es soll in etwa zwei Wochen vom Band rollen. Der Verkäufer versichert ihnen, dass der Wagen innerhalb von **vier Wochen** ausgeliefert wird. Der Kaufvertrag enthält die Formulierung: „Ich erkenne den Inhalt der umseitigen Allgemeinen Geschäftsbedingungen als Vertragsbestandteil an und bestätige das mit meiner Unterschrift." Die AGB befinden sich auf der Rückseite des Vertrags.

Zu Hause schauen sich Inga und Denis die AGB, die sie beim Kauf nur kurz überflogen hatten, genauer an. Sie finden Klauseln, die sie stutzen lassen.

IV. Preise

... Treten bis zur Auslieferung des Kaufgegenstands Preiserhöhungen ein, so gehen sie zu Lasten der Käuferin oder des Käufers.

...

VI. Lieferung

1. Die Lieferung erfolgt binnen 3 Monaten.
2. Im Falle eines Lieferungsverzugs kann die Kundin oder der Kunde erst nach Ablauf einer Nachfrist von 6 Monaten vom Vertrag zurücktreten.
3. Der Kundin oder dem Kunden wird zur Pflege des Neuwagens pro Quartal eine Flasche „Blankblitz"-Autopolitur für einen Kaufpreis von 15,00 € zugesandt.

2.2.2 Arbeitsaufträge zur Lernsituation

Beraten Sie Inga und Denis. Klären Sie dazu mithilfe des Prüfschemas im Grundlagenband schrittweise folgende Fragen:

1. Werden die gesetzlichen Kontrollvorschriften zu den AGB verschärft, weil es sich hier um einen **Verbrauchervertrag** handelt, § 310 Abs. 3 BGB?
2. Liegen überhaupt **AGB** vor, § 305 Abs. 1 S. 1 BGB?
3. Sind die AGB insgesamt oder einzelne Klauseln **Vertragsbestandteil** geworden oder nicht, § 305 Abs. 2 BGB?
4. Sind die AGB-Klauseln **inhaltlich** rechtmäßig, §§ 309, 308, 307 BGB?
5. Sind die AGB **wirksam** oder nicht, § 306 BGB?

2.2.3 Aufgaben

AGB als Vertragsbestandteil

1. Übernehmen Sie die Übersicht in Ihre Unterlagen und ergänzen Sie die Lücken!

   1. Einverständnis – 2. überraschende – 3. Aushang – 4. Hinweis – 5. Individualabrede – 6. Verbraucher/-in (2 x) – 7. zumutbarer – 8. Unternehmerin/-in

Prüfschema: Sind AGB im Ganzen bzw. einzelne Klauseln Vertragsbestandteil geworden?

.... -vertrag mit AGB?

Verwender/-in: ....

andere Vertragspartei: ....

a) WENN bei AGB im Ganzen …

§ 305 Abs. 2 Nr. 1 BGB:
- ausdrücklicher .... durch Aushändigung
  oder
- ....

§ 305 Abs. 2 Nr. 2 BGB:
- Kenntnisnahme in .... Weise möglich
  und
- ....

b) WENN nicht bei einzelnen Klauseln …

- .... vorgeht, § 305b BGB

oder

- .... Klausel vorliegt, § 305c BGB

… DANN sind die AGB Vertragsbestandteil geworden.

Aussagen zu AGB

2. Je eine Aussage in 1. bis 5. ist falsch bzw. richtig. Finden Sie heraus, welche.

Aussagen
1. Welches der unten stehenden Merkmale trifft für die AGB nicht zu?
a) AGB sind vorformulierte Vertragsbedingungen.
b) AGB sind Vertragsbedingungen, die zwischen Händler/-innen und Verbraucherverbänden ausgehandelt werden.
c) AGB gelten meist für viele Verträge.
d) Klauseln in Formularmietverträgen sind AGB.
e) AGB gelten nur insoweit, als keine Individualabreden bestehen.

Aussagen
2. Der Hauptanwendungsbereich des § 305 ff. BGB sind
a) Verträge des Familien-, Erb- und Gesellschaftsrechts.
b) Tarifverträge.
c) Handelsgeschäfte, also Verträge zwischen Kaufleuten.
d) Verbraucherverträge.
e) bürgerliche Rechtsgeschäfte, also Verträge zwischen Privatpersonen.
3. Zu den Zielen der AGB-Kontrollvorschriften des BGB gehört das
a) Verhindern, dass Geschäftsrisiken auf den wirtschaftlich Schwächeren abgewälzt werden.
b) Herbeiführen eines fairen Interessenausgleichs zwischen unterschiedlich starken Vertragsparteien.
c) Abschaffen von frei ausgehandelten Verträgen.
d) Abwenden von unangemessenen Benachteiligungen durch AGB.
e) Verhindern, dass die Vertragsfreiheit durch den AGB-Verwender oder die AGB-Verwenderin einseitig zu seinen oder ihren Gunsten ausgenutzt wird.
4. Welche Aussage ist falsch?
a) AGB müssen grundsätzlich in zumutbarer Weise zur Kenntnis genommen werden können.
b) Schilder in Gaststätten, durch die die Haftung für die Garderobe eingeschränkt wird, sind AGB.
c) Zweifel bei der Auslegung von AGB gehen zulasten des Verwenders oder der Verwenderin.
d) AGB regeln gesetzlich vorgeschriebene Mindestinhalte von Verträgen.
e) AGB können Regelungen des BGB zum Vertragsrecht verdrängen.
5. Welche Aussage trifft nicht zu?
a) Das Gesetz unterscheidet zwischen Klauseln, die nicht Vertragsbestandteil werden, und Klauseln, die verboten sind.
b) Überraschende Klauseln führen zur Nichteinbeziehung in den Vertrag.
c) Verbotene Klauseln werden durch die gesetzlichen Vorschriften ersetzt.
d) Man unterscheidet gesetzliche Klauselverbote mit und ohne Wertungsmöglichkeit sowie die sogenannte Generalklausel.
e) Sollten einzelne Klauseln in AGB verboten sein, wird der ganze Vertrag nichtig.

Wirkungen von AGB

3. Die Neustadt Tourismus Marketing GmbH legt Wert darauf, dass bei Aufträgen ihre AGB gelten.
   a) Geben Sie vier Merkmale von AGB an.
   b) Erläutern Sie, warum der Einsatz von AGB für die GmbH günstig ist.
   c) AGB gelten nur, wenn sie in Verträge einbezogen werden.
      ca) Wie geschieht dies?
      cb) Worin besteht der Unterschied, wenn der Kunde/die Kundin ein Unternehmer (bzw. Kaufmann/Kauffrau) oder ein Verbraucher ist?
   d) Der Gesetzgeber schützt Verbraucher bezüglich der Auswirkungen von AGB. Geben Sie hierzu drei Beispiele an.

2.3 Verpflichtungs- und Erfüllungsgeschäfte unterscheiden

2.3.1 Lernsituation

Bestellung des Schulzentrums

Stadt Neustadt
Schulzentrum

Stadt Neustadt, Schulzentrum, Heidestraße 10, 48222 Neustadt

Foto Homeister GmbH
Lambertiweg 34
48151 Münster

Ihre Nachricht/Zeichen:	ho, 20...-11-30
Unsere Nachricht/Zeichen:	
Bearbeiter/-in:	Frau Uzun
Telefon:	0299 177-76
Telefax:	0299 177-75
E-Mail:	uzun@stadtneu-wvd.de
Datum:	20..-12-02

Bestellung von Materialien für unsere Mediothek

Sehr geehrte Damen und Herren,

entsprechend Ihrem verbindlichen Angebot bestellen wir die untenstehenden Artikel zur sofortigen Lieferung.

Pos.	Menge	Artikel	Einzelpreis in €
1	1 St.	Digitalkamera Sanya W1	285,00
2	1 St.	Beamer Sanya NV-GS 55	499,00
3	1 St.	Tragetasche TCarmann für Beamer	24,00
4	2 St.	Ersatzlampe für Sanya NV-GS 55	33,95
5	5 St.	USB-Kabel, 1,8 m	4,90

Eingang:
03.12.20..
ho

Es gelten die Allgemeinen Bewerbungs- und Vertragsbedingungen der Stadt Neustadt.

Mit freundlichen Grüßen

im Auftrag

Uzun

Uzun

Anlage

Allgemeine Bewerbungs- und Vertragsbedingungen der Stadt Neustadt
(Auszüge)

B Bedingungen für die Auftragserteilung

12. Im Übrigen sind die gesetzlichen Bestimmungen für das Vertragsverhältnis maßgebend. Lieferungs- und Geschäftsbedingungen des Auftragnehmers oder der Auftragnehmerin finden für die Ausführung dieses Auftrags keine Anwendung.

Foto Homeister GmbH

Foto Homeister GmbH • Lambertiweg 34 • 48151 Münster

Stadt Neustadt Schulzentrum
Heidestraße 10
49999 Neustadt

Kunden-Nr.: 2098/17
Bearbeiter: Hr. Homeister

Telefon: 0251 2150
Telefax: 0251 2151
E-Mail: foto.homeister@t-online-wvd.de
Internet: www.fotohomeister-wvd.de

Datum: 20..-12-10

Eingang: 11.12.20.. uz

Rechnung Nr.: 20.. 4024
Bestellschein Nr.: 20.. 4091
Lieferschein: 20.. 4084 vom 10. Dez. 20..

Lieferung erfolgt am 10.12.20..

Pos.	Menge	Artikel	Einzelpreis in €	Gesamtpreis in €
1	1 St.	Digitalkamera Sanya W1	285,00	285,00
2	1 St.	Beamer Sanya NV-GS 55	499,00	499,00
3	1 St.	Tragetasche Carmann für Beamer	24,00	24,00
4	2 St.	Ersatzlampe für Sanya NV-GS 55	33,95	67,90
5	5 St.	USB-Kabel, 1,8 m	4,90	29,00
		Gesamtbetrag netto		904,90
		zuzüglich 19 % USt.		171,93
		Gesamtbetrag brutto		**1.076,83**

Zahlbar sofort ohne Abzug.

Es gelten unsere allgemeinen Geschäftsbedingungen. Die Ware bleibt bis zur vollständigen Bezahlung unser Eigentum.

Mit freundlichen Grüßen

Foto Homeister GmbH

E. Homeister
Homeister

Geschäftsräume	Öffnungszeiten	Handelsregister	Geschäftsführer	Bankverbindung
Lambertiweg 34 48151 Münster	Mo bis Fr 09:00–19:00 Uhr Sa 09:00–16:00 Uhr	Amtsgericht HRB 248 USt-IdNr. DE136777012	Eric Homeister	Privatbank Geber AG BIC GEBERDEN IBAN DE15 1225 0055 0098 6944 47

Die Lieferung der Waren erfolgt pünktlich, die Zahlung geht auf dem Konto der Homeister GmbH am 5. Januar ein.

2.3.2 Arbeitsaufträge zur Lernsituation

1. Stellen Sie dar, wie und wann das Verpflichtungsgeschäft Kaufvertrag im vorliegenden Fall zustande kommt.
2. Beurteilen Sie die Wirksamkeit der AGB:
   a) Gilt die Vertragsbedingung der Stadt Neustadt Teil B/Ziffer 12?
   b) Gelten AGB und Eigentumsvorbehalt der Homeister GmbH?
3. Erläutern Sie mithilfe Ihres Ergebnisses zum Arbeitsauftrag 2, wie und wann das Erfüllungsgeschäft bezüglich der Waren erfolgt. Wann wird die Stadt Besitzerin und Eigentümerin der bestellten Artikel?

2.3.3 Aufgaben

Besitz und Eigentum

1. In welchem der folgenden Fälle wird die volljährige Verwaltungsfachangestellte Kiara Battisti Besitzerin **und** Eigentümerin der erworbenen Sache?
   a) Sie leiht sich ein Fahrrad aus.
   b) Sie mietet sich eine Wohnung.
   c) Sie least einen Pkw für sich selbst.
   d) Sie borgt sich von der Nachbarin ein Ei zum Kuchenbacken.
   e) Sie beschafft für die Stadt Neustadt Büromaterial.

Abstraktionsprinzip: Komplexer Fall

2. Bela Cechmann möchte seinen antiken Biedermeiertisch verkaufen und annonciert diesen in einer Fachzeitschrift. Zwei Interessenten melden sich bei Cechmann. Am 1. November kommt Jane Hopper bei Cechmann vorbei. Nach einigen Verhandlungen einigt man sich auf einen Kaufpreis von 1.500,00 €. Hopper will den Tisch am 4. November abholen und bezahlen. Timo Spät schaut sich den Tisch am 2. November an und bietet 2.000,00 €. Daraufhin verkauft Cechmann an Spät, der sofort bezahlt und den Tisch gleich abtransportiert. Jane Hopper ist am 4. November zur Stelle. Cechmann meint: Weg ist weg, da kann man nichts machen.

   Beantworten Sie folgende Fragen – Prüfung im Gutachtenstil ist nicht erforderlich:
   a) Welche Rechtsgeschäfte sind wann abgeschlossen worden?
   b) Kann Hopper von Spät die Herausgabe des Schreibtisches nach § 985 BGB verlangen?
   c) Hat Hopper Ansprüche gegen Cechmann? (ohne Paragrafenangabe)

221065158

2.4 Erfüllungsort, Gefahrübergang und Gerichtsstand bestimmen

2.4.1 Lernsituation (Fortsetzung der Lernsituation 2.3.1): Bestellung des Schulzentrums

(Text siehe Seite 156 ff.)

Allgemeine Bewerbungs- und Vertragsbedingungen der Stadt Neustadt (Auszüge)

B Bedingungen für die Auftragserteilung

4. …

5. Leistungen sind bis zur Verwendungsstelle stets auf Gefahr des Auftragnehmers oder der Auftragnehmerin durchzuführen. Die Auslieferung erfolgt grundsätzlich durch Mitarbeiterinnen und Mitarbeiter des Händlers. Bei der Beauftragung von Paketdiensten und Speditionen haftet der Auftragnehmer oder die Auftragnehmerin dafür, dass diese bis zur Verwendungsstelle liefern. Erfüllungsort ist die Verwendungsstelle, wenn nichts anderes vereinbart ist.

6. Wenn bei Leistungen … der Rechnungsbetrag innerhalb 21 Kalendertagen nach Eingang der Ware und der Rechnung beglichen wird, werden 2 % oder der vereinbarte Prozentsatz vom Rechnungsbetrag abgezogen.

…

2.4.2 Arbeitsaufträge zur Lernsituation

Die Foto Homeister GmbH, Münster, ist Auftragnehmerin der Stadt Neustadt und hat Artikel nach Neustadt geliefert. Begründen Sie mithilfe der geltenden Vertragsbedingungen:

1. Zu Nr. 5
   a) Welche Art der Warenschuld wird in Nr. 5 vereinbart?
   b) Wo befinden sich Erfüllungsort, Gefahrübergang und Gerichtsstand für die Lieferung der Homeister GmbH?
2. Zu Nr. 6
   a) Wann ist zu leisten, wenn vertraglich nichts geregelt wird (vgl. § 271 BGB)?
   b) Weicht die Zahlungsbedingung in Nr. 6 davon ab?

2.4.3 Aufgaben

Erfüllungsort, Gefahrübergang und Gerichtsstand

1. Die Stadtwerke Neustadt kaufen am 10. Oktober 20.. vom Großhändler Goudefroy e. K. in Schwerin zwei Schneeräummaschinen Modell „Matterhorn-Pflug" zum Preis von je 12.000,00 €. Als Zahlungstermin wird „eine Woche nach Übergabe" vereinbart. Die Maschinen sollen am 30. November 20.. „frachtfrei Neustadt" geliefert werden. Über Erfüllungsort und Gerichtsstand wird vertraglich nichts Weiteres geregelt.

   Entscheiden Sie, ob die untenstehenden Aussagen falsch oder richtig sind. Begründen Sie jeweils kurz. (Tipp: Vier Aussagen sind falsch.)

   a) Hier handelt es sich um eine Schickschuld bzw. um einen Versendungskauf, d. h., Goudefroy e. K. muss für die Lieferung der Maschinen nach Neustadt sorgen.
   b) Sollte der Großhändler nicht rechtzeitig leisten, müssen die Stadtwerke beim Landgericht in Schwerin klagen.
   c) Sämtliche Kosten für den Transport der Schneeräummaschinen bis zu den Stadtwerken nach Neustadt trägt der Großhändler Goudefroy e. K.
   d) Der Gefahrübergang findet bei der Übergabe der Maschinen an die Stadtwerke in Neustadt statt.
   e) Das Risiko des Transports der Schneeräummaschinen nach Neustadt tragen die Stadtwerke.
   f) Der Erfüllungsort für die Kaufpreisschuld ist Schwerin.
   g) Der Kaufpreis ist sofort fällig.
   h) Die Übergabe erfolgt bei Abgabe an die Transportperson in Schwerin, d. h., dass die Zahlung eine Woche später fällig ist. Die Auslieferung in Neustadt ist nicht maßgeblich.
   i) Die Gefahr für die Geldschuld tragen die Stadtwerke, d. h., wenn der überwiesene Kaufpreis nicht beim Großhändler auf dem Konto eingeht, müssen die Stadtwerke noch einmal zahlen.
   j) Der Kaufpreis muss eine Woche nach der Übergabe auf dem Konto von Goudefroy e. K. gutgeschrieben sein.

Erfüllungsort

2. Übernehmen Sie die Tabelle in Ihre Unterlagen. Ergänzen Sie in der Übersicht die Begriffe an der richtigen Stelle!
   1. Amtsgericht – 2. zufällige – 3. Schick- – 4. Bringschuld – 5. anbietet – 6. Versendung – 7. Beschädigung, Verderb, Verlust – 8. Erfüllungsort (2 mal) – 9. Übergabe (2 mal) – 10. Mahnung – 11. Stückschuld – 12. Hol- – 13. Transportperson – 14. Versendungskauf – 15. Sache – 16. Holschuld – 17. schuldhaft – 18. frei Haus – 19. § 269 Abs. 3 – 20. 5.000,00 (2 mal) – 21. Unternehmern – 22. Abnahme – 23. Wohn- oder Geschäftssitz – 24. Verbraucher

221065160

2.4 Erfüllungsort, Gefahrübergang und Gerichtsstand bestimmen

Bedeutung des Erfüllungs-/Leistungsortes bei der Warenschuld im Kaufvertrag			
Gefahrübergang vom Verkäufer auf den Käufer	**Gerichtsstand bei Streitigkeiten um die Warenschuld**	**Kostentragung**	**Ort, an dem der Verkäufer zu leisten hat**
1. Gefahr für die …… Verschlechterung oder den Untergang der Ware, § 446 BGB, also z. B. bei ……	1. Besonderer Gerichtsstand des Erfüllungsorts a) Örtlich zuständig ist das Gericht, in dessen Bezirk der …… liegt b) Abweichende Vereinbarungen über den Gerichtsstand sind nur zwischen …… bzw. Kaufleuten und juristischen Personen des öffentlichen Rechts zulässig.	1. Der Verkäufer trägt die Kosten a) des Transports bis zum …… b) der ……, § 448 Abs. 1 BGB, z. B. für Abmessen, Abwiegen, Verpackung	1. Der Verkäufer verwandelt eine Gattungsschuld am Erfüllungsort in eine ……. Der Verkäufer a) sondert die Ware aus und stellt sie zur Abholung bereit (……-schuld), b) übergibt sie der …… (Schickschuld/ ……) oder c) bietet sie dem Käufer an seinem …… an (Bringschuld); damit beschränkt sich die Schuld auf diese ……, § 243 Abs. 2 BGB.
2. Grundsatz: Die Gefahr geht vom Verkäufer auf den Käufer über mit der …… der Ware		2. Der Käufer trägt die Kosten a) des Versands ab dem Erfüllungsort b) die Kosten der ……, § 448 Abs. 1 BGB	
3. Übergabe an den Käufer: a) beim Verkäufer bei der ……, § 269 BGB b) beim Käufer bei der …… bzw. in der Regel beim Versendungskauf, sofern der Käufer ein …… ist, §§ 447, 475 Abs. 2 BGB		3. ABER: Häufig wird die Übernahme der Versandkosten im Kaufvertrag anders geregelt („……“, „frachtfrei“) – damit ist jedoch nicht automatisch die Änderung des Erfüllungsorts verbunden, § …… BGB!	2. Der Verkäufer kommt in Lieferungsverzug, wenn: er …… nicht am Erfüllungsort leistet, trotz Kaufvertrag, Fälligkeit und ……, §§ 280 Abs. 2, 286 f. BGB.
4. Übergabe an die mit der Ausführung der …… bestimmte Person (Spediteur, Frachtführer, Bahn, Post): bei der …… -schuld bzw. dem Versendungskauf zwischen Unternehmern, § 447 BGB	2. Sachlich zuständig ist a) das …… beim Streitwert bis zu …… € b) das Landgericht beim Streitwert über …… €		3. Der Käufer kommt in Annahmeverzug, wenn: der Verkäufer mangelfreie Ware rechtzeitig am richtigen Ort (meist Erfüllungsort) …… und der Käufer nicht abnimmt, § 293 ff. BGB.

LF 4

3 Zahlungen und haushaltsrechtliche Anordnungen ausführen

3.1 Zahlungsarten unterscheiden

3.1.1 Lernsituation (Fortsetzung der Lernsituation 2.3.1): Bestellung des Schulzentrums

(Text siehe Seite 156 ff.)

Allgemeine Bewerbungs- und Vertragsbedingungen der Stadt Neustadt (Auszüge)

B Bedingungen für die Auftragserteilung

6. Wenn bei Leistungen … der Rechnungsbetrag innerhalb 21 Kalendertagen nach Eingang der Ware und der Rechnung beglichen wird, werden 2 % oder der vereinbarte Prozentsatz vom Rechnungsbetrag abgezogen.

…

3.1.2 Arbeitsaufträge zur Lernsituation

Die Foto Homeister GmbH, Münster, ist Auftragnehmer der Stadt Neustadt und hat Artikel nach Neustadt geliefert.

1. Erläutern Sie die Begriffe bare, halbbare und unbare Zahlung und geben Sie an, wie die Zahlung der Stadt Neustadt an die Foto Homeister GmbH jeweils erfolgen könnte.
2. Prüfen Sie, ob die Rechnung rechnerisch richtig ist. Entwerfen Sie eine Quittung für die Zahlung der rechnerisch richtigen Summe bei Skontoabzug.
3. Berücksichtigen Sie die laut Rechnung geltenden Zahlungsbedingungen und die dem Vertrag zugrunde liegenden Vertragsbedingungen der Stadt Neustadt. Bis wann hat die Stadt demnach welchen Betrag an Homeister zu zahlen?

3.1.3 Aufgaben

Geldwäscheprävention

1. Ergänzen Sie die Lücken mit der passenden Nummer:

1 Transparenz-
2 Financial Intelligence Unit (FIU)
3 Behörden
4 Kreditinstitute
5 Aufsicht
6 meldung
7 Güterhändler
8 registrieren
9 Notare
10 Verdachts-

Organisation der Geldwäscheprävention in Deutschland

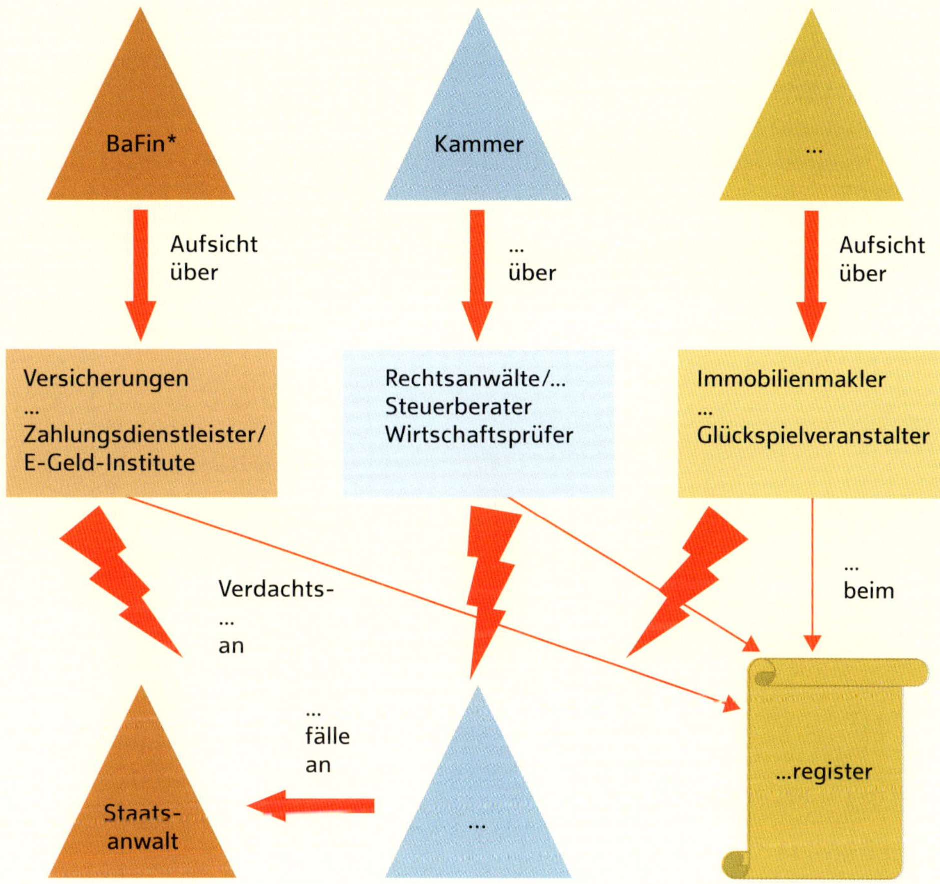

* Bundesanstalt für Finanzdienstleistungsaufsicht

Identifizierungspflichten

2. Bringen Sie die fünf Handlungen im Identifizierungsprozess in die richtige Reihenfolge, indem Sie sie entsprechend nummerieren.
   (1) Ein neuer Kunde bzw. eine neue Kundin will eine Geschäftsbeziehung begründen.
   ( ) Die Geschäftsbeziehung ist begründet.
   ( ) Der wirtschaftlich Berechtigte wird identifiziert.
   ( ) Der Vertragspartner/die Vertragspartnerin wird identifiziert.
   ( ) Informationen zum Zweck der Geschäftsbeziehung werden eingeholt und es wird geklärt, ob eine politisch exponierte Person (PeP) beteiligt ist.

3.2 Bargeldlos zahlen

3.2.1 Lernsituation (Fortsetzung der Lernsituation 2.3.1): Bestellung des Schulzentrums

(Text siehe Seite 156 ff.)

3.2.2 Arbeitsaufträge zur Lernsituation

1. Erklären Sie die Unterschiede zwischen Bar- und Verrechnungsscheck und nennen Sie die hier geltende Vorlegungsfrist für einen Scheck.
2. Füllen Sie ein SEPA-Überweisungsformular (Muster siehe unten) für die rechnerisch richtige Summe mit Skontoziehung aus.

   Bankverbindung Schulzentrum bzw. Stadtkasse:
   Neustädter Sparkasse , BIC WELADEDNEUM, IBAN DE99 9995 0001 0415 9203 01

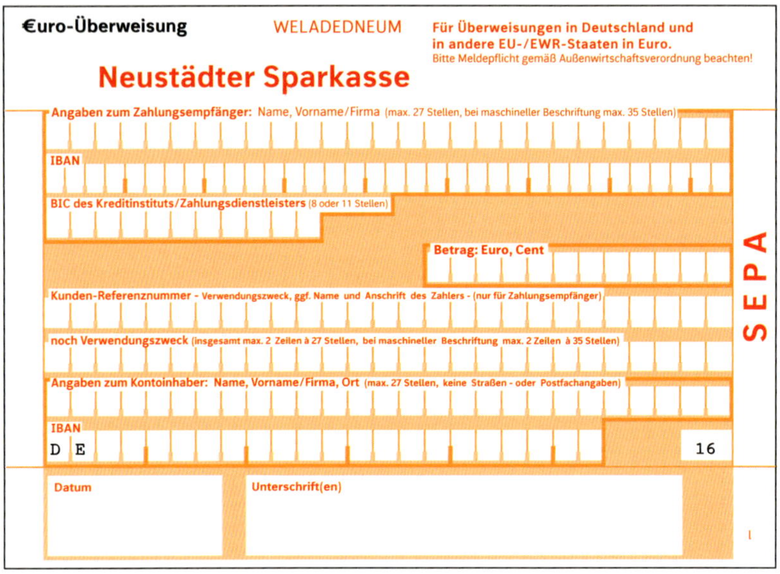
€uro-Überweisung
WELADEDNEUM
Für Überweisungen in Deutschland und in andere EU-/EWR-Staaten in Euro.
Bitte Meldepflicht gemäß Außenwirtschaftsverordnung beachten!
Neustädter Sparkasse
Angaben zum Zahlungsempfänger: Name, Vorname/Firma (max. 27 Stellen, bei maschineller Beschriftung max. 35 Stellen)
IBAN
BIC des Kreditinstituts/Zahlungsdienstleisters (8 oder 11 Stellen)
Betrag: Euro, Cent
Kunden-Referenznummer - Verwendungszweck, ggf. Name und Anschrift des Zahlers - (nur für Zahlungsempfänger)
noch Verwendungszweck (insgesamt max. 2 Zeilen à 27 Stellen, bei maschineller Beschriftung max. 2 Zeilen à 35 Stellen)
Angaben zum Kontoinhaber: Name, Vorname/Firma, Ort (max. 27 Stellen, keine Straßen- oder Postfachangaben)
IBAN
D E
16
Datum
Unterschrift(en)
SEPA

3.2.3 Aufgaben

Überweisung

1. Ergänzen Sie im Lückentext folgende Worte bzw. Abkürzungen:

1. SEPA	6. belastet	11. BIC	16. IBAN only-Verfahren
2. gleicher	7. einverstanden	12. Gutschrift	
3. Konto	8. Dauerauftrag	13. Sammelauftrag	
4. Zahlungsdienstleister	9. Zahlungsempfängers	14. IBAN	
5. Gläubiger	10. Schuldner	15. unterschiedliche	

Die Überweisung

Voraussetzung für die bargeldlose Zahlung ist, dass der Zahler (..........) und der Zahlungsempfänger (..........) über ein .... verfügen. Der Zahler beauftragt seinen .... mit der Überweisung und sein Konto wird mit dem Betrag .... Die Überweisungsdaten werden elektronisch an das Institut des .... weitergeleitet. Der Gläubiger erhält eine .... Der Zahlungsempfänger muss mit der bargeldlosen Zahlung .... sein, da Buchgeld kein gesetzliches Zahlungsmittel ist. Der Abdruck der Kontoverbindung auf Briefen, Rechnungen oder der Website gilt jedoch als stillschweigende Zustimmung. Für alle regelmäßig wiederkehrenden Zahlungen in .... Höhe kann der Zahler seinem Kreditinstitut oder Zahlungsdienstleister einen .... erteilen. Ein .... wird für mehrere Einzelüberweisungen an .... Empfänger ausgefüllt. Für Euro-Zahlungen innerhalb des europäischen Euro-Zahlungsverkehrsraums ist die ....Überweisung zu verwenden, dazu benötigt der Zahler die internationale Kontonummer .... und Bankleitzahl .... des Zahlungsempfängers. Bei Zahlungen innerhalb der EU reicht es, die internationale Kontonummer anzugeben (..........).

221065164

Überblick Zahlungsarten

2. Ordnen Sie den folgenden Zahlungsarten die entsprechenden Belegnummern zu:
- Barzahlung: ______
- bargeldlose Zahlung: ______
- Zahlung per girocard oder anderer Debitkarte im POS-Verfahren: ______
- Zahlung per girocard oder anderer Debitkarte im SEPA-ELV-Verfahren: ______
- Zahlung per Kreditkarte: ______

Beleg 1

Samstag 28-Juni-20.. Kasse 001
Frau Müller 016

RDL PURE SKIN WASCHG	2,99 EUR
RDL PURE SKIN FEUCHT	3,79 EUR
LAGERF. PHOTO EDT 30	8,50 EUR
SUNFLOWERS EDT V. 30	9,90 EUR
ZWS	25,18 EUR
TOTAL	25,18 EUR
MwSt 19,00 %	4,02 EUR
BAR	30,00 EUR
ZURÜCK BAR	4,82 EUR

Nr0189 4 ARTIKEL
UID DE 115 055 186
VIELEN DANK FÜR IHREN EINKAUF
Goslar, Breite Str. 67
Tel.: 05321 13254
Mo. - Fr. 09:00 - 18:30 Uhr
Sa 09:00 - 14:00 Uhr

Beleg 2

Kauf-Markt 238
17309 Pasewalk
03973 25983

Summe	€	26,04
Visa	€	26,04
19,00 % MWST. A	€	4,16
Summe Netto	€	21,88

Terminal-ID	74111370/ND02025501
Datum/Uhrzeit	04.05.20.. 14:04:23
AID	A0000000031010
Anwendungsname	Visa Credit NFC
Kartennummer	XXXXXXXXXXXX9017
Ablaufdatum	01/21
Autorisierungmerkmal	699751
Eingabemoduls	Chip
CVM	Geheimzahl Online
Kartenname	VISA EMV
Stations-ID	ND020255
STAN/BATCH	054270/850
Betrag	26,04 EUR

KUNDENBELEG
ZAHLUNG AUTORISIERUNG ERFOLGT

Datum	Zeit	Bon	POS KNo	Schicht
04.05...	14:04	88299	01 0002	716

Beleg 3

** KOPIE FÜR KUNDEN **

KAUF-PARADIES
ADOLPH-ROEMER-STRASSE
38678 CLAUSTHAL-ZELLER
Fil. 670

Beleg: 7674	30.06.20.. 13:55
Terminal-ID: 78089661	STAN: 010896
VU-Nr.:	17300

KartenzahlungEuroELV Online

12/..

Total: EUR 22,90

Karte akzeptiert

Beleg 4

** KUNDENBELEG **

EASY
Supermarkt GmbH
Hildburghauser Str. 89
12279 Berlin

05/07/..	19:12:29
Vorgangs-Nr.:	2569
Terminal-ID :	91260318
Beleg-Nr. :	2372
VU-Nr. :	12300

KARTENZAHLUNG
ec-Lastschrift Online
IBAN DE8850xxxxxxxxxxxx4409
Gültig bis: 12/..

Ref.Param. :	0001610490
Ref.Nr. :	00000000
Total : EUR	62,77

Unterschrift umseitig

Beleg 5

Modehaus
37431 Bad Lauterberg
Hauptstraße, Tel. 05524 12345
03.07.../13:04 Bal. 100

Bezeichnung	Menge	Preis
D.Hosen	79,00	
AG 5501	1,00	79,00
Gesamtsumme		79,00

Kartenzahlung girocard
Zahlung erfolgt

Vielen Dank für Ihren Einkauf.
Es bediente Sie Frau Schmitt.
Samstag bis 18:00 Uhr geöffnet.

Beleg 6

-K-U-N-D-E-N-B-E-L-E-G-
Hotel Sonne
Lindenallee 56
02625 Bautzen

Terminal-ID :	65311885
EMV-Daten: 000249	17861

Kartenzahlung
Visa Debit kontaktlos
EUR 130,00

Datum:	09.06... 07:01 Uhr
Karte 0	gültig bis 12/..
AIDPara	4711510470
AID	7B46E66B

*** Zahlung erfolgt ***

Zahlungsarten und -formen

3. Der Zahlungsverkehr der Tourismus Marketing Neustadt GmbH wird mit folgenden Zahlungsformen abgewickelt:

1. Debitkarte/girocard
2. SEPA-Lastschrift
3. SEPA-(Echtzeit)Überweisung
4. Barzahlung mit Banknoten und Münzen
5. Dauerauftrag
6. Universalkreditkarte

Entscheiden Sie, welche Zahlungsform für die folgenden Vorgänge ratsam ist, und begründen Sie Ihre Wahl kurz.

a) Erwerb eines neuen Firmen-Pkw, Zahlung fällig bei Abholung
b) Bezahlen eines fünfstündigen Promotion-Meetings mit 80 Kundinnen und Kunden im Hotel unmittelbar nach Ende der Veranstaltung
c) Begleichen der monatlichen Rechnung bei dynamischem Stromtarif (Strompreisabrechnung nach Verbrauch bei stündlich wechselndem Börsenkurs)
d) Zahlung für den Reifenwechsel am Lkw in der Werkstatt in Höhe von 250,00 €
e) Bezahlung monatlicher Leasingraten für den Lkw
f) Erwerb einer Flasche Mineralwasser für eine Kundenbewirtung

Zahlungsformen im E-Commerce

4. **Gruppenarbeit:** Jede Gruppe informiert sich über die ihr zugewiesene Form der bargeldlosen Zahlung (mithilfe des Grundlagenbands oder im Internet): Lastschrift, Kreditkarte, PayPal, Klarna-Überweisung, eventuell weitere. Anschließend wird das Ergebnis präsentiert. Dabei sind folgende Merkmale zu beschreiben:
   a) Beteiligte
   b) Voraussetzungen des Einsatzes
   c) Ablauf der Zahlung/Weg des Geldes
   d) Vor- und Nachteile für den Zahler

3.3 Das haushaltsrechtliche Anordnungsverfahren umsetzen

3.3.1 Lernsituation (Fortsetzung der Lernsituation 2.3.1): Bestellung des Schulzentrums

(Text siehe Seite 156 ff.)

3.3.2 Arbeitsaufträge zur Lernsituation

1. Nennen Sie die Art der Kassenanordnung, die hier zu fertigen ist.
2. Stellen Sie die rechnerische Richtigkeit der abgebildeten Rechnung für eine Kassenanordnung mit Fälligkeitsdatum bis zum 30. Dezember fest.
3. Geben Sie an, wofür Sie durch die Bescheinigung der rechnerischen Richtigkeit verantwortlich sind.
4. Welche Unterschriften muss die Kassenanordnung außer der Ihren mindestens tragen?

221065166

3.3.3 Aufgabe

Die Stadt Neustadt betreibt ein Museum, das als Regiebetrieb sein eigenes Budget verwaltet. Sie sind anordnungsbefugter Sachbearbeiter oder anordnungsbefugte Sachbearbeiterin. Entscheiden Sie bei den folgenden Vorgängen, welche Kassenanordnung zu fertigen ist.

1. Herr T. spendet für das Museum 10.000,00 €.
2. Für die Erneuerung der Zu- und Abflussrohre in den sanitären Anlagen sind 5.000,00 € an einen Klempnerbetrieb zu zahlen.
3. Der Pächterinnen und Pächter des Restaurants zahlt eine jährliche Pacht von 6.000,00 €. Die Beträge werden jeweils monatlich fällig.
4. Die Pächter des Imbisses, des Cafés und des Andenkenladens haben einmal jährlich jeweils 10 % ihres Verkaufserlöses abzuführen.
5. In einer Zahlungsanordnung ist ein Betrag irrtümlich auf einer falschen Haushaltsstelle verbucht worden.
6. Die Gebäudeversicherung des Museums wird einmal pro Quartal fällig.
7. Zum Jubiläum des Museums wird ein Kinderfest mit kostenlosem Karussellfahren veranstaltet. Fünf Fahrgeschäftebetreiber erhalten hierzu unterschiedlich hohe Summen ausbezahlt.
8. Der Abfallentsorgungsbetrieb Neustadt hat nach dem Jubiläumsfest den angefallenen Müll entsorgt und stellt darüber eine Rechnung aus.
9. An die Gebäudereinigung für die Reinigung nach dem Fest wurden statt 350,00 € irrtümlich 380,00 € gezahlt. Der Betrieb ist bereit, die 30,00 € zurückzuüberweisen.

Bei Vertragsstörungen angemessen handeln (am Beispiel des Kaufvertrags)

4.1 Störungen beim Vertragsabschluss erläutern

4.1.1 Lernsituation

Privatkäufe im Internet

Melis Acay, Auszubildende, und Jens Rasch, Angestellter im Personalamt der Stadt Neustadt, unterhalten sich in ihrer Mittagspause.

Melis: „Du, ich habe gestern im Internet ein günstiges Tablet gesehen. Ich hab es mir gleich im Online-Shop bestellt. Das gönne ich mir nach dem Stress mit der Zwischenprüfung, außerdem habe ich ja im nächsten Monat Geburtstag."

Jens: „Aha. Technisch immer am Ball bleiben, was? Ich kaufe trotzdem lieber im Laden, da kann ich mir die Sachen wenigstens ansehen."

Melis: „Ich auch, aber seit ich mit der Ausbildung angefangen habe - Schule, Arbeiten, Hausaufgaben, eigene Wohnung -, habe ich meistens keine Lust mehr, nach Feierabend noch in Geschäften herumzulaufen. Wenn ich im Internet bestelle, kann ich das auch noch spätabends tun und außerdem sind die gleichen Sachen oft viel billiger. Wenn mir was nicht gefällt, kann ich es wieder zurückgeben."

Jens: „Trotzdem, ich will doch mal vorher was ausprobieren können, bevor ich es kaufe."

Melis: „Du bist als Verbraucher aber total abgesichert, weil du den Vertrag ohne Angabe von Gründen widerrufen kannst. Für alle Verträge, die eine Verbraucherin oder ein Verbraucher wie wir und ein Unternehmen online miteinander abschließen, gelten besondere Regeln. Das sind nämlich Fernabsatzverträge, die ausschließlich unter Nutzung von ‚Fernkommunikationsmitteln' abgeschlossen werden."

Jens: „Was sind denn Fernkommunikationsmittel?"

Melis: „Na, zum Beispiel eine E-Mail oder eine Bestellung im Online-Shop. Aber sogar Briefe oder Telefonanrufe beim Teleshopping oder Versandhandel. Alles, was man nutzen kann, wenn die Vertragspartnerinnen und Vertragspartner nicht gleichzeitig am selben Ort sind."

Jens: „Kann ich eigentlich mit jedem Unternehmen solche Verträge abschließen?"

Melis: „Theoretisch schon, aber nicht immer bist du als Verbraucher rechtlich so abgesichert. Die Regelungen zum Fernabsatz gelten nur für Unternehmen, die ein für den Fernabsatz organisiertes Vertriebssystem nutzen. Ein Buchhändler oder eine Buchhändlerin mit Ladengeschäft, bei dem oder bei der man ab und an telefonisch ein Buch bestellt, hat das zum Beispiel nicht. Natürlich gibt es noch weitere Ausnahmen, zum Beispiel, wenn du dir am Telefon eine Pizza bestellst oder eine Cola aus dem Automaten ziehst."

Jens: „Das verstehe ich nicht, bei der Pizzabestellung telefoniere ich doch auch und bekomme die Pizza dann nach Hause gebracht. Ist doch genau dasselbe Prinzip, oder?"

Melis: „Ja, aber hier würde es keinen Sinn machen, die Pizza ohne Grund zurückzugeben. Stimmt's?"

Jens: „Da hast du natürlich recht. Wie erfährst du eigentlich bei deinem Tablet, dass deine Bestellung angekommen ist und du das Teil auch bekommst?"

Melis: „Gute Frage. Wenn du im Internet bestellst, ist das nicht nur ein Fernabsatzvertrag, sondern außerdem noch ein Vertrag im elektronischen Geschäftsverkehr. Der Internet-Verkäufer oder die Internet-Verkäuferin muss dir nach deiner Bestellung sofort eine E-Mail mit einer Bestellbestätigung schicken. Die bestellte Ware kommt dann per Paketdienst."

Jens: „Und was machst du, wenn dir das Tablet doch nicht gefällt?"

Melis: „Dann widerrufe ich den Vertrag und schicke ich es innerhalb von zwei Wochen ohne Begründung zurück. Und dafür muss ich meistens nicht mal zahlen. Selbst wenn der Paketdienst das Ding beschädigt, ist das nicht meine Sache."

Jens: „Sieh mal einer an. Da kann ich mir ja die günstigen Boxen doch noch bestellen, die ich neulich im Internet gesehen habe."

221065168

4.1.2 Arbeitsaufträge zur Lernsituation

Lesen Sie den Dialog in verteilten Rollen und lösen Sie sodann folgende Aufgaben:

1. Worin unterscheiden sich ein Fernabsatzvertrag und ein Vertrag im elektronischen Geschäftsverkehr? Übernehmen Sie die Tabelle und ergänzen Sie diese.

Vertrag / Merkmale	Vertrag im elektronischen Geschäftsverkehr, §§ 312i, j BGB	Fernabsatzvertrag, § 312c BGB
Vertragspartner/-innen		
Kommunikationsmittel		
Pflicht des Unternehmers (Beispiel)		

2. Melis hat das Tablet für 399,00 € bei guenstig-media.de bestellt und bereits per Kreditkarte bezahlt. Der Online-Shop erfüllt alle Informationspflichten vor Abschluss des Kaufvertrags, insbesondere wird Melis ordnungsgemäß über ihr gesetzliches Widerrufsrecht belehrt. Nach Erhalt der Ware am 15. Februar stellt sie fest, dass ihr Freund bereits ein Tablet für sie zum Geburtstag gekauft hat. Beraten Sie den Online-Shop, ob in den nachstehenden Fällen ein wirksamer Widerruf vorliegt und wie reagiert werden sollte.
   a) Melis schickt das Tablet am 3. März an den Online-Shop zurück.
   b) Sie schickt das Tablet zusammen mit einer Widerrufserklärung am 16. Februar zurück, doch das Paket geht auf dem Transportweg verloren.
   c) Melis widerruft ihre Bestellung per E-Mail am 17. Februar, vergisst aber, das Tablet zurückzusenden, da sie kurzfristig für drei Monate an einem Praktikum im Ausland teilnimmt.
3. Frau Blazik von der Tourismus Marketing Neustadt GmbH will bei der Geschenkewelt GmbH online 100 Briefbeschwerer aus Glas zum Preis von 4,90 € pro Stück (Artikelnummer 1435) bestellen. Das Bestellsystem des Lieferanten gibt Frau Blazik nicht die Möglichkeit, Eingabefehler zu erkennen. Daher übersieht Frau Blazik, dass sie sich bei der Bestellnummer vertippt hat und versehentlich eine Bestellung für 100 Briefbeschwerer aus Stahl abgegeben hat (Artikelnummer 1434). Eine Eingangsbestätigung erhält die Tourismus Marketing Neustadt GmbH nicht. Die Lieferung erfolgt, Frau Blazik prüft die Ware und rügt die Falschlieferung. Beantworten Sie begründet die nachfolgenden Fragen.
   a) Kann die Tourismus Marketing Neustadt GmbH den Vertrag bei Erhalt der Ware anfechten? Welche Rechtsfolge würde daraus entstehen?
   b) Welche Vertragsart liegt hier vor? Welche daraus folgenden Pflichten wurden verletzt?

4.1.3 Aufgaben

Nichtigkeit und Anfechtbarkeit

1. Entscheiden Sie, ob die vorliegenden Rechtsgeschäfte wirksam, nichtig oder anfechtbar sind. Bei Nichtigkeit und Anfechtbarkeit geben Sie den Rechtsgrund mit dem entsprechenden Paragrafen an, wenn das Rechtsgeschäft wirksam ist, begründen Sie Ihre Entscheidung kurz.

1. Kreditinstitut K. gewährt Professor S., der als vermögend gilt, einen Kredit von 150.000,00 €. Kurz nach der Auszahlung wird bekannt, dass S. mittellos und überschuldet ist. K. will sich vom Kreditvertrag lösen.
2. Kreditinstitut K. gewährt dem Handwerker H. einen Kredit über 250.000,00 €. Seine Frau, nicht berufstätig und Mutter von vier Kindern, muss K. für den Kredit schriftlich bürgen.
3. Die sechsjährige S. bekommt von der Nachbarin eine Puppe geschenkt. Die Eltern wissen nichts davon.
4. Beamter B. unterschreibt eine Bestellung auf Rechnung seiner Behörde, weil der Unternehmer ihm angekündigt hat, dass er andernfalls die Ehefrau des B. von den gemeinsamen Bordellbesuchen informieren würde.
5. Unternehmer U. vereinbart mit Arbeitnehmer A., dass A. auf Lohnfortzahlung im Krankheitsfall verzichtet.

6. Unternehmer U. schließt mit seiner geschiedenen Frau F. einen Arbeitsvertrag ab. Tatsächlich wird sie gar nicht im Unternehmen arbeiten. Auf diese Weise muss er keine Unterhaltszahlungen leisten und kann die Personalaufwendungen steuermindernd geltend machen. Sie erwirbt Rentenansprüche.
7. Frau E. bestellt für die Bürotoiletten sechs Gros Rollen WC-Papier in der Annahme, es handelt sich um sechs große Rollen. Geliefert werden sechs Gros, d. h. sechsmal 144 Rollen.
8. Musikliebhaber L. kauft beim Trödler alte Notenaufzeichnungen für 5,00 €. Er stellt fest, dass es sich um Originalschriften Mozarts handelt. Die Angelegenheit wird bekannt und steht auf den Titelseiten der Zeitungen. Der Trödler will den Verkauf rückgängig machen.
9. Techniker T. erreicht eine Einstellung als Ingenieur beim Bauamt durch Vorlage eines gefälschten Hochschulzeugnisses. Der Leiter der Personalstelle erfährt davon.
10. Familie F. sucht ein Baugrundstück. Sie kauft ein Grundstück für 350,00 € pro qm und erfährt dann, dass der Verkehrswert nur 300,00 € beträgt. Sie möchte den Kauf rückgängig machen.
11. Familie F. hat den Kaufvertrag für das Grundstück mit dem Verkäufer schriftlich abgeschlossen.
12. Geschäftsmann M. bestellt im Hotel per E-Mail ein Zimmer für die Nacht zum 28. Dezember. Infolge eines Fehlers beim Datenaustausch ist die Mail nicht leserlich. Das Hotel bucht den 18. Dezember.
13. Frau B. bewirbt sich als Sekretärin beim Gewerbeamt. Nach ihrer Einstellung im unbefristeten Beschäftigungsverhältnis erfährt der Personalstellenleiter, dass sie bereits im vierten Monat schwanger ist. Im Bewerbungsgespräch und im Personalbogen wurde das Thema nicht berührt.

Nichtigkeit wegen fehlender Geschäftsfähigkeit

2. Beurteilen Sie die Rechtslage in den nachstehenden Fällen. (Zur Lösung angegebene Paragrafen im BGB nachlesen.)
   a) Der sechsjährige Milan Ivanschenko geht zum Bäcker. (§§ 433, 104, 105 BGB)
      aa) Milan will sich einen Lutscher kaufen.
      ab) Milan legt einen Zettel auf den Ladentisch, auf den seine Mutter „10 Brötchen, passendes Geld anbei. Danke – Alissa Invanschenko" geschrieben hat.
   b) Der vierzigjährige Kai feiert den Kauf seines neuen Autos mit seinem Freund Diego. Als Kai volltrunken ist, verspricht er, es Diego für dessen Spanienreise zu leihen. Am nächsten Tag kann sich Kai an nichts erinnern und möchte das Auto nicht verleihen. (§§ 598, 105 BGB)
   c) Joy, 17 Jahre alt, bestellt sich bei der Versandhaus Schick AG eine goldene Kette und bekommt die Kette samt Rechnung zugesandt. (§§ 433, 106, 107, 108 BGB; die Vorschriften des Fernabsatzes sollen hier nicht geprüft werden)
      Alternativen:
      ca) Die Eltern haben auf dem Bestellformular unterschrieben.
      cb) Die Eltern wissen nichts von der Bestellung.
   d) Shirin ist zehn Jahre alt und bekommt von ihrer Großmutter 200,00 € geschenkt. (§§ 516, 106, 107, 110 BGB)
      da) Müssen die Eltern der Schenkung zustimmen?
      db) Darf Shirin über das Geld frei verfügen?
   e) Mit Einverständnis ihrer Eltern arbeitet die 16-jährige Tanja bei der Werker AG als ungelernte Hilfskraft.
      ea) Tanja richtet sich ein Gehaltskonto bei der Bankhaus Gelder AG ein. (§§ 106, 113 BGB)
      eb) Tanja kündigt, da sie bei der Acker GmbH einen Arbeitsvertrag für eine ähnliche Tätigkeit abgeschlossen hat. (§§ 620 Abs. 2, 111, 113, 611 BGB)
      ec) Ihren Lohn will Tanja ihren Vorstellungen entsprechend ausgeben. (§ 110 BGB)
      ed) Der Onkel von Tanja will, dass Tanja Mitinhaberin seines Kiosks wird. (§§ 705, 112 BGB)

221065170

f) Der 13-jährige Hasan will sich ein Mountainbike kaufen. (§§ 433, 106, 108, 110 BGB)
   Alternativen:
   fa) Seine Eltern geben ihm zu diesem Zweck 500,00 €.
   fb) Von seinem Ersparten kauft Hasan heimlich das Mountainbike. Bei seiner ersten Ausfahrt stürzt er, ihm passiert nichts, das Rad hat aber einen „Totalschaden". Die Eltern erfahren von dem Kauf. Können sie das Geld vom Händler zurückverlangen?

g) Die wegen Schizophrenie unter Betreuung stehende dreiunddreißigjährige Carlotta kauft am Kiosk eine Schachtel Zigaretten und bezahlt bar. (§§ 104, 1896, 105a BGB)

Besondere Vertriebsformen

3. Unten stehend finden Sie ein Muster für die Widerrufsbelehrung bei Fernabsatzverträgen. Übernehmen Sie die Nummern der Lücken in Ihre Unterlagen und vervollständigen Sie die die Wörter. Jeder Unterstrich steht für einen Buchstaben.

Widerrufsbelehrung

Widerrufsrecht

Sie haben das Recht, binnen vierzehn Tagen ohne Angabe von Gründen diesen Vertrag zu widerrufen. Die Widerrufsfrist beträgt vierzehn Tage a_ [1)] dem Tag, an dem Sie d__ [2)] Waren in Besitz genommen haben ...

U_ [3)] Ihr Widerrufsrecht auszuüben, müssen Sie u__ [4)] [Name, Anschrift, Telefonnummer, E-Mail-Adresse einf____ [5)] mittels einer eindeutigen Erklärung (z. _ [6)]. ein mit der Post versandter Br___ [7)] oder E-Mail) über Ihren Entsc_____ [8)], diesen Vertrag zu widerrufen, informieren. S__ [9)] können dafür das beigefügte Muster-Widerrufsformular verw______ [10)], das jedoch nicht vorgeschrieben ist. S__ [11)] können das Muster-Widerrufsformular oder eine and___ [12)] eindeutige Erklärung auch auf unserer Webs____ [13)] [Internet- Adresse einfügen] elektronisch ausfüllen u__ [14)] übermitteln. Machen Sie von dieser Mögli_____ [15)] Gebrauch, so werden wir Ihnen unverz______ [16)] (z. B. per E-Mail) eine Bestä______ [17)] über den Eingang eines solchen Wide_____ [18)] übermitteln.

Zur Wahrung der Widerrufsfrist rei___ [19)] es aus, dass Sie die Mitte_____ [20)] über die Ausübung des Widerrufsrechts v__ [21)] Ablauf der Widerrufsfrist absenden.

Folgen d__ [22)] Widerrufs

Wenn Sie diesen Vertrag wider_____ [23)], haben wir Ihnen alle Zahlungen, d__ [24)] wir von Ihnen erhalten haben, einschl_______ [25)] der Lieferkosten, unverzüglich und spätestens bin___ [26)] vierzehn Tagen ab dem Tag zurückz_______ [27)], an dem die Mitteilung über Ih___ [28)] Widerruf dieses Vertrags bei uns einge______ [29)] ist. Für diese Rückzahlung verwenden w__ [30)] dasselbe Zahlungsmittel, das Sie bei d__ [31)] ursprünglichen Transaktion eingesetzt haben, es s__ [32)] denn, mit Ihnen wurde ausdrücklich et___ [33)] anderes vereinbart; in keinem Fall wer___ [34)] Ihnen wegen dieser Rückzahlung Entgelte bere_____ [35)].

Wir können die Rückzahlung verweigern, b__ [36)] wir die Waren wieder zurückerhalten ha___ [37)] oder bis Sie den Nachweis erbr____ [38)] haben, dass Sie die Waren zurück_______ [39)] haben, je nachdem, welches der frü____ [40)] Zeitpunkt ist. Sie haben die Wa___ [41)] unverzüglich und in jedem Fall späte_____ [42)] binnen vierzehn Tagen ab dem T__ [43)], an dem Sie uns über d__ [44)] Widerruf dieses Vertrags unterrichten, an u__ [45)] zurückzusenden oder zu übergeben. Die Fr___ [46)] ist gewahrt, wenn Sie die Wa___ [47)] vor Ablauf der Frist von vier____ [48)] Tagen absenden. Sie tragen die unmittelbaren Kosten der Rücksendung der Waren.

4.2 Störungen bei der Vertragserfüllung unterscheiden

4.2.1 Lernsituation

Probleme mit der Auftausalzlieferung

Laut Kaufvertrag soll den Stadtwerken Neustadt vom Baustoffhändler Bakir e. K. am 4. November eine Lkw-Ladung Auftau-Streusalz für den Winterdienst „frei Haus" geliefert werden. Im Übrigen gelten die gesetzlichen Bestimmungen. Der Kaufpreis soll 14 Tage nach Lieferung gezahlt werden.

a) Das Streusalz kommt bei den Stadtwerken nicht an, weil die Lkw-Fahrerin in einem Straßentunnel unverschuldet einen Unfall hat. Der Lkw brennt völlig aus und das Salz verschmort.

b) B. liefert das Streusalz erst am 15. November, weil die Lkw-Fahrerin Urlaub hatte.

c) Der Lkw kann das Streusalz am 4. November bei den Stadtwerken nicht abladen, weil das Hoftor verschlossen ist und niemand erreicht werden kann. Die Fahrerin muss unverrichteter Dinge wieder umkehren.

d) Die Lieferung erfolgt pünktlich. Die Stadtwerke zahlen das Streusalz am 15. Dezember.

e) Das gelieferte Streusalz ist z. T. faustgroß verklumpt und nur mit großem Aufwand zu zerkleinern.

4.2.2 Arbeitsauftrag zur Lernsituation

- Begründen Sie: Welche Art von Leistungsstörung liegt jeweils vor?

4.2.3 Aufgabe

Rechte bei Leistungsstörungen

Ergänzen Sie die Aussagen mit dem entsprechenden Recht.

a) Beim Zahlungsverzug entstehen durch eine Zahlungsverspätung Zinsverluste, die sich der Verkäufer oder die Verkäuferin ersetzen lassen kann. Diese stellen ... dar.

b) Freiwillige Vermögensverluste kann bei Vorliegen der Voraussetzungen ... abdecken.

c) Den Mehrpreis aus einem Deckungskauf beim Lieferungsverzug kann sich der Käufer oder die Käuferin als ... ersetzen erlassen, wenn er oder sie erfolglos eine angemessene Frist gesetzt hat.

d) Wenn man den Vertrag rückgängig machen will, wählt man nach einer erfolglosen Fristsetzung ...

- Rücktritt
- Schadensersatz neben der Leistung
- Schadensersatz statt der Leistung
- Aufwendungsersatz

221065172

4.3 Schlechtleistung beim Kaufvertrag rügen

4.3.1 Lernsituation

Fehlerhafte Werbeartikel

Die Tourismus Marketing Neustadt GmbH ordert für Werbeaktionen sogenannte Give-aways und Image-Produkte zum Verkauf in der Touristeninformation bei der Geschenkewelt GmbH.

Tourismus Marketing Neustadt GmbH

Neustadt – mehr als eine Reise wert!

Tourismus Marketing Neustadt GmbH · Hauptmarkt 1 · 49999 Neustadt

Geschenkewelt GmbH
Herrn Brabandt
Wrangelstraße 89
10997 Berlin

Ihr Zeichen: br
Ihre Nachricht vom: 17. Mai 20..
Unser Zeichen: bl

Name: Frau Blazik
Telefon: 02999 177-13
Telefax: 02999 177-14
E-Mail: info@stadtneu-wvd.de
Internet: www.stadtneu-wvd.de

Datum: 19. Mai 20..

Bestellung 20../75

Sehr geehrter Herr Brabandt,

wir bedanken uns für die Zusendung Ihres Katalogs und bestellen frei Haus:

Menge	Artikelnr.	Artikelbezeichnung	Listen-Netto-Stückpreis
500	6918	Kugelschreiber Präsident mit Stadtslogan: Neustadt – mehr als eine Reise wert! (Schrift Mistral)	0,80 €
100	8919	Basecaps mit Stadtemblem und Slogan	7,80 €
200	5324	Buttons mit Stadtemblem und Anstecknadel	0,30 €
50	2306	Briefbeschwerer mit Stadtemblem-Hologramm	4,20 €
100	1956	Kaffeebecher mit Stadtslogan	2,50 €
500	5325	Bögen Aufklebe Sticker mit Stadtslogan	1,00 €
100	8920	T-Shirts mit Stadtemblem (je 20 St. in Gr. S bis XXL)	3,50 €

4.3.2 Arbeitsaufträge zur Lernsituation

1. Die bestellte Ware geht bei der Tourismus Marketing Neustadt GmbH ein. Sie als zuständiger Mitarbeiter oder zuständige Mitarbeiterin haben die Lieferung zu überprüfen.
   a) Welche Unterlagen benötigen Sie für die Eingangsprüfung der Ware?
   b) Um welche Art des Kaufes handelt es sich hier?
   c) Warum müssen Sie unverzüglich prüfen?
   d) Wie prüfen Sie?
2. Sie stellen Folgendes fest:
   Die Buttons wurden ohne Anstecknadel geliefert. Die Kugelschreiber weisen keine Aufschrift auf. Statt T-Shirts wurden Sweatshirts geliefert. Es wurden 30 Briefbeschwerer geliefert. Die Kaffeebecher wechseln nicht ihre Farbe, wenn heiße Getränke eingefüllt werden, obwohl dies im Katalog behauptet wurde.
   a) Um welche Mängel handelt es sich?
   b) Was tun Sie? (Schicken Sie die mangelhaften Waren sofort zurück?)

3. Nach fünf Monaten bemerken Sie, dass die bei der Lieferung noch einwandfreien Sticker bereits vergilbt aussehen und nicht mehr kleben.
   a) Um welchen Mangel handelt es sich?
   b) Was tun Sie?
4. Die Mängel zu 2. stellen Sie drei Wochen nach Lieferung fest, nachdem die Ware bereits im Lagerraum einsortiert wurde. Was ist die Rechtsfolge?

4.3.3 Aufgaben

Mängelarten

1. Ein Kaufvertrag über PC-Tastaturen wird abgeschlossen. Welche Mängel liegen vor?
   a) Die gekaufte Tastatur ist nicht wie vereinbart ergonomisch geformt.
   b) Die gekaufte Tastatur ist nicht funktionsfähig.
   c) Statt der bestellten fünf werden nur zwei Tastaturen geliefert.
   d) Statt Tastaturen werden Joysticks geliefert.

Fälle zur Gewährleistung

2. Beantworten Sie jeweils die folgenden Fragen zu den unten stehenden Fällen:
   - Welcher Mangel liegt vor?
   - Welche Rechte hat der Käufer?

   a) Restaurantchefin Georgiu bestellt bei der Firma Nico Bratzke e. K. 100 Vinyltapetenrollen eines bestimmten Musters zum Tapezieren eines Gastraums.

   Fallalternativen:

   aa) Bratzke liefert nur 50 Stück. Er kann lediglich Tapeten einer anderen Herstellungscharge, d. h. mit Farbabweichungen zur ersten Lieferung nachliefern.

   ab) Die Tapeten werden von einem Maler angebracht. Bereits nach einem Jahr bröckelt die Vinyloberfläche der Tapeten ab.

   b) Die Adam AG verkauft Larissa Alexejev einen gebrauchten Pkw, einen fahrbereiten Oldtimer. Kurz darauf stellt sich ein Mangel an der Lenkung heraus. Ein Mitarbeiter der Adam AG untersucht das Fahrzeug und stellt fest, dass für eine Reparatur ein seltenes, kaum noch erhältliches Ersatzteil benötigt würde.

   c) Vertragshändler Genc e. K. verkauft der Spedition Brösemann und Söhne KG einen neuen Lkw. In der bei der Übergabe ausgehändigten Werbebroschüre des Herstellers wird angegeben, dass das Fahrzeug einen durchschnittlichen Dieselverbrauch von 16 l pro 100 km habe. Nach der Übergabe stellt sich heraus, dass der Lkw über 18 l verbraucht.

   d) Landwirt Rutz verkauft Landwirtin Krause Sommerweizen. Noch vor der Aussaat bemerkt Krause, dass es sich bei dem gelieferten Getreide um Winterweizen handelt.

   e) Cem Gezgin kauft bei der Möbelstadt Vebel GmbH ein Kinderhochbett mit Rutsche zum Selbstaufbau. Die Montageanleitung ist unverständlich formuliert. Gezgin baut daraufhin das Bett nicht richtig zusammen, es wackelt, ist schief und lässt sich nur unter großen Mühen zurückbauen.

   f) Carmen Rodriguez bestellt bei Mikromarkt im Internet einen Fernseher mit vielen Funktionen. Der Fernseher wird geliefert. Die Gebrauchsanweisung ist wörtlich aus der chinesischen Sprache übersetzt und völlig unverständlich. Rodriguez kann das Gerät nicht anschließen und auch nicht bedienen, sie will es wegen des günstigen Preises aber behalten und einen Freund um Hilfe bitten.

   g) Das Bundespräsidialamt kauft beim Kaufhaus Kedawe ein 48-teiliges PKM-Kaffeegeschirr für Staatsbesuche. Eine Mitarbeiterin des Amts stellt kurz darauf fest, dass zwei Tassen einen Sprung aufweisen. Sie fordert das Kaufhaus auf, die beschädigten Stücke zu ersetzen. Kedawe wendet ein, sie hätten kein Teil mehr vorrätig. Das Präsidialamt setzt eine Nachlieferungsfrist von 14 Tagen, die erfolglos verstreicht.

221065174

h) Der Eishändler Steffani & Co OHG bestellt bei der Elektrogeräte Jan Rozeboom KG telefonisch eine neue Kühltruhe zur Lieferung und Installation noch am selben Tag, weil die alte Truhe ausgefallen sei. Die Lieferung erfolgt, aber bei der versuchten Installation im Eiscafé wird klar, dass die neue Truhe ebenfalls defekt ist. Steffani ruft sogleich bei der Verwaltung der Rozeboom KG an und verlangt sofortige Nachlieferung einer neuen Truhe oder unverzügliche Reparatur. Die Truhe wird repariert, ist aber zwei Tage nicht funktionsfähig. Steffani erleidet dadurch täglich einen Gewinnausfall von ca. 500,00 €. Außerdem verdirbt ihm Eis im Wert von 300,00 €.

i) Vertragshändler Haberle GmbH verkauft der Berliner Stadtreinigung einen Lkw mit einer Erklärung folgenden Wortlauts: „Nutzfahrzeughändler Haberle GmbH übernimmt für jeden gekauften Lkw zehn Jahre Garantie auf Rostfreiheit“. Nach drei Jahren treten Rostflecken an der Motorhaube auf.

Gewährleistung beim Verbrauchsgüterkauf

3. Die Möbelstadt Vebel GmbH verkauft Carmen Rodriguez einen Restposten Edelholz-Gartenmöbel zum Ausverkaufspreis. Stühle und Tisch werden am 3. Dezember 20.. geliefert. Am 5. Mai des folgenden Jahres reklamiert Frau Rodriguez, dass das Holz an vielen Stellen größere Risse aufweise und die Möbel nicht mehr benutzbar seien. Die Vebel GmbH entgegnet, die Möbel seien unsachgemäß gelagert worden, derartige Schäden würden ausschließlich durch eindringende Nässe und Frost entstehen. Die beim Kauf überreichten Pflegehinweise hätten ausdrücklich darauf hingewiesen, dass die Möbel im Winter trocken aufzustellen seien. Frau Rodriguez ist empört über diese Unterstellung; sie habe die Möbel im Winter im Keller gelagert. Sie möchte die Möbel nun zurückgeben und ihr Geld wiederhaben.

   a) Geben Sie die Dauer der Gewährleistungsfrist genau an. Würde sich etwas ändern, wenn die Gartenmöbel gebrauchte Ausstellungsstücke gewesen wären?
   b) Wer muss beweisen, dass der Mangel durch Frau Rodriguez verursacht wurde?
   c) Sofern Gewährleistung besteht: Wie ist der Wunsch von Frau Rodriguez rechtlich zu beurteilen?

Gewährleistung, Garantie, Kulanz

4. Grenzen Sie die Begriffe Gewährleistung, Garantie und Kulanz voneinander ab und weisen Sie diese den untenstehenden Vorgängen zu.

   a) Der Hersteller eines Gabelstaplers sichert fünf Jahre Funktionsfähigkeit seiner Maschinen zu.
   b) Im 24. Monat nach dem Kauf eines Staubsaugers durch einen Verbraucher ist der Motor des Geräts defekt.
   c) Ein Ladengeschäft tauscht einer Kundin vier Wochen nach dem Kauf einen zu großen Pullover um.
   d) Ein Nutzfahrzeug-Verkäufer räumt zwei Jahre Garantie auf seine neuen Transporter ein.
   e) Zweieinhalb Jahre nach dem Kauf eines neuen Firmen-Pkw funktionieren beide LED-Scheinwerfer nicht mehr. Die Reparatur kostet 3.500,00 €.

Verbraucherverträge und Kaufvertragsarten

5. Ordnen Sie den Vertragsarten das passende Beispiel zu.

   Vertragsarten:

   1. Verbrauchervertrag über digitales Produkt/eine digitale Dienstleistung (§ 327 BGB)
   2. Verbrauchervertrag über digitales Produkt/einen digitalen Inhalt (§ 327 BGB)
   3. Verbrauchsgüterkauf einer Ware mit digitalen Elementen (§ 475b Abs. 1 BGB)
   4. Verbrauchsgüterkauf einer Ware, die digitale Produkte enthält (§§ 475a Abs. 2, 327 BGB)
   5. Kaufvertrag (§ 433 BGB) und zweiseitiger Handelskauf (§ 377 HGB)

Beispiele:

a) Nihal Demirkan kauft privat im Ladengeschäft ein Tablet mit diversen Spieleapps.

b) Alina Meyer kauft im Ladengeschäft einen Rasenroboter für ihren privaten Haushalt.

c) Alexander Gerr lädt mithilfe eines im Ladengeschäft erworbenen Lizenzschlüssels Software für seinen privaten PC herunter.

d) Milena Blazik kauft im Ladengeschäft eine DVD mit einem Office-Softwarepaket für die Tourismus Marketing Neustadt GmbH.

e) Carmen Rodriguez schließt privat einen Vertrag mit einem Videostreamingdienst für sechs Monate ab.

Leistungsstörungen bei digitalen Produkten

6. Kristin Schulz kauft privat bei der Autoladen Neustadt GmbH einen neuen Pkw mit integriertem Navigationssystem. Im Vertrag steht, dass die neueste Version des Systems vorinstalliert ist. Daheim stellt sie fest, dass eine völlig veraltete Version installiert ist.

   a) Begründen Sie, welche Vertragsart vorliegt.

   b) Welcher Mangel ist gegeben?

   c) Welches Recht sollte Kristin Schulz geltend machen?

4.4 Verzögerungen bei der Leistung beanstanden

4.4.1 Lernsituation

Lieferungsverzug: Verspätetes Buffet

Bürgermeister Schultheiß bestellt beim Geschäftsführer der Lucullus Catering GmbH für die Einweihungsfeier des Erweiterungsbaus des Museums der Stadt Neustadt am 10. Juni, 18:00 Uhr, ein zu lieferndes kaltes und warmes Buffet für 50 Personen zum Preis von 2.500,00 €. Er erhält eine Zusage per Fax. Als der Cateringservice am 10. Juni um 20:00 Uhr weder erschienen noch telefonisch erreichbar ist, ...

Varianten

a) geht Schultheiß mit den Gästen ins benachbarte Restaurant Troja. Es entstehen Ausgaben von 3.500,00 €.

b) bestellt Schultheiß beim Pizzalieferservice. Die Gerichte kosten insgesamt nur 1.000,00 €.

c) beendet Schultheiß die Feier und verabschiedet die Gäste. Ebenso das Personal, das er bei der Kurzzeit AG angefordert hatte, um die Gäste an den Tischen zu bedienen. Die Kurzzeit AG stellt Schultheiß Lohnaufwendungen von 250,00 € in Rechnung.

4.4.2 Arbeitsaufträge zur Lernsituation

1. Liegt hier Verzug vor? Prüfen Sie die Tatbestandsmerkmale in Stichworten. Gehen Sie hierbei davon aus, dass es sich um einen kaufvertragsähnlichen Bewirtungsvertrag handelt und die Erbringung der Leistung noch möglich bzw. nachholbar war.

2. Beraten Sie Herrn Schultheiß: Welche Rechte sollte er in den oben stehenden Situationen jeweils geltend machen?

221065176

4.4.3 Lernsituation

Zahlungsverzug: Unbezahlter Bambus

Teil A: Der Sport- und Freizeitbetrieb der Stadt Neustadt kauft am 24. Januar bei der Pflanzengroßhandel Gröneplanten GmbH Bambuspflanzen für den Umkleidebereich des kombinierten Frei- und Hallenschwimmbads. Der Bambus wird am 3. Februar gegen Lieferschein mängelfrei an den Sport- und Freizeitbetrieb geliefert. Die Rechnung (datiert vom 30. Januar) trifft per Post am 4. Februar beim Sport- und Freizeitbetrieb ein.

Teil B: Der Sport- und Freizeitbetrieb teilt der Pflanzengroßhandel Gröneplanten GmbH 34 Tage nach Fälligkeit und Rechnungsstellung mit, dass die Rechnung leider nicht beglichen werden könne, da die Haushaltsmittel noch nicht freigegeben seien. Außerdem erwähnt der Sport- und Freizeitbetrieb, dass der Bambus aufgrund Kälte und Trockenheit teilweise Schaden genommen hätte.

4.4.4 Arbeitsaufträge zur Lernsituation

1. Ermitteln Sie, wann in Teil A Verzug eintritt, wenn laut Kaufvertrag folgende Zahlungsbedingungen vorliegen würden:
   a) „Zahlbar sofort ohne Abzug" und Zugang einer Mahnung am 20. Februar
   b) „Zahlung binnen zwei Wochen nach Rechnungsdatum", keine Mahnung
   c) keine Zahlungsbedingungen, keine Mahnung
   (Wie wäre dieser Fall zu beurteilen, wenn es sich beim Käufer oder bei der Käuferin um einen Verbraucher oder eine Verbraucherin handeln würde? – vgl. § 286 Abs. 3 BGB)

   Tragen Sie alle wichtigen Daten in jeweils einen Zeitstrahl zu a, b und c ein. Markieren Sie die Fälligkeit sowie den Verzugsbeginn.
2. Prüfen Sie nun den Teil B:
   a) Liegt Zahlungsverzug vor?
   b) Welche vorrangigen und nachrangigen Rechte hat/hätte der Pflanzengroßhandel?

4.4.5 Aufgaben

Schuldnerverzug

1. Übernehmen Sie den Lückentext in Ihre Unterlagen und füllen Sie die Lücken mit passenden Begriffen.

Überblick zum Schuldnerverzug

Die Vorschriften über den Verzug regeln die Fälle, in denen der Schuldner zu spät leistet. Beim Kaufvertrag kann der Schuldner der Warenschuldner (..................) oder der Geldschuldner (..................) sein. Dementsprechend unterscheidet man ....-verzug und ....-verzug.

Der Gläubiger (Geldgläubiger: ...., Warengläubiger: ....) kann trotz des Verzugs noch an der Leistung interessiert sein oder infolge der Verspätung sein Interesse verloren haben. Beide Fälle unterscheiden sich in der Rechtsfolge. Im ersten Fall erhält der Gläubiger die Leistung und zusätzlich den Verzögerungsschaden ersetzt, d. h., der Gläubiger verlangt die Leistung und Schadensersatz .... der Leistung, §§ 280 Abs. 2, 286 BGB.

Im zweiten Fall entfällt unter der Voraussetzung, dass eine vom Gläubiger gesetzte angemessene Frist erfolglos abgelaufen ist, die Leistungsverpflichtung. Der Gläubiger kann den .... vom Kaufvertrag erklären (§ 323 BGB) und/oder Schadensersatz .... der Leistung (§ 281 BGB) verlangen. Statt des Schadensersatzes, der unfreiwillige Vermögensverluste ausgleicht, kann für im Vertrauen auf die Leistung gemachte, freiwillige Vermögenseinbußen auch .... (§ 284 BGB) verlangt werden.

Wichtig ist: Der Rücktritt vom Vertrag ist selbst dann möglich, wenn der Schuldner die Spätleistung nicht zu .... hat.

Voraussetzungen des Lieferungsverzugs: Einfluss von Lieferbedingungen

2. Ein Kaufvertrag über eine Gattungsware wurde am 5. März zwischen einem Lieferanten und der Stadt Neustadt abgeschlossen. Prüfen Sie die Voraussetzungen des Verzugs in Stichworten. Wann tritt die Leistungszeit (= Fälligkeit) ein, wann der Verzug, wenn folgende Lieferbedingungen vorliegen?
   a) „Lieferbar sofort" und Zugang einer schriftlichen Mahnung am 19. März
   b) „Lieferung bis spätestens Mitte März", keine Mahnung
   c) „Lieferung binnen drei Tagen nach Abruf", Abruf am 9. März, keine Mahnung
   d) keine Lieferbedingungen, keine Mahnung
   e) „Lieferbar ab April", Mahnung am Montag, dem 13. April per Fax um 23:00 Uhr
   f) „Lieferung im Mai", keine Mahnung

Fall zum Schuldnerverzug

3. Ihnen liegen folgende Daten der Auftragsbearbeitung bei der Tourismus Marketing Neustadt GmbH vor:

08.07.20..	Anfrage des Bekleidungshauses Chic und Schön KG per E-Mail bezüglich einer dringenden Lieferung von 60 T-Shirts mit Neustadt-Label sowie 30 Basecaps mit Stadtemblem
09.07.20..	verbindliches Angebot per E-Mail an die Chic und Schön KG, Auslieferung am 17.07. ab Lager, AGB sind beigefügt
10.07.20..	Bestellung der Chic und Schön KG per E-Mail
16.07.20..	telefonische Mitteilung an die Chic und Schön KG, dass Waren leider noch nicht verfügbar sind
17.07.20..	Mahnung der Chic und Schön KG per Fax mit Nachfristsetzung und Ablehnungsandrohung bis 24.07.
21.07.20..	telefonische Mitteilung an die Chic und Schön KG über Eingang der Waren vom Lieferanten
21.07.20..	Waren werden an einen Mitarbeiter der Chic und Schön KG übergeben
22.07.20..	Rechnungszugang bei der Chic und Schön KG
24.07.20..	Zahlungseingang auf dem Konto der Tourismus Marketing Neustadt GmbH

   a) Begründen Sie, an welchem Tag der Kaufvertrag zwischen dem Bekleidungshaus Chic und Schön KG und der Tourismus Marketing Neustadt GmbH zustande gekommen ist.
   b) Welche Art der Schuld liegt vor (Holschuld, Bringschuld, Schickschuld/Versendungskauf)?
   c) Geben Sie das Datum an, ab dem sich die Tourismus Marketing GmbH im Lieferungsverzug befindet.
   d) Welche Rechte hätte das Bekleidungshaus, wenn die Tourismus Marketing GmbH nicht bis zum 24.07. liefern würde?
   e) Wann wird das Bekleidungshaus Eigentümer der Waren, wenn die AGB der Tourismus Marketing GmbH
      ea) keinen Eigentumsvorbehalt oder
      eb) einen einfachen Eigentumsvorbehalt beinhalten?
   f) In den AGB und in der Rechnung der Tourismus Marketing GmbH finden sich keinerlei Zahlungsbedingungen.
      fa) Wann ist die Zahlung fällig?
      fb) Wann würde der Zahlungsverzug beginnen?
      fc) Welcher gesetzliche Verzugszins wäre anzusetzen?

221065178

Rechtsfolgen des Zahlungsverzugs

4. Wählen Sie für die Verzugszinsberechnungen die entsprechende Formel. Gehen Sie von einem Basiszins von 1,95 % aus. Geben Sie den Verzugszeitraum sowie den zutreffenden gesetzlichen Verzugszinssatz an und berechnen Sie die Verzugszinsen mithilfe einer der untenstehenden Zinsformeln.

Zinsformel unter Kaufleuten bzw. Unternehmern	**Allgemeine Zinsformel**
Zinsbetrag in € = $\frac{\text{Kapital (k)} \cdot \text{Zinssatz (p)} \cdot \text{Tage (t)}}{100 \cdot 360 \text{ Tage}}$	Zinsbetrag in € = $\frac{\text{Kapital (k)} \cdot \text{Zinssatz (p)} \cdot \text{Tage (t)}}{100 \cdot 365 \text{ Tage}}$
Achtung:	
Die Monate werden jeweils zu 30 Tagen berechnet!	*Die Monate werden taggenau berechnet!*
Gesetzlicher Verzugszinssatz:	
§ 288 Abs. 2 BGB: 9 % über Basiszinssatz	§ 288 Abs. 1 BGB: 5 % über Basiszinssatz

a) Füllen Sie die Tabelle aus:

Basiszinssatz gemäß § 247 BGB (hier fiktiv)	**gesetzlicher Verzugszinssatz bei Rechtsgeschäften...**	
	an denen Verbraucher (§ 13 BGB) beteiligt sind, § 288 Abs. 1 BGB	**an denen Verbraucher nicht beteiligt sind, § 288 Abs. 2 BGB**

b) Ermitteln Sie den Verzugszeitraum, den zutreffenden Verzugszinssatz und berechnen Sie die Verzugszinsen mithilfe einer der obenstehenden Zinsformeln in folgenden Fällen:

ba) Adam Wlodarz kauft von der Berolina Gebrauchtwagen GmbH einen Gebrauchtwagen für 11.100,00 €. Bei Kaufvertragsabschluss leistet er eine Anzahlung von 1.100,00 €. Herr Wlodarz kommt mit der Restzahlung 70 Tage in Verzug.

bb) Emine Gül kauft am 2. September bei der Berolina Gebrauchtwagen GmbH einen Wagen für 17.000,00 €. Sie zahlt 10 % an. In der ihr übergebenen Rechnung ist kein Zahlungstermin für die Restzahlung vorgesehen. Frau Gül überweist erst am 30. Dezember (Gutschrift) mit ihrem Weihnachtsgeld.

bc) Jaron Ramon kauft am 5. September bei der Berolina GmbH einen Gebrauchtwagen für 10.900,00 € und zahlt 900,00 € an. Die Restzahlung sollte bis spätestens 15. September – Datum des Zahlungseingangs – erfolgen. Herr Ramon zahlt bis zum 31. Dezember gar nichts. Wie viel Verzugszinsen sind bis zum Jahresende entstanden?

bd) Die Berolina Gebrauchtwagen GmbH kauft von der Pasewalker Autohaus GmbH einen Gebrauchtwagen. Die Rechnungssumme beträgt 52.000,00 €. Laut Kaufvertrag soll am 3. Juli – Zahlungseingang – gezahlt werden. Der Rechnungsbetrag geht jedoch erst am 15. September ein.

4.5 Offene Forderungen geltend machen

4.5.1 Lernsituation

Gerichtlicher Mahnbescheid

Rosenfeld & Schwark GmbH
Großhandel für Elektronik und Digitaltechnik

Rosenfeld & Schwark GmbH · Nonnendamm 11 · 13267 Berlin

Timo Zegel e. K.
Hindenburgstraße 79
12203 Berlin

Ihr Zeichen:	
Ihre Nachricht vom:	
Unser Zeichen:	ra
Unsere Nachricht vom:	20..-09-10
Name:	Frau Ramezani
Telefon:	030 420599-10
Telefax:	030 420599-11
E-Mail:	info@rosenfeldschwark-wvd.de
Internet:	www.rosenfeldschwark-wvd.de
Datum:	20..-09-26

3. Mahnung

Sehr geehrter Herr Zegel,

wir erinnern nochmals an die ausstehende Zahlung für:

Lieferschein Nr., Datum	096/20.., 20..-06-02
Rechnung Nr., Datum	167/20.., 20..-06-02
Rechnungsbetrag brutto	965,99 €
zahlbar bis spätestens	20..-06-30

für unsere Lieferung von zehn Kenkumo-Lautsprechern FKC-W 2509 am 20..-06-03.

Als Auslagen stellen wir Ihnen zusätzlich in Rechnung

Pauschale nach § 288 Abs. 5 BGB	40,00 €
Verzugszinsen nach unseren AGB	14 % seit 20..-07-01

Leider haben wir auf unsere Zahlungserinnerungen keine Antwort erhalten. Soweit wir aus unseren Unterlagen erkennen können, ist die oben stehende Rechnung von Ihnen bis heute noch nicht ausgeglichen worden.

Bitte überweisen Sie den Betrag binnen 14 Tagen auf eines unserer unten angegebenen Konten. Sie werden dafür Verständnis haben, dass wir unsere Forderung gerichtlich geltend machen, wenn keine Zahlung erfolgen sollte.

Mit freundlichen Grüßen

Rosenfeld & Schwark GmbH

ppa. A. Ramezani

Ramezani

Geschäftsräume	Öffnungszeiten	Handelsregister	Geschäftsführer	USt-IDNr.	Bankverbindungen
Nonnendamm 11 13267 Berlin	Mo bis Fr 09:00–19:00 Uhr Sa 09:00–16:00 Uhr	Amtsgericht Charlottenburg HRB 7889	Dipl.-Ing. Kai Rosenfeld Christian Schwark	DE15432670	Postbank Berlin IBAN DE89 1001 0010 0042 1051 08 BIC PBNKDEFF100

221065180

4.5.2 Arbeitsaufträge zur Lernsituation

Antrag auf Erlass eines Mahnbescheids

1. Lesen Sie den abgedruckten Brief der Rosenfeld & Schwark GmbH und füllen Sie einen Antrag auf Erlass eines Mahnbescheids aus (siehe folgende Seiten).

   Nutzen Sie die Angaben aus der Mahnung sowie die unten stehenden Informationen.

Informationen zum vorliegenden Mahnverfahren

Der gesetzliche Vertreter einer GmbH ist ihr Geschäftsführer oder ihre Geschäftsführerin. Mitarbeitende, die Geschäftspost mit „ppa." unterzeichnen, sind Prokurist oder Prokuristin der Unternehmung. Die Prokura ist eine handelsrechtliche Vollmacht. Die Abkürzung „e. K." steht für eingetragenen Kaufmann, es handelt sich um eine Einzelunternehmung bzw. Einzelfirma, die im Handelsregister eingetragen ist.

Das zuständige Mahngericht ist stets beim Wohn- bzw. Geschäftssitz des Antragstellers oder der Antragstellerin. Für die Rosenfeld & Schwark GmbH ist örtlich und sachlich zuständig:

Amtsgericht Wedding
- Zentrale Mahnabteilung -
13343 Berlin

Im Fall des Widerspruchs oder Einspruchs endet das Mahnverfahren und geht in das streitige Verfahren über.

Die AGB der Beteiligten sehen keine Gerichtsstandsvereinbarungen vor. Als Streitgericht kommen infrage:

- Amtsgericht Charlottenburg, Amtsgerichtsplatz 1, 14057 Berlin-Charlottenburg (für den Sitz der Rosenfeld & Schwark GmbH)
- Amtsgericht Schöneberg, Grunewaldstraße 66 – 67, 10823 Berlin (für den Sitz von Timo Zegel, e. K.)
- Landgericht Berlin, Tegeler Weg 17 – 21, 10589 Berlin

Die Katalognummer für die Hauptforderung aus Kaufverträgen ist 11 (Zeile Nr. 32 des Antrags).

Der Mahnbescheid wird am 15. Oktober beantragt.

Fristen

2. Gehen Sie davon aus, dass der Mahnbescheid Timo Zegel e. K. am 25. Oktober zugestellt wird. Ermitteln Sie
   a) die Widerspruchsfrist für Timo Zegel,
   b) die Frist, in der die Rosenfeld & Schwark GmbH den Vollstreckungsbescheid beim Amtsgericht Wedding beantragen muss.

Verjährung

3. Welche Folge hat die Zustellung des Mahnbescheids für die Verjährung der Forderung? Wann tritt diese Folge hier ein?

Antrag auf Erlass eines Mahnbescheids

– Nicht verwendbar für Rechtsanwälte und registrierte Inkassodienstleister –

Raum für Vermerke des Gerichts

Zeilen-Nummer

1 Datum des Antrags | C | **Bitte beachten Sie die Ausfüllhinweise!**

2 **Antragsteller** — **Bei mehreren Antragstellern: Es wird versichert, dass der in Spalte 1 Bezeichnete bevollmächtigt ist, die weiteren zu vertreten.**

Spalte 1	Spalte 2 **Weiterer Antragsteller**
3 1 = Herr 2 = Frau; Vorname	1 = Herr 2 = Frau; Vorname
4 Nachname	Nachname
5 Straße, Hausnummer – **bitte kein Postfach!** –	Straße, Hausnummer – **bitte kein Postfach!** –
6 Postleitzahl, Ort, Ausl. Kz.	Postleitzahl, Ort, Ausl. Kz.

7 **Spalte 3 Nur eingetragener Kaufmann, juristische Person usw.** — Rechtsform, z.B. GmbH, AG, OHG, KG

8 3 = **nur** eingetragener Kaufmann 4 = **nur** GmbH u. Co KG **sonst** Rechtsform:

Vollständige Bezeichnung

9 Fortsetzung von Zeile 9

10 Straße, Hausnummer – **bitte kein Postfach!** – | Postleitzahl, Ort, Ausl. Kz.

11

Gesetzlicher Vertreter	**Gesetzlicher Vertreter** (auch weiterer)
12 *Nr. der Spalte, in der der Vertretene bezeichnet ist*; Stellung (z.B. Geschäftsführer, Vater, Mutter, Vormund)	*Nr. der Spalte, in der der Vertretene bezeichnet ist*; Stellung
13 Vor- und Nachname	Vor- und Nachname
14 Straße, Hausnummer – **bitte kein Postfach!** –	Straße, Hausnummer – **bitte kein Postfach!** –
15 Postleitzahl, Ort, Ausl. Kz.	Postleitzahl, Ort, Ausl. Kz.

16

17 **Antragsgegner** — Falls der Antragsgegner unter das Zusatzabkommen zum NATO-Truppenstatut fällt, bitte Ausfüllhinweis beachten. — **Antragsgegner sind Gesamtschuldner**

Spalte 1	Spalte 2 **Weiterer Antragsgegner**
18 1 = Herr 2 = Frau; Vorname	1 = Herr 2 = Frau; Vorname
19 Nachname	Nachname
20 Straße, Hausnummer – **bitte kein Postfach!** –	Straße, Hausnummer – **bitte kein Postfach!** –
21 Postleitzahl, Ort, Ausl. Kz.	Postleitzahl, Ort, Ausl. Kz.

22 **Spalte 3 Nur eingetragener Kaufmann, juristische Person usw.** — Rechtsform, z.B. GmbH, AG, OHG, KG

23 3 = **nur** eingetragener Kaufmann 4 = **nur** GmbH u. Co KG **sonst** Rechtsform:

Vollständige Bezeichnung

24 Fortsetzung von Zeile 24

25 Straße, Hausnummer – **bitte kein Postfach!** – | Postleitzahl, Ort, Ausl. Kz.

26

Gesetzlicher Vertreter	**Gesetzlicher Vertreter** (auch weiterer)
27 *Nr. der Spalte, in der der Vertretene bezeichnet ist*; Stellung (z.B. Geschäftsführer, Vater, Mutter, Vormund)	*Nr. der Spalte, in der der Vertretene bezeichnet ist*; Stellung
28 Vor- und Nachname	Vor- und Nachname
29 Straße, Hausnummer – **bitte kein Postfach!** –	Straße, Hausnummer – **bitte kein Postfach!** –
30 Postleitzahl, Ort, Ausl. Kz.	Postleitzahl, Ort, Ausl. Kz.

31

Fassung 01.07.2017

die beiden Originale 1/2 bitte nicht auseinandertrennen!

Mahnbescheid Bestell-Nr. 2887 AVERY Zweckform

4 004182 028872

AVERY Zweckform Antrag Mahnbescheid 2887

Bitte die nächste Vordruckseite beachten!

221065182

Bezeichnung des Anspruchs

I. Hauptforderung – siehe Katalog in den Hinweisen –

Zeilen-Nummer

Katalog-Nr.	Rechnung/Aufstellung/Vertrag oder ähnliche Bezeichnung	Nr. der Rechng./des Kontos u. dgl.	Datum bzw. Zeitraum (TT.MM.JJ) vom	bis	Betrag EUR
32					
33					
34					

Postleitzahl | Ort als Zusatz bei Katalog-Nr. 17, 19, 20, 90 | Ausl. Kz. | Vertragsart als Zusatz bei Katalog-Nr. 28

35 -Vertrag

Sonstiger Anspruch – nur ausfüllen, wenn im Katalog nicht vorhanden – mit Vertrags-/Lieferdatum/Zeitraum vom ... bis ...

36

Fortsetzung von Zeile 36 | vom | bis | Betrag EUR

37

Nur bei Abtretung oder Forderungsübergang:

Früherer Gläubiger – Vor- und Nachname, Firma (Kurzbezeichnung)

Datum

Seit diesem Datum ist die Forderung an den Antragsteller abgetreten/auf ihn übergegangen.

38 Postleitzahl | Ort | Ausl. Kz.

39

IIa. Laufende Zinsen

Zeilen-Nr. der Hauptforderung	Zinssatz %	oder %-Punkte über Basiszinssatz	1 = jährl. 2 = mtl. 3 = tägl.	Betrag EUR nur angeben, wenn abweichend vom Hauptforderungsbetrag.	Ab Zustellung des Mahnbescheids, wenn kein Datum angegeben. ab oder vom	bis
40						
41						
42						

IIb. Ausgerechnete Zinsen

Gemäß dem Antragsgegner mitgeteilter Berechnung für die Zeit

vom	bis	Betrag EUR

III. Auslagen des Antragstellers für dieses Verfahren

Vordruck/Porto Betrag EUR	Sonstige Auslagen Betrag EUR	Bezeichnung

43

IV. Andere Nebenforderungen

Mahnkosten Betrag EUR	Auskünfte Betrag EUR	Bankrücklastkosten Betrag EUR	Inkassokosten Betrag EUR	Anwaltsvergütung für vorgerichtl. Tätigkeit Betrag EUR	Sonstige Nebenforderung Betrag EUR	Bezeichnung

44

Ein streitiges Verfahren wäre durchzuführen vor dem

1 = Amtsgericht
2 = Landgericht
3 = Landgericht – KfH
6 = Amtsgericht – Familiengericht
8 = Sozialgericht

45 in Postleitzahl | Ort

Im Falle eines Widerspruchs beantrage ich die Durchführung des streitigen Verfahrens.

Prozessbevollmächtigter des Antragstellers

Ordnungsgemäße Bevollmächtigung versichere ich.

3 = Rechtsbeistand
4 = Herr, Frau
9 = Verbraucherzentrale, -verband

Betrag EUR

Bei Rechtsbeistand: **Anstelle** der Auslagenpauschale (Nr. 7002 VV RVG) werden die nebenstehenden Auslagen verlangt, deren Richtigkeit versichert wird.

Der Antragsteller ist nicht zum Vorsteuerabzug berechtigt.

46 Vor- und Nachname/Bezeichnung

47 Straße, Hausnummer – **bitte kein Postfach!** – | Postleitzahl | Ort | Ausl. Kz

48 IBAN | BIC (Bank Identifier Code)

49

Von Kreditgebern (auch Zessionar) zusätzlich zu machende Angaben bei Anspruch aus Verbraucherdarlehensvertrag (§§ 491ff BGB):

Zeilen-Nr. der Hauptforderung	Vertragsdatum	Effektiver Jahreszins	Zeilen-Nr. der Hauptforderung	Vertragsdatum	Effektiver Jahreszins	Zeilen-Nr. der Hauptforderung	Vertragsdatum	Effektiver Jahreszins

50

Geschäftszeichen des Antragstellers/Prozessbevollmächtigten

51

Ich erkläre, dass der Anspruch von einer Gegenleistung abhängt, die bereits erbracht wurde oder nicht von einer Gegenleistung abhängt.
Ich beantrage, einen Mahnbescheid zu erlassen und in diesen die Kosten des Verfahrens aufzunehmen.

An das
Amtsgericht
– Mahnabteilung –

52

Unterschrift des Antragstellers/Vertreters/Prozessbevollmächtigten

53 Postleitzahl, Ort

Fassung 01.07.2017

4.5.3 Aufgaben

Wirkung der Verjährung

1. Ahmet Achmetoff bezahlt eine Kaufpreisschuld, ohne zu wissen, dass diese mittlerweile verjährt ist. Als er dies erfährt, will er den Verkäufer auf Rückzahlung verklagen. Beraten Sie Herrn Achmetoff.

Verjährungsfristen

2. Stellen Sie Beginn und Ende der Verjährungsfrist für die jeweiligen Forderungen fest und geben Sie die einschlägigen Paragrafen an.

a) Ein Urteil über eine Darlehensforderung wird am 6. März 2025 rechtskräftig.

b) Ein Unternehmer schuldet seinem Arbeitnehmer Lohn für Mai 2025.

c) Sarah Müllerke ist Deniz Karademir den am 26. Februar 2025 fälligen Kaufpreis für das bereits übereignete Grundstück schuldig.

d) Herrn Petrzik wird der Pkw entwendet und am 20. August 2025 auf dem eingezäunten Grundstück von Sofia Zorn gefunden. Petrzik verlangt von Zorn die Herausgabe des Autos gemäß § 985 BGB.

Hemmung und Neubeginn der Verjährung

3. Prüfen Sie, ob in den nachfolgenden Fällen die Verjährung der Forderung beeinflusst wird. Zitieren Sie entsprechende Paragrafen.

a) Schuldner und Gläubiger verhandeln über den Bestand der Forderung.

b) Der Schuldner erhält einen gerichtlichen Mahnbescheid.

c) Der Schuldner zahlt Zinsen für seine Schuld.

d) Dem Schuldner wird eine Klageschrift zur strittigen Forderung zugestellt.

e) Die Gerichtsvollzieherin vollstreckt beim Schuldner.

f) Der Gläubiger erhält eine Mahnung eines Inkassobüros per Einwurf-Einschreiben zugestellt.

g) Der Gläubiger meldet seine Forderung im Insolvenzverfahren an.

Forderungsmanagement

4. Ihnen liegt der folgende Auszug der Offene-Posten-Liste der Tourismus Marketing Neustadt GmbH vor:

Kundin/Kunde	Re-Nr.	Re-Dat.	Betrag	Fälligkeit	Bemerkung
Jadwiga Brodskaja GmbH (Bremen)	397091	13.03.20..	5.899,00 €	16.03.20..	1. Mahnung 17.04. schriftlich 2. Mahnung 16.05. 3. Mahnung 11.06. Mahnbescheid zugestellt am 31.07.

Entscheiden Sie jeweils, welche Antwort richtig ist.

a) Ab wann können Sie Verzugszinsen erheben?

aa) 16.03.
ab) 16.04.
ac) 17.04.
ad) 11.06.
ae) 31.07.
af) 31.12.

221065184

b) Welchen Schaden können Sie mindestens geltend machen?
   - ba) den gesetzlichen Basiszins
   - bb) den gesetzlichen Basiszins zuzüglich 5 %
   - bc) 9 % Verzugszins, da Geschäft zwischen Unternehmern
   - bd) die gesetzliche Schadenspauschale von 40,00 €
   - be) den gesetzlichen Verzugszins zuzüglich der Schadenspauschale
   - bf) den Verzugszins nach AGB

c) Welches Gericht hat den Mahnbescheid erlassen?
   - ca) das Amtsgericht Bremen
   - cb) das Landgericht Bremen
   - cc) das Verwaltungsgericht Neustadt
   - cd) das Landgericht Neustadt
   - ce) das Amtsgericht Neustadt
   - cf) das Finanzgericht Neustadt

d) Die Jadwiga Brodskaja GmbH hat auf die Zustellung des Mahnbescheides nicht reagiert. Es ist mittlerweile September. Welche der untenstehenden Vorgehensweisen ist sinnvoll?
   - da) Klage beim Landgericht Neustadt, Kammer für Handelssachen, erheben
   - db) Klage beim Oberlandesgericht Bremen erheben
   - dc) Klage beim Finanzgericht Neustadt erheben
   - dd) unverzüglich ein Inkassounternehmen einschalten
   - de) die uneinbringliche Forderung abschreiben
   - df) beim zuständigen Mahngericht einen Vollstreckungsbescheid beantragen

e) Geben Sie den zutreffenden Beginn der Verjährungsfrist und deren Dauer an.
   - ea) Beginn mit Ablauf des 13.03., Dauer 2 Jahre
   - eb) Beginn mit Ablauf des 16.03., Dauer 3 Jahre
   - ec) Beginn mit Ablauf des 16.04., Dauer 3 Jahre
   - ed) Beginn mit Ablauf des 31.07., Dauer 3 Jahre
   - ee) Beginn mit Ablauf des 31.07., Dauer 30 Jahre
   - ef) Beginn mit Ablauf des 31.12., Dauer 3 Jahre

f) Die Jadwiga Brodskaja GmbH zahlt am 11.12. 3.000,00 € (Gutschriftdatum). Welche Folge hat das für die Verjährungsfrist?
   - fa) Die Verjährungsfrist beginnt mit Ablauf des 11.12. von neuem.
   - fb) Keine, da die Verjährungsfrist noch nicht begonnen hat.
   - fc) Die Verjährungsfrist verlängert sich um 20 Tage.
   - fd) Die Verjährungsfrist wird ab dem 11.12. unterbrochen.
   - fe) Die Verjährungsfrist wird durch die Teilzahlung ab dem 11.12. gehemmt.
   - ff) Mit Ablauf des 11.12. beginnt die Verjährungsfrist von 30 Jahren.

g) Am 31.12. wird der Jadwiga Brodskaja GmbH vom zuständigen Gericht der Vollstreckungsbescheid zugestellt. Die GmbH erhebt keinen fristgerechten Einspruch. Welche Rechtsfolge hat dies?
   - ga) Keine, da erst der Ausgang des streitigen Verfahrens abgewartet werden muss.
   - gb) Der Vollstreckungsbescheid wird mit Ablauf des 31.12. rechtskräftig.
   - gc) Der Vollstreckungsbescheid wird mit Ablauf des 14.01. des Folgejahres rechtskräftig.
   - gd) Ab 02.01. des Folgejahres kann durch den Gerichtsvollzieher vollstreckt werden.
   - ge) Mit Ablauf des 31.12. beginnt die neue Verjährungsfrist von 30 Jahren.
   - gf) Beim Landgericht Bremen ist innerhalb von 6 Monaten Klage auf Zahlung zu erheben.

4.6 Gläubigerverzug/Annahmeverzug

Web

4.6.1 – 4.6.3 Lernsituation und Aufgaben im Download-Bereich und in der BiBox

4.7 Störungen und offene Forderungen beim Kaufvertrag bearbeiten

4.7.1 Zusammenfassende Lernsituation

Tablet-Lieferung mit Schwierigkeiten

Stadt Neustadt
Der Bürgermeister

Stadt Neustadt · Postfach · 49999 Neustadt

Hard & Soft GmbH
Berliner Straße 5
49999 Neustadt

Ihre Nachricht/Ihr Zeichen:

Geschäftszeichen:
Fachbereich/Dienststelle: 1
Gebäude/Zimmer: Rathausplatz 1, Zimmer 19
Bearbeiter/-in: Frau Demir
Telefon: 02999 177- 140
Telefax: 02999 177- 141
E-Mail: Demir@stadtneu-wvd.de

Datum: 02. Juni 20..

Lieferung von Tablet-PC mit Tastatur (2 in 1-Geräte) vom 13. Mai 20..

Sehr geehrte Damen und Herren,

aufgrund Ihres Angebots vom 15. März 20.. bestellten wir per E-Mail am 18. März bei Ihnen für unsere Außendienstmitarbeiter im Fachbereich 2 – Sozial-, Jugend-, Ordnungs- und Bürgeramt – fünf Tablet-PCs mit Tastatur Marke Bemicor Typ 5X-03 zum Preis von je 750,00 € zur Lieferung frei Haus. Sie bestätigten die Bestellung telefonisch am 19. März 20.. .

Da die Geräte bis zum 15. April 20.. bei uns nicht eingegangen waren, mahnten wir mit E-Mail die Lieferung bis spätestens zum 30. April an. Am 2. Mai 20.. schlossen wir mit der Com-Rent GmbH einen Mietvertrag für fünf Netbooks über die Mindestlaufzeit von einem Monat ab. Sie lieferten die Tablets schließlich am 13. Mai 20.. .

Durch Ihre verspätete Lieferung ist uns folgender Schaden entstanden:

> Mietaufwendungen für fünf Netbooks à 49,00 € pro Monat (vgl. anliegende Vertragskopie),
> d. h. insgesamt 245,00 €.

Nach Inbetriebnahme der Tablet-PCs stellten unsere Mitarbeiter außerdem folgende Mängel fest:

- Die Batterie-Betriebszeit beträgt bei sämtlichen Tablets statt der von Ihnen im Angebot beschriebenen acht Stunden lediglich zwei Stunden, dies ist für die Nutzung im Außendienst völlig unzureichend.
- Auf den Tastaturen fehlt das Euro-Zeichen (€).
- Nach der Werbung des Herstellers Bemicor besitzen die Tablets eine Bluetooth-Schnittstelle. Diese ist aber an allen Geräten nicht funktionsfähig.

Aufgrund der Vielzahl der Mängel treten wir vom Vertrag zurück. Hilfsweise fechten wir den Kaufvertrag wegen Irrtums an, denn wie unsere Nachforschungen inzwischen ergeben haben, sind Tablet-PCs der Marke Bemicor Typ 5Y-03 bereits ab 200,00 € erhältlich.

Den Kaufpreis in Höhe von 3.750,00 € werden wir nicht begleichen. Wir fordern Sie auf, die Geräte unverzüglich abzuholen.

Unsere Forderung beträgt 245,00 € zahlbar an die Kasse der Stadt Neustadt, Kassenzeichen: 654.

Mit verbindlicher Empfehlung

im Auftrag

Demir

Demir

Anlage
Mietvertrag Com-Rent GmbH

Bankverbindung der Stadtkasse Neustadt:
Neustädter Sparkasse
IBAN DE99 9995 0001 0415 9203 01, BIC WELADEDNEUM

Besuchszeiten
Montag, Dienstag, Mittwoch: 08:00–12:30 Uhr, 14:00–17:00 Uhr,
Donnerstag: 08:00–12:30 Uhr, 14:00–20:00 Uhr, Freitag: 08:00–12:30 Uhr

Internet
www.stadtneu-wvd.de

221065186

4.7.2 Arbeitsaufträge zur Lernsituation

1. **Kaufvertrag**

   Gehen Sie im vorliegenden Fall davon aus, dass keine Allgemeinen Geschäfts- oder Vertragsbedingungen gelten.

   a) Entscheiden Sie begründet, wann hier ein gültiger Kaufvertrag abgeschlossen worden ist.

   b) Welche Schuldart (Hol-, Bring-, Schickschuld, Versendungskauf) liegt zugrunde?

2. **Störungen**

   a) Prüfen Sie, ob eine Anfechtung des Kaufvertrags infrage kommt.

   b) Geben Sie an, welche Leistungs-/Erfüllungsstörungen angesprochen werden.

   c) Welche Mängel rügt die Stadtverwaltung?

   d) Stellen Sie fest, ob aufgrund der Mängel der Rücktritt vom Kaufvertrag möglich ist.

   e) Ist der von der Stadt Neustadt geltend gemachte Schadensersatzanspruch wegen der verspäteten Lieferung berechtigt? Prüfen Sie alle Voraussetzungen.

3. **Geltendmachung von Forderungen**

   a) Wann verjährt der Kaufpreisanspruch der Hard & Soft GmbH?

   b) Die Stadtverwaltung Neustadt und Hard & Soft GmbH verhandeln vom 10. Juni bis 30. Juni 20.. über die Angelegenheit. Was ist die Rechtsfolge?

   c) Die Hard & Soft GmbH weigert sich, Schadensersatz zu zahlen. Die Stadtverwaltung Neustadt erwirkt einen gerichtlichen Mahnbescheid, der am 13. Juli 20.. zugestellt wird.
   Bis wann müsste die Hard & Soft GmbH Widerspruch erheben?
   Die Hard & Soft GmbH legt keinen Widerspruch ein. Bis wann muss die Stadtverwaltung Neustadt einen Vollstreckungsbescheid beantragen?

1.2 Personalbedarf und Personaleinsatz planen

1.2.1 Lernsituation

Personalbedarfsplanung der Stadt Neustadt

Es ist Herbst 2024. Die Verwaltung der Stadt Neustadt muss den Stellenplan für das Jahr 2025 aufstellen. Damit die Aufgaben der Stadt auch weiterhin schnell, sorgfältig und möglichst kostengünstig erledigt werden, ist eine exakte Planung erforderlich.

Der Fachbereich 2 „Soziales, Sicherheit und Ordnung" der Stadtverwaltung Neustadt ist aufgrund der Sparmaßnahmen der letzten Jahre nur noch mit dem absolut notwendigen Personal ausgestattet. Dieses führt zur Urlaubszeit und zur Zeit der alljährlichen Grippewelle dazu, dass die Angestellten nur durch überdurchschnittlichen Einsatz und Mehrarbeitsstunden die anfallenden Tätigkeiten erledigen können. Hinzu kommt, dass die Zahl der Hilfesuchenden beim Sozialamt im Rahmen des SGB XII im nächsten Jahr voraussichtlich ansteigen wird. Zunehmende Altersarmut ist auch in Neustadt festzustellen.

Ein wichtiges Anliegen der Stadt ist die Schaffung einer neuen Stelle im Jugendamt. Aufgrund der zunehmenden Fälle von Kindesmisshandlung und -vernachlässigung, die zum Teil auch durch die Presse gingen, plant die Stadt eine Stelle für eine Familienhebamme. Diese soll Familien mit Kindern nach der Geburt bis zu einem Jahr in deren häuslichem Bereich betreuen, um möglichst früh Probleme erkennen und lösen zu können.

Aufgefallen ist auch, dass die Wartezeiten im neu gestalteten Bürgeramt nicht zumutbar sind. Frau Mooshammer, Leiterin des Fachbereichs 2, geht davon aus, dass für diese Bereiche zusätzliche Planstellen geschaffen werden müssen.

Diese Überlegungen sind zu berücksichtigen, wenn der Stellenplan der privatrechtlich Beschäftigten für das Jahr 2025 zu erstellen ist.

1.2.2 Arbeitsaufträge zur Lernsituation

1. Planen und organisieren Sie den Arbeitsablauf in der Personalbedarfsrechnung.
   a) Informieren Sie sich zunächst allein in den Arbeitsmaterialien zum Stellenplan 2023 (Beispiel/M1).
   b) Notieren Sie auf Moderationskarten, welche Schritte notwendig sind und welche Informationen Sie benötigen, damit Sie die notwendigen Zahlen ermitteln und den Stellenplan erstellen können.
   c) Vergleichen Sie Ihr Ergebnis mit einem Lernpartner, einer Lernpartnerin oder in der Lerngruppe und korrigieren Sie gegebenenfalls Ihr Ergebnis.
2. Planen Sie den Personalbedarf. Als Arbeitshilfe stehen Ihnen die Formulare „Stellenübersicht"/M2/Web und „Stellenplan"/M2/Web zur Verfügung. Entsprechende **Tabellenkalkulationsdateien** können Sie downloaden. Diese sind ggf. **mehrfach anzuwenden**.

   Web

   a) Vollziehen Sie den Stellenplan für das ablaufende Jahr 2024 nach:
   Ermitteln Sie mithilfe der Personalübersicht 2024/M3 (s. Arbeitsmaterialien) die Planstellen des Jahres 2024. Tragen Sie die Ergebnisse in das Formular „Stellenübersicht der Stadt Neustadt für das Jahr 2024"/M2/Web ein.

   Web

   b) Stellen Sie anhand der Meldungen über Personalveränderungen aus den Fachbereichen (M4, s. Arbeitsmaterial) fest, welche Stellen am 30. Juni 2024 nicht besetzt waren. Übertragen Sie die Anzahl der am 30. Juni 2024 besetzten Stellen in das Formular „Stellenübersicht der Stadt Neustadt für das Jahr 2025"/M2/Web.
   c) Lesen Sie die Informationen zum Personalbedarf, zur Personalbedarfsberechnung und zur Arbeitszeitanalyse (M5, s. Arbeitsmaterial). Berechnen Sie die für das Sozialamt, das Bürgeramt und das Jugendamt für das Jahr 2025 benötigten Stellen. (Dies kann in arbeitsteiliger Gruppenarbeit geschehen.)

   Web

   d) Stellen Sie mithilfe der Meldungen über Personalveränderungen(M4, s. Arbeitsmaterial) fest, welche Stellen im Laufe des Jahres 2024 frei geworden sind und nun wegfallen können. Arbeiten Sie diese Stellenveränderungen zusammen mit den Berechnungsergebnissen aus Aufgabe c) in die Tabelle „Stellenübersicht der Stadt Neustadt für das Jahr 2025"/M2/Web ein.
   e) Erstellen Sie nun den Stellenplan der Beschäftigten der Stadt Neustadt für das Jahr 2025 nach dem Muster M1, s. Arbeitsmaterial.

221065188

1.2.3 Arbeitsmaterialien zur Lernsituation

M 1 Informationen zum Stellenplan und zur Stellenübersicht

Der Stellenplan bildet die Berechnungsgrundlage für die besetzbaren Stellen. Er gibt damit der Personalwirtschaft in Kreisen und Gemeinden einen verbindlichen Rahmen. Nur die im Stellenplan ausgewiesenen Stellen dürfen besetzt werden.

Damit der Verwaltung für das nächste Jahr das benötigte Personal zur Verfügung steht, wird der Stellenplan jährlich überprüft. So können rechtzeitig Maßnahmen eingeleitet werden (Fortbildung, Übernahme von Auszubildenden, Umsetzungen, Kündigungen), damit im kommenden Jahr die benötigte Anzahl von Stellen und Mitarbeitenden bereitsteht.

Der für das **Folgejahr** aufzubauende **Stellenplan** umfasst getrennt nach Beamtinnen und Beamten und auf Dauer Tarifbeschäftigten

- die Planstellen für das kommende Jahr,
- die Planstellen des aktuellen Jahres,
- die am 30. Juni des aktuellen Jahres besetzten Stellen, s. nachfolgendes **Beispiel** für die Jahre 2022 und 2023.

Dabei ist die Anzahl der Mitarbeiterinnen und Mitarbeiter geordnet nach Besoldungs- und Entgeltgruppen angegeben. Teilzeitstellen werden in Zehntel-Stellen entsprechend ihres Anteils an der tariflichen bzw. gesetzlichen Wochenarbeitszeit ausgedrückt.

Die zusätzliche **Stellenübersicht** ist nach den Organisationseinheiten der Verwaltung gegliedert und weist die Stellen der beamteten und tariflich Beschäftigten mit den zugehörigen Besoldungs- und Entgeltgruppen getrennt aus.

Eine Übersicht über die vorgesehene Anzahl der Beamtinnen und Beamten auf Widerruf, der Dienstanfängerinnen und -anfänger und der Auszubildenden wird ebenfalls beigefügt.

Formular Stellenplan der Stadt Neustadt 2023 (Beispiel für die Vorjahre)				
Teil B: Tarifbeschäftigte				
Entgeltgruppe	Stellen 2023	Stellen 2022	besetzte Stellen 30.06.2022	Erläuterungen
15	1,0	1,0	1,0	
14	3,0	3,0	3,0	
13	7,0	6,0	6,0	
12	8,0	9,5	9,5	
11	6,5	10,0	8,5	
10	10,0	9,0	8,5	
9	36,0	30,8	32,0	
8	14,8	14,8	14,8	

M 2 Formular Stellenübersicht (Teil B – Beschäftigte nach TVöD) 2024

Entgeltgruppen / Fachbereiche	15	14	13	12	11	10	9	8	7	6	5	4	3	2	1
FB 1 Zentrale Dienste und Finanzen															
Organisation und Datenverarbeitung															
Personalwesen															
Rechnungsprüfung															
Finanzwesen															

Fachbereiche / Entgeltgruppen	15	14	13	12	11	10	9	8	7	6	5	4	3	2	1
Gleichstellungsstelle															
FB 2 Soziales, Sicherheit und Ordnung															
Sozialamt															
Jugendamt															
Ordnungsamt															
Rechtsamt															
Bürgeramt															
FB 3 Schule und Kultur															
Schulverwaltung															
Kultur															
Sport															
Museum															
Stadtbibliothek															
Musikschule															
FB 4 Bauwesen und Liegenschaften															
Bauverwaltungsamt															
Planungswesen															
Bauordnung und Wohnungswesen															
Tiefbauwesen															
Immobilienwirtschaft															
Rettungswache und Feuerwehr															
Bau- und Betriebshof															
Tierheim															

M 3 Personalübersichten der Fachbereiche 2024

Personalübersicht des Fachbereichs 1			Zentrale Dienste und Finanzen		Januar 2024
Entgeltgruppe	**Organisation und DV**	**Personalwesen**	**Rechnungsprüfung**	**Finanzwesen**	**Gleichstellungsstelle**
13	Kurt Vels	Ulrike Kern	Cem Köktürk	Ingo Schnell	
10	Renate Holst			Lisa Faust	Tanja Menge 0,5
	Bernd Polt				
9	Peter Aach	Verena Cohs	Fritz Gerbs 0,5	Dilay Düzgün	
	Brigitte Mohr	Vladim Kurzov		Paul Neu	
	Horst Ölde				
8	Werner Pauly	Urs Wenz	Jana Löbbe	Daniel Müller	
	Sabine Temme				
6	Nadine Leist 0,5	Maja Wenne	Fausto Peri	Pia Jauch	
	Nina Zabel 0,7			Isa Öde 0,7	
				Vivi Reich 0,7	
5	Peer Schmidt				
3			Lena Reis		

221065190

Personalübersicht des Fachbereichs 2		Soziales, Sicherheit und Ordnung			Januar 2024
Entgeltgruppe	**Sozialamt**	**Jugendamt**	**Ordnungsamt**	**Rechtsamt**	**Bürgeramt**
14		Ronja Zack			
12	Justus Kranz				
11				Jerry Harms	
10	Elvira Kühn	Horst Ehmke	Ilja Kwijas	Tony Kolb	Eike Noll
		Berta Kruse	Sören Lang		Martha Wolf
9	Rudi Ahle	Frieda Moll	Amelie Aust		Lore Gollt
	Ester Bach	Rita Naus	Julia Bose		Jens Last
	Sofia Busse	Fred Otto	Jost Krum		
	Michael Dempe	Susi Quaas 0,5	Anton Rose		
	Jörg Dunst				
	Nico Weber				
	Jens Fromme				
	Marga Fürst				
8	Lea Imme	Cora Ahaus	Jennifer Weber		
	Katja Sauer	Ben Becker	Golo Zanke		
	Katrin Tolk 0,5	Alex Becker			
		Sura Dasi			
		Mimi Dohm			
		Kurt Esser			
		Leander Guse			
		Hagen Holm			
		Lisa Imme			
		Elly Jobbe			
		Anja Kraus			
		Martin Kolbe			
		Dogan Karakaya			
		Verena Nase			
		Sissi Prost 0,6			
		Heidi Sell 0,6			
6		Fanny Heuer	Hans Dachs	Timo Düppe	Heike Damp
			Klaus Enke		Ulf Gericke
			Uwe Fromm		Rolf Korsch
			Joel Zonke		Lena Meier 0,8
					Kira Mure 0,5
5	Lara Bertram	Gustl Mering	Petra Ernst		Lutz Ali
	Louise Gans	Gustav Neu	Gerd Ernst		Mara Amaro 0,7
	Pepe Ferri	Erwin Post	Peter Jong		Lore Bella 0,5
	Öznur Toza	Eva Rekke	Gisa Remp 0,5		Isi Schmidt 0,5
	Gerd Ulig	Karin Seek			
	Fried Zwille	Holger Tork			
		Svenja Warnke 0,6			

Personalübersicht des Fachbereichs 3			Schule und Kultur			Januar 2024
Entgeltgruppe	**Schulverwaltung**	**Kultur**	**Sport**	**Museum**	**Stadtbibliothek**	**Musikschule**
11						
10	Kathy Zatze	Tim Mutzke			Martina Lohmann	Erich März
9	Udo Benz	Rolf Thom 0,5	Maike Löhr	Marvin Geis	Hans Temme	Ingo Falk
	Helge Bora			Justin Merk	Rudi Fork 0,5	Peer Schaub
	Ilse Meier					
	Owen Salz					
6	Merle Acher	Emelie Zork	Hedi Anger 0,6	Didi Saga	Sandra Benning 0,5	Lilly Erle
	Tobias Bruns	Otto Lau 0,5	Britt Woll 0,6		Milas Ercan	Maria Herder
	Tommy Knepper		Farid Ornek 0,6		Ute Vogt 0,6	Anna Hork
	Selma Dunst					Bernd Otto
	Kuno Kortas					
	Sarah Longa 0,7					
	Arthur Mros 0,5					
	Sissi Uhlig 0,5					
5	Olga Herz		Karl Loose	Paul Mohr		
	Dirk Jahnke		Gaby York			
	Chris Jeromin					
	Egon Lenz					
	Ina Müller					
	Inge Nau					
	Thea Nissel					
	Regina Schaaf 0,5					
	Tine Witt 0,5					

Personalübersicht des Fachbereichs 4				Bauwesen und Liegenschaften			Januar 2024
Entgeltgruppe	**Bauverwaltungsamt**	**Planungswesen**	**Bauordnung und Wohnungswesen**	**Tiefbauwesen**	**Immobilienwirtschaft**	**Rettungswesen und Feuerwehr**	**Bau- und Betriebshof**
15		Theo Gans		Horst Pauly			
13	Ingo Schmidt	Renee Mess	Nina Last				
12						Marvin Rode	
11	Xaver Ranz	Gerdi Lerch	Jost Mohr		Emy Kern		Mirko Saale
10	Vera Hegel			Friede Klahs		Arno Pilz	
				Uli Nuss			
9	Lea Jansen		Berta Kuhn	Marc Meier	Lothar Kühn	Franka Hoppe	Batuhan Yalcin
			Fritz Potter	Conny Heuer 0,6		Sonja Weiß	
8	Ela Mars 0,7	Uwe Neuss	Willi Kahn			Boris Stoll	
6	Gustl Panke	Saskia Lenz	Ottilie Fehr			Stefan Grimm	
						Axel Handke	
						Gregor Kober	
						Heiko Opitz	
						Sigi Otto	➥

221065192

Personalübersicht des Fachbereichs 4				Bauwesen und Liegenschaften			Januar 2024
Entgelt-gruppe	Bauverwal-tungsamt	Planungs-wesen	Bauordnung und Woh-nungswesen	Tiefbauwesen	Immobilien-wirtschaft	Rettungswesen und Feuerwehr	Bau- und Betriebshof
						Oliver Otto	
						Moritz Petke	
						Horst Post	
						Werner Probst	
						Marc Pröbstel	
						Lars Rust	
						Jobst Stark	
						Amir Turan	
						Erwin Tirsch	
						Timo Tosch	
5							Bodo Herle 0,7

M 4 Meldungen über Personalveränderungen aus den Fachbereichen der Stadt Neustadt 2024

Fachbereich	Name	Veränderungsgrund	Datum	Maßnahme
1	Bernd Polt	Kündigung	zum 31.12.24	Stelle fällt weg
2	Katrin Tolk	Mutterschutz, Elternzeit	ab 02.05.24	Besetzung auf Zeit
	Julia Bose	Fortbildung	zu Ende 30.04.24	
	Anton Rose	Erkrankung	zu Ende 15.06.24	
	Karin Seek	Elternzeit	ab 31.03.24	Stelle fällt weg
	Berta Kruse	Fortbildung	ab 04.10.24	Stelle fällt weg
	Anton Rose	Ruhestand	ab 01.11.24	Stelle fällt weg
	Lea Menz	Anstellung auf Zeit für Katrin Tolk (Mutterschutz, Elternzeit)	ab 01.07.24	Besetzung auf Zeit
3	Kathy Zatze	Kündigung	zum 30.06.24	Stelle fällt weg
	Egon Lenz	Ruhestand	zum 30.06.24	Stelle fällt weg
	Tine Witt	Kündigung	zum 30.06.24	Stelle fällt weg
4	Vera Hegel	Beurlaubung	ab 01.04.24	Stelle fällt weg

M 5 Informationen zum Personalbedarf, zur Personalbedarfsberechnung und zur Arbeitszeitanalyse der Stadt Neustadt

Personalbedarf

Die Verwaltung kann nur dann reibungslos funktionieren, wenn für die anfallenden Tätigkeiten auch ausreichend Personal zur Verfügung steht (Anzahl der Mitarbeiterinnen und Mitarbeiter/Quantität). Es ist weiterhin erforderlich, dass diese Mitarbeitenden auch die für ihre Aufgabe notwendigen Fähigkeiten besitzen (Güte der Arbeitsleistung/Qualität).

Daher muss bei der Berechnung der benötigten Stellen zur Leistungserstellung zwischen der quantitativen und der qualitativen Ebene unterschieden werden.

Die qualitative Ebene wird im Stellenplan durch einen Blick auf die Entgeltgruppe deutlich. Je höher die Entgeltgruppe, desto höher sind die Anforderungen an die Stelleninhaberin oder den Stelleninhaber. Allerdings können sich bei der Vielfältigkeit der Verwaltungsaufgaben innerhalb einer Entgeltgruppe sehr unterschiedliche Berufsbilder befinden (z. B. Verwaltungsfachangestellter und -angestellte, Vermessungstechniker und -technikerin, Erzieher und Erzieherin).

Zur Bestimmung des Stellenbedarfs in einer Entgeltgruppe bei gleichem Berufsbild und gleicher Qualifikation benötigt man zunächst die Information, welche durchschnittliche Arbeitsleistung von einer Mitarbeiterin oder einem Mitarbeiter erwartet wird.

Hierzu werden die tariflichen oder gesetzlichen Arbeitszeiten in Minuten umgerechnet. Davon werden die durchschnittlichen Urlaubs- und Krankheitszeiten und Zeiten für persönliche Verrichtungen abgezogen (ca. 10–20 %). Als Ergebnis erhält man die durchschnittlichen **„Jahresarbeitszeitminuten“ (JAM)** eines oder einer Mitarbeitenden.

Des Weiteren benötigt man Informationen über die Anzahl und Dauer der Arbeitsaufgaben. Diese können auf unterschiedliche Weise ermittelt werden, z. B. über Arbeitsberichte und Arbeitszeitanalysen. Diese Ermittlungen für das Erstellen einzelner Leistungen werden nur im Bedarfsfall neu durchgeführt.

Jährlich ermittelt wird der Personalbedarf der einzelnen Verwaltungseinheiten für das kommende Jahr.

Personalbedarfsberechnung

Ziel der Personalbedarfsplanung ist, den zukünftigen Personalbestand und den zukünftigen Personalbedarf zu ermitteln. Ansatzpunkt ist dabei der aktuelle Personalbestand (= Ist-Zustand), der dem aktuellen Personalbedarf laut Stellenplan (= Soll-Zustand) entsprechen sollte.

Der zukünftige Personalbestand wird dadurch ermittelt, dass vom Planungszeitpunkt (aktuelles Jahr = Vorjahr) aus zukünftige Personalveränderungen berücksichtigt werden. Der Personalbestand kann sich durch Kündigungen, Todesfälle, Eintritt des Rentenalters usw. verändern, aber auch durch zeitlich begrenzte Veränderungen wie Ableistung von Wehr- oder Zivildienst, Elternzeit, länger dauernde Erkrankungen, Fortbildungen usw.

	Personalbestand
	aktueller Personalbestand
+/–	Bestandsveränderungen
=	zukünftiger Personalbestand

Dem Personalbestand steht der Personalbedarf gegenüber, der zunächst als aktueller Personalbedarf (Stellenplan des Vorjahres) angegeben wird. Der Personalbedarf im künftigen Haushaltsjahr verändert sich vor allem durch Wandel der Aufgaben, technische Veränderungen, Gesetzesänderungen und Veränderungen der wirtschaftlichen und sozialen Lage.

	Personalbedarf
	aktueller Personalbedarf (insgesamt)
+/–	Bedarfsveränderungen
=	zukünftiger (Brutto-)Personalbedarf

Der Netto-Personalbedarf wird nun wie folgt ermittelt:

	Berechnung des Netto-Personalbedarfs
	zukünftiger (Brutto-)Personalbedarf
–	zukünftiger Personalbestand
=	**Netto-Personalbedarf**

Ist der Netto-Personalbedarf negativ, so hat man im kommenden Haushaltsjahr einen Personalüberhang. Einen Personalabbau könnte man durch Erweitern des Leistungskatalogs vermeiden.

Ist der Netto-Personalbedarf positiv, so muss Personal eingestellt werden, um den Bedarf zu decken. Der Stellenplan muss in jedem Fall die erforderlichen Stellen ausweisen.

Arbeitszeitanalyse

- Die Stadt Neustadt geht bei ihrer Berechnung des Personalbedarfs davon aus, dass bei einer 39-Stunden-Woche (Tarifgebiet West) eine Stelle im Jahr mit 98 000 JAM anzurechnen ist.

  Zur Berechnung des Stellenbedarfs für bestimmte Tätigkeiten ist deren Zeitbedarf in Minuten zu ermitteln, evtl. mit dem Zeitbedarf anderer Tätigkeiten zusammenzufassen und schließlich durch den durchschnittlichen Zeitbedarf einer Stelle (98 000 JAM) zu teilen.

- Die **Arbeitszeitanalysen** der Stadtverwaltung Neustadt haben für die nach TVöD beschäftigten Sachbearbeiterinnen und Sachbearbeiter im **Sozialamt** (Entgeltgruppe 9, zzt. 2,0 Stellen) für die anfallenden Tätigkeiten einen durchschnittlichen Zeitbedarf ermittelt und für das nächste Jahr eine Prognose für die Anzahl der anfallenden Vorgänge erstellt.

  Tätigkeiten und durchschnittlicher Zeitbedarf:

  a) Hilfesuchende beraten und unterstützen, je Fall ca. 20 Minuten

  b) Anträge aufnehmen und bearbeiten, je Fall ca. 4 Stunden

  c) Unterhaltspflichtige heranziehen, je Fall ca. 6 Stunden

  d) Kostenersatzansprüche gegen ehemalige Hilfeempfängerinnen und -empfänger und Erbinnen und Erben prüfen und geltend machen, je Fall ca. 4 Stunden

  e) Erstattungsansprüche prüfen und feststellen, je Fall ca. 3 Stunden

  f) zivil- und strafrechtliche Maßnahmen gegen Unterhaltspflichtige veranlassen, je Fall ca. 2,5 Stunden

  g) laufende Sozialhilfe überprüfen, je Fall ca. 2,5 Stunden

  h) besonders problematische Fälle, je Fall ca. 6 Stunden

  Anzahl der Tätigkeiten:

  a) 1 116 Fälle, b) 670 Fälle, c) 112 Fälle, d) 84 Fälle, e) 335 Fälle, f) 268 Fälle, g) 268 Fälle, h) 56 Fälle

- Für die nach TVöD Beschäftigten des **Bürgeramts** (Entgeltgruppe 6, zzt. 4,3 Stellen) wurde der **durchschnittliche Zeitbedarf** der Tätigkeiten wie folgt ermittelt:

  a) Melde-, Pass- und Personalausweis-Angelegenheiten, Beglaubigungen, je Fall ca. 15 Minuten

  b) Kfz-Angelegenheiten, je Fall ca. 30 Minuten

  c) Lohnsteuerkarten, An- und Abmeldung von Hunden, je Fall ca. 20 Minuten

  d) Führungszeugnisse, Auszüge aus dem Gewerbezentralregister, Bescheinigungen, je Fall ca. 25 Minuten

  e) Wehrerfassung, je Fall ca. 16 Minuten (Hinweis: Die Meldebehörden übermitteln dem Bundesamt für das Personalmanagement der Bundeswehr jährlich Daten von Personen mit deutscher Staatsangehörigkeit, die im folgenden Jahr volljährig werden.)

  f) Schwerbehinderten-Angelegenheiten, je Fall ca. 25 Minuten

  g) Fundsachen, je Fall ca. 15 Minuten

  h) Allgemeine Informationen, je Fall ca. 10 Minuten

  Anzahl der Tätigkeiten:

  a) 7 102 Fälle, b) 4 439 Fälle, c) 3 995 Fälle, d) 3 622 Fälle, e) 1 664 Fälle, f) 1 704 Fälle, g) 1 776 Fälle, h) 2 663 Fälle

- Zudem ist errechnet worden, dass im Schulverwaltungsamt eine Stelle (Entgeltgruppe 9) geschaffen werden muss.

- Von Einrichtungen, die bereits mit **Familienhebammen** (Entgeltgruppe 9) arbeiten, liegen folgende Informationen vor:

  a) Wochenbettbetreuung, Nachsorge und Stillberatung, je Fall ca. 1 Stunde an 10 Tagen

  b) Frühgeborene, gestörte Mutter-Kind-Beziehung, je Fall ca. 1,5 Stunden an 22 Tagen

  c) Alkohol-, Drogenabhängige, chronisch Kranke, je Fall ca. 2 Stunden an 30 Tagen

  d) minderjährige Mütter, psycho-soziale Problemstellungen, je Fall ca. 3 Stunden an 30 Tagen

  e) sozial Benachteiligte, je Fall ca. 0,5 Stunden an 90 Tagen

  f) Vermittlung von Hilfen, je Fall ca. 0,5 Stunden

  Die Nachforschungen und Überlegungen im Jugendamt haben folgende **Vorgangszahlen** ergeben:

  a) 30 Fälle, b) 3 Fälle, c) 6 Fälle, d) 5 Fälle, e) 8 Fälle, f) 212 Fälle

1.2.4 Aufgaben zu Kapitel 1

1. Welche **Aufgabenbereiche der Personalwirtschaft** werden in den folgenden Fällen angesprochen?
   a) Aufstellen eines Stellenplans
   b) Hausmeister Krause erhält eine Entgeltabrechnung.
   c) Amtsleiterin Neumann führt mit Sachbearbeiter Krieger ein Mitarbeitergespräch und schließt mit ihm eine Zielvereinbarung ab, in der sich Herr Krieger bereit erklärt, eine Fortbildung zur Einführung einer neuen Software zu besuchen und sich in die Anwendung des Programms einzuarbeiten.
   d) Sachbearbeiter Krieger absolviert die Fortbildung mit Erfolg und beantragt einen Fortsetzungskurs.
   e) Eine zu besetzende Stelle wird in der Mitarbeiterzeitung ausgeschrieben.
   f) Die Verwaltungsangestellte Sarah Schütz bildet sich im Angestelltenlehrgang II zur Verwaltungsfachwirtin weiter.
   g) Nachdem die Schreibdienststelle von Frau Sommer „wegrationalisiert" wurde, arbeitet sie bei gleichem Entgelt in einem Schulbüro.
   h) Für jeden Beschäftigten wird ein Arbeitszeitkonto eingeführt, mit dem das Erreichen der vorgesehenen Jahresarbeitszeit nachgewiesen wird.
2. Der **Personalbedarf einer Verwaltung** hängt von **inneren und äußeren Einflussfaktoren** ab. Geben Sie je drei innere und drei äußere Einflussgrößen an.
3. In der Abteilung 1/1 – Organisation und Datenverarbeitung – tritt am 31. Mai Frau Inge Klose, die langjährige Sachbearbeiterin für die zentrale Beschaffung, in den Ruhestand. Die Stelle ist der Abteilungsleiterin unterstellt, die bisherige Stelleninhaberin wurde von dem stellvertretenden Abteilungsleiter vertreten. Frau Klose beschaffte Ge- und Verbrauchsgüter für die Stadtverwaltung einschließlich deren Regiebetriebe, ausgenommen Fachbereich 4, Bau- und Betriebshof, Museum und Stadtbibliothek. Sie erledigte alle mit der Beschaffung zusammenhängenden Arbeiten vom Bearbeiten der Beschaffungsanforderungen der verschiedenen Dienststellen bis hin zur Vorbereitung der Auszahlungen, die sie bis zum Betrag von 5.000,00 € auch unterzeichnen durfte. Aufträge unterschrieb sie bis zu einem Vertragswert von 25.000,00 €. Die Stelle ist mit Entgeltgruppe 8 TVöD bewertet.

   In der letzten Mitarbeiterbeurteilung wurde Frau Klose wegen ihrer Rechtskenntnisse, ihres sprachlichen Ausdrucksvermögens, ihres Verhandlungsgeschicks und wegen ihrer Kooperations- und Einsatzbereitschaft gelobt.

   Da aktuell. keine Stellenbeschreibung vorliegt, soll aus Anlass des Personalwechsels eine Stellenbeschreibung in einfacher Form erstellt werden.

   a) Fertigen Sie eine Stellenbeschreibung nach dem nebenstehenden Formularmuster.
   b) Wer sollte diese Stellenbeschreibung erstellen?
   c) Stellenbeschreibungen dienen auch als Instrument der qualitativen Personalbedarfsplanung. Welcher Teil der Stellenbeschreibung ist besonders wichtig, wenn der qualitative Personalbedarf zu planen ist? Begründen Sie Ihre Antwort.
   d) Der Bürgermeister der Stadt Neustadt möchte Stellenbeschreibungen auch dazu nutzen, die Verwaltungsziele „Kosten- und Kundenorientierung" auf der Ebene der Sachbearbeiterinnen und Sachbearbeiter konkret umzusetzen. Auf welche Weise könnte dies geschehen?

Stellenbeschreibung

1. Stellenbezeichnung und -einordnung

Stellennummer:	...
Bezeichnung der Stelle:	...
Stellenbewertung:	...
Unterstellung:	...
Stellvertretung:	...

2. Aufgabenprofil

2.1 Zielsetzung

...

2.2 Aufgaben

...

2.3 Befugnisse

...

3. Anforderungsprofil

Schulbildung:	...
Ausbildung:	...
Berufserfahrung:	...
Kenntnisse/Kompetenzen:	...

...

4. Erstellung/letzte Aktualisierung ...

4. Die Beihilfestelle einer Behörde bearbeitet für die dort beschäftigten Beamtinnen und Beamten jährlich 2600 Anträge auf Beihilfe zu den Aufwendungen in Krankheits-, Pflege- und Geburtsfällen. Hierfür wurde folgender Zeitbedarf ermittelt:

Tätigkeit	Zeit je Antrag
formale Antragsprüfung	5 Minuten
inhaltliche Antragsprüfung mit Entscheidungen sowie Begründungen zu einzelnen Antragspositionen	30 Minuten
Höhe der Beihilfe ermitteln	5 Minuten
Bescheid für die Antragstellerin oder den Antragsteller am PC erstellen	10 Minuten
Bescheid prüfen, unterschreiben und versenden	10 Minuten
Beihilfebetrag zur Zahlung anweisen	10 Minuten

Für telefonische und schriftliche Rückfragen sind je Antrag durchschnittlich 10 Minuten anzusetzen.

Die Arbeitszeit einer Normalarbeitskraft (Werktage ohne die durchschnittliche Anzahl der Urlaubs- und Krankheitstage) beträgt 97400 JAM. 12 % dieser Zeit entfallen auf „sachliche und persönliche Verteilzeiten" wie z. B. Büro aufräumen, PC starten, Druckerpapier holen, Fortbildung, Toilettengänge, dienstliche Besprechungen.

Berechnen Sie

a) die Jahresarbeitsminuten für Aufgabenbearbeitung in der Beihilfestelle,

b) die persönliche Netto-Arbeitszeit (in JAM) einer Normalarbeitskraft,

c) den Personalbedarf der Beihilfestelle.

Orientieren Sie sich an der Berechnung im Grundlagenband, LF 5, Kapitel 1.2.2 und am Arbeitsmaterial M5 im LS-Band, LF 5, Kap. 1.2.3.

5. Welche Rolle spielen **Anforderungsprofil**, **Fähigkeitsprofil** und **Eignungsprofil** beim Personaleinsatz?

6. Geben Sie zwei **Arbeitszeitmodelle** an, bei denen tendenziell hohe Arbeitsintensität und niedrige Ausfallzeiten zu erwarten sind.

7. Verfassen Sie mithilfe der nachfolgenden Grafik zehn grundlegende Aussagen zu personalwirtschaftlichen Vorgängen.

2 Arbeitsrechtliche Vorgänge mitgestalten

2.1 Beschäftigungsverhältnisse unterscheiden und vergleichen

2.1.1 Lernsituation

Viele Berufe dienen der Arbeit der Stadt Neustadt

Endlich ist die neue Sporthalle fertig. Bürgermeister Schultheiß hat soeben seine Ansprache zur Einweihung beendet und gesellt sich zu einer kleinen Runde an einem Stehtisch.

„Das haben Sie gut formuliert!", lobt Dachdeckermeister Peter Obermeier, der das Hallendach eingedeckt hat. „Den meisten Neustädterinnen und Neustädtern ist gar nicht bewusst, dass von ihren Steuergeldern auch die vielen Handwerkerinnen und Handwerker leben, die Sie in Ihrer Rede erwähnt haben." „Na ja, was man eben so leben nennt", meint Sebastian Grüter, der als freiberuflicher Architekt arbeitet. „Das Unternehmen, das die Fliesen so miserabel verlegt hat, muss nun damit leben, die Arbeit noch einmal zu leisten. Die Stadt hatte mich mit einem Gutachten über Mängel bei den Fliesenlegerarbeiten beauftragt und ich kam leider zu einem ungünstigen Ergebnis für den Fliesenleger." „Das Wichtigste ist, dass wir die Sporthalle nun endlich benutzen können", wechselt Verena Cohs das Gesprächsthema. Sie ist Beschäftigte in der Personalbetreuung der Stadt. „Ich werde mir gleich Spielzeiten für die Betriebssportgemeinschaft sichern und sie ins Intranet setzen." „Dann komme ich auch zum Betriebssport", freut sich Eva Bach, seit drei Wochen Stadtinspektor-Anwärterin bei der Stadt Neustadt. Sie hat ihren Großvater Fritz Bach mitgebracht, der kürzlich zum Ehrenbrandmeister der Freiwilligen Feuerwehr Neustadt ernannt wurde. „Aber übertreibe es nicht mit dem Sport. Zuerst kommt die Ausbildung, schließlich willst du ja eines Tages Beamtin auf Lebenszeit werden." „Genau genommen bin ich das schon", meint Eva. „Als Anwärterin ja wohl noch nicht, oder?", meint Herr Bach. „Gerne wäre ich auch ‚richtiger' Beamter gewesen."

2.1.2 Arbeitsaufträge zur Lernsituation

1. Informieren Sie sich über die Beschäftigungsverhältnisse im öffentlichen Dienst (Grundlagenband, LF 5, Kapitel 2.1).
   In der Lernsituation werden mehrere Personen genannt, die aufgrund ihrer beruflichen Tätigkeit in einer rechtlichen Beziehung zur Stadt Neustadt stehen. Kennzeichnen Sie die Besonderheiten der einzelnen Rechtsbeziehungen. Geben Sie dabei begründet an, ob es sich um eine öffentlich-rechtliche oder privatrechtliche Beziehung handelt und welches Rechtsverhältnis jeweils vorliegt.
2. Warum ist die Unterscheidung der verschiedenen Rechtsbeziehungen wichtig?

2.1.3 Aufgaben

1. Ein Arbeitsvertrag kann nicht alle für das Arbeitsverhältnis wichtigen Regelungen enthalten.
   a) Nennen Sie die Arten der Rechtsgrundlagen von Arbeitsverhältnissen und geben Sie die Rangordnung an.
   b) Wie kommen Tarifverträge und Betriebsvereinbarungen bzw. Dienstvereinbarungen zustande? Welche Rechtswirkung haben diese Kollektivvereinbarungen?
2. Die Vertragsfreiheit ist im Arbeitsrecht eingeschränkt. Geben Sie Gründe dafür an.
3. Der gesetzliche Urlaubsanspruch eines jeden Arbeitnehmers und einer jeden Arbeitnehmerin gem. BUrlG beträgt mindestens 24 Werktage im Kalenderjahr. Ermitteln und begründen Sie die Dauer des Urlaubsanspruchs eines erwachsenen Arbeitnehmers oder einer erwachsenen Arbeitnehmerin, wenn im Arbeitsvertrag

a) 20 Werktage vereinbart wurden (kein Tarifvertrag),
b) 28 Werktage vereinbart wurden (kein Tarifvertrag),
c) 28 Arbeitstage vereinbart wurden und ein anzuwendender Tarifvertrag 30 Arbeitstage vorsieht,
d) ein geltender Tarifvertrag 30 Arbeitstage vorsieht und im Arbeitsvertrag 31 Tage vereinbart wurden.

4. Schreinermeister Holzmann arbeitet in einer Möbelfabrik, die wegen schlechter Auftragslage das Arbeitsentgelt schuldig bleibt. Deshalb hat er nach Feierabend für Familie Winter einen Einbau-Eckschrank nach Maß angefertigt und für Landwirt Rübsam verschiedene Ausbesserungsarbeiten an Holzfußböden und -decken durchgeführt.
   a) Welche Verträge wurden in der vorliegenden Situation geschlossen?
   b) Informieren Sie sich, bei welchem Gericht Herr Holzmann die jeweiligen Arbeitsentgelte einklagen müsste.
5. Welche Rechtsverhältnisse liegen in den folgenden Fällen vor? (selbstständiger Dienstvertrag, Arbeitsvertrag usw.)
   a) Die Stadt Neustadt (Theater) stellt eine Auszubildende für den Beruf der Damenschneiderin ein.
   b) Stadtkämmerer Kinzer begibt sich wegen häufigen Unwohlseins als Privatpatient in ärztliche Behandlung.
   c) Ein Privatpatient vereinbart mit einem Zahnarzt die Herstellung und Eingliederung eines Zahnersatzes nach einem Heil- und Kostenplan.
   d) Luca Waldmüller, Lizenzfußballer, spielt ab der nächsten Saison für den 1. FC Neustadt e. V. und schließt hierüber einen Vertrag mit dem Verein.
   e) Die gelernte Juristin Frau Fuchs leitet die Rechtsabteilung der Stadtwerke AG.
   f) Ein Architekt übernimmt für einen Bauherrn die Bauleitung beim Bau eines Einfamilienhauses.
   g) Die Stadt Neustadt bildet eine Stadtsekretär-Anwärterin für den mittleren nichttechnischen Verwaltungsdienst aus.

2.2 Bei der Einstellung, Betreuung und Freisetzung der Mitarbeiterinnen und Mitarbeiter mitwirken

2.2.1 Begründung des Arbeitsverhältnisses

2.2.1.1 Lernsituation

Gut Ding braucht Weile! – Stellen ausschreiben und Bewerberinnen und Bewerber auswählen

Alle vier Wochen trifft sich Frau Ulrike Kern – Leiterin des Personalwesens der Stadt Neustadt – mit Vertreterinnen und Vertretern des Personalrats sowie der Gleichstellungsbeauftragten Tanja Menge, um Personalfragen zu besprechen. Heute geht es um Stellenausschreibungen.

„Zwei Stellen sollen besetzt werden“, beginnt Frau Kern das Gespräch. „Die Abteilung Organisation und Datenverarbeitung sucht eine Webmasterin oder einen Webmaster für die Pflege unseres Internet-Auftritts. Die jetzige Sachbearbeiterin, Frau Wulf, bekommt ihr zweites Kind und steht für die nächsten Jahre nicht zur Verfügung. Außerdem soll die neue Stelle der persönlichen Mitarbeiterin oder des persönlichen Mitarbeiters im Büro des Bürgermeisters besetzt werden. Beide Stellen sind im Stellenplan mit Entgeltgruppe 10 TVöD ausgewiesen und haushaltsrechtlich besetzbar. Die aktuellen Aufgaben- und Anforderungsprofile habe ich mitge-bracht. Ich schlage vor, die Stellen extern auszuschreiben.“

Der Personalratsvorsitzende Martin Steinke: „Den Webmaster oder die Webmasterin benötigen wir sehr schnell. Aber bei einer externen Ausschreibung erhalten wir so viele gute Bewerberinnen oder Bewerber, dass unsere aufstiegsorientierten Kolleginnen und Kollegen kaum Chancen haben!“ „Dafür könnten wir aber sehr qualifizierte Bewerberinnen oder Bewerber bekommen", entgegnet Frau Kern, „die mit ihren Erfahrungen aus der Privatwirtschaft oder aus anderen Behörden neue Ideen für unseren Internet-Auftritt mitbringen." „Wir müssen aber auch unseren eigenen Leuten Entwicklungschancen bieten," meldet sich die Gleichstellungsbeauftragte, Frau Menge, „vor allem für Kollegen und Kolleginnen wie z. B. Frau Tolk, die alleinerziehend ist und nur eine halbe Stelle bekleidet. Ich weiß, dass sie sich in Informations- und Kommunikationstechniken weitergebildet hat und lieber eine ganze Stelle als Telearbeitsplatz übernehmen würde, sodass sie auch zu Hause arbeiten könnte. Vielleicht gibt es ja auch sonst noch Computer-Fachleute, die für die Stelle infrage kommen." „Die jetzige Stelleninhaberin hat sich zwar vieles selbst beigebracht", meint Herr Steinke, „aber auf eine solide Berufsqualifikation sollte die Stadt schon Wert legen." „Genau!", meint auch Frau Kern. „So haben wir es im Aufgaben- und Anforderungsprofil auch vorgesehen." (s. Arbeitsmaterialien).

„Bei der persönlichen Mitarbeiterin oder dem persönlichen Mitarbeiter des Bürgermeisters sollte man darauf achten, dass sie oder. er unsere Verwaltung gut kennt", äußert sich Herr Steinke. „Schließlich geht es doch darum, dass dem ürgermeister möglichst effektiv zugearbeitet wird", stellt Tanja Menge fest. „Das wäre sicher vorteilhaft", meint auch Herr Steinke. „Aber wenn sich z. B. vier Kolleginnen und Kollegen aus dem Haus bewerben", kontert Frau Kern, „stehen mindestens drei frustrierte Verliererinnen und Verlierer am Ende des Auswahlverfahrens und sorgen für miese Stimmung. Und außerdem reißt die erfolgreiche Bewerberin oder der erfolgreiche Bewerber durch den Aufstieg sofort die nächste Lücke." „Dann könnte man ja noch jemanden aus dem Haus befördern und so zeigen, dass Einsatz und gute Arbeit sich bei der Stadt Neustadt wirklich lohnen", entgegnet Frau Menge. „Außerdem, Frau Kern, kennt man die eigenen Kollegen und Kolleginnen doch am besten. Externe Bewerberinnen und Bewerber zeigen bei der Vorstellung doch nur ihre ‚Schokoladenseite', sicher ist man da doch nie!" „Eine Bewerberin oder ein Bewerber aus dem Haus würde sich auch schneller einarbeiten und das Auswahlverfahren wäre kostengünstiger", pflichtet Herr Steinke bei. „Aber bedenken Sie: Die Stelle wird erstmals besetzt", zweifelt Frau Kern. „Erfahrungen von außen wären da wünschenswert."

2.2.1.2 Arbeitsaufträge zur Lernsituation

1. In der Lernsituation werden Argumente zur Personalbeschaffung ausgetauscht. Stellen Sie die Vor- und Nachteile der internen und der externen Stellenbesetzung gegenüber.
2. Entscheiden Sie sich für eine Art der Stellenausschreibung hinsichtlich
   a) der Stelle der Webmasterin oder des Webmasters sowie
   b) der Stelle des der persönlichen Mitarbeiterin oder persönlichen Mitarbeiters

   und begründen Sie Ihren Standpunkt.
3. Die Stelle der Webmasterin oder des Webmasters soll extern ausgeschrieben werden. Entwerfen Sie eine **Stellenanzeige** auf der Grundlage des vorliegenden Aufgaben- und Anforderungsprofils. Beachten Sie,
   - dass die Anzeige Aufmerksamkeit wecken und die Motive möglicher Bewerberinnen und Bewerber ansprechen soll,
   - dass die Textformulierung dem Allgemeinen Gleichstellungsgesetz entsprechen muss,
   - dass die Stadt Neustadt die Beschäftigung von Frauen und Schwerbehinderten fördert,
   - dass Frau Kern die Bewerbungen zwei Wochen nach Erscheinen der Anzeige vorliegen sollten und
   - dass die Bewerbungsunterlagen aufgeführt sind
4. Auf die öffentliche Ausschreibung der Stelle der Webmasterin oder des Webmasters sind zahlreiche Bewerbungen bei der Stadt Neustadt eingegangen. Nun muss eine **Vorauswahl** getroffen werden, damit besonders geeignete Bewerberinnen und Bewerber zu einem Vorstellungsgespräch eingeladen werden können. Die Personalleiterin möchte zu diesem Zweck eine Bewerber-Datenbank einsetzen. Sie soll sowohl die Auswahl erleichtern als auch das Fertigen der Eingangsbestätigungen und der Einladungen zu Vorstellungsgesprächen unterstützen. Hierfür sind entsprechende Spalten (z. B. Einladung ja/nein, Übernachtungskostenzusage ja/nein, Vorstellungstermin) zu berücksichtigen.
   a) Stellen Sie zuerst die **Vergleichsmerkmale für die Vorauswahl** der Bewerberinnen und Bewerber um die Stelle der Webmasterin oder des Webmasters zusammen.

221065200

b) Entwerfen Sie eine **Bewerber-Datenbank** (Matrix) in einem Tabellenkalkulationsprogramm. Richten Sie für die persönlichen Angaben, die Vergleichsmerkmale sowie die Einladungsinformationen senkrechte Spalten ein, die Eintragungen für die einzelnen Bewerberinnen und Bewerber sollen in den waagerechten Zeilen stehen.

c) Tragen Sie sechs Bewerberinnen und Bewerber mit frei gewählten Daten in die Datenbank ein, von denen vier für ein Vorstellungsgespräch ausgesucht werden.

d) Entwerfen Sie mit einem Textprogramm das **Einladungsschreiben als Serienbrief** (Hauptdokument) und erstellen Sie Einladungsschreiben für die Bewerberinnen und Bewerber.

5. Die Personalleiterin, Frau Kern, hat zwei Bewerberinnen und einen Bewerber zu **Vorstellungsgesprächen** eingeladen. Daran nehmen auch der Leiter der Abteilung Organisation und Datenverarbeitung, Herr Vels, die Gleichstellungsbeauftragte, Frau Menge, sowie der Personalratsvertreter, Herr Steinke, teil. Eine Schwierigkeit besteht darin, dass die Arbeitgeberseite möglichst viel über die die beiden Bewerberinnen und den Bewerber erfahren möchte, aber nur ein begrenztes Fragerecht besitzt. Die Bewerberinnen und Bewerber müssen darauf achten, dass sie ihrer Mitteilungspflicht gegenüber der Arbeitgeberin oder dem Arbeitgeber korrekt nachkommen. Diese Problematik sollen Sie in einem **Rollenspiel** anschaulich darstellen.

Spielregeln:

a) Es gibt vier Spielgruppen und eine Beobachtungs- und Analysegruppe:

Gruppe „Auswahlkommission"

Personalleiterin Frau Kern, Fachabteilungsleiter Herr Vels, Gleichstellungsbeauftragte Frau Menge und Personalratsvorsitzender Herr Steinke.

Der **Bewerber und die zwei Bewerberinnen** bilden mit jeweils einem oder zwei Beratenden drei weitere Gruppen.

Gruppe Katrin Tolk

Bewerberin Katrin Tolk, 26 Jahre, geschieden, ein Kind, Verwaltungsfachangestellte, hat einen einjährigen Fernkurs „Internet-Betreuerin" erfolgreich absolviert. Sie arbeitet mit halber Stelle beim Sozialamt der Stadt Neustadt.

Gruppe Anne Vogel

Bewerberin Anne Vogel, 23 Jahre, ledig, Fachinformatikerin, vierwöchiger Intensivkurs in Softwareanwendung für Website-Gestaltung, arbeitet seit 14 Monaten bei einem Reiseveranstalter.

Gruppe Mark Neuhaus

Bewerber Mark Neuhaus, 27 Jahre, verheiratet, gelernter Verwaltungsfachangestellter, Staatl. gepr. Betriebswirt in der Fachrichtung DV (3 ½ Jahre Abendschule), arbeitet in einem Verkehrsbetrieb.

Die **Beobachtungs- und Analysegruppe** wird aus den anderen Schülerinnen und Schülern gebildet. Ein Beobachtungsbogen sollte vereinbart und eingesetzt werden.

b) Spielverlauf:

- Bilden Sie die Spielgruppen.
- Die Auswahlkommission und die drei konkurrierenden Bewerbergruppen erhalten von der Lehrkraft besondere (geheime) Hinweise zu ihren Rollen (Rollenkarten s. Lehrerinnen- und Lehrerinformation).
- Die vier Gruppen verlassen den Raum und bereiten sich getrennt etwa zehn Minuten vor.
- Wenn die anderen Mitspielenden den Raum verlassen haben, informiert die Lehrkraft die Beobachtungs- und Analysegruppe (s. Lehrerinnen- und Lehrerinformation) über ihre Aufgabe.

c) Spielen Sie die drei Vorstellungsgespräche (jeweils ca. fünf bis zehn Minuten).

d) Die Auswahlkommission berät öffentlich und trifft eine Entscheidung.

e) Die Beobachtungs- und Analysegruppe berichtet über ihre Feststellungen zum Vorstellungsgespräch (Auswahlkommission und Bewerberinnen und Bewerber).

f) Gemeinsame Auswertung im Plenum (Unterrichtsgespräch)

2.2.1.3 Arbeitsmaterialien zur Lernsituation

Aufgaben- und Anforderungsprofil	
Stellenbezeichnung	Persönlicher Mitarbeiter/persönliche Mitarbeiterin des Bürgermeisters
Aufgabenprofil	■ unterschriftsreife Bearbeitung von Eingaben sowie einfachen Vorgängen ■ Anfertigen von Statistiken, Stellungnahmen und Berichten in Zusammenarbeit mit dem Bürgermeister ■ Organisation und Vorbereitung von Besprechungen und Konferenzen innerhalb und außerhalb der Verwaltung ■ Organisation und Abrechnung von Bewirtungen ■ Verwaltung von Verfügungs- und Repräsentationsmitteln ■ Organisation und Vorbereitung von Dienstreisen ■ Protokollführung ■ Terminplanung
Anforderungsprofil	■ gründliche Kenntnisse des Kommunalrechts und Erfahrungen in der Arbeitsweise kommunaler Gremien ■ Bereitschaft zu einem zeitlich flexiblen Arbeitseinsatz ■ Teamfähigkeit und Kooperationsbereitschaft ■ sicheres und verbindliches Auftreten ■ zuverlässige und sorgfältige Arbeitsweise ■ sicherer Umgang mit den Standard-Computerprogrammen ■ Englisch in Wort und Schrift
Stellenbewertung	■ Entgeltgruppe 10 TVöD

Aufgaben- und Anforderungsprofil	
Stellenbezeichnung	Webmasterin/Webmaster
Aufgabenprofil	■ Konzeption, Strukturierung und Entwicklung von Webseiten für den Internet-Auftritt der Stadt Neustadt sowie für den internen Informationsaustausch (Intranet) in Kooperation mit den Fachabteilungen ■ Nutzung entsprechender Software-Werkzeuge (insbesondere SQL, XHTML, PHP, CSS und JavaScript) ■ Pflege und Ausbau bestehender Projekte
Anforderungsprofil	■ abgeschlossene Ausbildung zur Fachinformatikerin/zum Fachinformatiker oder vergleichbare Ausbildung ■ Erfahrungen als Webmasterin/Webmaster ■ sicherer Umgang mit den einschlägigen Programmen, Programmiersprachen und Techniken ■ zeitliche Flexibilität ■ Teamfähigkeit ■ selbstständige und eigenverantwortliche Arbeitsweise
Stellenbewertung	■ Entgeltgruppe 10 TVöD

2.2.1.4 Aufgaben

1. Definieren Sie interne und externe Personalbeschaffung.
2. Nennen Sie Mittel
   a) der internen Personalbeschaffung,
   b) der externen Personalbeschaffung.
3. Behörden nehmen zur Abdeckung eines zeitlich befristeten Personalbedarfs auch die Dienste von Zeitarbeitsunternehmen in Anspruch. Neue Mitarbeiterinnen und Mitarbeiter sind Arbeitnehmende des Zeitarbeitsunternehmens und werden von der Behörde auf Zeit „geleast". Nennen Sie je zwei Vor- und Nachteile des Personalleasings für die Behörde.

221065202

4. Prüfen Sie, ob die folgenden Fragen einer Arbeitgeberin oder eines Arbeitgebers im Vorstellungsgespräch zulässig sind.
   a) Waren Sie im letzten Jahr wegen einer andauernden Erkrankung arbeitsunfähig, die Ihre Tätigkeit als Kraftfahrer bei uns beeinträchtigen könnte?
   b) Fühlen Sie sich zurzeit vollständig gesund?
   c) Sind Sie schwerbehindert?
   d) Sind Sie vorbestraft?
   e) Wir sind ein konfessionelles Krankenhaus. Darf ich Sie fragen, welcher Religion Sie angehören?
   f) Wenn Sie in unserem Rechnungsprüfungsamt als Prüferin arbeiten wollen, müssen wir natürlich vorher wissen, ob Sie vorbestraft sind, z. B. wegen Bestechung, Vorteilsnahme, Vorteilsgewährung, Unterschlagung, Betrug, Untreue, Diebstahl oder ähnlicher Straftaten.
   g) Haben Sie bereits Heiratspläne oder wollen Sie später einmal Kinder haben? Ich spreche den Punkt deshalb an, um Sie darauf aufmerksam zu machen, dass Sie bei uns auch halbtags arbeiten können.
5. Mit dem einzustellenden Webmaster Silvio Flattore wird ein Arbeitsvertrag abgeschlossen. Welche Regelungen sollte er enthalten? (stichwortartige Lösung)
6. Nele Müller und Dirk Scheuner haben ihre Ausbildung zu Verwaltungsfachangestellten bei der Stadt Neustadt beendet: Am 25. Juni teilte ihnen der Prüfungsausschuss nach Abschluss des Prüfungsbereichs „Fallbezogene Rechtsanwendung“ mit, dass sie erfolgreich bestanden haben.

   Die Personalleiterin hatte Dirk Scheuner bereits im März schriftlich mitgeteilt, dass die Stadt Neustadt wegen der Stellensituation eine Übernahme in ein Arbeitsverhältnis nicht beabsichtigt. Dirk bewarb sich auf eine Stellenausschreibung bei der Gemeinde Altdorf. Nach einem Auswahlverfahren vereinbarte deren Personalchef mit Dirk mündlich, ihn zum 1. August einzustellen. Er fand es sonderbar, dass er keinen schriftlichen Arbeitsvertrag bekam. Er wusste, dass nach § 125 BGB ein Rechtsgeschäft nichtig ist, welches nicht die durch Gesetz vorgeschriebene Form aufweist. Er wolle sich aber nicht beschweren, sondern die Probezeit von sechs Monaten in Ruhe beginnen. Erstaunt ist Dirk darüber, dass mit Nele gar keine Probezeit vereinbart worden ist.

   Gehen Sie davon aus, dass die Kommunen Neustadt und Altdorf dem Kommunalen Arbeitgeberverband und die beiden Beschäftigten der Gewerkschaft ver.di angehören.
   a) Prüfen Sie sorgfältig, ob der Arbeitsvertrag mit Dirk Scheuner auch mündlich wirksam zustande gekommen ist.
   b) Prüfen Sie, ob eine Probezeit von sechs Monaten bei Dirk Scheuner zulässig ist.
   c) Stellen Sie fest, wann das Ausbildungsverhältnis der beiden Auszubildenden endet und wann das Arbeitsverhältnis von Nele Müller mit der Stadt Neustadt beginnt.
   d) Hätte die Stadt Neustadt mit Nele eine Probezeit vereinbaren können?

2.2.2 Rechte und Pflichten im Arbeitsverhältnis

2.2.2.1 Lernsituation

„In meiner Freizeit mache ich, was ich will!“

Seine erste Entgeltabrechnung hatte sich Nils Petersen (29) etwas anders vorgestellt. Von 1.840,00 € brutto bleiben ihm nach Abzug von 131,00 € Steuern und 370,00 € Sozialabgaben noch 1.339,00 € netto. Seine Wohnung ist zwar preiswert, aber noch nicht richtig eingerichtet. Sein Auto ist reparaturbedürftig, Versicherung, Kleidung, Rücklage für den Urlaub zehren an seinem Gehalt. Kinder sind noch nicht geplant und vor kurzem ist Nils aus der Kirche ausgetreten. ➡

„Wie wäre es denn mit einer Nebentätigkeit?“, meint seine Freundin Laura. „Ein Minijob von Dienstag bis Samstag jeden Tag zwei bis drei Stunden – das könnte im Monat etwa 400,00 € zusätzlich oder mehr einbringen. Die Spielhalle nebenan sucht eine Aufsicht. Vielleicht könntest du auch in einer Gaststätte bedienen.“

„Wahrscheinlich muss mein Arbeitgeber das genehmigen“, erwidert Nils. „Wieso denn?“, meint Laura. „Erstens steht in Artikel 12 des Grundgesetzes: ‚Alle Deutschen haben das Recht, Beruf, Arbeitsplatz und Ausbildungsstätte frei zu wählen‘, das gilt dann auch für Nebenjobs. Zweitens haben Arbeitgeberinnen und Arbeitgeber nicht zu interessieren, was du in deiner Freizeit machst!“ Nils: „Da bin ich mir nicht sicher. Gerade im öffentlichen Dienst habe ich neben der Pflicht zu arbeiten, doch sicher noch weitere Pflichten, vielleicht eine besondere Gesetzestreue oder vorbildliches Verhalten.“ „Besondere Treue schuldest du eher mir, aber nicht dem Staat. In deiner Freizeit bist du frei, wie der Name schon sagt“, lacht Laura.

„Und die Steuern und Abgaben für so einen Minijob, außer dem Rentenversicherungsbeitrag, zahlt der Arbeitgeber allein, wenn dein Verdienst unter 556,00 € bleibt“, fügt sie hinzu, „und die Trinkgelder kontrolliert doch ohnehin niemand.“ „Aber ich komme auf eine Wochenarbeitszeit von über 50 Stunden“, gibt Nils zu bedenken. „Da kann ich morgens nicht immer ausgeschlafen wirken. Und irgendwie werde ich das Gefühl nicht los, dass man mir am Ende Schwarzarbeit vorwerfen könnte. Und das wäre peinlich!“

2.2.2.2 Arbeitsaufträge zur Lernsituation

1. Ermitteln Sie, welche Hauptpflicht und welche Nebenpflichten Beschäftigte im öffentlichen Dienst haben (Grundlagenband).
2. a) Beschreiben Sie die „Treuepflichten“ der Arbeitnehmerinnen und Arbeitnehmer im Allgemeinen.
   b) Ermitteln Sie, ob bzw. inwieweit die „Treuepflicht“ der Beschäftigten im öffentlichen Dienst darüber hinausgeht.
3. a) Was muss Nils Petersen im Hinblick auf seine Haupttätigkeit unternehmen, wenn er die Nebentätigkeit als Spielhallenaufsicht oder Aushilfskellner aufnehmen will?
   b) Untersuchen Sie, ob bzw. inwieweit Nils Petersen damit rechnen kann, eine der Nebentätigkeiten aufnehmen zu können.
4. Untersuchen Sie, welche arbeitsschutzrechtlichen Regelungen des Arbeitszeitgesetzes zu beachten sind.
5. Worauf sollte Nils Petersen achten, um sich nicht dem Vorwurf der „Schwarzarbeit“ auszusetzen? Siehe https://www.minijob-zentrale.de/DE/die-minijobs/die-minijobs_node.html (12.03.2025).

2.2.2.3 Arbeitsmaterialien zur Lernsituation

§ 3 TVöD

...

(3) Nebentätigkeiten gegen Entgelt haben die Beschäftigten ihrem Arbeitgeber rechtzeitig vorher schriftlich anzuzeigen. Der Arbeitgeber kann die Nebentätigkeit untersagen oder mit Auflagen versehen, wenn diese geeignet ist, die Erfüllung der arbeitsvertraglichen Pflichten der Beschäftigten oder berechtigte Interessen des Arbeitgebers zu beeinträchtigen.

...

Auszüge aus dem Arbeitszeitgesetz

§ 3

Die werktägliche Arbeitszeit der Arbeitnehmer darf acht Stunden nicht überschreiten. Sie kann auf bis zu zehn Stunden nur verlängert werden, wenn innerhalb von sechs Kalendermonaten oder innerhalb von 24 Wochen im Durchschnitt acht Stunden werktäglich nicht überschritten werden.

§ 4

Die Arbeit ist durch im Voraus feststehende Ruhepausen von mindestens 30 Minuten bei einer Arbeitszeit von mehr als sechs bis zu neun Stunden und 45 Minuten bei einer Arbeitszeit von mehr als neun Stunden insgesamt zu unterbrechen. ... Länger als sechs Stunden hintereinander dürfen Arbeitnehmer nicht ohne Ruhepause beschäftigt werden.

221065204

§ 5 Ruhezeit

(1) Die Arbeitnehmer müssen nach Beendigung der täglichen Arbeitszeit eine ununterbrochene Ruhezeit von mindestens elf Stunden haben.

(2) Die Dauer der Ruhezeit des Absatzes 1 kann in Krankenhäusern und anderen Einrichtungen zur Behandlung, Pflege und Betreuung von Personen, in Gaststätten und anderen Einrichtungen zur Bewirtung und Beherbergung, in Verkehrsbetrieben, beim Rundfunk sowie in der Landwirtschaft und in der Tierhaltung um bis zu eine Stunde verkürzt werden, wenn jede Verkürzung der Ruhezeit innerhalb eines Kalendermonats oder innerhalb von vier Wochen durch Verlängerung einer anderen Ruhezeit auf mindestens zwölf Stunden ausgeglichen wird.

(3) Abweichend von Absatz 1 können in Krankenhäusern und anderen Einrichtungen zur Behandlung, Pflege und Betreuung von Personen Kürzungen der Ruhezeit durch Inanspruchnahmen während der Rufbereitschaft, die nicht mehr als die Hälfte der Ruhezeit betragen, zu anderen Zeiten ausgeglichen werden.

2.2.2.4 Aufgaben

1. Unter der Rubrik „Stellenangebote" im Neustädter Kurier inseriert die Stadt die Stelle einer Hausmeisterin oder eines Hausmeisters. Herr Krause ist 38 Jahre alt, gelernter Elektriker und besitzt beste Zeugnisse. Er schreibt: „Ich nehme ihr Stellenangebot an."
   a) Prüfen Sie, ob die Stadt ihn beschäftigen muss.
   b) Ändert sich die Rechtslage, wenn Herr Krause schwerbehindert ist? Lesen Sie §§ 154, 160 SGB IX.
2. Frau Berger hat den Beginn des Arbeitsverhältnisses (Entgeltgruppe 8) bei einer Gemeinde vertraglich für den 1. Januar vereinbart. Da eine entsprechende freie Stelle im Stellenplan nicht ausgewiesen ist, will der Arbeitgeber sie in Entgeltgruppe 7 eingruppieren. Ist diese Eingruppierung wirksam?
3. Ein Arbeitgeber stellt mehrere Arbeitskräfte ein, die ihre Arbeit pünktlich aufnehmen. Prüfen Sie, (1) ob der Arbeitgeber die Arbeitsverträge nach Bekanntwerden der folgenden Umstände erfolgreich anfechten kann. Erklären Sie (2), welche Folgen eine Anfechtung für das Arbeitsverhältnis hätte.
   a) Herr Tsakiris hatte sich als Entsorgungsfachkraft auf eine Stelle mit vielseitigen Aufgaben im Wertstoffzentrum der Stadt (Entgeltgruppe 6 TVöD) beworben. Im Einstellungsgespräch hatte Herr Tsakiris auf die gezielte Frage des Arbeitgebers nach tätigkeitsrelevanten Gesundheitseinschränkungen verschwiegen, dass er nach einer Wirbelsäulenverletzung Arbeiten nicht ausführen kann, die mit Bücken oder Heben verbunden sind. Herr Tsakiris hatte gehofft, sich als Schwerbehinderter auf Beratungs- und Bürotätigkeiten zurückziehen zu können, obwohl die erörterte Stellenbeschreibung außerdem das Annehmen und Zuordnen von Abfällen, Aufräumarbeiten und die Instandhaltung von Betriebseinrichtungen als Tätigkeiten dieser Stelle ausweist. Wenige Tage nach der Einstellung zeigt sich, dass Herr Tsakiris. die vorgesehenen Arbeiten nur eingeschränkt ausüben kann.
   b) Die Angestellte Luisa Möller hatte im Einstellungsgespräch auf Befragen der Arbeitgeberin eine bestehende Schwangerschaft verschwiegen. Die Arbeitgeberin fühlt sich dadurch arglistig getäuscht, erklärt die Unwirksamkeit des Arbeitsvertrags und verlangt Kostenersatz für die Beschaffung einer Ersatzkraft.
4. Prüfen Sie, ob in den folgenden Beispielen Arbeitnehmerpflichten verletzt werden. Geben Sie auch die jeweils zutreffenden Rechtsgrundlagen an. Lesen Sie hierzu §§ 611, 613, 242 BGB, 3 TVöD.
   a) Der Pförtner des Rathauses ist begeisterter Anhänger des örtlichen Fußballklubs 1. FC Neustadt e. V. Um bei einem wichtigen Auswärtsspiel in England dabei zu sein, bittet er seine Ehefrau, Hausmeisterin in der Astrid-Lindgren-Grundschule in Neustadt, ihn von Dienstag bis Donnerstag zu vertreten, dienstags nimmt der Pförtner mit seinem Fanclub den Flieger nach Liverpool.
   b) Eine Schulsekretärin der Stadt Neustadt arbeitet mit halber Stelle und bemerkt beim Verlassen der Schule um 12:00 Uhr einige brennende Papierkörbe. Da sie bereits Dienstschluss hat und sich außerdem der Hausmeister um dieses bereits mehrfach aufgetretene Problem kümmern müsse, geht sie nach Hause und unternimmt nichts.
   c) Die Verwaltungsfachangestellte Böhmer bleibt wegen einer Darmverstimmung zwei Tage zu Hause, ohne die Arbeitgeberin zu informieren.

d) Frau Bach nimmt im Fachbereich 2 der Stadt Neustadt das Sachgebiet „Sozialversicherungsangelegenheiten" mit voller Stelle wahr. Sie berät insbesondere in Fragen der gesetzlichen Rentenversicherung. Nach einem Gespräch mit einer Versicherungsagentur nimmt sie kurzentschlossen an vier Tagen in der Woche von 17:00 bis 20:00 Uhr Hausbesuche vor, um gegen Provision Versicherungsverträge zu vermitteln. Sie informiert ihren Arbeitgeber nicht.

e) Dipl.-Ing. Stoll ist beim Bauordnungsamt der Stadt Neustadt angestellt. Bauantragsteller Eilemann möchte, dass sein Antrag beschleunigt bearbeitet wird, und legt Herrn Stoll 400,00 € auf den Schreibtisch. Herr Stoll fertigt ohnehin gerade Eilemanns Genehmigung, sagt bescheiden „Aber das ist doch nicht nötig", nimmt das Geld und schweigt.

f) Die Verwaltungsfachangestellte Henrike Meiers erhält von ihrem Vorgesetzten den Auftrag, Angaben zum Fremdenverkehr von den Beherbergungsbetrieben im Stadtgebiet telefonisch zu erfragen und aufzulisten. Henrike hält das für zu aufwändig und verschickt einen Fragebogen per E-Mail. Der Vorgesetzte sieht sich in seinem Weisungsrecht verletzt.

5. Frau Schön arbeitet als Empfangssekretärin in der Landesgeschäftsstelle der Partei A. Nach einiger Zeit tritt sie der Partei B bei und wird auch im Wahlkampf öffentlich aktiv. Sie schließt sich in ihrer Freizeit zudem einem Luftsportverein an und wird begeisterte Drachenfliegerin. Ihre Arbeitgeberin fordert sie auf, beides zu unterlassen. Frau Schön wendet dagegen ein, ihre Freizeitgestaltung gehe sie nichts an. Beurteilen Sie die Aufforderung der Partei A.

6. Der Verwaltungsfachangestellte Wagner benutzt an seinem Arbeitsplatz einen PC mit Farb-Laserdrucker. Als er am 1. August aus dem Erholungsurlaub zurückkehrt, findet er am Bildschirm einen Klebezettel mit der Aufschrift „Drucker defekt, bitte nicht benutzen. Gerät wird am 2. August ausgetauscht und repariert." Der Zettel trägt das Handzeichen seines Vorgesetzten. Der Netzstecker des Druckers ist herausgezogen.

   Klären Sie die Schadenshaftung für die folgenden Verhaltensweisen.

a) Herr Wagner möchte sich den Fehler selbst anschauen und ihn evtl. beheben. Deshalb setzt er das Gerät in Betrieb. Dabei kommt es zu einem Kurzschluss, der Drucker ist nicht mehr zu reparieren.

b) Der Klebezettel ist auf den Boden gefallen, sodass Herr Wagner ihn nicht bemerkt. Bedenkenlos setzt er den Drucker in Gang. Weil nichts geschieht, steckt er das Stromkabel ein. Dabei tritt der Schaden wie in a) ein.

c) Herr Wagner liest den Klebezettel, entfernt ihn vom Bildschirm und geht zu einer Dienstbesprechung. Als er in sein Büro zurückkehrt, hat er den Zettel vergessen und nimmt aus Gewohnheit PC und Drucker in Betrieb. Dabei tritt der beschriebene Schaden ein.

d) Am Mittag des 2. Augusts ist das Gerät noch nicht ausgetauscht. Da Herr Wagner für umfangreiche Druckarbeiten dringend einen Drucker braucht, leiht er sich bei einem Kollegen ein intaktes Gerät aus (Gewicht: 15 kg). Beim Transport wartet er nicht auf den relativ langsamen Aufzug, sondern trägt das Gerät über mehrere Treppen. Dabei stolpert er und beschädigt den Drucker.

7. Frau Friedrich und Herr Rother arbeiten im Einzelhandelsunternehmen Preiswert & Gut GmbH. Ein Tarifvertrag ist nicht anzuwenden. Es treten folgende Fälle zum Thema „Lohnzahlung ohne Arbeit" auf:

a) Frau Friedrich möchte aus Anlass ihrer bevorstehenden Hochzeit einen Tag zusätzlichen (bezahlten) Urlaub bekommen. Ihr Arbeitgeber verweist sie jedoch auf den noch nicht genommenen Erholungsurlaub. Lesen Sie hierzu vergleichend die Regelung im öffentlichen Dienst, § 29 TVöD i. V. m. § 616 BGB.

b) Herr Rother ist wegen erheblicher Verletzungen drei Wochen arbeitsunfähig. Als der Arbeitgeber aus der Zeitung von einer Schlägerei erfährt, die nach dem polizeilichen Ermittlungsergebnis offenbar von Herrn Rother provoziert wurde, und nachdem Arbeitskollegen dies als Zeugen bestätigt haben, stellt er die Entgeltfortzahlung ein; Herr Rother ist damit nicht einverstanden. Lesen Sie hierzu § 3 EntgFG.

c) Wegen einer plötzlich notwendigen Heizungsreparatur muss das Geschäft für zwei Tage geschlossen werden. Da der Arbeitgeber die Verkaufskräfte nicht beschäftigen kann, schickt er sie nach Hause und rechnet die freien Tage auf den Erholungsurlaub an.

221065206

d) Im Einzelhandel wird um höhere Gehälter gestreikt. Auch die Preiswert & Gut GmbH – inzwischen Mitglied im Einzelhandelsverband (Arbeitgeberverband) – ist betroffen und muss ihr Geschäft für eine Woche schließen. Allerdings beteiligt sich Herr Rother nicht am Streik, bietet seine Arbeitsleistung an und verlangt Lohnzahlung. Das Unternehmen zieht das auf die Streiktage entfallende Arbeitsentgelt den streikenden und den nicht streikenden Arbeitnehmerinnen und Arbeitnehmern vom Gehalt ab. Beurteilen Sie diesen Entgeltabzug für alle Arbeitnehmenden.

8. Arbeitnehmende eines städtischen Bauhofs bringen in den Betrieb folgende Sachen mit:
   a) Ein Fahrrad, das für den Weg zur Arbeit benutzt wird,
   b) ein Auto, das für den Weg zur Arbeit benutzt wird,
   c) Straßenkleidung, die vor Arbeitsbeginn gegen Arbeitskleidung gewechselt wird,
   d) und ein Portemonnaie mit 20,00 €, Ausweis und Monatskarte, die vor der Arbeit abgelegt werden.

   Muss der Arbeitgeber für sichere Aufbewahrungsmöglichkeiten bzw. Parkplätze zum Schutz des Eigentums der Arbeitnehmenden sorgen?

9. Die Preiswert & Gut GmbH stellt ein Grundstück als Parkplatz für Mitarbeitende sowie Kundinnen und Kunden zur Verfügung. Haftet das Unternehmen für Schäden an Fahrzeugen, wenn diese verursacht sind
   a) durch den mangelhaften Zustand des Parkplatzes,
   b) durch unbekannte Kundinnen und Kunden, die den Parkplatz ebenfalls benutzen?

10. Nach dem betrieblichen Urlaubsplan der Preiswert & Gut GmbH soll Herr Rother im August Erholungsurlaub nehmen. Kündigungen und Krankheit führen jedoch zu so großen Personalschwierigkeiten, dass Betriebsteile eigentlich geschlossen werden müssten. Die Geschäftsleitung teilt ihm am 20. Juli mit, dass er den Urlaub nicht wie geplant nehmen kann, und begründet diese Entscheidung mit der entstandenen Situation.
    a) Darf der Arbeitgeber die Verschiebung des Urlaubs verlangen?
    b) Herr Rother sagt daraufhin die geplante Urlaubsreise ab und zahlt 300,00 € Stornogebühr an das Reiseunternehmen. Muss der Arbeitgeber ihm diesen Betrag erstatten?
    c) Abwandlung: Herr Rother tritt die Urlaubsreise wie geplant an. Als er zurückkehrt, findet er die fristlose Kündigung durch den Arbeitgeber. Der Arbeitnehmer klagt vor dem Arbeitsgericht. Wird seine Kündigungsschutzklage Erfolg haben?

11. Anne Muth ist alleinerziehende Mutter, ihr achtjähriger Sohn ist erkrankt. Sie erhält am 21. Juni von ihrer Arbeitgeberin, der Stadt Neustadt, eine Abmahnung mit folgendem Inhalt:

    „Sehr geehrte Frau Muth,
    am Donnerstag, den 20. Juni, sind Sie eine Stunde zu spät zur Arbeit erschienen, obwohl Ihre Abteilungsleiterin, Frau Krass, Sie bereits an den beiden Vortagen wegen verspäteter Arbeitsaufnahme ermahnen musste. Wir werden ein solches Verhalten künftig nicht mehr hinnehmen. Wenn Sie Ihren Arbeitsvertrag weiter in dieser Weise verletzen, gefährden Sie den Bestand Ihres Arbeitsverhältnisses durch Kündigung. Diese Abmahnung wird zu Ihrer Personalakte genommen und – wenn keine weiteren Pflichtverletzungen vorkommen – nach einem Jahr wieder entfernt."

    a) Erläutern Sie die Bedeutung dieser Abmahnung.
    b) Formulieren Sie die Gegendarstellung von Anne Muth, die an den betreffenden Tagen den Hausbesuch des Kinderarztes abwarten musste.

2.2.3 Beendigung von Arbeitsverhältnissen

2.2.3.1 Lernsituation

Ein Baukontrolleur gerät außer Kontrolle

Willi Kahn, 39 Jahre alt, arbeitet seit über zehn Jahren im Bauordnungsamt der Stadt Neustadt. Vorher war er für eine Bauunternehmung tätig. Als Baukontrolleur hat er häufiger Außendienst. Will er bestimmte Bauarbeiten genau überwachen, z. B. den Einbau von Baustahlmatten in die Geschossdecken, muss er termingenau zur Stelle sein, häufig sehr früh am Morgen. Die Berichte über seine Baukontrollen muss er schnell und präzise fertigen, damit Genehmigungsabweichungen, „Schwarzbauten“ und sonstige Rechtsverstöße zügig bearbeitet werden können.

Schon länger steht Willi Kahn in dem Verdacht, seine „Freiheiten“ recht großzügig auszulegen, denn im Außendienst beaufsichtigt ihn niemand. Gern verknüpft er auch private Besorgungen mit seinen Dienstgängen. Nach manchem Richtfest mit Bauherren, Handwerkerinnen und Handwerkern war er am nächsten Tag nicht gut ansprechbar.

Seine Vorgesetzte, die Amtsleiterin Marion Meier, stört Kahns Verhalten immer mehr, sodass sie einen „Vorgang“ anlegt. Der belegt, dass Kahn zu Beginn der letzten Woche einen Tag unentschuldigt fehlte. Ihre Vermutung, Kahn sei im Außendienst, erwies sich als falsch, als sie bei einem Telefonanruf seine Frau zu Hause erreichte, die ihren Mann prompt von der Gartenarbeit ans Telefon holte. Die Entschuldigung Kahns, er sei nach einem ausgiebigen Richtfest dienstunfähig gewesen, war glatt gelogen. Daraufhin übergibt Frau Meier ihm eine Abmahnung, deren Erhalt sie sich quittieren lässt. Wenige Tage später wird Kahn morgens um 10:30 Uhr – also in der „Kernarbeitszeit“ – beim Friseur gesehen. Tags darauf soll sich Kahn um 8:00 Uhr bei Frau Marion Meier melden – er erscheint aber erst zwei Stunden später; er weiß, dass sie dann wegen einer Dienstbesprechung längere Zeit abwesend sein wird. Sein Kommentar vor Kolleginnen und Kollegen: „Da wird man herbestellt und lässt die Außendiensttermine platzen – und dann hat die Alte nicht mal Zeit!“ Am nächsten Tag ist Freitag. Er rechnet mit einer Einladung von Frau Meier, geht zum Arzt, lässt sich krankschreiben und begibt sich ins Freibad. Auf dem Sprungturm erkennt ihn Marion Meiers Tochter Hanna.

Als am Montag früh der Bauleiter einer Bauunternehmung anruft, wo denn Herr Kahn bleibe, sein Lieferant könne unmöglich mit dem Fertigbeton warten, schickt Frau Meier eilig einen Kollegen und beschließt, Willi Kahn zu „feuern“.

Sie telefoniert in dieser Angelegenheit mit der Personalleiterin Ulrike Kern. Ohne Persönliches von dem Betroffenen bekannt zu geben, erörtert Frau Kern den Fall zu Ausbildungszwecken mit dem angehenden Verwaltungsfachangestellten Moritz Frisch.

Frau Kern:	„Wir sollten über die wichtigsten Schritte in diesem Verfahren und deren Abfolge sprechen. Natürlich haben Sie unbedingt Stillschweigen über den Fall zu bewahren. Arbeitsrecht hat ja auch einen kleinen Anteil in Ihrem Berufsschulunterricht. Und für ein langes Berufsleben können Kenntnisse über dieses Rechtsgebiet ja nicht schaden! “
Moritz Frisch:	„Sicher muss der Personalrat bei einer Kündigung beteiligt werden.“
Frau Kern:	„Ja schon, aber vorher sollte der Arbeitgeber Klarheit über den zugrunde liegenden Sachverhalt, also den Kündigungsgrund herstellen.“
Moritz Frisch:	„Dazu müsste man wohl fairerweise mit den Betroffenen sprechen, ganz allgemein wegen der Fürsorgepflicht. Außerdem wäre noch die Kündigungsmöglichkeit rechtlich zu untersuchen, ob z. B. eine ordentliche oder außerordentliche, also fristlose Kündigung infrage kommt, und ob die Kündigung wirklich das letzte Mittel ist. Vielleicht sind auch Kündigungsschutzvorschriften zu beachten.“
Frau Kern:	„Vorher ist aber zu klären, ob das Verhalten des Beschäftigten vorher beanstandet und ob mit der Kündigung gedroht wurde. § 314 Abs. 2 BGB sieht eine solche Abmahnung vor.“
Moritz Frisch:	„Wer entscheidet eigentlich über die Kündigung?“
Frau Kern:	„Bei uns ist das der Bürgermeister. Er ist der rechtliche Vertreter der Gemeinde im Außenverhältnis.“

Moritz Frisch: „Dann sind vermutlich Sie für das Kündigungsschreiben zuständig, Herr Schultheiß wird es unterschreiben und danach wird es förmlich zugestellt."

Frau Kern: „Einen Punkt müssen wir noch nachtragen: Bei einer ordentlichen Kündigung muss man zuvor die Kündigungsfrist bestimmen. Die hängt von der Beschäftigungszeit des Betroffenen ab. Und die könnten Sie gleich mal ermitteln."

2.2.3.2 Arbeitsaufträge zur Lernsituation

1. Bringen Sie die Stichworte aus dem Gespräch in eine schlüssige Reihenfolge. Welche Schritte sollten nacheinander gegangen werden?
2. Die Beschäftigungszeit ist in § 34 Abs. 3 Satz 1 TVöD definiert.
   a) Geben Sie die Begriffsmerkmale an.
   b) Was ist in § 34 Abs. 3 TVöD und in § 6 ArbPlSchG über Vorzeiten bei anderen Arbeitgebern und Dienststellen ausgesagt?
   c) Was lässt sich nach der Situationsbeschreibung über die Beschäftigungszeit und die tarifliche Kündigungsfrist von Willi Kahn aussagen?
   d) In § 34 Abs. 2 TVöD ist die „Unkündbarkeit" geregelt. Prüfen Sie, ob Willi Kahn unkündbar ist.
3. Unterscheiden Sie die ordentliche und die außerordentliche Kündigung.
4. a) Untersuchen und erläutern Sie, in welchen Fällen eine Kündigung nach dem Kündigungsschutzgesetz sozial ungerechtfertigt ist.
   b) Entscheiden und begründen Sie, welcher Kündigungsgrund und welche Art der Kündigung hier infrage kommen könnten.
   c) Bestimmen Sie den frühesten Kündigungstermin. Unterstellen Sie, heute sei der 3. Juli 2024.
5. Erläutern Sie, ob die Vertragsparteien das Arbeitsverhältnis in diesem Fall auch durch einen Aufhebungsvertrag beenden können.
6. Welche Arbeitspapiere sind Herrn Kahn am Ende seines Arbeitsverhältnisses auszuhändigen?

2.2.3.3 Arbeitsmaterialien zur Lernsituation

I. Auszüge aus dem TVöD-V

§ 22 Entgelt im Krankheitsfall

(1) Werden Beschäftigte durch Arbeitsunfähigkeit infolge Krankheit an der Arbeitsleistung verhindert, ohne dass sie ein Verschulden trifft, erhalten sie bis zur Dauer von sechs Wochen das Entgelt nach § 21. (...)

(2) Nach Ablauf des Zeitraums gemäß Absatz 1 erhalten die Beschäftigten für die Zeit, für die ihnen Krankengeld oder entsprechende gesetzliche Leistungen gezahlt werden, einen Krankengeldzuschuss in Höhe des Unterschiedsbetrags zwischen den tatsächlichen Barleistungen des Sozialleistungsträgers und dem Nettoentgelt. (...)

(3) Der Krankengeldzuschuss wird bei einer Beschäftigungszeit (§ 34 Abs. 3)
von mehr als einem Jahr längstens bis zum Ende der 13. Woche und
von mehr als drei Jahren längstens bis zum Ende der 39. Woche
seit dem Beginn der Arbeitsunfähigkeit infolge derselben Krankheit gezahlt.
Maßgeblich für die Berechnung der Fristen nach Satz 1 ist die Beschäftigungszeit, die im Laufe der krankheitsbedingten Arbeitsunfähigkeit vollendet wird.

§ 23 Besondere Zahlungen

(1) (...)

(2) Beschäftigte erhalten ein Jubiläumsgeld bei Vollendung einer Beschäftigungszeit (§ 34 Abs. 3)
a) von 25 Jahren in Höhe von 350,00 €, b) von 40 Jahren in Höhe von 500,00 €.

(...)

§ 28 Sonderurlaub

Beschäftigte können bei Vorliegen eines wichtigen Grundes unter Verzicht auf die Fortzahlung des Entgelts Sonderurlaub erhalten.

§ 34 Kündigung des Arbeitsverhältnisses
s. Grundlagenband, LF 5, Kapitel 2.2.3.2.1 – Ordentliche Kündigung
(Diese Vorschrift regelt auch Unkündbarkeit und Berechnung der Beschäftigungszeit.)

II. Auszug aus dem Gesetz über den Schutz des Arbeitsplatzes bei Einberufung zum Wehrdienst (Arbeitsplatzschutzgesetz – ArbPlSchG)

§ 6 Fortsetzung des Arbeitsverhältnisses
(1) Die Zeit des Grundwehrdienstes oder einer Wehrübung wird auf die Berufs- und Betriebszugehörigkeit angerechnet; bei Auszubildenden und sonstigen in Berufsausbildung Beschäftigten wird die Wehrdienstzeit auf die Berufszugehörigkeit jedoch erst nach Abschluss der Ausbildung angerechnet. Die Zeit des Grundwehrdienstes oder einer Wehrübung gilt als Dienst- und Beschäftigungszeit im Sinne der Tarifordnungen und Tarifverträge des öffentlichen Dienstes.

III. Auszug aus dem Bürgerlichen Gesetzbuch

§ 314 Kündigung von Dauerschuldverhältnissen aus wichtigem Grund
(1) Dauerschuldverhältnisse kann jeder Vertragsteil aus wichtigem Grund ohne Einhaltung einer Kündigungsfrist kündigen. Ein wichtiger Grund liegt vor, wenn dem kündigenden Teil unter Berücksichtigung aller Umstände des Einzelfalls und unter Abwägung der beiderseitigen Interessen die Fortsetzung des Vertragsverhältnisses bis zur vereinbarten Beendigung oder bis zum Ablauf einer Kündigungsfrist nicht zugemutet werden kann.

(2) Besteht der wichtige Grund in der Verletzung einer Pflicht aus dem Vertrag, ist die Kündigung erst nach erfolglosem Ablauf einer zur Abhilfe bestimmten Frist oder nach erfolgloser Abmahnung zulässig. Für die Entbehrlichkeit der Bestimmung einer Frist zur Abhilfe und für die Entbehrlichkeit einer Abmahnung findet § 323 Absatz 2 Nummer 1 und 2 entsprechende Anwendung.
(...)

2.2.3.4 Aufgaben

1. Viele Tarifverträge knüpfen Leistungen an eine bestimmte Beschäftigungszeit. Auch die Beschäftigungszeit nach § 34 Abs. 3 TVöD wirkt sich auf verschiedene Rechte bzw. Leistungen aus.
   Ermitteln und notieren Sie vier solcher Rechte bzw. Leistungen in den Arbeitsmaterialien zur Lernsituation.
2. Der Verwaltungsfachangestellte Lennart Schulte wurde am 11. November 2001 geboren. Er möchte am 4. Dezember 2024 wissen,
   a) welche Kündigungsfrist nach dem TVöD für sein Arbeitsverhältnis maßgeblich ist,
   b) ab wann er „unkündbar" ist und
   c) wann ihm erstmalig Jubiläumsgeld zusteht.
   Folgende Informationen liegen vor:
   - 1. August 2018 bis 9. Juni 2021: Ausbildung zum Verwaltungsfachangestellten bei der Stadt Augsburg,
   - 10. Juni 2021 bis 30. Juni 2023: Tätigkeit als Verwaltungsfachangestellter bei der Stadt Neustadt (Stadtkasse),
   - seit 1. Juli 2023: Tätigkeit als Verwaltungsfachangestellter bei der Stadt Neustadt (Bürgeramt). Er geht davon aus, dass er dauerhaft bei der Stadt Neustadt bleibt.

   Überprüfen Sie die Anrechenbarkeit dieser Zeiten und ermitteln Sie die gewünschten Informationen.
3. Bestimmen Sie, ob und welche der folgenden Tatsachen den Arbeitgeber zu einer personenbedingten, verhaltensbedingten bzw. betriebsbedingten Kündigung berechtigen.
   a) Schwarzfahren mit einem Fahrzeug der Arbeitgeberin
   b) mangelnde Leistungsfähigkeit
   c) Rationalisierung von Arbeitsabläufen durch Computereinsatz
   d) Drogenabhängigkeit des Berufskraftfahrers Tom Meier
   e) unberechtigte Krankmeldung
   f) ausländerfeindliche Äußerungen in einem Betrieb mit hohem Ausländeranteil
   g) Teilnahme an einem von der Gewerkschaft organisierten Streik
   h) einmaliges Nichtbefolgen einer Dienstanweisung

4. Fristlose Kündigung aus wichtigem Grund

§ 626 BGB beschreibt die Voraussetzungen für eine fristlose Kündigung aus wichtigem Grund. Es muss sich dabei um Tatsachen handeln,

- die so schwerwiegend sind, dass die Fortsetzung des Dienstverhältnisses nicht mehr zugemutet werden kann,
- wobei alle Umstände des Einzelfalls zu berücksichtigen sind und
- die Interessen beider Vertragsteile abzuwägen sind.

Diese Punkte werden nun näher untersucht.

Zu den besonders schwerwiegenden Tatsachen zählen die folgenden fünf Gründe a–e, für die nachfolgend Vertragsverletzungen beispielhaft genannt werden.

1. Aufgabe: Ordnen Sie die Beispiele (1–11) jeweils einem Grund zu.

Gründe schwerwiegender Tatsachen	Beispiele für Vertragsverletzungen
a) beharrliche Arbeitsverweigerung b) Eigentumsdelikte gegenüber der Arbeitgeberin oder dem Arbeitgeber c) Verweigerung der Lohnzahlung d) schwere Verletzung der Treuepflicht e) schwere Verletzung der Fürsorgepflicht	1. strafbare Beleidigung oder üble Nachrede, bezogen auf die Arbeitgeberin oder den Arbeitgeber 2. häufiges unentschuldigtes Fehlen 3. Diebstahl am Arbeitsplatz 4. Weigerung, tarifliche Entgeltbestandteile zu bezahlen 5. Annahme von Bestechungsgeldern 6. vorgeschriebene Sicherheitsvorrichtungen fehlen 7. Verletzung der Schweigepflicht 8. tätlicher Angriff 9. Nichtabführung von Sozialversicherungsbeiträgen 10. Unterschlagung 11. wiederholte Unpünktlichkeit, wenn der Arbeitsablauf oder Betriebsfrieden empfindlich gestört wird

Derartige Gründe allein reichen noch nicht für eine fristlose Kündigung aus. Die Weiterbeschäftigung muss außerdem nicht mehr zumutbar sein, d. h., das für die Arbeit notwendige Vertrauen ist „endgültig zerstört". Um dies beurteilen zu können, müssen die Umstände des Einzelfalles berücksichtigt werden. Ein solcher Umstand könnte etwa dann vorliegen, wenn ein Diebstahl besonders leicht gemacht wird, weil z. B. neue Flachbildschirme tagelang unverschlossen und unkontrolliert im Flur des Verwaltungsgebäudes stehen.

2. Aufgabe: Geben Sie weitere Beispiele für solche Einzelfallumstände an.

Weitere Voraussetzung nach § 626 BGB ist, dass die Interessen der Arbeitgeberseite und der Arbeitnehmerseite gegeneinander abgewogen werden.

3. Aufgabe: Beschreiben Sie jeweils drei Interessen der Vertragsparteien, die bei einer fristlosen Kündigung gegeneinander abzuwägen sind.

5. Die folgende Checkliste bezieht sich auf die ordentliche Kündigung. Erstellen Sie eine entsprechende Liste für die außerordentliche Kündigung.

Voraussetzungen einer ordentlichen Kündigung:

1. Kündigungsverbote, -ausschlüsse sowie Zustimmungserfordernisse beachten (z. B. bei werdenden Müttern, schwerbehinderten Menschen, Auszubildenden nach der Probezeit, Betriebs- und Personalratsmitgliedern)
2. Beachtung von Kündigungsfristen
3. soziale Rechtfertigung der Kündigung nach dem Kündigungsschutzgesetz (für eine personen-, verhaltens- oder betriebsbedingte Kündigung)

4. Abmahnung (bei verhaltensbedingter Kündigung)
5. Sozialauswahl (bei betriebsbedingter Kündigung)
6. Prüfung der Weiterbeschäftigungsmöglichkeit (bei personenbedingter Kündigung, z. B. bei Krankheit)
7. Anhörung des Betriebs- bzw. Personalrats (§ 102 Abs. 2 BetrVG: Frist eine Woche)

6. Herr Möller wurde wegen wiederholter Unpünktlichkeit und verbotenen Rauchens im Aktenlager zum 30. Juni fristgerecht gekündigt. An den Tagen nach Erhalt der Kündigung erscheint er trotz wiederholter Aufforderung seines Arbeitgebers nicht mehr am Arbeitsplatz, weil es „jetzt auf einen Pflichtverstoß mehr auch nicht mehr ankommt". Darf der Arbeitgeber Herrn Möller am vierten Tag fristlos kündigen?

7. Bei einigen Beschäftigten der Stadt Neustadt liegen unerfreuliche Sachverhalte vor. Empfehlen Sie der Stadt als Arbeitgeberin geeignete Maßnahmen.
   a) Ferdinand Fink hat eine feste Arbeitszeit und ist in den letzten sechs Wochen dreimal etwa 30 Minuten verspätet erschienen.
   b) Der angestellte Gärtner Florian Bäumer hat in seiner Freizeit außerhalb des Neustädter Stadtgebietes Cannabis an Minderjährige in seiner Grillhütte verkauft und wurde wegen zahlreicher Drogendelikte zu einer Freiheitsstrafe ohne Bewährung verurteilt.
   c) Ein Außendienstmitarbeiter kann wegen einer starken Gehbehinderung seine bisherige Tätigkeit nicht mehr ausüben.
   d) Klaus Bott, seit 18 Jahren im Bau- und Betriebshof tätig, hat im letzten Jahr mehrfach Baumaterial im Wert von insgesamt 2.600,00 € für den privaten Verbrauch mitgenommen.
   e) Dirk Bolte, 47 Jahre alt, ist Alkoholiker geworden und nicht mehr in der Lage, seinen Arbeitspflichten ausreichend nachzukommen.
   f) Svenja Warnke, 24 Jahre alt, Beschäftigte im Jugendamt, arbeitet jede Woche 14 Stunden in einer Bar.
   g) Mark Korte, seit zwölf Jahren bei der Stadt, hat im letzten Jahr bei 18 von 74 Dienstfahrten jeweils mehrere Stunden oder 20 bis 30 km mehr aufgeschrieben und so 390,00 € Fahrkostenerstattung zu viel erhalten.

8. Dem Verwaltungsmitarbeiter Martin Müller werden der Diebstahl und der Weiterverkauf eines Computers sowie das Entwenden der Handtasche einer Kollegin nachgewiesen. Der Leiter der Personalabteilung der Dienststelle kündigt ihm sofort fristlos. Danach benachrichtigt er den Personalrat.
   a) Ist die Kündigung rechtswirksam?
   b) Bei Beendigung des Arbeitsverhältnisses verlangt Martin Müller ein qualifiziertes Arbeitszeugnis. Der Personalchef schreibt hinein: „Herr Müller hat während der Arbeitszeit zwei Diebstähle begangen." Muss Martin Müller diese Formulierung hinnehmen?

9. In Fragen der betrieblichen Mitbestimmung hat der Betriebsrat einen abgestuften Katalog von Rechten, die vom bloßen Recht auf Information bis hin zur echten Mitbestimmung reichen.
   a) Stellen Sie dar, in welchen betrieblichen Angelegenheiten die Rechte des Betriebsrats besonders stark und in welchen sie besonders schwach sind.
   b) Erläutern Sie Gründe für die Abstufung der Mitwirkungs- bzw. Mitbestimmungsrechte.
   c) Diskutieren Sie, ob die Mitbestimmungsrechte in der gegenwärtigen Form bestehen bleiben oder ob sie geändert werden sollten.

221065212

10. Erstellen Sie die folgende Tabelle:

Vergleichsmerkmale	Betriebsverfassungsrecht (Betriebsrat)	Personalvertretungsrecht (BPersVG, Länderregelungen z. T. abweichend) (Personalrat)
Einrichtungsvoraussetzungen		
Wahlberechtigung		
Wählbarkeit		
Wahlverfahren		
Amtszeit		
Mitgliederzahl		
Allgemeine Aufgaben		
Mitwirkungsrechte		
Mitbestimmungsrechte		
Betriebs-/Personalversammlung		
Einberufung		
Aufgaben		
Rechte		

Vergleichen Sie die in der Tabelle genannten Merkmale sowohl nach dem Betriebsverfassungs- als auch nach dem Personalvertretungsrecht.

11. Nehmen Sie zu der folgenden Aussage Stellung: „Bei einem Streit mit der Arbeitgeberin oder dem Arbeitgeber werden die meisten Arbeitnehmenden nicht vor dem Arbeitsgericht klagen, weil sie die persönliche Beziehung zur Arbeitgeberseite nicht verschlechtern wollen und das Kostenrisiko scheuen."

12. Der Rausschmiss

Jens Mielke, 38 Jahre alt, wurde bei der Stadt Neustadt zum Verwaltungsfachangestellten ausgebildet. Anschließend war er 10 Jahre lang hier tätig. Zunächst arbeitete er im Sozialamt, aber nach Umstrukturierungen fiel dieser Arbeitsplatz weg und er wechselte in die Abteilung „Immobilienwirtschaft". Diese Arbeit fällt ihm nicht schwer, denn hin und wieder hat er bei seinem Vater, einem Immobilienmakler, ausgeholfen. Nun bearbeitet er Verkäufe, Vermietungen und Verpachtungen städtischer Grundstücke und Gebäude.
Bis vor zwei Jahren gehörte er auch dem Personalrat an. In dieser Zeit hat sich das Verhältnis Jens Mielkes zu Bürgermeister Schultheiß und Personalleiterin Kern verschlechtert. Immer öfter endeten Auseinandersetzungen mit persönlichen Anfeindungen. Mielke hatte fest mit einem beruflichen Aufstieg beim Sozialamt gerechnet, doch mit der Einführung des Bürgergeldes bei der Agentur für Arbeit wurde der Sozialbereich der Stadt verkleinert und er selbst wurde ohne Beförderung versetzt.
Vor einigen Monaten erhielt er eine Abmahnung, er habe die private Internet-Nutzung am Arbeitsplatz zu unterlassen. Das tat er dann auch. Danach wurden einige Verspätungen durch eine Abmahnung gerügt. Das fand er kleinlich, kam aber seltener zu spät. Inzwischen beklagten sich zwei Kolleginnen beim Amtsleiter, sie hätten keine Lust mehr, für den „Faulpelz" mitzuarbeiten. Der Amtsleiter sprach mit der Personalleiterin über eine Umsetzung Mielkes. Frau Kerns Antwort: „Umsetzung? Eine gleichwertige Stelle wird erst in einem Jahr frei. Aber Herrn Mielke will doch keiner nehmen!" Nachdem dieser sich im April zweimal wegen dreitägiger Erkrankungen dienstunfähig meldete, schickte Frau Kern ihn bei der dritten Krankmeldung am 27. April sofort zum Betriebsarzt. Der stellte Dienstfähigkeit fest. In einer Unterredung mit Bürgermeister Schultheiß im Beisein von Frau Kern am Nachmittag erklärte Jens Mielke: „Abmahnungen, Untersuchungen, drohende Versetzung, Schikanen – Sie demotivieren mich und machen mich fertig! Für mein ‚Edeka-Syndrom'[1] sind doch Sie allein verantwortlich. Ich halte das nervlich nicht mehr aus und melde mich hiermit ab sofort dienstunfähig – für länger!"
„Meinetwegen, aber das Arbeitsverhältnis wird ohnehin nicht mehr lange dauern. Sie kommen zu spät, Sie fehlen oft, Sie surfen privat im Internet und kündigen längerfristige Erkrankungen schon vorher an – kurz: Sie wollen gar nicht arbeiten! Aber bei uns müssen Sie das auch nicht mehr. Die Kündigung erhalten Sie in den nächsten Tagen. Auf Wiedersehen."

1 „Edeka-Syndrom": nicht ganz ernst gemeinte Bezeichnung für nachlassende Arbeitsmotivation, wenn das **Ende der Karriere** erreicht ist

Damit hatte Jens Mielke nicht gerechnet – nach insgesamt 21 Jahren bei der Stadt! Da kann man einen Familienvater mit zwei Kindern, der sich jahrelang im Personalrat engagiert hat, doch nicht einfach auf die Straße setzen! „Nicht mit mir", denkt er, „der Bürgermeister wird sich noch wundern!"

a) Beschreiben Sie,
   aa) was die Stadt Neustadt zu bedenken und zu tun hat, wenn sie Jens Mielke kündigen will.
   ab) wie Jens Mielke sich verhalten muss, um seine Interessen zu wahren.
b) Prüfen Sie,
   ba) ob das KSchG hier anzuwenden ist,
   bb) ob die Arbeitgeberin bei einer ordentlichen Kündigung einen Kündigungsgrund angeben muss,
   bc) ob die Kündigung des Jens Mielke nach dem KSchG sozial ungerechtfertigt sein kann.
c) ca) Im Klageverfahren könnte das Arbeitsgericht feststellen, die Kündigung der Stadt Neustadt sei rechtswidrig und das Arbeitsverhältnis mit Jens Mielke sei nicht aufgelöst. Sehen Sie in § 9 KSchG nach, wie sich die Vertragsparteien und das Gericht in einem solchen Fall verhalten könnten bzw. müssten.
   cb) Wie könnte sich eine Arbeitgeberin oder ein Arbeitgeber verhalten, die oder der einer Arbeitnehmerin oder einem Arbeitnehmer kündigen will, ihr oder ihm aber zugleich gute Chancen in einem Kündigungsschutzprozess einräumt?
d) Schätzen Sie das finanzielle Prozessrisiko der Arbeitnehmenden im Arbeitsprozess ein.
e) ea) Die Stadt Neustadt gibt Herrn Mielke Gelegenheit, einen Text für ein Arbeitszeugnis vorzuschlagen, worauf Jens Mielke Text 1 vorlegt. Geben Sie eine begründete Bewertung dieses Formulierungsvorschlages ab.
   eb) Das Zeugnis der Arbeitgeberin (Text 2) weicht erheblich von diesem Vorschlag ab. Bewerten Sie auch diese Textfassung und begründen Sie Ihre Einschätzung.

Text 1

Zeugnis **(Textvorschlag von Herrn Mielke)**

Herr Jens Mielke, geb. am 12. April 19.., hat bei der Stadt Neustadt in der Zeit vom 1. August 19.. bis zum 15. Juni 19.. eine Ausbildung zum Verwaltungsfachangestellten absolviert und war anschließend bis 31. Dezember 20.. als Verwaltungsfachangestellter im Sozialamt und in der Abteilung Immobilienwirtschaft beschäftigt.

Zu seinen Tätigkeitsbereichen gehörten folgende Aufgaben:
- Durchführen von Verwaltungsverfahren zur Gewährung von Hilfe zum Lebensunterhalt,
- Beraten von Hilfesuchenden,
- Heranziehen von Unterhaltspflichtigen, ...
- Verträge über Vermietung und Verpachtung städtischer Liegenschaften schließen und überwachen, ...

Herr Mielke hat alle ihm übertragenen Aufgaben hoch motiviert, mit großem Geschick und stets zu unserer vollsten Zufriedenheit ausgeführt.

Aufgrund seines umfangreichen rechtlichen Fachwissens, der profunden Sachkenntnis in der Immobilienwirtschaft sowie seiner besonnenen Art hat er stets selbstständig und fehlerfrei gearbeitet. Der Umgang mit Vorgesetzten, Mitarbeiterinnen und Mitarbeitern und Kundinnen und Kunden war einwandfrei. Herr Mielke hat viele Vorschläge zur effektiveren Arbeitsgestaltung gemacht, die zur Senkung der Verwaltungskosten beitrugen.

Herr Mielke verlässt uns auf eigenen Wunsch. Wir bedauern sein Ausscheiden sehr, haben aber volles Verständnis dafür, dass Herr Mielke sich neuen anspruchsvollen Aufgaben stellen möchte.

Wir danken Herrn Mielke für die geleistete Arbeit und wünschen ihm für seine berufliche Zukunft alles Gute.

Text 2

Zeugnis **(Textfassung der Arbeitgeberin)**

Herr Jens Mielke, geb. am 12. April 19.., hat bei der Stadt Neustadt in der Zeit vom 1. August 19.. bis zum 15. Juni 19.. eine Ausbildung zum Verwaltungsfachangestellten absolviert und war anschließend bis 31. Dezember 20.. als Verwaltungsfachangestellter im Sozialamt und in der Abteilung Immobilienwirtschaft beschäftigt.

Zu seinen Tätigkeitsbereichen gehörten folgende Aufgaben:
- Durchführen von Verwaltungsverfahren zur Gewährung von Hilfe zum Lebensunterhalt,
- Beraten von Hilfesuchenden,
- Heranziehen von Unterhaltspflichtigen, ...
- Verträge über Vermietung und Verpachtung städtischer Liegenschaften schließen und überwachen, ...

Herr Mielke hat die ihm übertragenen Aufgaben zu unserer Zufriedenheit ausgeführt. Er verrichtete alle ihm übertragenen Arbeiten in der Regel zuverlässig und einwandfrei. Außerdem regte er organisatorische und soziale Verbesserungen an.

Er war zwölf Jahre Mitglied der Personalvertretung der Stadt Neustadt.

Insgesamt hat Herr Mielke mit seinen Leistungen unseren Erwartungen durchaus entsprochen.

Herr Mielke scheidet aus unserer Verwaltung aus, um an anderer Stelle neue Aufgaben zu übernehmen.

Wir danken Herrn Mielke für die geleistete Arbeit.

221065214

1.1 Kollektivvereinbarungen rechtlich einordnen

1.1.1 Lernsituation

Einen Tarifkonflikt im öffentlichen Dienst durchspielen

Diese Lernsituation umfasst einen denkbaren Tarifkonflikt zwischen kommunalen Arbeitgeberverbänden und Gewerkschaft. Er soll als Rollenspiel geplant und dargestellt werden.

1.1.2 Arbeitsaufträge zur Lernsituation

1. Eignen Sie sich vor jeder Spielphase die erforderlichen Informationen an. Dazu können der Grundlagenband, selbstständige Recherche im Internet oder ein Unterrichtsgespräch dienen.
2. Spielen Sie die einzelnen Spielphasen wie nachfolgend beschrieben. Rollenkarten enthalten die Lösungen. Sie bekommen sie von Ihrer Lehrkraft. Die Rollenkarten enthalten wichtige Hinweise, die durch eigene Ideen ergänzt werden dürfen.

Erste Spielphase: Die Macht von Arbeitgeberverband und Gewerkschaft

Die Macht dieser Verbände hängt von der Mitgliederzahl (Organisationsgrad), der Kampfbereitschaft und auch von den finanziellen Rücklagen ab. Die Zahl der Mitglieder ist auf beiden Seiten gesunken. Warum organisieren sich immer weniger Menschen für ihre eigenen beruflichen Interessen?

Voraussetzungen und Verlauf	Spielteilnehmende und Aktivität
Voraussetzung dieser Spielphase	Information der Mitspielenden über die Funktion der Tarifvertragsparteien, über die Arten der Tarifverträge, Tarifautonomie und Tarifbindung
Spielgruppen	1. Gewerkschaftsmitglieder 2. Mitglieder des kommunalen Arbeitgeberverbands
Verlauf	Die Klasse wird zuerst in zwei Spielgruppen aufgeteilt. a) Eine Mitspielerin oder ein Mitspieler der Gewerkschaftsgruppe erklärt, warum sie oder er aus der Gewerkschaft austreten will. Bei der Begründung benutzt sie oder er eine Rollenkarte, die sie oder er von der Lehrkraft erhält. Die Gewerkschaftsmitglieder haben nun die Aufgabe, ihn in etwa zehn Minuten vom Nutzen und von den Vorteilen der Gewerkschaftsmitgliedschaft zu überzeugen. Die oder der Austrittswillige erklärt ihre oder seine Entscheidung und begründet sie. b) Danach erklärt eine Mitspielerin oder ein Mitspieler der Arbeitgebergruppe, warum sie oder er aus dem kommunalen Arbeitgeberverband austreten will. Bei der Begründung benutzt sie oder er eine Rollenkarte, die sie oder er von der Lehrkraft erhält. Die Mitglieder des kommunalen Arbeitgeberverbands haben nun die Aufgabe, sie oder ihn in etwa zehn Minuten vom Nutzen und von den Vorteilen des Verbands zu überzeugen. Die oder der Austrittswillige erklärt ihre oder seine Entscheidung und begründet sie.
Auswertung der ersten Spielphase	■ Wurde realitätsnah und aktuell argumentiert? ■ Sind Argumente zu ergänzen?

Zweite Spielphase: Tarifverhandlungen

Soeben hat die Gewerkschaft den noch bis zum 30. August laufenden Tarifvertrag fristgemäß Ende Juli gekündigt. Sie möchte vor allem wegen der steigenden Lebenshaltungskosten höhere Arbeitsentgelte durchsetzen.

Voraussetzungen und Verlauf	Spielteilnehmende und Aktivität
Voraussetzung dieser Spielphase	Alle Mitspielenden sind über den Ablauf von Tarifverhandlungen informiert. Folgende Rahmenbedingungen sind allgemein bekannt: ■ Die Lebenshaltungskosten sind um 2,8 % gestiegen, eine ähnliche Steigerung wird für das nächste Jahr erwartet. ■ In der Metallindustrie und in der Energiewirtschaft wurden Lohnerhöhungen von 3,9 % jährlich vereinbart. ■ Die Wirtschaft befindet sich (noch) in einer leichten Aufschwungphase. ■ Die Steuereinnahmen steigen, ebenso die Sozialabgaben der Arbeitnehmerinnen und Arbeitnehmer und die Verschuldung der Kommunen.
Spielgruppen	1. Verhandlungsgruppe der Gewerkschaft 2. Verhandlungsgruppe der Vereinigung der kommunalen Arbeitgeberverbände 3. Beobachterinnen und Beobachter (Medien, Öffentlichkeit)
Verlauf: 1. Verhandlungsgruppen bilden	a) Die Gewerkschaftsmitglieder wählen eine dreiköpfige gewerkschaftliche Verhandlungsgruppe. b) Die Mitglieder des kommunalen Arbeitgeberverbands nehmen die Rolle der Vertreterinnen und Vertreter aller deutschen kommunalen Arbeitgeberverbände ein. Diese Vereinigung der kommunalen Arbeitgeberverbände bestimmt eine dreiköpfige Verhandlungsgruppe. c) Die anderen Klassenmitglieder bilden die Beobachterinnen und Beobachter (Medien, Öffentlichkeit).
2. Tarifverhandlungen vorbereiten (geheim)	a) Die Verhandlungsgruppe der Gewerkschaft tagt geheim und berät mehrere gewerkschaftliche Forderungen, sie überlegt, welche Gegenforderungen die Arbeitgeberseite aufstellen wird, und plant eine Verhandlungsstrategie (etwa 20 Minuten). Sie benutzt zwei Rollenkarten, die sie von der Lehrkraft erhält. b) Gleichzeitig tagt die Verhandlungsgruppe der Vereinigung der kommunalen Arbeitgeberverbände geheim und überlegt, welche Forderungen die Gewerkschaft aufstellen wird, berät einen eigenen Standpunkt (Angebote an die Gewerkschaft, Gegenforderungen) und versucht, eine Verhandlungsstrategie der Arbeitgeberseite aufzubauen (etwa 20 Minuten). Sie benutzt eine Rollenkarte, die sie von der Lehrkraft erhält. c) Während der geheimen Vorbereitungen erörtern die Beobachtenden, zu welchem Ergebnis die Tarifverhandlungen führen könnten, und ob es zu einem Arbeitskampf kommen wird.
3. Tarifverhandlungen durchführen (öffentlich)	■ Beide Verhandlungsgruppen nehmen an einem Verhandlungstisch (Podium) Platz und bestimmen je eine Verhandlungsführerin oder einen Verhandlungsführer. ■ Die Teilnehmenden jeder Seite ergreifen abwechselnd das Wort. ■ Die Beobachtenden (Medien, Öffentlichkeit) notieren arbeitsteilig die Argumente beider Seiten stichwortartig auf einzelnen Karten oder Blättern. ■ Am Schluss der Verhandlung stellt jede Verhandlungsführerin und jeder Verhandlungsführer ein positives oder negatives Ergebnis fest.
Auswertung der zweiten Spielphase	■ Wie erfolgreich waren die Verhandlungen für beide Parteien? Falls die Verhandlungen gescheitert sind: Bei welchen Punkten scheint eine Annäherung am ehesten möglich? ■ Entsprechen die Beobachtungen in etwa den Erfahrungen der Beobachtenden? ■ Die Karten/Blätter mit den verwendeten Argumenten werden an einer Pinnwand oder Tafel befestigt und besprochen (Rechtmäßigkeit, Zweckmäßigkeit und Geschicklichkeit der Argumentation). ■ Zum Schluss sollte das weitere Vorgehen im Plenum vereinbart werden. Was folgt aus dem Erfolg oder dem Scheitern der Tarifverhandlungen?

Dritte Spielphase: Arbeitskampf

Arbeitskampfmaßnahmen (Streik, Aussperrung) dienen dazu, schnell eine tarifliche Einigung zu erreichen, vielleicht sogar zu erzwingen. Angesichts unterschiedlicher Möglichkeiten bleibt diese Spielphase sehr offen.

Voraussetzungen und Verlauf	Spielteilnehmende und Aktivität
Voraussetzung dieser Spielphase	Alle Mitspielenden sind über den typischen Ablauf von Arbeitskämpfen informiert.
Spielgruppen	1. Gewerkschaftsleitung 2. Präsidium der Vereinigung der kommunalen Arbeitgeberverbände 3. Schlichterin oder Schlichter
Verlauf	Zunächst sind die Spielgruppen zu besetzen. ■ Arbeitgeber- und Arbeitnehmerseite beraten sich kurz. ■ Danach erklärt und begründet die Gewerkschaftsleitung der Öffentlichkeit, welche Kampfmaßnahmen sie beabsichtigt. ■ Die Arbeitgeberseite erklärt und begründet der Öffentlichkeit anschließend, welche Gegenmaßnahmen sie beabsichtigt. ■ Die Schlichterin oder der Schlichter macht einen Schlichtungsvorschlag. Grundlage ist die Auswertung der Tarifverhandlungen. (Bei welchen Punkten könnte ein Kompromiss gefunden werden?) Zu beachten ist außerdem die noch vorhandene Kampfbereitschaft und -fähigkeit (Stimmung an der Basis, Streikkasse).
Auswertung der dritten Spielphase	■ Die Spielphase sollte mit realen Beispielen verglichen werden.

1.1.3 Aufgaben

1. a) Wer schließt
   - einen Tarifvertrag,
   - eine Betriebsvereinbarung,
   - eine Dienstvereinbarung,
   - einen Arbeitsvertrag?

   b) Welche weiteren Unterschiede und welche Gemeinsamkeiten bestehen zwischen Tarifverträgen und Betriebsvereinbarungen?

2. **Aufgaben zur Koalitionsfreiheit**

   a) Die Gewerkschaft will ihr Mitglied Roberto Weigel, der in öffentlichen Reden ausländische Arbeitnehmerinnen und Arbeitnehmer beschimpft und verächtlich gemacht hat, ausschließen und beruft sich auf ihre Satzung. Roberto Weigel hingegen stützt sich auf die in Artikel 9 GG geschützte Koalitionsfreiheit, die nach Abs. 3 für jedermann zu gewährleisten sei. Behinderungen dieses Rechts seien nichtig.
   Ist der Ausschluss rechtmäßig?

   b) Die Gewerkschaft möchte im Bau- und Betriebshof der Stadt Neustadt durch gewerkschaftlich organisierte Betriebsangehörige während der Pausen und außerhalb der Arbeitszeit Werbe- und Informationsmaterial sowie die monatlich erscheinende Gewerkschaftszeitung verteilen lassen. Außerdem gibt sie Aufkleber mit dem Gewerkschafts-Logo heraus, die von einem Teil der Arbeitnehmerinnen und Arbeitnehmer auf die von der Stadt zur Verfügung gestellten Schutzhelme aufgeklebt werden sollen. Der Leiter des Bau- und Betriebshofs ist mit allem nicht einverstanden.
   Hat er recht?

3. Lesen Sie den folgenden Text und bearbeiten Sie die anschließenden Aufgaben.

Tarifvertrag für alle Pflegekräfte?

„Pflegenotstand" – so nannten Experten auf dem Deutschen Pflegetag im Oktober 2021 die Situation. Die Vorsitzende des Pflegerates, Christine Vogler sagte auf dem größten Branchenkongress der Pflege: „Der Pflegepersonalmangel kommt aus meiner Sicht für die Gesellschaft gleich nach der Klimakatastrophe."

Rechtsgrundlagen zur Ermittlung von Einkommen im öffentlichen Dienst anwenden

Die Zahl pflegebedürftiger Menschen steigt. Im Jahr 2055 geht man von ca. 7 Millionen Pflegebedürftigen aus. Die Zahl der Pflegebedürftigen in Deutschland belief sich Ende 2023 auf rund 5,69 Millionen Menschen und hat sich damit gegenüber der Jahrtausendwende fast verdreifacht (siehe hierzu: https://de.statista.com/statistik/daten/studie/2722/umfrage/pflegebeduerftige-in-deutschland-seit-1999/). Gleichzeitig herrscht schon jetzt dramatischer Personalmangel. Viele Pflegekräfte klagen über niedrige Löhne und schlechte Arbeitsbedingungen.

In der Altenpflege wird auch die zunehmende Zahl von Auszubildenden die Nachfrage noch lange Zeit nicht decken. Die modernisierte Ausbildung im Bereich der Pflegeberufe ist erst 2020 gestartet. Für Seiteneinsteigerinnen und Seiteneinsteiger ist die Altenpflege oft wenig anziehend. Viele Altenpflegekräfte verlassen nach wenigen Jahren den Beruf, andere arbeiten in Teilzeit.

Der Deutsche Pflegerat forderte deshalb ein **Einstiegsgehalt** von monatlich 4.000,00 € brutto für Pflegefachkräfte aller Bereiche. Bundesgesundheitsminister Spahn sagte, er könne sich auch eine Erhöhung des Pflege-Mindestlohns von derzeit 2.700,00 € für Fachkräfte auf etwa 3.000,00 € vorstellen.

Die **Entgelte in der Pflegebranche** sind sehr unterschiedlich:

- Die monatlichen Durchschnittseinkommen betrugen laut Statistischem Bundesamt 2020 z. B.

für Krankenpflegerinnen und -pfleger	3.578,00 €
für Fachkräfte in Pflegeheimen	3.363,00 €
für Fachkräfte in Altenheimen	3.291,00 €

- In der ambulanten Pflege sind die Einkommen der Fach- und Hilfskräfte z. T. erheblich niedriger (z. T. nur Mindestlöhne). Hinzu kommen regionale Unterschiede.

Einige Beispiele für die **schwierigen Arbeitsbedingungen**: Die hohe Anzahl der zu Betreuenden je Pflegekraft senkt Arbeitsqualität und -freude, immer mehr Demenzkranke, Schmerzpatientinnen und Schmerzpatienten erhöhen den Aufwand je Pflegefall zusätzlich. Außerdem sollte die Pflegedokumentation vereinfacht werden. Dies alles führt auch zu ausufernden Arbeitszeiten.

Die Verbesserung der **Arbeitsbedingungen und -entgelte** würde den Pflegekräftemangel mindern. Im Allgemeinen sind dies die Kernthemen von **Tarifverträgen.** Diese schließt ein Arbeitgeberverband mit der Gewerkschaft ab, in der viele Beschäftigte organisiert sind. Im Bereich der Pflegeberufe sieht die Tariflandschaft aber nicht günstig aus:

- Für **staatliche und kommunale Pflege- und Betreuungseinrichtungen** haben die kommunalen Arbeitgeberverbände und die Tarifgemeinschaft deutscher Länder (TdL) bereits Tarifverträge mit den Gewerkschaften ver.di und dbb-tarifunion abgeschlossen (TVöD-Pflege, TV-L).
- In der **gemeinnützigen freien Wohlfahrtspflege** gelten unterschiedliche Regelungen. Für die Arbeiterwohlfahrt und das Deutsche Rote Kreuz bestehen Tarifverträge, der Paritätische Wohlfahrtsverband empfiehlt „Arbeitsvertragsbedingungen". Für Caritas und Diakonie gilt kirchliches Arbeitsrecht, das zwar feste Entgeltvereinbarungen, aber keine klassischen Tarifverträge kennt.
- Die meisten **ambulanten Pflegedienste** und viele Pflegeheime werden privat betrieben. Diese Unternehmen arbeiten gewinnorientiert. Ein Teil der Arbeitgeberinnen und Arbeitgeber der privaten Pflegewirtschaft ist im „bpa Arbeitgeberverband e. V." organisiert (bpa = Bundesverband privater Anbieter sozialer Dienste).

In der Altenpflege sind insgesamt über eine Million Menschen voll- und teilzeitbeschäftigt, etwa zur Hälfte in der privaten Pflegewirtschaft. Diese Arbeitnehmerinnen und Arbeitnehmer sind kaum gewerkschaftlich organisiert. Insgesamt liegt der **Organisationsgrad** der Pflegekräfte unter 10 %.

Die Lösung für eine bessere und gerechtere Bezahlung in der Altenpflege wäre ein **flächendeckender Tarifvertrag für alle Pflegekräfte**. Zu einem solchen (Verbands-)Tarifvertrag kam es bisher nicht, weil die Arbeitnehmerschaft durch den geringen gewerkschaftlichen Organisationsgrad keine „Verhandlungsmacht" darstellt. Außerdem sehen die privaten Pflegeunternehmen einen Flächentarifvertrag kritisch, weil er unternehmerische Gestaltungsspielräume beschränkt. Auch würden höhere Löhne, Urlaubs- und Weihnachtsgeld sowie Nacht- und Feiertagszuschläge die Pflegekosten erhöhen. Der bpa befürwortet stattdessen „Arbeitsvertragsrichtlinien".

Der Bundesgesundheitsminister wollte einen **allgemein verbindlichen Tarifvertrag** für die Pflegebranche durchsetzen. Die **staatliche Allgemeinverbindlichkeitserklärung** hätte vorausgesetzt, dass ein ausgehandelter Tarifvertrag für einen Teil der Pflegebranche vorliegt. Dieser würde nur Arbeitgebende und Arbeitnehmende binden, die den tarifschließenden Verbänden angehören. Der Bundesarbeitsminister könnte ihn nach § 5 Tarifvertragsgesetz für alle Arbeitsverhältnisse der Branche für verbindlich erklären. Zu diesem Eingriff in die Tarifautonomie müsste aber ein Tarifausschuss aus Vertreterinnen und Vertretern der Arbeitgeber- und der Arbeitnehmerseite zustimmen und der Tarifvertrag müsste in seinem Geltungsbereich bereits überwiegende Bedeutung haben, indem er z. B. über 50 % der Arbeitsverhältnisse erfasst. Keiner der existierenden Tarifverträge kommt für die Allgemeinverbindlichkeit in Frage, denn diese Kollektivvereinbarungen sind nur für einen kleineren Teil der Arbeitgeberinnen und Arbeitgeber anwendbar, z. B. für öffentliche Arbeitgebende oder das Deutsche Rote Kreuz. Und keiner gilt annähernd für 50 % der Arbeitsverhältnisse.

221065218

Der Bundestag hat 2021 das Gesetz zur Weiterentwicklung der Gesundheitsversorgung (GVWG) beschlossen. Nach diesem Gesetz werden ab dem 1. September 2022 nur noch Pflegeeinrichtungen zur Versorgung zugelassen, die ihre Pflege- und Betreuungskräfte nach Tarif oder kirchenarbeitsrechtlichen Regelungen bezahlen oder mindestens in Höhe eines Tarifvertrags oder einer kirchenarbeitsrechtlichen Regelung entlohnen.

Eine Pflegekommission aus Arbeitgeber- und Arbeitnehmervertretern hat im August 2023 neue Pflegemindestlöhne und zusätzlichen bezahlten Erholungsurlaub empfohlen. Der Beschluss wurde vom Bundesministerium für Arbeit und Soziales durch die Sechste Verordnung über zwingende Arbeitsbedingungen für die Pflegebranche (Sechste Pflegearbeitsbedingungenverordnung/6. PflegeArbbV) vom 28. November 2023 umgesetzt. Bei der Festlegung von Mindestarbeitsbedingungen in der Pflege bringen die Kommissionsmitglieder ihren Sachverstand aus der Pflegebranche ein. Die Regelungen zu den Pflegemindestlöhnen werden im Verhältnis zu den Regelungen zum allgemeinen Mindestlohn aufgrund ihrer Sachnähe vorrangig angewendet. Sie sind nach Qualifikationen gestaffelt.

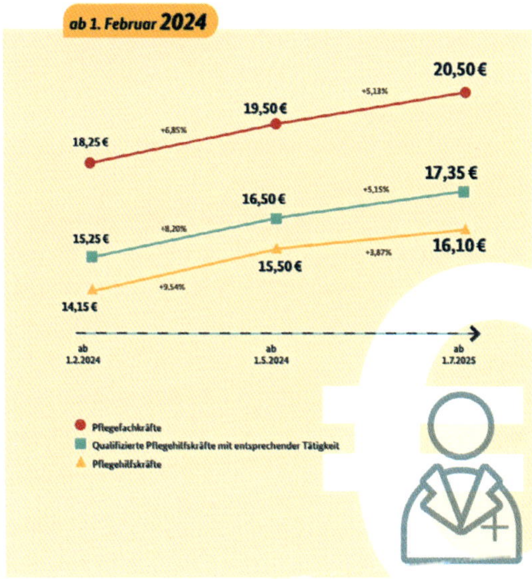

a) Beschreiben Sie, was der Pflegekräftemangel mit Tarifverträgen zu tun hat.
b) Was ist mit einem Flächentarifvertrag gemeint?
c) Erläutern Sie Vorteile von Flächentarifverträgen am Beispiel der Pflegebranche.
d) Wie kann man den niedrigen Organisationsgrad der Arbeitnehmenden in der Pflegebranche erklären?
e) Nur weniger als 2 % aller Tarifverträge sind allgemeinverbindlich. Woran könnte das liegen?
f) Wie sehen Sie die Erfolgsaussichten für einen flächendeckenden Tarifvertrag für alle Pflegekräfte?
g) Erklären Sie, warum es in der Pflegebranche einen erhöhten Mindestlohn geben muss.

4. Tarifbindung 2022

	Beschäftigte in %			Betriebe in %		
	West	Ost	Gesamt	West	Ost	Gesamt
Branchentarifvertrag	43	33	41	24	16	23
Firmen-/Haustarifvertrag	9	12	10	2	3	2
Kein Tarifvertrag	48	55	49	73	82	75
davon Orientierung am Branchentarif	53	45	51	42	34	41

Quelle: Christian Hohendanner und Susanne Kohaut. Tarifbindung und Mitbestimmung: Keine Trendumkehr in Westdeutschland, Stabilisierung in Ostdeutschland. In: IAB-Forum 20.07.2023: https://iab-forum.de/tarifbindung-und-mitbestimmung-keine-trendumkehr-in-sicht/ [07.07.2025] (verändert)

a) Wie groß ist der Anteil der Beschäftigten in West- und Ostdeutschland, für die kein Tarifvertrag gilt?
b) Wie ist die letzte Zeile der Tabelle (davon Orientierung am Branchentarif) zu verstehen?
c) Die Tarifbindung nimmt immer weiter ab. Geben Sie Ursache und mögliche Folgen an.

5. Untersuchen Sie die Rechtmäßigkeit folgender Maßnahmen:
a) Eine Gewerkschaft möchte die Forderung nach einer Änderung des Sozialgesetzbuchs durch Arbeitsniederlegungen in den Betrieben nachdrücklich geltend machen.
b) Der Arbeitgeberverband möchte einen laufenden Tarifvertrag ändern, um den Wegfall von Lohnzuschlägen durchzusetzen. Zu diesem Zweck droht er mit Aussperrung.
c) Die Belegschaft möchte die Entlassung einiger Kolleginnen und Kollegen verhindern und verlangt zu diesem Zweck vom Betriebsrat die Ausrufung eines Streiks.
d) Für bessere Unterrichtsbedingungen ihrer Kinder treten Eltern in einen Schulstreik.
e) Nach gescheiterten Tarifverhandlungen und Durchführung einer Urabstimmung ruft die Gewerkschaft ihre Mitglieder zum Streik für eine Verkürzung der Wochenarbeitszeit auf.
f) Mitarbeiterinnen und Mitarbeiter einiger Stadtverwaltungen erklären sich mit den Streikzielen der im Metallbereich Arbeitenden solidarisch und treten in einen zweistündigen Sympathiestreik, während dessen sie einen Demonstrationszug veranstalten.

6. In einer Tarifauseinandersetzung mit einem kommunalen Arbeitgeberverband fordert die Gewerkschaft u. a. auch die Erhöhung der Arbeitsentgelte und der Ausbildungsvergütungen. Als die Tarifverhandlungen ins Stocken geraten, ruft sie zu kurzen Warnstreiks in täglich wechselnden Behörden auf, an denen sich auch die Auszubildenden der Stadtverwaltung Neustadt beteiligen.
a) Darf die Gewerkschaft zu Warnstreiks aufrufen?
b) Prüfen Sie, ob die Auszubildenden der Stadtverwaltung Neustadt berechtigt sind, sich an dem Warnstreik zu beteiligen.
c) Die Gewerkschaft ruft zu einem Warnstreik von 9:00 Uhr bis 9:30 Uhr an einem Tag auf, an den die Auszubildende Nele Müller Berufsschulunterricht hat. Sie kommt um 10:30 Uhr in die Schule und entschuldigt sich mit den Worten: „Ich habe mein Streikrecht ausgeübt und konnte deshalb nicht eher kommen." Nehmen Sie Stellung.
d) Suchen Sie Argumente für und gegen die rechtliche Zulässigkeit eines längeren Streiks von Auszubildenden. (Überlegen Sie, welche Pflichten aus dem Berufsausbildungsvertrag während eines solchen Streiks nicht erfüllt würden.)

Streikrecht der Auszubildenden

12.9.1984
Bundesarbeitsgericht, 1 AZR 388/83

Leitsätze

- Auszubildende dürfen jedenfalls dann zu kurzfristigen Warnstreiks aufgefordert werden, wenn in Tarifverhandlungen Forderungen der Gewerkschaften nach verbesserten Ausbildungsbedingungen behandelt werden.
- Zur Frage, ob und in welchem Umfang Auszubildenden ein Streikrecht zusteht, braucht nicht abschließend Stellung genommen zu werden.

Sachverhalt

Das Bundesarbeitsgericht befasst sich in dieser Entscheidung, die eine von mehreren zum Streikrecht am 12.9.1984 verkündeten ist, u. a. mit der Frage der Teilnahme von Auszubildenden an einem kurzfristigen Warnstreik.

Beurteilung der Rechtslage durch das Gericht

1. Zu Recht hat das Berufungsgericht der Beklagten nicht generell untersagt, die Auszubildenden in den Unternehmen der Kläger zur Teilnahme an Arbeitskämpfen aufzurufen. Auszubildende dürfen jedenfalls dann zu kurzfristigen Warnstreiks aufgefordert werden, wenn in Tarifverhandlungen Forderungen der Gewerkschaft nach verbesserten Ausbildungsbedingungen verhandelt werden. Mindestens unter diesen Voraussetzungen ist die Teilnahme von Auszubildenden an Arbeitskämpfen zulässig.

221065220

2. Das Bundesarbeitsgericht hat sich zur Frage, ob und in welchem Umfang Auszubildenden ein Streikrecht zustehe, noch nicht geäußert. Die Auffassungen in der Literatur über ein Streikrecht der Auszubildenden sind geteilt. Der Senat braucht zu dieser Frage nicht abschließend Stellung zu nehmen.
3. Die Teilnahme von Auszubildenden an kurzfristigen Warnstreiks muss unter den angegebenen Voraussetzungen möglich sein. Artikel 9 Abs. 3 des Grundgesetzes gibt jedermann in jedem Beruf das Recht, zur Wahrung und Förderung der Arbeits- und Wirtschaftsbedingungen Vereinigungen zu bilden.
4. Auch Auszubildende dürfen einer Gewerkschaft beitreten, das ist nahezu unbestritten. Ausbildungsvergütungen sind auch ein Teil der Arbeits- und Wirtschaftsbedingungen im Sinne von Artikel 9 Abs. 3 GG, selbst wenn man das Ausbildungsverhältnis als ein Vertragsverhältnis besonderer Art ansieht, weil die Vergütung in einem solchen Rechtsverhältnis neben der Ausbildungspflicht nur eine Nebenpflicht darstellt. Ausbildungsvergütungen können durch Tarifvertrag geregelt werden. Deshalb müssen Auszubildende auch die Möglichkeit haben, auf die Ausbildungsbedingungen über ihre Gewerkschaft Einfluss nehmen zu können. Was tariflich regelbar ist, muss letztlich auch durch Arbeitskampf durchgesetzt werden können.
5. Ob damit den Auszubildenden auch ein Recht zusteht, für längere Zeit „zu streiken", kann hier offenbleiben. Im vorliegenden Fall haben sich die Auszubildenden nur an kurzen befristeten Warnstreiks der gewerblichen Arbeitnehmer beteiligt. Die Teilnahme an solchen Arbeitskämpfen kann den Ausbildungszweck nicht gefährden. Zu Arbeiten als Streikbrecher dürfen die Auszubildenden ohnehin nicht herangezogen werden. Schließlich kann der Arbeitgeber nicht erwarten, dass sich die Auszubildenden bei kurzen Warnstreiks gegenüber den Arbeitnehmern des Betriebs unsolidarisch verhalten.

Quelle: Bundesministerium für Bildung, Wissenschaft, Forschung und Technologie (Hrsg.): Rechtsprechung zur Berufsbildung, Bonn 1995, S. 37.

1.2 Arbeitsentgelte berechnen und von der Besoldung unterscheiden

1.2.1 Lernsituation

Eine Entgeltabrechnung strukturieren und durchführen

Moritz Frisch zweifelt, ob es wirklich eine gute Idee war, sich freiwillig zu einem Referat für den Berufsschulunterricht zu melden. „Grundstruktur der Entgeltabrechnung" heißt sein Thema. Er möchte das Thema an einem Beispiel erklären.

Aber sofort setzen die Probleme ein: Welches Bruttoentgelt ist sinnvoll? Er hat gehört, dass man bei höheren Entgelten aufpassen muss, wenn es z. B. um die Beiträge zur Sozialversicherung geht. Da gibt es Beitragsbemessungsgrenzen. Und wie erfährt man die Höhe der Sozialversicherungsbeiträge und der Steuerabzüge? Wo steht so etwas? Das Internet ist nicht immer ein guter Ratgeber, nicht alle Webseiten sind auf dem neuesten Stand, übrigens auch nicht alle Bücher. Manche Abzüge werden auch zwischen Arbeitgebenden und Arbeitnehmenden aufgeteilt. Aber welche sind das genau?

Nach einigen Recherchen entschließt er sich, die Entgeltabrechnung auf sich selbst zu beziehen, und geht von folgenden Größen aus:

Nach Bestehen der Berufsabschlussprüfung wird er 21 Jahre alt sein. Er schaut im Tarifvertrag nach und hält die Entgeltgruppe 6, Stufe 1 zu Beginn einer beruflichen Laufbahn für akzeptabel. Als Lediger ist er in Lohnsteuerklasse I. Die Höhe der Lohnsteuer will er mit Hilfe eines frei nutzbaren privaten Bezügerechners ermitteln (siehe hierzu: https://www.oeffentlichen-dienst.de/rechner/352-2024/3981-tvoed-v-2024.html). Moritz ist sich bewusst, dass die Tarifverhandlungen 2025 seinen Verdienst deutlich verbessern können. Auch will er seine Berechnungen noch einmal mithilfe des Bezügerechners des Bundes überprüfen, wenn dieser aktualisiert vorliegt (siehe hierzu: https://www.bva.bund.de/DE/Das-BVA/Aufgaben/B/Bezuegerechner/node.html). Der Kirchensteuersatz liegt bei 9 %. (Das Programm verlangt die Eingabe eines Bundeslandes; bei Rheinland-Pfalz oder Nordrhein-Westfalen wird z. B. mit 9 %, bei Bayern oder Baden-Württemberg mit 8 % gerechnet.) Den Beitragssatz seiner Krankenkasse wie auch die anderen aktuellen Beitragssätze der Sozialversicherung erfährt Moritz aus dem Internet. Gehört die Unfallversicherung nicht auch zur Sozialversicherung? Wer zahlt deren Beiträge?

Zulagen, Leistungsentgelt, Zusatzversorgung, vermögenswirksame Leistung des Arbeitgebers und die vermögenswirksame Anlage berücksichtigt er nicht, denn es geht ja nur um die Grundstruktur der Entgeltabrechnung.

1.2.2 Arbeitsaufträge zur Lernsituation

Helfen Sie Moritz Frisch bei der Vorbereitung des Referats.

1. Legen Sie zuerst ein übersichtliches Raster der Entgeltabrechnung fest.
2. Notieren Sie, worauf Sie bei der Berechnung der einzelnen Werte achten müssen, und halten Sie schriftlich fest, von welchen Voraussetzungen Sie ausgehen (Prozentsätze, Bezugsgrößen).
3. Ermitteln Sie die einzelnen Beträge und erstellen Sie die Abrechnung.

1.2.3 Aufgaben

1. Einige Grundfragen zu Tarifverträgen für den öffentlichen Dienst
   a) Geben Sie die Tarifvertragsparteien des Tarifvertrags für den öffentlichen Dienst (TVöD) und des Tarifvertrags für den öffentlichen Dienst der Länder (TV-L) an.
   b) Der TVöD wird durch Spartentarifverträge („Besondere Teile") ergänzt. Für welche Sparten gelten besondere Regelungen?
   c) Wie nennen TVöD und TV-L
      - alle Arbeitnehmer im tariflichen Geltungsbereich,
      - den festen Bestandteil des Monatsentgelts,
      - den variablen Bestandteil des Monatsentgelts,
      - das frühere Weihnachts- und Urlaubsgeld?
   d) Geben Sie die Zahl der Entgeltgruppen und -stufen im TVöD und TV-L an.
2. Prüfen Sie, in welche Stufe der jeweiligen Entgeltgruppe des TVöD die Beschäftigten einzuordnen sind.
   a) Moritz Frisch geht nach Abschluss der Ausbildung zum Verwaltungsfachangestellten von einer Stelle nach der Entgeltgruppe 6 aus. Ist diese erste Einschätzung korrekt?
   b) Yvonne Meister ist 25 Jahre alt. Sie arbeitete nach dreijähriger Berufsausbildung zur Kauffrau für Büromanagement drei Jahre im Rechnungswesen eines Industriebetriebs, war anschließend zwei Jahre in der Verwaltung des Kreiskrankenhauses für den Einkauf zuständig und wird nun Beschaffungssachbearbeiterin bei der Stadt Neustadt (Entgeltgruppe 7).
   c) Wann erreicht Yvonne Meister die nächsthöhere Entgeltstufe?
3. Sebastian Kunze wird nach Entgeltgruppe 8 bezahlt und hat gerade Stufe 3 erreicht. Nach der Geburt seines ersten Kindes bemüht er sich, beruflich schneller voranzukommen.
   a) Prüfen Sie, wann er normalerweise Stufe 6 erreichen würde.
   b) Gibt es für Sebastian Kunze eine Möglichkeit, innerhalb seiner Entgeltgruppe schneller aufzusteigen? Erläutern Sie ausführlich.
4. a) Erläutern Sie den Zweck der Lohnsteuerklassen.
   b) Bestimmte Aufwendungen, die im Kalenderjahr voraussichtlich entstehen, können auf Antrag vom Finanzamt als Freibetrag bewilligt und als ELStAM gespeichert werden und mindern dann den monatlichen Steuerabzug. Geben Sie Beispiele an. (s. auch Webseiten der Finanzministerien)

221065222

5. Das steuerpflichtige Monatsgehalt von Frau Schmidt (ledig, Steuerklasse I) und Herrn Berger (verheiratet, ein Kind, Steuerklasse III) wird von 2.800,00 € auf 3.400,00 € erhöht. Lösen Sie die folgenden Aufgaben anhand der Lohnsteuertabelle im Grundlagenband, LF 6, Kapitel 1.2.2.5 (Steuerabzüge).
   a) Welche Gehaltsanteile bleiben steuerfrei?
   b) Errechnen Sie für die Arbeitnehmerin und den Arbeitnehmer die Steuermehrbelastung sowie den Steuersatz (v. H.), mit dem der Steigerungsbetrag von 600,00 € belastet wurde.
   c) Erklären Sie die unterschiedliche steuerliche Belastung der Einkommenssteigerung von 600,00 €.
   d) Beurteilen Sie die unterschiedliche Besteuerung in beiden Fällen unter dem Gesichtspunkt der Steuergerechtigkeit.

6. Vergleichen Sie die Entgeltabrechnungen von Beschäftigten und Beamtinnen und Beamten (s. Beispiele im Grundlagenband, LF 6, Kapitel 1.2.2.4 und 1.2.3).

7. a) Für dieses Jahr hatte Silke Meinert (Steuerklasse IV) bereits Ende letzten Jahres eine Lohnsteuerermäßigung beantragt. Das Finanzamt bewilligte daraufhin einen Freibetrag, den die Arbeitgeberin in diesem Jahr monatlich berücksichtigte. Von diesem Betrag wurde in diesem Jahr keine Lohnsteuer berechnet.

   Im Einzelnen machte Silke Meinert in ihrem Ermäßigungsantrag (2024) folgende voraussichtlichen Aufwendungen für das folgende Jahr (2025) geltend:
   - Fahrten zur Arbeitsstätte an 225 Tagen (Entfernung: 20 km, Entfernungspauschale je Entfernungskilometer: 0,30 €)
   - Fortbildung zur Bilanzbuchhalterin IHK, Kursgebühren: 1.500,00 €, Fahrtkosten (Pauschale): 660,00 €, Kursliteratur: 120,00 €
   - Behinderten-Pauschbetrag bei GdB 40: 860,00 €

   Berechnen Sie
   - die Summe der geltend gemachten Aufwendungen bzw. Pauschbeträge,
   - den Jahresfreibetrag (beachten Sie, dass bei Steuerklasse IV ein Werbungskostenpauschbetrag von 1.230,00 € in der Steuertabelle bereits berücksichtigt ist),
   - den monatlichen Steuerfreibetrag.

   b) Stellt der monatliche Steuerfreibetrag bereits die Steuerermäßigung dar?
   c) Was wäre die Folge, wenn Silke Meinert keine Lohnsteuerermäßigung beantragt hätte?

8. Worträtsel zum Thema „Kollektivvereinbarungen, Arbeitsentgelt und Besoldung"

   Welche Begriffe sind mit den Beschreibungen a) bis q) gemeint? Schreiben Sie die Lösungen auf einem Blatt untereinander. Die Anfangsbuchstaben – von oben nach unten gelesen – bezeichnen Arbeiten, die besonders angenehm sind. In Klammern steht die Anzahl der Buchstaben.
   a) im TVöD vorgesehene Regelung zur Eingruppierung (14)
   b) Zweig der gesetzlichen Sozialversicherung seit 1889 (18)
   c) Entgeltbestandteil für Beschäftigte, der in Dienstvereinbarungen ausgestaltet werden kann (16)
   d) Einzelner Bereich von Arbeitsentgelten, die im öffentlichen Dienst von E 1 bis E 15 einzuordnen ist (13)
   e) Kollektivvereinbarung zwischen Dienststelle und Personalvertretung (18)
   f) Regelungen über das Arbeitsverhältnis, Gegensatz zum Kollektivarbeitsrecht (22)
   g) Arbeitskampfmaßnahme der Arbeitnehmerinnen und Arbeitnehmer, die die gesamte Wirtschaft stillstehen lässt (13)
   h) Prinzip, nach dem sich der Entgeltanspruch ohne Entscheidung der Arbeitgeberin oder des Arbeitgebers aus dem Tarifvertrag ergibt (14)
   i) Erklärung der oder des Steuerpflichtigen über ihre oder seine Einkommensverhältnisse, die für das Steuerjahr 2024 bis zum 31.07.2025 dem Finanzamt vorliegen muss (24)

j) Arbeitskampfmaßnahme der Arbeitgeberseite (11)
k) Gerichtsentscheidungen, die zur Fortentwicklung des Arbeitsrechts beitragen (12)
l) finanzielle Leistung des Dienstherrn an Beamtinnen und Beamte im Krankheitsfall (8)
m) Zuordnung der Tätigkeiten zu einer tariflichen Entgeltgruppe, um das Arbeitsentgelt festzulegen (14)
n) weltweiter Verbund von Rechnernetzwerken zum Datenaustausch (8)
o) Verbindlichkeit eines Tarifvertrags für die Mitglieder der Tarifvertragsparteien (12)
p) Stufen 3 bis 6 der Grundentgelttabelle des TVöD (18)
q) entgeltliche Arbeit, die Beschäftigte ihren Arbeitgeberinnen und Arbeitgebern vorher schriftlich anzeigen müssen (14)

2 Soziale Sicherung

2.1 Grundlagen der sozialen Sicherung überblicken

2.1.1 Lernsituation

Die eigene Risikoabsicherung überprüfen

Im Bekanntenkreis von Angela und Sebastian Kunze hat sich ein schwerer Verkehrsunfall ereignet. Ein schuldlos Beteiligter bleibt dauerhaft körperlich geschädigt. Dieses Ereignis schockiert die beiden so, dass ihnen die Gefährdung ihrer eigenen Familie erst richtig bewusst wird. Sie nehmen sich vor, sich mit der Absicherung der Risiken in ihrer Familie zu befassen.

Angela Kunze hat bereits eine Liste mit Problemlagen erstellt, über die man sich Gedanken machen muss. Dabei ist ihr aufgefallen, dass einige Risiken bereits durch Pflichtversicherungen abgedeckt sind. Bei anderen ist sie unsicher, ob die Bürgerinnen und Bürger selbst Schadensvorsorge betreiben müssen oder ob man den Staat in Anspruch nehmen kann. Um die Risikoanalyse zu systematisieren, hat Sebastian die Liste der Risiken um entsprechende Spalten erweitert (s. Arbeitsmaterialien).

2.1.2 Arbeitsaufträge zur Lernsituation

1. Übernehmen Sie die Liste (Arbeitsmaterialien) in Ihre Arbeitsunterlagen.
2. Prüfen Sie, wie die Risiken abgesichert sind bzw. abgesichert werden können. (Arbeitsteilige Gruppenarbeit ist möglich.) Vielleicht ist eine Sicherung vorhanden, die aber nicht ausreicht. Tragen Sie die gefundenen Möglichkeiten ein.
3. Tragen Sie Ihre Ergebnisse vor und erörtern Sie unterschiedliche Eintragungen.
4. Vergleichen Sie die Spalten „soziale Hilfen des Staates" und „Pflichtversicherung" einerseits mit den Spalten „private Versicherung" und „sonstige/keine Absicherung". Was fällt Ihnen auf?

2.1.3 Arbeitsmaterialien zur Lernsituation

Risiken und ihre Absicherung

Risiken	soziale Hilfen des Staates (ohne Versicherung)	Pflichtversicherung (Sozialversicherung)	private Versicherung (Individualversicherung)	sonstige/keine Absicherung*
1. Krankheit				
2. Tod (und dadurch verursachter Einkommensausfall)				
3. Arbeitslosigkeit				
4. Armut im Alter				
5. Armut wegen niedrigen Einkommens				
6. Pflegebedürftigkeit				
7. Arbeitsunfall				
8. Freizeitunfall				
9. frühzeitige Berufsunfähigkeit				
10. Leitungswasserschaden				
11. Diebstahl				
12. Brandschaden				
13. Schadensersatzleistungen (z. B. nach Kfz-Unfall, nach unerlaubten Handlungen von Familienmitgliedern)				

14. Anwalts- und Prozesskosten				
15. Was sonst „schiefgeht" im Leben (Ehescheidung, Inflation, riskante Anlage von Ersparnissen)				

* priv. Vorsorge umfasst sowohl die Vermeidung von Schäden durch Sorgfalt, sachgerechten Umgang und Beachtung von Gefahrenhinweisen (durch Polizei, Berufsgenossenschaft und Versicherung) wie auch Ersparnisse für bestimmte Bedarfsfälle sowie Einkommenssicherung durch Aus- und Weiterbildung

2.1.4 Aufgaben

1. a) Welches Ereignis stellt den Beginn der Sozialversicherung in Deutschland dar?
   b) Warum sind die Beitragssätze in den letzten hundert Jahren so außerordentlich stark gestiegen?
2. Unterscheiden Sie Sozial- und Individualversicherung anhand verschiedener Kriterien.

	Sozialversicherung	Individualversicherung
Welche Rechtsform haben die Versicherungsträger (allgemein)?		
Ist die Mitgliedschaft vorgeschrieben?		
Sind Familienangehörige mitversichert?		
Wer trägt die Beiträge?		
Wovon hängt die Beitragshöhe ab?		
Ist der Versicherer gewinnorientiert?		
Haben die Versicherten Selbstverwaltungsrechte?		

3. Innerhalb der Sozialversicherung gibt es fünf Versicherungszweige, die durch die nachstehenden Merkmale beschrieben werden. Übernehmen Sie die nachstehende Tabellenstruktur und tragen Sie ein.

Versicherungszweige	**Krankenversicherung**	**Pflegeversicherung**	...	...	...
Versicherungsträger	Allgemeine Ortskrankenkassen, ... (weitere Träger?)				
Beitragsanteil: ■ **Arbeitgebende** ■ **Arbeitnehmende**					
Beitragssatz					
Leistungen (Beispiele)					

4. Welcher Sozialversicherungsträger bezahlt in den folgenden Fällen die erforderlichen Leistungen?
   a) Peter Sommer arbeitet als Erzieher im städtischen Kindergarten. Obwohl er seit Jahren Inline-Skates fährt, wird ihm dieses Verkehrsmittel auf dem Heimweg zum Verhängnis. Er stürzt und wird ins Krankenhaus gebracht.
   b) Tina Heuberger arbeitet im Rathaus und fährt nach Dienstschluss direkt zur Geburtstagsparty ihrer Freundin in die Nachbarstadt. Auf diesem Weg wird sie angefahren und muss zum Arzt.
   c) Der Verwaltungsfachangestellte Torsten Bäumer ist seit sieben Wochen arbeitsunfähig erkrankt. Sein Lebensunterhalt ist dennoch gesichert.
   d) Sebastian Kunze besucht mit seiner sieben Monate alten Tochter die Kinderärztin zur U5-Untersuchung.
   e) Eine Raumpflegerin der Stadt Neustadt rutscht auf nassem Boden aus und erleidet einen Knochenbruch. Nun benötigt sie für ihren Haushalt eine Haushaltshilfe.
   f) Ein alkoholkranker Versicherter nimmt an einer Entziehungskur teil.
   g) Die ehemalige Friseurin Vera Schulz reagiert auf Haarfärbemittel und ähnliche Chemieprodukte allergisch. Sie wird für einen neuen Beruf umgeschult.

221065226

5. Der Verwaltungsfachangestellte Otto Lau ist seit dem 1. April 2024 in der Abteilung Kultur der Stadt Neustadt beschäftigt. Zuvor war er nicht im öffentlichen Dienst tätig. Am 2. Juni 2024 wird er bei einem unverschuldeten Verkehrsunfall erheblich verletzt und legt eine Arbeitsunfähigkeitsbescheinigung vor. Erläutern Sie, für welche Zeiten ihm folgende Leistungen zustehen (den Fortbestand der Arbeitsunfähigkeit vorausgesetzt):

a) Entgeltfortzahlung b) Krankengeld c) Krankengeldzuschuss

§ 3 Entgeltfortzahlungsgesetz – Anspruch auf Entgeltfortzahlung im Krankheitsfall

(1) Wird ein Arbeitnehmer durch Arbeitsunfähigkeit infolge Krankheit an seiner Arbeitsleistung verhindert, ohne dass ihn ein Verschulden trifft, so hat er Anspruch auf Entgeltfortzahlung im Krankheitsfall durch den Arbeitgeber für die Zeit der Arbeitsunfähigkeit bis zur Dauer von sechs Wochen. Wird der Arbeitnehmer infolge derselben Krankheit erneut arbeitsunfähig, so verliert er wegen der erneuten Arbeitsunfähigkeit den Anspruch nach Satz 1 für einen weiteren Zeitraum von höchstens sechs Wochen nicht, wenn

1. er vor der erneuten Arbeitsunfähigkeit mindestens sechs Monate nicht infolge derselben Krankheit arbeitsunfähig war oder
2. seit Beginn der ersten Arbeitsunfähigkeit infolge derselben Krankheit eine Frist von zwölf Monaten abgelaufen ist. ...

§ 22 TVöD – Entgelt im Krankheitsfall

(1) Werden Beschäftigte durch Arbeitsunfähigkeit infolge Krankheit an der Arbeitsleistung verhindert, ohne dass sie ein Verschulden trifft, erhalten sie bis zur Dauer von sechs Wochen das Entgelt nach § 21. Bei erneuter Arbeitsunfähigkeit infolge derselben Krankheit sowie bei Beendigung des Arbeitsverhältnisses gelten die gesetzlichen Bestimmungen. Als unverschuldete Arbeitsunfähigkeit im Sinne der Sätze 1 und 2 gilt auch die Arbeitsverhinderung in Folge einer Maßnahme der medizinischen Vorsorge und Rehabilitation im Sinne von § 9 EFZG.

(2) Nach Ablauf des Zeitraums gemäß Absatz 1 erhalten die Beschäftigten für die Zeit, für die ihnen Krankengeld oder entsprechende gesetzliche Leistungen gezahlt werden, einen Krankengeldzuschuss in Höhe des Unterschiedsbetrags zwischen den tatsächlichen Barleistungen des Sozialleistungsträgers und dem Nettoentgelt. ...

(3) Der Krankengeldzuschuss wird bei einer Beschäftigungszeit (§ 34 Abs. 3) von mehr als einem Jahr längstens bis zum Ende der 13. Woche und von mehr als drei Jahren längstens bis zum Ende der 39. Woche seit dem Beginn der Arbeitsunfähigkeit infolge derselben Krankheit gezahlt. Maßgeblich für die Berechnung der Fristen nach Satz 1 ist die Beschäftigungszeit, die im Laufe der krankheitsbedingten Arbeitsunfähigkeit vollendet wird.

Protokollerklärung zu Absatz 1 Satz 1 TVöD:

Ein Verschulden liegt nur dann vor, wenn die Arbeitsunfähigkeit vorsätzlich oder grob fahrlässig herbeigeführt wurde.

6. Einige in den jeweiligen Sportarten geübte Beschäftigte einer Stadtverwaltung haben komplizierte Verletzungen bei Unfällen erlitten und sind deswegen langfristig arbeitsunfähig. Nebentätigkeitsanzeigen liegen nicht vor. Beurteilen Sie für folgende Fälle Ansprüche auf Krankenbezüge vor dem Hintergrund des § 22 Abs. 1 TVöD:

a) Ein Segelflieger verletzt sich bei einer „Bruchlandung“.

b) Eine Drachenfliegerin stürzt mit ihrem Fluggerät ab, nachdem sie den Sport bereits zwei Jahre unfallfrei ausgeübt hat.

c) Ein Skatspieler hat unter erheblichem Alkoholeinfluss einen Verkehrsunfall herbeigeführt.

d) Ein im Bau- und Betriebshof Beschäftigter arbeitet an Wochenenden und im Erholungsurlaub in der gewerblichen Skischule seiner Ehefrau als Skilehrer; der Arbeitgeber erfährt von dieser Tätigkeit und dem dabei geschehenen Unfall erst bei der Krankmeldung.

e) Ein Beschäftigter erleidet als Amateur-Fußballspieler die fünfte Knieverletzung in Folge; nach der vierten Verletzung hatte der Arbeitgeber ihn aufgefordert, die Sportart aufzugeben.

7. In jedem Jahr erleidet etwa jede zehnte Bundesbürgerin bzw. jeder zehnte Bundesbürger einen Unfall. Bei zwei Dritteln dieser Unfälle besteht kein gesetzlicher Unfallschutz. Zwar trägt auch die gesetzliche Krankenversicherung die Kosten einer Heilbehandlung nach einem Freizeitunfall. Eine private Unfallversicherung könnte aber dennoch sinnvoll sein. Informieren Sie sich und berichten Sie,

a) für welche Personen eine private Unfallversicherung sinnvoll sein kann,

b) welche Leistungsschwerpunkte eine private Unfallversicherung hat.

8. a) An welche Institutionen ist der „Gesamtsozialversicherungsbeitrag“ abzuführen?
   b) Welche Beiträge umfasst er?
9. In der Sozialversicherung gibt es die Beitragsbemessungsgrenze und die Versicherungspflichtgrenze.
   a) Erläutern Sie die Bedeutung beider Begriffe.
   b) In welchen Sozialversicherungszweigen werden sie angewandt?
10. Kann man die Rentenversicherung verlassen, wenn das Einkommen die Beitragsbemessungsgrenze überschreitet?
11. Informieren Sie sich und berichten Sie über Regelaltersrente, Regelaltersgrenze und Rentenabschlag.
12. Wie ist die betriebliche Altersversorgung im öffentlichen Dienst geregelt?
13. a) Begründen Sie die Notwendigkeit zusätzlicher privater Altersvorsorge.
    b) Nennen Sie Möglichkeiten privater Altersvorsorge.

2.2 Vermögenswirksame Anlagen nutzen

2.2.1 Lernsituation 1

Vermögensbildung – Handlungsmöglichkeiten erarbeiten

Im Lehrerzimmer der Kaufmännischen Berufsschule Neustadt trifft Frau Baumann die junge Kollegin Frau Köster, seit kurzem Klassenlehrerin der Verwaltungsklasse.

Frau Baumann: „Hallo, Frau Köster, wie läuft's?“

Frau Köster: „Gut. In der Verwaltungsklasse ist jetzt das Thema Vermögensbildung von Arbeitnehmenden angesagt. Der Lehrplan verlangt, dass die Auszubildenden sich der Mitverantwortung für die Absicherung von Lebensrisiken bewusst sein sollen.“

Frau Baumann: „Hoffentlich gelingt Ihnen die Motivation! Das Thema Sparen sehen die jungen Leute doch als spießig oder uncool an. Und die Ausbildungsvergütung kann zur Altersvorsorge wohl kaum etwas beitragen.“

Frau Köster: „Das sind doch Vorurteile. Die Zeitungen berichten immer wieder, dass etwa drei Viertel der jungen Erwachsenen im Alter von 18 bis 29 Jahren regelmäßig sparen. Die Sparbereitschaft ist doch weit verbreitet.“

Frau Baumann: „Schön, aber reicht die denn aus, um wirklich Vermögen zu bilden?“

Frau Köster: „Natürlich braucht man dazu auch Geld. Als Rezepte für den Sparerfolg werden besonders Disziplin und Finanzwissen angesehen, das ergeben die Umfragen. Und auch dies: Die jungen Leute sagen, dass die Eltern Finanzwissen besser vermitteln als die Schulen.“

Frau Baumann: „Da haben wir wirklich einen Auftrag.“

Vgl. auch: Frankfurter Rundschau: Finanzbildung an Schulen: Es geht um unsere Zukunft, von Antje Mathez. In: fr.de (05.05.2023). https://www.fr.de/wirtschaft/schueler-fordern-bessere-finanzbildung-an-schulen-92257247.html [18.03.2025].

Vgl. auch: FAZ.NET: Papon, Kerstin: Junge Sparer: Die Eltern machen es vor. In: faz.net (20.10.2021). www.faz.net/aktuell/finanzen/meine-finanzen/sparen-undgeld-anlegen/sparen-fehlendes-finanzwissen-und-eltern-bremsen-junge-erwachsene-17592765.html [18.03.2025].

Vgl. auch: https://www.wir-leben-genossenschaft.de/de/Studie-Schulen-vermitteln-Finanzwissen-mangelhaft-10554.htm [28.06.2025].

221065228

2.2.2 Arbeitsaufträge zur Lernsituation 1

1. Sparen ist sehr verbreitet: sei es für Führerschein, Auto, „Notgroschen", Urlaub oder den Vermögensaufbau für das Alter. Wie sehen Sie die Sparbereitschaft in Ihrer Altersgruppe?
2. Während der Ausbildung fehlt häufig das Geld zum Sparen. Trotz der unterschiedlichen Verhältnisse gibt es Wege, den Konsum besser in den Griff zu bekommen und regelmäßig Sparbeträge zu erwirtschaften, z.B.
   - mit dem Einkaufszettel planvoll einzukaufen,
   - einen finanziellen Überblick mit dem Haushaltsbuch verschaffen,
   - künftige Ausgaben für Einzelzwecke mit einem Monatsbudget planen oder
   - einen Sparplan für längerfristige Anschaffungen ansparen.

   Haben Sie Erfahrungen mit diesen oder ähnlichen Möglichkeiten gemacht? Berichten Sie.
3. Arbeitgebende und der Staat unterstützen das Sparen der Arbeitnehmenden. Schreiben Sie stichwortartig auf, was Sie über diese Sparförderung wissen. Ergänzen Sie die Liste im Gespräch in der Klasse und überlegen Sie mit Ihrer Lehrerin oder Ihrem Lehrer, welche Lücken noch zu bearbeiten sind.
4. In der monatlichen Entgeltabrechnung von Moritz Frisch – seit dem 01.08.2024 Auszubildender bei der Stadt Neustadt – stehen 6,65 € für „Vermögenswirksame Leistungen" der Arbeitgeberin sowie 34,00 € „Sonstige Abzüge" für vermögenswirksame Anlagen. Moritz bespart einen Fondssparplan mit einer Ansparzeit von sechs Jahren, anschließend ist der Sparbetrag noch ein Jahr gesperrt. Danach zahlt das Finanzamt die Sparzulage aus, die Moritz jährlich beantragt.
   a) Berechnen Sie das Guthaben des Sparvertrages im August 2030. Die Zinsen können Sie vernachlässigen.
   b) Berechnen Sie die Sparzulage, die Moritz beanspruchen kann, wenn sein zu versteuerndes Einkommen in den Jahren 2024 bis 2027 unter 20.000,00 € liegt.
   c) Über welchen Betrag kann Moritz nach sieben Jahren insgesamt verfügen? Welchen Eigenanteil hat er aufgebracht?
5. Die Rendite ist eine Richtzahl, die den Ertrag von Kapitalanlagen vergleichbar macht. Was ist bei der Berechnung der Rendite zu berücksichtigen? Benutzen Sie das nachstehende Arbeitsmaterial M1.
6. Sehen Sie einen Unterschied zwischen „Rücklagen bilden" und „Geld vermögenswirksam anlegen"? Erläutern Sie.
7. Niedrige Zinsen und sinkende Kaufkraft (Inflation) sorgen oft dafür, dass der reale Wert einer Sparanlage kaum steigt oder sogar sinkt. Bewerten Sie die folgenden Sparformen unter den Gesichtspunkten der Rendite und des Schutzes vor Geldentwertung. Lesen Sie hierzu die Informationen in den Arbeitsmaterialien. Benutzen Sie das nachstehende Arbeitsmaterial.
   a) Sparbuchsparen
   b) Tagesgeld
   c) Aktien und Aktienfonds
   d) Wohneigentum
   e) Edelmetalle
8. Moritz Frisch findet im Neustädter Anzeiger eine Berechnung zur ergänzenden Alterssicherung. Es geht um eine Arbeitnehmerin mit mittlerem Einkommen. Er denkt: „Ob meine eigene Rentenlücke später wirklich einmal so groß ist? Wie könnte die Absicherung aussehen?"
   a) Lesen Sie das Arbeitsmaterial M2: Berechnung einer Rentenlücke.
   b) Notieren Sie, von welchen Voraussetzungen die Berechnung ausgeht. Halten Sie die dort genannten Voraussetzungen für realistisch? Welche Voraussetzung ist besonders schwierig zu erfüllen?
   c) Berechnen Sie die prozentuale Sparquote, die die Anlegerin von ihrem Nettogehalt 2021 in dieser Berechnung monatlich aufbringen müsste.

2.2.3 Arbeitsmaterialien zur Lernsituation 1

M 1 Einige Prüfsteine zur Beurteilung von Sparanlagen

Sparkapital soll zugleich sicher, ständig verfügbar und rentabel sein. Ein schöner Wunsch, aber eine solche Geldanlage gibt es nicht. Kein Aspekt darf vernachlässigt werden, aber einer wird im Vordergrund stehen.

Kosten und Erträge

Bei börsennotierten Wertpapieren entspricht der Preis dem Börsenkurs. Da der Kurs täglich schwankt, muss er z.B. im Internet beobachtet werden, um den günstigsten Zeitpunkt des Kaufes oder Verkaufes zu erwischen. Das Depot, also die Sammelstelle für einen Anleger oder eine Anlegerin bei einer Bank, ist in den meisten Fällen **kostenpflichtig**. Jeder Kauf im Börsenhandel kostet ebenfalls eine geringe Gebühr. Wer bei einer Bank Fondsanteile kauft, muss häufig (aber nicht immer) mit einem Ausgabeaufschlag von bis zu 5 % rechnen. Fonds kosten Gebühren, insbesondere dann, wenn sie von einem Fondsmanager oder einer Fondsmanagerin betreut werden. Auch bei Sparverträgen können Kosten für Buchungen entstehen, sodass bei allen Anlagen deren Bedingungen genau zu erkunden sind.

Erträge von Kapitalanlagen sind z. B. Sparzinsen, Wertpapierdividenden sowie Kursgewinne, die sich beim Verkauf von Wertpapieren ergeben. Diese Erträge sind grundsätzlich steuerpflichtig. Auf alle Kapitalerträge oberhalb der **Sparerfreibeträge** von 1.000,00 € für Alleinstehende und 2.000,00 € für Eheleute ist eine Kapitalertragssteuer von 25 % zu zahlen. Den anzuwendenden Sparerfreibetrag teilt man der Bank in einem Freistellungsauftrag mit. Sie behält dann nur vom überschreitenden Ertragsanteil Kapitalertragssteuer ein.

Rendite

Die Rendite ist ein Maßstab für den Kapitalertrag in einem Jahr. Man setzt den Ertrag ins Verhältnis zum eingesetzten Kapital und drückt das Ergebnis als Prozentsatz aus.

$$\text{Rendite} = \frac{\text{Gesamtertrag} \cdot 100}{\text{eingesetztes Kapital}}$$

Beispiele:

Bringt ein Sparbetrag von 500,00 € in einem Jahr 2,50 € Zinsen, so beträgt die Rendite 2,50 · 100 / 500 = 0,5 %.

Eine Anlegerin kauft Fondsanteile für 5.000,00 €. Die Erträge werden nach Abzug der anfallenden Kosten wieder angelegt (thesauriert). Die Anlegerin verkauft die Anteile nach fünf Jahren für 6.000,00 €. Im Rückblick freut sie sich über den Ertrag von 1.000,00 €, also 20 % des angelegten Kapitals. Auf ein Jahr bezogen läge die Rendite aber nur bei einem Fünftel dessen, also 4 %. Aber dieses Ergebnis lässt einiges außer Acht. Denn die Bank behält im Auftrag des Finanzamtes beim Verkauf eine Kapitalertragssteuer in Höhe von 25 % des Ertrages ein (25 % von 1.000,00 € = 250,00 €). Bei Fondsanteilen berechnet die Bank beim Kauf einen Ausgabeaufschlag, z.B. 5 % von 5.000,00 € = 250,00 €. die jährlichen Verwaltungskosten könnten sich z.B. auf 1,5 % vom jeweiligen Kapital belaufen, dies macht für die Gesamtanlagezeit von fünf Jahren ungefähr fünfmal 75,00 €, also 375,00 €. Die Kosten einschließlich Kauf liegen nun bei insgesamt 5.625,00 €. Diese Werte gelten für fünf Jahre, die Rendite wird üblicherweise für ein Jahr ermittelt:

$$\text{Jahresrendite} = \frac{(1.000 - 250) \cdot 100}{(5.000 + 250 + 375) \cdot 5}$$

Die Jahresrendite beträgt in diesem Beispiel 2,67 %. Wichtig ist es, bei der Rendite je nach Anlageart **Nebenkosten und Ertragsminderungen** zu berücksichtigen.

Zinseszinseffekt

Der Zinseszinseffekt beeinflusst die Rendite vor allem bei längerfristigen Anlagen (s. Grundlagenband).

Geldwertstabilität

Steigt das allgemeine Preisniveau in einer Volkswirtschaft über einen bestimmten Zeitraum (Monat, Jahr) an, spricht man von **Inflation oder Teuerung**. Die Folge ist, dass man mit einer Geldeinheit weniger Güter und

221065230

Dienstleistungen kaufen kann. **Die Kaufkraft pro Geldeinheit sinkt**. Diese reale Geldentwertung misst das Statistische Bundesamt durch die Veränderung des Indexes der Lebenshaltungskosten. Nach diesem Index stieg die Inflationsrate z.B. im März 2022 gegenüber dem März 2021 um 7,3 %.

Durch Inflation verlieren auch Spargelder an Kaufkraft. Eine Inflationsrate von 2 % – die allgemein für akzeptabel gehalten wird – verringert die Kaufkraft eines Guthabens von nominal 10.000,00 € in zehn Jahren auf real 8.337,48 €, in 20 Jahren auf real 6.812,33 €.

Die Inflation **begünstigt die Schuldner und schadet den Gläubigern**. Ein Gläubiger erhält für sein verliehenes „gutes" Geld solches mit weniger Kaufkraft zwecks Tilgung zurück. Wer Geld auf Konten spart, ist Gläubiger der Bank und leidet unter der Inflation. Immobilien und andere Wertsachen nehmen an der Inflation teil, ihr Preis steigt. Eigentümerinnen und Eigentümer von Sachwerten profitieren. Auch viele Aktien werden ähnlich wie Sachwerte gesehen, da diese Anteilsrechte an Unternehmen (Sachanlagen) verbürgen. Um den Wert einer Geldanlage zu erhalten, muss diese eine Rendite mindestens in Höhe der Inflationsrate erbringen.

Sicherheit der Anlage

Die Zahlungsunfähigkeit (Insolvenz) einer Bank würde die Guthaben auf Bankkonten (Tages und Festgeld, Sparbücher, Sparbriefe, Girokonten) in Mitleidenschaft ziehen. Aus diesem Grund gehören alle Banken und Sparkassen in Deutschland einem System zur Einlagensicherung an, das Guthaben auf Bankkonten bis zu einem Betrag von 100.000 € pro Person und Bankverbindung absichert. Dieser Schutz umfasst jedoch nicht die Wertpapiere in einem Depot, das die Bank für den einzelnen Kunden oder die einzelne Kundin führt.

Wertpapiere mit hohen Renditen sind meist auch riskante Geldanlagen. So kann eine „Unternehmenspleite" im schlimmsten Fall zum Totalverlust der betroffenen Aktienwerte führen. Daher empfiehlt sich bei der Geldanlage immer eine breite Streuung über unterschiedliche Anlagearten und Laufzeiten.

Verfügbarkeit der Anlage

Gespartes Geld sollte für die verschiedenen Sparzwecke auch wirklich verfügbar sein:

- Der Preis einer Reise muss bei der Reisebuchung angespart sein.
- Der Notgroschen sollte möglichst frühzeitig und täglich verfügbar bereitliegen.
- Die Alterssicherung muss erst bei Rentenbeginn verfügbar sein, wobei der langfristige Zinseszinseffekt unbedingt auszunutzen ist.

Wer Aktien oder börsennotierte Fonds veräußern will, muss frühzeitig überlegen, welcher Zeitpunkt (hoher Kurs!) hierfür günstig erscheint. Oft sind mehrere Teilverkäufe ein guter Weg.

M 2 Berechnung einer Rentenlücke

Die Rentenlücke einer 25-jährigen Durchschnittsverdienerin	
Monatliches Nettoentgelt 2021	2.253 €
Entsprechendes Nettoentgelt 2063 (bei 2 % Inflation pro Jahr)	5.175 €
Gewünschte Rente 2063 (70 % des Nettoentgelts)	3.623 €
Gesetzliche Nettorente 2063	2.385 €
Rentenlücke 2063	-1.248 €
Kapitalbedarf (vom Rentenbeginn bis zum 85. Lebensjahr)	236.554 €
Erforderliche monatliche Sparrate	237 €

In der Berechnung wird angenommen, dass Gehalt und Renten jährlich um zwei Prozent steigen. Die Inflationsrate wird mit zwei Prozent angesetzt, die Nettorendite wird in der Ansparphase mit drei Prozent und in der Rentenphase mit 1,5 Prozent angenommen.

Quelle: Auszug aus: Süddeutsche Zeitung, Magazin 03 Mai/2021, Schwerpunkt: Geld, S. 13 (verändert)

2.2.4 Lernsituation 2

Kleine Beträge – große Anlage

Moritz Frisch unterhält sich mit seiner Tante Bella. Die hat in den letzten 30 Jahren bei einer Bank gearbeitet und in dieser Zeit ein kleines Vermögen aufgebaut.

Moritz: „Wie hast du das eigentlich gemacht mit deinen Finanzen? Ich meine, du bist ja nicht arm und ich würde mir gerne was abgucken."

Bella: „Das Schwierigste war der Anfang. In der Ausbildung hatte ich damals kaum Geld übrig. Und danach habe ich mich gegen ein eigenes Auto entschieden. Mit Bahn und Bus, gelegentlich auch einem Mietwagen, kam ich überall hin. Und heute nehme ich auch mal das Pedelec. So habe ich für die Mobilität nie mehr als 3.000,00 € im Jahr gebraucht. Ein Auto kostet insgesamt mindestens das Doppelte."

Moritz: „Und davon bist du reich geworden? "

Bella: „Nein, hier und da habe ich etwas geknausert. Aber Urlaub und Ausgehen kamen nicht zu kurz. Das Wichtigste war, erspartes Geld laufend in verschiedene Aktien weltweit zu investieren. Anfangs halfen mir die Kollegen beim Aussuchen."

Moritz: „Bis jetzt arbeite ich noch am ‚Notgroschen' und habe nur 100,00 € im Monat übrig. Das ist wenig. Und wie komme ich an Aktien aus der ganzen Welt? Und welche sind die richtigen?"

Bella: „Die 100,00 € sind wirklich übrig? Prima, dann nimm die doch, um was auszuprobieren. Vielleicht hast du schon von ETFs gehört. ETF bedeutet ‚Exchange Traded Funds', das heißt: Börsengehandelte Fonds."

Moritz: „Ich weiß, dass ein Fonds Geld von Anlegerinnen und Anlegern einsammelt. Das investiert er dann in viele Unternehmen."

Bella: „Genau. ETFs sind Aktienfonds. Sie sammeln Gelder von Anlegerinnen und Anlegern wie dir und legen sie in verschiedenen Aktien an. Man kann ETFs an der Börse jederzeit einfach kaufen oder verkaufen. Und sie sind günstig. Denn es gibt keinen teuren Fondsmanager, der die Wertpapiere aussucht, kauft und verkauft. Die meisten ETFs entsprechen in ihrer Zusammensetzung einem Börsenindex, z.B. dem DAX 40."

Moritz: „In der Zeitung habe ich schon Kurszettel vom DAX gesehen. Das ist eine Liste von 40 Aktiengesellschaften mit deren Tageskursen. Die schwanken täglich. Und die gleiche Sortierung von Aktien wird für einen DAX-ETF gekauft?"

Bella: „Ja. Der DAX misst die Wertentwicklung des deutschen Aktienmarktes, das heißt, der 40 größten börsennotierten Unternehmen in Deutschland. Geht der Durchschnittskurs des DAX 0,5 % nach oben, steigt auch der Börsenkurs eines DAX-ETFs in etwa ebenso. Ein DAX-ETF repräsentiert also die 40 Unternehmen, die Fondsanteile werden selbst wie Aktien gehandelt."

Moritz: „Gibt es denn auch ETFs, die ganze Erdteile oder weltweit ganze Branchen abbilden? Oder die klima- und umweltbewusste Unternehmen repräsentieren?"

Bella: „Die gibt es. Statt einen DAX-ETF zu kaufen, solltest du in einen Index investieren, der weltweit anlegt. So wird das Risiko von Verlusten bei einer oder mehreren Aktien (z.B. sinkender Aktienkurs, keine Dividende) weltweit gestreut. Beim MSCI World Index investierst du mit einem ETF-Kauf statt in 40 in über 1 600 Unternehmen aus über 20 Ländern."

Moritz: „Das hört sich vernünftig an."

Bella: „Wenn du willst, helfe ich dir beim Einrichten eines Wertpapier-Depots."

221065232

2.2.5 Arbeitsaufträge zur Lernsituation 2

1. Das Gespräch zwischen Moritz und seiner Tante zeigt Parallelen zwischen dem mühsamen Sammeln vielversprechender Einzelaktien und dem Kauf von ETFs. Dabei ist die Investition in Aktien – auch in Aktienfonds – immer eine zweischneidige Angelegenheit: Es gibt Risiken und Gewinnaussichten. Gilt das für Aktien und ETFs gleichermaßen?
2. Informieren Sie sich im Arbeitsmaterial M3 über Aktien. Schauen Sie die Wertentwicklung der Infineon Aktie an.
   a) Wie ist der Kursabfall Anfang 2020 zu erklären?
   b) Bewerten Sie die Kursentwicklung insgesamt. Der aktuelle Kurs ist im Internet unter der Wertpapier-Kennnummer WKN 623100 zu finden.
3. 2012 gab Lena wegen einer Erkrankung ihr Urlaubsgeld nicht aus. Sie kaufte davon 300 Infineon-Aktien zu je 5,00 €. Sie verkaufte die Wertpapiere 2018 zum Preis von je 23,00 €. Von dieser Einnahme kaufte sie einen Gebrauchtwagen. Als Lena ihrem Bekannten Jakob 2018 erzählte, sie habe ihr Auto mit dem Börsengewinn aus ihrer Infineon-Aktie bezahlt, kaufte Jakob 100 Infineon-Aktien zu je 22,00 €. Im Herbst 2019 brauchte er nach einem Unfall dringend ein neues Auto. Deshalb verkaufte Jakob seine Aktien zum Börsenkurs von je 17,00 €.
   a) Berechnen Sie Lenas Einnahme und ihren Gewinn aus dem Aktiengeschäft.
   b) Welchen Erfolg erzielte Jakob mit seinem Investment?
   c) Hätte Jakob andere Verhaltensmöglichkeiten gehabt?
   d) Wie bewerten Sie Jakobs Verhalten im Ganzen?
4. Sehen Sie die Kursentwicklung des DAX von Mitte 2014 bis Mitte 2021 im Arbeitsmaterial M4 an.
   a) Berechnen Sie den ungefähren prozentualen Kursanstieg.
   b) Eine Anlegerin erwarb 2012 einen DAX-ETF, den sie 2021 wegen einer Anschaffung wieder verkaufte. Wäre der prozentuale Kursanstieg in etwa mit der Rendite des DAX-ETF gleichzusetzen?
5. Bei niedrigem allgemeinen Zinsniveau zählen ETFs zu den besonders beliebten Anlagen. Sehen Sie auch Nachteile bei dieser Anlageform?
6. Sie lesen in einer Zeitung die folgende Überschrift: „Vier von fünf der 18- bis 32-Jährigen halten private Altersvorsorge für wichtig – Aber nur die Hälfte von ihnen handelt". Dies könnte unterschiedliche Gründe haben. Hier sind einige Statements. Wie beurteilen Sie die folgenden Meinungen?
   a) Das „Alter" ist noch so weit weg. Und Vorsorge ist kompliziert. Also schieben wir das Thema auf. Immer wieder.
   b) Mir fehlen Informationen: Wann beginne ich mit dem Sparen? Welchen Betrag soll ich monatlich zurücklegen? Welche Anlageform soll ich wählen? Wer sagt mir das alles?
   c) Während der Berufsausbildung spare ich an einer Notrücklage, das reicht. Und danach von vielleicht knapp 2.000,00 € im Monat ausgerechnet fürs Alter sparen? Anschaffungen sind da schon näher liegend. Erst später, wenn ich mehr verdiene, kann ich auch etwas für mein Alter tun. Vorerst aber nicht.

2.2.6 Arbeitsmaterialien zur Lernsituation 2

M 3 Beispiel für die Entwicklung eines Aktienkurses

Aktien-Kurs der Infineon Technologies AG, Namensaktien 2012 – 2021

M 4 Kurs des DAX-40 2012 – 2021

1 Vergleich von Verwaltungsbetrieben mit privatwirtschaftlichen Betrieben

1.1 Lernsituation zu Kapitel 1.1 bis 1.4 des Grundlagenbands

1.1.1 Lernsituation

Die Stadtverwaltung Neustadt mit der Neustädter Actien-Brauerei vergleichen

Die Freunde Peter Artmann und Thomas Rabe haben nach dem gemeinsamen Abschluss der Höheren Handelsschule ihre Ausbildung begonnen: Peter bei der Neustädter Actien-Brauerei (NAB) als Industriekaufmann, Thomas als Verwaltungsfachangestellter bei der Stadt Neustadt.

Nach dem Fußballtraining entwickelt sich folgendes Gespräch in ihrer Stammkneipe.

Peter: „Ich gönne dir ja deine Stelle bei der Stadtverwaltung – und zwar von ganzem Herzen! Trotzdem habe ich Zweifel an der Notwendigkeit dieser Institution. Ist doch alles unnötige Bürokratie. Da lob ich mir die Brauerei. Wir versorgen die Bevölkerung mit einem wichtigen Grundnahrungsmittel."

Thomas: „Das klingt so, als wärest du Auszubildender beim Wasserwerk Neustadt. Nein, nein, ebenso könnte man behaupten, Brauereien seien unnötig, weil Bier der Gesundheit schadet."

Peter: „Herr Wirt, ein Mineralwasser für meinen Freund und ein kleines NAB für mich!"

Thomas: „Bist du wirklich der Meinung, dass Brauerei und Verwaltung zwei völlig unterschiedliche Paar Schuhe sind?"

...

1.1.2 Arbeitsaufträge zur Lernsituation

Arbeitsphase 1

Bilden Sie Gruppen mit je vier bis fünf Personen. Vergleichen Sie Kommunalverwaltung und Privatwirtschaft am Beispiel der Stadtverwaltung Neustadt und der Neustädter Actien-Brauerei nach der Methode PLACEMAT-Activity.

PLACEMAT-Activity:

Jede Gruppe fertigt aus einem DIN-A3-Blatt ein PLACEMAT (engl. für Tischdeckchen). Das PLACEMAT erhält ein Feld für jedes Gruppenmitglied sowie ein weiteres Feld in der Mitte:

PLACEMAT für vier Personen

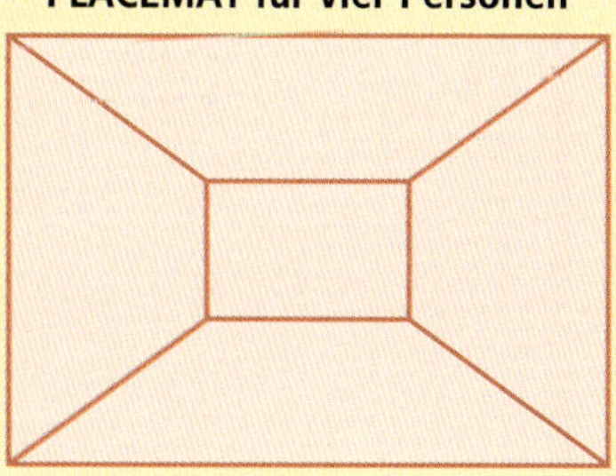

PLACEMAT für fünf Personen

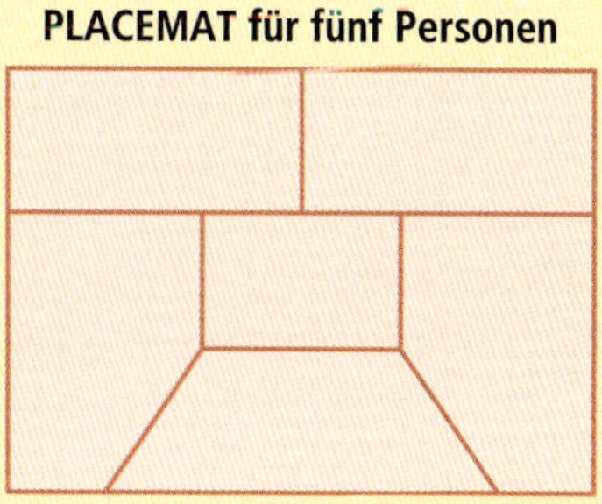

Jedem Gruppenmitglied wird ein Feld des PLACEMATs zugewiesen. Darin notiert es seine Gedanken und Ideen zur Aufgabenstellung innerhalb einer vorher festgelegten Zeit. Wichtig: In dieser Zeit darf nicht geredet werden. Jeder konzentriert sich auf seine eigenen Gedanken.

Nach Ablauf der vorgegebenen Zeit wird das PLACEMAT so häufig gedreht, bis alle Gruppenmitglieder die Notizen der anderen gelesen haben. Dann formuliert die Gruppe ein gemeinsames Ergebnis im mittleren Feld.

Arbeitsphase 2

1. Sichten Sie jetzt die Arbeitsmaterialien zur Lernsituation (siehe Kapitel 1.1.3). Entwickeln Sie mithilfe dieser Materialien **und** Ihrer Ergebnisse aus der ersten Arbeitsphase eine Präsentation mit Karteikarten, in der Privatwirtschaft und Kommunalverwaltung miteinander verglichen werden.

Beschriften Sie Ihre Karteikarten stichwortartig und gut leserlich (je Überlegung eine Karteikarte).

2. Schließen Sie sich mit einer Partnergruppe zusammen.
   a) Stellen Sie sich Ihre Arbeitsergebnisse gegenseitig vor.
   b) Entwickeln Sie ein gemeinsames Ergebnis und präsentieren Sie dieses anschließend allen Mitschülern.
3. Vergleichen Sie die im Klassenraum aushängenden Präsentationen (es sind zwei, wenn ursprünglich vier Gruppen vorhanden waren) und erstellen Sie ein gemeinsames Klassenergebnis.

1.1.3 Arbeitsmaterialien zur Lernsituation

[1] Sachziele:

Sachziele beschreiben die Leistungen des Betriebes. Sie geben an, **was** hergestellt wird.

[2] Formalziele:

Formalziele beschreiben die Art und Weise (die Form) der Leistungserstellung. Sie geben an, **wie** die Sachziele erfüllt werden sollen.

[3] Kommunaler Verwaltungsbetrieb

Sachziele

Erfüllung der kommunalen Aufgaben (Pflichtaufgaben und freiwillige Aufgaben),

z. B.

- Erteilung von Baugenehmigungen
- Gewährung sozialer Hilfen
- Sicherung der Versorgung mit Leistungen der Personenbeförderung
- Durchführung von VHS-Kursen

überwiegend fremdbestimmt

Formalziele

- Wirtschaftlichkeit
- Rechtmäßigkeit
- Bürgerorientierung
- Mitarbeiterorientierung
- Umweltschutz

Rangordnung: Gleichrangigkeit der Ziele

in Anlehnung an Bak, B.: Grundlagen der öffentlichen Betriebswirtschaftslehre für Kommunalverwaltungen, Essen 2002, S. 14

[4] Privatwirtschaftliches Unternehmen

Dominanz des Formalziels „Gewinnmaximierung"

Formalziele

- **Gewinnmaximierung**
- Kundenorientierung
- Mitarbeiterorientierung
- Umweltschutz

Sachziele

Produktion und Absatz bestimmter Produkte,

z. B.

- Pilsbier
- alkoholfreies Bier
- Biermischgetränk (z. B. Radler)

kann frei bestimmt werden

Wird das Formalziel „Gewinn" nicht realisiert, kann Sachzielanpassung erfolgen (Veränderung des Absatzsortiments).

in Anlehnung an Bak, B.: Grundlagen der öffentlichen Betriebswirtschaftslehre für Kommunalverwaltungen, Essen 2002, S. 13

1.1 Lernsituation zu Kapitel 1.1 bis 1.4 des Grundlagenbands

[5]

Privatwirtschaftliche Ziele sind im Wesentlichen durch zwei Merkmale geprägt:

- das **erwerbswirtschaftliche Prinzip,** das sich am klarsten im Grundsatz der Gewinnmaximierung ausdrückt,
- das **Autonomieprinzip,** das deutlich macht, dass die Eigentümerinnen und Eigentümer selbst – frei von staatlicher Einflussnahme – ihre Produktionsentscheidungen treffen.

Betriebe, die diese Merkmale erfüllen, werden auch als Unternehmen bezeichnet. Von daher sind alle privatwirtschaftlichen Betriebe zugleich auch Unternehmen oder Teil eines Unternehmens.

[6]

„Einen maximalen Gewinn zu erzielen, ist ein vorrangiges Wirtschaftsziel jedes privatwirtschaftlichen Unternehmens. Dem vorrangigen Ziel [...] sind andere Ziele [...] untergeordnet."

Quelle: Horst Eickmeyer und Stephan Bissinger: Kommunales Management: Organisation, Finanzen, Steuerung (Recht und Verwaltung). 1. Auflage. Stuttgart: Kohlhammer 2002, S. 11.

[7]

„Man ist versucht, zu sagen: Die [privatwirtschaftliche] Unternehmung kann es leider nicht verhindern, dass sie im Verfolgen ihres Strebens nach Gewinn den Markt versorgen muss."

Quelle: Wilhelm Rieger: Einführung in die Privatwirtschaftslehre. 3. Auflage. Erlangen: Palm&Enke 1964, S. 44.

[8]

„Öffentliche Betriebe und Verwaltungen sind auf das Gemeinwohl ausgerichtet. Sie verfolgen gemeinwohlorientierte Ziele [...] Gemeinwohlorientierte Ziele können z. B. sein ‚Sicherheit im Straßenverkehr' (als Ziel einer Straßenbaubehörde), ‚Schutz vor Straftaten' (als Ziel der Polizei) oder ‚flächendeckendes, preiswertes Verkehrsangebot' (als Ziel eines städtischen Busbetriebes). Gemäß dieser Ausrichtung steht – anders als in der Privatwirtschaft – der Zweck, die Aufgabe im Vordergrund; Formalziele [...] treten zurück."

Quelle: Helmut Brede: Grundzüge der Öffentlichen Betriebswirtschaftslehre. 2. Auflage. München: Oldenbourg Verlag 2005, S. 15.

[9]

„Unbestritten [...] allgemein anerkanntes Leitmotiv der sozialstaatlichen Administration ist die Bedarfsdeckung der Staatsbürger; prägnant gesagt gilt es, die Bürgerschaft im Rahmen der vorhandenen Finanzmittel bestmöglich mit wohlfahrtsbezogenen Diensten zu versorgen, und zwar in Form der Daseinsvorsorge, der Daseinsfürsorge und der Daseinserhaltung [...]"

Quelle: Hans-Jürgen Schmidt: Betriebswirtschaftslehre für die Verwaltung. Eine Einführung. 3. Auflage. Heidelberg: R. v. Decker's Verlag G. Schenck 1998, S. 155.

[10] Bedarfsdeckungsprinzip

Bestmögliche Deckung des Bedarfs der Bürgerinnen und Bürger an öffentlichen Gütern (z. B. Sicherheit, Gesundheit, Bildung, öffentlicher Nahverkehr) im Rahmen der vorhandenen Finanzmittel.

[11] Kommunale Daseinsvorsorge

Die Gemeinde stellt wirtschaftliche, soziale und kulturelle Dienstleistungen für alle Bürgerinnen und Bürger bereit, ursprünglich mittels eigener Einrichtungen: Energieversorgung, öffentlicher Personennahverkehr, Wasserversorgung, Abfallwirtschaft, Abwasserversorgung, Krankenhäuser, Schulen, Volkshochschulen, Kinder- und Seniorenheime, Schwimmbäder, Büchereien, Museen und anderes mehr.

1.1.4 Aufgaben

1. Zitat aus einem Lehrbuch: „In einem privatwirtschaftlichen Unternehmen spricht man [...] von einer Formalzieldominanz. [...] Dies geht so weit, dass man sogar das Sachziel anpasst und verändert, wenn man erkennt, dass das aktuelle Handlungsprogramm nicht zum gewünschten Erfolg führt."[1]

1 *Quelle: Bernd Buk, Grundlagen der öffentlichen Betriebswirtschaftslehre für Kommunalverwaltungen, Essen: Wingen Verlag 2002, S. 12.*

a) Veranschaulichen Sie das Zitat anhand eines selbst gewählten Beispiels aus dem Bereich der Privatwirtschaft. Klären Sie dabei auch die Bedeutung der Begriffe Formalziel und Sachziel.

b) Nennen Sie jeweils drei Sach- und Formalziele für den kommunalen Verwaltungsbetrieb.

c) Welche Beziehung zwischen Sach- und Formalzielen besteht im kommunalen Verwaltungsbetrieb und wie steht es hier um die Möglichkeit der Anpassung oder Veränderung von Sachzielen? (Erläutern Sie bitte in zusammenhängenden Sätzen.)

Web

2. Die Stadt Neustadt plant die Einrichtung eines modernen Bürgerbüros (vgl. Lernsituation im Kap. 2.2.1). Im Verlauf der Planungsarbeiten wurde auch ein Leitbild für das neue Bürgerbüro formuliert (siehe Download-Bereich). Werten Sie das Leitbild der Bürgerdienste der Stadt Neustadt unter den folgenden Fragestellungen aus:

   a) An welchen Adressatenkreis ist das Leitbild gerichtet?

   b) Werden die Funktionen, die von einem Leitbild erwartet werden, Ihrer Meinung nach erfüllt? (Begründung)

3. Beschreiben Sie die Bedeutung der Transformationsfunktion bei Leitbildern. Nennen Sie die weiteren Funktionen, die ein Leitbild erfüllen soll.

4. Worträtsel zum Thema „Vergleich von Verwaltungsbetrieben mit privatwirtschaftlichen Betrieben"

   Welche Begriffe sind mit den Beschreibungen a) bis n) gemeint? Schreiben Sie die Lösungen auf einem Blatt untereinander. Die erste Ziffer in der Klammer gibt die Anzahl der Buchstaben an. Die zweite Ziffer verweist auf den Buchstaben, der für ein gesuchtes Gesamt-Lösungswort auszuwählen ist (so ist z. B. bei der Ziffer 3 der dritte Buchstabe zu markieren). Von oben nach unten gelesen zeigt sich, was des einen Glück und des anderen Leid ist.

   a) Sie beschreiben, was hergestellt wird, bestimmen also das Absatzsortiment des Betriebs. (9; 1)

   b) Formalziel, das den Verwaltungsbetrieb veranlasst, ein optimales Verhältnis von Mitteleinsatz und Aufgabenerfüllung anzustreben (18; 4)

   c) Formalziel der Privatwirtschaft, nicht aber der Verwaltung (17; 2)

   d) Grundsatz der freien Bestimmbarkeit unternehmerischer Sachziele (16; 2)

   e) Grundsatz, aus dem sich das am Gemeinwohl ausgerichtete Handeln der Verwaltung ergibt (22; 2)

   f) Formalziel sowohl der Privatwirtschaft als auch der Verwaltung (18; 8)

   g) Problemlage, die sich ergibt, wenn zwei oder mehr Ziele schwer miteinander zu vereinbaren sind (12; 3)

   h) Aufgabe eines Leitbilds, die darauf abzielt, die Organisation zu verändern und eine neue Organisationskultur herzustellen (23; 2)

   i) Unternehmensbranche, die wie die öffentliche Verwaltung dem tertiären Sektor der Volkswirtschaft zuzuordnen ist (10; 5)

   j) Dokumentation des Sinns oder der Philosophie von Organisationen (8; 2)

   k) öffentlich-rechtliche Entgelte, die für kommunale Leistungen anfallen, die ein Einzelner (bzw. ein Haushalt) in Anspruch nimmt (8; 3)

   l) unerwünschte Einnahmeposition im Haushaltsplan (14; 8)

   m) Während privatwirtschaftliche Betriebe in ihrer Existenz gefährdet sind, wenn sie sich im Wettbewerb nicht behaupten können, besitzen kommunale Verwaltungen eine ... .
   Fehlendes Wort? (16; 6)

   n) öffentlich-rechtliche Entgelte, die für kommunale Leistungen anfallen, von der eine Mehrzahl von Personen profitiert (8; 7)

221065238

2.1 Die traditionelle Aufgaben- und Verwaltungsgliederung der Kommunalverwaltung nachvollziehen

2.1.1 Lernsituation

Aufgaben über Aufgaben

Die folgenden Kästchen zeigen Aufgabenhauptgruppen, Aufgabengruppen, Teilaufgaben und Einzelaufgaben in ungeordneter Folge. Es handelt sich um Bausteine der Aufgabengliederung (Aufgabenanalyse) in der traditionellen Kommunalverwaltung.[1]

40 Schulen
41 Kultur
42 Bibliothek
43 Weiterbildung
44 Musikschule
45 Museum
46 Theater
47 Archiv
①

- Organisationsberatung
- Planung und Einführung wirtschaftlicher Arbeitstechniken und Arbeitsabläufe, auch Standardisierung, Mechanisierung und Automatisierung (Entwicklung automatisierter Verfahren)
- Organisationsuntersuchungen, Organisationsentwicklung
- Mitwirkung bei Raumprogrammen
- ...

②

1. Allgemeine Verwaltung
2. Finanzen
3. Recht, Sicherheit und Ordnung
4. Schule und Kultur
5. Soziales, Jugend und Gesundheit
6. Bauwesen
7. Öffentliche Einrichtungen
8. Wirtschaft und Verkehr

③

1 ...
... ...
10 Organisation der Gemeindeverwaltung
10.1 Aufgabengliederung, sachliche und räumliche Verwaltungsgliederung, Standortfestlegungen
10.2 Regelung und Überwachung des allgemeinen Dienstbetriebs
10.3 Zentrale Aufgaben des Datenschutzes
10.4 Allgemeine Regelung und Pflege der Information
10.5 Arbeitsorganisation und Rationalisierung
10.6 Planung des Datenverarbeitungssystems (Hardware und System-Software)
10.7 Betriebliches Vorschlagswesen
11 Stellenbedarf, Stellenbewertung und Aufstellung des Stellenplans
...
12 Übertragung besonderer Befugnisse
...
④

10 Zentrale Verwaltung
11 Personal
12 Statistik und Wahlen
13 Presse- und Öffentlichkeitsarbeit
14 Rechnungsprüfung
⑤

2.1.2 Arbeitsaufträge zur Lernsituation

1. Informieren Sie sich im Grundlagenband über Aufgabenanalyse und Aufgabensynthese in der traditionellen Kommunalverwaltung (LF 8, Kapitel 2.2.1).
2. Stellen Sie fest, welche Kästchen Aufgabenhauptgruppen, Aufgabengruppen, Teilaufgaben und Einzelaufgaben enthalten.
3. Erstellen Sie eine Skizze, in der die Kästchen in geordneter Rangfolge dargestellt sind und in der ihre Beziehungen zueinander deutlich werden.

1 *vgl. Siepmann, U./Siepmann, H.: Verwaltungsorganisation, S. 41 ff., Köln 1996*

4. In welcher Verbindung stehen die dargestellten Aufgaben zum traditionellen Verwaltungsgliederungsplan? (Den Plan finden Sie im Grundlagenband, LF 2, Kapitel 2.2.)
5. Auch die Stadt Neustadt war früher nach dem Muster des traditionellen Verwaltungsgliederungsplans organisiert. Welche Veränderungen zeigt der aktuelle Organisationsplan? (Den Plan finden Sie in LF 3, Kapitel 1)

2.2 Grundsätze der Stellenbildung erfassen und anwenden

2.2.1 Lernsituation

Plan zur Einrichtung eines Bürgerbüros bei der Stadt Neustadt

Das Bürgeramt der Stadt Neustadt gleicht noch den früheren Einwohnermeldeämtern. Bürgermeister Schultheiß hat jedoch die Abteilung Organisation und Datenverarbeitung beauftragt, einen Plan zur Einrichtung eines Bürgerbüros zu erarbeiten, das dem Leitbild einer modernen, bürgerorientierten Verwaltung entspricht. Wenn die Planungsarbeiten abgeschlossen sind, soll das Vorhaben dem Rat der Stadt überzeugend präsentiert werden, damit er seine Zustimmung erteilt.

Erste Ergebnisse liegen jetzt vor. Frau Groß, die Leiterin der Abteilung Organisation und Datenverarbeitung, zeigt Herrn Schultheiß unter anderem die folgenden Übersichten:

Das Bürgerbüro Neustadt

Die Dienstleistungen:

(Leistungen, die zurzeit noch von anderen Organisationseinheiten erbracht werden und nicht vom Bürgeramt, sind mit einem + gekennzeichnet.)

- Allgemeine Informationen über Zuständigkeiten in der Verwaltung
- An-, Ab- und Ummeldungen
- Anmeldungen für VHS-Kurse und zur Musikschule [+]
- Annahme von Altbatterien und Korken [+]
- Annahme von Bankeinzugsermächtigungen für andere Organisationseinheiten [+]
- Aufgaben des Fundbüros (Fund- und Verlustanzeige) [+]
- Aufenthaltsbescheinigungen
- Ausgabe von Abfallfibeln, Sperrmüllkarten und gelben Säcken [+]
- Ausgabe von Formularen für Kindergeld, BAFöG, Elterngeld, Finanzamt [+]
- Auskünfte und Bescheinigungen aus dem Melderegister
- Auskünfte und Bescheinigungen aus dem Gewerbezentralregister
- Ausstellung, Verlängerung und Änderung von Schwerbehindertenausweisen [+]
- Befreiung von Rundfunk-, Fernseh- und Telefongebühren [+]
- Beglaubigungen
- Fahrkartenverkauf für die Verkehrsbetriebe [+]
- Fischereischeine
- Führungszeugnisse
- Hundesteuerangelegenheiten
- Informationen für Gäste, Besucher und Neubürger [+]
- Kartenvorverkauf für kulturelle Veranstaltungen [+]
- Kfz-Abmeldungen (in Zusammenarbeit mit dem Straßenverkehrsamt der Kreisstadt) [+]
- Müllgefäße (An-, Ab- und Ummeldungen) [+]
- Parkberechtigungsausweise für Schwerbehinderte
- Personalausweise und Kinderausweise
- Reisepässe
- Untersuchungsberechtigungsscheine nach dem Jugendarbeitsschutzgesetz
- Verkauf von Müllsäcken [+]
- Verkauf von Stadtplänen, Radwanderkarten, Stadt-Bildbänden usw.

Stadt Neustadt *Organisation und DV*

221065240

Das Bürgerbüro Neustadt

Bürgerorientierte Service- und Dienstleistungen:

- aus einer Hand
- zu erheblich erweiterten Öffnungszeiten
- in einem attraktiven Umfeld

Stadt Neustadt *Organisation und DV*

Das Bürgerbüro Neustadt

Öffnungszeiten: 40 Stunden (+ 12 Stunden im Vergleich zum Bürgeramt)

Montag und Dienstag	07:30 – 16:30 Uhr
Mittwoch	07:30 – 12:30 Uhr
Donnerstag	07:30 – 17:30 Uhr
Freitag	07:30 – 12:30 Uhr
Samstag	10:00 – 12:00 Uhr

Stadt Neustadt *Organisation und DV*

Das Bürgerbüro Neustadt

Aspekte der Arbeitsorganisation

- Großraumbüro mit acht bis zehn Arbeitsplätzen
- zwei integrierte Kleinraumbüros, zum einen für die Abteilungsleitung und zum anderen für zwei Sachbearbeiterinnen mit Sonderaufgaben
- Prinzip der „Allzuständigkeit" für die Stelleninhaber im Großraumbüro (d. h., die zurzeit im Bürgeramt bestehende Aufteilung der Zuständigkeit nach Sachgebieten oder Buchstabengruppen entfällt)
- Die im Bürgeramt bestehende Stelle der Kassiererin fällt weg. Jede Verwaltungskraft übernimmt auch die Aufgabe der Kassenführung an ihrem Arbeitsplatz, damit die Bürgerinnen und Bürger keine zusätzlichen Laufwege haben.
- Einteilung der Sachbearbeiterinnen und Sachbearbeiter in zwei Gruppen, die eigenverantwortlich Pausen-, Arbeitszeiten-, Urlaubs- und Vertretungsregelungen entwickeln.

Stadt Neustadt *Organisation und DV*

Das Bürgerbüro Neustadt

Beteiligungsrechte des Personalrats nach Landespersonalvertretungsgesetz

- Mitbestimmungsrechte bestehen in den Fragen des Beginns und Endes der täglichen Arbeitszeit sowie der Verteilung der Arbeitszeit auf die einzelnen Wochentage.
- In einigen anderen Fragen der Einführung des Bürgerbüros bestehen Mitwirkungs- bzw. Anhörungsrechte.
- Vorschlag: Da Mitbestimmungsrechte bei zentralen Aspekten bestehen (Arbeitszeit), sollte der Personalrat im Zuge der vertrauensvollen Zusammenarbeit in alle weiteren Planungs- und Entscheidungsschritte eingebunden werden und mitentscheiden.

Stadt Neustadt *Organisation und DV*

Das Bürgerbüro Neustadt

Vergütung der Sachbearbeiterinnen und Sachbearbeiter

- Bisher werden die Sachbearbeiterinnen und Sachbearbeiter im Bürgeramt nach Entgeltgruppe 5 TVöD entlohnt.
- Eine Höhergruppierung in die Entgeltgruppe 6 ließe sich bei wohlwollender Auslegung der entsprechenden Tätigkeitsmerkmale rechtfertigen. Eine weniger wohlwollende Interpretation der Tätigkeitsmerkmale könnte aber auch zu dem Ergebnis führen, dass eine Höhergruppierung nicht gerechtfertigt ist.

Stadt Neustadt *Organisation und DV*

Das Bürgerbüro Neustadt

Stellenbedarf:

- Eine Stellenbedarfsrechnung nach Fallbearbeitungszahlen führt zu keinem erhöhten Stellenbedarf, wenn berücksichtigt wird, dass die bisherige Kassiererin Sachbearbeiterin wird.
- Werden die erweiterten Öffnungszeiten einbezogen, ergibt sich nach ersten Prognosen ein zusätzlicher Bedarf von einer bis anderthalb Stellen.

Stadt Neustadt *Organisation und DV*

Das Bürgerbüro Neustadt

Weiteres Vorgehen:

- Bildung einer Projektgruppe

Der Kämmerer (bzw. eine oder einer seiner fachkundigen Mitarbeiterinnen und Mitarbeiter) sowie die Personalratsvorsitzende sollten auf jeden Fall Mitglieder dieser Gruppe sein.

Stadt Neustadt *Organisation und DV*

2.2.2 Arbeitsaufträge zur Lernsituation

1. Lesen Sie die Sachdarstellung zur Stellenbildung im Grundlagenband (LF 8, Kapitel 2.2).
2. Prüfen Sie, ob zur Erfüllung der Stellenaufgabe im Bürgerbüro vermehrte Kompetenzen (Befugnisse) der Sachbearbeiterinnen und Sachbearbeiter notwendig sind:

Kompetenzerhöhung im Vergleich zur Stellenaufgabe im Bürgeramt?	**Ja**	**Nein**
Ausführungskompetenz		
Entscheidungskompetenz		
Weisungskompetenz		
Kontrollkompetenz		
Verfügungskompetenz		

3. Begründen Sie jeweils kurz Ihre in Aufgabe 2 vorgenommene Einschätzung.
4. Stellen Sie Anforderungen sozialer und kommunikativer Art und Anforderungen aus dem Bereich der EDV-Anwendungen zusammen, die auf die Verwaltungskräfte im Bürgerbüro neu oder verstärkt zukommen.
5. Begründen Sie, warum durch die Übertragung von Aufgaben, Kompetenzen und Verantwortung auf die Stellen im Bürgerbüro die Voraussetzungen für eine zielorientierte Gestaltung kommunaler Geschäftsprozesse geschaffen werden.
6. Welche Organisationskonzepte fanden in den Planungsskizzen von Frau Groß Anwendung? Kreuzen Sie an:

Organisationskonzepte	
Arbeitserweiterung (Jobenlargement)	
Arbeitsbereicherung (Jobenrichment)	
Gruppenarbeit	
Optimierung von Geschäftsprozessen	

7. Begründen Sie jeweils kurz Ihre in Aufgabe 6 vorgenommene Einschätzung.
8. Warum schlägt Frau Groß vor, den Kämmerer (bzw. eine fachkundige andere Verwaltungskraft) und die Personalratsvorsitzende in die einzurichtende Projektgruppe zu entsenden?
9. Angenommen, im Durchschnitt würde eine Einordnung der zehn Sachbearbeiterinnen und Sachbearbeiter in die Entgeltgruppe 6 TVöD zu einer monatlichen Erhöhung des Grundgehalts um 90,00 € pro Person führen. Berechnen Sie den Jahresbetrag, um den sich die Position „Personalaufwand" im Budget des Fachbereichs 2 durch diese Maßnahme erhöhen würde. Unterstellen Sie vereinfachend, dass an Lohnnebenkosten nur die Sozialversicherungsbeiträge des Arbeitgebers anfallen (ca. 20 % des Bruttogehalts).

2.2.3 Lernsituation

Gesprächsrunde beim Bürgermeister zur Einrichtung eines Bürgerbüros (Rollenspiel)

Artikel in der Neustädter Zeitung

Bürgerbüro Neustadt: Mitarbeitende teilen nicht den Enthusiasmus des Bürgermeisters!

Anscheinend lösen die Pläne zur Einrichtung eines Bürgerbüros bei den Mitarbeitenden des Bürgeramtes keine Begeisterungsstürme aus. Gut informierte Kreise berichten: „Die Planungsarbeiten in der zuständigen Projektgruppe sind zum Stillstand gekommen. ..."

Gibt es noch Hoffnung für das Bürgerbüro?

221065242

Nach der Lektüre des Zeitungsartikels ist Bürgermeister Schultheiß in heller Aufregung. Ihm war nicht bewusst, dass die Arbeit der Projektgruppe derart ins Stocken geraten ist. Der Bürgermeister ruft Frau Groß an, die die Projektgruppe leitet, um sich zu informieren. Frau Groß schildert die Interessengegensätze, die in den Sitzungen deutlich wurden, warnt aber vor einer Überbewertung des Zeitungsartikels. Allerdings sei es an der Zeit, die noch bestehenden Probleme zu lösen. Schließlich erinnert sie den Bürgermeister noch daran, dass er zu Beginn der Planungsarbeiten die Mitbestimmungsrechte des Personalrats auf alle wichtigen Fragen ausgeweitet hatte, um eine vertrauensvolle Zusammenarbeit zu dokumentieren.

Herr Schultheiß beschließt, eine Gesprächsrunde mit den folgenden Teilnehmerinnen und Teilnehmern einzuberufen:

- **Bürgermeister Schultheiß**
  Er tritt nicht nur als Verwaltungschef auf, sondern auch als Leiter und Moderator der Diskussionsrunde.
- **Herr Franke,** Ratsherr und stellvertretender Vorsitzender des Hauptausschusses
  Als enger Verbündeter des Bürgermeisters hilft er mit, im Rat eine Mehrheit für die Einrichtung des Bürgerbüros zu finden. Er wurde eingeladen, um die Interessen der Bürgerinnen und Bürger in der Gesprächsrunde zu vertreten.
- **Frau Groß,** Leiterin der Abteilung Organisation und Datenverarbeitung
  Sie ist Leiterin der „Projektgruppe Bürgerbüro", in der sie als Fachfrau für Organisationsfragen auftritt. Bisher gelang es ihr nicht, die Interessen der Mitarbeiterinnen und Mitarbeiter mit den Vorstellungen des Bürgermeisters und den Vorstellungen des Kämmerers in Einklang zu bringen.
- **Herr Kinzer,** Kämmerer der Stadt Neustadt
- **Frau Freund,** Personalratsvorsitzende

Der Kämmerer hat signalisiert, er sehe Möglichkeiten, die Kosten für den erforderlichen Umbau des Rathauses in Höhe von ca. 45.000,00 € im Haushalt des kommenden Jahres unterzubringen, wenn der Rat die Entscheidung zugunsten des Bürgerbüros treffen sollte. Er warnte allerdings bisher stets vor einer Erhöhung der Personalaufwendungen im Budget des Fachbereiches 2.

Alle Pro- und Kontra-Argumente sollen in der Gesprächsrunde auf den Tisch kommen und diskutiert werden. Der Bürgermeister hat die Absicht, sich ein Bild vom Stand der Dinge zu machen. Er ist sich darüber im Klaren, dass am Ende der Gesprächsrunde noch keine Entscheidung stehen kann. So könnte es z. B. sein, dass die Personalratsvorsitzende zunächst noch Rücksprache mit den betroffenen Verwaltungskräften nehmen möchte, bevor sie konkrete Zusagen machen kann. Herr Schultheiß möchte allerdings erreichen, dass sich die konträren Standpunkte einander annähern.

2.2.4 Arbeitsaufträge zur Lernsituation

Arbeitsphase 1: Vorbereitung des Rollenspiels

1. Bilden Sie fünf Arbeitsgruppen. Jeder Gruppe wird eine Person zugewiesen, die an der Gesprächsrunde beim Bürgermeister teilnimmt (Gruppen: „Bürgermeister Schultheiß", „Ratsmitglied Franke" usw.).
2. Wählen Sie ein Gruppenmitglied aus, das die Rolle der Person übernimmt, die Ihrer Gruppe zugewiesenen wurde.
3. Bereiten Sie gemeinsam das ausgewählte Gruppenmitglied auf das Rollenspiel vor. Beachten Sie dabei neben den Informationen aus der Lernsituation auch die Rollenanweisung, die Sie von Ihrer Lehrerin oder Ihrem Lehrer erhalten. (Hinweis für Lehrerinnen und Lehrer: Die Rollenanweisungen befinden sich im Lehrerband.)

Arbeitsphase 2: Durchführung des Rollenspiels

Anweisung für die Beobachterinnen und Beobachter: Verfolgen Sie die Diskussion und protokollieren Sie in Stichworten die genannten Argumente. (Protokollbogen: siehe Download-Bereich)

Web

Arbeitsphase 3: Auswertung des Rollenspiels

1. Werten Sie das Rollenspiel unter inhaltlichen Fragestellungen aus:
   - Welche Argumente wurden ausgetauscht?

- Waren sie sachgerecht?
- Wurden Fachbegriffe richtig verwendet?
- Fehlten wichtige Argumente?
- Sind Ansätze zur Konfliktlösung deutlich geworden? Wie beurteilen Sie diese?

2. Werten Sie das Rollenspiel unter kommunikativen Fragestellungen aus:
   - Hat der Diskussionsleiter (Bürgermeister) seine Aufgabe gut erfüllt?
   - Sind Diskussionsregeln eingehalten worden?
   - Wer hatte weniger, wer mehr Gesprächsanteile? Gründe dafür?
   - Ist es den Teilnehmerinnen und Teilnehmern gelungen, ihre Rolle angemessen/praxisgerecht wahrzunehmen?
3. Frau Groß benötigt für die weitere Arbeit in der Projektgruppe eine schriftliche Zusammenfassung der Diskussionsrunde. Darin sollen die von den Diskussionsteilnehmerinnen und -teilnehmern vorgetragenen Sachargumente und Standpunkte enthalten sein. Falls am Ende der Diskussion Möglichkeiten zur Lösung des Konflikts aufgezeigt wurden, sind auch diese zu erfassen. Erstellen Sie bitte für Frau Groß die benötigte schriftliche Zusammenfassung.

2.3 Gliederungsprinzipien der Abteilungsbildung erkennen und beurteilen

2.3.1 Lernsituation

Gründung des Kulturbetriebs Neustadt

Bei der Stadt Neustadt sollen die kulturellen Einrichtungen Museum, Volkshochschule und Musikschule organisatorisch als Eigenbetrieb zusammengefasst werden. Mithilfe des „Kulturbetriebs Neustadt“ sollen die Aufgaben bürgerfreundlicher und wirtschaftlicher als bisher erfüllt werden. Die zuständige Projektgruppe legt dem Bürgermeister das folgende Organigramm für den Eigenbetrieb vor.

Abteilungsbildung nach dem Verrichtungsprinzip

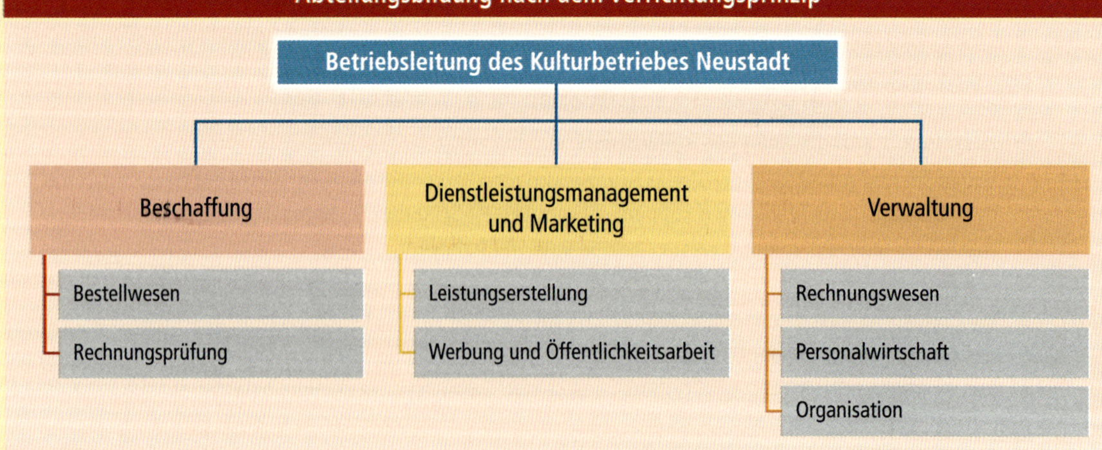

2.3.2 Arbeitsaufträge zur Lernsituation

1. Lesen Sie die Sachdarstellung zur Abteilungsbildung im Grundlagenband (LF 8, Kapitel 2.3).
2. Beschreiben Sie anhand des oben dargestellten Organigramms, wie eine Abteilungsbildung nach dem Verrichtungsprinzip erfolgt.

3. Der Bürgermeister wünscht eine Aufbauorganisation des Eigenbetriebs, bei der die Abteilungsbildung nach dem Objektprinzip erfolgt.
   a) Beschreiben Sie die Grundzüge einer Abteilungsbildung nach dem Objektprinzip.
   b) Zeichnen Sie das Organigramm, das sich ergibt, wenn das Objektprinzip angewandt wird.
4. Vergleichen Sie die beiden Organigramme. Welche Vor- und Nachteile hat die Abteilungsbildung nach dem Objektprinzip im Vergleich zur Abteilungsbildung nach dem Verrichtungsprinzip? Halten Sie Ihre Ergebnisse in einer Tabelle fest.

2.4 Aufgaben

1. Beurteilen Sie, ob die folgenden Aussagen zum Thema Aufbau- und Ablauforganisation richtig oder falsch sind.
   a) Das Ergebnis der Aufgabenanalyse zeigt sich im Verwaltungsgliederungsplan.
   b) Die Bildung von Stellen und Abteilungen ist Bestandteil der Aufbauorganisation.
   c) Im Rahmen der Aufgabensynthese entstehen Organisationseinheiten durch die Zuweisung von Aufgaben.
   d) Die Übertragung von Aufgaben, Kompetenzen und Verantwortung auf die einzelnen Mitarbeiterinnen und Mitarbeiter ist ein Element der Ablauforganisation.
   e) Die Darstellung des Unternehmensaufbaus mit Festlegung der Dienst- und Informationswege ist Bestandteil der Aufbauorganisation.
   f) Im (traditionellen) Modell der KGST sind die Ämter für Aufgabengruppen zuständig.
   g) Die Anordnung von Räumen ist ein Element der Aufbauorganisation.
2. Beurteilen Sie, ob die folgenden Aussagen zum Thema Stellenbildung und Organisationskonzepte richtig oder falsch sind.
   a) Jobenlargement sieht vor, der Sachbearbeiterin oder dem Sachbearbeiter Befugnisse zu übertragen, die bisher der oder die Vorgesetzte hatte.
   b) Die Optimierung von Geschäftsprozessen in der Kommunalverwaltung ist häufig verbunden mit einer Aufgabenerweiterung für die Sachbearbeiterinnen- und Sachbearbeiterstellen.
   c) Jobenrichment beinhaltet eine Abnahme der Fremdkontrolle durch Vorgesetzte.
   d) Überlegungen zur Optimierung von Geschäftsprozessen haben ihren Ausgangspunkt in dem Bestreben, die Motivation der Mitarbeiterinnen und Mitarbeiter zu steigern.
   e) Jobenlargement ist verbunden mit einer Ausweitung der Ausführungs- und Entscheidungskompetenz.
3. Welche Reihe gibt die Schritte der Aufbauorganisation richtig wieder?
   a) Stellenbildung – Aufgabenanalyse – Errichtung eines Leitungssystems
   b) Aufgabenanalyse – Errichtung eines Leitungssystems – Stellenbildung
   c) Aufgabenanalyse – Stellenbildung – Errichtung eines Weisungssystems
   d) Errichtung eines Leitungssystems – Stellenbildung – Aufgabenanalyse
4. Der „Stadtbetrieb Burgtal", eine kommunale Anstalt öffentlichen Rechts, ist unterhalb der Vorstandsebene in die Abteilungen Abwasser, Baubetriebshof und Zentrale Verwaltung gegliedert. Die Abteilung Abwasser umfasst die Unterabteilungen Kanalnetz und Klärwerk. Zum Baubetriebshof gehören die Unterabteilungen Straßenleuchten, Straßen und Stadtgrün. Die Zentrale Verwaltung ist in die Unterabteilungen Rechnungswesen, Personalwesen und Finanzen gegliedert.
   a) Zeichnen Sie das Organigramm des Stadtbetriebs.
   b) Nach welchen Gliederungsprinzipien erfolgte die Abteilungsbildung?

5. Die Stadt Burgtal hat folgendes Weisungssystem:

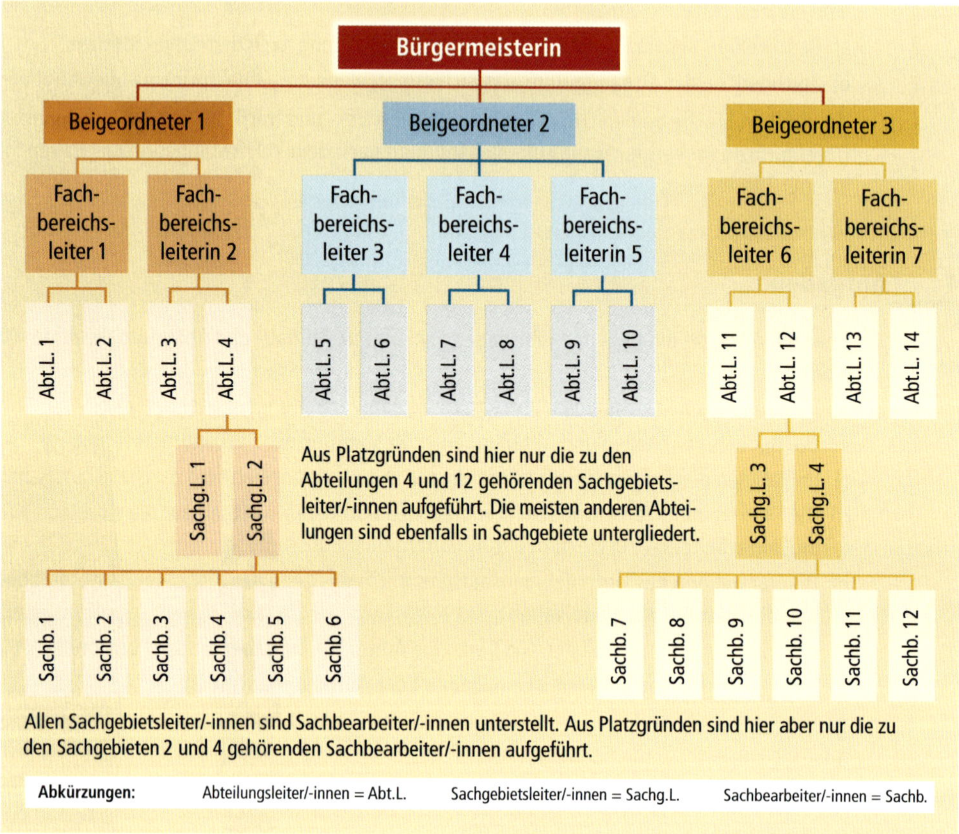

a) Wie wird diese Art von Weisungssystem bezeichnet und durch welche Merkmale ist es gekennzeichnet?

b) Welchen Dienstweg muss Sachbearbeiterin oder Sachbearbeiter 12 (theoretisch) einschlagen, wenn sie oder er Sachbearbeiterin oder Sachbearbeiter 1 zur Bewältigung eines Problems einschalten will?

c) Wie groß ist die Instanzenbreite auf der Ebene der Fachbereichsleiterinnen und Fachbereichsleiter?

d) Wie groß ist die Instanzentiefe dieser Verwaltung?

Hinweis: Die Bürgermeisterin und die Beigeordneten (Dezernenten) bilden eine Führungsebene.

e) Verdeutlichen Sie die Bedeutung des Begriffs „Leitungsspanne" am Beispiel der Sachgebietsleiterin bzw. des Sachgebietsleiters 2.

f) Welche Vor- und Nachteile hat dieses Leitungssystem?

g) Der für Organisationsfragen zuständige Fachbereichsleiter macht den Vorschlag, die Verwaltungshierarchie flacher zu gestalten. Zu diesem Zweck soll die Instanzentiefe verringert werden. Dies soll durch Abschaffung der Abteilungsgliederung in Sachgebiete geschehen.

Folge: Die Stellen der Sachgebietsleiterinnen und -leiter würden wegfallen. Die Sachbearbeiterinnen und Sachbearbeiter wären dann direkt den Abteilungsleitungen unterstellt.

ga) Welche Vorteile ergeben sich aus der Reduzierung der Leitungsebenen?

gb) Die Abteilungsleitungen befürchten eine starke Arbeitsüberlastung durch den Wegfall der Sachgebietsleiterinnen- und Sachgebietsleiterstellen. Erläutern Sie, welche begleitenden Maßnahmen im Hinblick auf die Ausgestaltung der Sachbeabeiterinnen- und Sachbearbeiterstellen nötig sind, damit die Abteilungsleitungen ihre Aufgabe bewältigen können.

h) Für die Burgtaler Bürgermeisterin soll die Stabsstelle einer persönlichen Referentin oder eines persönlichen Referenten eingerichtet werden.

ha) Erläutern Sie den Begriff „Stabsstelle" anhand des vorliegenden Beispiels.

hb) Welche Vor- und Nachteile bringt die Stabsstelle mit sich?

221065246

Fallstudie Bauverwaltung Neustadt – Analyse und Optimierungen von Geschäftsprozessen

3.1 Anlässe von Prozessoptimierungen

3.1.1 Lernsituation

Kundenbefragung

Die Neustädter Stadtverwaltung hat sich für die Teilnahme an der Landesinitiative „bürger- und unternehmensfreundliche Verwaltung" beworben und ist als eine von zehn sogenannten Modellkommunen von der Jury ausgewählt worden.

Das Projekt ist auf insgesamt zwei Jahre Laufzeit angelegt. Vor Beginn muss die Ausgangssituation in den zehn Modellkommunen festgelegt werden, damit die Problemfelder identifiziert und die in Folge der durchgeführten Verbesserungsmaßnahmen erzielten Wirkungen später im Rahmen einer Erfolgskontrolle gemessen werden können. Hierzu soll vor dem eigentlichen Projektstart eine repräsentative Befragung der Bürgerinnen und Bürger sowie Unternehmen in den zehn Modellkommunen durchgeführt werden, die nach dem Projektabschluss wiederholt werden soll.

Nach Abschluss einer Landesausschreibung wird das Meinungsforschungsinstitut, das die Ausschreibung für sich entschieden hat, mit der Vorbereitung, Durchführung und Auswertung der Befragungen beauftragt. Bereits zwei Monate nach der erfolgten Beauftragung des Meinungsforschungsinstituts liegen die im Rahmen von Telefoninterviews erhobenen Befragungsergebnisse für die Modellkommunen vor.

3.1.2 Arbeitsaufträge zur Lernsituation

Der Bürgermeister beauftragt das Beschwerdemanagement der Stadtverwaltung damit, die Ergebnisse der Kundenbefragungen systematisch zu analysieren und mit seinen eigenen Daten zu vergleichen, um interne Schwachstellen und Problembereiche festzustellen. Sie als Auszubildende oder Auszubildender sollen das Beschwerdemanagement bei der Durchführung dieser Tätigkeiten unterstützen. Zunächst stellt Ihnen das Beschwerdemanagement alle derzeit vorhandenen Unterlagen zwecks Sichtung zur Verfügung.

Relevante Befragungsergebnisse des Meinungsforschungsinstituts für die Neustädter Stadtverwaltung: Auswertung der ersten Befragung von Bürgerinnen und Bürgern sowie Unternehmen der Stadt Neustadt			
I. Umfang der Befragung			
Anzahl der befragten Bürgerinnen und Bürger	397	davon mit Verwaltungskontakt	284
Anzahl der befragten Unternehmen	205	davon mit Verwaltungskontakt	159
II. Gesamtergebnis der Befragung (nach Schulnoten)			
befragte Bürgerinnen und Bürger	3,1	davon mit Verwaltungskontakt	3,4
befragte Unternehmen	3,3	davon mit Verwaltungskontakt	3,6
Anteil unzufriedener Bürgerinnen und Bürger	44 %	davon mit Verwaltungskontakt	81 %
Anteil zufriedener Bürgerinnen und Bürger	42 %	davon mit Verwaltungskontakt	37 %
keine Angaben	14 %		
Anteil unzufriedener Unternehmen	48 %	davon mit Verwaltungskontakt	91 %
Anteil zufriedener Unternehmen	30 %	davon mit Verwaltungskontakt	72 %
keine Angaben	22 %		
III. Bewertung nach Anliegen → Bürgerinnen und Bürger mit entsprechendem Verwaltungskontakt (nach Schulnoten)			
Informationsangebote	2,8	Erwerb städtischer Grundstücke (für Wohnhausbau)	3,4
öffentliche Bibliotheken	2,5	Bauvorhaben inklusive Baugenehmigung	4,0
Meldewesen (Adressänderungen, Geburts-/Heiratsurkunden)	3,2	Entsorgung (Abwasser/Abfall)	3,8
		Verkehr/Parkplatzsituation/ÖPNV	3,7
Kfz-Zulassung	3,6	kommunale Steuern und Gebühren	3,6

Fallstudie Bauverwaltung Neustadt – Analyse und Optimierungen von Geschäftsprozessen

→ Unternehmen mit entsprechendem Verwaltungskontakt (nach Schulnoten)	
Informationsangebote, Kommunikation, auch Netzwerke	2,9
Kfz-Zulassung	3,6
Gewerbeflächen und -immobilien	3,5
Bauvorhaben inklusive Baugenehmigung	4,1
Fördermittel/Existenzgründung	2,8
Verkehr/Parkplatzsituation/ÖPNV	3,8
Umweltfragen/-genehmigungen (Abwasser, Abfall, Betriebssicherheit)	4,2
Nachbarschaftsprobleme (in Mischgebieten)	4,0
Unternehmen als Auftragnehmer der Kommune	3,2
kommunale Steuern und Gebühren (ohne Gewerbesteuer)	3,3
sonstige Genehmigungen/Bescheide/Kontrollen	3,8

IV. Bewertung der Dienstleistungsqualität (nach Schulnoten) → insgesamt		
Dienstleistungsqualität	**Bürger/-innen**	**Unternehmen**
Schnelligkeit bei der Bearbeitung des Anliegens	3,3	3,5
Verständlichkeit von Formularen	3,5	3,3
Nachvollziehbarkeit der Verwaltungsentscheidungen	3,0	3,2
Eigeninitiative der Mitarbeitenden	2,9	3,1
Verständnis der Mitarbeitenden für Kundenbedürfnisse	2,9	3,0
Erreichbarkeit der Mitarbeitenden	2,6	2,8
durchschnittliche Bewertung	**3,03**	**3,15**
→ für das Anliegen Baugenehmigung		
Dienstleistungsqualität	**Bürger/-innen**	**Unternehmen**
Schnelligkeit bei der Bearbeitung des Anliegens	3,4	3,9
Verständlichkeit von Formularen	3,4	3,3
Nachvollziehbarkeit der Verwaltungsentscheidungen	3,3	3,6
Eigeninitiative der Mitarbeitenden	3,1	3,5
Verständnis der Mitarbeitenden für Kundenbedürfnisse	3,0	3,4
Erreichbarkeit der Mitarbeitenden	2,8	3,0
durchschnittliche Bewertung	**3,16**	**3,45**
→ insgesamt		
Gesamtzufriedenheit	**Bürger/-innen**	**Unternehmen**
mit fester Ansprechperson	3,0	3,2
ohne feste Ansprechperson	3,4	3,6

Werten Sie die Unterlagen, die Sie erhalten haben, systematisch aus. Beantworten Sie dabei folgende Fragen:

1. Reicht die Stichprobengröße aus, um verwertbare Ergebnisse zu erhalten?
2. Was fällt bei der Betrachtung der Auswertung „Gesamtergebnis der Befragung (nach Schulnoten)" besonders auf?
3. Welche Problembereiche können Sie bei der Analyse der Auswertung „III. Bewertung nach Anliegen" identifizieren? Gibt es diesbezüglich unterschiedliche Auffassungen von Bürgerinnen und Bürgern sowie Unternehmen?
4. Welche Schlussfolgerungen ziehen Sie aus der Analyse der Auswertung „IV. Bewertung der Dienstleistungsqualität (nach Schulnoten)" für die Bauverwaltung?

221065248

5. Ist Ihrer Meinung nach die Bewertung durch die Bürgerinnen und Bürger oder die Unternehmen wichtiger? Begründen Sie Ihre Antwort.

3.2 Optimierungsprojekte planen

3.2.1 Lernsituation

Erstellen eines Projektplans

Nachdem das Beschwerdemanagement dem Bürgermeister seine Schlussfolgerungen aus der Analyse der Befragungsergebnisse präsentiert hat, beauftragt dieser das Beschwerdemanagement mit der Durchführung einer **umfassenden Analyse des Baugenehmigungsprozesses.** Geforderte Ergebnisse dieser Analyse sind:

- eine detaillierte Darstellung des Baugenehmigungsprozesses, wie er in der täglichen Verwaltungspraxis tatsächlich abläuft, mit entsprechender Kennzeichnung der identifizierten Schwachstellen,
- eine verbale Beschreibung der Prozessschwachstellen und ihrer Ursachen,
- die Erarbeitung einer Vorschlagsliste mit Maßnahmen zur Optimierung des Baugenehmigungsprozesses.

Schnellstmöglich soll das Beschwerdemanagement einen entsprechenden **Projektplan** erarbeiten und dem Bürgermeister zur Genehmigung vorlegen. Nach der Verabschiedung des Projektplans soll das Projektteam unmittelbar mit den Projektarbeiten beginnen.

Da das Projektmanagement und die Mitarbeitenden des Organisationsreferats im Projektteam bereits Erfahrungen in der Durchführung von Prozessoptimierungsprojekten gesammelt haben, wissen diese, welche **Arbeitsschritte** im Einzelnen durchzuführen sind. Sie füllen handschriftlich ein **Projektplanungsformular** (siehe unten) aus und übergeben dem Auszubildenden dieses mit der Bitte um Erstellung einer Projektplanung in der Form eines Netzplans.

Arbeitsschritt	Vorgänger	Ergebnis(se)	Dauer	Termin	Ressourcen	Status
0: Projektstart	–	Informations-E-Mail an alle Beteiligten über bevorstehendes Projekt	–	Beginn KW 1	Projektleitung	in Planung
1: Informations-/Akten-/Literatur-/Internetrecherche	0	alle für die Prozessanalyse relevanten Dokumente (Ergebnisse von bereits durchgeführten Analysen, Good-Practice-Beispiele anderer Kommunen usw.)	max. 3 Werktage	Ende KW 3	Projektleitung mit Unterstützung der/des Auszubildenden	in Planung
2: Nutzerbefragung	0	durchgeführte Interviews	10 Tage	–	–	in Planung
3: Information des Baudezernenten und seiner leitenden Mitarbeitenden	0	abgestimmtes weiteres Vorgehen, erörterte Analyseergebnisse, identifizierte Schwachstellen des Baugenehmigungsprozesses	max. 2 Werktage inkl. Vor- und Nachbereitung	Ende KW 4	Projektleitung, ein weiteres Mitglied des Projektteams	in Planung
4: detaillierte Erfassung des Ablaufs des Baugenehmigungsprozesses (IST-Prozess)	3	grafische Abbildung des IST-Prozessablaufs	max. 4 Werktage	Ende KW 6	Projektleitung, Modellierer/-in, Auszubildende/-r	in Planung
5: Analyse des Baugenehmigungsprozesses	1, 2, 4	Erfassung von Schwachstellen/Ansätzen für eine Optimierung	max. 3 Werktage	Ende KW 7	Projektleitung, Modellierer/-in, Auszubildende/-r	in Planung
6: Neukonzeption des Baugenehmigungsprozesses	5	grafische Abbildung des SOLL-Prozessablaufs	max. 5 Werktage	Ende KW 9	Projektleitung, Modellierer/-in	in Planung

Arbeitsschritt	Vorgänger	Ergebnis(se)	Dauer	Termin	Ressourcen	Status
7: Diskussion des neu strukturierten Baugenehmigungsprozesses mit ausgewählten Vertreter/-innen der Zielgruppe	6	ggf. Vorschläge für weitere Verbesserungen des Prozessablaufs, erzielte Akzeptanz	max. 12 Werktage	Ende KW 11	Projektleitung	in Planung
8: Abstimmung des neu strukturierten Baugenehmigungsprozesses sowie des weiteren Vorgehens mit dem Baudezernat	7	erzielter Konsens über neu strukturierten Baugenehmigungsprozess und das weitere Vorgehen zur Implementierung	max. 3 Werktage	Ende KW 12	Projektteam	in Planung
9: Implementierung des neu strukturierten Baugenehmigungsprozesses	8	modifizierter und institutionalisierter optimierter Baugenehmigungsprozess	max. 30 Werktage	Ende KW 19	Baudezernat mit Unterstützung des Projektteams	in Planung
10: Überwachung und kontinuierliche Verbesserung des Baugenehmigungsprozesses	–	sukzessive weiter verbesserter Baugenehmigungsprozess	fortlaufend	fortlaufend	Baudezernat, Beschwerdemanagement	in Planung
11: Erfolgsmessung	–	Ergebnis der zweiten Runde der Kundenbefragung nach Abschluss des Landesprojekts	keine Angabe	in ca. 18 Monaten	vom Land beauftragtes Meinungsforschungsinstitut	keine Angabe

3.2.2 Arbeitsaufträge zur Lernsituation

Web

1. Erstellen Sie einen Netzplan auf der Basis der im Projektplanungsformular gemachten Angaben zu den Arbeitsschritten, die im Rahmen des Projekts durchzuführen sind. (siehe Download-Bereich)

Hinweise zur Netzplanerstellung:

FAZ FEZ

Nr.	Bezeichnung	
D	GP	FP

SAZ SEZ

- Die Berechnungen beginnen mit der Vorwärtsrechnung. Vom Startvorgang aus berechnet man vorwärts in Richtung Projektende den frühestmöglichen Anfangs- (FAZ) und Endzeitpunkt (FEZ).
- Der erste FAZ des Startvorgangs ist 0. Ein FEZ für einen Vorgang errechnet man aus FEZ = FAZ + Dauer. Da ein Vorgang erst beginnen kann, nachdem sein Vorgänger beendet wurde, ist der FEZ des Vorgängers zugleich der FAZ aller Nachfolger. Hat ein Vorgang mehrere Vorgänger, so ist der späteste FEZ (größter Wert) der FAZ des Vorgangs.
- Nachdem der letzte FEZ festgestellt wurde, beginnt die Rückwärtsrechnung vom Zielvorgang bis zum Startvorgang. Dabei werden jeweils die spätesten Anfangs- (SAZ) und Endzeitpunkte (SEZ) bestimmt.
- Der FEZ des Zielvorgangs ist der SEZ des Projekts (des Zielvorgangs). Ein SAZ errechnet sich aus SAZ = SEZ – Dauer. Der so ermittelte SAZ ist zugleich der SEZ aller unmittelbaren Vorgänger. Wenn ein Vorgang mehrere Nachfolger hat, so ist der früheste SAZ (kleinster Wert) der SEZ des Vorgangs.
- Der Gesamtpuffer errechnet sich aus GP = SAZ – FAZ oder GP = SEZ – FEZ. Er ist die Zeitdauer, um die der Vorgang maximal ausgedehnt werden kann, ohne dass der Endtermin des Projekts gefährdet ist.
- Dagegen gibt der Freie Puffer die Zeitreserve des Vorgangs an, die ohne Auswirkungen auf die unmittelbaren Nachfolger (und damit auch auf das Gesamtprojekt) ist. Er berechnet sich aus FP = FAZ des Nachfolgers – FEZ des Vorgangs.

221065250

- Alle Vorgänge, bei denen keine Zeitreserven vorhanden sind (GP und FP sind 0), werden als kritische Vorgänge bezeichnet. Die Kette aller kritischen Vorgänge nennt man kritischen Weg.

2. Sie sollen für die Projektleitung zudem eine gesonderte Meilensteinplanung erstellen, die monatlich aktualisiert dem Bürgermeister per Projektstatusbericht vorgelegt werden soll. Über welche Meilensteine würden Sie in einem Projektstatusbericht berichten? Begründen Sie Ihre Wahl. (siehe Download-Bereich) Web

   Würden Sie auch einen oder mehrere Ampelstatus für das Projekt angeben? Wenn ja, welche? Begründen Sie Ihre Antwort kurz.

Hinweise zu Meilensteinen und zum Projektstatus

- **Begriffsdefinition „Meilenstein“:** Ein Meilenstein ist ein bestimmtes, in seiner Bedeutung herausragendes Ereignis auf dem Weg zur Projektrealisierung, dessen Eintreten an einen bestimmten Termin gebunden ist. Daher sind bei der obigen Aufgabenstellung diejenigen Projektereignisse (mit Terminangabe) anzugeben, die maßgeblich für die erfolgreiche Restrukturierung des Baugenehmigungsprozesses sind, sodass bei Verzug Gegenmaßnahmen getroffen werden können.
- **Projektstatus:** Der Projektstatus in Bezug auf das Gesamtprojekt oder einzelne besonders wichtige Aspekte wie Fortschritt, Finanzen oder Personal wird in entsprechenden Statusberichten häufig visualisiert. Hierbei wird häufig der Ampelstatus verwendet.

  Gesamtampelstatus:

(rot)	Das Projekt wird auf keinen Fall rechtzeitig beendet und das Projektziel nicht erreicht.
(gelb)	Es ist fraglich, ob das Projekt rechtzeitig beendet und das Projektziel erreicht werden kann.
(grün)	Das Projekt wird auf jeden Fall rechtzeitig beendet und das Projektziel erreicht.

3.3 Verwaltungsprozesse analysieren

3.3.1 Lernsituation

Analyse des aktuellen Ablaufs des Baugenehmigungsprozesses

Im Rahmen der Optimierung von Verwaltungsprozessen wird in der Regel zunächst der aktuelle Prozessablauf analysiert, um Schwachstellen und Optimierungspotenziale zu erkennen sowie ggf. eine sogenannte „Null-Messung“ der Dauer der einzelnen Prozessschritte durchzuführen. Die Ergebnisse dieser „Null-Messung“ dienen der Messung der Verbesserungen bei den Bearbeitungs- und Durchlaufzeiten des Prozesses nach erfolgter Optimierung.

Der Projektleiter, der bereits mehrfach an Prozessoptimierungsprojekten beteiligt war, beschließt daher zu Beginn dieses Arbeitsschrittes, den aktuellen Prozessablauf zunächst grafisch abzubilden. Hierzu bietet sich die Verwendung von Instrumenten wie z. B. Arbeitsablaufkarte, Flussdiagramme oder spezielle Softwareprogramme für die Prozessmodellierung (z. B. ereignisgesteuerter Prozessketten) an.

Da der Auszubildende in der Berufsschule gerade die Verwendung von Arbeitsablaufkarten für die Prozessabbildung kennengelernt hat, entscheidet sich der Projektleiter für den Einsatz dieses Instrumentes, damit ihn der Auszubildende bei der Prozessanalyse besser unterstützen kann.

Allerdings ist dem Auszubildenden die Aufgabenverteilung im Neustädter Bauordnungsamt noch nicht ganz klar. Er bittet daher den Projektleiter um Hilfestellung. Da sie im Projekt bisher gut vorangekommen sind, erklärt sich dieser gerne dazu bereit.

Zunächst zeichnet er ein Bild der aktuellen **Aufbauorganisation des Bauordnungsamts** auf einem Flipchart auf und erläutert die wesentlichen Aufgaben der Organisationseinheiten:

Aufbauorganisation und Aktenfluss bei der Baugenehmigung im Bauordnungsamt

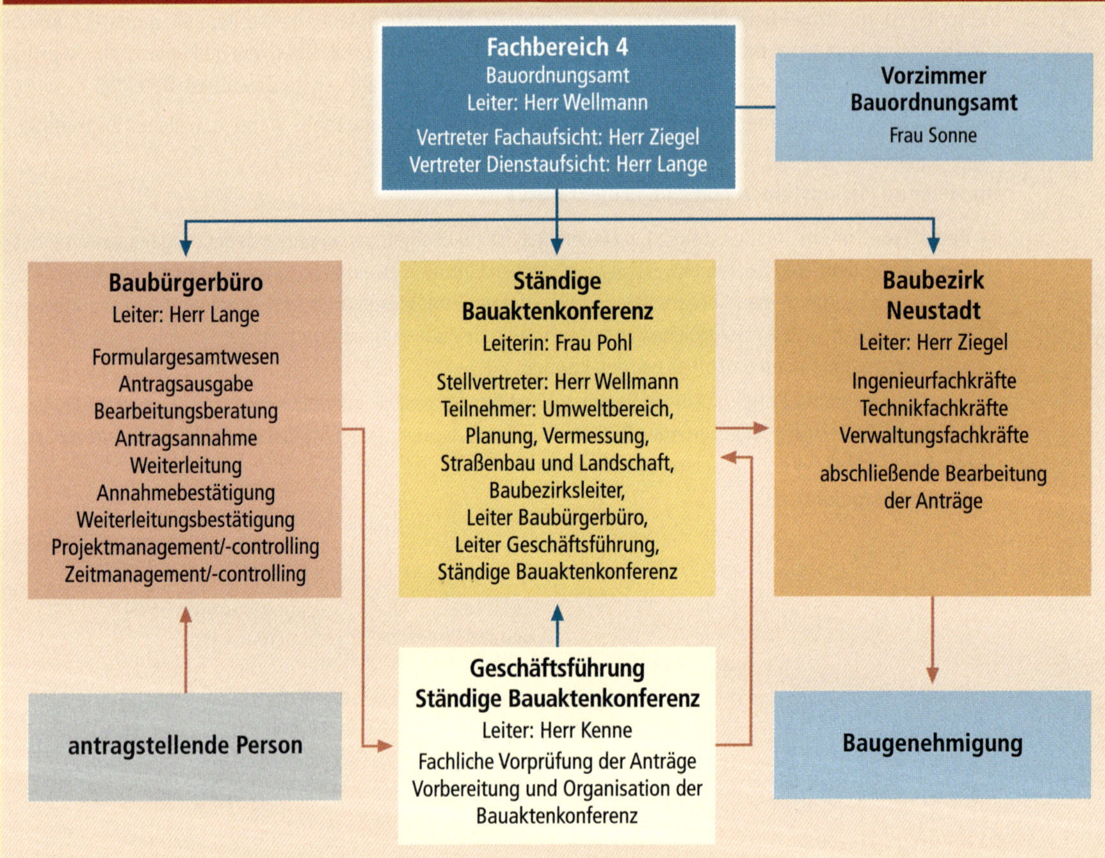

Wesentliche Aufgaben der Organisationseinheiten

Für den Baubereich wurde bei der letzten Reorganisation des Baugenehmigungsprozesses vor zwei Jahren ein eigenes Baubürgerbüro eingerichtet, das im Wesentlichen folgende Aufgaben hat:

- Ausgabe von Formularen (z. B. für Bauanträge)
- Annahme von Bauanträgen, Vergabe der Bauaktenzeichen (→ Führung des Bauaktenzentralregisters und des Bauaktenarchivs) sowie Bestätigung der Weiterleitung des Bauantrags an die Geschäftsführung der Bauaktenkonferenz
- Prüfung der Bauanträge auf Vollständigkeit
- Unterstützung der Bauwilligen bei formalen und einfachen inhaltlichen Fragestellungen zum Bauantrag
- softwaregestützte Überwachung des Baugenehmigungsprozesses und der Bearbeitungs- sowie Durchlaufzeiten

Ebenfalls neu eingerichtet wurde vor zwei Jahren die Bauaktenkonferenz, die über eine eigene Geschäftsführung zur fachlichen Vorbereitung der Bauanträge und die Vorbereitung sowie Organisation der Bauaktenkonferenz verfügt. Sie hat im Wesentlichen folgende Aufgaben:

- wöchentliche Sitzung aller am Genehmigungsverfahren beteiligten Fachämter der Stadt Neustadt unter Vorsitz des Baudezernenten
- Durchführung der Bauvorprüfung (nach § 72 der Landesbauordnung)
- Entscheidung über die zu beteiligenden Fachämter bzw. die einzuholenden fachlichen Stellungnahmen
- Terminvorgaben und Arbeitshinweise für den Baubezirk

Der Baubezirk bearbeitet die Bauanträge abschließend: Er erteilt Baugenehmigungen auf der Basis der Terminvorgaben und Arbeitshinweise der Bauaktenkonferenz oder lehnt Bauanträge ab. Außerdem bearbeitet er Widersprüche und Klageverfahren.

Der Baugenehmigungsprozess läuft dabei in der Regel so ab, dass der Bauantrag vom Bauwilligen im Baubürgerbüro eingereicht wird, von dort zunächst an die Geschäftsführung der Ständigen Bauaktenkonferenz geht, anschließend in der nächsten turnusmäßigen Sitzung der Ständigen Bauaktenkonferenz behandelt wird und von dort an den Baubezirk geht, der schließlich die Baugenehmigung erteilt, wenn alle notwendigen Stellungnahmen eingeholt worden sind.

Nach dieser Erläuterung durch den Projektleiter hat der Auszubildende einen besseren Überblick über die Tätigkeit der Bauverwaltung, auch wenn ihm noch nicht ganz klar ist, wie der Baugenehmigungsprozess im Detail aussieht. Aber der soll ja auch noch erhoben werden – und zwar im Rahmen einer sogenannten **Live-Modellierung** des Prozessablaufs. Hierbei befragt ein Interviewer oder eine Interviewerin die Fachkräfte der Bauverwaltung nach dem konkreten Prozessablauf, den durchgeführten Aktivitäten, den verwendeten Arbeitsmitteln und Instrumenten, den erstellten Arbeitsergebnissen, den fachlichen und datentechnischen Schnittstellen usw. Eine zweite Person visualisiert parallel den Prozessablauf, entweder auf vorbereiteten Charts, Formularen oder digital auf einem Laptop unter Verwendung eines entsprechenden Softwaretools, wobei das Prozessmodell per Beamer an die Wand projiziert wird. Die Projektleitung vertritt das KISS-Prinzip („Keep it simple and stupid") und favorisiert daher die Erstellung eines Verlaufsprotokolls der Befragung, auf dessen Basis im Nachgang zur Befragung der Baugenehmigungsprozess auf einer Arbeitsablaufkarte grafisch abgebildet wird. Zur Qualitätssicherung wird die Arbeitsablaufkarte nach Fertigstellung den Befragten zur Verfügung gestellt. Deren Änderungswünsche werden zum Abschluss dieses Projektschritts in die Arbeitsablaufkarte eingearbeitet.

Da ein Termin mit allen Beteiligten am Baugenehmigungsprozess wider Erwarten schnell gefunden ist, steht der Detailerhebung des aktuellen Ablaufs des Baugenehmigungsprozesses nichts mehr im Wege. Der Auszubildende wird vom Projektleiter mit der Protokollführung beauftragt.

Eröffnung:	Projektleitung	Begrüßung aller Beteiligten und Erläuterung der Aufgabenstellung
Frage:	Projektleitung	Wann muss ich denn überhaupt einen Bauantrag stellen?
Antwort:	Herr Lange	Bauantragspflichtig sind alle Baumaßnahmen, wenn sie nicht ausdrücklich vom Gesetzgeber, z. B. in der Landesbauordnung, freigestellt wurden. Auch die Nutzungsänderung von Gebäuden ist – unabhängig davon, ob Bauteile geändert werden müssen oder nicht – dann baugenehmigungspflichtig, wenn die Nutzungsänderung baurechtliche Auswirkungen hat, z. B. im Bereich des Brand-, Schall- oder Wärmeschutzes oder hinsichtlich des Pkw-Stellplatzaufkommens.
Frage:	Projektleitung	Durch welches Ereignis wird der Baugenehmigungsprozess angestoßen?
Antwort:	Herr Lange	In der Regel durch die Abgabe eines Bauantrags.
Antwort:	Frau Sonne	Ja, aber es kann auch eine Bauvoranfrage gestellt werden. Oder Bauwillige kommen einfach zu uns ins Baubürgerbüro, um sich mal unverbindlich beraten zu lassen, z. B. weil sie ein attraktives Grundstück in Aussicht haben und jetzt überlegen, ob und wie sie dies ggf. bebauen können.
Resümee:	Projektleitung	Klar ist jedenfalls, dass Bauwillige – seien es nun Unternehmen oder Privatpersonen – ins Baubürgerbüro gehen müssen, um sich beraten zu lassen, eine Bauvoranfrage zu stellen oder einen Bauantrag einzureichen. Dafür haben wir das Baubürgerbüro vor zwei Jahren eingerichtet.
Hinweis:	Herr Ziegel	Leider ist es ja bei uns noch nicht möglich, einen Bauantrag online einzureichen.
Erwiderung:	Frau Sonne	Das ist richtig. Aber dafür haben wir bereits begonnen, die Formulare als PDF-Dokumente zum Download bereitzustellen, und überlegen nun, weitere Informationen und Hilfestellungen für Bauwillige anzubieten.
Frage:	Projektleitung	Welche Unterlagen muss man denn als Bauwilliger einreichen, wenn man einen Bauantrag stellt?
Antwort:	Herr Lange	Nun, das hängt natürlich von der Komplexität des Bauvorhabens ab. Bei einem komplexen Gewerbebau kann eine ganze Menge zusammenkommen: Neben dem ausgefüllten und unterschriebenen Antragsformular sind zusätzlich beispielsweise notwendig: ein Lageplan, ein Auszug aus der Liegenschaftskarte/Flurkarte und aus der Deutschen Grundkarte, Bauzeichnungen, eine Baubeschreibung, eine Betriebsbeschreibung, eine Berechnung des umbauten Raumes, bautechnische Nachweise (Statik, Schall- und Wärmeschutz) sowie ein Brandschutzkonzept. Da bei solchen Vorhaben

		meist eine ganze Reihe anderer Fachämter der Verwaltung beteiligt werden müssen, sollen meist mehrere Ausfertigungen der Bauvorlagen eingereicht werden, um das Verfahren zu beschleunigen.
Antwort:	Frau Pohl	Im Geltungsbereich eines Bebauungsplans bedürfen die Errichtung und Änderung von Wohngebäuden jedoch keiner Baugenehmigung, wenn es sich nicht um ein Hochhaus handelt und von den Regelungen des jeweiligen Bebauungsplans nicht abgewichen wird und auch die Erschließung gesichert ist. Das Verfahren nennt sich dann Anzeige auf Freistellung oder Freistellungsverfahren. Freigestellt sind auch Nebengebäude und Nebenanlagen wie z. B. Garagen und Kfz-Stellplätze unter 100 qm sowie Einfriedungen. So ein Freistellungsverfahren nimmt wenig Zeit in Anspruch, muss aber beim Bauordnungsamt mit Antragsformular, Lageplan und weiteren Bauvorlagen angezeigt werden. Wenn einen Monat nach Eingang der vollständigen erforderlichen Unterlagen keine verwaltungsseitige Mitteilung vorliegt, dass ein förmliches Baugenehmigungsverfahren durchgeführt werden muss, darf der oder die Bauwillige mit den Bautätigkeiten beginnen.
Antwort:	Herr Lange	Außerdem gibt es noch ein vereinfachtes Genehmigungsverfahren mit einer nur eingeschränkten Prüfung der Bauaufsicht, bei dem vor allem kleine und mittlere Vorhaben wie z. B. Garagen, Carports, Wohngebäude, kleine Gaststätten mit nicht mehr als 40 Gastplätzen, Verkaufsstätten mit nicht mehr als 700 qm oder Nutzungsänderungen in Gebäuden geprüft werden – sofern sie nicht unter das Freistellungsverfahren fallen. Je nach Art und Umfang des Vorhabens müssen jedoch einige Unterlagen wie z. B. Nachweise über Schall- und Wärmeschutz, Standsicherheit und Brandschutz bis spätestens zum Baubeginn eingereicht werden.
Frage:	Projektleitung	Das ist ja ganz schön unübersichtlich. Wir haben also das „normale" Baugenehmigungsverfahren, ein vereinfachtes Genehmigungsverfahren und ein Freistellungsverfahren. Gibt es auch noch Vorhaben, die ich mir nicht mehr genehmigen lassen muss – oder gibt es so was in Deutschland gar nicht mehr?
Antwort:	Frau Pohl	Doch, doch: Tatsächlich gibt es auch noch genehmigungsfreie Vorhaben und Anlagen, bei denen eine baurechtliche Genehmigung nicht erforderlich ist. Zu denen zählen bestimmte Gebäude bis zu 30 qm Rauminhalt (z. B. ohne WC), nicht überdachte Stellplätze für Pkws und Motorräder bis zu insgesamt 100 qm, Einfriedungen bis zu 2,0 m Höhe – sofern sie nicht an öffentliche Verkehrsflächen angrenzen, Verkleidungen von Balkonbrüstungen, Parabolantennen mit Reflektorschale bis zu einem Durchmesser von 1,2 m sowie Änderungen der äußeren Gestaltung von Gebäuden, z. B. durch Anstrich, Verputz, Verfugung oder den Austausch von Fenstern. Und wenn deine Frau aus dem Wohnzimmer ein Schlafzimmer machen möchte, was ja eine Nutzungsänderung ist, dann braucht sie einzig und allein deine Genehmigung. Das ist doch echt unbürokratisch – oder? Allerdings gilt natürlich wie immer: keine Regel ohne Ausnahme: In bestimmten Stadtgebieten gelten teilweise abweichende Regelungen. Sonst wäre es ja auch zu einfach ...
Frage:	Projektleitung	Na, dann haben wir das auch geklärt. Nun aber nochmal zurück zum „normalen" Baugenehmigungsprozess, den wir hier erst einmal aufnehmen wollen. Ich habe als Bauwilliger jetzt meinen Bauantrag mit allen erforderlichen Unterlagen beim Baubürgerbüro eingereicht. Was passiert nun damit im Baubürgerbüro?
Antwort:	Herr Lange	Wir erstellen für den abgebenden Bauwilligen oder die abgebende Bauwillige eine Annahmebestätigung, erfassen die Stammdaten des Antrags in der Bausoftware für das Antragscontrolling und leiten den Bauantrag an die Geschäftsführung der Ständigen Bauaktenkonferenz weiter. Hierzu wird auch eine Weiterleitungsbestätigung erstellt.
Frage:	Projektleitung	Und was passiert dann?
Antwort:	Herr Kenne	Na, wie immer im Amt: Erstmal wird geprüft. In diesem Fall vor allem formal, insbesondere auf Vollständigkeit der Unterlagen.
Frage:	Projektleitung	Und da gibt es zwei Möglichkeiten: Alle Unterlagen sind vollständig vorhanden oder es fehlt ein Teil.
Antwort:	Herr Kenne	Korrekt: Wenn der Antrag nicht vollständig ist oder der Antrag grob fehlerhaft ist, wird der Antrag zurückverwiesen an die Person, die den Antrag gestellt hat. Ist alles da, geht der Antrag direkt in die Ständige Bauaktenkonferenz. Schließlich ist nicht viel Zeit, denn das Gesetz in Form der Bauordnung NRW schreibt vor, dass innerhalb von einer Woche geprüft werden muss, ob der Antrag anforderungsgerecht ist, welche Genehmigungen erforderlich sind und welche Sachverständigen einbezogen werden müssen. Diese Vorprüfung erfolgt in der Ständigen Bauaktenkonferenz, die daher auch wöchentlich tagen muss.
Frage:	Projektleiter	Und was ist das Ergebnis dieser Vorprüfung?

Antwort:	Herr Kenne	In komplexen Fällen wird festgelegt, bis zu welchem Termin welche Fachämter bzw. Sachverständigen Stellungnahmen oder Einwendungen zu erbringen haben und von daher die Bauunterlagen benötigen. In einfachen Fällen, wo dies nicht notwendig ist, gibt die Ständige Bauaktenkonferenz grünes Licht für die Erstellung der Baugenehmigung.
Frage:	Projektleitung	Und wie sind die Fristen für die Fachämter bzw. Sachverständigen?
Antwort:	Frau Pohl	Die einzubeziehenden anderen Fachbereiche der Stadtverwaltung haben maximal zwei Monate Zeit für die Erstellung der Stellungnahmen. Staatliche Behörden haben maximal einen Monat für ihre Einwendungen, ebenso wie Anwohnende und Angrenzende. Rückfragen an die Antragstellerin oder den Antragsteller müssen selbstverständlich innerhalb dieser Fristen gestellt werden. In NRW ist das auch nachzulesen in den §§ 72 und 74 der Landesbauordnung.
Frage:	Projektleitung	Und wenn nun alle geliefert haben: Wie geht es weiter?
Antwort:	Herr Ziegel	Der ganze Vorgang geht an den Baubezirk, der den Bauantrag abschließend bearbeitet und die Baugenehmigung erstellt.
Frage:	Projektleitung	Ist das Ergebnis der schriftliche Baubescheid, der der antragstellenden Person vom Baubezirk übermittelt wird und ihr bestätigt, dass ihr Bauvorhaben dem zurzeit geltenden öffentlichen Baurecht entspricht?
Antwort:	Herr Ziegel	Richtig. Diese Baugenehmigung gilt erst einmal drei Jahre, wobei bei Verzögerungen des Baubeginns ein Antrag auf Verlängerung der Genehmigungsdauer um jeweils ein Jahr gestellt werden kann. Aber in den meisten Fällen wird die Antragstellerin oder der Antragsteller schnell mit den Bautätigkeiten loslegen. Sie oder er darf aber nicht vergessen, dass sie oder er noch Baufertigstellungsanzeigen beim Baubezirk machen muss: das erste Mal, wenn der Rohbau fertig ist, und dann noch, wenn das Gebäude bezugs- oder nutzungsfähig ist. Erst wenn der Baubezirk – meistens nach einer Bauzustandsbesichtigung, bei der die Übereinstimmung der wesentlichen Bauteile mit der Baugenehmigung und den geltenden Bestimmungen geprüft wird – die Baufreigabe erteilt hat, ist der Prozess für die Antragstellerin oder den Antragsteller beendet. Im Baubezirk muss dann noch die Bauakte abgeschlossen und der Vorgang im sogenannten Bauaktenarchiv archiviert werden. Außerdem ist der Vorgang natürlich auch in der Bausoftware abzuschließen.
Resümee:	Projektleitung	Ich schlage vor, dass wir an dieser Stelle ebenfalls abschließen, denn es ist schon fast 13:00 Uhr und mir knurrt der Magen. Vielen Dank, dass Sie so bereitwillig und ausdauernd Auskunft gegeben haben. Wir werden den Prozess nun modellieren und hoffen, dass wir Sie bei Rückfragen zumindest telefonisch noch einmal belästigen dürfen.

3.3.2 Arbeitsaufträge zur Lernsituation

1. Füllen Sie den auf der Folgeseite abgebildeten Vordruck einer Arbeitsablaufkarte auf der Basis Ihres derzeitigen Informationsstandes aus (siehe Download-Bereich), indem Sie die Aktivitäten der am Baugenehmigungsprozess beteiligten Organisationseinheiten in der Reihenfolge ihrer Bearbeitung eintragen und miteinander verbinden. Beschreiben Sie ggf. kurz mündlich, an welchen Stellen nach Ihrer Auffassung noch Unklarheiten bezüglich des Prozessablaufs bestehen. Gehen Sie von einem idealtypischen Antragsverfahren (ohne Probleme, Rückfragen und ähnliche Schleifen) für die Genehmigung eines umfangreichen Gewerbebaus aus.
2. Wo bestehen Ihrer Meinung nach Schwachstellen bei der Genehmigung von Bauanträgen?
3. Mit welchen Gegenmaßnahmen sind diese Schwachstellen behebbar? Führen Sie geeignet erscheinende Maßnahmen auf und schätzen Sie die Umsetzbarkeit ein.

Web

Arbeitsablaufkarte

Arbeitsablauf: ____________________

Abteilung: ____________________

Lfd. Nr.	Stufen des Arbeitsablaufs	Symbole
Summe		

Legende:

Bearbeitung/Tätigkeit – Transport/Weiterleitung – Prüfung – Verzögerung/Warten – Lagerung/Ablage

3.4 Verwaltungsprozesse neu strukturieren

3.4.1 Lernsituation

Das virtuelle Bauamt der Stadt Digithal als Vorbild für Neustadt

Der Bürgermeister hat am Wochenende Freunde in der Stadt Digithal besucht und von diesen erfahren, dass es dort bereits ein virtuelles Bauamt gibt. In Digithal ist es somit möglich, Bauanträge online in digitalisierter Form einzureichen und zu bearbeiten. Der Bürgermeister findet diese Möglichkeit hochinteressant und bittet daher sein Projektmanagement um Prüfung, ob die Einrichtung eines virtuellen Bauamts auch eine Möglichkeit für die Stadt Neustadt sein könnte, um den Baugenehmigungsprozess zu optimieren und die Zufriedenheit der Antragstellerinnen und Antragsteller zu steigern.

Das Projektmanagement der Stadt Neustadt informiert sich daher vor Ort bei der Projektleitung des Digithaler Pilotprojekts über das virtuelle Bauamt, um sich selbst ein Bild von den Möglichkeiten und Kosten eines solchen Projekts zu machen. Folgende Informationen werden von der Dienstreise mit zurück nach Neustadt gebracht:

Die Stadt Digithal hat ein **virtuelles Bauamt** eingerichtet. Das virtuelle Bauamt liegt aus Sicherheitsgründen außerhalb des Intranets der Stadtverwaltung in einem sogenannten Extranet. Es handelt sich dabei um einen gesicherten Bereich, den nur Berechtigte mit gültigem Benutzernamen und Passwort über eine Login-Maske im Internet auf der Homepage der Stadtverwaltung Digithal erreichen können. Autorisierte Mitarbeiterinnen und Mitarbeiter der Bauverwaltung können das virtuelle Bauamt ebenfalls über eine Login-Maske im Intranet der Stadtverwaltung erreichen. Im virtuellen Bauamt sind beispielsweise Katasterkarten, Pläne und sonstige Dokumente in digitaler Form abgelegt, die für Bauvorhaben relevant sind und von berechtigten Personen kostenfrei verwendet werden dürfen.

Berechtigte Personen wie z. B. Architekturschaffende haben nunmehr die Möglichkeit, sich im virtuellen Bauamt geschützte **virtuelle Projekträume** einzurichten, um ihre Bauvorhaben dort planerisch bis zur Antragstellung für eine Baugenehmigung voranzutreiben. Städtisches Kartenmaterial und Pläne wie z. B. Katasterkarten sind in digitaler Form abgelegt und können kostenfrei für die Bauplanung und Antragstellung eingesetzt werden. Im Vorfeld der Antragstellung können auf elektronischem Weg Stellungnahmen kommunaler Fachämter angefordert werden. Die berechtigten Personen können zudem weitere Personen in ihren Projektraum einladen, um diese am elektronischen Planungsprozess zu beteiligen. Zusätzlich zur reinen Datei- und Dokumentenverwaltung gibt es die Möglichkeit, digital vorliegende Baupläne mittels CAD (Computer Aided Design)-Viewer anzuzeigen und ggf. weitere Ebenen über einen vorliegenden digitalen Bauplan zu legen. So können unterirdische Leitungssysteme, Gebäude oder auch das Luftbild über den Bebauungsplan gelegt werden.

Hat die berechtigte Person ihre Bauplanungen im virtuellen Projektraum fertiggestellt, kann sie dort den elektronischen Antrag auf Baugenehmigung ausfüllen und diesen zusammen mit ihren Bauplanungsunterlagen elektronisch an die Stadtverwaltung übermitteln. Unterstützt wird sie dabei durch einen mit Baurechts-Know-how ausgestatteten Formularserver, der sie bei der Erstellung des elektronischen Antrags auf Baugenehmigung unterstützt, indem er Plausibilitäts- und Vollständigkeitsprüfungen durchführt und ggf. Hilfestellungen bietet. Eine elektronische Antragstellung ist allerdings nur möglich, wenn die nutzungsberechtigte Person über eine Signaturkarte verfügt, um Dokumente digital unterschreiben zu können.

Nach vollständigem Ausfüllen des digitalen Antrags auf Baugenehmigung und digitaler Unterschrift mittels Signaturkarte kann der Antrag abgesandt werden. Die Daten werden über eine abgesicherte Verbindung an die elektronischen Baugenehmigungssysteme in der Bauverwaltung der Stadt Digithal übermittelt und können nunmehr digital weiterverarbeitet werden, wobei der Genehmigungsfortschritt jederzeit über Statusabfragen transparent gemacht werden kann. Aus Sicherheitsgründen wird allerdings derzeit noch ein Exemplar der digitalen Bauakte ausgedruckt und in Papierform archiviert.

Das Bauamt enthält eine entsprechende Eingangsmeldung und prüft die Unterlagen zunächst auf Vollständigkeit, erstellt ein Aktenzeichen und initialisiert seinerseits einen eigenen virtuellen Projektraum innerhalb des virtuellen Bauamts, der als **digitale Bauakte** bezeichnet wird.

Allen zu beteiligenden Fachämtern (z. B. Feuerwehr, Umweltamt, aber auch Landesämtern usw.), aber auch ggf. zu beteiligenden Dritten wie Nachbarinnen und Nachbarn (im Rahmen der Bürgerbeteiligung) kann ein vollständiger oder eingeschränkter Zugriff auf die digitale Bauakte ermöglicht werden. Gegebenenfalls notwendige **interne Abstimmungsprozesse zwischen den verschiedenen Fachämtern** können ebenfalls über die virtuelle Bauakte abgewickelt werden. Das hat den Vorteil, dass die Akten nicht mehr von Amt zu Amt wandern müssen. Paralleles und zeitgleiches Arbeiten wird möglich.

3.4.2 Arbeitsaufträge zur Lernsituation

1. Betrachten Sie die Arbeitsablaufkarte des bestehenden Baugenehmigungsprozesses in der Stadt Neustadt: Unterscheidet sich der Ablauf des Baugenehmigungsprozesses in der Stadt Digithal grundsätzlich von dem in der Stadt Neustadt? Wenn ja, bezüglich welcher Aktivitäten bzw. Prozessschritte? Wenn nein, warum nicht? Begründen Sie Ihre Einschätzung.
2. Wie müsste der Baugenehmigungsprozess in der Stadt Neustadt im Falle einer Digitalisierung nach dem Vorbild der Stadt Digithal umgestaltet werden? Stellen Sie den neu konzeptionierten Baugenehmigungsprozess mittels Arbeitsablaufkarte dar und beschreiben Sie bei jedem Prozessschritt, ob und ggf. was konkret getan werden muss, um ein virtuelles Bauamt in der Stadt Neustadt einzurichten. (siehe Download-Bereich)

Web

3. Welche Grenzen und Schwachstellen gibt es bei Verwendung der Arbeitsablaufkarte als Instrument der Prozessanalyse? Welche Instrumente bzw. Methoden sind ggf. besser geeignet? Warum? Begründen Sie Ihre Einschätzung.
4. Können die Schwachstellen des bestehenden Neustädter Baugenehmigungsprozesses (siehe Befragungsergebnisse des Meinungsforschungsinstituts) durch die Neustrukturierung des Prozesses im Rahmen der Einrichtung eines virtuellen Bauamts behoben werden? Begründen Sie Ihre Einschätzung.
5. Wer sind die Hauptprofiteure eines virtuellen Bauamts in der Stadt Neustadt? Ist der Nutzen, der ihnen entsteht, eher finanziell-quantitativer oder eher qualitativer Natur? Begründen Sie Ihre Einschätzung und nennen Sie die Hauptvorteile eines digitalisierten Baugenehmigungsprozesses.
6. Welche Voraussetzungen müssen in der Stadt Neustadt gegeben sein, wenn ein Projekt zur Einrichtung eines virtuellen Bauamts nach dem Vorbild der Stadt Digithal erfolgreich durchgeführt und abgeschlossen werden soll?

3.5 Aufgaben

3.5.1 Auswertung von Ergebnissen einer Kundenbefragung zu Leistungen der Bauverwaltung

Situation

Der Projektleiter des Reorganisationsprojekts der Neustädter Bauverwaltung ist sehr im Stress und gibt Ihnen daher folgenden Bericht des Beschwerdemanagements zwecks Auswertung und anschließenden Briefings:

Bericht des Beschwerdemanagements

Anzahl der Beschwerden im Berichtsjahr: 256 (100,0 %)
- davon Bauverwaltung: 115 (44,9 %)
  - davon von Bürgerinnen und Bürgern: 59 (51,3 %)
  - davon von Unternehmen: 56 (48,7 %)

Art der Beschwerde		
Analyse nach Dienstleistungen	**Anzahl an Vorgängen (Bürger/-innen, Unternehmen)**	**davon mit Beschwerden (Bürger/-innen, Unternehmen)**
Durchführung von Bauberatungen	46 (30/16)	16 (8/8)
Erstellung Bauvorbescheid bzw. Baugenehmigung/Freistellung	165 (135/30)	60 (41/19)
Genehmigung von Gebäudeabbrüchen	5 (2/3)	0 (0/0)
Durchführung der Bauaufsicht während der Baudurchführung	315 (219/96)	35 (10/25)
Ordnungsbehördliche Überwachung	7 (1/6)	4 (0/4)
Auskünfte aus dem Bauaktenarchiv	385 (296/89)	0 (0/0)
Summen	**923 (683/240)**	**115 (59/56)**

221065258

Dienstleistungsqualität	Beschwerden	Bürger	Unternehmen
Schnelligkeit bei der Bearbeitung des Anliegens	24	8	16
Verständlichkeit von Formularen	21	16	5
Nachvollziehbarkeit der Verwaltungsentscheidungen	19	9	10
Eigeninitiative der Beschäftigten	17	10	7
Verständnis der Beschäftigten für Kundenbedürfnisse	16	6	10
Erreichbarkeit der Beschäftigten	6	3	3
Sonstige	12	7	5
Summen	**115**	**59**	**56**

Qualitative Analyse der Beschwerden zur Bauverwaltung (→ typische Beschwerden)

1. Die Beschäftigten der Bauverwaltung sind telefonisch nicht zu erreichen.
2. Die Beschäftigten der Bauverwaltung sind unfreundlich.
3. Die Auskünfte der Beschäftigten der Bauverwaltung sind unverständlich.
4. Die Beschäftigten der Bauverwaltung schikanieren uns bei der Bauabnahme.
5. Die Auflagen des Bebauungsplans sind völlig unsinnig.
6. Die Beschäftigten der Bauverwaltung sind „Paragrafenreiter".
7. Auch bei einfachen Sachverhalten dauert die Erteilung von Genehmigungen viel zu lange.
8. Die Abstimmung zwischen den beteiligten Stellen in der Stadtverwaltung funktioniert nur teilweise.
9. Sobald die Landesverwaltung beteiligt werden muss, „geht gar nichts mehr".

Arbeitsaufträge zur Situation

1. Welche Erkenntnisse erhalten Sie anhand der abgebildeten Auswertung des Beschwerdemanagements zu Leistungen der Bauverwaltung?
2. Vergleichen Sie die Ergebnisse der Befragung des Meinungsforschungsinstituts (vgl. Kapitel 3.1) mit den Ergebnissen des Beschwerdemanagements. Decken sich die Ergebnisse bzw. sind diese konsistent? Begründen Sie Ihre Antwort.
3. Welche Sofortmaßnahmen zur Steigerung der Kundenzufriedenheit würden Sie der Projektleitung empfehlen? Begründen Sie Ihre Vorschläge.

3.5.2 Schwachstellenanalyse des Baugenehmigungsprozesses in einer Kommunalverwaltung

Situation

In einer Besprechung mit dem Baudezernenten und seinen leitenden Mitarbeitenden sollen Schwachpunkte des Baugenehmigungsprozesses in der Stadtverwaltung identifiziert werden. Trotz des stets vollen Terminkalenders des Baudezernenten kann kurzfristig ein Besprechungstermin zu Beginn des nächsten Tages vereinbart werden.

Der Baudezernent eröffnet das Treffen und macht zu Beginn unmissverständlich deutlich, dass er wenig begeistert davon ist, dass schon wieder in seinem Dezernat eine Prozessoptimierung durchgeführt werden soll. Schließlich liegt die letzte Prozessoptimierung erst zwei Jahre zurück.

Die Projektleitung wirft daraufhin ein, dass die vor zwei Jahren durchgeführte Prozessoptimierung – wenn man die Ergebnisse der Analysen des Meinungsforschungsinstituts sowie des Beschwerdemanagements zugrunde legt – offenbar bei den bauwilligen Bürgerinnen und Bürgern sowie Unternehmen als Verwaltungskundinnen und -kunden nicht sehr gut angekommen ist, sodass man in diesem Bereich als Modellkommune des Landes nunmehr unbedingt etwas tun muss.

Der Mitarbeiter des Organisationsreferats, der an der damaligen Prozessoptimierung im Baudezernat beteiligt war, weist darauf hin, dass die damalige Prozessoptimierung im Baudezernat und die vorgenommenen Veränderungen in der Aufbau- und Ablauforganisation vor allem dadurch motiviert waren, dass die Staatsanwaltschaft Ermittlungen wegen des Verdachts von Korruption im Baudezernat durchgeführt hatte.

Der Baudezernent erwidert daraufhin, dass dieser Hinweis zwar richtig ist, erinnert aber daran, dass die Ermittlungen der Staatsanwaltschaft, die damals das Baudezernat umfassend untersucht hatte, sich als weitgehend gegenstandslos erwiesen und nur einen einzigen Korruptionsfall einer hoch verschuldeten Mitarbeiterin der Bauverwaltung aufdecken konnten. Gleichwohl wurden umfangreiche organisatorische Vorkehrungen getroffen, um Korruption im Baubereich zu verhindern. Bei dieser Reorganisation wurden jedoch auch Prozessoptimierungen vorgenommen, die zur deutlichen Verringerung der Zeitdauer vom Eingang bis zur Erteilung der Baugenehmigung führten. So wurde beispielsweise die turnusmäßig wöchentlich stattfindende Bauaktenkonferenz eingeführt, an der alle im Rahmen von Baugenehmigungsverfahren ggf. zu beteiligenden Fachämter der Stadtverwaltung Neustadt beteiligt sind. Im Rahmen der Bauaktenkonferenz werden alle eingegangenen und von der Bauvorprüfungsstelle formal (insbesondere auf Vollständigkeit) vorgeprüften Bauanträge zunächst dahingehend analysiert, welche Fachämter im jeweiligen Einzelfall zu beteiligen sind. Potenzielle Problemfelder bei Bauanträgen werden identifiziert und mögliche Lösungsansätze diskutiert. Anschließend erhalten alle zu beteiligenden Fachämter die relevanten Unterlagen und bearbeiten diese parallel (im sogenannten Sternverfahren). Dabei erfolgt eine automatische softwaregestützte Aktenumlauf- und Terminkontrolle. Die Verfahrensablösung des zuvor praktizierten zeitaufwändigen Ringverfahrens, bei dem die Bauakte zum Einholen der notwendigen Stellungnahmen von einer beteiligten Fachbehörde zur nächsten wanderte, durch die Bauaktenkonferenz war nach Meinung des Baudezernenten ein großer Fortschritt.

Die Projektleitung bestätigt diese Einschätzung, weist aber darauf hin, dass die Verfahrensumstellung mittlerweile schon wieder zwei Jahre her ist und viele Kommunen mittlerweile ihre Baugenehmigungsprozesse entsprechend optimiert haben, sodass ein entsprechendes Alleinstellungsmerkmal der Kommune Neustadt nicht mehr gegeben ist.

Das Beschwerdemanagement sieht ein wesentliches Problem darin, dass die Mitarbeitenden der Bauverwaltung durch die damaligen Ermittlungen der Staatsanwaltschaft erheblich verunsichert worden sind und seither bei der Beurteilung von Bauanträgen extrem formal agieren. Bestehende Bewertungsspielräume bei der Einschätzung von Sachverhalten werden häufig nicht ausgenutzt, Entscheidungen so weit wie möglich in der Hierarchie nach oben verlagert, um sich abzusichern. Das kommt bei Bürgerinnen und Bürgern sowie Unternehmen natürlich nicht gut an. Außerdem besteht das Problem, dass die vor zwei Jahren vorgenommenen Änderungen der Aufbau- und Ablauforganisation eher unter dem Aspekt der Korruptionsvermeidung als unter dem Aspekt der Prozessoptimierung im Kundensinne durchgeführt wurden. Dabei wurde beispielsweise bewusst darauf geachtet, dass ein Baugenehmigungsprozess stets von mehreren Mitarbeitenden durchgeführt wird, um Korruptionsfälle zu erschweren, auch wenn dies teilweise zu längeren Be- bzw. Einarbeitungszeiten und gelegentlich auch zu unterschiedlichen Beurteilungen des vorliegenden Sachverhalts führt.

Der Leiter des Bauamts weist darauf hin, dass die Antragstellerinnen und Antragsteller häufig selbst daran schuld sind, dass der Baugenehmigungsprozess so lange dauert. Häufig sind die eingereichten Bauanträge unvollständig; fehlende Unterlagen müssen dann erst amtsseitig nachgefordert werden. Bei Bauwilligen liegt das häufig daran, dass das verwaltungsseitige Angebot der Bauberatung oder Bauvoranfrage nicht in Anspruch genommen wird. Aber nicht nur Bürgerinnen und Bürger, die den Baugenehmigungsprozess nicht im Detail kennen, reichen häufig unvollständige Bauanträge ein; auch Profis wie z. B. Architekturschaffende, die die entsprechenden Verfahren kennen sollten, tun dies öfter, als man denkt, und schimpfen nachher bei langen Genehmigungsdauern auf das Bauamt. Dieses Problem muss unbedingt angegangen werden.

Der Baudezernent bestätigt die Einschätzung des Leiters des Bauamts und ergänzt, dass es bei komplexeren Bauvorhaben von Unternehmen häufig auch Probleme mit den zuständigen Fachbehörden des Landes (dem staatlichen Amt für Umweltschutz und dem staatlichen Amt für Arbeitsschutz) gibt. Die schöpfen häufig die Genehmigungsfristen bis zum letzten Tag aus.

Das Beschwerdemanagement wirft ein, dass zeitweise nicht alle Bauanträge in der Bauaktenkonferenz abgehandelt werden können. Das ist vor allem dann der Fall, wenn sehr viele Bauanträge eingereicht werden oder komplexere Bauvorhaben abgehandelt werden müssen, bei denen es unterschiedliche Auffassungen der beteiligten Fachämter gibt.

Leider muss die Diskussion aus Zeitgründen an diesem Punkt abgebrochen werden. Die Projektleitung bedankt sich für die aufschlussreiche Diskussion und bittet die leitenden Mitarbeitenden der Bauverwaltung darum, in den kommenden Monaten bei der Optimierung des für die Stadt Neustadt wichtigen Prozesses weiter konstruktiv mit dem Projektteam zusammenzuarbeiten und auch bei ihren Mitarbeiterinnen und Mitarbeitern dafür zu werben.

Arbeitsaufträge zur Situation

1. Welche Schwachstellen des Baugenehmigungsprozesses wurden bei der Besprechung erörtert? Was sind Ihrer Meinung nach mögliche Ursachen für die geschilderten Probleme?
2. Nennen Sie zu jeder erörterten Schwachstelle des Baugenehmigungsprozesses Möglichkeiten zur Optimierung.

3.5.3 Praxisbeispiel Digitalisierung eines Beschaffungsprozesses (E-Procurement) in einem Flughafenunternehmen

Situation

In einem großen deutschen Flughafenunternehmen hat der Vorstand beschlossen, den Prozess der Bestellung von Büromaterial zu digitalisieren, um die Bestell- bzw. Beschaffungskosten deutlich zu senken und die Bereitstellung des benötigten Büromaterials erheblich zu beschleunigen.

Die Ist-Aufnahme der Bearbeitungsschritte im Bestellwesen ergibt Folgendes:

Bearbeitungsschritt	Zeit (in Minuten)	Kosten (in Euro)
Bedarfsidentifikation	10	8,00
Vorab-Marktsondierung	10	8,00
Erstellen Bestellanforderung	15	12,00
Genehmigungsverfahren	15	12,00
Budget- und Mittelkontrolle	5	4,00
Prüfung auf Anlagenkontierungspflicht	7	5,60
Freigabe der Bestellanforderung	3	2,40
Marktsondierung (Angebotseinholung)	15	12,00
Angebotsanalyse und Vergabevorschlag	20	16,00
Bestellschreiben	10	8,00
Warenlieferung an Warenannahme	7	5,60
Erstellung einer Wareneingangsmeldung	8	6,40
Transport zur Bestellerin/zum Besteller	25	20,00
Rechnungseingangsbuchung	10	8,00
rechnerische Rechnungsprüfung	5	4,00
preisliche Rechnungsprüfung	7	5,60
technische und sachliche Prüfung	5	4,00
Zahlungsanweisung	5	4,00
Summe	**182**	**145,60**

Arbeitsaufträge zur Situation

Web

1. Stellen Sie den Arbeitsablauf entsprechend den Ergebnissen der Ist-Aufnahme der Bearbeitungsschritte in einer Arbeitsablaufkarte dar. (siehe Download-Bereich)
2. Welche Bearbeitungsschritte können nach Ihrer Meinung bei einer Digitalisierung des Bestellungsprozesses von Büromaterial aus Sicht der Bearbeiterin oder des Bearbeiters (nicht systemtechnischer Sicht) entfallen, da sie nicht mehr notwendig sind oder automatisiert durchgeführt werden? Begründen Sie Ihre Entscheidung kurz.
3. Stellen Sie den neu konzipierten digitalisierten Prozess der Bestellung von Büromaterial in einer weiteren Arbeitsablaufkarte dar. Schätzen Sie sowohl die Bearbeitungszeiten als auch -kosten bei jedem Bearbeitungsschritt nach der Umstellung auf E-Procurement und ermitteln Sie die Gesamtbearbeitungszeit und -kosten. (siehe Download-Bereich)

Web

3.5.4 Konzeption eines digital abbildbaren Antragsverfahrens

Situation

Als Auszubildender oder als Auszubildende unterstützen Sie die Projektleitung eines E-Government-Projekts in Ihrer Behörde. Dabei sollen möglichst alle Antragsverfahren in der Behörde, die von Bürgerinnen und Bürgern sowie Unternehmen intensiv genutzt werden, im Internet bereitgestellt werden und müssen daher digitalisiert werden. Momentan befindet sich das Projekt in der Konzeptionsphase.

Damit Sie die Projektleitung noch besser bei der Projektarbeit unterstützen können, nehmen Sie an einem Kongress teil, bei dem Good-Practice-Beispiele aus der Bundesverwaltung vorgestellt werden. Nach einem einleitenden Vortragsteil werden am Nachmittag in Arbeitsgruppen typische E-Government-Dienstleistungen bzw. -verfahren vorgestellt.

Ihre Arbeitsgruppe beschäftigt sich mit Antragsdienstleistungen. In der Bundesverwaltung wurde hierzu ein Musterprozess erarbeitet, der Bundesbehörden helfen soll, entsprechende Prozesse behördenintern zu digitalisieren. Die Arbeit in der Arbeitsgruppe ist für Sie sehr aufschlussreich und Sie verwickeln die Arbeitsgruppenleitung nach der Sitzung in ein Gespräch bezüglich der Nutzung der Arbeitsergebnisse für kommunale Behörden.

Die Arbeitsgruppenleitung wird zu einem kurzen Gespräch mit den Veranstalterinnen und Veranstaltern des Kongresses gebeten und bittet Sie, für sie die Flipcharts, auf denen der Musterprozess des digitalisierten Antragsverfahrens in der Form eines Flussdiagramms mit aufgeklebten Karten visualisiert worden ist, vorsichtig zusammenzurollen. Unglücklicherweise öffnet ein weiterer Kongressbesucher die Balkontür des Sitzungssaals just in dem Moment, als Sie die Flipcharts abnehmen. Der heftige Windzug reißt Ihnen die Flipcharts aus der Hand und weht diese quer durch den Sitzungssaal, wobei etliche der nur per Haftzettel aufgeklebten Diagrammsymbole abfallen. Sie wollen diese peinliche Situation selbstverständlich schnellstmöglich bereinigen und machen sich mit dem im Rahmen des Kongresses neu gewonnenen Wissen sofort an die Arbeit ...

Arbeitsaufträge zur Situation

Web

1. Folgende Diagrammsymbole liegen Ihnen in loser Form vor und müssen auf dem Flipchart wieder zu einem Flussdiagramm zusammengefügt werden, wobei auch der korrekte Prozessbeteiligte anzugeben ist. Ordnen Sie die Symbole unter dem zuständigen Prozessbeteiligten bzw. -verfahren zu einem zusammenhängenden Flussdiagramm, das den digitalen Musterprozess „Antragsverfahren“ abbildet. (siehe Download-Bereich)

Antragsteller/-in	elektronische Annahmestelle	Bearbeiter/-in
START		

Ergänzende Hinweise:

- Zeitstempel = „digitaler Posteingangsstempel“
- VBS = Vorgangsbearbeitungssystem → ermöglicht digitale Vorgangsbearbeitung (Workflow)

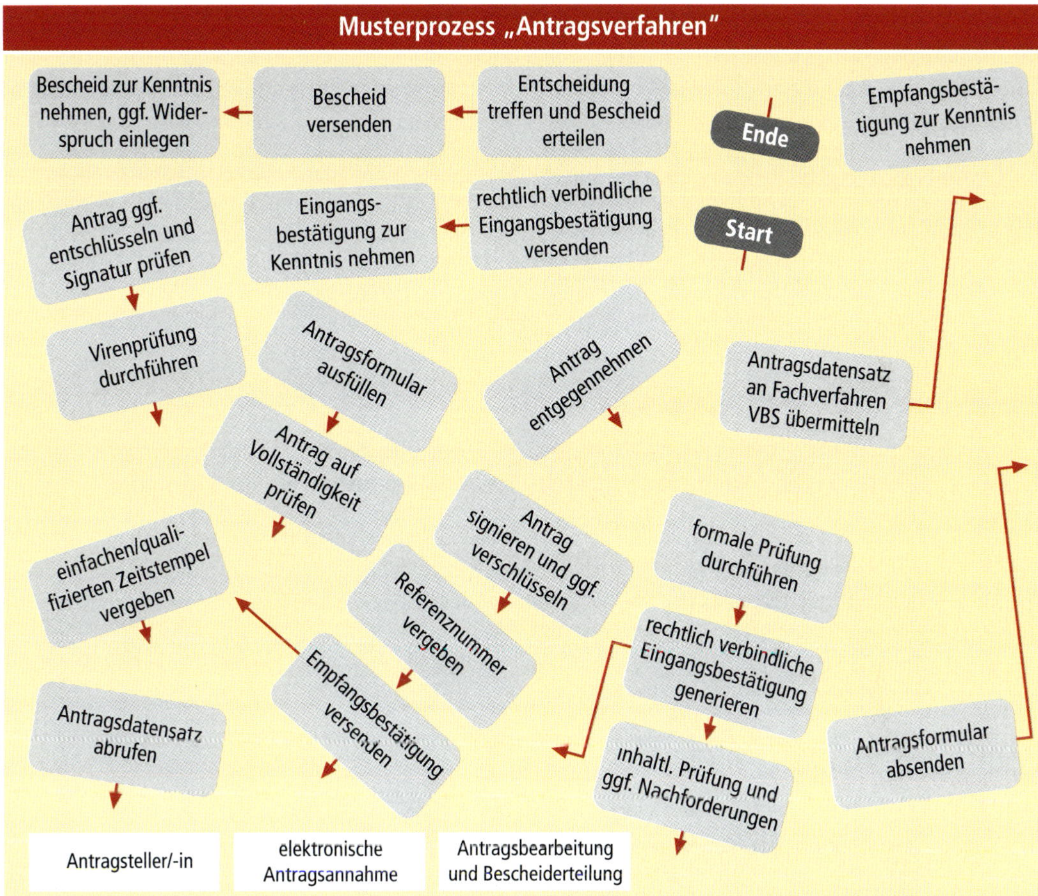

2. Inwiefern unterscheidet sich ein digitales Antragsverfahren von einem herkömmlichen Antragsverfahren?
3. Welche Voraussetzungen sind aufseiten der antragstellenden Personen sowie aufseiten der Verwaltung zu schaffen, damit das Antragsverfahren vollständig digital abgewickelt werden kann? (Verschaffen Sie sich ggf. weitere Informationen durch Internet-Recherchen.)
4. Welchen Nutzen hat ein digitales Antragsverfahren für Kundinnen und Kunden sowie Verwaltung gegenüber dem herkömmlichen Verfahren? Gibt es auch Nachteile?
5. Lohnt sich Ihrer Meinung nach kostenrechnerisch die Digitalisierung eines Antragsverfahrens in einer Kommune, wenn nur die laufenden Kosten (nicht die Investitionskosten bzw. Abschreibungen) berücksichtigt werden? Wenn ja, unter welchen Voraussetzungen und auf welche Frist (Zeithorizont)? Begründen Sie Ihre Einschätzung.
6. Welche konkreten kommunalen Dienstleistungen sollten Ihrer Meinung nach unbedingt online bereitgestellt werden? Warum? Wie oft nutzen Sie diese Dienstleistungen (pro Jahr)?

3.5.5 Internet-Recherche nach Musterprozessen und weiterführenden Informationen sowie Tools für das Projektmanagement

Situation

Die Digitalisierung der Antragsverfahren war ein voller Erfolg. Daher soll nunmehr auch der öffentliche Einkauf digitalisiert werden (E-Procurement). Sie als Auszubildende oder als Auszubildender sollen die Projektleitung bei dieser Aufgabe entlasten.

Die Projektleitung ist sehr im Stress, da sie in zwei Tagen für eine Woche in den Kurzurlaub fährt, und kann Sie daher nicht einarbeiten. Da Sie aufgrund ihres jungen Alters als aufgeschlossen und mit modernen Technologien vertraut gelten, traut Ihnen die Projektleitung ohne Weiteres zu, sich im Internet das notwendige Wissen zu E-Procurement zu beschaffen und sich selbstständig einzuarbeiten. Als Recherchetipp erhalten Sie auf die Schnelle folgende Stichworte: Beschaffungsamt des Bundesministeriums des Innern, E-Vergabe, ITZBund.

Arbeitsaufträge zur Situation

1. Unter welchen Webadressen/URL sind Praxisbeispiele, Musterprozesse, Tools usw. der E-Government-Initiativen des Bundes strukturiert bereitgestellt worden? Beschreiben Sie Ihre Suchstrategie.
2. Finden und laden Sie Dokumente herunter, in denen digitale Verfahren zur Beschaffung (E-Vergabe) beschrieben werden. Welche Teilprozesse bei der Beschaffung werden zumeist unterschieden? Helfen Ihnen derartige Informationen bei Ihrer Einarbeitung? Begründen Sie Ihre Antwort.
3. Wo können Sie im Internet aktuelle Ausschreibungen der öffentlichen Hand finden? Nennen Sie mindestens zwei weitere Webadressen/URLs.

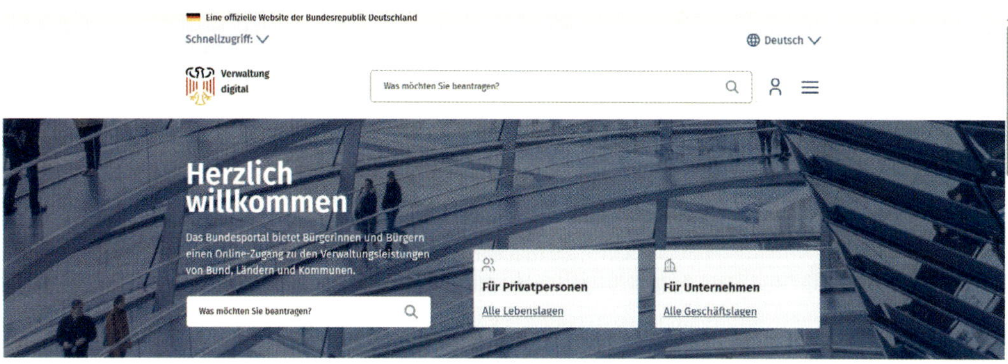

4.1 Lernsituation zu Kapitel 4.1 bis 4.3 des Grundlagenbands

4.1.1 Lernsituation

Produkte des Sport- und Freizeitbetriebs der Stadt Neustadt bestimmen und gliedern

Der neu gegründete Eigenbetrieb „Sport- und Freizeitbetrieb Neustadt" ist zuständig für das modernisierte Kombibad Nord-Pool, die städtischen Sportanlagen sowie die aufwändig gestaltete und deshalb eintrittspflichtige Parkanlage „Stadtgarten". Der Eigenbetrieb ist verpflichtet, einen Produktplan vorzulegen. Sie sind Mitarbeiterin oder Mitarbeiter der Gruppe Organisation in der Zentralen Verwaltungsabteilung des Eigenbetriebs. Ihr Chef hat Sie beauftragt, den Produktplan zu entwerfen.

Es liegen Ihnen folgende Informationen vor:

- **Kombibad Nord-Pool**

  Im Innenbereich des Bades befinden sich ein Sportbecken mit 25-m-Bahn, zwei Planschbecken und ein weitläufiges Spaßbecken mit Rutsche, Wasserfällen, Piratenboot und Massagedüsen. Ferner sind dort drei Saunen vorzufinden (Damen, Herren, gemischt) sowie eine Milchbar. Zum Leistungsangebot gehören weiterhin Schwimmkurse für Kinder und Wassergymnastik für Seniorinnen und Senioren.

  Der im Sommer zusätzlich geöffnete Außenbereich weist ein weiteres Spaßbecken, eine große Liegewiese mit Aktivzone (Beach-Volleyball und Fußball) und einen Kiosk auf. Im Sommer dürfen die Badegäste den Innen- und Außenbereich nutzen, ohne ein höheres Eintrittsgeld zahlen zu müssen.

  Für den Saunabesuch muss ein Aufpreis entrichtet werden. Von den Teilnehmerinnen und Teilnehmern der Schwimm- und Wassergymnastikkurse wird eine Kursgebühr verlangt. Milchbar und Kiosk sind an einen privaten Betreiber verpachtet.

- **Stadtgarten**

  Besonderer Anziehungspunkt des Stadtgartens ist der attraktive Robinson Spielplatz. Dort können die Kinder in Fässern über eine Flachwasserfläche staken, Piratenschiffe beklettern, mit Tauen Schluchten überwinden und vieles mehr.

  Am Rande des Spielplatzes liegt ein Kiosk, den die Stadt an einen externen Nutzer verpachtet hat. So auch das zentral gelegene Stadtgarten-Restaurant. Gegen ein entsprechendes Entgelt können die Besucherinnen und Besucher die Stadtgarten-Bahn benutzen, Trampolin springen und Beach-Volleyball spielen. Trampoline und Beach-Volleyball-Plätze liegen auf einer Sondernutzungsfläche, die an eine externe Betreiberin vermietet ist.

4.1.2 Arbeitsauftrag zur Lernsituation

Erstellen Sie einen Auszug aus dem Produktplan des Sport- und Freizeitbetriebs Neustadt mit allen Produktbereichen und für das Schwimmbad und den Stadtgarten auch mit Produktgruppen und Produkten.

Lesen Sie zuvor die ausgewählten Abschnitte aus dem Leitfaden zur Produktbildung (siehe Kapitel 4.1.3).

4.1.3 Arbeitsmaterialien zur Lernsituation

Leitfaden der Stadt Neustadt zur Produktbildung (ausgewählte Abschnitte)

Ein Produkt ist eine Leistung oder eine Gruppe von Leistungen, die von einer Organisationseinheit für Abnehmerinnen und Abnehmer innerhalb oder außerhalb der Verwaltung erstellt wird und für die normalerweise (auch bei innerbetrieblicher Nachfrage) ein Preis zu zahlen wäre.

Als **Leistung** ist ein abgeschlossenes Arbeitsergebnis zu verstehen, das durch eine Reihe von Arbeitsschritten entsteht.

...

Die wichtigste Eigenschaft eines Produktes im betriebswirtschaftlichen Sinne ist seine Eignung als Kosten- und Erlösträger. Es müsste folglich möglich sein, dem (zunächst gedanklich) gebildeten Produkt alle Kosten zuzuordnen, die für seine Herstellung bzw. Bereitstellung anfallen. Zugleich sollte sich das erdachte Produkt auch als Erlösträger eignen. Das heißt, es müsste denkbar sein, einen Preis von den Abnehmerinnen und Abnehmern zu fordern.

Für jedes Produkt wird im städtischen Haushaltsplan bzw. im Erfolgsplan der Eigenbetriebe ein Teilergebnisplan ausgewiesen.

...

Produkte werden zu Produktgruppen zusammengefasst und diese wiederum zu Produktbereichen. Dies geschieht, um übergeordnete Steuerungsinteressen zu befriedigen. Für bestimmte Fragestellungen ist nämlich der Blick auf das zusammengefasste Zahlenwerk für Produktgruppen oder -bereiche zielführender als die Betrachtung einzelner Teilergebnispläne für Produkte.

...

Eigenbetriebe sind im Produktplan der Stadt Neustadt bei den Produktgruppen erfasst. Dies dient der Einbeziehung des Nettoergebnisses (Gewinn/Verlust) in den Haushaltsplan. Unabhängig davon sind die Eigenbetriebe verpflichtet, für ihre Zwecke eigene Produktpläne zu entwickeln.

...

4.1.4 Aufgaben

1. Erläutern Sie den Unterschied zwischen internen und externen Produkten.
2. Ein Ziel der Produktbildung ist die Entwicklung kundenorientierter Kennziffern, die Auskunft über die Produktqualität geben. Das Produktblatt einer kreisfreien Stadt im Grundlagenband LF 8, Kapitel 4.4 enthält solche Kennziffern.
   a) Um welche Kennziffern handelt es sich?
   b) Erklären Sie, welcher Zusammenhang zwischen diesen Kennziffern und der Produktqualität besteht.
3. Verdeutlichen Sie Grundzüge der outputorientierten Steuerung anhand der nachfolgenden Abbildung.

Produkte und outputorientierte Steuerung

in Anlehnung an: Siepmann, U./Siepmann H.: Verwaltungsorganisation, S. 262, Köln 1996

221065266

4. Rund um die Produktgruppe „Bibliothek“ erscheinen in den zum Produkthaushalt gehörenden Produktblättern der Stadt Neustadt folgende Begriffe:
   - Bereitstellen und Vermitteln von Medien und Informationen
   - Lesungen
   - Ausstellungen
   - Bestandsaufbau und Pflege
   - Informations- und Beratungsdienst
   - Kultur und Wissenschaft
   - Veranstaltungen der Bibliothek
   - Ausleihen von Büchern
   - Ausleihen von E-Medien (E-Books, E-Audios [Hörbücher], E-Music und E-Videos)

   Erstellen Sie einen Auszug aus dem Produktplan. Erfassen Sie auf einer vierten Gliederungsebene auch die Leistungen.
5. Das Produktblatt einer kreisfreien Stadt im Grundlagenband LF 8, Kapitel 4.4, weist für das Jahr 3 einen geplanten Aufwandsdeckungsgrad von 131,40 % aus. Erklären Sie die Bedeutung dieser Finanzkennzahl.
6. Im Teilergebnisplan der Stadt Neustadt im Grundlagenband LF 8, Kapitel 4.4, wird für das Produkt Bauhof in den Haushaltsjahren 3 bis 6 ein geplantes Ergebnis in Höhe von 0,00 € angegeben. Warum ist für diese Jahre weder ein Fehlbetrag noch ein Überschuss ausgewiesen?
7. Im Teilfinanzplan der Stadt Neustadt im Grundlagenband LF 8, Kapitel 4.4, wird für das Haushaltsjahr 3 ein Saldo aus Investitionstätigkeit in Höhe von –29.200,00 € angesetzt. Vollziehen Sie nach, wie dieser Saldo entsteht.
8. Worträtsel zum Thema „Produktbildung in Verwaltungsbetrieben“

   Welche Begriffe sind mit den Beschreibungen a) bis n) gemeint? Schreiben Sie die Lösungen auf einem Blatt untereinander. Die erste Ziffer in der Klammer gibt die Anzahl der Buchstaben an. Die zweite Ziffer verweist auf den Buchstaben, der für ein gesuchtes Gesamt-Lösungswort auszuwählen ist (so ist z. B. bei der Ziffer 3 der dritte Buchstabe zu markieren). Von oben nach unten gelesen ergibt sich aus den markierten Buchstaben ein bekanntes Produkt der Stadt Recklinghausen.

   a) Produktgruppe 01.05 im Produktplan der Stadt Neustadt (16; 1)
   b) eine Leistung oder eine Gruppe von Leistungen, die von einer Organisationseinheit für Abnehmerinnen und Abnehmer innerhalb oder außerhalb der Verwaltung erstellt wird (7; 5)
   c) Instrument der Outputsteuerung, dessen Gliederung sich in erster Linie an den Produkten der Verwaltung orientiert (15; 8)
   d) Zusammenfassung von Produktgruppen, um den Steuerungsinteressen übergeordneter Verwaltungseinheiten zu genügen (14; 2)
   e) Hilfsmittel zur Beurteilung der Produkt- bzw. Leistungsqualität; (ein) Ziel der Produktbildung (11; 7)
   f) von der IMK entwickelte Grundlage für die einheitliche Gestaltung kommunaler Produkthaushalte (13; 12)
   g) Er weist das Ergebnis eines Produktbereichs, einer Produktgruppe, eines Produkts oder einer Organisationseinheit aus. (16; 12)
   h) bestimmte Form der Haushaltsbewirtschaftung, die den Organisationseinheiten der Verwaltung eine weitgehend eigenverantwortliche Verwendung der bereitgestellten Finanzmittel ermöglicht (12;6)
   i) wichtigste Eigenschaft eines Produkts (12; 3)
   j) Produktbereich 08 im IMK-Produktrahmen (14; 2)
   k) Produkte, die für eine andere Organisationseinheit der Verwaltung bestimmt sind, bezeichnet man als ... Produkte. Fehlendes Wort? (7; 1)
   l) abgeschlossenes Arbeitsergebnis, das durch eine Reihe von Arbeitsschritten entsteht (8; 2)
   m) Er stellt die Produkte der Verwaltung übersichtlich dar. (11; 9)
   n) Produkte, die für Abnehmerinnen und Abnehmer außerhalb der Verwaltung bestimmt sind, bezeichnet man als ... Produkte. Fehlendes Wort? (7; 1)

5 Marketing in Verwaltungsbetrieben

5.1 Grundbegriffe des Marketings kennenlernen

5.1.1 Lernsituation

Festrede eines Firmenchefs

Die Elektronik AG stellt hochwertige Geräte der Unterhaltungselektronik her und vertreibt sie über den Fachhandel. Heute ist ein besonderer Tag. Das 75-jährige Firmenjubiläum wird gefeiert. Alle Mitarbeiterinnen und Mitarbeiter sitzen in der festlich geschmückten Kantine. Der Vorstandsvorsitzende, Herr Adler, beginnt seine Ansprache:

„Sehr geehrte Damen und Herren, liebe Mitarbeiterinnen und Mitarbeiter! Die Elektronik AG behauptet sich nun schon seit 75 Jahren erfolgreich auf dem Markt für Unterhaltungselektronik. Darauf können wir alle stolz sein, zumal es immer schwieriger wird, in diesem Markt zu bestehen.

Bald nach der Unternehmensgründung begann das deutsche Wirtschaftswunder. Zu jener Zeit hatten wir vor allem mit Beschaffungsproblemen zu kämpfen, Maschinen und Rohstoffe waren knapp. Der Absatz lief dagegen fast von allein, denn wir befanden uns in einem **Verkäufermarkt.** Das Angebot war kleiner als die Nachfrage, sodass wir gegenüber unseren Kundinnen und Kunden eine stärkere Position hatten.

Leider ist das längst Vergangenheit. Mittlerweile produzieren wir in einem **Käufermarkt.** Jetzt sitzen oft die Kundinnen und Kunden am längeren Hebel, denn das Angebot ist größer als die Nachfrage. Vor allem die ausländische Konkurrenz setzt uns mit niedrigen Preisen mächtig unter Druck.

Dennoch sind wir weiterhin gut aufgestellt und daran haben Sie, liebe Mitarbeiterinnen und Mitarbeiter, großen Anteil. Aber auch die Hinwendung zu den Ideen und Möglichkeiten des modernen Marketings seit Beginn der 1970er-Jahre trug wesentlich dazu bei, dass wir heute zuversichtlich das 75-jährige Firmenjubiläum feiern können.

Bekanntlich bedeutet **Marketing** die marktgesteuerte Führung eines Unternehmens mit dem Ziel, Absatzmärkte zu schaffen, zu erhalten und zu vergrößern.

Ein wichtiges Marketinginstrument ist die **Marktforschung:**

- Wir erforschen gezielt die Wünsche und Bedürfnisse der Kundinnen und Kunden, damit wir ihre Ansprüche, die sich ständig verändern, optimal befriedigen können.
- Ferner vergleichen wir unsere Leistungen mit denen der Konkrrenz und ermitteln unsere Position im Wettbewerb, damit wir eigene Stärken pflegen und ausbauen können.

Auf diese Weise hilft die Marktforschung dabei, zwei wichtige Grundsätze des Marketings umzusetzen: **Kunden- und Wettbewerbsorientierung.**

Marktforschungsergebnisse und auch Daten aus dem betrieblichen Rechnungswesen versetzen uns in die Lage, den gegebenen Ist-Zustand zu erfassen. Das ist die sogenannte **Situationsanalyse.** Auf dieser Grundlage entwickeln wir realisierbare **Absatzziele und Strategien.** Dabei geht es z. B. um die Erschließung neuer Märkte, die schnelle Reaktion auf Marktveränderungen oder die Fertigung marktgerechter Produkte. Zur Erreichung unserer Ziele bedienen wir uns verschiedener **absatzpolitischer Instrumente.** Deren Einsatz muss aufeinander abgestimmt werden, damit ein optimaler **Marketing-Mix** zustande kommt. ...

Ich glaube, wir können insgesamt zuversichtlich in die Zukunft schauen. Lassen Sie uns jetzt zusammen feiern. Ich eröffne das Buffet, wünsche allen einen guten Appetit und stoße mit Ihnen auf eine weitere gute Zusammenarbeit an."

5.1.2 Arbeitsaufträge zur Lernsituation

1. In der Ansprache zum Firmenjubiläum ist von Verkäufer- und Käufermärkten die Rede.
   a) Unterscheiden Sie diese Märkte voneinander.
   b) Bilden Sie eigene Beispiele für heute bestehende Verkäufer- und Käufermärkte.
   c) Herr Adler spricht davon, dass die Elektronik AG früher einen Verkäufermarkt vorfand, während sie heute in einem Käufermarkt tätig ist. Welche Ursachen führten zu diesem Wandel?

221065268

d) Warum wurden viele Unternehmen erst durch diesen Wandel dazu veranlasst, sich intensiv mit Marketing zu beschäftigen?

2. Wie definiert Herr Adler Marketing?
3. Ermitteln Sie weitere Marketingdefinitionen in Wörterbüchern, Lexika oder im Internet. Vergleichen Sie die verschiedenen Definitionen.
4. Welche Aufgabenbereiche des Marketings spricht Herr Adler an?
5. Welche Bedeutung haben Marktforschungsergebnisse und das betriebliche Rechnungswesen für die Situationsanalyse?
6. Kommentieren Sie die folgenden Aussagen. Treffen sie zu?
   a) „Marketing ist nicht notwendig. Eine Ware muss nur preiswert genug sein, um Abnehmerinnen und Abnehmer zu finden."
   b) „Durch Marketing werden Arbeitsplätze geschaffen und gesichert."
7. Neben der Wettbewerbsorientierung hebt Herr Adler in seiner Rede die Rolle der Kundenorientierung im Marketing besonders hervor. Berichten Sie von Ihren eigenen positiven und negativen Erfahrungen als Kundin oder Kunde. Schildern Sie Fälle, in denen der Grundsatz der Kundenorientierung vorbildlich oder gar nicht umgesetzt wurde. Was machen jene Unternehmen richtig, bei denen Sie Stammkundin oder Stammkunde sind, und was machen andere falsch, die Sie unbeachtet lassen?
8. Versetzen Sie sich in die Lage von Verwaltungskundinnen und -kunden. Welche Ansprüche und Erwartungen richten diese an die Verwaltung?
9. Beurteilen und kommentieren Sie folgende Aussagen:
   a) „Marketing für Verwaltungen ist nicht notwendig. Die Bürgerinnen und Bürger müssen ohnehin zu uns kommen."
   b) „Heute bieten wir Baugenehmigungen zum halben Preis."
10. Untersuchen Sie die Marketingdefinition von Herrn Adler. Trifft sie auch auf die Verwaltung zu?

5.1.3 Lernsituation

Marketingkonzept für das Neustädter Schwimmbad Nord-Pool

In Fachkreisen gilt die Wandlung des Volksbads zum Kombibad Nord-Pool als ein erfolgreiches Beispiel für die Planung und Durchführung einer konsequenten Marketingkonzeption. An deren Entstehen war der Geschäftsführer des Sport- und Freizeitbetriebs Neustadt, Dr. Uwe Breuer, maßgeblich beteiligt. Die Zeitschrift *die gemeinde* bat deshalb um ein Interview.

die gemeinde: Wie sind Sie bei der Planung Ihres Marketingkonzeptes vorgegangen?

Dr. Breuer: Zunächst einmal haben wir die vorliegende Situation genau untersucht: Es stellte sich heraus, dass das Volksbad enorm an Attraktivität verloren hat.
Der Kostendeckungsgrad war in den drei letzten Jahren seines Bestehens von 35 % auf unter 25 % gesunken. Dafür war ein starker Besucherrückgang verantwortlich, der nicht zuletzt wegen der Eröffnung attraktiver Bäder in den Nachbarstädten einsetzte.
Uns blieben nur noch einkommensschwache Besuchergruppen und vorwiegend ältere, gesundheitsorientierte Freizeitschwimmerinnen und -schwimmer, die gerne in Ruhe ihre Bahnen ziehen.

die gemeinde: Kamen da nicht Forderungen auf, das Bad ganz zu schließen?

Dr. Breuer: Nein, diese Überlegung verbot sich, da das Bad notwendig ist, um angemessene Übungszeiten für Schulen und Vereine zur Verfügung stellen zu können. Außerdem konnten wir anhand von Umfrageergebnissen nachweisen, dass ein modernisiertes, attraktives Volksbad wieder größeren Zuspruch bei den Bürgerinnen und Bürgern Neustadts finden würde. Ansonsten wäre wohl im Rat eine Entscheidung zugunsten der jetzigen Lösung nicht getroffen worden.

die gemeinde: Welche Zielsetzungen haben Sie aus der Situationsanalyse abgeleitet?

Dr. Breuer: Zunächst einmal, dass eine Modernisierung unumgänglich ist. Erfreulicherweise hat sich dieser Ansicht auch eine Mehrheit im Stadtrat angeschlossen.
Für das erneuerte Bad haben wir uns vorgenommen, in den nächsten fünf Jahren eine Verdreifachung der jährlichen Besucherzahl zu erreichen. Der Kostendeckungsgrad soll auf 50 % steigen. So weit die nackten Zahlen.

In qualitativer Hinsicht ist es unser Ziel, das Leistungsangebot für die allgemeine Öffentlichkeit attraktiver zu machen. Ferner streben wir die Sicherung der Grundversorgung für das Schul- und Vereinsschwimmen an.

die gemeinde: Wie wollen Sie diese Zielsetzungen erreichen?

Dr. Breuer: Unsere grundlegende Strategie kommt in dem Begriff des erlebnisorientierten Sport- und Freizeitbads zum Ausdruck.

die gemeinde: Heißt das, Sie wollen Ihre Ziele erreichen, indem Sie es allen recht machen?

Dr. Breuer: In gewissem Sinne schon; die Begriffe Erlebnis, Sport und Freizeit spiegeln die unterschiedlichen Erwartungen, Bedürfnisse und Einstellungen unserer Zielgruppen wider. Natürlich muss man im Leistungsangebot Kompromisse machen, wenn man mehrere Fliegen mit einer Klappe schlagen will und das verfügbare Investitionsvolumen begrenzt ist. Das heißt, wir werden weder ein Olympiastützpunkt werden noch ein Mekka der Wellness-Bewegung. Da kein Wellenbad vorhanden ist und keine Turbo-Rutschen, fehlt vielleicht der allerletzte Kick für erlebnishungrige Jugendliche und junge Erwachsene. Aber bei uns ist sportliches Schwimmen möglich, ebenso Entspannung in der Sauna oder an den Massagedüsen. Die Kinder können herumtoben und spielen und nehmen so die Stunden im Schwimmbad als freudvolles Erlebnis wahr. Besonders wichtig: Das alles bekommen die Besucherinnen und Besucher bei uns zu verträglichen Preisen, sodass sich auch Familien mit Kindern den Eintritt erlauben können. Das ist Bestandteil unserer Basisstrategie.

die gemeinde: Familien mit Kindern scheinen Ihre wichtigste Zielgruppe zu sein.

Dr. Breuer: Das haben Sie richtig erkannt. Die Stadt nimmt an dieser Stelle auch ihre soziale Verantwortung wahr. Es bleibt aber dabei: Auch Schulen, Vereine, ältere Mitbürgerinnen und Mitbürger sowie Jugendliche finden bei uns ein passendes Angebot.

die gemeinde: Sie haben Ihre Ziel- und Strategieplanung ausführlich beschrieben. Können Sie die Maßnahmen zur Erreichung Ihrer hochgesteckten Ziele noch etwas konkretisieren?

Dr. Breuer: Gerne. Zunächst einmal war es wichtig, dass wir bereits in der Planungsphase unsere Karten gegenüber Bürgerinnen und Bürgern, Schulen und Vereinen offen auf den Tisch gelegt haben. Es gab einen konstruktiven Dialog, in dessen Verlauf wir auch den einen oder anderen Änderungsvorschlag berücksichtigt haben. So konnten wir insbesondere bei den Schwimmvereinen schnell die bestehenden Vorbehalte weitgehend ausräumen.
Die Bürger und Bürgerinnen wurden in regelmäßigen Abständen in der Lokalpresse über den Stand des Bauvorhabens informiert. Sehr früh haben wir einen Wettbewerb zur Namensgebung gestartet.

die gemeinde: Warum ein neuer Name? Das Volksbad war doch eine bekannte Marke?

Dr. Breuer: Na ja, aber nicht mehr unbedingt eine Marke mit positiven Assoziationen. Ein neuer Name war aber vor allem deshalb notwendig, weil im Grunde genommen ein neues Bad entstanden ist.

die gemeinde: Welche weiteren konkreten Maßnahmen dienten bzw. dienen der Verwirklichung der gesetzten Ziele?

Dr. Breuer: Über die bevorstehende Eröffnung des Bades wurde in Presse, Funk und Regionalfernsehen berichtet. Unsere gute Pressearbeit hat sich dabei bewährt. Ferner haben wir eine Plakataktion geschaltet und die Linienbusse im Nord-Pool-Design lackieren lassen. Sehr erfolgreich war der Tag der offenen Tür anlässlich der Eröffnung. Im Eingangsbereich des Bades liegen in regelmäßigen Abständen die Nord-Pool-News aus mit Informationen über unser Kursangebot und weitere Aktivitäten.

die gemeinde: Nicht weit entfernt, in Burgtal, existiert ebenfalls ein attraktives Sport- und Freizeitbad. Wie wollen Sie gegen diese Konkurrenz bestehen?

Dr. Breuer: Die „Burgtal-Therme" ist gewissermaßen die Premium-Marke unter den Bädern der Region.
Die Geschäftsleitung verfolgt eine absolute Qualitätsstrategie. Schauen Sie sich nur die Saunenlandschaften an, das ist Ambiente-Saunieren vom Feinsten. Die „Burgtal-Therme" hat ihren Platz im Hochpreissegment. Unsere Eintrittspreise sind wesentlich niedriger. Insgesamt gesehen haben wir uns in einem mittleren Preisbereich positioniert.

die gemeinde: Können Sie das an einem Beispiel verdeutlichen?

Dr. Breuer: Eine Familienkarte für einen vierstündigen Badaufenthalt kostet bei uns 12,50 €, in der „Burgtal-Therme" genau das Doppelte.

die gemeinde: Werden soziale Gesichtspunkte bei Ihren Eintrittspreisen berücksichtigt?

Dr. Breuer: Die Familienkarte ist das wesentliche Element zur Berücksichtigung sozialer Belange. Die Einzelkarten pro Kind kosten ansonsten bei vierstündigem Aufenthalt 4,00 € und für jeden Erwachsenen 5,50 €. Eine vierköpfige Familie spart also mit der Familienkarte 6,50 €.

die gemeinde: Sie sind in Fachkreisen für eine spezielle Philosophie bekannt, was das Dienstleistungsmarketing anbelangt.

Dr. Breuer: Sie übertreiben ein wenig, wenn Sie von spezieller Philosophie sprechen. Ich habe lediglich in einem Fachartikel auf anerkannte Grundsätze des Dienstleistungsmarketings hingewiesen. Danach ist es zunächst wichtig, jede einzelne Mitarbeiterin und jeden einzelnen Mitarbeiter davon zu überzeugen, kundenorientiert zu handeln. Die Leute müssen als Team an einem Strang ziehen. Die dazu notwendige

Motivation und Qualifikation sind Aufgaben des internen Marketings. Das Wort „intern" verweist darauf, dass hier Maßnahmen angesprochen sind, die bei den Angestellten ansetzen.
Die von unserer Kundschaft empfundene Qualität der Dienstleistung hängt von drei Punkten ab:
einmal von den Arbeitskräften, die die Leistung ausführen, dann von dem Umfeld, in dem die Dienstleistung stattfindet, und schließlich von den Verfahren und Abläufen, mit denen die Dienstleistung erbracht wird.
Es bestehen demnach Wechselwirkungen zwischen Arbeitskräften, Leistungsumfeld und Leistungsprozess einerseits und der Kundschaft andererseits. Die optimale Gestaltung dieser Wechselwirkungen im Sinne der Kundinnen und Kunden ist Aufgabe des interaktiven Marketings.

die gemeinde: Das klingt ein wenig theoretisch. Machen Sie bitte unseren Leserinnen und Lesern an Beispielen deutlich, welche Maßnahmen im Sinne des interaktiven Marketings bei Ihnen umgesetzt werden.

Dr. Breuer: Unsere Schwimmmeisterinnen und -meister sind nicht nur fachlich qualifizierte Rettungsschwimmer, sondern sie sind auch darin geschult, mit den Badegästen angemessen umzugehen.
Als Leistungsumfeld betrachten wir alles, was unsere eigentlichen Produkte umgibt und attraktiver macht: die üppige Ausstattung mit Pflanzen, die zahlreichen Tische, Stühle und Liegen in speziellen Bereichen, die vielen Spielgeräte, die Liegewiese und Aktivzone im Außenbereich und vieles mehr. Letztlich sind wir bestrebt, unsere Produkte und das gesamte Leistungsumfeld so zu gestalten, dass den Badegästen ein Gefühl von Urlaub vermittelt wird. Schließlich lautet unser Motto: „Ein bisschen Urlaub, ... jeden Tag!"

die gemeinde: Es fehlt noch ein Beispiel für die kundenfreundliche Gestaltung von Verfahren und Abläufen.

Dr. Breuer: Das will ich nicht schuldig bleiben. Ein gutes Beispiel ist unsere Ablauforganisation an der Kasse im Eingangsbereich. Dort werden Sie keine langen Warteschlangen erleben. Es wird nämlich sofort eine zweite Kasse geöffnet, wenn großer Andrang herrscht.
Soll ich noch weitere Beispiele bringen?

die gemeinde: Nein, das reicht vorerst.
Es verwundert ein wenig, dass Sie bisher noch nicht von den baulichen Neuerungen gesprochen haben und von Ihren Kursangeboten.

Dr. Breuer: Ich merke, Sie sind gut auf dieses Gespräch vorbereitet.
Besonders stolz sind wir auf die neuen Saunen und das weitläufige Spaßbecken im Innenbereich. Unsere neuen Kurse stoßen auf reges Interesse und auch die Umgestaltung von Milchbar und Kiosk kommt bei unseren Besuchern gut an.

die gemeinde: Das erste Nord-Pool-Jahr liegt nun hinter Ihnen. Können Sie bereits ein erstes Statement abgeben?

Dr. Breuer: Wir sind auf dem besten Wege, unsere Ziele zu erreichen. Besonders erfreulich ist, dass mehr Badegäste kamen, als wir für das erste Jahr erwartet hatten. Ich glaube, wir können positiv in die Zukunft blicken.

die gemeinde: Vielen Dank für das Gespräch.

5.1.4 Arbeitsaufträge zur Lernsituation

Vollziehen Sie die Marketingplanung zur Umwandlung des Volksbads in das Kombibad Nord-Pool nach.

1. Erfassen Sie die Situationsanalyse, Ziel- und Strategieplanung auf dem Arbeitsblatt ① (siehe Download-Bereich). Web
2. Erfassen Sie den zur Umsetzung der Ziele und Strategien zusammengestellten Marketing-Mix auf dem Arbeitsblatt ② (siehe Download-Bereich).
   a) Notieren Sie alle Maßnahmen, die zur Produkt- und Sortimentspolitik, Kommunikationspolitik, Preispolitik oder Distributionspolitik gehören, in den entsprechenden Feldern des Arbeitsblattes.
   b) Beurteilen Sie, ob der Marketing-Mix „stimmig" ist, indem Sie prüfen, ob die Maßnahmen in zeitlicher und inhaltlicher Sicht zueinander passen.
3. Erfassen Sie auf dem Arbeitsblatt ② auch die unterstützenden Maßnahmen aus dem Bereich des (dienstleistungsspezifischen) internen und interaktiven Marketings (siehe Download-Bereich). Web

5.2 Methoden der Marktforschung überblicken und exemplarisch anwenden

5.2.1 Lernsituation

Eine Befragung vorbereiten

Im letzten Jahr sank die Zahl der Eheschließungen vor dem Standesamt Neustadt im Vergleich zum Vorjahr um fast 8 %. Damit übertraf man den landesweiten Negativtrend um das Doppelte.

Herrn Kleiner, dem Leiter des Standesamts, liegen Daten vor, die erste Vermutungen zu den Ursachen des überdurchschnittlichen Rückgangs erlauben. Mit zunehmender Tendenz schließen Neustädter Brautpaare den Bund fürs Leben nämlich nicht mehr vor „ihrem“ Standesamt, sondern beantragen die erforderliche Ermächtigung zur Trauung in einer anderen Stadt (siehe dazu auch die Informationen in Kapitel 5.2.3).

Herr Kleiner nimmt an, dass die Anzahl der Paare zunimmt, die auch die standesamtliche Trauung als außergewöhnliches Erlebnis gestalten wollen. Er vermutet dies insbesondere bei Brautleuten, die nicht zusätzlich kirchlich heiraten und ein mittleres bis hohes Einkommen haben. Das Standesamt Neustadt bietet allerdings solche „Erlebnistrauungen“ bisher nicht an. Die Zeremonie im Trauungszimmer des Rathauses Neustadt folgt einem einheitlichen Muster und ist eher schlicht gehalten. Herr Kleiner mutmaßt, dass Neustädter Brautpaare deshalb vermehrt die Angebote anderer Städte nutzen.

Um die Trauung vor dem Neustädter Standesamt wieder attraktiver zu machen, soll ein spezielles Marketingkonzept entwickelt werden. Der erste Schritt ist eine gründliche Situationsanalyse, u. a. auf der Basis einer Befragung.

Die Befragung soll klären, ob die Vermutungen des Standesamtleiters zutreffen. Ferner soll sie Daten liefern, die eine Prognose zu der Frage erlauben, ob Erlebnistrauungen die Attraktivität des Neustädter Standesamts für Brautpaare wieder steigern können.

Eine Projektgruppe wird beauftragt, die Befragung zur Erforschung des Kundenbedarfs mithilfe eines Fragebogens durchzuführen. Die Untersuchung soll sich über den Zeitraum eines halben Jahres erstrecken und sowohl Paare erfassen, die sich vor dem Neustädter Standesamt trauen ließen, als auch Paare, die eine Ermächtigung zur Trauung an einem anderen Ort beantragt haben.

5.2.2 Arbeitsaufträge zur Lernsituation

1. Entwickeln Sie in Ihrer Gruppe (mindestens) vier Fragen aus dem Bereich der Tatsachenforschung und vier Fragen aus dem Bereich der Meinungs- und Motivforschung.

   Behalten Sie dabei die in der Lernsituation beschriebene Zielsetzung der Befragung im Auge und beachten Sie die Sachinformationen im Grundlagenband zum Thema „Bedarfsforschung“ (LF 8, Kapitel 5.2).
2. Präsentieren Sie Ihr Arbeitsergebnis. Begründen Sie die von Ihnen getroffene Auswahl an Fragen.
3. Klären und begründen Sie, welche Methoden und Verfahren der Informationsbeschaffung und -auswertung im vorliegenden Fall angewendet werden (siehe Grundlagenband, LF 8, Kapitel 5.2).

5.2.3 Arbeitsmaterialien zur Lernsituation

Informationen des Standesamts Neustadt im Internet (Auszug):

Wer heiraten möchte, muss seine Eheschließung beim Standesamt anmelden.

...

Die Anmeldung kann sowohl am Hauptwohnsitz als auch am Nebenwohnsitz eines der Verlobten erfolgen. Hiervon zu unterscheiden ist der Ort der standesamtlichen Trauung. Grundsätzlich kann die Ehe vor jeder Standesbeamtin und jedem Standesbeamten in Deutschland geschlossen werden.

Zuvor muss jedoch die Standesbeamtin oder der Standesbeamte, bei der oder dem die Ehe angemeldet wurde, die Standesbeamtin oder den Standesbeamten des Ortes, an dem die Ehe geschlossen werden soll, ermächtigt haben.

...

221065272

5.2.4 Aufgaben

1. Welche Vor- und Nachteile hat die Primärforschung gegenüber der Sekundärforschung?
2. Welche Methoden der Primärforschung eignen sich besonders für Marktanalysen und welche für Marktbeobachtungen?
3. Die Frischtrank GmbH ist Hersteller alkoholfreier Erfrischungsgetränke. Man plant, Apfelsaft als Instantgetränk auf den Markt zu bringen. Zunächst soll Marktforschung betrieben werden. Es existieren folgende Vorschläge:
   a) Das Unternehmen sucht sich Schülerinnen und Schüler, die das neue Getränk ausprobieren (einmalige Aktion).
   b) Ausgewählte Familien füllen jede Woche Berichtsbögen aus, auf denen sie sorgfältig alle vom Haushalt gekauften Waren, u. a. dann auch Getränke, aufführen.
   c) Man beauftragt ein Marktforschungsinstitut, die Wirkung unterschiedlicher Werbeplakate auf die Zielgruppe zu untersuchen. Die angesprochenen Personen wählen aus vier vorgegebenen Auswahlantworten die Formulierung aus, die ihren Eindruck vom Plakat am besten wiedergibt (einmalige Aktion).
   d) Eine Mitarbeiterin des Unternehmens Frischtrank GmbH sammelt aus verschiedenen Fachzeitschriften Informationen über die Marktchancen des neuen Getränks.

   Ordnen Sie diesen Beispielen die zutreffende Art der Informationserhebung und Auswertung zu:
   (1) Primärforschung/Panel/Marktbeobachtung
   (2) Primärforschung/Test/Marktbeobachtung
   (3) Primärforschung/Befragung/Marktanalyse
   (4) Primärforschung/Test/Marktanalyse
   (5) Primärforschung/ Beobachtung/ Marktanalyse
   (6) Sekundärforschung
4. Beschreiben Sie Ziele und Inhalte der Bedarfsforschung.

5.3 Lernsituationen zu Kapitel 5.3 bis 5.5 des Grundlagenbands: Marketingziele und -strategien mithilfe absatzpolitischer Instrumente umsetzen

5.3.1 Lernsituation

Erlebnistrauung vor dem Standesamt Neustadt

In zunehmendem Maße schließen Neustädter Brautpaare den Bund fürs Leben nicht mehr vor „ihrem" Standesamt, sondern beantragen die erforderliche Ermächtigung zur Trauung in einer anderen Stadt (siehe dazu auch die Informationen in Kapitel 5.2.3). So sank die Zahl der Eheschließungen vor dem Standesamt Neustadt im Vergleich zum Vorjahr um fast 8 %. Damit übertraf man den landesweiten Negativtrend um nahezu das Doppelte.

Sie sind Mitglied der Projektgruppe, die sowohl Paare befragt hat, die sich vor dem Neustädter Standesamt trauen ließen, als auch Paare, die bewusst woanders geheiratet haben. Mehr als die Hälfte der Befragten fand die in Neustadt praktizierte Trauungszeremonie nicht attraktiv genug. Insbesondere Paare, die nicht kirchlich heirateten, gaben an, sie wünschten sich eine feierlicher gestaltete oder erlebnisorientierte Trauung im Standesamt.

Die Projektgruppe soll nun ein Marketingkonzept vorlegen, das darauf abzielt, die Trauung vor dem Standesamt Neustadt wieder attraktiver zu machen. Es wird daran gedacht, den Hochzeitspaaren verschiedene Gestaltungsmöglichkeiten der Zeremonie anzubieten und auch, sie in die Planung mit einzubeziehen. Die bisher praktizierte Art und Weise der Trauung soll als Bestandteil des erweiterten Angebots bestehen bleiben. Aufgrund der angespannten Finanzlage hat der Stadtkämmerer Kostenneutralität vorgegeben. Das heißt, es müssen kostendeckende Entgelte bei den Zusatzangeboten erhoben werden.

5.3.2 Arbeitsaufträge zur Lernsituation

Arbeitsphase 1: Ziel- und Strategieplanung, Auswahl produkt- und sortimentspolitischer Maßnahmen

1. Formulieren Sie situationsgemäße Ziele für das Marketingkonzept (zugehörige Sachinformationen: Grundlagenband LF 8, Kapitel 5.3).
2. Bilden Sie sinnvolle Marktsegmente mit entsprechenden Zielgruppen und entscheiden Sie, welche Marketingstrategie(n) angewandt werden soll(en) (zugehörige Sachinformationen: Grundlagenband LF 8, Kapitel 5.4.1 bis 5.4.4).
3. Suchen Sie gemeinsam nach attraktiven Ideen für das erweiterte Angebot. Wenden Sie dabei die Kreativitätsmethode „Brainstorming" an (siehe Kapitel 5.3.3).

   Wählen Sie drei zielgruppengerechte Vorschläge aus, die Ihnen geeignet erscheinen, die Marketingstrategie(n) umzusetzen und die gesetzten Ziele zu erreichen.

Web

4. Verändern Sie das Produktblatt „Eheschließungen und Eintragung von Lebenspartnerschaften" (siehe Download-Bereich) unter der Annahme, dass Ihre Ergebnisse zu den Arbeitsaufträgen 1. bis 3. verwirklicht werden:
   - Ihr Ergebnis zu Arbeitsauftrag 1. führt ggf. zu einer Änderung der Punkte „Produktziele" und „Kennzahlen".
   - Ihr Ergebnis zu Arbeitsauftrag 2. führt ggf. zu einer Änderung des Punktes „Zielgruppen".
   - Ihr Ergebnis zu Arbeitsauftrag 3. führt zu einer Änderung des Punktes „Leistungen".
5. Ordnen Sie Ihre drei Vorschläge zur Erweiterung des Angebots (siehe Arbeitsauftrag 3) in den Theoriezusammenhang der Produkt- und Sortimentspolitik ein (Sachinformationen: Grundlagenband LF 8, Kapitel 5.5.1). Klären und begründen Sie,
   - welche Maßnahmen der Produkt- und Sortimentspolitik mit Ihren drei Vorschlägen ergriffen werden,
   - welche Sortimentswirkungen entstehen.
6. Beschreiben Sie einen Ihrer drei Vorschläge ausführlicher.
7. Präsentieren Sie Ihre Arbeitsergebnisse.

Arbeitsphase 2: Werbeplanung

Entwickeln Sie einen Werbeplan für die von Ihnen in Arbeitsphase 1 ausführlich beschriebene Variante der „Erlebnistrauung". Beachten Sie dabei die Sachinformationen zum Thema „Absatzwerbung" im Grundlagenband (LF 8, Kapitel 5.5.3).

1. Diskutieren Sie in Ihrer Gruppe,
   - welche Werbeziele mit der Werbemaßnahme verfolgt werden sollen,
   - welche Zielgruppe(n) angesprochen werden soll(en),
   - welche Werbearten zweckmäßig sind und
   - welche Werbemittel und Werbeträger eingesetzt werden sollen.

   Treffen Sie begründete Entscheidungen. Achten Sie auch auf die Einhaltung der Werbegrundsätze.
2. Formulieren Sie einen geeigneten Werbeslogan.
3. Halten Sie Ihre Ergebnisse stichwortartig auf Karteikarten fest.
4. Befestigen Sie Ihre Karteikarten an der dafür vorgesehenen Stelle und präsentieren Sie Ihre Arbeitsergebnisse.

5.3.3 Arbeitsmaterialien zur Lernsituation

Brainstorming: Klassische Kreativitätstechnik, die bereits in den 1930er-Jahren von Alex F. Osborne (Mitinhaber einer großen Werbeagentur) entwickelt wurde, um kreative Prozesse zur Erzeugung von Produktideen und Werbekonzeptionen bewusst und gezielt in Gang zu setzen.

Vorgehensweise:

- **Problemfindung:** Es wird schriftlich festgehalten (z. B. als Überschrift auf einem Plakat), zu welchem Problem in der nachfolgenden Phase Ideen gesammelt werden sollen. ➥

221065274

- **kreative Phase – Quantität vor Qualität**
  - In einer vorher vereinbarten Zeit werden (z. B. auf einem Plakat) stichwortartig Vorschläge zur Lösung des Problems gesammelt (gut leserlich).
  - Jede Idee ist willkommen und wird verschriftlicht, auch wenn sie abwegig oder fantastisch klingt, Denkschablonen sollen aufgebrochen werden.
  - Kritik ist verboten.
  - Die Vorschläge anderer sollten in die eigenen Überlegungen mit einbezogen, ergänzt, variiert, und es sollte mit Alternativen gespielt werden. Lassen Sie sich inspirieren!
- **Auswahlphase**
  - Lösungsvorschläge werden zu thematischen Schwerpunkten herauskristallisiert bzw. zu größeren Zusammenhängen geordnet.
  - Ideen und Lösungen werden rational auf ihre Durchführbarkeit geprüft.

Quelle: Bärbel Hoffmann und Ulrich Langefeld: Methoden-Mix: Unterrichtliche Methoden zur Vermittlung beruflicher Handlungskompetenz in kaufmännischen Fächern. 2. Auflage. Darmstadt: Winklers 1996, S. 29–30.

5.3.4 Lernsituation (Projekt)

Entwicklung eines Marketingkonzepts für die Neustädter Musikschule

Im Kulturbetrieb der Stadt Neustadt (Eigenbetrieb) herrscht helle Aufregung. Es ist bekannt geworden, dass im kommenden Haushaltsjahr eine Kürzung des Budgetzuschusses um 15 % erfolgen soll. Für die Musikschule würden daraus Mindereinnahmen von 120.000,00 € resultieren. Frau Wagner, die Leiterin des Kulturbetriebs, ist Realistin. Sie erwartet zwar eine empörte Reaktion der Öffentlichkeit, doch letzten Endes wird dieser Vorschlag wohl bittere Realität werden, weil die Haushaltssituation keinen anderen Weg zulässt. Allerdings wurden bereits in den Vorjahren Kosten erheblich reduziert. Frau Wagner sieht deshalb auf der Kostenseite kein Potenzial mehr zur Einsparung der 120.000,00 €. Sie plant deshalb, in die Offensive zu gehen und durch eine attraktive Erweiterung des Angebots das Problem von der Erlösseite her in den Griff zu bekommen.

Es wird eine Projektgruppe gebildet, die ein Marketingkonzept mit folgenden Inhalten vorlegen soll:

- Festlegung der angestrebten Ziele,
- Formulierung einer Marketingstrategie,
- Bestimmung des Marketing-Mix mit konkreten Vorschlägen für einen aufeinander abgestimmten Einsatz der absatzpolitischen Instrumente.

Das Konzept soll vor Mitgliedern des Kulturausschusses des Rates und dem Bürgermeister präsentiert werden.

5.3.5 Arbeitsaufträge zur Lernsituation

1. Fertigen Sie einen Arbeitsplan an, der die Reihenfolge Ihres Vorgehens und „Zuständigkeiten" regelt.
2. Betreiben Sie Konkurrenzforschung (z. B. Preise, Angebote anderer Musikschulen).
3. Suchen Sie gemeinsam nach Ideen für das erweiterte Angebot.
   Wenden Sie dabei die Methode „Brainstorming" an (siehe Kapitel 5.3.3). Das gegenwärtige Angebot ist in Kapitel 5.3.6 abgebildet.
4. Arbeiten Sie – soweit möglich – im Rahmen produktpolitischer Überlegungen mit den Hilfsmitteln „Produktplan" und „Produktbeschreibung".
   Hinweis: Die Musikschule ist als „Produktbereich" im Produktplan des Kulturbetriebs aufgeführt. Eine Gliederung in Produktgruppen, Produkte (und ggf. Leistungen) ist bisher nicht erfolgt, da der Kulturbetrieb erst vor Kurzem gegründet wurde.
5. Greifen Sie für die Präsentation auf Kenntnisse in DV (PowerPoint, Word, Excel) und Deutsch (Referat/Facharbeit/Kommunikationstechniken) zurück.
6. In der Präsentation soll deutlich werden, dass Sie sich intensiv mit den entsprechenden Sachinformationen im Grundlagenband auseinandergesetzt haben, z. B. durch Gebrauch von Fachbegriffen.

5.3.6 Arbeitsmaterialien zur Lernsituation

Präsentation des Angebots der Städtischen Musikschule auf der Homepage der Stadt Neustadt:

Städtische Musikschule Neustadt: Unser Angebot

Anschluss oder Raum gesucht?

Suchen Sie für sich oder Ihre Kinder eine Möglichkeit, mit Gleichgesinnten gemeinsam zu musizieren? Dann sind Sie bei uns genau richtig! Neben der Vielzahl von kleinen und großen Ensembles, die durch unsere Fachlehrerinnen und Fachlehrer betreut werden, bieten wir vielen Musik treibenden Vereinen, Ensembles und Privatpersonen die Möglichkeit, unsere Räume zu nutzen.

Vielseitig vielzeitig

Von Klassik bis Heavy Metal, von Folklore bis Jazz, vom Duo bis zum Sinfonie-Orchester, von laut bis leise, von alt bis neu, Theorie und Praxis, morgens oder abends, an Wochentagen oder Wochenenden, hier oder dort: Das alles bietet Ihre Städtische Musikschule.

Berufung

In der Städtischen Musikschule Neustadt können sich Schülerinnen und Schüler auf die Aufnahmeprüfung an Musikhochschulen und Universitäten vorbereiten. Diese Schülerinnen und Schüler erhalten eine spezielle Betreuung und Ausbildung.

Bewegung

Auch dem Drang nach körperlichen Ausdrucksformen von Musik tragen wir in unserem Rhythmikbereich Rechnung – natürlich gilt auch hier unsere Devise – von Jung bis Alt.

Zuhören

Für alle, denen mehr daran liegt, Musik zu hören, bieten wir ständig Konzerte und Vorspiele aus den verschiedensten Sparten. Wir informieren Sie gerne über unsere Veranstaltungen.

Kein eigenes Instrument?

Macht nix! Wir bieten für die meisten Fächer Leihinstrumente an, aber helfen natürlich auch gerne bei der Neuanschaffung.

Rent a teacher

Spielen Sie oder Ihre Kinder bereits in einer Band oder einem Ensemble und sind Sie der Meinung, dass etwas Unterstützung Not tut? Dann buchen Sie eine Lehrkraft für drei Monate und gewinnen Sie neue Ideen oder ein paar Geheimtipps zum erfolgreichen Fortkommen.

5.4 Aufgaben

1. Welche Aussage ist richtig? Ein Verkäufermarkt liegt vor, ...
   a) wenn die Verkäuferinnen und Verkäufer einen großen Marktanteil besitzen,
   b) wenn viele Anbieterinnen und Anbieter auf dem Markt sind,
   c) wenn das Angebot größer als die Nachfrage ist,
   d) wenn die Nachfrage größer als das Angebot ist.
2. Der koreanische Elektronikkonzern SILVERSTAR hat eine Niederlassung in Deutschland. Zu seinem Absatzsortiment gehören Fernsehgeräte, Soundgeräte, mobile Endgeräte (Tablets, Smartphones) und Computer. Zurzeit wird intensiv an einer neuen Marketingstrategie gearbeitet. In einer Mitarbeiterbesprechung erläutert der Marketing-Leiter Kun-Yung San die geplanten Maßnahmen:
   - vermehrter Absatz über den Fachhandel
   - Durchsetzung höherer Verkaufspreise
   - Verbesserung des Designs und der Qualität der Produkte
   - Erweiterung des Produktionsprogramms um eine hochwertige Soundbar
   - verstärkter Einsatz von Fernsehwerbung

   a) Nennen Sie die vier absatzpolitischen Instrumente, die im Allgemeinen unterschieden werden.
   b) Ordnen Sie die geplanten Maßnahmen diesen Instrumenten zu.
   c) Erläutern Sie den Begriff „Marketing-Mix" am Beispiel von SILVERSTAR.

221065276

3. Beurteilen Sie, ob die folgenden Aussagen zum Thema Marketingstrategien richtig oder falsch sind.
   a) Die Strategie der Marktentwicklung setzt auf den vermehrten Absatz bereits vorhandener Produkte an neue Kundinnen und Kunden.
   b) Die Diversifikationsstrategie verfolgt das Ziel, neue Marktsegmente zu erschließen durch die Erweiterung des Angebots um völlig neue Produkte oder Produktgruppen, die keine Verwandtschaft zu den bisherigen Angeboten haben.
   c) Die Standardisierungsstrategie ist eine Marktbearbeitungsstrategie.
   d) Unternehmen, die der Differenzierungsstrategie folgen, konzentrieren sich auf die Gemeinsamkeiten der Abnehmerinnen und Abnehmer und lassen ihre Unterschiede außer Acht.
   e) Bei der Strategie der Kostenführerschaft ist die Preispolitik das wichtigste absatzpolitische Instrument.
   f) Primärer Ansatzpunkt der Qualitätsstrategie ist das Bestreben, die eigenen Kosten unter das Kostenniveau der Konkurrenz zu senken.
4. Die Herakles AG stellt Fahrräder her. Das Produktionsprogramm umfasst sechs Produkte bzw. Produktgruppen. Für das gerade abgelaufene Geschäftsjahr 3 liegen die folgenden Daten vor:

Produkte/Produktgruppe	Umsatz (in Tsd. €)	Umsatztendenz bei Herakles	Marktwachstum (in %)	Relativer Marktanteil
A Cityräder	300	steigend	?	?
B Elektrobike „E-Motion“	100	steigend	7,5	0,6
C Hollandräder	750	leicht fallend	1,0	1,1
D Jugendräder	500	steigend	6,0	1,3
E Mountainbike „Highländer“	150	fallend	2,0	0,4
F Trekkingräder	1000	stagnierend	2,5	1,5

Im betrachteten Geschäftsjahr betrug der Gesamtumsatz aller Anbietenden von Cityrädern auf dem für die Herakles AG relevanten Markt 3.000.000,00 € (= Marktvolumen). Die Hauptkonkurrentin in diesem Markt erzielte einen Umsatz von 1.000.000,00 €. Das Marktvolumen des Vorjahrs lag bei 2.860.000,00 €.

   a) Informieren Sie sich im Grundlagenband über die Portfolioanalyse in Unternehmen der Privatwirtschaft (siehe Kapitel 5.4.5).
   b) Ermitteln Sie das Marktwachstum und den relativen Marktanteil für die Produktgruppe Cityräder.
   c) Im Download-Bereich finden Sie eine Portfolio-Matrix. Bezeichnen Sie die Achsen und die Felder der Matrix. Web
   d) Positionieren Sie die Produkte bzw. Produktgruppen der Herakles AG in der Matrix. Stellen Sie jedes Produkt bzw. jede Produktgruppe durch einen Kreis dar. Die Höhe des Umsatzes soll dabei annäherungsweise durch die Größe des Kreises zum Ausdruck kommen.
   e) Halten Sie für jede Produktgruppe (jedes Produkt) in einer Tabelle fest, ...
      ea) welche Position sie (es) in der Portfolio-Matrix einnimmt,
      eb) in welcher Phase des Produktlebenszyklus sie (es) sich befindet,
      ec) welche Normstrategie (Handlungsempfehlung) angewandt werden soll.

      Beginnen Sie die Auflistung mit den Produkten bzw. Produktgruppen, die Fragezeichen darstellen. Danach folgen die Stars, Melkkühe und schließlich die Armen Hunde. Die Lösungstabelle ist im Download-Bereich bereitgestellt. Web
   f) Im Grundlagenband LF8, Kapitel 5.5.1 finden Sie eine Abbildung, in der den Phasen des Produktlebenszyklus produktpolitische Maßnahmen zugeordnet sind. Unter anderem sind dort die Produktvariation und die Produktdifferenzierung angegeben.

      Für welche Produkte bzw. in welchen Produktgruppen der Herakles AG bieten sich Produktvariationen an? Wo sind Produktdifferenzierungen sinnvoll?

      Begründen Sie Ihre Ansicht und bilden Sie passende Beispiele für die konkrete Ausgestaltung von Produktvariationen und -differenzierungen im vorliegenden Fall.

5. Die Leiterin der Neustädter Bibliothek, Frau Koch, hat eine Portfolioanalyse für den Bestand an Sachbüchern veranlasst. Sie erwartet davon die Verwirklichung folgender Ziele:

- Mithilfe einer Portfolio-Matrix soll ein Gesamtbild entstehen, das die Absatzlage der unterschiedlichen Bestandsgruppen und ihre Attraktivität für die Nutzerinnen und Nutzer der Bibliothek verdeutlicht.
- Auf der Grundlage der so gewonnenen Erkenntnisse sollen Schlussfolgerungen gezogen werden hinsichtlich
  - des Auf- und Abbaus des Bestands an Sachbüchern,
  - der künftigen Verteilung des Budgets (Anschaffungsschwerpunkte),
  - der Planung weiterer absatzpolitischer Maßnahmen (z. B. Werbung oder „Verkaufsförderung" durch hervorgehobene Präsentation einer Bestandsgruppe, Erstellung von Empfehlungslisten und dergleichen mehr).

Die von Frau Koch beauftragte Mitarbeiterin der Bibliothek hat mit der Erstellung der Portfolio-Matrix bereits begonnen. Dabei hat sie Daten aus dem gerade abgelaufenen Geschäftsjahr 3 zugrunde gelegt. Sie hielt es für sinnvoll, die Trennungslinie zwischen niedriger und hoher Umsatzentwicklung bei 20 % zu ziehen.

Die Bestandsgruppen L, M, O, P, S und Y müssen noch in der Matrix positioniert werden. Dazu liegen die folgenden Daten vor:

Bestandsgruppe nach ASB	Effizienz im Jahr 3	Umsatzentwicklung in %
L Philosophie	0,5	14
M Psychologie	1,5	39
O Sprache	1,2	16
P Literatur	?	?
S Musik	0,4	24
Y Sport	?	?

Bestandsgruppe nach ASB	Bestand (in Stück)	Umsatz im Jahr 2	Ausleihen im Jahr 3
P Literatur	1 200	2,50	3 450
Y Sport	600	5,07	3 500

Die Bibliothek hat 30 000 Sachbücher in ihrem Bestand. Im Jahr 3 erfolgten daraus insgesamt 144 000 Ausleihen.

Die Bestandsgruppe P (Literatur) hat eine besondere Bedeutung. Sie unterstützt die Zusammenarbeit der Bibliothek mit den weiterführenden Schulen der Stadt Neustadt.

Web

Hinweise zur Bearbeitung der nachfolgenden Aufgaben:

Die zu ergänzende Portfolio-Matrix finden Sie im Download-Bereich. Die Hauptgruppen der „Allgemeinen Systematik für Öffentliche Bibliotheken" (ASB) sind in der Wertetabelle „Kennzahlen einer Öffentlichen Bibliothek 2007 und 2008" aufgelistet (siehe Grundlagenband LF 8, Kapitel 5.4.5).

a) Informieren Sie sich im Grundlagenband über die Anwendung der Portfolioanalyse in der Kommunalverwaltung und den Aufbau der Portfolio-Matrix einer Öffentlichen Bibliothek (LF 8, Kapitel 5.4.5).

b) Berechnen Sie für die Bestandsgruppen P und Y für das Jahr 3:
   - den Ausleih- und Bestandsanteil,
   - die Effizienz,
   - den Umsatz,
   - die Umsatzentwicklung (im Vergleich zum Vorjahr).

c) Geben Sie für die Bestandsgruppe P an, was die von Ihnen unter b) ermittelten Ergebnisse aussagen.

d) Bezeichnen Sie die Felder der Portfolio-Matrix.

e) Positionieren Sie die noch fehlenden Bestandsgruppen in der Portfolio-Matrix.

f) Werten Sie die Matrix im Sinne der von Frau Koch formulierten Zielsetzungen einer Portfolioanalyse aus.

221065278

6. Welche Aussage ist richtig?
Hohe Einführungspreise sind typisch für die ...
a) Strategie der Marktdurchdringung,
b) Strategie der Preisdifferenzierung,
c) Strategie der Marktabschöpfung,
d) psychologische Preisfestsetzung.

7. Beurteilen Sie, welche Art der Preisdifferenzierung bei den nachfolgenden Maßnahmen vorliegt.
(1) personelle Preisdifferenzierung
(2) zeitliche Preisdifferenzierung
(3) räumliche Preisdifferenzierung
(4) mengenmäßige Preisdifferenzierung
(5) Es liegt gar keine Preisdifferenzierung vor.
Ordnen Sie die jeweils zutreffende Ziffer zu.
a) Das Schwimmbad Nord-Pool bietet eine Monatskarte an, deren Preis für „Vielschwimmerinnen und Vielschwimmer" vorteilhaft ist.
b) An Werktagen ist der Eintritt in das Schwimmbad Nord-Pool in den Morgenstunden geringer als am Wochenende.
c) Die Verwaltung des städtischen Friedhofes kalkuliert eine kostendeckende Gebühr für Beisetzungen.
d) Die Deutsche Bundesbahn gewährt Seniorinnen und Senioren ermäßigte Fahrpreise.
e) Ein Pharmakonzern bietet seine Produkte im Ausland günstiger an als im Inland.
f) Die Bibliothek Neustadt verleiht auch pädagogisch wertvolle E-Medien; wer mehr als fünf Stück ausleiht, zahlt eine reduzierte Gebühr pro Stück.
g) Ein Einzelhändler verlangt für ein Pfund Kaffee 2,99 €.

8. Beurteilen Sie, welche Art der Kommunikationspolitik in den unten stehenden Fällen vorliegt.
(1) Absatzwerbung
(2) Öffentlichkeitsarbeit
(3) Verkaufsförderung
(4) Es liegt gar keine kommunikationspolitische Maßnahme vor.
Ordnen Sie die jeweils zutreffende Ziffer zu.
a) Die neuen Produkte (Leistungen) der Musikschule Neustadt werden auf Plakaten angepriesen.
b) Die Musikschule eröffnet eine Zweigstelle in einem städtischen Vorort.
c) Um ihr Ansehen und ihren Bekanntheitsgrad zu steigern, veranstalten die städtischen Museen eine Museumsnacht.
d) Anlässlich der Eröffnung der neuen Spielzeit veranstaltet das Theater Neustadt ein Gewinnspiel. Abgefragt wird Wissenswertes rund um das Theater. Es gibt u. a. Karten für die Premierenvorstellung der Saison zu gewinnen.
e) Das neue Bürgerbüro bietet verlängerte Öffnungszeiten und Leistungen aus einer Hand, für die früher verschiedene Ämter aufgesucht werden mussten.
f) Die Bibliothek veranstaltet einen Tag der offenen Tür.

9. Beurteilen Sie, ob die folgenden Aussagen zum Thema Absatzwerbung richtig oder falsch sind.
a) Plakatsäulen gehören zu den Werbemitteln.
b) Bei einer Werbeanzeige in einer Zeitschrift ist die Zeitschrift der Werbeträger.
c) Der Streukreis gibt an, wann und wie oft die Werbemaßnahme durchgeführt wird.
d) Die Reichweite gibt die Häufigkeit des Kontaktes der umworbenen Personen mit dem Werbeträger innerhalb eines festgesetzten Zeitraums an.

10. Beurteilen Sie, ob die folgenden Aussagen zum Thema Distributionspolitik richtig oder falsch sind.
a) Durch die Einrichtung von Bürgerbüros in verschiedenen Stadtteilen entsteht ein dezentraler Vertrieb von Verwaltungsleistungen.

b) Ein indirekter Absatz liegt vor, wenn ein Industriebetrieb seine Produkte über selbstständige Handelsbetriebe absetzt.

c) Verwaltungsleistungen werden in der Regel in Form des direkten Absatzes an die Bürgerinnen und Bürger gebracht.

d) Ein Vorteil des indirekten Absatzes besteht darin, dass der Warenhersteller einen guten Kontakt zu den Endverbraucherinnen und Endverbrauchern hat.

e) Ein Vorteil des direkten Absatzes für einen Industriebetrieb ist der Umstand, dass geringere Kosten für Lagerung und Transport der hergestellten Güter anfallen.

11. Im Grundlagenband (LF 8, Kapitel 5.3) sind Beispiele für quantitative und qualitative Marketingziele aufgelistet. Welche der genannten quantitativen Ziele können dem qualitativen Ziel „Erhöhung der Kundenzufriedenheit" als Unterziele zugeordnet werden? (Begründung)

12. Fassen Sie in einer Tabelle typische Merkmale der einzelnen Phasen des Produktlebenszyklus zusammen. Beachten Sie dabei auch die Entwicklung der Absatzmenge und des Gewinns.

13. Unterscheiden Sie Direktwerbung und Direktmarketing. Welche Bedeutung besitzen diese kommunikationspolitischen Aktivitäten für die Verwaltung?

14. Unterscheiden Sie die Ziele der kommunalen Werbung von den Zielen der kommerziellen Werbung.

15. Mitarbeiter des Eigenbetriebs „Bibliothek Burgtal" erarbeiten auf der Grundlage von Marktforschungsergebnissen ein neues Marketingkonzept.

a) Welche Planungsschritte werden bei der Erstellung des Konzeptes durchlaufen? Stellen Sie kurz die jeweiligen Planungsaufgaben zu jedem dieser Schritte dar.

b) Im Produktplan des Eigenbetriebs sind die folgenden Produktgruppen und Produkte ausgewiesen:

Produktgruppe 1: Bereitstellen von Medien und Informationen

- Bestandsaufbau und Pflege
- Ausleihen von Büchern
- Informations- und Beratungsdienst

Produktgruppe 2: Veranstaltungen der Bibliothek

- Lesungen
- Ausstellungen

Zur Attraktivitätssteigerung der Bibliothek soll künftig das Produkt „Ausleihen von E-Medien (E-Books, E-Audios [Hörbücher], E-Music und E-Videos)" in das Absatzsortiment aufgenommen werden (Produktgruppe 1). Außerdem ist die Verpachtung frei stehender Räume geplant. Der Pächter will dort ein „Literaturcafé" einrichten. Der Produktplan würde dann um die Produktgruppe 3 „Gastronomie" (Produkt: „Literaturcafé") ergänzt.

ba) Welche Maßnahmen der Produkt- und Sortimentspolitik werden mit den zwei geplanten Maßnahmen angewandt? (Begründung)

bb) Welche Veränderungen ergeben sich hinsichtlich der Sortimentsdimensionen durch das Produkt „Ausleihen von E-Medien" einerseits und das Produkt „Literaturcafé" andererseits? (Begründung)

c) Nennen Sie die vier Arten der Preisdifferenzierung und bilden Sie zu zwei der vier Arten ein auf die Bibliothek bezogenes Beispiel.

Hinweis: Für das Ausleihen von Büchern wird eine einmalige Jahresbenutzungsgebühr erhoben. Bei den E-Medien soll für jede ausgeliehene Datei eine Gebühr erhoben werden. (Nach Ablauf der Leihfrist erlischt die Nutzbarkeit der zur Verfügung gestellten Datei).

d) Verdeutlichen Sie, was unter Öffentlichkeitsarbeit zu verstehen ist. Bilden Sie ein Beispiel für die Öffentlichkeitsarbeit der Bibliothek.

e) Werden die Leistungen der Bibliothek zentral oder dezentral vertrieben? (Begründung)
Hinweis: Es existiert nur diese eine Bücherei in Burgtal.

f) Werden die Leistungen der Bibliothek direkt oder indirekt vertrieben? (Begründung)

221065280

16. Der Abschlussbericht zur Bürgerumfrage einer Kommune enthält die folgende Tabelle:

Meistgenannte Änderungswünsche an die Verwaltung, gegliedert nach Personenmerkmalen

Frage 18:	**Welche Änderungen sollten Ihrer Meinung nach in der Stadtverwaltung vorgenommen werden?**									
		darunter in %								
	Nennungen insgesamt	bessere Erreichbarkeit	bessere Öffnungszeiten	darunter längere Öffnungszeiten	bessere Beratung	darunter Qualifizierung der Mitarbeiter	kürzere Bearbeitungszeit	bessere persönliche Behandlung	darunter mehr Höflichkeit usw.	bessere Warteräume
insgesamt	**478**	**11,9**	**28,7**	**10,9**	**10,9**	**5,4**	**13,2**	**31,4**	**22,2**	**6,1**
Frauen	237	11,0	26,6	10,5	10,5	5,1	14,8	33,3	25,7	6,8
Männer	240	12,9	30,8	11,3	11,3	5,8	11,7	29,6	18,8	5,4
Deutsche	454	11,5	28,4	11,0	10,8	5,3	13,4	31,3	22,5	5,9
Ausländer/-innen	17	29,4	35,3	11,8	11,8	5,9	11,8	29,4	17,6	5,9
18 - 25 Jahre	42	16,7	40,5	9,5	14,3	7,1	31,0	26,2	21,4	9,5
25 - 35 Jahre	113	10,6	36,3	15,0	12,4	4,4	15,0	38,1	25,7	3,5
35 - 45 Jahre	102	14,7	21,6	7,8	12,7	6,9	7,8	35,3	26,5	9,8
45 - 60 Jahre	154	7,8	30,5	13,6	11,7	7,1	13,0	30,5	20,8	5,8
60 Jahre oder älter	66	15,2	15,2	3,0	1,5	–	7,6	19,7	13,6	3,0
kein Schulabschluss	15	–	20,0	6,7	6,7	6,7	20,0	53,3	40,0	–
Volks-/Hauptschulabschluss	171	8,2	26,9	9,9	8,2	4,7	9,9	31,0	21,6	8,2
Mittlere Reife o. Ä.	119	16,0	28,6	8,4	10,1	3,4	21,8	33,6	23,5	4,2
Abitur o. Ä.	100	12,0	33,0	14,0	16,0	7,0	9,0	31,0	24,0	6,0
(Fach-)Hochschulabschluss	71	15,5	28,2	14,1	12,7	8,5	9,9	25,4	15,5	5,6
Stadtbezirk Wanne	100	11,0	25,0	9,0	11,0	4,0	15,0	24,0	18,0	18,0
Stadtbezirk Eickel	87	12,6	39,1	13,8	6,9	4,6	13,8	29,9	20,7	2,3
Stadtbezirk Mitte	184	13,0	30,4	13,0	12,5	6,0	12,0	37,5	24,5	2,7
Stadtbezirk Sodingen	96	10,4	19,8	6,3	12,5	7,3	13,5	29,2	22,9	4,2

a) Die von den Bürgerinnen und Bürgern genannten Punkte (bessere Erreichbarkeit usw.) lassen sich den drei wesentlichen Bestimmungsgrößen der (wahrgenommenen) Dienstleistungsqualität zuordnen. Zu welchem „P" (person, physical environment, process) gehören sie jeweils?
(Hinweis: Im Fragebogen konnten die befragten Bürgerinnen und Bürger auf die gestellte Frage offen antworten, es waren keine Auswahlantworten vorgegeben.)

b) Werten Sie das Umfrageergebnis im Sinne einer Situationsanalyse aus (wesentliche Schwächen und Stärken, auffallende Meinungsunterschiede zwischen Frauen und Männern, Deutschen und Ausländerinnen und Ausländern, Jungen und Alten usw.).

c) Leiten Sie Schlussfolgerungen aus der Analyse ab, insbesondere hinsichtlich der Maßnahmen aus dem Bereich des internen und interaktiven Marketings.

d) Welche Methoden und Verfahren der Informationsbeschaffung und -auswertung wurden bei der Umfrage angewandt?

17. Ein an das EFQM-Modell angelehntes Konzept zur Selbstbewertung von Organisationen im Rahmen eines umfassenden Qualitätsmanagements ist das Modell der CAF (Common Assessment Framework, Gemeinsames europäisches Qualitätsbewertungssystem). Recherchieren Sie im Internet (z. B. im Online-Verwaltungslexikon, www.olev.de),

a) wie das CAF-Modell vom Grundsatz her aufgebaut ist und

b) welche Bedeutung es für die öffentliche Verwaltung hat.

18. Überlegen Sie, welche Rolle das interne und interaktive Marketing bei der Schaffung einer Corporate Identity für die Verwaltung einnehmen.

1 Rechtliche Grundlagen des Verwaltungshandelns erarbeiten

1.1 Arten des Verwaltungshandelns kennenlernen

1.1.1 Lernsituation

Das Baugebiet Turmstraße wird erschlossen

Der Rat der Stadt Neustadt beschloss vor einiger Zeit den Bebauungsplan „Turmstraße". Die Stadt hatte das Gelände einer ehemaligen Ziegelei günstig erworben, es durch den Bau- und Betriebshof als Baugebiet hergerichtet und bald darauf 50 Baugrundstücke verkauft. Inzwischen wurden auch Baugenehmigungen für alle Grundstücke erteilt. Gleichzeitig wurde die Turmstraße mit Kanalisation, Gehweg und Beleuchtung zur Erschließung des Neubaugebiets versehen.

Für die Herstellung öffentlicher Straßen erhebt die Stadt Neustadt von den Grundstückseigentümern Erschließungsbeiträge nach dem Baugesetzbuch und der örtlichen Erschließungsbeitragssatzung. So kann der größte Teil der von der Stadt vorfinanzierten Herstellungskosten gedeckt werden. Vor Kurzem wurde ein Sachbearbeiter als Beschäftigter im Bauverwaltungsamt eingestellt. Er hat die Erschließungsbeiträge berechnet und dazu die Kosten für Grunderwerb, Kanal, Beleuchtung, Verkehrsgrün, Fahrbahn und Gehweg zusammengefasst. Im Ergebnis hat die Herstellung der Turmstraße 320.000,00 € gekostet, davon sind 240.000,00 € beitragsfähiger Erschließungsaufwand.

Die Stadt verlangt in Heranziehungsbescheiden von jedem Eigentümer im Durchschnitt etwa 4.300,00 € Erschließungsbeitrag. Im Einzelnen ergeben sich sehr unterschiedliche Beträge. Nicht alle Beitragspflichtigen können diesen Betrag ohne Weiteres aufbringen, sodass sich die Stadt bei vielen mit Ratenzahlung einverstanden erklärt.

Die Erfahrung hat gezeigt, dass leider in etwa 5 % der Beitragsfälle die Stadtkasse Neustadt als Vollstreckungsbehörde die Raten des Erschließungsbeitrags zwangsweise beitreiben muss. Es kommt auch vor, dass Beitragspflichtige mit dem zu zahlenden Erschließungsbeitrag nicht einverstanden sind und Widerspruch bei der Stadt Neustadt einlegen bzw. Klage vor dem Verwaltungsgericht erheben.

(Nähere Informationen zu dieser Situation finden sich im Band „Rechnungswesen in der öffentlichen Verwaltung", Kapitel 1.2.4.)

1.1.2 Arbeitsaufträge zur Lernsituation

In der Darstellung der Lernsituation werden folgende Aktivitäten der Stadt Neustadt beschrieben:

a) Beschluss des Bebauungsplans
b) Grundstückserwerb und -verkauf
c) Herrichtung des Ziegeleigeländes als Baugebiet
d) Erteilen der Baugenehmigung
e) Bau der Turmstraße
f) Anwenden der Erschließungsbeitragssatzung
g) Anwenden des Baugesetzbuchs
h) Einstellung des Sachbearbeiters
i) Erteilen des Heranziehungsbescheids
j) Regelung der Ratenzahlung des Erschließungsbeitrags
k) zwangsweise Beitreibung des Erschließungsbeitrags

1. Verwaltungszweige können verschiedenen Verwaltungszwecken dienen. Ordnen Sie die Aktivitäten a) bis k) folgenden Verwaltungszweigen zu:
   - Abgabenverwaltung
   - Ordnungsverwaltung
   - Planungsverwaltung
   - Leistungsverwaltung
   - Bedarfsdeckungsverwaltung
2. Das Handeln der Verwaltung kann auf eine rechtliche Wirkung abzielen (Rechtsakt) oder auf ein tatsächliches, nicht rechtliches Ergebnis ausgerichtet sein (Realakt). Welche der Aktivitäten a) bis k) sind Rechtsakte, welche sind Realakte?
3. Die Verwaltung kann dem Bürger hoheitlich (öffentlich-rechtlich) oder fiskalisch (privatrechtlich) gegenübertreten. Welche der rechtlichen Aktivitäten der Verwaltung sind hoheitlich, welche sind fiskalisch?

4. Bei welchen der beschriebenen Handlungsformen der Verwaltung geht es um eine
   - hoheitliche Einzelregelung (Verwaltungsakt),
   - privatrechtliche Einzelregelung (Vertrag),
   - allgemeinverbindliche Rechtsnorm?

5. Der Verwaltungsakt ist die häufigste und wichtigste Art behördlicher Rechtshandlungen in der öffentlichen Verwaltung. Seine Bedeutung entspricht der des Vertrags im Privatrecht. In der vorliegenden Situation werden 50 Heranziehungsbescheide zu Erschließungsbeiträgen mit ähnlichem Inhalt erstellt. Erläutern Sie am Beispiel dieser Bescheide die besondere Bedeutung des Verwaltungsakts
   a) für die Behörde,
   b) für die Grundstückseigentümer.

1.1.3 Aufgaben

1. Grundsicherung für Arbeitslose bearbeitet in Mülheim/Ruhr die Sozialagentur der Stadt. Familie Kunze erhält Bürgergeld II und schließt mit der Stadt Mülheim einen Mietvertrag über eine städtische Wohnung ab. Nach einiger Zeit bemängelt Frau Kunze die Schimmelbildung in der Wohnung und die nicht ausreichende Höhe des Bürgergeldes.
   a) Ordnen Sie die Bewilligung des Bürgergeldes und die Wohnungsmiete der obrigkeitlichen, schlicht hoheitlichen oder fiskalischen Verwaltung zu.
   b) Vor welchem Gericht/welchen Gerichten könnte Familie Kunze in den beiden Beschwerdefällen klagen?

2. Handelt es sich bei den folgenden Beispielen um
   a) obrigkeitliche Verwaltung,
   b) schlicht hoheitliche Verwaltung,
   c) verwaltungs-privatrechtliche Verwaltung,
   d) fiskal-privatrechtliche Verwaltung?

   1. Die Behörde verlangt den Abbruch eines baufälligen Gebäudes.
   2. Polizist A. erteilt einem Autofahrer eine gebührenpflichtige Verwarnung.
   3. Polizist B. ermahnt einen Autofahrer, die zu stark abgefahrenen Reifen seines Autos zu erneuern.
   4. Die Gemeinde G. beschafft drei Feuerlöschfahrzeuge.
   5. Der Sport- und Freizeitbetrieb Neustadt stellt den Bürgern und Vereinen Sportanlagen gegen Entgelt auf privatrechtlicher Basis nach der vom Rat beschlossenen Benutzungs- und Entgeltordnung zur Verfügung.
   6. Die Stadt Neustadt bewilligt Wohngeld.
   7. Die Stadt Neustadt stellt einen Auszubildenden für den Beruf „Verwaltungsfachangestellter" ein.
   8. Bei Schneeglätte werden die öffentlichen Straßen von der Stadtverwaltung mit Kesselasche gestreut.
   9. Eine Behörde kündigt ihrem Beschäftigten fristlos.
   10. Die Stadt Neustadt betreibt den öffentlichen Nahverkehrsbetrieb als GmbH.
   11. Die Straßenbauverwaltung des Landes kauft von A. ein Grundstück für den Bau einer Landstraße.
   12. Das Bundesland B. enteignet Landwirt L. gegen Entschädigung. (Das enteignete Grundstück soll an den Automobilhersteller D. für den Bau einer Teststrecke veräußert werden.)
   13. Die kreisfreie Stadt S. unterhält in ihrem Gesundheitsamt eine Mütterberatungsstelle.
   14. Die Stadt Z. (Jugendamt) verklagt einen Kindesvater auf Zahlung von Unterhalt.

3. Handelt es sich bei den folgenden Beispielen jeweils um
   a) einen Realakt,
   b) einen privatrechtlichen Rechtsakt,
   c) einen öffentlich-rechtlichen Rechtsakt mit Außenwirkung,
   d) einen öffentlich-rechtlichen Rechtsakt mit Innenwirkung?

   1. Der Rat der Stadt S. erlässt eine „Verordnung über die Aufrechterhaltung der öffentlichen Sicherheit und Ordnung auf den Straßen und in den Anlagen in der Stadt S." (Rechtsverordnung).
   2. Der Landesinnenminister ändert die Verwaltungsvorschrift zur Durchführung des Landeswahlgesetzes durch Runderlass.
   3. Die Stadt S. schickt dem bei ihr beschäftigten Hausmeister des Rathauses einen Hundesteuerbescheid.
   4. Die Finanzkasse überweist Frau F. zu viel gezahlte Einkommensteuer. (Den Bescheid hat Frau F. bereits erhalten.)
   5. Für das Sachgebiet Katastrophenschutz stellt die Stadt S. Herrn H. als Beschäftigten ein.
   6. Die Wagen des Bau- und Betriebshofs streuen bei Schneeglätte die öffentlichen Straßen mit Kesselasche.
   7. Die Stadt Kassel stellt Steffi G. als Beamtin auf Probe ein.
   8. Der Behördenleiter kündigt einem Kassenmitarbeiter aus wichtigem Grund fristlos (außerordentliche Kündigung).
   9. Der Behördenleiter ermächtigt einen Angestellten für die Dauer einer Urlaubsvertretung, Auszahlungen bis zum Betrag von 5.000,00 € im Einzelfall anzuordnen.
   10. Das Gemeindeamt einer Kirchengemeinde erhält vom Einwohnermeldeamt der Stadt S. eine Auskunft aus dem Melderegister.

4. Handelt es sich bei den folgenden Beispielen um Verwaltungsakte? (Falls nicht, geben Sie die Gründe an.)
   a) Moritz Frisch, beschäftigt im Sachgebiet Wohnungsbauförderung der Stadt, erhält von dieser Dienststelle einen Wohngeldbescheid.
   b) Julian Bär bekommt eine Klassenarbeit mit der Note „mangelhaft" zurück.
   c) Der Rat der Stadt hat in einer Satzung die Erhöhung der Abfallbeseitigungsgebühren um 20 % für alle Eigentümer beschlossen, deren Grundstücke an die Abfallbeseitigung angeschlossen sind.
   d) Die Gemeinde G. beauftragt den Rechtsanwalt R., sie in einem schwierigen Prozess in einer Gewerbesteuerangelegenheit vor dem Verwaltungsgericht zu vertreten.
   e) Die Bauordnungsbehörde lehnt den Bauantrag der Frau Bosch ab.
   f) Die zuständige Behörde fordert Kraftfahrer K. auf, ein medizinisch-psychologisches Gutachten vorzulegen. Die Behörde hat Zweifel an seiner Eignung zum Führen von Kraftfahrzeugen und will prüfen, ob die Voraussetzungen für den Entzug der Fahrerlaubnis vorliegen.
   g) Der Bürgermeister der Stadt S. lässt auf den städtischen Kinderspielplätzen Tafeln mit Ge- und Verboten (Benutzungsregeln, Hundeverbot) anbringen.
   h) Hundehalter Hermann wird von einem Gericht wegen Widerstand gegen Vollstreckungsbeamte nach § 113 StGB zu einer Geldstrafe von 1.000,00 € verurteilt, weil er seinen Bullterrier auf den Vollstreckungsbediensteten der Stadtkasse gehetzt hat.
   i) Ein Eichamt des Landes stellt durch Stempelung der Geräte fest, dass die Marktwaagen des Gemüsehändlers G. den Eichvorschriften entsprechen und im öffentlichen Warenverkehr benutzt werden dürfen.
   j) Nach der öffentlichen Ausschreibung von Bauarbeiten entscheidet sich das Staatshochbauamt für das günstigste Angebot und erteilt Unternehmer Schulze den Bauauftrag.
   k) Der Standesbeamte beurkundet die Geburt eines Kindes.

5. Auf der Ringstraße in Neustadt ist seit Kurzem auf dem Gehweg ein schmaler Radweg markiert worden. Die Stadt hat an jeder Straßeneinmündung das Verkehrszeichen 237 „Radfahrer" aufgestellt. Dies bedeutet, dass Radfahrer Radwege benutzen müssen, wenn die jeweilige Fahrtrichtung mit dem Zeichen 237 gekennzeichnet ist.

221065284

Ferdinand Flott ist begeisterter Radfahrer. Nach seiner Meinung erfüllt der Radweg wegen der geringen Breite und der möglichen Gefährdung der Fußgänger nicht die Anforderungen, die an einen sicheren Radweg zu stellen sind. Da er die Ringstraße mehrmals im Monat mit dem Rad befahren muss, stört ihn die Benutzungspflicht immer stärker. Er benutzt deshalb die Fahrbahn. Als er seinen Bekannten Kevin Kluge trifft, der Rechtsanwalt ist, fragt er ihn, ob man gegen die Radweg-Benutzungspflicht nicht vorgehen könne. Wären die Verkehrszeichen Verwaltungsakte, könne er als betroffener Verkehrsteilnehmer Widerspruch oder Klage gegen deren Aufstellung erheben. Im Übrigen könne er dann noch gegen weitere Verkehrszeichen vorgehen. Was wird Kevin Kluge antworten?

6. Welche Aussagen zur Bedeutung des Verwaltungsakts sind falsch?

   Der Verwaltungsakt ...

   a) ist die einzige Möglichkeit der Verwaltung, gegenüber Bürgern hoheitsrechtlich zu handeln.
   b) dient der Rechtssicherheit der von ihm Betroffenen.
   c) ist eine Rechtsquelle.
   d) wird grundsätzlich nach den Regeln des VwVfG erlassen.
   e) ist nach der VwGO in einem geregelten Verfahren anfechtbar.
   f) ist Voraussetzung für die Durchsetzung von Ansprüchen der Verwaltung durch eigene Vollstreckungsbehörden.

7. Unterscheiden Sie die folgenden Verwaltungsakte nach ihrer Rechtswirkung für den/die Betroffenen.

   a) Führerschein mit der Auflage, eine bestimmte Höchstgeschwindigkeit nicht zu überschreiten.
   b) Bescheid der Agentur für Arbeit über die Gewährung von Arbeitslosengeld I.
   c) Auf Antrag des Nachbarn N. verfügt die Bauordnungsbehörde gegenüber dem Grundeigentümer E. den Abriss eines nicht genehmigten und N. beeinträchtigenden Anbaus.
   d) Gewerbeerlaubnis mit der Auflage, drei Stellplätze für Kraftfahrzeuge nachzuweisen.
   e) Das Land Berlin – Bezirksamt Mitte, Sozialamt – lehnt den Antrag von Kurt Kiebitz ab, seine Mietrückstände für die von ihm genutzte Wohnung in Höhe von 2.800,00 € zu übernehmen, da die Voraussetzungen des § 34 Abs. 1 SGB XII nicht erfüllt sind.

8. Unterscheiden Sie die folgenden Verwaltungsakte nach ihrem Regelungsinhalt.

   a) Nach Prüfung des Gegenstands und der Unterschriftenliste eines Bürgerbegehrens teilt der Bürgermeister den Vertretungsberechtigten mit, dass der Bürgerentscheid rechtlich zulässig ist.
   b) G. erhält eine Gewerbeerlaubnis.
   c) Polizist P. verbietet G., ein nicht verkehrssicheres Fahrzeug zu führen.
   d) Das Finanzamt erklärt einen karitativen Verein für gemeinnützig im Sinne des Körperschaftssteuergesetzes. (Diese Eigenschaft führt zur Steuerbefreiung.)
   e) Entlassung eines Beamten.

9. Handelt es sich um rechtmäßige öffentlich-rechtliche Verträge?

   a) Stadtsekretäranwärter Tim Schubert erhält eine Urkunde, in der er zum Stadtsekretär z. A. ernannt wird. Er nimmt sie an und ist der Ansicht, dass es sich hier um Antrag und Annahme handelt, die zu einem öffentlich-rechtlichen Vertrag gehören.
   b) Polizist P. kauft von der Polizeibehörde seinen alten Diensthund.
   c) Die abgelegene Gemeinde G. bemüht sich um Industrieansiedlungen. Im Rat wird vorgeschlagen, die Gemeinde möge die Investitionsbereitschaft der Unternehmer durch Verträge über den Erlass der Gewerbesteuern in den ersten drei Jahren fördern.
   d) Nach dem Brand im Behördengebäude lässt sich nicht mehr sicher feststellen, ob eine Wohngeldnachzahlung von 1.000,00 € an W. geleistet wurde oder nicht. Die Behörde einigt sich mit W. schriftlich darauf, dass noch 500,00 € gezahlt werden.
   e) Die Stadt S. vereinbart mit der Kaufhaus-AG schriftlich die Befreiung von der Stellplatzpflicht gegen Rücknahme der Klage, die das Unternehmen in einer Gewerbesteuersache gegen die Stadt erhoben hat.

1.2 Quellen des Verwaltungsrechts unterscheiden

1.2.1 Lernsituation

Mit der Vorschriftenflut umgehen

Moritz Frisch ist in seiner Ausbildung im Fachbereich I „Zentrale Dienste und Finanzen" im Bereich Organisation eingesetzt. Hier lernt er z. B. die Gesetz- und Verkündungsblätter für Gesetze und Rechtsverordnungen des Bundes und des Landes kennen, außerdem das Ministerialblatt des Landes, in dem z. B. Verwaltungsvorschriften und Runderlasse der Landesministerien nachzulesen sind. Um alle betroffenen Dienststellen zu informieren, werden diese „Verkündungs- und Weisungsblätter" in Rundlaufmappen durch die Stadtverwaltung geschickt. Die betroffenen Mitarbeiter bestätigen durch Abzeichnen, dass sie die Mitteilungen gesehen haben, und nach etwa zwei bis drei Monaten kommen die Rundlaufmappen zurück und ihr Inhalt wird abgelegt.

Die Informationen des Städte- und Gemeindebundes, die besonders wichtige und dringende Themen darstellen, nehmen den gleichen Weg. Hinzu kommen noch zahlreiche Fachzeitschriften, die sich mit dem Kommunal- und Verwaltungsrecht, dem Arbeits- und Tarifrecht, dem Haushalts-, Planungs-, Bau- und Sozialrecht befassen. Hier werden die neuesten Vorschriften, Gerichtsurteile, Richtlinien und Auslegungen erörtert.

Wer soll das alles lesen und beachten? Alle stöhnen unter der Gesetzesflut, die Parteien fordern, die Bürokratie abzubauen. Manche Gesetze enthalten sogar ein „Verfallsdatum": Danach soll geprüft werden, ob die Regelungen noch erforderlich sind.

Die Sachbearbeiterin Christine Weber informiert Moritz Frisch, wie „das Recht zur Verwaltung kommt". „Natürlich bedienen wir uns auch des Internets. Da gibt es einige Datenbanken, die wir gegen Entgelt benutzen. Das Rechtsamt setzt z. B. die Datenbank ‚juris' ein, auch der Fachbereich ‚Bauwesen und Liegenschaften' hat spezielle Onlinedienste abonniert. Wenn jemand mal EU-Verordnungen braucht, schaut er ins Internet. Interne Regelungen wie z. B. die Allgemeine Geschäftsanweisung der Stadtverwaltung stehen in unserem Verwaltungs-Intranet. Auf unserer öffentlichen Homepage sind das Ortsrecht und alle Ratsvorlagen und -beschlüsse einschließlich Haushaltssatzung und -plan dokumentiert, die wir als Stadtverwaltung natürlich auch beachten müssen. Heute müssen wir übrigens noch die beschlossene Änderung des Bebauungsplans ‚Turmstraße' auf die Homepage hochladen. An der Turmstraße werden jetzt Abstellflächen für Fahrräder vorgesehen."

„Moment mal", wendet Moritz Frisch ein, „wie erfährt man denn so etwas, wenn man keinen Internet-Zugang hat?"

„Dafür geben wir die ‚Neustädter Bekanntmachungen' als Druckversion heraus", erklärt Frau Weber, „das ist unser offizielles Amtsblatt."

„Noch ein Stück ‚Gesetzesflut'", meint Moritz Frisch.

„Das kann man sagen. Sie haben in Ihrer Ausbildung sicher schon erfahren, dass Satzungen zu den ‚Gesetzen im materiellen Sinne' gehören, wenn sie Rechte und Pflichten der Bürger betreffen."

„Ja schon", meint Moritz Frisch, „aber wer soll das denn alles lesen und beachten? Mir kommt das Ganze ziemlich chaotisch vor. Bei den Gesetzgebern weiß doch der eine nicht, was der andere vorschreibt. Da fördert der Bund z. B. den Futteranbau für die Tiermast mit fast einer Milliarde Euro jährlich und unterstützt den Bau großer Mastanlagen. Die EU zahlt am Ende Zuschüsse für die Ausfuhr überschüssiger Fleischberge. Außerdem enthält das Fleisch aus Massentierhaltung oft ungesunde Arzneimittelrückstände. Dennoch bezuschusst der Staat diese Art der Tiermast. Können Sie mir den Sinn dieser Widersprüchlichkeiten erklären?"

„Das liegt sicher auch an den Interessen der Beteiligten, die die Abgeordneten beeinflussen. Und die Gesetze sind nur ‚geronnene Politik'", entgegnet Frau Weber, „die Politiker ändern sie ja auch immer wieder ..."

„... und wie! Die meisten Gesetze sind Änderungsgesetze. Da werden z. B. im Bundesgesetzblatt nur die zu ändernden Worte eines Gesetzes verkündet. Da wird das Verstehen einer Gesetzesänderung zum Puzzlespiel. Es lebe die Bürgerfreundlichkeit! Und da kann es doch leicht passieren, dass ein Sachbearbeiter mal eine Änderung übersieht. Wenn die Stadtverwaltung z. B. jemandem kostspielige Auflagen zu einer Baugenehmigung vorschreibt, die aufgrund einer neuen Regelung gar nicht mehr verlangt werden dürfen, muss dann der zuständige Beschäftigte letzten Endes Schadensersatz leisten?" ➡

„Oh, das könnte schlimm werden“, befürchtet Frau Weber, erhebt sich und will gerade die ganze Bedrohlichkeit dieses Problems schildern, da geht die Tür auf und Bürgermeister Schultheiß schaut herein. „Christine, musst du unserem jungen Kollegen denn solche Angst einjagen? ...“

1.2.2 Arbeitsaufträge zur Lernsituation

1. a) Stellen Sie die im Text genannten Rechtsquellen zusammen.
   b) Welche der genannten Rechtsquellen sind Gesetze im materiellen Sinne?
2. Ermitteln Sie die Verkündungsblätter
   a) für Bundesrecht,
   b) für Landesrecht Ihres Bundeslandes,
   c) für Kommunalrecht Ihrer Gemeinde.
3. Wo können sich Bürger kostenlos über einzelne Rechtsvorschriften informieren
   a) über Bundesrecht,
   b) über Landesrecht ihres Bundeslandes,
   c) über Kommunalrecht ihrer Gemeinde?
4. a) Zählen Verwaltungsvorschriften und Gerichtsurteile auch zu den Rechtsquellen?
   b) Wo kann man Verwaltungsvorschriften und Gerichtsurteile in Ihrem Bundesland nachschlagen?
5. Wie begegnet man in der Verwaltung dem Problem, die Rechtskenntnisse der Sachbearbeiter auf dem neuesten Stand zu halten?
6. Untersuchen Sie, inwieweit Beschäftigte für Schäden haften, die sie durch falsche Entscheidungen aufgrund lückenhafter Rechtskenntnisse verursachen.
7. Sehen Sie Möglichkeiten, die Menge der Rechtsvorschriften zu reduzieren?

1.2.3 Aufgaben

1. Handelt es sich bei den folgenden Beispielen jeweils um
   (1) ein Gesetz nur im formellen Sinne,
   (2) ein Gesetz im formellen und materiellen Sinne,
   (3) ein Gesetz im materiellen, aber nicht im formellen Sinne,
   (4) kein Gesetz?

   a) Grundgesetz für die Bundesrepublik Deutschland
   b) Landesverfassung
   c) Straßenverkehrszulassungsordnung (Rechtsverordnung)
   d) Der Bundestag billigte (ratifizierte) 2016 das UN-Klimaschutz-Abkommen von Paris.
   e) Bundeshaushaltsgesetz
   f) Verordnung (EU) 2023/450: Grenzwerte für Acrylamid in der Lebensmittelproduktion
   g) Runderlass des Kultusministers über den Ersatz zerstörter oder abhanden gekommener Schulzeugnisse
   h) Gesetz zum Schutz der Jugend in der Öffentlichkeit
   i) Benutzungs- und Gebührensatzung der städtischen Musikschule
   j) DIN-Norm über Formate der Briefumschläge
   k) Gewerbeordnung (allgemeine Rechtsgrundlage für Gewerbebetriebe; erlassen 1869; zahlreiche Novellierungen durch den Bundestag)

2. Bei welchen der Beispiele in der vorausgehenden Aufgabe handelt es sich um ursprüngliche, bei welchen um abgeleitete Rechtsquellen?

3. In der Verwaltung sind Gesetze, Rechtsverordnungen, Satzungen und Verwaltungsvorschriften wichtige Arbeitsgrundlagen. Beantworten Sie hierzu die folgenden Fragen auf einem gesonderten Blatt und begründen Sie stichwortartig.

Fragen	formelles Gesetz	Rechts-verordnung	kommunale Satzung	Verwaltungs-vorschrift
Wer erlässt die Regelung?				
Ist zum Erlass eine gesetzliche Ermächtigung erforderlich?				
Wer ist an die Regelung gebunden?				
Muss die Regelung bekannt gemacht werden?				

4. **Der unerwünschte Verkehrsunterricht**

Bruno Herbst aus Koblenz ist Kraftfahrer bei einer Spedition. Am 15. Januar wurde er um 19:30 Uhr „geblitzt", als er mit seinem Lastzug die Ortsdurchfahrt der B 517 in Neustadt mit einer Geschwindigkeit von 80 km/h befuhr. Bald darauf erhielt er einen Bußgeldbescheid. Sein Arbeitgeber überwies das Bußgeld und Bruno Herbst war der Ansicht, die Ordnungswidrigkeit sei damit erledigt.

Wie groß war aber sein Erstaunen, als er nach zwei Wochen von seiner Heimatstadt Koblenz – Straßenverkehrsbehörde – aufgefordert wurde, an einem Verkehrsunterricht am Samstag, dem 27. Februar oder am Samstag, dem 13. März in der Zeit von 9:00 Uhr bis 13:00 Uhr teilzunehmen.

Begründet wurde die Anordnung mit § 48 StVO und mit der zu dieser Regelung erlassenen VwV-StVO: Herbst habe Verkehrsvorschriften nicht beachtet und man wolle ihn nun über richtiges Verhalten im Straßenverkehr unterrichten. Damit Herbst diese Maßnahme mit seinen beruflichen Verpflichtungen in Einklang bringen könne, stelle ihm die Behörde zwei Wochenendtermine zur Auswahl.

Bruno Herbst ruft den Sachbearbeiter beim Straßenverkehrsamt an und erklärt, dass es sich bei der Aufforderung wohl um ein Versehen handeln müsse. Schließlich habe er die Verkehrsregeln außer kleinen Verstößen immer beachtet. Die Geschwindigkeitsübertretung sei ein „Ausrutscher", der in seinem Beruf durchaus verständlich sei, da er täglich Liefertermine genau einhalten müsse. Verkehrserziehung habe er als Berufskraftfahrer nicht nötig, Verkehrsregeln könne er selbst nachlesen. Außerdem sei der Vorfall in Neustadt passiert und die Stadt Koblenz sei nur für ihr eigenes Stadtgebiet zuständig.

Der Sachbearbeiter unterstreicht die Ernsthaftigkeit der Vorladung und besteht auf der Teilnahme Bruno Herbsts.

a) Wird eine Rechtsquelle als „Ordnung" bezeichnet, so kann es um ein Gesetz (z. B. Gewerbeordnung, Gemeindeordnung), eine Rechtsverordnung (z. B. Gaststättenverordnung, Ausbildungs- und Prüfungsordnung), aber auch eine Satzung oder Allgemeinverfügung (z. B. Benutzungsordnung) gehen.
Um welche Art von Rechtsquelle handelt es sich bei der Straßenverkehrs-Ordnung?

b) Prüfen Sie anhand der Vorschriften der StVO und der VwV-StVO, ob die getroffene Entscheidung rechtmäßig war.

c) Prüfen Sie, ob es formell richtig war, als Ermächtigungsgrundlage für die Entscheidung die StVO und die VwV-StVO anzugeben.

221065288

Auszug aus der Straßenverkehrs-Ordnung (StVO)
(bekannt gemacht im Bundesgesetzblatt)

§ 48 – Verkehrsunterricht
Wer Verkehrsvorschriften nicht beachtet, ist auf Vorladung der Straßenverkehrsbehörde oder der von ihr beauftragten Beamten verpflichtet, an einem Unterricht über das Verhalten im Straßenverkehr teilzunehmen.

§ 53 – Inkrafttreten
(1) Diese Verordnung tritt am 1. April 2013 in Kraft.

Auszug aus der Allgemeinen Verwaltungsvorschrift zur Straßenverkehrs-Ordnung (VwV-StVO)
(veröffentlicht im Bundesanzeiger)

Zu § 48 – Verkehrsunterricht
I. Zum Verkehrsunterricht sind auch Jugendliche von 14 Jahren an, Halter sowie Aufsichtspflichtige in Betrieben und Unternehmen heranzuziehen, wenn sie ihre Pflichten nicht erfüllt haben.
II. Zweck der Vorschrift ist es, die Sicherheit und Ordnung auf den Straßen durch Belehrung solcher, die im Verkehr Fehler begangen haben, zu heben. Eine Vorladung ist daher nur dann sinnvoll und überhaupt zulässig, wenn anzunehmen ist, dass der Betroffene aus diesem Grunde einer Belehrung bedarf. Das trifft in der Regel nicht bloß bei Personen zu, welche die Verkehrsvorschriften nicht oder nur unzureichend können oder beherrschen, sondern auch bei solchen, welche die Bedeutung und Tragweite der Vorschriften nicht erfasst haben. Gerade Mehrfachtäter bedürfen in der Regel solcher Einwirkung. Aber auch schon eine einmalige Verfehlung kann sehr wohl Anlass zu einer Vorladung sein, dies vor allem dann, wenn ein grober Verstoß gegen eine grundlegende Vorschrift vorliegt, oder wenn der bei dem Verstoß Betroffene sich trotz Belehrung uneinsichtig gezeigt hat.
III. Die Straßenverkehrsbehörde soll in der Regel nur Personen zum Verkehrsunterricht heranziehen, die in ihrem Bezirk wohnen. ...
IV. Der Verkehrsunterricht kann auch durch Einzelaussprache erteilt werden, wenn die Betroffenen aus wichtigen Gründen am allgemeinen Verkehrsunterricht nicht teilnehmen können oder ein solcher nicht stattfindet.
V. Die Vorladung muss die beruflichen Verpflichtungen der Betroffenen berücksichtigen. Darum kann es unter Umständen zweckmäßig sein, den Unterricht auf einen Sonntag festzusetzen; dann sind die Unterrichtszeiten mit den kirchlichen Behörden abzustimmen; Betroffene, die sich weigern oder nicht erscheinen, dürfen dafür nicht zur Verantwortung gezogen werden und sind auf einen Werktag oder einen Samstag umzuladen.

5. a) Ergänzen Sie die nachstehende Tabelle.

Rechtliche Regelungen	Welches Organ erlässt (beschließt) diese Regelungen?	Wo kann man die Regelungen nachschlagen (z. B. Verkündungs- oder Weisungsblatt)?
1. Änderung des Sozialgesetzbuchs (Bundesgesetz)		
2. Landeshundegesetz		
3. Straßenverkehrs-Zulassungs-Ordnung (Rechtsverordnung des Bundes)		
4. DIN EN 13617 (Anforderungen an die Sicherheit von Zapfsäulen an Tankstellen)		
5. EU-Datenschutzgrundverordnung (2016)		
6. Verwaltungsvorschriften zur Gemeindehaushaltsverordnung		
7. Hundesteuersatzung einer Stadt		

b) Auf welche dieser Regelungen dürfen sich Verwaltungsbehörden bei Eingriffen in die Rechte von natürlichen und juristischen Personen **nicht** berufen? (Bitte Nummer/-n angeben und kurz begründen.)

1.3 Verwaltungsrecht methodisch richtig anwenden

1.3.1 Lernsituation

It's a long way to Tipperary – oder: Der Weg vom Sachverhalt zur Entscheidung

Marco Stein zählt zu den Menschen, die ihr Leben lang ein tief sitzendes Fernweh umtreibt. Wie oft hatte er als Kind im Atlas nach Tipperary gesucht, das sie im Englischunterricht besungen hatten. Und seit er mit seinen Eltern einmal die Ferien in Irland verbracht hatte, wollte er immer wieder dort hin. In seinem Traumberuf als Busfahrer im Verkehrsbetrieb Neustadt kam er nicht so weit. Nach fünfjähriger Tätigkeit als Busfahrer hatte er nach zwei schuldhaft verursachten Verkehrsunfällen vor zwei Jahren die Stelle wechseln müssen. Er fing bei einem privaten Omnibusbetrieb als Busfahrer an. Dort hatte er mehrmals die zulässigen Lenkzeiten überschritten, weil er keinen Ärger mit dem Chef bekommen wollte, und der hatte später anstandslos die Bußgelder bezahlt. Dass Marco Stein gelegentlich Whiskey trank und deshalb bei privaten Autofahrten mit dem Gesetz in Konflikt geriet, hatte ihn letztlich den Führerschein und den Arbeitsplatz gekostet. Er eröffnete das Reisebüro „Gullivers Reisen". Eine gewerberechtliche Genehmigung war dafür nicht erforderlich.

Das Geschäft als Reisevermittler brachte nur mäßige Erträge. Deshalb erweiterte Marco Stein sein Reisebüro, nachdem er die frühere Fahrerlaubnis wiedererlangt hatte. Er kaufte einen vor Kurzem durch den TÜV geprüften Omnibus älteren Baujahres, ließ ihn pink spritzen und wollte Reisen selbst durchführen. Im Frühjahr prangte ein großes Plakat im Schaufenster: „It's a short way to Tipperary! Mit unserem eigenen Bus quer durch England zum Reiterurlaub auf die grüne Insel".

Kaum hatten die ersten Irland-Fans ihre Reise gebucht, bekam Marco Stein Besuch vom Ordnungsamt. „Sie wollen jetzt selbst geschäftsmäßig Personen mit Ihrem Bus befördern?" „Ja, ist das verboten?" „Es ist erlaubt, wenn Sie eine Genehmigung nach dem Personenbeförderungsgesetz besitzen. Die haben Sie aber nicht." „Dann beantrage ich eben eine, schließlich war ich lange genug Busfahrer!" „Wir werden dann prüfen, ob wir Ihnen die Genehmigung für die Personenbeförderung erteilen dürfen."

Marco Stein will nun schnell den Antrag stellen und hofft, mit der Erlaubnis in der Tasche die Reise nach Irland antreten zu können. Sind seine Hoffnungen berechtigt?

1.3.2 Arbeitsaufträge zur Lernsituation

1. Informieren Sie sich im Grundlagenband, LF 9 über Grundlagen der Rechtsanwendung.
2. Welche Frage muss am Ende der Lernsituation gelöst werden?
3. Welche Rechtsnorm kommt hierfür in Betracht? (s. Arbeitsmaterial)
4. Welche Tatbestandsmerkmale enthält diese Rechtsnorm?
5. Einige Tatbestandsmerkmale müssen vor ihrer Anwendung konkretisiert werden. Untersuchen Sie diese Rechtsbegriffe und ordnen Sie diese auf einem gesonderten Blatt nach dem Muster der folgenden Tabelle:

Rechtsbegriff		
ist eindeutig verständlich	**wird durch Hilfsnorm erläutert oder definiert**	**ist unbestimmt und muss ausgelegt werden**

6. Wie lassen sich „fachliche Eignung" und „Unzuverlässigkeit" in diesem rechtlichen Zusammenhang konkretisieren?
7. Entspricht der Sachverhalt in allen Punkten dem Tatbestand? (Subsumtion)
8. Wie lautet die Rechtsfolge?

1.3.3 Arbeitsmaterialien zur Lernsituation

Auszug aus dem Personenbeförderungsgesetz (PBefG)

§ 1 – Sachlicher Geltungsbereich

(1) Den Vorschriften dieses Gesetzes unterliegt die entgeltliche oder geschäftsmäßige Beförderung von Personen mit Straßenbahnen, mit Oberleitungsomnibussen (Obussen) und mit Kraftfahrzeugen. Als Entgelt sind auch wirtschaftliche Vorteile anzusehen, die mittelbar für die Wirtschaftlichkeit einer auf diese Weise geförderten Erwerbstätigkeit erstrebt werden. (...)

§ 2 – Genehmigungspflicht

(1) Wer im Sinne des § 1 Abs. 1

1. mit Straßenbahnen,
2. mit Obussen,
3. mit Kraftfahrzeugen im Linienverkehr (§§ 42, 42a, 43 und 44) oder
4. mit Kraftfahrzeugen im Gelegenheitsverkehr (§ 46)

Personen befördert, muss im Besitz einer Genehmigung sein. Er ist Unternehmer im Sinne dieses Gesetzes. (...)

(2) Der Genehmigung bedarf auch

1. jede Erweiterung oder wesentliche Änderung des Unternehmens,
2. die Übertragung der aus der Genehmigung erwachsenden Rechte und Pflichten (Genehmigungsübertragung) sowie
3. die Übertragung der Betriebsführung auf einen anderen. (...)

§ 3 – Unternehmer

(1) Die Genehmigung wird dem Unternehmer für einen bestimmten Verkehr (§ 9) und für seine Person (natürliche oder juristische Person) erteilt.

(2) Der Unternehmer oder derjenige, auf den die Betriebsführung übertragen worden ist, muss den Verkehr im eigenen Namen, unter eigener Verantwortung und für eigene Rechnung betreiben. (...)

§ 13 – Voraussetzung der Genehmigung

Die Genehmigung darf nur erteilt werden, wenn

1. die Sicherheit und die Leistungsfähigkeit des Betriebs gewährleistet sind,
2. keine Tatsachen vorliegen, die die Unzuverlässigkeit des Antragstellers als Unternehmer oder der für die Führung der Geschäfte bestellten Personen dartun,
3. der Antragsteller als Unternehmer oder die für die Führung der Geschäfte bestellte Person fachlich geeignet ist und
4. der Antragsteller und die von ihm mit der Durchführung von Verkehrsleistungen beauftragten Unternehmer ihren Betriebssitz oder ihre Niederlassung im Sinne des Handelsrechts im Inland haben.

Die fachliche Eignung nach Satz 1 Nr. 3 wird durch eine angemessene Tätigkeit in einem Unternehmen des Straßenpersonenverkehrs oder durch Ablegung einer Prüfung nachgewiesen. ...

1.3.4 Aufgaben

1. Bestimmen Sie bei den nachstehenden Regelungen jeweils Tatbestand und Rechtsfolge.
   Handelt es sich um eine Muss-, Soll- oder Kannbestimmung?

   a) **§ 1 VwZG** (Anwendungsbereich des Verwaltungszustellungsgesetzes)
   (2) Zugestellt wird, soweit dies durch Rechtsvorschrift oder behördliche Anordnung bestimmt ist.

b) **§ 3 VwZG** (Zustellung durch die Post mit Zustellungsurkunde)
(1) Soll durch die Post mit Zustellungsurkunde zugestellt werden, übergibt die Behörde der Post den Zustellungsauftrag, das zuzustellende Dokument in einem verschlossenen Umschlag und einen vorbereiteten Vordruck einer Zustellungsurkunde.

c) **§ 25 VwVfG** (Beratung, Auskunft)
(1) Die Behörde soll die Abgabe von Erklärungen, die Stellung von Anträgen oder die Berichtigung von Erklärungen oder Anträgen anregen, wenn diese offensichtlich nur versehentlich oder aus Unkenntnis unterblieben oder unrichtig abgegeben oder gestellt worden sind. Sie erteilt, soweit erforderlich, Auskunft über die den Beteiligten im Verwaltungsverfahren zustehenden Rechte und die ihnen obliegenden Pflichten.

d) **§ 52 S. 1 VwVfG** (Rückgabe von Urkunden und Sachen)
Ist ein Verwaltungsakt unanfechtbar widerrufen oder zurückgenommen oder ist seine Wirksamkeit aus einem anderen Grund nicht oder nicht mehr gegeben, so kann die Behörde die aufgrund dieses Verwaltungsakts erteilten Urkunden ... zurückzufordern.

e) Aus der Hundesteuersatzung einer Gemeinde: Der Hundehalter darf Hunde außerhalb seiner Wohnung oder seines umfriedeten Grundbesitzes nur mit der sichtbar befestigten gültigen Steuermarke umherlaufen lassen.

2. a) Bestimmen Sie die Rechtsfolge der nachstehenden Regelung.

§ 55 Abs. 1 S. 1 GewO (gekürzt)
„Ein Reisegewerbe betreibt, wer gewerbsmäßig ohne vorhergehende Bestellung außerhalb seiner gewerblichen Niederlassung (§ 4 Abs. 3) oder ohne eine solche zu haben ... Waren feilbietet oder Bestellungen aufsucht oder ankauft."

b) Bringen Sie die Tatbestandsmerkmale der vorstehenden Regelung in eine sinnvolle Prüffolge.

3. **§ 19 Gaststättengesetz (Bund)**
„Aus besonderem Anlass kann der gewerbsmäßige Ausschank alkoholischer Getränke vorübergehend für bestimmte Zeit und für einen bestimmten örtlichen Bereich ganz oder teilweise verboten werden, wenn dies zur Aufrechterhaltung der öffentlichen Sicherheit oder Ordnung erforderlich ist."

a) Welche Teile des Textes gehören zum Tatbestand?
b) Gilt hier das Legalitäts- oder das Opportunitätsprinzip?

4. **Aus einem Landesbeamtengesetz:**
„In das Beamtenverhältnis darf nur berufen werden, wer ... die Gewähr dafür bietet, dass er jederzeit für die freiheitliche demokratische Grundordnung im Sinne des Grundgesetzes eintritt."

a) Welche Textteile gehören zum Tatbestand?
b) Gilt das Legalitäts- oder Opportunitätsprinzip?
c) Enthält die Vorschrift unbestimmte Rechtsbegriffe (wenn ja, welche)?
d) Wird Ermessen oder ein Beurteilungsspielraum eingeräumt?

5. Lesen Sie im Kapitel 1.2.4 in diesem Lernfeld die Aufgabe 4 (Der unerwünschte Verkehrsunterricht).
a) Räumt § 48 StVO der Straßenverkehrsbehörde Entschließungs- bzw. Auswahlermessen ein? (Antwort bitte kurz begründen.)
b) Prüfen Sie, ob die Aufforderung gegenüber Herbst verhältnismäßig ist.

221065292

6. Herr Kern ist seit über einem Jahr arbeitslos und hat Mietschulden. In seiner Familie leben vier Kinder im Alter von drei, acht, 13 und 15 Jahren. Das Ehepaar Kern wurde rechtskräftig verurteilt, die gemietete Vier-Zimmer-Wohnung (105 m²) zu räumen. Das Ordnungsamt der Stadt Neustadt wies der Familie daraufhin eine Kleinwohnung (40 m², zwei Zimmer, Kochnische, Dusche; Toilette auf dem Flur) in einer alten Obdachlosenunterkunft zu. Frau Kern, die hochschwanger ist, verlangt hingegen, befristet in die bisherige Wohnung eingewiesen zu werden. Die Ordnungsbehörde lehnt dies ab mit der Begründung, es stehe laut Gesetz im behördlichen Ermessen, mit welchen Mitteln sie die drohende Obdachlosigkeit abwende. Eine andere gemeindliche Wohnung sei nicht verfügbar.

   Prüfen Sie, ob die Ordnungsbehörde ihr Ermessen richtig ausgeübt hat. Liegt ein Ermessensfehler vor?

7. Stundung der Erschließungsbeiträge

   Mehrere Eigentümer im Neubaugebiet Turmstraße haben beantragt, die fälligen Halbjahresraten der Erschließungsbeiträge in Höhe von je 1.500,00 € für drei Monate zu stunden. Sie geben an, dass die Zahlung bei Fälligkeit wegen plötzlich eingetretener wirtschaftlicher Schwierigkeiten eine besonderte Härte bedeuten würde. Frau Baumann belegt, dass sie nach dem Tod ihrer pflegebedürftigen Mutter für die Beisetzung 4.800,00 € aufbringen musste, Herrn Hauser wurde vor zwei Monaten das Arbeitsverhältnis gekündigt und Herr Kunert kaufte nach einem selbst verschuldeten Verkehrsunfall einen Gebrauchtwagen für 4.000,00 €, um zur Arbeit fahren zu können. Alle Angaben werden belegt.

   In der Abteilung Finanzwesen im Fachbereich 1 der Stadt Neustadt bearbeitet die Sachbearbeiterin Frau Schmidt die Anträge. Sie gewährt Frau Baumann und Herrn Hauser die Stundungen wie beantragt, setzt aber Zinsen fest. In vergleichbaren Fällen hat sie immer so entschieden. Den Antrag von Herrn Kunert jedoch lehnt sie ab. In dem Bescheid weist sie auf ihr Ermessen hin. Sie wisse aus der Zeitung, dass er den Unfall schuldhaft verursacht und somit den Anlass für den Stundungsantrag selbst gesetzt habe. Unter diesen Umständen könne er nicht erwarten, dass die Stadt angesichts der angespannten Haushaltslage auf eine pünktliche Einziehung der Abgaben verzichte.

   a) Beschreiben Sie den Ermessensrahmen für Frau Schmidts Entscheidung.

      Die Gemeindehaushaltsverordnung enthält über die Stundung folgende Regelung:

      „Ansprüche dürfen ganz oder teilweise gestundet werden, wenn ihre Einziehung bei Fälligkeit eine erhebliche Härte für den Schuldner bedeuten würde und der Anspruch durch die Stundung nicht gefährdet erscheint. Gestundete Beträge sind in der Regel angemessen zu verzinsen."

   b) Prüfen Sie, ob Frau Schmidt richtig entschieden hat.

8. Der in der Nähe einer Kirche wohnende A. beantragt bei der Polizei, gegen das „frühzeitige, lange und ruhestörende Glockenläuten" einzuschreiten. Die zuständige Polizeibehörde unternimmt nichts, weil sie irrtümlich glaubt, sie sei überhaupt nicht berechtigt, gegenüber Kirchen Anordnungen zu erlassen.

   Liegt ein Ermessensfehler vor?

9. Moritz Frisch hat seinen Pkw vor der Schule falsch geparkt. Nach dem Unterricht sieht er schon von Weitem an seinem und einigen anderen Fahrzeugen einen Verwarnungszettel hinter dem Scheibenwischer stecken. Bei einigen Verkehrssündern fehlt jedoch das „Knöllchen". Moritz fühlt sich benachteiligt.

   Liegt in seinem Fall ein Ermessensfehler vor?

10. a) Auf dem Heiligengeistfeld in Hamburg fand eine nicht angemeldete Demonstration einiger hundert Atomkraftgegner statt. Weil die Polizei Gewalttätigkeiten befürchtete, kesselte sie die Demonstranten ein und setzte so die Versammlung unter freiem Himmel fest. Fünfzehn Stunden vergingen, bis alle Teilnehmer in polizeilichen Gewahrsam genommen wurden.

    b) Abwandlung des Sachverhalts: Nehmen Sie an, die Polizei hätte die Versammlung aufgelöst mit der Begründung, sie halte derartige Demonstrationen für überflüssig und nutzlos, weil Atomkraftwerke zur Stromversorgung und damit dem allgemeinen Wohl dienten.

    Liegen in den Fällen a) und b) Ermessensfehler vor?

§ 15 Versammlungsgesetz (Bund)

(1) Die zuständige Behörde kann die Versammlung oder den Aufzug verbieten oder von bestimmten Auflagen abhängig machen, wenn nach den zur Zeit des Erlasses der Verfügung erkennbaren Umständen die öffentliche Sicherheit oder Ordnung bei Durchführung der Versammlung oder des Aufzugs unmittelbar gefährdet ist. ...

(3) Sie kann eine Versammlung oder einen Aufzug auflösen, wenn sie nicht angemeldet sind, wenn von den Angaben der Anmeldung abgewichen oder den Auflagen zuwidergehandelt wird oder wenn die Voraussetzungen zu einem Verbot nach Absatz 1 oder 2 gegeben sind.

(4) Eine verbotene Veranstaltung ist aufzulösen.

11. Ordnen Sie den Erläuterungen a) bis h) die nachstehenden Begriffe zu.

1) Sachverhalt	4) Ermessen	7) unbestimmter Rechtsbegriff
2) Rechtsfolge	5) Auslegung	8) Beurteilungsspielraum
3) Tatbestand	6) Legaldefinition	

a) Rechtswirkung, die in einer Rechtsnorm für den Fall vorgesehen ist, dass alle Tatbestandsmerkmale erfüllt sind.

b) Die Verwaltung ist verpflichtet, bei der Anwendung einer Rechtsnorm zwischen verschiedenen Verhaltensweisen zu wählen.

c) Exakte Bestimmung eines Rechtsbegriffs im Gesetz.

d) Tatsachen, die im Einzelfall vorliegen und die Verwaltung zur Rechtsanwendung veranlassen.

e) Im Gesetz genannte Voraussetzungen, an die eine bestimmte rechtliche Wirkung geknüpft ist.

f) Tatbestandsmerkmal, das im Gesetz nicht erläutert und nicht ohne Weiteres verständlich ist.

g) Der Sinngehalt eines in einer Vorschrift nicht klar beschriebenen Begriffs wird geklärt.

h) Der Verwaltung wird aufgrund eines unbestimmten Rechtsbegriffs bei der Subsumtion ein Bereich eigener Wertung des Sachverhalts zugestanden.

12. Worträtsel zum Thema „Anwendung des Verwaltungsrechts"

Welche Begriffe sind mit den Beschreibungen a) bis k) gemeint? Schreiben Sie die Lösungen auf einem Blatt untereinander. Die Anfangsbuchstaben – von oben nach unten gelesen – bezeichnen den Stil, den Behörden in Bescheiden oft verwenden. In Klammern steht die Anzahl der Buchstaben (ß = ss).

a) Eigenschaft eines Rechtsbegriffs, der gesetzlich nicht definiert ist (10)

b) in einer Rechtsnorm vorgesehene Konsequenz für den Fall, dass die gesetzlichen Voraussetzungen erfüllt sind (11)

c) in einer Rechtsnorm genannte Voraussetzungen für eine bestimmte Rechtsfolge (10)

d) Ermessen bei der Frage, ob überhaupt gehandelt wird (23)

e) Gebiet des besonderen Verwaltungsrechts, in dem es um schädliche Umwelteinwirkungen wie z. B. Luftverunreinigungen, Lärm und Wärme geht (21)

f) Grundsatz, nach dem eine Behörde aufgrund eines Tatbestands zum Handeln verpflichtet ist (17)

g) Rechtsnorm, die grundsätzlich zwingend ist, für einen „atypischen" Fall aber eine Abweichung zulässt (14)

h) Unterordnung eines Sachverhalts unter den Tatbestand einer Rechtsnorm (10)

i) der Entscheidungsteil in einem Bescheid oder Urteil, in der Musik eine hohe Männerstimme (5)

j) Gegenteil von „legal" (7)

k) Verwaltungshandeln, das die Bürger begünstigt, z. B. Daseinsvorsorge (19)

221065294

2.1 Allgemeine Verwaltungsverfahren durchführen

2.1.1 Lernsituation

Las Vegas ist überall

Jörg Wilde, Sachbearbeiter für Gewerbeangelegenheiten bei der Stadt Neustadt, schaut erleichtert auf die Uhr und freut sich auf den Dienstschluss. Doch wie oft in solchen Augenblicken läutet das Telefon.

„Hier spricht Tim Becker. Guten Tag, Herr Wilde! Haben Sie Zeit?" Herr Becker erklärt, er wolle eine Spielothek mit mehreren Geldspielgeräten in Neustadt eröffnen. Herr Wilde solle ihm möglichst bald die erforderliche Konzession erteilen. Seine Freundin Benita García Fernández werde die Urkunde abholen. Sie sei Spanierin, arbeite aber in Neustadt und werde auch später in der Spielothek mitarbeiten. Herr Becker erläutert, er habe Räume im Geschäftshaus Am Heubach 77 gepachtet, in denen bis vor wenigen Monaten eine Spielhalle betrieben wurde. Er selbst sei Deutscher und gerade von einem Studienaufenthalt an der University of Nevada in Las Vegas (USA) zurückgekehrt. Er wohne nun in Berlin, werde aber demnächst nach Neustadt ziehen.

Jörg Wilde vereinbart noch einen Beratungstermin, zu dem er Herrn Becker und Frau García Fernández in seinem Büro erwartet. „Wenn wir die Erlaubnis erteilen, haben wie die zehnte Spielhalle in Neustadt! Las Vegas ist wohl überall," seufzt er leise. „Der Stadtrat sollte endlich über eine Spielhallensteuer nachdenken." Dann ist endlich Feierabend.

2.1.2 Arbeitsaufträge zur Lernsituation

Hinweis: Nicht alle Bundesländer haben ihr Verwaltungsverfahrensrecht in einem Verwaltungsverfahrensgesetz geregelt, das im Aufbau dem VwVfG des Bundes gleicht. Der Einheitlichkeit wegen werden hier die im Wesentlichen gleichlautenden Vorschriften des VwVfG des Bundes verwendet.

1. Jörg Wilde bereitet sich auf das Gespräch mit Tim Becker und Frau García Fernández vor. Er überlegt, auf welche Rechtsfragen, Besonderheiten der Kommunikationssituation und der Arbeitsorganisation er sich einstellen muss. Bilden Sie für diese drei Bereiche je eine Arbeitsgruppe und erstellen Sie jeweils eine Liste der zu klärenden Themen.
2. Erkunden Sie auf der Homepage Ihrer (oder einer anderen) Kommunalverwaltung, welche Unterlagen für eine Spielhallenerlaubnis erforderlich sind. Drucken Sie die Seite. Welchen Sinn vermuten Sie hinter den einzelnen Nachweisen?
3. Prüfen Sie, ob im Falle eines Antrags auf eine Spielhallenerlaubnis das Verwaltungsverfahrensrecht Ihres Landes hier anzuwenden ist und ob bei einer Spielhallenerlaubnis ein Verwaltungsverfahren infrage kommt. (In den meisten Bundesländern sind hier die §§ 1, 2 und 9 VwVfG zu untersuchen.)
4. Neben den Verfahrensfragen (VwVfG) ist auch die inhaltliche Frage zu klären, ob eine Erlaubnis überhaupt erteilt werden kann oder muss. Hierfür kommen mehrere Rechtsquellen infrage (s. Arbeitsmaterial).
   a) Ordnen Sie die genannten Rechtsquellen (Grundgesetz, Spielhallengesetze, Gewerbeordnung, Spielhallensteuersatzung, Spielhallensperrstundensatzung, Spielverordnung, Verwaltungsverfahrensgesetz) nach Rangstufen.
   b) Nennen Sie zwei Kollisionsregeln, die bei der Anwendung einiger dieser Rechtsnormen zu beachten sind.
5. Nach § 22 S. 1 VwVfG entscheidet die Behörde grundsätzlich nach pflichtgemäßem Ermessen über die Verfahrensdurchführung; man spricht dann von „Ermessensverfahren". Trifft dies auch für das gewerberechtliche Erlaubnisverfahren für Spielhallen zu?
6. Im vorliegenden Fall findet zunächst das geschilderte Telefonat statt, anschließend bereitet sich Herr Wilde auf das Gespräch vor und führt es mit Herrn Becker und Frau García Fernández durch, danach wird der Antrag gestellt und nach kurzer Zeit beginnt die Bearbeitung.
   a) Prüfen Sie, an welchem dieser Zeitpunkte das Verfahren beginnt.
   b) Warum könnte es wichtig sein, diesen Zeitpunkt zu kennen?

7. Tim Becker überlegt, Frau García Fernández im Verfahren die Funktion einer Bevollmächtigten oder eines Beistands einzuräumen.
   a) Frau García Fernández ist Spanierin. Beeinflusst dies das Verwaltungsverfahren? Rechtsgrundlagen: Art. 21 des Vertrags über die Arbeitsweise der EU, Freizügigkeitsgesetz/EU.
   b) Welche rechtlichen Folgen treten ein, wenn Herr Becker Frau García Fernández bevollmächtigt?
   c) Von welchen Einflussfaktoren hängt die Entscheidung „Bevollmächtigter oder Beistand" ab?
8. a) Wann endet das Verwaltungsverfahren regelmäßig? Lesen Sie in § 9 VwVfG nach.
   b) § 33i Abs. 2 GewO beschreibt Gründe, bei denen die Spielhallenerlaubnis zu versagen ist. Geben Sie die drei wesentlichen Anforderungsbereiche an, die im Verwaltungsverfahren zur Spielhallengenehmigung zu prüfen sind.

2.1.3 Arbeitsmaterialien zur Lernsituation

Das Spielhallenrecht

Grundsätzlich besteht Berufs- und Gewerbefreiheit (Art. 12 GG). Die Berufsausübung kann aber durch Gesetz geregelt werden. Zum Schutz überragender Gemeinschaftsgüter bedürfen bestimmte berufliche Tätigkeiten aber einer staatlichen Erlaubnis. Die Erlaubnis von Spielhallen wird in einem Teil der Bundesländer (noch) nach der Gewerbeordnung (GewO), insbesondere nach § 33i erteilt. Außerdem ist die Verordnung des Bundes über Spielgeräte und andere Spiele mit Gewinnmöglichkeit (Spielverordnung – SpielV) zu beachten. Ziel dieser Vorschriften ist der Schutz vor übermäßiger Ausnutzung des Spieltriebs.

Seit dem Jahr 2006 sind die Länder für die Gesetzgebung im Spielhallenrecht zuständig. Immer mehr Länder haben den „Erlaubnisparagrafen" § 33i der Gewerbeordnung durch ein eigenes Spielhallengesetz bzw. durch ein Ausführungsgesetz zum Glücksspielstaatsvertrag ersetzt, soweit es um Geldspiele mit Gewinnmöglichkeit geht. Um den Schutz für Spieler, Jugendliche und das soziale Umfeld zu verbessern, wurden die Voraussetzungen der Spielhallenerlaubnis verschärft. Die sonstigen Regelungen der GewO sind auch in den Ländern mit eigenem Spielhallengesetz weiter anzuwenden.

Zudem haben viele Gemeinden eine Spielhallensteuersatzung (bzw. eine entsprechende Regelung zur Besteuerung in einer Vergnügungssteuersatzung) erlassen. Viele Gemeinden haben auch die allgemeine Sperrzeit für Spielhallen durch Satzung verlängert, um die Betriebsöffnung in der Nacht und am Vormittag einzuschränken.

2.1.4 Aufgaben

1. Prüfen Sie, ob es sich bei den folgenden Beispielen um Verwaltungsverfahren im Sinne des § 9 VwVfG handelt.
   a) Der Sachbearbeiter der Abteilung Bauordnung und Wohnungswesen der Stadt Neustadt bereitet eine Bauerlaubnis vor.
   b) Die Stadt Neustadt erlässt einen Bebauungsplan (als Satzung).
   c) Die Feuerwehr übt auf dem gemeindlichen Bauhof.
   d) Die Abteilung Schulverwaltung schreibt die Anschaffung von Schulmöbeln öffentlich aus.
   e) Vor der Anordnung, einen wirksamen Abluftfilter einzubauen, wird die Geschäftsleitung des Industrieunternehmens angehört.
   f) Der Bürgermeister verhandelt mit der Baumarkt-GmbH über einen Erschließungsvertrag.
   g) Die Bauverwaltung der Stadt wird neu organisiert. Einige Beschäftigte werden umgesetzt.
2. Beteiligte haben in einem Verwaltungsverfahren besondere Rechte und Pflichten. Es ist daher wichtig, zu wissen, wer Beteiligter im Sinne des § 13 VwVfG ist. Prüfen Sie, welche der Personen A. bis F. im folgenden Sachverhalt Beteiligter ist.

   Auf einem unbebauten Grundstück ist eine wilde Müllkippe entstanden, die die öffentliche Sicherheit gefährdet. Dies hat die Ordnungsbehörde nach einer Beschwerde des A. durch Ortsbesichtigung festgestellt. Sie findet den Abfall aus einer Altbausanierung des B. und eine Einkaufstüte mit Haushaltsmüll des C. sowie ein Schulheft des D. Das Grundstück gehört dem E. Sachbearbeiter F. will den B. in einer Ordnungsverfügung auffordern, das gesamte Grundstück zu säubern und den Abfall ordnungsgemäß zu beseitigen. Der Sachbearbeiter hat dies mit B. erörtert, der lehnt jedoch die Beseitigung des gesamten Abfalls ab und verweist auf die anderen Mitverursacher.

221065296

3. Herr Velardo ist italienischer Staatsangehöriger und lebt seit Kurzem in der Bundesrepublik Deutschland. Er betreibt das „Ristorante Portofino" in der Innenstadt. Anwohner weisen die zuständige Behörde auf Lärmbelästigungen durch Velardos Gäste hin. Sie behaupten, die Schallisolierung des Lokals sei mangelhaft, sodass häufig laute Geräusche aus dem Gastraum und aus der Küche zu hören seien. Ein Beschwerdeführer verlangt von der Behörde, dass sie sich von den nächtlichen Störungen überzeugt. Er will sich auch als Zeuge zur Verfügung stellen.
   a) Steht in diesem Beispiel voraussichtlich ein Verwaltungsverfahren bevor?
   b) Um welche Verfahrensart(en) könnte es sich handeln? Wann würde in diesem Fall das Verfahren beginnen?
   c) Wer wäre Beteiligter im Sinne des VwVfG?
   d) In der Behörde könnten Sachbearbeiter Abel und Sachbearbeiterin Bäumer zuständig sein. Die Ehefrau des Kollegen Abel ist die Cousine von Frau Velardo. Frau Bäumer besucht seit Langem regelmäßig Velardos Lokal. Ergeben sich rechtliche Probleme?
   e) Was bedeutet der Untersuchungsgrundsatz (§ 24 VwVfG) in diesem Fall konkret?
   f) Ist für diesen Fall eine Anhörung vorgeschrieben?
   g) Was muss die Behörde veranlassen, wenn eine Anhörung erforderlich ist?
   h) Welche Folge hat eine erforderliche, aber unterbliebene Anhörung im Allgemeinen?
   i) Herr Velardo fühlt sich „angeschwärzt" und möchte Akteneinsicht nehmen. Muss die Behörde sie ihm gewähren?
   j) Bei der Vorbereitung einer Verfügung an Herrn Velardo ergibt sich folgendes Problem: Der Sachbearbeiter weiß, dass Velardo kaum deutsch spricht. Auch die Rechtsbehelfsbelehrung würde er ohne Übersetzung möglicherweise nicht verstehen. Muss die Behörde bei der Bescheiderteilung in sprachlicher Hinsicht Rücksicht nehmen?
4. Der Auszubildende Tim Schlau legt die Prüfung zum Verwaltungsfachangestellten vor dem zuständigen Prüfungsausschuss ab. Er bringt zur praktischen Prüfung den Rechtsanwalt Kluge mit und bittet den Ausschuss, rechtliche Fragen an seinen nach § 14 VwVfG bevollmächtigten Anwalt zu richten.
   Kann Tim Schlau sich in dieser Situation anwaltlich vertreten lassen?
5. Der Verwaltungsfachangestellte Bartel ist auf seinen Grundstücksnachbarn Rosinski nicht gut zu sprechen, weil dieser in seinem Garten Unkraut duldet, bei Schneeglätte nicht streut und weil die Kinder Rosinskis sich über Bartel lustig gemacht haben.
   Als Bartel den Bauantrag Rosinskis bearbeiten muss, stellt er nach sorgfältiger Prüfung – nicht ganz ohne Schadenfreude – fest, dass das Bauvorhaben nicht genehmigungsfähig ist. Er lehnt daher den Antrag Rosinskis ab. Dieser hält den Bescheid für einen „Racheakt" und beschwert sich bei Bartels Chef, Bartel sei voreingenommen und habe daher in diesem Verfahren auf keinen Fall für die Behörde tätig werden dürfen. Die Ablehnung sei deshalb rechtswidrig zustande gekommen.
   Prüfen Sie die Auffassung Rosinskis.
6. **Informationsfreiheitsgesetz**

Die Neugier des Bürgers genügt

... vielfach dann doch nicht: Das neue Bürgerrecht auf Einblick in alle amtlichen Akten wird von zahlreichen Ausnahmebestimmungen zugedeckt.

[...] Das Informationsfreiheitsgesetz ist ein „Verwaltungsinformations-Zugangsgesetz" und gewährt ein Recht, das, obwohl es in weltweit fünfzig Ländern existiert, in Deutschland immer noch ungläubiges Erstaunen und Befremden auslöst, zumal bei den betroffenen Behörden. Die neue Offenheit widerstrebt nämlich einem alten Grundzug deutscher Verwaltung, dem Arkanprinzip.

Danach war bisher grundsätzlich alles vertraulich und dem Amtsgeheimnis unterworfen, was sich in einer Behörde tut.

Ende der Geheimniskrämerei

Nun aber ist nicht mehr die Geheimhaltung der Informationen die Regel, sondern ihre allgemeine Zugänglichkeit. Jeder hat einen Rechtsanspruch auf Zugang zu den amt-lichen Informationen, es sei denn, es liegen im Einzelfall spezielle Ausschluss- oder Beschränkungsrechte vor.

Nicht mehr der Zugang zu den Informationen der Behörden ist an Bedingungen geknüpft, sondern deren Geheimhaltung. Der Staat muss begründen, warum er Unterlagen nicht herausrückt, nicht der Bürger, warum er sie haben will. Das Wort „Amtsgeheimnis", das zu den Hauptwörtern deutscher Bürokratie gehört, verliert an Bedeutung. [...]

Es gab massive Gegenkräfte: Die CDU/CSU lehnte das rot-grüne Gesetz ab, Beamte der damaligen Bundesregierung versuchten, es zu verhindern, die rot-grüne Bundesregierung selbst hatte keine Freude mehr an ihrem Gesetz, die Fraktionen von SPD und Grünen mussten es betreiben.

Bei den Befürwortern hieß es, das Gesetz führe zu mehr Transparenz und könne Korruption vermeiden helfen, weil jedem Bearbeiter klar sei, dass seine Akten eingesehen werden können. Die Gegner kritisierten, das Gesetz behindere und überlaste die Verwaltung und stehe im Widerspruch zu den Bemühungen um Deregulierung und Verfahrensbeschleunigung.

Die Verwaltungen würden unter dem Sturm der Informationswünsche zusammenbrechen – wenn nicht, dann sei das Gesetz ohnehin überflüssig. Ohne die FDP gäbe es noch kein Informationsfreiheitsgesetz: Sie verhinderte im Bundesrat, dass es an den Vermittlungsausschuss verwiesen wurde; es wäre dort der Auflösung des Bundestags zum Opfer gefallen. [...]

Noch interessanter für Normalbürger sind die Informationen, die noch näher am Alltag liegen – in den Behördenakten über den Bau von Straßen, Kindergärten oder Schulen also. In den Bundesländern gibt es allerdings bislang nur in Brandenburg, Berlin, Schleswig-Holstein und Nordrhein-Westfalen ein solches Gesetz.

Gäbe es dies auch in Bayern, könnte jeder Bürger jetzt bei der Stadt Bad Reichenhall Akteneinsicht beziehungsweise, gegen Gebühr, Kopien aus Amtsunterlagen verlangen: Wie oft ist das Dach des Eisstadions geprüft worden? Und wer hat in diesem Zusammenhang welche Entscheidungen getroffen?

Gute Erfahrungen

Die Erfahrungen in den vier genannten Bundesländern sind nicht schlecht; die Verwaltungen sind nicht zusammengebrochen, im ersten Evaluierungsbericht in Nordrhein-Westfalen ist von einem „verantwortungsbewussten Umgang der Bürger mit ihrem neuen Recht" die Rede.

In Schleswig-Holstein waren Anfrageschwerpunkte das Baurecht, Verkehrszählungen, Schulmaßnahmen, die Privatisierung von Stadtwerken. Das Gesetz hat wohl auch pädagogische Wirkung: In Wuppertal lehnte das Sozialamt im Jahr 2002 den Antrag des Vorsitzenden der lokalen Selbsthilfe-Initiative „Tacheles" auf Einsicht in das örtliche „Handbuch der Sozialhilfe" ab; es handelte sich um die amtsinternen Ausführungsbestimmungen für die Bearbeitung von Sozialhilfeanträgen. Der Antragsteller ging den Rechtsweg und auf einmal bequemte sich das Amt, dem Wunsch der Initiative doch zu entsprechen.

Zwei Berufsgruppen haben besonders großes Interesse am neuen Gesetz: Journalisten und

Foto: ddp

Rechtsanwälte. Rechtsanwälte mussten bisher außerhalb eines konkreten Verwaltungsverfahrens ein „berechtigtes Interesse" an den von ihnen begehrten behördlichen Informationen nachweisen; es genügte aber nicht, dass der Anwalt auf dem Gebiet, aus dem er Informationen begehrte, beratend und vertretend tätig war.

Behördliche Erlasse mussten nicht öffentlich bekannt gemacht werden, blieben also vielfach unbekannt. Damit ist es nun vorbei. Der Vorteil für Journalisten liegt auf der Hand: Sie können besser als bisher und ganz offiziell in Akten und Dokumenten recherchieren, sie sind weniger auf Tipps und Indiskretionen angewiesen.

Viele Nachrichten über den Irak-Krieg wurden in den USA erst durch Anfragen nach dem Freedom of Information Act (FOIA) ermöglicht, da offizielle Stellen von sich aus kaum Informationen gaben. Und dass der texanische Gouverneur Bush durchschnittlich nur 15 Minuten auf die Prüfung eines Todesurteils verwandte, fand die New York Times nicht durch Geheimnisverrat heraus, sondern durch einen offiziellen FOIA-Antrag. [...]

Terminkalender gehört nicht zu den Akten

In Berlin ist gerade ein Journalist in erster gerichtlicher Instanz gescheitert, der Einsicht in den Terminkalender des Regierenden Bürgermeisters Klaus Wowereit wollte: Der Terminkalender zähle nicht zu den Akten der Verwaltung. [...]

Die fünfzehn Paragrafen des Gesetzes regeln vor allem, wann Informationen nicht erteilt zu werden brauchen. Das betrifft nicht nur behördliche Verschlusssachen und den Persönlichkeitsschutz, sondern auch „nachteilige Auswirkungen" für die Behörden – ein Gummibegriff. Wenn das Bekanntwerden einer Information nachteilige Auswirkungen auf Sicherheitsinteressen, auf internationale Beziehungen oder die Kontrollaufgaben der Finanz- oder Wettbewerbsbehörden „haben kann", gibt es keinen Anspruch. [...]

Geschützt vor Akteneinsicht werden die fiskalischen Interessen des Bundes, auch echte oder angebliche Betriebs- und Geschäftsgeheimnisse gelten als Informationsverweigerungsgrund. Informationen gibt es hier nur, wenn das betroffene Unternehmen zustimmt – also so gut wie nie.

In diesen Fällen muss sich der interessierte Bürger die Information erstreiten. Auch dabei sind die Erfahrungen aus Nordrhein-Westfalen positiv: Ob es um die gespendete neue Amtskette für den Bürgermeister ging, um Grundstückskaufverträge, um Verträge zur Überlassung öffentlicher Marktflächen oder um Cross-Border-Leasing-Geschäfte – Informationsverweigerung mit der Begründung Betriebsgeheimnis hat, so die nordrhein-westfälische Datenschutzbeauftragte Bettina Sokol, „soweit bekannt noch in keinem Fall gerichtlicher Nachprüfung standgehalten".

Bis zu 500,00 € pro Auskunft

Datenschutz und Informationsanspruch: Das sind gegeneinander gerichtete Rechte. ... Spiros Simitis, der Doyen des Datenschutzrechts in Deutschland, versucht, den Gegensatz zwischen Datenschutz und Informationsfreiheit aufzulösen: In beiden Fällen gehe es um die „Kommunikationsfähigkeit des Einzelnen", sagt er. Der Datenschutz sorge dafür, dass der Einzelne nicht dadurch manipulierbar wird, dass andere alles über ihn wissen; das Informationsrecht sorge dafür, dass er als Bürger agieren kann.

Und was kosten die Informationen? Die Gebührenordnung soll demnächst vorgestellt werden, etwa so: Bei Bagatellen nichts (in Nordrhein-Westfalen gilt das für vierzig Prozent der Auskünfte), im Normalfall wenig, im Höchstfall 500,00 €.

An den Kosten sollte der Zugriff auf amtliche Informationen nicht scheitern. An den vielen Ausnahmebestimmungen schon, und auch daran, dass die Behörden künftig womöglich nur noch beschränkte Aktenführung pflegen.

In der Theorie ist das neue Gesetz ein revolutionärer Akt. Ob er das auch in der Praxis wird, muss sich zeigen. Der Unterschied zwischen Theorie und Praxis ist in der Praxis wichtiger als in der Theorie.

Quelle: Prantl, Heribert: Die Neugier des Bürgers genügt. In: www.sueddeutsche.de. 19.05.2010: https://www.sueddeutsche.de/politik/informationsfreiheitsgesetz-die-neugier-des-buergers-genuegt-1.887629 [07.07.2025] (verändert)

arkan = lat. geheim, nicht zugänglich
Freedom of Information Act (FOIA) = Informationsfreiheitsgesetz der USA von 1966
Doyen = Dienstältester, Wortführer

a) Die Informationsfreiheitsgesetze des Bundes und der meisten Bundesländer haben das bisher dominierende Geheimhaltungsprinzip durch ein anderes Prinzip ersetzt. Bitte erläutern Sie.

b) Nennen Sie Themen (Beispiele), bei denen auf Antrag Informationen nach einem IFG eines Bundeslands mitgeteilt wurden.

c) Viele Behörden hatten Bedenken gegen Informationsfreiheitsgesetze. Was ist dem Artikel hierzu zu entnehmen?

d) Sind Datenschutz und Informationsanspruch nach IFG miteinander zu vereinbaren?

7. Kurt Schwarz unterhält auf seinem Grundstück in Neustadt, Gartenstraße 13, ein massives großes Gartenhaus. Eine Baugenehmigung wurde nie beantragt oder erteilt, aufgrund seiner Ausmaße ist das geräumige Haus auch nicht genehmigungsfähig. Es wird von der 78-jährigen Mutter des Herrn Schwarz bewohnt, die von ihm betreut wird. Die Stadtverwaltung wurde von Frau Flott, Gartenstraße 25, schriftlich über den „Schwarzbau" informiert. Das Bauordnungsamt der Stadt sieht es als unvermeidbar an, die Beseitigung des nicht genehmigungsfähigen Gebäudes anzuordnen.

Zwei Mitarbeiter des Bauordnungsamtes suchen Herrn Schwarz auf, um die Situation mit ihm zu erörtern. Da ein sachliches Gespräch schwierig ist, bitten sie ihn, sich innerhalb einer Woche schriftlich oder mündlich zur Niederschrift zu äußern.

Herr Schwarz legt daraufhin einen 30-seitigen Schriftsatz vor, in dem er seinen Standpunkt darlegt, dass er seiner alten Mutter die persönliche Betreuung schuldig sei, dass er einen Platz in einem Seniorenheim nicht bezahlen könne (mehrere Angebote von Heimen liegen bei) und dass das Gartenhaus standsicher sei und auch das Flachdach die winterliche Schneelast bisher getragen habe. Er erörtert die Aufgaben der Verwaltung im Sozialstaat und begründet, warum sein Verhalten nicht nur zulässig, sondern auch vorbildlich sei.

Außerdem verlangt er, die Stadt möge ihn beraten, wie er das Gebäude so umbauen könnte, dass es nachträglich genehmigungsfähig wird. Er habe schließlich einen gesetzlichen Anspruch auf Auskunft und Beratung. Ferner verlangt er, die vollständige Akte zu diesem Fall einzusehen.

Der Journalist Edmund Hirsch fragt beim Leiter des Fachbereichs 4 „Bauwesen und Liegenschaften" der Stadt Neustadt an, ob es stimme, dass die Stadt einer alten, verwirrten Frau das Haus abreißen wolle. Er erkundigt sich auch, was die Stadt von den ausführlich dargelegten Argumenten des Herrn Schwarz hält. Hirsch beruft sich auf das Informationsfreiheitsgesetz und verlangt ebenfalls Akteneinsicht.

Der Sachbearbeiter für Bauordnungsangelegenheiten

- lehnt die Akteneinsicht durch Schwarz ab, weil die Rechtslage ohnehin eindeutig sei,
- überfliegt den Text kurz und legt den 30-seitigen Schriftsatz von Schwarz mit den Worten „Das muss ich mir nicht antun" entnervt zur Seite und
- lehnt die verlangte Beratung kurzerhand ab.

Er fertigt im Entwurf eine Ordnungsverfügung, in der die Beseitigung des Bauwerks verlangt wird. Der Fachbereichsleiter lehnt die Akteneinsicht durch Hirsch und weitere Auskünfte an ihn ab.

Prüfen Sie sorgfältig, ob bzw. inwieweit die Mitarbeiter der Stadt Neustadt sich richtig verhalten haben. (Die Bearbeitung des Antrags auf Akteneinsicht des Herrn Hirsch ist sinnvoll, sofern im Arbeitsbereich der Schüler ein Informationsfreiheitsgesetz anzuwenden ist.)

221065300

2.2 Schriftliche Verwaltungsakte gestalten

2.2.1 Lernsituation

Tim Becker erhält eine Spielhallenerlaubnis

Beim Beratungsgespräch am 20. Mai sitzen Tim Becker und seine Freundin Benita García Fernández Herrn Wilde im Neustädter Ordnungsamt gegenüber.

„Ich habe mir Ihre Homepage angeschaut und das Antragsformular für die Spielhallenerlaubnis ausgedruckt und ausgefüllt", erklärt Herr Becker. „Die neue Spielhalle befindet sich in 49999 Neustadt, Am Heubach 77. Ich habe die Räume des früheren Spielhallenbetriebs ab 1. Juni unter dem Vorbehalt gepachtet, dass die Spielhallenerlaubnis erteilt wird. Ich möchte den Betrieb unter dem Namen **„Cash Casino Las Vegas"** eröffnen. Übrigens habe ich auch eine Wohnung ganz in der Nähe, Am Heubach 83 in Neustadt, bezogen."

Herr Wilde geht den Antrag und die vorgelegten Unterlagen durch. „Sie sind am 02.03.1990 in Neustadt geboren und haben sich von Berlin nach Neustadt umgemeldet. Das Führungszeugnis und den Gewerbezentralregisterauszug beantragen wir sofort, den Auszug aus dem Schuldnerverzeichnis des Amtsgerichts und die steuerliche Unbedenklichkeitsbescheinigung des Finanzamts müssen Sie selbst an Ihrem bisherigen Wohnsitz Berlin besorgen und mir zuschicken.

Sie legen mir hier Kopien der Aufstellungserlaubnisse für acht gebrauchte Geldspielgeräte mit Gewinnmöglichkeit vor. Wollen Sie auch Unterhaltungsspiele ohne Gewinnmöglichkeit durchführen?" „Ja, sobald ich einen gebrauchten Billardtisch und einen Dart-Automaten günstig kaufen kann."

„Gut, dann werde ich das bei der Erlaubnis berücksichtigen. Es fehlt dann noch der Antrag auf Erteilung einer Bestätigung über die Geeignetheit des Aufstellungsorts Ihrer Spielgeräte gemäß § 33c Abs. 3 GewO."

„Ich bevollmächtige Frau Benita García Fernández, mich in den behördlichen Verfahren zu vertreten, die mit der Genehmigung und Inbetriebnahme meiner Spielhalle zusammenhängen. Sie wohnt in Neustadt, Neuer Wall 52. Hier ist die schriftliche Vollmacht. Da ich mein Studium noch nicht beendet habe und deshalb gleich nach diesem Beratungsgespräch nach Berlin muss, könnte Frau Benita García Fernández doch die verlangte Geeignetheitsbescheinigung beantragen."

Herr Wilde weist seine Gesprächsteilnehmer auf deren Verpflichtungen nach der Spielverordnung, die Gewerbeanzeige bei Betriebsbeginn und die steuerliche Anmeldung bei der Abteilung 1/4 Finanzwesen der Stadt Neustadt hin und händigt hierzu ein Merkblatt aus.

Eine Skizze der Geschäftsräume enthält folgende Informationen:

- Eingangsbereich mit Anmeldung, Kasse und Aufsichtsplatz — 11 m²
- Spielraum mit acht Aufstellungsplätzen für Geldspielgeräte sowie zwei Aufstellungsplätzen für Unterhaltungsspielgeräte — 96 m²
- Toiletten für Herren und Damen — 20 m²
- Büro und Tresorraum — 15 m²

Herr Wilde prüft den Antrag und führt eine Ortsbesichtigung mit Frau Benita García Fernández durch. Die bereits gelieferten Geräte tragen gültige Prüfsiegel der Physikalisch-Technischen Bundesanstalt. Offenbar entspricht der Aufstellungsort den Anforderungen der Spielverordnung. Die nachgewiesenen Stellplätze reichen aus. Gründe für das Versagen der Erlaubnis kann Herr Wilde nicht erkennen. Frau Benita García Fernández weist darauf hin, dass ihr Freund vielleicht einen ehemaligen Lagerraum in den Betrieb einbeziehen möchte.

Herr Wilde ermittelt die Verwaltungsgebühren gem. § 15 Landes-Gebührengesetz[1] und setzt fest

a) für die Geeignetheitsbescheinigung über den Aufstellungsort nach § 33c Abs. 3 GewO — 98,00 €,

b) für die Spielhallenerlaubnis nach § 33i GewO — 1.920,00 €.

1 Die Erhebung von Verwaltungsgebühren ist landes- bzw. kommunalrechtlich geregelt, weitere Regelungen hierzu sind an dieser Stelle unerheblich.

2.2.2 Arbeitsaufträge zur Lernsituation

1. Tim Becker will seine Freundin bevollmächtigen, für ihn die Antragsformalitäten zu erledigen. Worauf muss Herr Wilde dann achten?

2. Die Bestätigung über die Eignung des Betriebes für die Aufstellung von Geldspielgeräten (§ 33c Abs. 3 GewO) ist zu schreiben. Sie muss neben dem Aufsteller (mit Anschrift) auch die Betriebsart „Spielhalle", deren Grundfläche gem. § 3 SpielV sowie die Anzahl der möglichen Geldspielgeräte enthalten. Ein Hinweis auf die vorgeschriebene Art der Aufstellung gem. § 3 SpielV sollte nicht fehlen (www.gesetze-im-internet.de). Denken Sie auch an die Kosten der Bescheinigung und an die Information über mögliche Rechtsmittel.

   (Die Bestätigung kann in Formularform gefertigt werden.)

3. Für die Erlaubnis nach der GewO hat Herr Wilde vor einiger Zeit ein Standardformular entwickelt, das am PC leicht ausgefüllt werden kann. Er will diese Vorlage auch für Herrn Becker benutzen, überlegt sich aber einige zusätzliche Regelungen (Nebenbestimmungen).

   a) Das Standardformular enthält stichwortartig Folgendes:
      - Name, Vorname bzw. Bezeichnung der juristischen Person,
      - Anschrift,
      - Betreff (Überschrift), Erlaubnisformel („... wird gem. § ... die Erlaubnis zur Ausübung des folgenden Gewerbes erteilt:"),
      - Beschreibung der erlaubten gewerblichen Tätigkeiten (s. § 33i Abs. 1 GewO),
      - Nebenbestimmungen,
      - Gebührenfestsetzung,
      - Rechtsbehelfsbelehrung,
      - Unterschrift.

      Erstellen Sie ein solches Formular und füllen Sie es mit den bisher vorliegenden Daten zum Fall Becker aus. Die Merkmale eines Verwaltungsakts müssen vollständig vorhanden sein.

   b) Herr Wilde hält einschränkende Nebenbestimmungen für notwendig. Ihm ist aufgefallen, dass die Zulassung neuer Spielhalle von den Nachbarn, der Öffentlichkeit und den Politikern zunehmend kritisch gesehen wird. Als Gewerbesachbearbeiter sieht er auch selbst die Suchtprobleme, die Verschuldung und schließlich auch Verelendung Spielabhängiger, die zunehmende Kriminalität in der Umgebung mancher Spielhallen sowie die Gefährdung Jugendlicher, bei unzureichender Aufsicht der Spielhallenbetreiber in ein ungünstiges soziales Umfeld zu geraten. Er fühlt sich für den Schutz Gefährdeter verantwortlich und möchte sich keine Versäumnisse zuschulden kommen lassen. Der Stadtrat hat einen Bebauungsplan beschlossen, der ein Jugendzentrum auf dem Gelände eines alten Supermarkts etwa 150 m von der geplanten Spielhalle entfernt vorsieht. Der Pachtvertrag des Supermarkts läuft in dreieinhalb Jahren aus, Daher überlegt Herr Wilde, welche Nebenbestimmungen möglich und sinnvoll sind. Er schaut sich den § 33i Abs. 1 GewO noch einmal ganz genau an (s. Arbeitsmaterial).

      Formulieren und begründen Sie zusätzliche Regelungen (z. B. zur Geltungsdauer, zur Aufsicht, zum Jugendschutz), die in die Spielhallenerlaubnis aufgenommen werden sollen und die den Schutzzielen des § 33i Abs. 1 GewO entsprechen.

   c) Die geplanten Auflagen wie auch die Gebühren von über 2.000,00 € stellen einen Eingriff in die Rechte des Herrn Becker dar, den er in diesem Ausmaß nicht erwartet hat.

      ca) In welche beiden Grundrechte wird hier eingegriffen?

      cb) Was wird Herr Wilde vor Übergabe bzw. Versand der beiden Bescheide veranlassen?

221065302

2.2.3 Arbeitsmaterialien zur Lernsituation

Informationen auf der Homepage der Stadt Neustadt

Sie planen den Betrieb einer Spielhalle?

Vereinbaren Sie bitte einen **Gesprächstermin.**

Ansprechpartner: Herr Jörg Wilde
Stadt Neustadt, Fachbereich 2/3 – Ordnungsamt
49999 Neustadt, Rathausplatz 1
Tel.: 02999 177-348, E-Mail: Wilde@stadtneu.de

- **Information über das Antragsverfahren**

Wer einen Spielhallenbetrieb führen will, benötigt eine **Spielhallenerlaubnis** nach § 33i GewO. Die Spielhallenerlaubnis kann von der Stadt Neustadt erteilt werden, wenn folgende Unterlagen vorliegen:

- Antrag auf eine Spielhallenerlaubnis,
- das Führungszeugnis,
- der Auszug aus dem Gewerbezentralregister,
- die steuerliche Unbedenklichkeitsbescheinigung des zuständigen Finanzamts,
- der Auszug aus dem Schuldnerverzeichnis des zuständigen Amtsgerichts,
- Kopie des Kauf-, Miet- oder Pachtvertrags,
- eine Baubeschreibung mit Lageplan, Grundrisszeichnung und Nutzflächenberechnung,
- die baurechtliche Zustimmung der Stadt Neustadt, Abt. 4/3 – Bauordnung (zur Nutzung der Betriebsräume als Spielhalle).

- Wer gewerbsmäßig Geldspielgeräte aufstellen möchte, benötigt dafür eine **Aufstellungserlaubnis** nach § 33c Abs. 1 GewO. Sie bezieht sich auf die technische Bauart der jeweiligen Geräte und wird von der Physikalisch-Technischen Bundesanstalt erteilt. Spielgeräte nach zugelassener Bauart dürfen aber nur an Orten aufgestellt werden, die dafür geeignet sind. Dafür ist eine besondere **Geeignetheitsbescheinigung** der Stadt Neustadt **über den Aufstellungsort** gemäß § 33c Abs. 3 GewO erforderlich. Bei Beantragung der Geeignetheitsaufstellung ist die Aufstellungserlaubnis vorzulegen.

- Nach Erteilung der Spielhallenerlaubnis ist der Betriebsbeginn gemäß § 14 GewO der Stadt Neustadt anzuzeigen (Gewerbeanzeige).

Auszug aus der Gewerbeordnung (GewO)

§ 33i Spielhallen und ähnliche Unternehmen

(1) Wer gewerbsmäßig eine Spielhalle oder ein ähnliches Unternehmen betreiben will, das ausschließlich oder überwiegend der Aufstellung von Spielgeräten oder der Veranstaltung anderer Spiele im Sinne des § 33c Abs. 1 Satz 1 oder des § 33d Abs. 1 Satz 1 oder der gewerbsmäßigen Aufstellung von Unterhaltungsspielen ohne Gewinnmöglichkeit dient, bedarf der Erlaubnis der zuständigen Behörde. Die Erlaubnis kann mit einer Befristung erteilt und mit Auflagen verbunden werden, soweit dies zum Schutze der Allgemeinheit, der Gäste oder der Bewohner des Betriebsgrundstücks oder der Nachbargrundstücke vor Gefahren, erheblichen Nachteilen oder erheblichen Belästigungen erforderlich ist; unter denselben Voraussetzungen ist auch die nachträgliche Aufnahme, Änderung und Ergänzung von Auflagen zulässig.

(2) Die Erlaubnis ist zu versagen, wenn

1. die in § 33c Abs. 2 oder § 33d Abs. 3 genannten Versagungsgründe vorliegen,
2. die zum Betrieb des Gewerbes bestimmten Räume wegen ihrer Beschaffenheit oder Lage den polizeilichen Anforderungen nicht genügen oder
3. der Betrieb des Gewerbes eine Gefährdung der Jugend, eine übermäßige Ausnutzung des Spieltriebs, schädliche Umwelteinwirkungen im Sinne des Bundes-Immissionsschutzgesetzes oder sonst eine nicht zumutbare Belästigung der Allgemeinheit, der Nachbarn oder einer im öffentlichen Interesse bestehenden Einrichtung befürchten lässt.

Auszug aus dem Landes-Gebührengesetz

§ 11 – Entstehung der Kostenschuld

(1) Soweit ein Antrag notwendig ist, entsteht die Gebührenschuld dem Grunde nach mit dessen Eingang bei der zuständigen Behörde, der Höhe nach mit Beendigung der gebührenpflichtigen Amtshandlung. Im Übrigen entsteht die Gebührenschuld dem Grunde und der Höhe nach mit Beendigung der gebührenpflichtigen Amtshandlung. ...

2.2.4 Aufgaben

1. In einer Akte des Ordnungsamts findet sich der folgende Bescheid (siehe nächste Seite).
   a) Weisen Sie die Merkmale des Verwaltungsaktes gemäß § 35 VwVfG in diesem Bescheid nach.
   b) Welche Angaben in diesem Bescheid sind außerdem rechtlich von Bedeutung? Erläutern Sie.

2. Zur Form von Verwaltungsakten:
   a) In welchen Formen können Verwaltungsakte erlassen werden?
   b) Warum wird die Schriftform bevorzugt?
   c) Muss jeder schriftliche Verwaltungsakt vom zuständigen Behördenmitarbeiter persönlich unterschrieben sein?

3. Genügen die folgenden Regelungen dem Bestimmtheitsgrundsatz?
   a) „Ich fordere Sie auf, den Gehweg vor Ihrem Haus am Holzweg 24 bei Schnee- oder Eisglätte unverzüglich zu streuen."
   b) „Ihnen wird aufgegeben, die zu Ihrem Mehrfamilienhaus am Holzweg 24 führende Treppe, den Treppenabsatz sowie die neu angebrachte Tür in einen der Landesbauordnung entsprechenden Zustand zu bringen."
   c) Zwangsmittelandrohung in einem Bescheid: „... Sollten Sie die vorstehende Anordnung nicht bis zum 25. Mai dieses Jahres befolgen, behalte ich mir vor, ein Zwangsgeld bis zu 1.000,00 € gegen Sie zu verhängen."

4. Zur Begründung von Verwaltungsakten:
   a) Muss jeder schriftliche Verwaltungsakt begründet werden?
   b) Erläutern Sie den Sinn der Begründung.
   c) Ein Bescheid enthält eine Regelung nach einer Kannvorschrift. Worauf ist bei der Begründung besonders zu achten?

5. Eine Rechtsbehelfsbelehrung zu einem Verwaltungsakt lautet: „Gegen diesen Bescheid können Sie innerhalb von vier Wochen während der Geschäftszeit schriftlich in zwei Ausfertigungen oder mündlich bzw. telefonisch zur Niederschrift bei der Stadtverwaltung Neustadt, 49999 Neustadt, Postfach, Einspruch erheben. Falls die Frist durch das Verschulden eines von Ihnen Bevollmächtigten versäumt werden sollte, würde dessen Verschulden Ihnen zugerechnet werden."
   a) Untersuchen Sie die Belehrung auf Fehler.
   b) Haben die Fehler irgendeine Folge?

6. Rechtsbehelfsbelehrungen sind meistens nicht zwingend vorgeschrieben. Wäre es nicht einfacher, auf sie zu verzichten? Nehmen Sie Stellung.

(Fortsetzung siehe folgende Seite)

Stadt Neustadt

Der Bürgermeister

Stadt Neustadt · Postfach · 49999 Neustadt

Frau
Svenja Hansen
Obergasse 78
49999 Neustadt

Ihre Nachricht/Ihr Zeichen: 20..-11-15

Geschäftszeichen: 2.3-2
Fachbereich/Dienststelle: 2/3 – Ordnungsamt
Gebäude/Zimmer: Rathausplatz 1, Zimmer 9
Bearbeiter/-in: Herr Wilde
Telefon: 02999 177- 342
Telefax: 02999 177- 300
E-Mail: Wilde@stadtneu-wvd.de

Datum: 28. Januar 20..

Postausgang
ab am: 29.01.20.. Sch.

Reisegewerbekarte

Sehr geehrte Frau Hansen,

die Reisegewerbekarte für die Ausübung des Frisörhandwerks im Reisegewerbe kann ich Ihnen nicht erteilen.

Begründung

Sie haben im November 20.. eine Reisegewerbekarte beantragt.

Nach § 57 Gewerbeordnung ist die Reisegewerbekarte zu versagen, wenn Tatsachen die Annahme rechtfertigen, dass der Antragsteller die erforderliche Zuverlässigkeit nicht besitzt. Personen, die mehrfach wegen Betruges und Diebstahls straffällig wurden, besitzen die für die Ausübung des Frisörhandwerks im Reisegewerbe erforderliche Zuverlässigkeit nicht. Nach dem Auszug aus dem Bundeszentralregister vom 10. Januar 20.. sind Sie mehrfach wegen Betruges und Diebstahls vorbestraft. Die Reisegewerbekarte muss Ihnen daher versagt werden.

Rechtsbehelfsbelehrung

Gegen diesen Bescheid kann innerhalb eines Monats nach seiner Bekanntgabe Klage beim Verwaltungsgericht Großstadt, Eintrachtweg 19, 30173 Großstadt, schriftlich oder zur Niederschrift des Urkundenbeamten der Geschäftsstelle dieses Gerichts erhoben werden. Die Klage muss den Kläger, den Beklagten und den Streitgegenstand bezeichnen und soll einen bestimmten Antrag enthalten. Die zur Begründung dienenden Tatsachen und Beweismittel sollen angegeben und der angefochtene Bescheid in Urschrift oder Abschrift beigefügt werden.

Mit freundlichem Gruß

i.A. Wilde

Wilde

In dieser Rechtsbehelfsbelehrung wird unterstellt, dass das Widerspruchsverfahren in diesem Bundesland abgeschafft ist.

Bankverbindung der Stadtkasse Neustadt:
Neustädter Sparkasse
IBAN DE99 9995 0001 0415 9203 01, BIC WELADEDNEUM

Besuchszeiten
Montag, Dienstag, Mittwoch: 08:00–12:30 Uhr, 14:00–17:00 Uhr,
Donnerstag: 08:00–12:30 Uhr, 14:00–20:00 Uhr, Freitag: 08:00–12:30 Uhr

Internet
www.stadtneu-wvd.de

2.3 Nebenbestimmungen im Bescheid berücksichtigen

2.3.1 Lernsituation

Harte Zeiten für Tim Beckers Spielhalle

Jörg Wilde ist verärgert. Die „Neustädter Neuesten Nachrichten" berichten über den Unmut von Neustädter Bürgern über die Spielhalle Tim Beckers. Aus der Zeitung erfährt er, dass Bürgermeister Schultheiß auch schon befragt wurde. Er hat zugesagt zu prüfen, ob nachträgliche Einschränkungen in der Spielhallenerlaubnis notwendig sind, insbesondere zur Suchtprävention und zum Nachbarschutz. „Das heißt mal wieder Arbeit", stöhnt der Gewerbesachbearbeiter und zu dem Auszubildenden gewandt, „da könnten Sie gut mitarbeiten, Herr Frisch. Da können Sie einiges lernen."

Er gibt Moritz Frisch den Zeitungsartikel zu lesen (s. Arbeitsmaterialien). In einem Gespräch erläutert Herr Wilde dem Auszubildenden, dass die Stadt Neustadt für die Überwachung des Geschäftsbetriebs zuständig sei und dazu gem. § 29 GewO Auskunfts- und Nachschaurechte habe. „Heute Abend werde ich mir zusammen mit einem Außendienstbeamten ein umfassendes Bild von der Spielhalle und ihrer Umgebung verschaffen. Sie können gern mitkommen." Wahrscheinlich müsse man auch mit der Baugenehmigungsbehörde, also der Abteilung 4/3 über die Lichtreklame sprechen. Allerdings könne Moritz Frisch sich vorab schon einmal Gedanken zu einigen Beschwerdepunkten machen (Parkplatzprobleme, Störungen der Nachbarn durch Autolärm und Lichtreklame). Wahrscheinlich müsse geprüft werden, ob und inwieweit nachträgliche Regelungen zur Spielhallenerlaubnis des Herrn Becker erlassen werden können. Herr Wilde bittet Moritz Frisch, sich dazu die §§ 36 VwVfG und 33i GewO anzusehen, die Verordnung über Spielgeräte und andere Spiele mit Gewinnmöglichkeit (SpielV)[1] und sich ein Konzept zu überlegen, wie bei dieser Sachlage zu verfahren sei.

Über die Ortsbesichtigung wird ein Vermerk geschrieben (s. Arbeitsmaterialien). Aufgrund dieser Sachverhaltsdarstellung und der genannten Vorschriften macht sich Moritz Frisch an die Arbeit.

2.3.2 Arbeitsaufträge zur Lernsituation

1. Anwohner verlangen die Schließung der Spielhalle. Prüfen Sie anhand der §§ 33i, 35 und 51 GewO sowie der §§ 48 und 49 VwVfG, ob sich Anhaltspunkte für eine Gewerbeuntersagung bzw. den Widerruf der Erlaubnis für diesen Fall ergeben.[1]
2. Prüfen Sie anhand des § 36 Abs. 1 VwVfG, ob es in diesem Fall zulässig ist, nachträglich einschränkende Regelungen zur Spielhallenerlaubnis zu erlassen.
3. Untersuchen Sie, welche der im Zeitungsartikel und im Vermerk angesprochenen Angelegenheiten durch Nebenbestimmungen zur Spielhallenerlaubnis des Herrn Becker geregelt werden können. Geben Sie die Nebenbestimmungen stichwortartig mit Begründungen (Rechtsgrundlagen) an.
4. Entwerfen Sie einen entsprechenden Bescheid an Herrn Becker.
5. Was ist hinsichtlich des Verfahrens zu beachten?

1 Anstelle der Regelungen in § 33i GewO und der SpielV sollten in Ländern mit eigenem Spielhallengesetz diese Vorschriften zugrunde gelegt werden.

221065306

2.3.3 Arbeitsmaterialien zur Lernsituation

NNN – Neustädter Neueste Nachrichten

Unmut über Spielhallenflut

Bürger wehren sich gegen die zehnte Spielhalle in Neustadt

Die Anwohner sind entrüstet über die Spielhalle an der Straße Am Heubach, die vor wenigen Monaten wieder eröffnet wurde.

„Noch eine Spielhalle! Musste das sein?“ Nachbar Kai Burger ist empört. „Es ist eine Zumutung, wenn man mitten in der Nacht immer wieder wach wird vom lauten Zuschlagen der Autotüren durch beglückte oder eher frustrierte Spielhallenbesucher. Am Wochenende gibt es um die Spielhalle herum immer wieder Parkplatzprobleme. Und die weithin sichtbare großformatige Leuchtreklame mit grellen Blinkeffekten an der Seitenwand stört Tag und Nacht, wenn man nebenan wohnt. Selbst in Berlin oder Frankfurt dürfen die Spielhallen nicht so aggressiv werben.“

„Eine Spielhalle zieht natürlich immer auch ein bestimmtes Milieu an“, befürchtet die Nachbarin Frau Sonntag. „Vor einem Jahr wurde die damalige Spielhalle ausgeraubt. Neulich wurde in unserer Straße ein Passant überfallen. Da machen wir uns schon Sorgen, wenn wir auf dem Weg in die Stadt oder zum Einkaufen dort vorbeimüssen. Auch Kinder und Jugendliche kommen auf ihrem Schulweg hier entlang. Anscheinend hat die Spielhalle auch morgens um halb acht schon Kunden.“ Die Bürger sind sich einig: Die Spielhalle sollte geschlossen werden.

In der Nähe soll in einigen Jahren das neue Jugendzentrum gebaut werden. Wie kann man denn da diese Spielhalle überhaupt zulassen? Wir fragten Bürgermeister Schultheiß, warum auch diese zehnte Spielhalle genehmigt wurde. Schultheiß: „Das Grundrecht der Gewerbe- und Berufsfreiheit gilt grundsätzlich auch für Spielhallenbetreiber. Wer die Zulässigkeitsvoraussetzungen erfüllt, hat Anspruch auf die Erlaubnis. Wegen des geplanten Jugendzentrums haben wir die Erlaubnis befristet, im Übrigen werden wir prüfen, ob nachträgliche Einschränkungen zur Suchtprävention und zum Nachbarschutz notwendig sind.“

Nachwort von Kai Burger: „Ich hoffe doch sehr, dass diese guten Absichten stärker wiegen als das Interesse der Stadt an den Steuereinnahmen aus der Spielhalle.“

2/3 11. Oktober 20..
740 Wi

1. Vermerk – Ortsbesichtigung in der Spielhalle Becker, Am Heubach 77, Neustadt

Herr Hartmann, Außendienstmitarbeiter im Fachbereich 2, und der Unterzeichner haben gestern zwischen 20:30 und 21:15 Uhr die Spielhalle des Herrn Tim Becker, Am Heubach 77, besucht. Anlass war die Sicherung des ordnungsgemäßen Betriebs der Spielhalle.

Die Lichtreklame an der südlichen Seitenwand des Gebäudes umfasst ca. 12 m², ist sehr hell und weist durch die bewegliche Darstellung und Blinkeffekte einen Aufforderungs- und Reizcharakter auf. Die Straße vor der Lichtreklame und die bewohnten Nachbargebäude wurden im Takt weniger Sekunden taghell erleuchtet. Die Stellplätze der Spielhalle waren voll besetzt.

In der Spielhalle hielten sich Frau Benita García Fernández (Aufsicht) sowie etwa elf Gäste auf, darunter offensichtlich keine Jugendlichen. Ein Spieler spielte zeitweise an drei Geräten gleichzeitig, sonst machte der Spielbetrieb einen ruhigen Eindruck.

Allerdings fielen folgende Verstöße gegen die SpielV auf:

- Informationsmaterial über Risiken des übermäßigen Spielens bzw. Informationen von Suchtberatungsstellen lagen nicht aus (Auflage in der Spielhallenerlaubnis).
- Bei zwei Geldspielgeräten lag die Ausstellung der Prüfplakette länger als 24 Monate zurück. Trotz der abgelaufenen Zulassungszeichen wurde an diesen Geräten gespielt.
- Ein zusätzlich aufgestelltes Gerät ohne Zulassungszeichen arbeitet mit einem Jackpotsystem. Gem. § 7 Abs. 4 SpielV hätte der Aufsteller die Geräte unverzüglich aus dem Verkehr ziehen müssen bzw. nicht aufstellen dürfen.
- Vier Geräte waren in einem Abstand von ca. 0,50 m aufgestellt, eine Sichtblende fehlte. Nach § 3 Abs. 2 SpielV hat der Aufsteller die Geräte jedoch einzeln oder in einer Gruppe mit jeweils höchstens zwei Geräten in einem Abstand von mindestens 1 m aufzustellen, getrennt durch eine Sichtblende mit einer Tiefe von mindestens 0,80 m.
- Aufgefallen ist uns der Geldautomat, an dem mehrere Gäste Bargeldauszahlungen mit EC-Karte vornahmen. Es ist bekannt, dass die meisten Spielsüchtigen an EC-Geldautomaten in Spielhallen Bargeld abheben. (In einigen Bundesländern sind Geldautomaten in Spielhallen daher gesetzlich verboten.)

Verwaltungsverfahren durchführen und Verwaltungsakte erlassen und aufheben

Die Spielhallenaufsicht Frau García Fernández wurde auf die Verstöße gegen die SpielV angesprochen. Sie erklärte, dass Herr Becker wegen der Aufstellung des zusätzlichen Jackpot-Automaten und des EC-Automaten Platz benötigte und die Geldspielgeräte daher enger aufgestellt habe. Dass die Zulassung einiger Geräte fehle bzw. abgelaufen sei, habe sie nicht bemerkt. Der EC-Geldautomat sei besonders wichtig, weil etliche gute Kunden so schnell ihre Spieleinsätze finanzieren könnten. Auf die Vorhaltung, der Geldautomat fördere die Spielsucht in besonderer Weise, antwortete sie, in diesem Betrieb verkehrten keine Spielsüchtigen. Daher habe sie auch keine Informationen von Suchtberatungsstellen ausgelegt. Die Lichtwerbeanlage an der Südseite der Hauswand sei im Auftrag von Herrn Becker im Einverständnis mit dem Eigentümer installiert worden.

Ich habe Frau García Fernández darauf hingewiesen, dass die Rechtsverstöße unverzüglich zu beheben seien und als Ordnungswidrigkeiten geahndet würden. Sie erklärte daraufhin, für den Betrieb der Spielhalle sei allein Herr Becker verantwortlich.

Dilde

2. Anfrage bei 4/3 – Bauordnung, ob die Lichtwerbeanlage baurechtlich genehmigt wurde.
3. Ergänzung der Spielhallenerlaubnis des Herrn Tim Becker um weitere Nebenbestimmungen (s. Anlage).
4. Bußgeldbescheid fertigen.
5. Wv. 13.10.20..

Telefonat mit Frau Kramer, Abt. 4/3, ergab, dass die Lichtwerbeanlage nicht genehmigt wurde.
Di. 11.10.20..

Dilde

2.3.4 Aufgaben

1. Geben Sie bei den nachfolgenden Fällen die Art der Nebenbestimmung an und begründen Sie Ihre Lösungen kurz.
   a) Die Stadt Neustadt erteilt eine Erlaubnis zur Sondernutzung eines Gehwegs zum Neustädter Stadtfest für die Zeit vom Freitag, 5. Juli 2021, 18:00 Uhr bis Sonntag, 7. Juli 2021, 23:00 Uhr.
   b) Ein Bauherr erhält eine Sondernutzungserlaubnis für ein Baugerüst auf einer öffentlichen Straße. Das Gerüst darf aber erst nach Abschluss von Bauarbeiten an der Fahrbahn errichtet werden.
   c) A. erhält eine Baugenehmigung mit dem Zusatz, an der Außentreppe ein Geländer anzubringen.
   d) Ein Unternehmen erhält eine Betriebsgenehmigung mit dem Zusatz, dass die Genehmigung erlischt, wenn nicht innerhalb von zwei Jahren nach Eintritt der Bestandskraft des Bescheids mit der Errichtung der Anlage begonnen wird.
   e) Einem Kioskbesitzer wird das Aufstellen eines Zeitungsständers am Straßenrand genehmigt. Die Behörde teilt mit, dass bei erheblicher Veränderung des Verkehrs die Genehmigung aufgehoben werden kann.
   f) Die Neustädter Gemüsekonservenfabrik erhält die Genehmigung nach Bundes-Immissionsschutzgesetz mit einem Zusatz, demzufolge sich die Behörde die nachträgliche Ergänzung von Lärmschutzmaßnahmen bei Bedarf vorbehält.
2. Die Genehmigung der Errichtung und des Betriebs eines Lichtbogenofens zur Herstellung von Elektrostahl aus Schrott enthält die folgenden Nebenbestimmungen. Ermitteln Sie jeweils die Art der vier Nebenbestimmungen und begründen Sie Ihre Entscheidung.
   a) Die Inbetriebnahme ist mir unverzüglich anzuzeigen.
   b) Der Ofen darf nur errichtet und betrieben werden, wenn er an eine Entstaubungsanlage (wie in Anlage 5 näher beschrieben) angeschlossen wird.
   c) Abwässer dürfen nicht in das öffentliche Kanalnetz eingeleitet werden.
   d) Die Genehmigung erlischt, wenn nicht innerhalb von zwei Jahren nach Bekanntgabe dieses Bescheids mit der Errichtung der Anlage begonnen wird.
3. Sind Nebenbestimmungen nach dem VwVfG zulässig
   a) bei Ermessensentscheidungen?
   b) bei Verwaltungsakten, auf die ein Anspruch besteht (gebundene Verwaltung)?

221065308

2.4 Verwaltungsakte bekannt geben

2.4.1 Lernsituation

Boris Kowalski grüßt aus Lanzarote

Boris Kowalski besitzt ein Zweifamilienhaus in Neustadt, Robert-Schuman-Weg 14. Im Januar sendet ihm die Stadt den Bescheid über Grundbesitzabgaben (Aktenzeichen 1.4-2/GStB-2458). Nach einigen Wochen kommt der Brief mit dem Vermerk „Empfänger unbekannt“ zur Abteilung Finanzwesen der Stadtverwaltung zurück.

Die Auszubildende Mandy Peters erhält den Auftrag, sich um die ordnungsgemäße Bekanntgabe des Bescheids zu kümmern. Sie fragt zunächst beim Bürgeramt an und erfährt, dass Boris Kowalski unter der bekannten Adresse gemeldet ist.

Sie weiß, dass ein Steuerbescheid dem Adressaten erst zugehen muss, um überhaupt ein Verwaltungsakt zu sein. Vom Zugang hängt es in diesem Fall also ab, ob die Stadt einen Zahlungsanspruch hat und die Forderung auch vollstrecken kann.

Da der Zugang auch nachweisbar sein sollte, versucht sie es mit einem Übergabe-Einschreiben, weil es relativ preisgünstig ist und bei Bedarf eine Rückverfolgung des Zustellungsvorgangs ermöglicht. Die Deutsche Post kann auch diesen Auftrag nicht ausführen, da der Adressat nicht am Robert-Schuman-Weg 14 wohnt.

„Offenbar hat sich Boris Kowalski einfach ‚aus dem Staub gemacht‘“, denkt Mandy Peters. Sie bittet den Außendienst des Ordnungsamtes um Aufklärung. Der sucht das Haus Kowalskis auf. Ein Briefkasten mit seinem Namen existiert nicht. Eine Nachbarin gibt den Hinweis, er habe sich inzwischen auf der kanarischen Insel Lanzarote niedergelassen und die Wohnung in Neustadt vermietet. Auf einer Ansichtskarte ist als Absendeort „Puerto Calero, Lanzarote“ angegeben.

„Der ist weg“, denkt Mandy Peters. Wie kommen wir jetzt an die Grundsteuern?

2.4.2 Arbeitsaufträge zur Lernsituation

1. Informieren Sie sich in dem für Ihr Bundesland geltenden Landes- bzw. Verwaltungszustellungsgesetz über die Möglichkeiten der (förmlichen) Zustellung. (Da die meisten Zustellungsgesetze der Länder auf das Verwaltungszustellungsgesetz des Bundes – VwZG – verweisen oder einen annähernd gleichlautenden Inhalt aufweisen, ist es naheliegend, sich im VwZG zu informieren.)
2. Wie sollte sich Mandy Peters verhalten?
3. Entwerfen Sie den passenden Text zu Ihrem Vorschlag.
4. Bewerten Sie diese Zustellungsform.

2.4.3 Aufgaben

1. Welche Bekanntgabeformen sind bei folgenden Verwaltungsakten vorteilhaft?
   a) Bescheid über die Gewährung von Sozialhilfe
   b) Gewerbeerlaubnis (wird wie beantragt erteilt)
   c) Ordnungsverfügung mit Fristsetzung (zwei Wochen) und Zwangsmittelandrohung
   d) Ordnungsverfügung mit Fristsetzung (drei Tage) und Zwangsmittelandrohung
   e) Bescheid an Adressaten mit allgemein unbekanntem Aufenthaltsort
   f) Gewerbesteuerbescheid
   g) Widerspruchsbescheid (Ablehnung des Widerspruchs gegen Verwaltungsakt)

2. Verlängert sich die Rechtsbehelfsfrist, wenn
   a) die Frist an einem Sonn- oder Feiertag zu laufen beginnt?
   b) das Ende der Frist auf einen Sonn- oder Feiertag fällt?
   c) der Empfänger erklärt, den Verwaltungsakt erst acht Tage nach dem Datum des Poststempels erhalten zu haben?
3. Wann gilt ein durch die Post als einfacher Brief übermittelter Verwaltungsakt nach § 41 Abs. 2 VwVfG als bekannt gegeben, wenn
   a) er am 16. Dezember (Freitag) zur Post aufgegeben wurde?
   b) er am 23. Dezember (Freitag) zur Post aufgegeben wurde?
   c) der Brief am 23. Dezember aufgegeben wurde und der Adressat erklärt, ihn am 30. Dezember erhalten zu haben?
   d) der Brief am 23. Dezember aufgegeben wurde und der Adressat erklärt, ihn nicht erhalten zu haben?
4. Dem Eigentümer einer chemischen Fabrik wird der Betrieb ab sofort untersagt, weil die Ordnungsbehörde eine Grundwasserverunreinigung durch den Betrieb annimmt. Der Bescheid vom 30. Januar wird am gleichen Tage von einem Mitarbeiter der Poststelle der Behörde überbracht, der Geschäftsführer bestätigt schriftlich den Empfang des Briefs auf einem Formular.
   a) Wann wird der Bescheid wirksam (Datum)?
   b) Erläutern Sie die Bedeutung der Wirksamkeit für den Empfänger.
   c) Berechnen Sie das Ende der Rechtsbehelfsfrist.
   d) Handelt es sich hier um eine einfache Bekanntgabe oder um eine Bekanntgabe durch Zustellung?
   e) Wie beurteilen Sie die gewählte Bekanntgabeform?
5. Wann endete in den folgenden Fällen die Rechtsbehelfsfrist (Widerspruch, Klage)?

Bekanntgabeform	Rechtsbehelfs-belehrung	Aufgabe zur Post	Übergabe an Empfänger
a) einfacher Brief	richtig	Freitag, 24. Februar	unbekannt
b) Einschreiben mit Übergabe	richtig	Freitag, 23. Dezember	unbekannt
c) Zustellungsurkunde	vergessen	Montag, 10. September	Mittwoch, 12. September
d) Einschreiben mit Rückschein	richtig	Donnerstag, 7. Juni	Samstag, 9. Juni
e) einfacher Brief	vorhanden, aber falsch	Montag, 26. Februar (kein Schaltjahr)	unbekannt
f) Brief an Mitarbeiter per Dienstpost	richtig	–	Montag, 26. Februar
g) Einwurf-Einschreiben	richtig	Mittwoch, 7. Februar	Dienstag, 1. April (Behauptung)
h) Telefax (Sendebericht mit OK-Vermerk)	fehlt	30. April	unbekannt

6. Nennen Sie stichwortartig die wesentlichen Vorteile der Bekanntgabeformen in Aufgabe 5.
7. Der Student S. erhält Ausbildungsförderung nach dem Bundesausbildungsförderungsgesetz. Durch Bescheid mit Rechtsbehelfsbelehrung vom 27. Juni (Poststempel), den er am 28. Juni erhält, werden ihm für die Dauer des Studiums – unveränderte Verhältnisse vorausgesetzt – Leistungen rückwirkend ab dem 15. April bewilligt. S. legt keinen Widerspruch ein. Er bricht das Studium am 31. Juli ab und teilt dies dem Amt für Ausbildungsförderung mit.
   a) Wann wird der Bescheid wirksam (Datum)?
   b) Wann erlangt der Bescheid Bestandskraft?
   c) Welche Bedeutung hat die Bestandskraft in diesem Fall für S.?
   d) Wäre es falsch, zu sagen, der an S. gerichtete Bescheid sei „rechtskräftig“ geworden?

221065310

2.5 Verwaltungsakte aufheben

2.5.1 Lernsituation

Schauermärchen in Studio B

Die Stadt Neustadt führt ihre Stadtbibliothek als unselbstständige Anstalt des öffentlichen Rechts. Zur Bibliothek gehört auch ein Veranstaltungsraum, der „Studio B" genannt wird. Es gibt auch eine Bibliothekssatzung (siehe Materialien). Vor zwei Jahren hat Bürgermeister Schultheiß der Diplom-Bibliothekarin Silke Heidenfeld die Leitung übertragen. Seit dieser Zeit gibt es auch die Veranstaltungsreihe „Kultur in Studio B", über die ein vierteljährliches Veranstaltungsverzeichnis der Stadtbibliothek informiert.

Die Veranstaltungen werden sowohl von den Mitarbeitern der Bibliothek als auch von Verlagen, örtlichen Institutionen und Vereinen wie auch von Neustädter Bürgerinnen und Bürgern durchgeführt, die sich „ehrenamtlich" für einzelne Veranstaltungen zur Verfügung stellen.

Die Stadtbibliothek ist insoweit immer für Anregungen offen: Möchte jemand etwas zu der Veranstaltungsreihe beitragen, kann er sich an die Leiterin der Stadtbibliothek, Silke Heidenfeld, wenden. Sie prüft dann, ob eine vorgeschlagene Veranstaltung den Interessen und der Zweckbestimmung der Stadtbibliothek entspricht, und setzt dann die Veranstaltung zu einem bestimmten Termin fest.

Eines Tages meldet sich bei Silke Heidenfeld die 74-jährige Brigitte Huber: Sie erklärt, sie möge kleine Kinder so gern und habe ihren Enkeln häufig etwas vorgelesen. Ob sie nicht in der Stadtbibliothek einen Vorlesenachmittag für die Kleinen veranstalten könne. Silke Heidenfeld kennt Frau Huber als eifrige Leserin. Sie kann sich vorstellen, dass sie auch eine gute Vorleserin ist. Deshalb ist sie sofort einverstanden und teilt dies Frau Huber schriftlich mit (siehe Materialien).

Tatsächlich erfreut sich „Brigittes Märchenstunde" regen Zuspruchs: Die Mütter sind froh, ihre Kinder kostenlos in der Stadtbibliothek unterzubringen und eine Stunde für Besorgungen nutzen zu können.

Nach einiger Zeit häufen sich aber gewisse Irritationen: Die Kinder verlassen die Märchenstunde teilweise weinend, teilweise traurig und verstört. Einige Mütter beschweren sich zudem darüber, dass Frau Huber den Kleinen offensichtlich Schauermärchen vorlese. Da sich Frau Heidenfeld dies nicht vorstellen kann, aber auch den Verdacht nicht los wird, dass da irgend etwas nicht stimmt, setzt sie sich beim nächsten Mal dazu. Da traut sie ihren Ohren kaum: Brigitte Huber liest den Kindern Grimms Märchen im Original vor und malt mit entsprechender Gestik insbesondere die grausamen Szenen stark aus. So wundert es sie nicht, dass die Kinder zu weinen anfangen, wenn Frau Huber schildert, wie brutal die Hexe von Hänsel und Gretel in den Ofen geschoben wird, und das Märchen mit den Worten beendet: „Stellt euch mal vor, wie weh das tut!"

Silke Heidenfeld kommen nun ganz erheblich Zweifel daran, ob Frau Huber wirklich als „Märchen-Oma" geeignet ist. Andererseits möchte sie die Märchenstunde als erfolgreiche Veranstaltung beibehalten. Sie bittet Frau Huber daher zu einem Gespräch, in dem sie ihr ihre Bedenken gegen die Literaturauswahl und die Art ihres Vortrages erklärt. Frau Huber ist hierüber empört: Sie könne nur so lesen, wie sie es tue. So habe sie ihren Kindern und Enkelkindern vorgelesen und es habe ihnen nicht geschadet. Die Vorlesenachmittage seien ihr einziger Lebensinhalt geworden – den dürfe ihr Frau Heidenfeld nicht wegnehmen. Es sei übrigens ihre eigene Sache, was und wie sie vorlese, denn auch für sie gelte die Meinungs- und Kunstfreiheit nach Art. 5 GG.

Frau Heidenfeld fragt nun beim Leiter des Fachbereichs Schule und Kultur an, was sie jetzt tun solle: Einerseits werde über den Inhalt der Vorlesenachmittage zunehmend schlecht geredet. Andererseits poche Frau Huber auf ihr „Recht" zur Durchführung der Märchenstunde im Studio B. Frau Heidenfeld möchte wissen, ob sie die Frau Huber gegebene Erlaubnis, die Vorlesenachmittage abzuhalten, „kündigen" könne bzw. dürfe. Schließlich bittet sie um Auskunft, wer für diese schwierige Entscheidung zuständig sei (vermutlich am Ende der Bürgermeister selbst?).

Dieser Fall stammt von Prof. Dr. Klaus Grupp und Prof. Dr. Ulrich Stelkens aus dem Juristischen Internet-Projekt der Universität Saarbrücken. Er wurde ausbildungsbezogen abgewandelt. www.saarheim.de/Faelle/maerchenstunde-fall.htm

2.5.2 Arbeitsauftrag zur Lernsituation

Der Leiter des Fachbereichs Schule und Kultur bittet Sie, eine Antwort an Frau Heidenfeld vorzubereiten. Er erklärt Ihnen, die rechtliche Beurteilung hänge zunächst vor allem von der rechtlichen Einordnung der „ehrenamtlichen Betrauung" von Frau Huber mit der Durchführung der Märchenstunde ab. Daher müsse erstens die Rechtsnatur dieser Betrauung festgestellt werden (Dienstvertrag, Verwaltungsakt, öffentlich-rechtlicher Vertrag?). Stehe diese fest, könne hierauf aufbauend geklärt werden, zweitens ob und inwieweit eine „Aufhebung" dieser Betrauung möglich sei, drittens welche Verfahrensschritte hierbei zu beachten seien und viertens wer hierfür innerhalb der Stadt Neustadt zuständig sei.

Gehen Sie bitte auf die Fragen ein.

2.5.3 Arbeitsmaterialien zur Lernsituation

Stadt Neustadt

Der Bürgermeister

Stadt Neustadt · Postfach · 49999 Neustadt

Frau
Brigitte Huber
Rosenstraße 65
49999 Neustadt

Ihre Nachricht/Ihr Zeichen:

Geschäftszeichen: Fachbereich 3 Schule und Kultur
Fachbereich/Dienststelle: 3/5 – Stadtbibliothek
Gebäude/Zimmer: Markt 14
Bearbeiter/-in: Silke Heidenfeld
Telefon: 02999 177- 811
Telefax: 02999 177- 819
E-Mail: SHeidenfeld@stadtneu-wvd.de

Datum: 18. Mai 20..

Sehr geehrte Frau Huber,

ich freue mich, dass Sie sich bereit erklärt haben, ehrenamtlich alle zwei Wochen eine Vorlesestunde für Kinder im Alter zwischen 4 und 6 Jahren im Rahmen unserer Veranstaltungsreihe „Kultur in Studio B" im Veranstaltungsraum der Stadtbibliothek Neustadt durchzuführen. Wie abgesprochen, setze ich den entsprechenden Termin auf jeden zweiten Dienstag im Monat zwischen 15:00 und 16:00 Uhr fest und betraue Sie mit der ehrenamtlichen Durchführung der Veranstaltung. Unter der Bezeichnung „Brigittes Märchenstunde" werde ich diese Veranstaltung in das Veranstaltungsverzeichnis aufnehmen.

Als Aufwandsentschädigung erhalten Sie gemäß § 4 Abs. 2 der Bibliothekssatzung 10,00 Euro je durchgeführte Veranstaltung. Leider ist ein höherer Betrag nicht möglich. Daher bin ich Ihnen für Ihr Engagement auch besonders dankbar.

Ich hoffe, dass Ihre Veranstaltung ein großer Erfolg wird.

Mit freundlichen Grüßen

i. A. Heidenfeld

Heidenfeld
Leiterin der Stadtbibliothek

221065312

Satzung über die Benutzung der Stadtbibliothek Neustadt (Auszug)

§ 1 Rechtsform und Zweck

(1) Die Stadtbibliothek ist eine rechtlich nicht selbstständige öffentliche Anstalt der Stadt Neustadt.

(2) Sie dient dem allgemeinen und politischen Informations- und Bildungsinteresse, der Aus- und Weiterbildung, der Kommunikation, Unterhaltung und Freizeitgestaltung in allen Bevölkerungsgruppen und Altersstufen. Sie nimmt folgende Aufgaben wahr:
1. Förderung des Lesens und der Liebe zur Literatur in der Bevölkerung,
2. bibliotheksfachliche Bereitstellung und Ausleihe von Medien (Bücher, Zeitschriften, audiovisuelle und elektronische Medien und Informationsmaterialien),
3. Nachweis aller Medien in traditionellen bzw. elektronischen Speichern. ...

§ 4 Ehrenamtliche Beteiligung an Veranstaltungen der Stadtbibliothek

(1) Die Bibliothek arbeitet bei Veranstaltungen im Rahmen ihrer Aufgaben mit Bürgerinnen und Bürgern und mit Institutionen und Vereinigungen zusammen.

(2) Für die ehrenamtliche Durchführung von Veranstaltungen der Stadtbibliothek wird eine Aufwandsentschädigung in Höhe von 10,00 € je durchgeführte Veranstaltung gezahlt.

2.5.4 Aufgaben

1. S. erhält irrtümlich einen Abgabenbescheid für ein Grundstück, das er vor einigen Monaten verkauft hat. Zulässiger Rechtsbehelf ist der Widerspruch. Wie ist die Rechtslage,
   a) wenn er rechtzeitig Widerspruch erhebt?
   b) wenn er die Widerspruchsfrist ungenutzt verstreichen lässt?
2. Die Stadt S. möchte mit einem „Förderungsprogramm zur Fassadengestaltung" das Stadtbild verschönern. Frau Berg und Herr Grau haben aufgrund ihrer Anträge und der beigefügten Rechnungen Subventionen zur Fassadenrenovierung von je 500,00 € erhalten. Nach 15 Monaten stellt die Behörde Folgendes fest:
   a) Bei Frau Berg hat die Behörde Rechnungen für Zwecke anerkannt, die zwar mit der Fassadengestaltung zusammenhingen, aber nach den Förderungsrichtlinien nicht zuschussfähig waren. Frau Berg hat mit dem Zuschussbetrag die in gutem Glauben vorgelegten Rechnungen beglichen.
   b) Herr Grau hat fingierte Rechnungen für eine Fassadenrenovierung vorgelegt, die aber tatsächlich nicht durchgeführt wurde. Das Geld hat er für andere Zwecke verbraucht.

   Darf die Behörde die Bescheide zurücknehmen?
3. Die Formpress GmbH baut ein neues Spanplattenwerk, bei dem die Gefahr schädlicher Umwelteinwirkungen besteht. Die Behörde hatte die nach dem Bundes-Immissionsschutzgesetz erforderliche Genehmigung erteilt, ist aber inzwischen zu der Erkenntnis gekommen, dass dies rechtswidrig geschehen ist. Sie nimmt deshalb die Anlagengenehmigung zurück, obwohl die Formpress GmbH mit dem Bau bereits begonnen hat.
   a) Darf die Genehmigung zurückgenommen werden?
   b) Welchen Antrag wird die Formpress GmbH stellen?
4. In den nachstehenden Sachverhalten geht es um die Aufhebung von Verwaltungsakten (§§ 48, 49 VwVfG). Ordnen Sie die Beispiele zunächst nach dem Muster der nachstehenden Tabelle als Rücknahme oder Widerruf ein.

Beispiel	Rücknahme		Widerruf		Zulässigkeit der Aufhebung (ja/nein)	Rechtsgrundlage
	für die Zukunft	für die Vergangenheit	für die Zukunft	für die Vergangenheit		
A						

   Beurteilen Sie dann die rechtliche Zulässigkeit der Aufhebung und geben Sie die Rechtsgrundlage dieser Beurteilung an.

Für das Neustädter Stadtfest im September werden die Straßen der Innenstadt gesperrt. Schaustellern werden auf Antrag Sondernutzungserlaubnisse nach dem anzuwendenden Landesstraßenrecht (s. unten) unter dem Vorbehalt des Widerrufs erteilt. Im Einzelnen ereignen sich folgende Fälle:

a) Schausteller A. hat für sein Fahrgeschäft eine Erlaubnis schon im Januar beantragt und erhalten. Nachdem es bei der Osterkirmes in Schönstadt zu einem Unfall kam, bei dem sich herausstellte, dass A. die Gültigkeitsdauer eines Sicherheitszertifikats für sein technisch veraltetes und gefährliches Geschäft gefälscht hatte, hebt die Stadt Neustadt die Sondernutzungserlaubnis auf.

b) Am Tag vor dem Stadtfest zerstört eine Gasexplosion ein Haus unmittelbar am Festplatz. Der Standplatz von Schausteller B. wird für Aufräumarbeiten und polizeiliche Untersuchungen gebraucht. Die Stadt Neustadt kann ihm keinen anderen Standplatz zuweisen und hebt seine Erlaubnis auf.

c) Schausteller C. verfügt über eine Sondernutzungserlaubnis mit der Auflage, für seinen Imbisswagen besondere Abfallbehälter aufzustellen. Er weigert sich, dies zu tun, weil anderen Schaustellern diese Auflage nicht erteilt wurde und weil er sie aus finanziellen Gründen nicht erfüllen kann. (Er erzielt auf einem ungünstigen Standplatz tatsächlich niedrige Umsätze.) Daraufhin hebt die Stadt seine Erlaubnis auf.

d) Schausteller D. hatte sich bei einem früheren Stadtfest unkorrekt verhalten. Nach einer persönlichen Auseinandersetzung mit dem Sachbearbeiter des Ordnungsamts – es geht um unbewiesene kleinliche Vorwürfe – hebt dieser am ersten Tag des diesjährigen Stadtfests die Sondernutzungserlaubnis mit den Worten auf: „Ich hätte Ihnen die Erlaubnis gar nicht erteilen sollen. Aber es gibt ja den Widerrufsvorbehalt in Ihrer Erlaubnis!“

e) Schausteller A. hatte für seinen Sohn E. ohne dessen Wissen einen Antrag auf einem fingierten Briefbogen mit gefälschter Unterschrift des E. gestellt und so den Eindruck erweckt, dass E. sein eigenes Fahrgeschäft aufstellen wolle. Die Erlaubnis wurde auf E. ausgestellt. Tatsächlich baute aber A. sein zweites Fahrgeschäft zum Stadtfest auf. Die Stadt hat jedoch schon immer jeden Schausteller nur mit einem Geschäft berücksichtigt, um möglichst vielen einen Standplatz anbieten zu können und um alle gleich zu behandeln. Als der Sachbearbeiter kurz vor Beginn des Stadtfestes von der Aktion des A. erfährt, hebt er die auf E. lautende Erlaubnis auf.

Die Länder regeln die Sondernutzung von Straßen in ihren Straßengesetzen etwa wie folgt:

§ 41 Sondernutzung

(1) Der Gebrauch der öffentlichen Straßen über den Gemeingebrauch hinaus (Sondernutzung) bedarf der Erlaubnis der Straßenbaubehörde.

(2) Die Erlaubnis darf nur auf Zeit oder auf Widerruf erteilt werden. Bedingungen und Auflagen sind zulässig. Eine auf Zeit erteilte Erlaubnis kann widerrufen werden, wenn es das Wohl der Allgemeinheit erfordert.

(3) Der Erlaubnisnehmer hat dem Träger der Straßenbaulast alle Kosten zu ersetzen, die diesem durch die Sondernutzung zusätzlich entstehen. Hierfür kann der Träger der Straßenbaulast angemessene Vorschüsse und Sicherheiten verlangen.

(4) Bei der Errichtung und bei dem Betrieb der Sondernutzungsanlage hat der Erlaubnisnehmer die anerkannten Regeln der Technik zu beachten.

(5) Der Erlaubnisnehmer hat, wenn die Erlaubnis auf Widerruf erteilt ist, gegen den Träger der Straßenbaulast keinen Ersatz- oder Entschädigungsanspruch bei Widerruf der Erlaubnis oder bei Sperrung, Änderung oder Einziehung der Straße.

221065314

1.2 Gefahren für die öffentliche Sicherheit und Ordnung beseitigen

1.2.1 Lernsituation

Verkehrshindernis

Der Auszubildende Moritz Frisch ist am Montagmorgen auf dem Weg zum Rathaus einem Verkehrsunfall nur knapp entgangen. „Ich befuhr die Rosenstraße auf dem Radweg und bog gerade bei der Hausnummer 6 um die Ecke, als ich plötzlich einen Sandhaufen auf dem Radweg und daneben einen Stapel Steine am Straßenrand sah. Ich bremste und kam auf der Fahrbahn zu stehen, wo ich beinahe von einem Pkw erfasst worden wäre. Der Schreck sitzt mir noch in den Gliedern."

„Wahrscheinlich baut da jemand ohne Beschilderung! Den Fall sollten wir uns sofort vornehmen, ehe da wirklich etwas Schlimmes passiert", meint Herr Knoop, der stellvertretende Leiter des Neustädter Ordnungsamts, der ihn zurzeit ausbildet. Kurz darauf sind sie vor dem Haus Rosenstraße 6 und stellen sofort ein Warnzeichen auf. Frau Hauser, die Eigentümerin, erklärt:

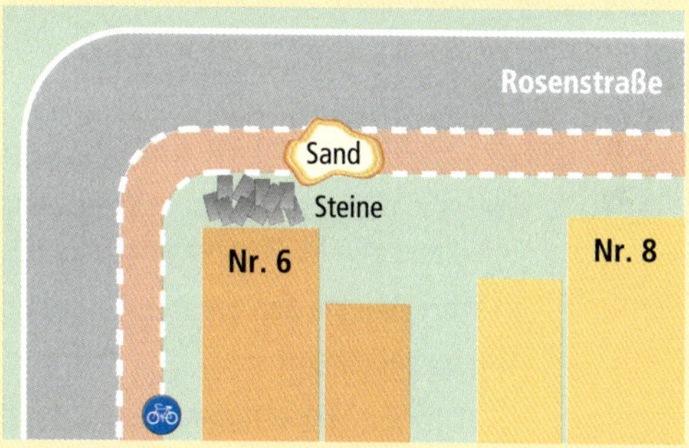

„Mein Mann will mit einem Nachbarn unsere Grundstückseinfahrt pflastern. Das Material hat Herr Günter von der Firma Baustoffe Neuberger schon vor sieben Uhr ‚frei Baustelle' abgeladen. In einer Woche ist der Sandhaufen verarbeitet."

Damit ist Herr Knoop aber nicht einverstanden. Frau Hauser erklärt, die Stadtverwaltung könne ihr da wohl keine Vorschriften machen, schließlich sei sie nicht die Polizei. Außerdem könne sie den Sand wegen eines Rückenleidens nicht wegschippen.

Herr Knoop regelt den Fall sofort.

1.2.2 Arbeitsaufträge zur Lernsituation

Bearbeiten Sie bitte die folgenden Aufträge mithilfe des allgemeinen Gefahrenabwehrrechts (Landesrecht) und der angegebenen Regelungen der Straßenverkehrs-Ordnung (StVO). Begründen Sie Ihre Antworten und geben Sie Rechtsgrundlagen an.

1. Welche Mittel der Gefahrenabwehr, d. h. hier zur Beseitigung des Verkehrshindernisses, stehen der Ordnungsbehörde grundsätzlich zur Verfügung? Welches Instrument kommt infrage?
2. Sollte hier die Polizei tätig werden?
3. Ist Herr Knoop für die zu treffende Maßnahme zuständig?
4. Untersuchen Sie, ob die rechtsstaatlichen Voraussetzungen für ein Eingreifen vorliegen. Gehen Sie vor allem auf die Generalklausel ein.
5. Welche Personen kommen nach dem Gefahrenabwehrrecht als Verantwortliche in Betracht?
6. An wen sollte die Maßnahme zur Abwehr der vorliegenden Gefahr gerichtet werden?
7. Liegt hier ein ordnungswidriges Verhalten vor, das die Behörde ahnden sollte?

Hinweise

§ 32 StVO

(1) Es ist verboten, die Straße zu beschmutzen oder zu benetzen oder Gegenstände auf Straßen zu bringen oder dort liegen zu lassen, wenn dadurch der Verkehr gefährdet oder erschwert werden kann. Der für solche verkehrswidrigen Zustände Verantwortliche hat sie unverzüglich zu beseitigen und sie bis dahin ausreichend kenntlich zu machen. (...)

§ 49 StVO

(1) Ordnungswidrig im Sinne des § 24 des Straßenverkehrsgesetzes handelt, wer vorsätzlich oder fahrlässig gegen eine Vorschrift über ... das Bereiten, Beseitigen oder Kenntlichmachen von verkehrswidrigen Zuständen oder die wirksame Verkleidung gefährlicher Geräte nach § 32, ... verstößt.

Ordnungsbehördliche Generalklausel, z. B. § 13 OBG Bbg, § 14 OBG NRW

(1) Die Ordnungsbehörden können die notwendigen Maßnahmen treffen, um eine im einzelnen Falle bestehende Gefahr für die öffentliche Sicherheit oder Ordnung abzuwehren.

§ 929 BGB

Zur Übertragung des Eigentums an einer beweglichen Sache ist erforderlich, dass der Eigentümer dem Erwerber die Sache übergibt und beide darüber einig sind, dass das Eigentum übergehen soll. Ist der Erwerber im Besitz der Sache, so genügt die Einigung über den Übergang des Eigentums.

1.2.3 Aufgaben zu Kapitel 1

1. Wie sind die Gesetzgebungskompetenz und die Verwaltungskompetenz im Polizei- und Ordnungswesen auf Bund und Länder verteilt?
2. Beschreiben Sie den organisatorischen Aufbau der Behörden zur Gefahrenabwehr in Ihrem Bundesland.
3. Wer ist zuständig?
   a) H. ist mit einem Halteverbotsschild vor seinem Haus nicht einverstanden.
   b) Mehrere Autofahrer beteiligen sich an einem Autorennen durch die Innenstadt, wobei sie Verkehrsregeln grob missachten.
   c) Auf einem unbebauten Privatgrundstück ist eine wilde Müllkippe entstanden, auf der Kinder spielen.
   d) Spielende Kinder finden Munition.
   e) R. betreibt ein Reisegewerbe (mit Reisegewerbekarte), in dem er Zeitschriftenabonnements vermittelt. Getäuschte Kunden beschweren sich über unlautere Methoden.
   f) Im Handwerksbetrieb des H. werden Jugendliche 50 Stunden in der Woche beschäftigt. H. verstößt damit gegen das Jugendarbeitsschutzgesetz.
   g) W. fährt mit seinem Auto regelmäßig zum Ölwechsel in den Wald. Das Altöl lässt er dort zurück.
4. Handeln die Behörden der Gefahrenabwehr nach dem Legalitätsprinzip oder nach dem Opportunitätsprinzip? (Erläuterung)
5. Die Rechtsgrundlage behördlicher Eingriffe ist nach dem Grundsatz der Subsidiarität zu ermitteln. Erläutern Sie diesen Grundsatz.
6. In den beiden folgenden Sachverhalten wird eine Gefahr für die öffentliche Sicherheit verursacht:

1. Sachverhalt:	Immobilienmakler A. hat Kundengelder in einer Spielbank ausgegeben und die Sozialversicherungsbeiträge seiner Angestellten nicht abgeführt.
2. Sachverhalt:	Bauunternehmer B. lagert häufig Baustoffe verkehrsgefährdend und ohne Erlaubnis vor den jeweiligen Baustellen auf dem Gehweg, es kam schon zu Unfällen.

Spezielle gesetzliche Regelungen:

Aus § 35 Abs. 1 GewO: „Die Ausübung eines Gewerbes ist von der zuständigen Behörde ganz oder teilweise zu untersagen, wenn Tatsachen vorliegen, welche die Unzuverlässigkeit des Gewerbetreibenden ... in Bezug auf dieses Gewerbe dartun, sofern die Untersagung zum Schutze der Allgemeinheit oder der im Betrieb Beschäftigten erforderlich ist.“

Aus § 32 Abs. 1 StVO: „Es ist verboten, die Straße zu beschmutzen oder zu benetzen oder Gegenstände auf Straßen zu bringen oder dort liegen zu lassen, wenn dadurch der Verkehr gefährdet oder erschwert werden kann.“ (Verstöße bedroht das Gesetz mit einer Geldbuße.)

221065316

a) In beiden Fällen sollen die Gefahren für die Zukunft ausgeschlossen werden. Benötigt die Behörde noch eine Rechtsgrundlage, um gegen A. und B. vorzugehen? (Begründung)

b) Darf sich die Behörde auf die ordnungsrechtliche (polizeiliche) Generalklausel stützen?

c) Ermächtigen die beiden speziellen Rechtsvorschriften zum Erlass von gefahrenabwehrenden Verwaltungsakten? Wie soll sich die Behörde in beiden Fällen verhalten?

7. Wird in den folgenden Fällen die öffentliche Sicherheit bzw. die öffentliche Ordnung verletzt? (Begründungen)

a) H. ist Eigentümer eines leer stehenden Altbaus. Er möchte das Haus abreißen und ein größeres Bürohaus errichten. Mehrere Wohnungssuchende werfen H. vor, er vernichte preiswerten Wohnraum; sie besetzen das Haus, um die Wohnungen instand zu setzen und zu mieten.

b) Auf dem Marktplatz tritt eine Artistentruppe auf, die ohne Netz in 15 m Höhe auf Drahtseilen arbeitet.

c) Einige Obdachlose schlafen im Sommer in einer Bauruine am Stadtrand. Da das städtische Obdachlosenheim überfüllt ist, behalten sie diese Gewohnheit im späten Herbst immer noch bei.

d) Am Eigenheim des E. blättert die Farbe ab, Hecke und Rasen wurden lange Zeit nicht geschnitten, das gesamte Grundstück macht einen unordentlichen Eindruck.

e) In einem Kurort befindet sich ein großer Platz mit Bäumen, Blumen und Bänken, auf dem sich die Kurgäste gern aufhalten. Eines Tages sitzen auch mehrere Punker dort. Im Polizeibericht steht: „Sie tragen z. T. einen ‚Irokesenschnitt', z. T. sind die Haare grün und blau gefärbt. Ihre Kleidung ist ausgefallen, ihr Verhalten wird als provozierend empfunden. Sie trinken Bier unter ständigem Rülpsen. Ihre Unterhaltung enthält aggressive Bemerkungen über Passanten und ist auf dem ganzen Platz gut hörbar. Zahlreiche Kurgäste meiden nun den Platz." Nun halten sich die Punker schon den dritten Tag auf dem Platz auf.

f) Professor H. kündigt an, einer „hoffnungslos kranken" Patientin in der Stadt K. „Sterbehilfe" zu leisten. Er stellt ein von ihr gewünschtes Mittel zur Selbsttötung zur Verwendung durch sie selbst bereit.

g) H. hält im Wohnwagen auf seinem Betriebsgrundstück einen Puma. Das Tier wurde in Gefangenschaft geboren und ist zahm. Es verlässt den Wohnwagen nur angeleint. Die Nachbarn fürchten sich vor dem Tier.

8. In S. gibt es viele Gärten. Den ganzen Tag über kann man irgendwo Rasenmäher mit Verbrennungsmotoren, Laubsammler, -bläser und Häcksler hören. Vor allem ältere und kranke Menschen fühlen sich durch den Dauerlärm gesundheitlich beeinträchtigt. Immer mehr Beschwerden über Gerätelärm in den Mittagsstunden erreichen das Ordnungsamt.

a) Untersuchen Sie, ob eine Gefahr für die öffentliche Sicherheit oder Ordnung vorliegt und um welche Gefahrenart es sich möglicherweise handelt.

b) Wie sollte die Stadt S. reagieren?

c) Worauf muss sie besonders achten? (Hinweis: Im Bereich des Lärmschutzes bestehen bereits Spezialvorschriften wie z. B. die Geräte- und Maschinenlärmschutz-Verordnung [32. BImSchV] des Bundes. Außerdem erfordert der Sachverhalt differenzierte Regelungen.)

9. Liegt in den folgenden Fällen eine Gefahr vor? Um welche Gefahrenarten handelt es sich gegebenenfalls? Handelt der Polizeibeamte jeweils rechtmäßig?

a) Im Ruhrgebiet liegen einige Stollen aus den ersten Jahren des Kohlebergbaus in geringer Tiefe. Deshalb ist auch heutzutage nicht ganz auszuschließen, dass beim Nachbrechen des Erdreiches Bodenspalten bis zur Erdoberfläche (Tagesbrüche) entstehen können. Es ist vorgekommen, dass der Boden erst durch Betreten nachgab. Ein Polizeibeamter untersagt Pilzsammlern das Betreten eines Waldgebiets, weil er die Gegend wegen der Tagesbruchgefahr für unsicher hält.

b) Aus einer Wohnung dringen Schussgeräusche und Hilferufe. Ein gerade vorbeikommender Polizeibeamter bricht die Wohnungstür auf und stellt fest, dass der schwerhörige 90-jährige Herr H. einen Fernseh-Western ansieht.

c) Aus einer Wohnung dringen Schussgeräusche und Hilferufe, Pferdegalopp und Indianergeheul. Ein vorbeikommender Polizeibeamter bricht die Wohnungstür auf und stellt eine Fernsehsendung als Ursache der Geräusche fest.

10. A. und B. sind Eigentümer je einer Doppelhaushälfte. Nach dem Abriss der Haushälfte des B. ist zu sehen, dass die freigelegte Giebelwand der Haushälfte des A. nun einsturzgefährdet ist, da die weggerissene Wand sie nicht mehr stützt.

   a) Bestimmen Sie den Grad der Gefahr vor und nach dem Abriss der Haushälfte.

   b) Kann die für die Gefahrenabwehr zuständige Behörde den B. als Verhaltensstörer in Anspruch nehmen?

11. Wen kann die für die Gefahrenabwehr zuständige Behörde in den folgenden Fällen in Anspruch nehmen

   (1) als Verhaltensstörer,
   (2) als Zustandsstörer?

   a) Gegen Mieter M. ist ein Räumungsurteil ergangen, er wird am Tage der Zwangsräumung obdachlos.

   b) Das Grundstück des A. ist zum Grundstück des Nachbarn B. durch eine baufällige Mauer abgegrenzt, die nun in den Garten des B. zu stürzen droht.

   c) H. führt am Kamin seines Hauses Reparaturen durch, Sicherungsmaßnahmen zum Schutz von Passanten trifft er nicht.

   d) Das Auto des P. ist verkehrswidrig abgestellt.

   e) Bei einem Sturm ist ein alter Obstbaum auf dem Grundstück des G. so umgestürzt, dass er nun teilweise auf der vorbeiführenden Straße liegt.

   f) Der 12-jährige Sven lässt die Dogge seines Vaters im Stadtgebiet frei laufen, obwohl dies untersagt ist.

   g) Das Auto des E. wurde gestohlen und total beschädigt stehen gelassen. Um die Abschleppkosten zu sparen, schraubt E. die Nummernschilder ab und kümmert sich nicht weiter um das Wrack.

   h) Der bei dem Spediteur S. angestellte Kraftfahrer K. verursacht mit seinem Öltankwagen einen Verkehrsunfall und dadurch auch eine Grundwasserverschmutzung.

12. E. ist Eigentümer eines alten Hauses mit zugehörigem Garten. Das Haus steht seit Langem leer, die Fensterläden sind zugenagelt. Das Anwesen macht einen verwahrlosten Eindruck. Wechselnde Obdachlose lassen sich in dem Gebäude nieder und hinterlassen Schmutz und Müll. Nachbarn haben bereits Ratten und Wanzen gesehen. E. behauptet, er habe das Grundstück nur geerbt, das Haus sei verschlossen und er bewohne es nicht, die ungebetenen Gäste benutzten und verunreinigten sein Haus gegen seinen Willen. Im Übrigen habe er den Hausverwalter H. mit der Verwaltung des Grundstücks beauftragt.
   Kann die für die Gefahrenabwehr zuständige Behörde dennoch von E. die Beseitigung des Ungeziefers verlangen?

13. Bei einem Autounfall wurden Fahrer und Beifahrer lebensgefährlich verletzt, sie sind in ihrem Fahrzeug eingeklemmt und können nur mit einem Schneidbrenner befreit werden. Den hat die Polizei nicht. In der Nähe arbeitet Schlossermeister S., der ein solches Gerät im Werkstattwagen hat. Die Polizei fordert ihn auf, die notwendigen Arbeiten am Unfallwagen mit dem Schneidbrenner sofort auszuführen. S. lehnt dies ab, weil er das Gerät für einen eiligen größeren Auftrag braucht. Kann die Polizei S. in Anspruch nehmen?

14. Auf dem Waldgrundstück des E. ist eine größere wilde Müllkippe entstanden, die eine Gefahr für die öffentliche Sicherheit darstellt. Nachbar N. fühlt sich belästigt und meldet dem Amt für öffentliche Ordnung den Sachverhalt. Außerdem teilt er Folgendes mit:

   1. Ein Mann hat am letzten Samstag nach Einbruch der Dunkelheit eine Lkw-Ladung Sperrmüll abgekippt.
   2. Mit einem Pkw wurde gestern ein Plastiksack „Partymüll" gebracht.
   3. Vor drei Wochen wurde auch der zwölfjährige Sohn des Grundstückseigentümers beobachtet, wie er ein altes Radio „entsorgte".

221065318

Zu 1. wurde ermittelt, dass der Altwarenhändler A. seinen Gehilfen, den mittellosen Gelegenheitsarbeiter G., beauftragt hatte, die unbrauchbaren Reste aus einer Haushaltsauflösung in der Nähe einer Müllkippe zu verbrennen.

Zu 2. wurde eine 20-jährige Verwaltungsfachangestellte als Halterin des Wagens ermittelt.

Ferner wurde bei einer Ortsbesichtigung Papier- und sonstiger Kleinmüll verschiedenster Herkunft gesehen.

a) Wer ist Störer? (Art und Rechtsgrundlage bitte angeben)

b) Prüfen Sie, wen die Behörde für die Beseitigung der Störung in Anspruch nehmen sollte. (Begründung)

15. Unterscheiden Sie die Verordnung und den Verwaltungsakt zur Gefahrenabwehr im Allgemeinen nach Bezeichnung, Gefahrenart, Anzahl der betroffenen Fälle und Bestimmtheit der betroffenen Personen.

Verwaltungszwangsverfahren und Verfahren wegen Ordnungswidrigkeiten bearbeiten

2.1 Verwaltungszwangsverfahren im Gefahrenabwehrrecht vorbereiten und durchführen

2.1.1 Lernsituation

Heckenschnitt

Telefon-Notiz

Anruf für Herrn/Frau	H. Knoop		
von Herrn/Frau	Karl Ziegler. Schulstraße 17		
von (Firma, Organisation usw.)			
Telefonnummer	125487	Faxnummer	
E-Mail-Adresse			
Betreff:	Herr Ziegler teilt mit, dass die Hecke auf dem Grundstück Schulstraße 23 den Gehweg fast zur Hälfte einnimmt, sodass die Kinder der nahen Adam-Riese-Grundschule häufig auf die Fahrbahn ausweichen müssen.		
Datum/Uhrzeit	10. August, 15:30 Uhr		
Anruf angenommen durch	Frisch		

❑ Hat angerufen und wird nochmals anrufen.
❑ Bittet um Rückruf. — Erledigt am 11.08.
❑ Termin ______ — Delegiert an ______
❑ Bittet um ______ — Wiedervorlage am ______

2/3
629 Kn

11. August 20..

Vermerk

Wuchernde Hecke auf dem Grundstück Schulstraße 23

Eigentümer des Grundstücks ist Herr Reinhard Ruland. Ich habe heute bei einer Ortsbesichtigung festgestellt, dass die Hecke an der Grundstücksgrenze den 1,60 m breiten Gehweg zu etwa 0,80 m überwuchert. Der letzte Pflegeschnitt dürfte mindestens drei Jahre zurückliegen. Die Hecke stellt eine Gefahr für die öffentliche Sicherheit dar und muss geschnitten werden. Dies habe ich Herrn Ruland mitgeteilt.

Darauf antwortete mir Herr Ruland, er sei 78 Jahre alt und könne sich nur mit einer Gehhilfe (Rollator) draußen bewegen. Es sei ihm nicht möglich, die Hecke selbst zu schneiden. Einen regelmäßigen Heckenschnitt durch einen Gärtner könne er als Rentner nicht bezahlen. Außerdem diene die Hecke Vögeln als Brut- und Zufluchtsort, ein Schnitt sei naturschutzrechtlich sicherlich verboten. Die Schulkinder könnten sicher zur Schule gelangen, wenn sie hintereinander gehen würden. Außerdem weise der Gehweg Unebenheiten und Schlaglöcher auf, sodass Herr Ruland ihn selbst nicht benutzen könne. Zuerst solle die Stadt diese Gefahrenquellen beseitigen. Wenn die Stadt Neustadt ihn zwingen wolle, werde sie ihn wohl verklagen müssen. Auch die Stadt müsse im Streitfall die Gerichte bemühen.

Ich habe Herrn Ruland zugesagt, seine – durchaus berechtigte – Beschwerde an den Bauhof weiterzuleiten. Außerdem habe ich ihm seine Ordnungspflicht für sein Grundstück erläutert und ihm angekündigt, dass er nun mit einer Ordnungsverfügung rechnen müsse. Darauf antwortete mir Herr Ruland, für den städtischen Bauhof sei es doch eine Kleinigkeit, bei der Gehwegreparatur die Hecke gleich mit zu schneiden.

Knoop

221065320

2.1.2 Arbeitsaufträge zur Lernsituation

Sie sind im Ordnungsamt der Stadt Neustadt tätig. Zu den Aufgaben Ihres Arbeitsteams gehört die öffentliche Sicherheit und Ordnung auf den Straßen und Plätzen in Neustadt.

1. Erörtern Sie den Sachverhalt sowie die Möglichkeiten, die Gefahr rechtlich einwandfrei, effektiv, kundenfreundlich und verhältnismäßig zu beseitigen.
2. Es ist absehbar, dass das Durchsetzen einer angeordneten Maßnahme zum Problem werden kann. Informieren Sie sich über die Zwangsmittel im Verwaltungszwangsverfahren und wählen Sie ein geeignetes Zwangsmittel aus.
3. Auch beim Verfahrensablauf sieht das Gesetz mehrere Möglichkeiten vor.
   a) Informieren Sie sich über die verschiedenen Voraussetzungen der Verfahren, notieren Sie Stichworte.
   b) Notieren Sie die Verfahrensschritte.
   c) Vergleichen Sie dann die Verfahrensverläufe mithilfe der vorgegebenen Übersicht. Entscheiden Sie sich für eine Verfahrensart.
4. Entwerfen Sie eine Büroverfügung, die alle vorzunehmenden Handlungen umfasst.
5. Gestalten Sie den Aufbau einer Ordnungsverfügung an Herrn Ruland und formulieren Sie diesen Brief.

2.1.3 Arbeitsmaterialien zur Lernsituation

Sie benötigen die gesetzlichen Regelungen zur Gefahrenabwehr, zur Verwaltungsvollstreckung und zum Verwaltungsverfahren (für Kommunen: Landesgesetze) sowie die Regelungen zum Landschaftsschutz, soweit diese den Heckenschnitt betreffen. Ein Beispiel dieser Regelungen, die für alle Bundesländer in ähnlicher Form bestehen, wird hier als Auszug aus dem Landschaftsgesetz NRW vorgestellt.

Im Grundlagenband (Lernfeld 10, Kapitel 1.4.2) wird der Aufbau einer Verfügung zur Gefahrenabwehr (Ordnungs-/Polizeiverfügung) mit Beispiel dargestellt.

§ 64 Nist-, Brut-, Wohn- und Zufluchtstätten

(1) Es ist verboten, ...
   2. in der Zeit vom 1. März bis zum 30. September Hecken, Wallhecken, Gebüsche sowie Röhricht- und Schilfbestände zu roden, abzuschneiden oder zu zerstören. Unberührt bleiben schonende Form- und Pflegeschnitte zur Beseitigung des Zuwachses der Pflanzen,

(2) Absatz 1 Nr. 2 gilt nicht für behördlich angeordnete oder zugelassene Maßnahmen, die aus wichtigen Gründen nicht zu anderer Zeit durchgeführt werden können.

§ 69 Befreiungen

(1) Von den Geboten und Verboten dieses Gesetzes, der aufgrund dieses Gesetzes erlassenen Verordnungen und des Landschaftsplans kann die untere Landschaftsbehörde auf Antrag Befreiung erteilen, wenn
   a) die Durchführung der Vorschrift im Einzelfall
      aa) zu einer nicht beabsichtigten Härte führen würde und die Abweichung mit den Belangen des Naturschutzes und der Landschaftspflege zu vereinbaren ist, oder
      ab) zu einer nicht gewollten Beeinträchtigung von Natur und Landschaft führen würde oder
   b) überwiegende Gründe des Wohls der Allgemeinheit die Befreiung erfordern.

Web

Zu Aufgabe 3 (das Formular steht auch als Datei im Download-Bereich zur Verfügung):

Vergleich der Verfahrensverläufe			
Gestrecktes Verfahren	**Zeitplan**	**Verkürztes Verfahren**	**Zeitplan**
Bescheid (Ordnungsverfügung) an R. Ruland (mit Fristsetzung), Datum der Aufgabe zur Post:			
Zugang entsprechend gesetzlicher Zugangsvermutung:			
Ablauf der Handlungsfrist (bei gestrecktem Verfahren auf das Ende der Rechtsbehelfsfrist terminieren):			
Ablauf der Rechtsbehelfsfrist:			
Unanfechtbarkeit:			
frühester Beginn des Verwaltungszwangsverfahrens:			
Fertigen und Versenden des Androhungsbescheids mit Androhung des Zwangsmittels, evtl. Handlungsfrist vorsehen (eine Woche nach Zustellung), ggf. Kostenschätzung, Zustellung als Übergabe-Einschreiben:			
Zugang (gegebenenfalls entsprechend gesetzlicher Zugangsvermutung):			
Ende der Frist laut Androhung:			
Fertigen und Versenden des Festsetzungsbescheids mit Anforderung der Kosten (einfacher Brief), evtl. Auftrag an Unternehmer/Bauhof (Fax):			
bei Ersatzvornahme: Unternehmer/Bauhof braucht drei weitere Werktage, Arbeitsende am:			
Dauer des Verfahrens ab Postaufgabe des Grund-Verwaltungsakts:	etwa ... Wochen		

2.1.4 Aufgaben

1. In welchen der folgenden Fälle kommt ein Vollstreckungsverfahren nach dem Verwaltungsvollstreckungsrecht infrage?
   a) Nach Abschluss der Straßenbauarbeiten in einem Neubaugebiet verlangt die Gemeinde von den Anliegern Erschließungsbeiträge.
   b) B. schuldet der Stadt S. den Kaufpreis für ein altes Dienstfahrzeug.
   c) Die Bauaufsichtsbehörde verlangt den Abriss eines Wochenendhauses; der Eigentümer sieht darin aber sein Eigentumsrecht (Art. 14 GG) verletzt.
   d) Regierungsoberinspektor G. wird gegen seinen Willen aus gesundheitlichen Gründen vorzeitig in den Ruhestand versetzt.
   e) Gegen Spediteur S. wird die Stilllegung eines nicht verkehrssicheren Fahrzeugs verfügt.

221065322

2.1 Verwaltungszwangsverfahren im Gefahrenabwehrrecht vorbereiten und durchführen

2. Mit welchen Zwangsmitteln können die Verwaltungsakte in den folgenden Beispielen durchgesetzt werden?
   a) Hundehalter H. wird aufgefordert, seinen Hund außerhalb seines Grundstücks anzuleinen und ihn nicht frei laufen zu lassen.
   b) Vermieter V. hat gegen Mieter M. ein Räumungsurteil erwirkt. Die Zwangsräumung durch den Gerichtsvollzieher würde M. obdachlos machen. Aus diesem Grund verfügt die Behörde gegen den Willen des V. die vorläufige Unterbringung des M. in der Wohnung des V.
   c) H. bezieht Sozialhilfe. Der Sozialhilfeträger verlangt von dem unterhaltspflichtigen Sohn S. (Gebrauchtwagenhändler) Auskunft über dessen Einkommens- und Vermögensverhältnisse. S. weigert sich.
   d) P. hat auf seiner Familiengruft ein pompöses Denkmal errichten lassen. Die städtische Friedhofsverwaltung verlangt dessen Beseitigung, weil die Friedhofsordnung nur schlichte Grabsteine erlaubt. P. reagiert nicht.
3. Sofortige Vollziehung – sofortiger Vollzug
   a) Welche Folgen hat die Anordnung der sofortigen Vollziehung im Sinne der VwGO?
   b) Was ist im Verwaltungsvollstreckungsrecht mit sofortigem Vollzug gemeint? Nennen Sie dessen Voraussetzungen.
   c) Können die Anordnung der sofortigen Vollziehung und der sofortige Vollzug bei derselben Verwaltungsmaßnahme zusammentreffen?
4. Eine Ordnungsverfügung mit Zwangsmittelandrohung und Rechtsbehelfsbelehrung wird am 4. September gegen Empfangsbekenntnis zugestellt. Wann darf dieser Verwaltungsakt mit Zwangsmitteln frühestens durchgesetzt werden,
   a) wenn sofortige Vollziehung nicht angeordnet wurde (gestrecktes Verfahren)?
   b) wenn der Adressat im Fall a) fristgemäß Widerspruch einlegt?
   c) wenn für die geforderte Handlung eine Frist bis zum 11. September gesetzt und die sofortige Vollziehung in der Verfügung angeordnet wurde (verkürztes Verfahren)?
5. Welcher sachliche Grund spricht dafür, Androhungsbescheide förmlich zuzustellen?
6. Kann das Zwangsgeld auch zusätzlich zu einem verhängten Bußgeld angewendet werden?
7. a) Nennen Sie die Stufen des Verwaltungszwangsverfahrens.
   b) Geben Sie bei der 2. und 3. Stufe stichwortartig an, was die Behörde beim Zwangsgeld konkret zu unternehmen hat.
8. Fallbearbeitung: Der umsturzgefährdete Kastanienbaum

Sachverhalt

Am 4. August, dem ersten schönen Sonnentag nach vierwöchigem Dauerregen, ereignete sich in der Schlossallee in Neustadt ein Verkehrsunfall: Benno Brause war mit seinem beladenen Abschleppwagen mit angemessener Geschwindigkeit zu seiner Kfz-Werkstatt unterwegs. Er wich einer Katze auf der Fahrbahn aus, fuhr über den Bürgersteig in den Vorgarten des Grundstücks Schlossallee 32 und dort trotz Vollbremsung gegen eine große Kastanie. Der Abschleppwagen erlitt einen Totalschaden, Brause blieb jedoch fast unverletzt. Auch der Baum schien im Wesentlichen unbeschädigt, wie der Eigentümer des Grundstücks – Willi Waldner – beruhigt feststellte.

Allerdings zeigte sich wenige Tage später, dass der Baum doch beschädigt worden war. Weil die Erde durch den Dauerregen vollkommen aufgeweicht war, hatte der Stoß bewirkt, dass der Baum im Erdreich verschoben wurde und zahlreiche Wurzeln abgerissen wurden. Er neigte sich zunächst unmerklich, dann immer deutlicher zur Schlossallee hin, bis erkennbar wurde, dass – jedenfalls wenn der Regen weiter andauern würde – es nur eine Frage der Zeit sei, wann der Baum endgültig auf die Straße fallen würde.

Das Ordnungsamt der Stadt Neustadt wies Willi Waldner bei einem Ortstermin am 9. August darauf hin, dass er als Eigentümer des Grundstücks verpflichtet sei, den Baum zu fällen, um zu verhindern, dass er früher oder später auf die Straße falle. Waldner zeigte sich jedoch uneinsichtig: Er könne sich als Naturfreund an einem solchen Baum-Mord nicht beteiligen, sodass dies auch nicht von ihm verlangt werden könne. Trotz dieser Einwände wurde Waldner am 10. August eine mit Begründungen und einer Rechtsbehelfsbelehrung versehene Ordnungsverfügung des Bürgermeisters der Stadt Neustadt förmlich zugestellt, durch die

- Waldner verpflichtet wurde, den Kastanienbaum in seinem Vorgarten zu fällen oder fällen zu lassen;
- die sofortige Vollziehung der Verpflichtung angeordnet wurde und
- für den Fall der Nichtbeachtung der Verpflichtung innerhalb von zehn Tagen ab Zustellung des Bescheids deren Vollstreckung im Wege der Ersatzvornahme angedroht wurde, wobei die hierdurch entstehenden Kosten voraussichtlich 400,00 € betragen würden.

Waldner will diesen Bescheid nicht akzeptieren und bittet Rechtsanwalt Klug um Beratung. Er erklärt dem Anwalt, er habe keine Schuld an dem Unfall, sodass er hierdurch zu überhaupt nichts verpflichtet sei. Vorrangig sei Herr Brause in Anspruch zu nehmen. Aber auch diesem würde er niemals gestatten, den Baum abzusägen, der ihn schon als Kind beschattet habe und zu dem er daher in einer besonderen emotionalen Bindung stehe. Er habe sich deshalb bei einem Fachmann, einem „Baumdoktor", erkundigt. Der habe ihm nach Besichtigung des Baumes versichert, dass eine Wiederaufrichtung und „Neuverankerung" des Baumes technisch möglich sei. Die entstehenden Kosten von etwa 3.000,00 € würde und könne er – Waldner – bezahlen. Es sei ihm deshalb unverständlich, weshalb die Stadt angesichts dieser Möglichkeit, sein Eigentum zu retten, ihn dazu verpflichte, es zu zerstören. Problematisch sei allerdings, dass eine solche Rettung des Baumes erst im nächsten Monat möglich sei. Vorher sei der „Baumdoktor" bereits ausgebucht und andere Fachleute seien ebenfalls nicht so schnell zu bekommen. Jedoch habe mittlerweile der Dauerregen intensivem Sonnenschein Platz gemacht, der Boden um den Baum herum sei ausgetrocknet und dieser stehe daher – was zutrifft – jedenfalls zurzeit fest wie in Beton. Es bestehe daher gar kein Anlass zu schnellem Handeln. Sollte es wieder anfangen zu regnen und sei der Baum vorher nicht wieder aufgerichtet, könne er immer noch den Baum vorläufig abstützen.

Waldner fragt, ob die Ordnungsbehörde die von ihm vorgeschlagene Alternative zur Gefahrenbeseitigung akzeptieren muss. Zudem möchte er wissen, welche Schritte er einleiten muss, um zu verhindern, dass in den nächsten Tagen die Ordnungsbehörde mit der Säge kommt. Rechtsanwalt Klug erkennt, dass naturschutzrechtliche Bestimmungen, insbesondere die Baumschutzsatzung der Stadt Neustadt, auf den zu entscheidenden Fall keine Anwendung finden.

a) Entwerfen Sie die Ordnungsverfügung der Stadt Neustadt.

b) Prüfen Sie gutachtlich die Rechtmäßigkeit des Bescheids der Stadt Neustadt.

c) Prüfen Sie gutachtlich, ob die Ordnungsbehörde verpflichtet ist, die von Waldner angebotene Alternative zu akzeptieren.

d) Welche Verfahrensschritte muss Herr Waldner einleiten, um die Vollstreckung der 1. Anordnung des Bescheids (Fällen des Baumes) zu verhindern?

in Anlehnung an: © Prof. Dr. Klaus Grupp, Prof. Dr. Ulrich Stelkens www.saarheim.de/Faelle/baumfaellig-fall.htm.

9. Fallbearbeitung: Lärm im Dachgeschoss

Sachverhalt

Der Musikstudent Hubert Grün wohnt im Dachgeschoss des Hauses seiner Eltern (49999 Neustadt, Meisenweg 7). Er übt abends Gesang und Schlagzeug. Zweimal wöchentlich probt die geschäftlich erfolgreiche Musikgruppe in der Wohnung, häufig bis 24:00 Uhr, an warmen Tagen auch bei offenem Fenster. Die Nachbarn beklagen sich mehrfach beim städtischen Ordnungsamt über ruhestörenden Lärm.

Die örtliche Ordnungsbehörde fordert Hubert Grün – gestützt auf das Landes-Immissionsschutzgesetz – mit Schreiben vom 1. August auf, den ruhestörenden Lärm nach 22:00 Uhr zu unterlassen bzw. zu unterbinden. Die Behörde droht zugleich ein Zwangsgeld von 150,00 € für den Fall an, dass die Verfügung nicht sofort befolgt wird. Der Bescheid enthält auch die Anordnung der sofortigen Vollziehung, Begründungen aller Anordnungen und ist mit einer korrekten Rechtsbehelfsbelehrung versehen. Er wird am 2. August durch die Post mit Zustellungsurkunde zugestellt.

Am 3., 4. und 7. August beschweren sich wieder Nachbarn beim Ordnungsamt. Daraufhin setzt die Ordnungsbehörde am 7. August in einem zweiten Brief das Zwangsgeld fest. Er wird auf die unverzügliche zwangsweise Beitreibung hingewiesen, falls der Betrag nicht in fünf Tagen bei der Stadtkasse eingegangen sein sollte. Außerdem droht die Behörde ein erneutes Zwangsgeld und eine Ersatzzwangshaft von drei Tagen an. Der Sachbearbeiter wirft den Brief am 7. August in Grüns Briefkasten, an dem er in der Mittagspause vorbeikommt. Grün legt am nächsten Tag Widerspruch gegen die Ordnungsverfügung und die Zwangsmaßnahmen ein und zahlt nicht. Am 14. August versucht der Vollziehungsbeamte der Stadtkasse Neustadt die Vollstreckung des Zwangsgelds von 150,00 €.

221065324

In seinem Widerspruch schreibt Hubert Grün am 8. August:

- „Ich werde mich um einen anderen Raum für die Musikproben bemühen – mehr kann man von mir nicht verlangen! Dafür brauche ich aber etwas Zeit. Das behördliche Spielverbot ist also sehr unverhältnismäßig und deshalb auch rechtswidrig und folglich von mir nicht zu befolgen.
- Ich gehe davon aus, dass wir vorläufig weiterüben dürfen, denn dieser Widerspruch hat aufschiebende Wirkung.
- Mit einem Zwangsgeld einen mittellosen Studenten abzukassieren, ist in meinem Fall sozial völlig unangemessen und eine ausgesprochene Repressalie. Diese Geldstrafe von 150,00 € werde ich keinesfalls bezahlen; zuerst müssen Sie über den Widerspruch entscheiden.
- Auch die Bedrohung mit sofortiger Beitreibung, einer weiteren überhöhten Geld- und sogar Haftstrafe muss ich als Einschüchterungsversuch zurückweisen. In Deutschland kann man für dieselbe Tat nur einmal bestraft werden."

a) Nehmen Sie Stellung zu den vier Argumenten des Hubert Grün.

b) Hubert Grün möchte vorerst weiterüben. Gibt es einen Weg, auf dem er versuchen könnte, dies zu erreichen? (kurze Erläuterung)

c) Formulieren Sie den zweiten Brief der Ordnungsbehörde vom 7. August an Grün, und zwar korrekt und vollständig. Falls die Beschreibung des Sachverhalts Fehler oder Ungenauigkeiten enthält, so gestalten Sie den Brief bitte fehlerfrei.

Auszug aus dem Landes-Immissionsschutzgesetz

§ 9 (1) Von 22:00 bis 06:00 Uhr sind Betätigungen verboten, welche die Nachtruhe zu stören geeignet sind.

§ 10 (1) Geräte, die der Schallerzeugung oder Schallwiedergabe dienen (Musikinstrumente, Tonwiedergabegeräte und ähnliche Geräte), dürfen nur in solcher Lautstärke benutzt werden, dass unbeteiligte Personen nicht erheblich belästigt werden. ...

§ 15 Die ... zuständigen Behörden können anordnen, dass Zustände beseitigt werden, die diesem Gesetz ... widersprechen. ...

2.2 Exkurs: Verwaltungszwangsverfahren im Gaststättenrecht vorbereiten und durchführen

2.2.1 Lernsituation[1]

Ein Gastwirt auf Reisen

Gastwirt Graf betreibt seit drei Jahren mit entsprechender Genehmigung die Gaststätte „Tollhaus" in der Heugasse 5 in 49999 Neustadt. Das „Tollhaus" wirft genügend Gewinn ab, sodass Graf häufig auf Reisen geht. In dieser Zeit überlässt er die Führung der Gaststätte seinem Angestellten Ritter.

Dieser möchte finanziell nicht hinter Graf zurückstehen. Er hat schon seit einiger Zeit Kontakte zu Rauschgifthändlern. In der Zeit der Abwesenheit des Graf nutzt er das „Tollhaus" als Verkaufsort für Haschisch. Zugleich hat sich die Gaststätte zu einem „Szene-Treffpunkt" für Jugendliche entwickelt. Jugendliche ab 16 Jahren halten sich bis 01:00 Uhr nachts im „Tollhaus" auf. Die im JSchG vorgeschriebenen Aushänge hat Graf im Lokal angebracht.

Obwohl die Ordnungsbehörde nach und nach von den Vorgängen erfährt, ist sie bisher noch nicht eingeschritten. Die Staatsanwaltschaft ermittelt bereits, aber es kam noch nicht zu Verurteilungen. Auch Graf weiß um die Vorgänge in seiner Gaststätte, hat aber – bedingt durch die langen Reisen – nichts unternommen. Als Graf im Sommer wieder einmal eine Reise in die Sonne unternommen hat, vergisst er die Abführung der Sozialversicherungsbeiträge für seine Mitarbeiter an die Krankenkasse. Seit einigen Wochen besuchen mehrere Prostituierte das „Tollhaus", um Gäste anzusprechen und Kontakte anzubahnen. Bei einer Überprüfung der Gaststätte am 25. August um 00:30 Uhr können sich die Bediensteten des Ordnungsamts und des Jugendamts der Stadt Neustadt ein umfassendes Bild machen.

Als die Mitarbeiter von Ordnungsbehörde und Jugendamt Graf darauf ansprechen, entgegnet er, er könne sich seine Gäste nicht aussuchen, die versäumte Beitragsabführung an die Krankenkasse sei ein einmaliger Ausrutscher gewesen, die Jugendschutzvorschriften habe er ausgehängt und für das Verhalten seines Angestellten Ritter während seiner Abwesenheit sei er nicht verantwortlich.

1 Diese Lernsituation ist geeignet in Bundesländern, in denen das GastG des Bundes anzuwenden ist.

2.2.2 Arbeitsaufträge zur Lernsituation

1. Was sollte die Ordnungsbehörde der Stadt Neustadt unternehmen?
2. Stellen Sie die rechtlichen Eingriffsgrundlagen zusammen.
3. Entwerfen Sie eine Ordnungsverfügung.

2.2.3 Arbeitsmaterialien zur Lernsituation

Bei dieser Lernsituation geht es um Probleme der Verwaltungsvollstreckung, allerdings sind hier auch Spezialvorschriften anzuwenden. Neben den Regelungen des Verwaltungsvollstreckungsrechts und der VwGO sind insbesondere die Vorschriften zu Versagungsgründen, Rücknahme und Widerruf der Erlaubnis und zur Anwendbarkeit der Gewerbeordnung in den §§ 4, 15 und 31 Gaststättengesetz (GastG-Bund) bzw. entsprechenden Vorschriften in den Gaststättengesetzen der Länder und in § 15 Gewerbeordnung (GewO) zu beachten. Darüber hinaus spielen auch Regelungen aus dem Betäubungsmittel- und Jugendschutzrecht eine Rolle.

Auszug aus dem Gesetz über den Verkehr mit Betäubungsmitteln – Betäubungsmittelgesetz (BtMG) – Sechster Abschnitt: Straftaten und Ordnungswidrigkeiten

§ 29a

(1) Mit Freiheitsstrafe nicht unter einem Jahr wird bestraft, wer
1. als Person über 21 Jahre Betäubungsmittel unerlaubt an eine Person unter 18 Jahren abgibt oder sie ihr ... verabreicht oder zum unmittelbaren Verbrauch überlässt ...

§ 30a

(1) Mit Freiheitsstrafe nicht unter fünf Jahren wird bestraft, wer Betäubungsmittel in nicht geringer Menge unerlaubt anbaut, herstellt, mit ihnen Handel treibt, sie ein- oder ausführt (§ 29 Abs. 1 Satz 1 Nr. 1) und dabei als Mitglied einer Bande handelt, die sich zur fortgesetzten Begehung solcher Taten verbunden hat.

Auszug aus dem Jugendschutzgesetz (JuSchG)

§ 2 Prüfungs- und Nachweispflicht

(2) Personen, bei denen nach diesem Gesetz Altersgrenzen zu beachten sind, haben ihr Lebensalter auf Verlangen in geeigneter Weise nachzuweisen. Veranstalter und Gewerbetreibende haben in Zweifelsfällen das Lebensalter zu überprüfen.

§ 3 Bekanntmachung der Vorschriften

(1) Veranstalter und Gewerbetreibende haben die nach den §§ 4 bis 13 für ihre Betriebseinrichtungen und Veranstaltungen geltenden Vorschriften ... durch deutlich sichtbaren und gut lesbaren Aushang bekannt zu machen.

§ 4 Gaststätten

(1) ... Jugendlichen ab 16 Jahren darf der Aufenthalt in Gaststätten ohne Begleitung einer personensorgeberechtigten oder erziehungsbeauftragten Person in der Zeit von 24:00 Uhr und 05:00 Uhr morgens nicht gestattet werden.

§ 7 Jugendgefährdende Veranstaltungen und Betriebe

Geht von einer öffentlichen Veranstaltung oder einem Gewerbebetrieb eine Gefährdung für das körperliche, geistige oder seelische Wohl von Kindern oder Jugendlichen aus, so kann die zuständige Behörde anordnen, dass der Veranstalter oder Gewerbetreibende Kindern und Jugendlichen die Anwesenheit nicht gestatten darf. Die Anordnung kann Altersbegrenzungen, Zeitbegrenzungen oder andere Auflagen enthalten, wenn dadurch die Gefährdung ausgeschlossen oder wesentlich gemindert wird.

221065326

2.2.4 Aufgaben[1]

1. Das Ristorante Alberto Giacometti ist in Neustadt sehr bekannt. Dort ist Alberto Giacometti allerdings nur noch selten anzutreffen, da er in der Nachbarstadt das Ristorante Pizzeria Portofino übernommen hat. Das Lokal in Neustadt wird stellvertretend von seinem Bruder Carlo geleitet, der bis vor Kurzem als Maurer auf Sizilien tätig war und kaum deutsch spricht. Carlos Tätigkeit als Stellvertreter wäre wohl nicht so schnell bekannt geworden, wenn nicht Verstöße gegen das Arbeitszeitgesetz (zu lange Arbeitszeiten der Mitarbeiter) und gegen Hygienevorschriften aufgefallen wären.
   Alberto Giacometti hat für seinen Bruder keine Stellvertretungserlaubnis nach § 9 GastG beantragt. Nun will die Stadt Neustadt die Erlaubnis zum Betrieb des Gaststättengewerbes widerrufen.
   a) Prüfen Sie, ob die Stadt Neustadt hierzu berechtigt ist.
   b) Geben Sie die Rechtsvorschriften an, die für die Begründung einer solchen Maßnahme erforderlich wären (Begründungskette).
2. Nach dem GastG sind Auflagen zum Schutz der Gäste, Beschäftigten und Nachbarn wie auch der Widerruf der Gaststättenerlaubnis möglich. Nach der GewO kann die Behörde in bestimmten Fällen die Fortsetzung des Betriebs verhindern.
   Nennen Sie Beispiele dafür, dass auch im Gaststättenbereich Regelungen des allgemeinen Polizei- und Ordnungsrechts sowie des allgemeinen Verwaltungsrechts anzuwenden sind.

2.3 Verfahren wegen Ordnungswidrigkeiten einordnen

2.3.1 Lernsituation

Tatort Umwelt

Moritz Frisch lernt im Rahmen seiner Ausbildung im Ordnungsamt der Stadt Neustadt auch Ordnungswidrigkeiten kennen. Wer zu schnell fährt, ohne Genehmigung baut oder „schwarz" Dachdeckerarbeiten verrichtet, dem droht im Allgemeinen ein Bußgeld oder zumindest ein Verwarnungsgeld (bis 35,00 €).

Meistens geht es um Verstöße gegen die Straßenverkehrsvorschriften. Aber auch in rund 70 weiteren Gesetzen werden bestimmte Gesetzesübertretungen als Ordnungswidrigkeiten eingeordnet, die durch Bußgelder geahndet werden können, zum Beispiel im Umweltschutz, in der Bauordnung oder im Jugendschutz.

Moritz Frisch beeindrucken die mögliche Höhe der Bußgelder und Strafen im Umweltrecht. So sieht z. B. das Kreislaufwirtschafts- und Abfallgesetz Bußgelder bis zu 50.000,00 € vor. Der unerlaubte Umgang mit gefährlichen Abfällen kann nach § 326 Abs. 1 StGB mit Freiheitsstrafen bis zu fünf Jahren bestraft werden.

Anhand von Statistiken und Übersichten verschafft sich Moritz Frisch einen Überblick über Straftaten und Ordnungswidrigkeiten im Umweltrecht.

2.3.2 Arbeitsaufträge zur Lernsituation

Beantworten Sie die folgenden Fragen mithilfe der Arbeitsmaterialien.

1. Mit welchen Institutionen und rechtlichen Mitteln hält der Staat den Einzelnen zu umweltgerechtem Verhalten an?
2. Hat er damit Erfolg?
3. In einem Rechtsstaat (Gewaltenteilung!) sollten bei Gesetzesverstößen nur die Gerichte Strafen verhängen. Ist es dennoch zu rechtfertigen, dass Behörden Bußgeldbescheide erlassen?

[1] Die Aufgaben 1. und 2. sind geeignet in Bundesländern, in denen das GastG des Bundes anzuwenden ist.

2.3.3 Arbeitsmaterialien zur Lernsituation

Umweltordnungswidrigkeiten und Umweltstraftaten

Das Umweltrecht hat die Aufgabe, die Umwelt zu schützen. Dies funktioniert jedoch nur, wenn die Regeln und Vorschriften auch tatsächlich eingehalten werden. Um dies zu gewährleisten, sieht das Gesetz vor, dass schwere Verstöße gegen das Umweltrecht als Ordnungswidrigkeiten mit Bußgeldern belegt werden können oder sogar als Straftaten, die mit Geldstrafen oder Freiheitsstrafen geahndet werden. Diese gesetzlichen Maßnahmen sind besonders wichtig, um potenzielle Verursacher von Umweltschäden abzuschrecken und somit die Umwelt effektiv zu schützen.

Ob ein Verstoß gegen das Umweltrecht als Ordnungswidrigkeit oder als Straftat eingestuft wird, hängt von der Schwere des Vergehens ab und ist in den Gesetzen klar definiert. Viele Umweltgesetze legen genau fest, welche Handlungen als Ordnungswidrigkeiten gelten. Zum Beispiel wird gemäß *§ 62 Abs. 1 Nr. 1 des Bundes-Immissionsschutzgesetzes (BImSchG)* die Errichtung einer genehmigungsbedürftigen Anlage ohne die erforderliche Genehmigung als Ordnungswidrigkeit behandelt. Ähnliche Regelungen für Ordnungswidrigkeiten finden sich auch in anderen Umweltgesetzen, wie dem *Bundesbodenschutzgesetz (§ 26), dem Wasserhaushaltsgesetz (§ 103), dem Kreislaufwirtschaftsgesetz (§ 69), dem Chemikaliengesetz (§ 26) und dem Bundesnaturschutzgesetz (§ 69).*

Umweltstraftaten hingegen sind besonders gravierende Verstöße gegen das Umweltrecht. Diese werden vom Gesetzgeber als letztes Mittel, als sogenannte ultima ratio, mit Geld- oder Freiheitsstrafen geahndet. Durch diese strengen Strafen zeigt der Gesetzgeber, dass solche schweren Verstöße gegen das Umweltrecht von der Gesellschaft besonders missbilligt werden. Zudem erfüllt der Gesetzgeber mit diesen Regelungen europäische Anforderungen für eine effektive Umweltpflege, wie sie in der *EU-Richtlinie zum Umweltstrafrecht (2008/99/EG)* festgelegt sind.

Die strafrechtlichen Bestimmungen zum Schutz der Umwelt sind in den *§§ 324 ff. des Strafgesetzbuches (StGB)* im 29. Abschnitt unter dem Titel *„Straftaten gegen die Umwelt"* sowie in einigen speziellen Umweltgesetzen, wie den *§§ 27 ff. des Chemikaliengesetzes* und den *§§ 71, 71a des Bundesnaturschutzgesetzes,* verankert.

Die Zuständigkeit für die Verfolgung von Ordnungswidrigkeiten und Straftaten liegt grundsätzlich bei den Bundesländern, jedoch ist der Bund für die Verfolgung bestimmter Taten zuständig. Das Umweltbundesamt beispielsweise ist verantwortlich für die Verfolgung und Ahndung von bestimmten Ordnungswidrigkeiten gemäß *§ 45 des Elektro- und Elektronikgerätegesetzes* sowie nach *§ 29 des Batteriegesetzes,* insbesondere bezüglich der Nichtregistrierung im Verzeichnis der registrierten Hersteller und Bevollmächtigten, das von der Stiftung Elektro-Altgeräte Register geführt wird.

Bußgelder

Bußgelder im Rahmen von Ordnungswidrigkeiten können sowohl gegen Einzelpersonen als auch unter bestimmten Bedingungen gegen Unternehmen verhängt werden. Die genaue Höhe des Bußgeldes richtet sich nach den spezifischen Umständen des jeweiligen Falles. Beispielsweise kann das Bußgeld für die Errichtung einer genehmigungsbedürftigen Anlage ohne die erforderliche Genehmigung, eine Ordnungswidrigkeit gemäß *§ 62 Abs. 1 Nr. 1 des Bundes-Immissionsschutzgesetzes (BImSchG),* bis zu einem Höchstbetrag von 50.000,00 € reichen. In besonderen Fällen, etwa wenn ein Unternehmen aufgrund einer Straftat eines leitenden Angestellten belangt wird, kann die Geldbuße sogar bis zu zehn Millionen Euro betragen. Diese Obergrenze kann überschritten werden, um sicherzustellen, dass die Geldbuße den wirtschaftlichen Vorteil übersteigt, den die verantwortliche Person aus der Ordnungswidrigkeit gezogen hat. In der Regel fallen die Geldbußen jedoch geringer aus. Informationen über die üblichen Bußgeldhöhen für verschiedene Arten von Verstößen gegen das Umweltrecht sind in den Bußgeldkatalogen der einzelnen Bundesländer zu finden.

221065328

Strafrechtliche Maßnahmen

Schwere Verstöße gegen das Umweltrecht, die erhebliche Auswirkungen haben, können als Umweltstraftaten eingestuft werden. Diese können mit Geldstrafen oder Freiheitsstrafen, die je nach Schwere der Tat bis zu zwei, drei oder fünf Jahren betragen können, geahndet werden. Für besonders gravierende Straftaten, wie beispielsweise solche, die die öffentliche Wasserversorgung gefährden (nach § 330 StGB), können Freiheitsstrafen von bis zu zehn oder fünfzehn Jahren verhängt werden. Allerdings erreichen sowohl die Geldstrafen als auch die Freiheitsstrafen in der Praxis meist nicht das maximal mögliche Ausmaß, wie auch statistische Daten zeigen.

Im Gegensatz zu Ordnungswidrigkeiten und der Rechtslage in vielen anderen Ländern, können in Deutschland nur natürliche Personen strafrechtlich zur Verantwortung gezogen werden, nicht jedoch juristische Personen. Dies liegt daran, dass das deutsche Strafrecht eine persönliche Schuld des Täters voraussetzt. Seit dem Jahr 2017 gibt es jedoch die Möglichkeit, Gewinne von Unternehmen abzuschöpfen, wenn diese durch eine Straftat eines Mitarbeiters entstanden sind, entsprechend § 73b StGB.

Verwaltungsabhängigkeit

Ob ein bestimmtes Verhalten als Ordnungswidrigkeit oder als Straftat geahndet wird, hängt oft von verwaltungsrechtlichen Entscheidungen ab. Ein Beispiel hierfür ist das Betreiben einer Anlage, die nach dem Bundes-Immissionsschutzgesetz genehmigungspflichtig ist. Dies wird nur dann als Straftat gewertet, wenn der Betreiber tatsächlich keine Genehmigung vorweisen kann. Diese Abhängigkeit von Ordnungswidrigkeiten und Straftaten von verwaltungsrechtlichen Genehmigungen wird als Verwaltungsakzessorietät bezeichnet. Sie stellt sicher, dass niemand für ein Verhalten bestraft wird, das ihm durch die Verwaltung erlaubt wurde.

Vgl. Umweltbundesamt: Umweltordnungswidrigkeiten und Umweltstraftaten. 06.07.2023.

In: https://www.umweltbundesamt.de/themen/nachhaltigkeit-strategien-9internationales/umweltrecht/umweltordnungswidrigkeiten-umweltstraftaten.html [07.07.2025].

Ausgehend von einem Muster-Bußgeldkatalog „Umweltschutz“ der Umweltministerkonferenz haben die Länder eigene Bußgeldkataloge eingeführt, die laufend aktualisiert werden.

Auszug aus dem Bußgeldkatalog Umwelt
(Nordrhein-Westfalen , Stand 04.04.2022 andere Bundesländer haben ähnliche Kataloge erlassen.)

Nr.	Zuwiderhandlung	Geldbuße	Bemerkungen
	§ 61 Abs. 1 Nrn. 1 und 2 KrWG/AbfG **Wer außerhalb einer dafür zugelassenen Abfallbeseitigungsanlage nach Maßgabe der Vorschriften des Kreislaufwirtschaftsgesetzes zu verwertende oder zu beseitigende**		**a) Straftaten:** ■ umweltgefährdende Straftaten: §§ 326, 330, 330 a StGB ■ unerlaubtes Betreiben einer Abfallbeseitigungsanlage: §§ 327 Abs. 2 Nr. 2, Abs. 3 Nr. 2, 330 StGB ■ Gewässerverunreinigung: § 324 StGB ■ Bodenverunreinigung: § 324 a StGB **b) Ordnungswidrigkeiten:** ■ Gewässerverunreinigung: § 41 Abs. 1 Nr. 1 WHG ■ Straßenverschmutzung: § 49 Abs. 1 Nr. 27 i. V. m. § 32 StVO ■ unerlaubte Sondernutzung: § 8 Abs. 1 i. V. m. § 23 Abs. 1 Nr. 1 FStrG, § 18 Abs. 1 i. V. m. § 59 Abs. 1 Nr. 1 StrWG NRW ■ unzulässige Abfallbeseitigung im Wald: § 70 Abs. 1 Nr. 3 a LFoG ■ Bodenverunreinigung durch Klärschlamm: § 10 Abs. 2 Nr. 1 DMG i. V. m. § 7 DüngeVO
1	**Gegenstände des Hausmülls (ohne Sperrmüll)**		
1.1	behandelt, lagert oder ablagert (z. B. durch Wegwerfen, Liegenlassen, Vergraben, Wegschütten, Verbrennen [vgl. Spalte der Bemerkungen])		
1.1.1	soweit sie unbedeutender Art sind, wie z. B. Zigarettenschachtel, Pappbecher, Pappteller, Inhalt von Aschenbechern, Stoffreste, Obst- und Lebensmittelreste (Bananenschale usw.), flüssige Abfälle bis ½ l (Spülmittel, Farbreste usw.)	10,00 € – 25,00 €	
1.1.2	mehrere Gegenstände unbedeutender Art bzw. Gegenstände von geringer Bedeutung wie z. B. Zeitung, Plastikbeutel, Tasche, Sack, Plastikflasche, Verpackungsmaterial, Schachtel, Karton, Geschirr, Kochtopf, Blechdose, Kleidungsstück, Flüssigkeit von ½ bis 1 l	25,00 € – 80,00 €	
1.1.3	über Nr. 1.1.2 hinaus eine Menge bis 2 kg bzw. 2 l	25,00 € – 100,00 €	
1.1.4	eine Menge über 2 kg bzw. über 2 l	80,00 € – 510,00 €	
2	**Gegenstände des Sperrmülls mit Ausnahme von Fahrzeugen, Autoreifen, Bauschutt und pflanzlichen Abfällen behandelt (z. B. verbrennt), lagert, ablagert**		
2.1	Einzelstücke kleineren Umfangs wie z. B. Radio, Fernseher, Küchenmaschine, Koffer, Matratze, Rasenmäher, Kinderwagen, Stuhl, Schränkchen, Bilderrahmen, Kisten	50,00 € – 150,00 €	
2.2	mehrere Einzelstücke kleineren Umfangs bzw. Einzelstücke größeren Umfangs wie z. B. Kühlschrank, Waschmaschine, Nähmaschine, Ofen, Heizkörper, Boiler, Schrank, Kommode, Bettgestell, Badewanne, Tür	100,00 € – 300,00 €	

Quelle: Auszug aus: Ministerium für Umwelt und Naturschutz, Landwirtschaft und Verbraucherschutz des Landes Nordrhein-Westfalen: Bußgeld-Katalog Umwelt Nordrhein-Westfalen. Düsseldorf Juni 2006: https://recht.nrw.de/lmi/owa/br_vbl_detail_text?anw_nr=7&vd_id=20421 [07.07.2025], S. 3 (verändert)

2.3.4 Aufgaben

1. Unterscheiden Sie Straftaten und Ordnungswidrigkeiten anhand folgender Merkmale:
   a) Rechtsgrundlagen,
   b) Grad der Rechtswidrigkeit,
   c) Ahndungsmittel,
   d) Zuständigkeit,
   e) Pflicht zur Verfolgung.

2. Nachbarn von Maler Kramer beklagen sich, er habe vor Kurzem Reste von Farben, Reinigungs- und Lösungsmitteln, Tapeten usw. durch Verbrennen in einem alten Ofen im Garten beseitigt. Dies sei bereits ein- bis zweimal im Jahr vorgekommen. Als Herrn Kramer bei einem Anhörungstermin der Verstoß gegen das Kreislaufwirtschafts- und Abfallgesetz (Ordnungswidrigkeit) erläutert wird, wendet er ein, eine ordentliche Beseitigung des Sondermülls koste 180,00 € und sei ihm zu teuer. Außerdem habe er nun alle Reste verbrannt.

   Wie sollte die für die Gefahrenabwehr zuständige Behörde reagieren?

221065330

Neben den Verwaltungszwangsverfahren, in denen Handlungen, Duldungen oder Unterlassungen erzwungen werden, sind die Beitreibungsverfahren wegen Geldforderungen die zweite große Gruppe von Vollstreckungsverfahren.

Hier geht es um die zwangsweise Einziehung von öffentlichen Abgaben, Bußgeldern, Zwangsgeldern und Kosten der Ersatzvornahme. Sie müssen beigetrieben werden, wenn der Schuldner der Zahlungsaufforderung nicht nachkommt. Da Verfahren wegen Ordnungswidrigkeiten nicht selten Beitreibungsmaßnahmen nach sich ziehen, soll hier auf diese Verfahren eingegangen werden.

3. Die Beitreibung öffentlich-rechtlicher Forderungen – auch von Bußgeldern – ist in den Verwaltungsvollstreckungsgesetzen des Bundes und der Länder geregelt.
   a) Welches Verwaltungsvollstreckungsgesetz ist in Ihrer Ausbildungsbehörde anzuwenden?
   b) In welchem Abschnitt bzw. Teil des Gesetzes ist die Vollstreckung von Geldforderungen geregelt?
   c) Welche Möglichkeiten der Zwangsvollstreckung gibt es im Hinblick auf das bewegliche Vermögen? Geben Sie jeweils die notwendigen Beitreibungsmaßnahmen an.
   d) Unter welchen Voraussetzungen ist die Vollstreckung von Geldforderungen möglich?
   e) Muss bei kommunalen Abgabenbescheiden, Zwangsgeldfestsetzungsbescheiden und Bußgeldbescheiden vor dem Verwaltungszwangsverfahren jeweils das Ende der Rechtsbehelfsfrist abgewartet werden? Begründen Sie bitte die Antworten.
4. Aus den Neustädter Neuesten Nachrichten

Parkkralle oder Ventilwächter als Geldeintreiber?

Stadtkasse Neustadt setzt Wegfahrsperren ein

NEUSTADT „Wer Steuern, Gebühren oder Bußgelder nicht bezahlt, wird demnächst auf sein Auto verzichten müssen, wenigstens für einige Tage, bis er seine Schulden bei der Stadtkasse bezahlt hat.“ Bürgermeister Schultheiß ist sauer auf die steigende Zahl säumiger Schuldner, die versuchen, sich ihrer Zahlungsverpflichtung zu entziehen. „Das sind oft einzelne Bürger, gegen die die Stadtkasse gleich mehrere Forderungen hat. Es ist sehr aufwändig, diese Forderungen zu vollstrecken. Mit einer Wegfahrsperre am gepfändeten Auto ersparen wir uns manche Lohn- oder Kontopfändung, denn auf das Auto wollen viele Schuldner nicht verzichten.“ Es ist noch nicht entschieden, ob die Fahrzeughalter mit einem Radblockierschloss (Parkkralle) oder einer pneumatischen Wegfahrsperre (Ventilwächter) rechnen dürfen. Die Parkkralle wird am Vorderrad befestigt und verhindert das Wegfahren des Fahrzeugs. So entfällt zunächst das bisher praktizierte Abschleppen gepfändeter Autos. Ventilwächter werden auf die Ventile zweier Reifen gesetzt und lassen die Luft aus den Reifen, sobald das Fahrzeug bewegt wird. Sie sind weniger umständlich zu montieren, verursachen aber bei widerrechtlichem Wegfahren einen „Platten“, der rechtlich als Beschädigung des Eigentums gewertet werden könnte. Deshalb wird der Fahrzeughalter auf jeden Fall durch auffällige Klebezettel und Pfandsiegelmarken informiert.

   a) Geben Sie die Verfahrensschritte an, die vorausgehen müssen, um eine Wegfahrsperre anzubringen.
   b) Wie sollte der Vollziehungs- bzw. Vollstreckungsbeamte der Stadtkasse seiner Informationspflicht gegenüber dem Fahrzeughalter nachkommen?
   c) Für welche Art der Wegfahrsperre sollte sich die Stadt Neustadt entscheiden? Begründen Sie Ihre Meinung.

3.2 Folgen fehlerhafter Verwaltungsakte ermitteln

3.2.1 Lernsituation

Laute Gäste in „Tinas Paradies"

Nachdem die Gaststätte „Tollhaus" geschlossen wurde, eröffnet Tina Graf in denselben Geschäftsräumen in der Innenstadt „Tinas Paradies – Kneipe und Bistro".

Kurz nach der Eröffnung beklagen sich Nachbarn über Lärm, der von Gästen der Gaststätte ausgeht, die vor dem Lokal stehen bzw. sich auf den Heimweg begeben. Die Ordnungsbehörde der Stadt Neustadt erlässt daraufhin eine Ordnungsverfügung, in der es heißt:

„Sie sind verpflichtet, auf Ihre Gäste einzuwirken, dass es beim Verlassen Ihrer Gaststätte nach 22:00 Uhr nicht zu Lärmbelästigungen der Bewohner des Betriebsgrundstücks oder der Nachbargrundstücke kommt. Sie haben vor allem dafür zu sorgen, dass lautes Sprechen und Singen der Gäste vor Ihrer Gaststätte unterbleiben und Menschenansammlungen aufgelöst werden."

Die Beschwerden der Nachbarn gehen weiter. Herr Knoop vom Ordnungsamt Neustadt besucht die Gaststätte am Freitag zwischen 23:00 und 24:00 Uhr. Er sieht ein Schild an der Innenseite der Tür, auf dem um Rücksicht auf die Nachbarn und deren Nachtruhe gebeten wird. Er stellt aber auch fest, dass angetrunkene Gäste sich vor dem Lokal lautstark unterhalten. Er bemerkt, dass die resolute Tina Graf kurz darauf vor die Tür tritt, die Gäste ermahnt und sie bittet, nach Hause zu gehen. Zu Herrn Knoops Verblüffung hat sie damit auch sofort Erfolg.

Als es in der nächsten Woche wieder zu Beschwerden kommt, lädt Herr Knoop Frau Graf zu einem Gespräch ein. Er erinnert an die Ordnungsverfügung und weist die Wirtin darauf hin, dass die Ordnungsbehörde auch Zwangsmittel androhen und durchsetzen könne. Bei anderen Gaststätten gäbe es diese Probleme nicht. Falls die Beschwerden der Nachbarn nicht aufhörten, bliebe am Ende nur noch die Möglichkeit einer Schließung der Gaststätte.

Frau Graf beteuert, sie bemühe sich ernsthaft, könne aber die Gäste letztlich nicht zwingen, keinen Lärm zu machen. Sie sei auch der Ansicht, dass die Behörde ihr eine so schwierig zu erfüllende Anordnung nicht auferlegen dürfe. Sie möchte die gut gehende Gaststätte auf jeden Fall weiterbetreiben. Schließlich kündigt sie an, einen Rechtsanwalt klären zu lassen, ob eine derartig drastische Anordnung nicht fehlerhaft und womöglich sogar nichtig sei.

3.2.2 Arbeitsaufträge zur Lernsituation

1. Begründen Sie, warum die Anordnung für Frau Graf so schwierig zu erfüllen ist. Versuchen Sie, den möglichen Fehler in der Verfügung möglichst genau zu beschreiben.
2. Ermitteln Sie anhand der §§ 43 und 44 Abs. 1 VwVfG, ob ein rechtswidriger Verwaltungsakt zugleich auch unwirksam (nichtig) ist. Beziehen Sie das Ergebnis auf den vorliegenden Fall.
3. Informieren Sie sich im Grundlagenband (LF 10, Kapitel 3.2.2) über nichtige Verwaltungsakte. Untersuchen Sie mithilfe des § 44 VwVfG, ob die vorliegende Anordnung nichtig ist.

3.2.3 Aufgaben zu Kapitel 3

1. Beurteilen Sie die nachstehenden Fälle nach Handlungsformen, Fehlern sowie Fehlerarten und ordnen Sie die Beispiele nach folgendem Schema:

Fall (Buchstabe)	kein VA	fehlerfreier VA	fehlerhafter VA mit		Begründung
			formellem Fehler	materiellem Fehler	

221065332

a) Die Müllabfuhr leert von den drei Mülltonnen des Willi Müller nur zwei.
b) Die mithilfe der EDV erstellten Abgabenbescheide der Stadt Neustadt sind nicht unterschrieben.
c) In einem Container für Altpapier finden Kinder noch brauchbares Papier mit dem Briefkopf der Polizeibehörde. Nun erlassen sie eifrig „Polizeiverfügungen".
d) Stadtinspektor Karl Korn unterschreibt während seiner Geburtstagsfeier im Amt eine inhaltlich korrekte Ordnungsverfügung ohne Rechtsbehelfsbelehrung zweimal.
e) Die Bauordnungsbehörde ordnet den sofortigen Abriss eines Gebäudes an, weil immer wieder Fassadenstücke herabfallen.
f) Herr Grün hat ein Gartenhaus „schwarz" (ohne Genehmigung) gebaut. Wegen seiner Größe und seines Standorts ist das Gebäude nicht genehmigungsfähig. Die Behörde ordnet den sofortigen Abriss an, ohne jedoch ihre Maßnahme zu begründen.
g) Bei Angabe der Rechtsgrundlage im Bescheid wird zwar das richtige Gesetz, jedoch das falsche Verkündungsblatt genannt: anstelle des Gesetz- und Verordnungsblattes des Landes wird das Bundesgesetzblatt angegeben.
h) Frau Blume hat ein kleines Gartengerätehaus angebaut, das keiner Genehmigung bedarf. Die Behörde ordnet den Abriss an, weil sie wegen falscher Aufzeichnungen des Baukontrolleurs das Gebäude mit einem wesentlich größeren auf dem Nachbargrundstück verwechselt.
i) Die Ordnungsbehörde erlässt eine Ordnungsverfügung, ohne dem Betroffenen vorher Gelegenheit zu geben, sich zu den entscheidungserheblichen Tatsachen zu äußern.
j) Josef Stalling, Heugasse 19, erhält einen Abgabenbescheid über Grundsteuern, Müllabfuhrgebühren usw., in dem zwar das Grundstück richtig genannt ist, aber die Anschrift wie folgt lautet: „Josef Stalin, Heustraße 91".
k) Einem Beamten wird eine nicht unterschriebene Ernennungsurkunde ausgehändigt.
l) Eine gemeinnützige Wohnungsgesellschaft erhält die Aufforderung, „ihr Grundstück in der nächsten Zeit in einen ordnungsgemäßen Zustand zu versetzen". Das Grundstück ist nicht näher bezeichnet.
m) Der zuständigen Jagdbehörde sind die Jagdschein-Formulare ausgegangen. Nun erteilt der Sachbearbeiter einem prominenten Politiker, der an einer Jagd teilnehmen will, eine vorläufige mündliche Jagderlaubnis.

> **Aus § 15 Abs. 1 Bundesjagdgesetz:** „Wer die Jagd ausübt, muss einen auf seinen Namen lautenden Jagdschein mit sich führen und diesen auf Verlangen den Polizeibeamten sowie den Jagdschutzberechtigten vorzeigen."

n) Einem Schausteller wird ein Standplatz auf dem Weihnachtsmarkt „wegen der Vielzahl der Bewerbungen" verweigert. Tatsächlicher Grund ist jedoch die seit Jahren bestehende tiefe persönliche Abneigung des Sachbearbeiters gegen den Schausteller.
o) Ein Sachbearbeiter erteilt sich selbst eine Baugenehmigung, in der er sich von der Beachtung unbequemer Vorschriften befreit.
p) Die Stadt Köln besteuert ein Grundstück in Leverkusen.
q) Die Industrie- und Handelskammer erteilt einen Pilotenschein für Düsenflugzeuge.

2. Prüfen Sie nur die Maßnahmen d – q in Aufgabe 1 auf Rechtmäßigkeit sowie Rechtswirksamkeit und ordnen Sie die Beispiele nach folgendem Schema:

Fall (Buchstabe)	Fehler ist rechtlich unbeachtlich, VA ist rechtmäßig und **wirksam.**	Fehler macht den Verwaltungsakt rechtswidrig.	
		VA ist **„schlicht rechtswidrig"** und damit grundsätzlich **wirksam.**	VA ist **nichtig** und damit **unwirksam.**

3. Wie kann bzw. muss die Behörde sich verhalten
a) bei offenbaren Unrichtigkeiten im Verwaltungsakt?
b) bei vergessener Begründung oder Anhörung?
c) bei einer inhaltlich falschen Regelung in einem Verwaltungsakt?
d) bei einem nichtigen Verwaltungsakt?

4. Die Behörde muss die Vergnügungssteuer für nicht angemeldete Spielgeräte schätzen, die S. in seiner Spielhalle betreibt. Im Bescheid gibt der Sachbearbeiter eine hierfür nicht ausreichende Rechtsgrundlage an. Nach einiger Zeit findet er doch noch die gesetzliche Ermächtigung für die Steuerschätzung. Wie soll er sich verhalten?

5. Prüfen Sie bei den folgenden drei Verwaltungsakten jeweils
   a) die Fehlerhaftigkeit.
   b) die Rechtmäßigkeit.
   c) die Wirksamkeit.
   d) die sich für die Verwaltung möglicherweise ergebenden Folgemaßnahmen.

1. Verwaltungsakt:

Alle 13 Mitglieder einer ausländischen Familie werden nach entsprechenden Anträgen eingebürgert. Bei dieser Aktion fällt nicht auf, dass ein volljähriges Familienmitglied den erforderlichen Antrag nicht gestellt hat, um einer eventuellen Wehrpflicht zu entgehen.

2. Verwaltungsakt:

Frau B. erhält erstmals einen Hundesteuerbescheid für ihren langjährigen Blindenhund. Die Hundesteuersatzung nimmt Blindenhunde von der Besteuerung aus.

3. Verwaltungsakt:

Die zuständige Behörde gibt einem Gewerbetreibenden auf, „den Schornstein des Betriebs entsprechend den Regelungen des Bundesimmissionsschutzgesetzes und den einschlägigen Rechtsverordnungen so zu erhöhen, dass Rauchbelästigungen der Nachbarn vermieden werden". Der Brief enthält keine Rechtsbehelfsbelehrung. Der Adressat ist mit der Maßnahme absolut nicht einverstanden.

6. Worträtsel zum Thema „Fehlerhafte Verwaltungsakte"

   Welche Begriffe sind mit den Beschreibungen a) bis q) gemeint? Schreiben Sie die Lösungen auf einem Blatt untereinander. Die Anfangsbuchstaben – von oben nach unten gelesen – ergeben eine Aussage über ein Blasinstrument. In Klammern steht jeweils die Anzahl der Wörter und Buchstaben

   a) Regelung für die Verwaltungsarbeit, die aber keine unmittelbare Außenwirkung hat (1, 21)
   b) In einem VA wird etwas verlangt, das niemand leisten kann. (1, 13)
   c) Handlungsweise von Behörden, um eine Handlung, Duldung oder Unterlassung durchzusetzen (1, 16)
   d) Ermessensfehler, bei dem die Behörde das Maß des unbedingt Erforderlichen überschreitet (1, 21)
   e) formeller Fehler im VA, bei dem weder eine Form- noch eine Verfahrensvorschrift verletzt wird (1, 20)
   f) Fehler in einem VA, der sich aus sachfremden Erwägungen der Behörde ergibt (1, 21)
   g) Grundsatz, nach dem eine Behörde aufgrund eines Tatbestands zum Handeln verpflichtet ist (1, 17)
   h) generelle Folge der Anfechtung eines VA (bis zur Entscheidung über den Rechtsbehelf) (2, 20)
   i) Fehlerart, die zu den offenbaren Unrichtigkeiten eines VA gehört (§ 42 VwVfG) (1, 13)
   j) Eigenschaft eines Fehlers im VA, von der die rechtlichen Wirkungen des Fehlers abhängen (1, 7)
   k) Bundesgesetz, das den Anspruch auf Zugang zu amtlichen Informationen regelt (1, 27)
   l) Unwirksamkeit eines VA (1, 11)
   m) Schutz personenbezogener Informationen (1, 11)
   n) Leiter der Verwaltung eines (Land-)Kreises (1, 7)
   o) Nichtigkeitsgründe, die in § 44 Abs. 2 VwVfG aufgezählt sind (2, 26)
   p) Fehler in einem Verwaltungsakt, die ihn aber nicht rechtswidrig machen (2, 19)
   q) gesetzlich geregelte Voraussetzungen für eine Rechtsfolge (1, 10)

221065334

Rechtsbehelfe unterscheiden und im Rahmen des behördlichen Rechtsschutzes bearbeiten

4.1 Arten der Rechtsbehelfe unterscheiden und formlose Rechtsbehelfe bearbeiten

4.1.1 Lernsituation

Schulprobleme

Auf dem Schreibtisch des neuen Schulleiters des Städtischen Gymnasiums Neustadt stapeln sich Ende Mai die Problemfälle:

Mehrere Briefe von Eltern, deren Kinder in der Stufe 11 den Sport-Grundkurs bei Sportlehrer Heimann besuchen, sind zu bearbeiten. Folgender Vorfall hatte sich zugetragen:

Herr Heimann hatte angeordnet, dass der Sportkurs bei Regen in der Sporthalle und bei trockenem Wetter auf dem Sportplatz stattfinden soll. Da es vor Beginn der Sportstunde noch geregnet hatte und überall das Wasser in den Pfützen stand, fanden sich die Schüler vor der Sporthalle ein. Nachdem der Kurs einige Zeit auf den Sportlehrer gewartet hatte, war der Kurssprecher, Jens Pfeifer, zum Sportplatz gegangen. Der Sportlehrer hatte dort gewartet. Nun beschimpfte er den Kurssprecher als Pfeife. Er zeigte sich über das Verhalten des Kurses sehr aufgebracht und gab jedem Schüler des Kurses wegen Leistungsverweigerung eine „Sechs". Zusätzlich ließ er die Schüler nachmittags die versäumte Unterrichtszeit nachholen und informierte die Eltern durch einen Brief über den Vorfall.

Der Vater von Jens Pfeifer ist mit dieser Benotung nicht einverstanden. Für seinen Sohn sei die Sportnote wichtig, weil er zur Polizei wolle. Er bittet den Schulleiter, die Note aufzuheben und Herrn Heimann – auch wegen der Beleidigung seines Sohnes („Pfeife") – nicht mehr in diesem Kurs unterrichten zu lassen.

Die Vorsitzende der Elternpflegschaft, Frau Fischer, möchte anlässlich der jüngsten Vorkommnisse mit dem Schulleiter einmal „grundsätzlich über das Nachsitzen in der Schule sprechen". Verschiedene Lehrkräfte hätten Schülerinnen und Schüler schon mehrfach nachsitzen lassen. Bei Herrn Heimann scheine dies eine regelrechte „Schulstrafe" zu sein. Ihre Tochter Jessica habe deswegen sogar ihren Musikunterricht versäumt. Bezahlen müsse sie die Stunden dennoch.

Schließlich liegt auch noch ein Brief des Ehepaars Kruse vor, in dem es sich über eine dem Sohn Björn (Klasse 9 b) eventuell zu Unrecht erteilte „Sechs" in Englisch beklagt. Vor der Klassenarbeit habe Björn wegen Krankheit nicht am Unterricht teilnehmen können und da wäre es sinnvoll gewesen, die Arbeit für ihn aufzuschieben. Wenn es bei der Note bliebe, habe ihr Sohn kaum noch Aussicht auf eine „Vier" im Zeugnis und dann müsse er, wenn er diese oder eine mögliche mangelhafte Bewertung in einem weiteren Fach nicht ausgleichen könne, die Klasse womöglich wiederholen. Das Ehepaar Kruse bittet um eine rechtliche Klärung und persönliche Erörterung der Situation.

4.1.2 Arbeitsaufträge zur Lernsituation

1. Ordnen Sie die Fälle Pfeifer, Fischer, Kruse einem Rechtsbehelf zu.
   (Informieren Sie sich im Grundlagenband über die nicht förmlichen Rechtsbehelfe.)
2. Welche Möglichkeiten sehen Sie in den drei Fällen für den Schulleiter?

4.1.3 Aufgaben

1. In der Gemeinde G. gibt es viele Parkbänke, nicht jedoch in der Nähe der Wohnung von Frau Jansen. Sie fühlt sich deshalb ungerecht behandelt und beklagt sich bei der Kreisverwaltung (Aufsichtsbehörde) über die Gemeindeverwaltung G. Die Kreisverwaltung antwortet ihr, dass sie das Verhalten der Gemeinde für rechtmäßig halte und Aufsichtsmaßnahmen ablehne.

   Nun fühlt sich Frau Jansen erneut benachteiligt und legt sofort schriftlich Widerspruch gegen diesen „Ablehnungsbescheid" ein. Sie verlangt, die Aufsichtsbehörde solle der Gemeindeverwaltung „gehörig heimleuchten".

   Wie sollte die Kreisverwaltung den Brief der Frau Jansen behandeln?

2. Der Vorsitzende der Gewerkschaftsjugend beschwert sich beim Rat der Stadt Neustadt darüber, dass das seit Langem diskutierte Jugendzentrum in der Weststadt immer noch nicht beschlossen und gebaut wurde. Außerdem formuliert er seine Erwartung, dass der Rat sich deutlich für ein Verbot der Z-Partei einsetzt, die mehrmals jährlich rechtsradikale Aufmärsche in der Stadt durchführt.

Wie sollte die Beschwerde bearbeitet werden? Informieren Sie sich im Kommunalrecht Ihres Landes und der Hauptsatzung Ihrer Gemeinde.

Beispielhafte Materialien zu Aufgabe 2:

§ 24 GO NRW – Anregungen und Beschwerden

(1) Jeder hat das Recht, sich einzeln oder in Gemeinschaft mit anderen schriftlich mit Anregungen oder Beschwerden in Angelegenheiten der Gemeinde an den Rat oder die Bezirksvertretung zu wenden. Die Zuständigkeiten der Ausschüsse, der Bezirksvertretungen und des Bürgermeisters werden hierdurch nicht berührt. Die Erledigung von Anregungen und Beschwerden kann der Rat einem Ausschuss übertragen. Der Antragsteller ist über die Stellungnahme zu den Anregungen und Beschwerden zu unterrichten.

(2) Die näheren Einzelheiten regelt die Hauptsatzung.

§ 6 Abs. 2 der Hauptsatzung der Stadt Neustadt

(2) Für die Behandlung der Anregungen und Beschwerden, die an den Rat der Stadt gerichtet werden, ist der Ausschuss für Bürgerdienste, öffentliche Ordnung, Anregungen und Beschwerden zuständig. Der Ausschuss holt in der Regel eine Stellungnahme der entscheidungsbefugten Stelle und ggf. weiterer Beteiligter ein und teilt dem (der) Einsender(in) das Ergebnis seiner Überprüfung mit.

4.3 Prüfen eines Widerspruchs

In den Bundesländern Niedersachsen, Nordrhein-Westfalen, Hessen und Bayern wurde das Widerspruchsverfahren z. T. sehr weitgehend abgeschafft, sodass es im Bereich der Landes- und Kommunalverwaltung dieser Länder auch in der Berufsausbildung an Bedeutung verloren hat. Die folgende Lernsituation „Rundfunkbeitrag – einfach für alle?“ knüpft daher an einen eher gesamtgesellschaftlich wie individuell interessanten Sachverhalt zum Thema Rundfunkbeitrag an. Im Kapitel 4.3.4 Aufgaben werden mehrere „klassische“ Aufgaben zur Widerspruchsbearbeitung angeboten.

4.3.1 Lernsituation

Rundfunkbeitrag – einfach für alle?

Elke Neumann bezieht seit dem 1. April Grundsicherung im Alter nach SGB XII. Ende Juli erfährt Sie von ihrer Freundin, dass diese bei Bezug der gleichen Sozialleistung keinen Rundfunkbeitrag bezahlen muss. Daraufhin beschließt Frau Neumann, den am 15. August fälligen Rundfunkbeitrag für das III. Quartal nicht mehr zu zahlen. Sie beantragt am 2. August beim Beitragsservice ihrer Landesrundfunkanstalt schriftlich die Befreiung von der Rundfunkbeitragspflicht rückwirkend ab 1. April und die Erstattung der seitdem gezahlten Beträge. Dem Antrag fügt sie eine Kopie des aktuellen Bewilligungsbescheids vom 17. März d. J. über den Bezug von Grundsicherung im Alter bei.

Der Beitragsservice fordert sie am 25. August auf, den Rundfunkbeitrag für das III. Quartal nachzuzahlen. Am 28. August sendet ihr die Landesrundfunkanstalt ihres Bundeslands einen Bescheid, in dem es heißt:

221065336

Ihr Antrag vom 2. August 20.. – eingegangen am 4. August 20..

Sehr geehrte Frau Neumann,

Ihren Antrag auf Befreiung von der Rundfunkbeitragspflicht ab 1. April 20.. muss ich leider ablehnen.

Begründung

Sie haben die Befreiung von der Rundfunkbeitragspflicht nach § 4 Abs. 1 Nr. 2 des 15. Rundfunkänderungsstaatsvertrags (Rundfunkbeitragsstaatsvertrag – RBStV) beantragt, weil Sie Grundsicherung im Alter nach SGB XII erhalten. Sie weisen dies durch eine Kopie des aktuellen Bewilligungsbescheids nach.

Eine Befreiung von der Rundfunkbeitragspflicht aus dem von Ihnen genannten Grund ist möglich, allerdings hätten Sie den Antrag auf eine Befreiung ab 1. April d. J. gem. § 4 Abs. 4 RBStV spätestens zwei Monate nach dem Erstellungsdatum des Bewilligungsbescheids, also bis zum 17. Mai d. J. stellen müssen. Ihr Antrag ist aber erst am 4. August hier eingegangen. In diesem Fall beginnt die Befreiung gem. § 4 Abs. 4 RBStV mit dem Ersten des Monats, der der Antragstellung folgt. Sie ist also erst ab dem 1. September d. J. möglich. Darüber hinaus müssen Sie die Voraussetzungen für die Befreiung durch den entsprechenden Bescheid im Original oder in beglaubigter Kopie nachweisen. Ich sende Ihnen die Kopie Ihres Bescheids zurück und bitte um Zusendung der Kopie mit einem Beglaubigungsvermerk. Die Beglaubigung kann z. B. Ihre Stadtverwaltung vornehmen.

Da Sie die Befreiung von der Rundfunkbeitragspflicht nicht bis zum 17. Mai d. J. beantragt haben, kann ich Ihnen den für die Zeit von April bis Juni gezahlten Rundfunkbeitrag von 52,50 € nicht erstatten. Ich bitte Sie, den Beitrag für die Monate Juli und August in Höhe von 35,00 € unverzüglich nachzuzahlen. Sobald mir die beglaubigte Kopie Ihres Bewilligungsbescheids vorliegt, werde ich über Ihren Antrag auf Beitragsbefreiung für die Zukunft entscheiden.

Rechtsbehelfsbelehrung

Gegen diesen Bescheid können Sie innerhalb eines Monats nach seiner Bekanntgabe Widerspruch erheben. Der Widerspruch ist schriftlich oder zur Niederschrift beim XY-Rundfunk (zuständige Landesrundfunkanstalt) YZ-Straße 15, 12345 X-Stadt, einzulegen.

Falls die Frist durch das Verschulden eines von Ihnen Bevollmächtigten versäumt werden sollte, würde dessen Verschulden Ihnen zugerechnet werden. Ein Widerspruch gegen diesen Bescheid befreit nach § 80 Abs. 2 Ziffer 1 VwGO nicht von der Beitragszahlungspflicht.

Mit freundlichen Grüßen

Ihre Landesrundfunkanstalt

I. A. ...

Frau Neumann schreibt daraufhin am 30. August 20.. in einem Brief an die Landesrundfunkanstalt:

Sehr geehrte Damen und Herren,

mit Ihrem Brief vom 28. August bin ich nicht einverstanden. Der Sachbearbeiter für die Grundsicherung im Alter bei der Stadt Neustadt hat mich über die Möglichkeit, mich von der Rundfunkbeitragspflicht befreien zu lassen, nicht ausreichend informiert. Das ausgehändigte Merkblatt als Anlage zu dem Bescheid der Stadt ist so klein gedruckt, dass ich es kaum lesen konnte. Ich sehe daher nicht ein, dass die späte Antragstellung mir angelastet wird. Außerdem kenne ich den „15. Rundfunkänderungsstaatsvertrag“ nicht. Was ist das? Jedenfalls kein Gesetz! Ich bezweifle, dass ich mich den Regelungen eines Vertrags zwischen den Sendeanstalten unterordnen muss. Ich bestehe auf der Rückzahlung des Beitrags für das II. Quartal. Von meinem Recht auf Beitragsbefreiung bin ich überzeugt, deswegen werde ich auch die Zahlungsaufforderung ignorieren. Bitte prüfen Sie Ihren Bescheid noch einmal gründlich in diesem Sinne.

Mit freundlichen Grüßen

Elke Neumann

4.3.2 Arbeitsaufträge zur Lernsituation

1. Um welche Art eines Rechtsbehelfs handelt es sich bei dem Brief der Frau Neumann vom 30. August?
2. Hat Frau Neumann den Rechtsbehelf richtig eingelegt?
3. Welche Wirkungen hat dieser Rechtsbehelf?
4. Wie sollte sich Frau Neumann hinsichtlich der Zahlung des Rundfunkbeitrags verhalten?

5. Einige Bundesländer haben in ihrem Zuständigkeitsbereich – auch für die Kommunen – den Widerspruch teilweise abgeschafft. Dort ist unmittelbar die Klage vor dem Verwaltungsgericht innerhalb eines Monats zulässig. Diese Änderung wird in der Verwaltungspraxis nicht überall für sinnvoll gehalten. Stellen Sie Argumente zusammen

   a) für die Beibehaltung und b) für die Abschaffung des Widerspruchsverfahrens.

   Berücksichtigen Sie die Interessen der Bürger, der Behörden und der Verwaltungsgerichte.

4.3.3 Arbeitsmaterialien zur Lernsituation

Staatsvertrag – „Medienstaatsvertrag"

Es gibt internationale (völkerrechtliche) und innerstaatliche (staatsrechtliche) Staatsverträge.

Ein innerstaatlicher Staatsvertrag ist eine Vereinbarung zwischen Gliedstaaten eines Bundesstaats. Z. B. haben die Ministerpräsidenten der deutschen Bundesländer 1991 den Staatsvertrag über den Rundfunk im vereinten Deutschland unterzeichnet. Anschließend wurde er in jedem Bundesland durch ein Zustimmungsgesetz in Landesrecht überführt. Erst danach trat der Vertrag in Kraft.

2019 wurde der 22. Rundfunkänderungsstaatsvertrag („Rundfunkbeitragsstaatsvertrag") nach demselben Verfahren in Kraft gesetzt. Er ist seit 2013 die neue Finanzierungsgrundlage für die öffentlich-rechtlichen Rundfunkanstalten und enthält die Regelungen zur Beitragspflicht, zur Befreiung sowie den Rechten und Pflichten der Beitragsschuldner und der Landesrundfunkanstalten.

Vgl. ZDF, www.zdf.de/unternehmen/organisation/gesetze-vorschriften-100.html [01.07.2025]

Staatsvertrag zur Modernisierung der Medienordnung in Deutschland

Landesrundfunkanstalten sind die Rundfunkveranstalter der deutschen Länder, die Hörfunk und Fernsehen durchführen (z. B. WDR, NDR, SWR, BR usw.). Es sind Anstalten des öffentlichen Rechts.

Der **Beitragsservice** ist eine rechtlich unselbstständige Gemeinschaftseinrichtung der öffentlich-rechtlichen Rundfunkanstalten. Er erhebt den Rundfunkbeitrag und verwaltet die Konten der Beitragspflichtigen, er bearbeitet auch Anträge auf Beitragsermäßigung und -befreiung.

4.3.4 Aufgaben

1. Gegen einen Verwaltungsakt der Bezirksregierung in A., zugestellt mit Postzustellungsurkunde am 5. Oktober, legt der Empfänger Widerspruch ein. Bei der Prüfung der Zulässigkeit des Widerspruchs hat die Sachbearbeiterin noch folgende Punkte zu klären:
   1. Das Widerspruchsschreiben wurde am 5. November zur Post gegeben und abgestempelt. (Hinweis: Der VA enthielt eine Rechtsbehelfsbelehrung.)
   2. Der Widerspruch war an die nächsthöhere Behörde (Innenminister = Oberste Landesbehörde) adressiert, weil der Widerspruchsführer diese Behörde für zuständig hielt.
      a) Führen Sie die Widerspruchsbearbeitung zu den beiden genannten Punkten durch.
      b) Welche Behörde (Bezeichnung, Begründung) erlässt den Widerspruchsbescheid?
2. In welchem/welchen der nachfolgenden Fälle muss der Widerspruch des Herrn H. als begründet angesehen werden?
   a) H. gibt seine Widerspruchsgründe mündlich zu Protokoll.
   b) H. begründet seinen Widerspruch schriftlich; der angefochtene Verwaltungsakt (VA) ist tatsächlich rechtswidrig und verletzt H.s Rechte.
   c) H. nennt keine Gründe, der angefochtene VA ist rechtswidrig und verletzt tatsächlich H.s Rechte.
   d) Der angefochtene VA verletzt zwar tatsächlich H.s Rechte, H. bemerkt dies aber nicht und nennt rechtlich völlig belanglose Gründe.
   e) H. begründet seinen Widerspruch damit, dieser sei ein legales Mittel, um durch die aufschiebende Wirkung einen belastenden VA „aufzuschieben".
   f) H. nennt keine Gründe, der angefochtene VA enthält eine rechtmäßige, aber nicht zweckmäßige Ermessensentscheidung.

221065338

3. In Angelegenheiten, in denen das Widerspruchsverfahren vorgesehen ist, werden Widersprüche in folgender Form eingelegt. Beurteilen Sie die Rechtmäßigkeit der Form der Widersprüche.
   a) Der Adressat eines Verwaltungsakts legt Widerspruch durch einfachen Brief ohne Angabe von Gründen ein.
   b) Der Adressat eines Verwaltungsakts erhebt Widerspruch per E-Mail (ohne qualifizierte elektronische Signatur nach dem Signaturgesetz).
   c) Der Adressat eines Verwaltungsakts legt Widerspruch per Fax ein (Kopie des unterschriebenen Widerspruchs).
   d) Der Adressat eines Verwaltungsakts sucht den zuständigen Sachbearbeiter auf, der den Widerspruch in einem Vermerk festhält, diesen anschließend vorliest, ihn aber nicht vom Widerspruchsführer unterschreiben lässt.
4. Prüfen Sie, ob der formgerechte Widerspruch in den folgenden Fällen fristgerecht eingelegt wurde.
   a) Der Verwaltungsakt mit korrekter Rechtsbehelfsbelehrung wurde als einfacher Brief am 2. Oktober abgeschickt („Ab-Vermerk" in der Akte), der Widerspruch wurde am 5. November abgeschickt (Poststempel) und geht am 7. November bei der Behörde ein (Eingangsstempel).
   b) Der Verwaltungsakt mit korrekter Rechtsbehelfsbelehrung wurde am 26. Februar zur Post gegeben und per Einschreiben mit Rückschein am 28. Februar zugestellt, der Widerspruch geht am 29. März bei der Behörde ein.
   c) Im Verwaltungsakt wurde bei der Rechtsbehelfsbelehrung zwar über das schriftliche Einlegen des Widerspruchs, nicht aber über das Einlegen zur Niederschrift belehrt, da der Sachbearbeiter während des nächsten Monats beurlaubt ist. Der Bescheid wurde am 28. Januar als einfacher Brief zur Post gegeben. Der Widerspruch geht am 1. März bei der Behörde ein.
   d) Der Verwaltungsakt mit korrekter Rechtsbehelfsbelehrung wurde laut Postzustellungsurkunde am 12. März zugestellt. Der 12. April (Karfreitag) ist ein gesetzlicher Feiertag, der Widerspruch geht am 16. April bei der Behörde ein.
5. Herr Weier, Inhaber der Spedition Weier KG, hat versäumt, gegen den Gewerbesteuerbescheid der Stadt Neustadt bis zum 22. November Widerspruch einzulegen. Das Unternehmen ist ein kleiner Betrieb, in dem Herr Weier zusammen mit einer Auszubildenden sämtliche Büroarbeiten erledigt. Prüfen Sie seinen Antrag auf Wiedereinsetzung in den vorigen Stand gemäß § 60 VwGO vom 10. Dezember in den folgenden Varianten:

   Begründung: „Ich war vom 15. November bis zum 5. Dezember wegen einer plötzlich notwendigen Operation im Krankenhaus und konnte mich nicht um den Betrieb kümmern. Eine Bescheinigung des Krankenhauses über die Dauer der Behandlung liegt bei."

   Begründung: „Am 15. November ist unser Betrieb in die Gewerbestraße 12 umgezogen. Da wir auch alle Akten in Umzugskartons packen mussten und erst nach und nach in die neuen Büroräume einräumen konnten, ist mir leider entgangen, dass die Widerspruchsfrist während der Umzugsarbeiten abgelaufen ist."
6. **Widerspruchsbearbeitung – Das verdeckte Hausnummernschild**

   Der Außendienst des Ordnungsamtes der Stadt Neustadt stellt fest, dass die Hausnummer des Hauses Dornröschenweg 77 von üppig wucherndem Efeu verdeckt ist. Dieser Zustand verstößt gegen § 12 der „Ordnungsbehördlichen Verordnung über die Festsetzung, Anbringung und Gestaltung von Hausnummern (Hausnummernverordnung) in der Stadt Neustadt". Nach dieser Vorschrift ist jedes bebaute Grundstück in Neustadt vom Eigentümer oder Nutzungsberechtigten mit der dem Grundstück zugeteilten Nummer zu versehen. Sie ist an der Hauswand, von der Straße aus gut sichtbar, anzubringen. Die Ordnungsbehörde kann vom Grundstückseigentümer verlangen, das Hausnummernschild auf seine Kosten anzubringen und lesbar zu halten.

   Der Eigentümer Egon Eigen wird am 4. September 20.. aufgefordert, innerhalb von zwei Wochen die Hausnummer freizulegen, sodass sie von der Straße aus gut lesbar ist. Für den Fall der Nichtbeachtung dieser Aufforderung wird ihm eine Ordnungsverfügung angekündigt. Herr Eigen äußert sich hierzu nicht.

   Daraufhin wird er am 25. September 20.. in einer Ordnungsverfügung zur Freilegung des Hausnummernschilds aufgefordert. Der Bescheid enthält die Androhung eines Zwangsgeldes von 100,00 € sowie eine korrekte Rechtsbehelfsbelehrung. Er wird am 26. September 20.. zugestellt, das Empfangsbekenntnis trägt die Unterschrift der Ehefrau.

Gegen die Ordnungsverfügung erhebt Herr Eigen am 7. November 20.. (Eingangsstempel) schriftlich Widerspruch beim Ordnungsamt der Stadt Neustadt. Er schreibt, er habe die Ordnungsverfügung erst am 30. Oktober 20.. zwischen alten Zeitungen gefunden. Seine Frau habe den Brief angenommen und sei kurze Zeit später nach einem Unfall ins Krankenhaus gebracht worden. Sie habe ihm von dem Schreiben nichts gesagt. Deshalb könne er erst jetzt reagieren.

Das Hausnummernschild werde er nicht freilegen. Er wolle die auch von Vögeln bewohnte Efeuberankung nicht zerstören. Ein Nummernschild sei unwichtig, da ihn im Ort jeder kenne und er ohnehin selten Post bekomme. Außerdem habe die Behörde den Gleichheitsgrundsatz verletzt, denn das unbebaute Nachbargrundstück sei unbeschildert. Ferner habe ihn die Behörde vor ihrer Ordnungsverfügung nicht angehört, wie es das Verwaltungsverfahrensgesetz vorschreibe. Schließlich greife die Behörde ohne gesetzliche Grundlage in sein Eigentumsrecht ein, denn die „Ordnungsbehördliche Verordnung" sei schließlich kein Gesetz.

a) Prüfen Sie den Widerspruch vollständig auf Zulässigkeit und gegebenenfalls auch in der Sache.

b) Welche Behörde muss den Abhilfe- bzw. den Widerspruchsbescheid erlassen?
(Hinweis: In den meisten Ländern ist neben den §§ 72, 73 VwGO auch das jeweilige Ausführungsgesetz zur VwGO für die Lösung wichtig.)

7. Widerspruchsbearbeitung – Ochsenfrosch-Fall

Der schwerhörige, alleinstehende M. hat sich vor Jahren ein Haus mit einem großen Grundstück im Dortmunder Süden gekauft. Er ist sehr naturverbunden und hat einen beachtlichen Seerosenteich angelegt. Von einem Freund erhält er im März als Geschenk einen Ochsenfrosch. Diese nordamerikanische Froschart zeichnet sich durch ihre tiefe und durchdringende Stimme aus. Besonders während der Paarungszeit im Frühjahr zeigt das Froschmännchen jede Nacht eine bemerkenswerte Ausdauer beim vergeblichen Rufen nach einer Partnerin. Schon nach kurzer Zeit fühlt sich die Nachbarschaft in ihrer Nachtruhe massiv beeinträchtigt. Bei älteren Nachbarn treten erste ernste Gesundheitsbeeinträchtigungen durch Schlafmangel auf.

Daraufhin schreitet die zuständige Ordnungsbehörde ein. Nach einer kurzfristig durchgeführten Anhörung erlässt sie eine Ordnungsverfügung mit Anordnung der sofortigen Vollziehung und Rechtsbehelfsbelehrung. In dem Bescheid wird M. aufgefordert, das Tier bis zum 5. April zu entfernen. Für den Fall der Nichtbefolgung dieser Verfügung droht die Behörde ein Zwangsgeld von 100,00 € an. Der Brief mit Datum vom 18. März wird am 19. März als Übergabe-Einschreiben zur Post gegeben, M. erhält ihn am 21. März.

M. ist sich keiner Schuld bewusst und schreibt schließlich am 21. April handschriftlich einen Widerspruch, den er am gleichen Tage der Ordnungsbehörde faxt.

Er schreibt u. a.: „Ihre Anordnung (Entfernen) ist völlig überzogen und unverhältnismäßig, denn Hundegebell und Vogelzwitschern werden schließlich auch hingenommen, sogar der Verkehrslärm der Menschen. Außerdem wirkt das eintönige Quaken auf mich ausgesprochen beruhigend. Offenbar fehlt den unzufriedenen Nachbarn nur die richtige Einstellung, mit der Natur zu leben und einzuschlafen. Und wie sollte ich das Tier entfernen? Haben Sie jemals einen Ochsenfrosch gefangen? Sie machen es sich doch sehr einfach ..."

a) Prüfen Sie die Zulässigkeit und die Begründetheit des Widerspruchs und stellen Sie diese in einem Vermerk ausführlich dar. (Setzen Sie bei der Zulässigkeitsprüfung die Widerspruchsbefugnis und die allgemeinen Zulässigkeitsvoraussetzungen als gegeben voraus; führen Sie die Prüfung im Übrigen vollständig durch.)

b) Darf die Behörde nach Ablauf der gesetzten Frist das Zwangsgeld festsetzen und evtl. beitreiben? Antwort bitte begründen.

8. Widerspruchsbearbeitung – Sperrstunde im Biergarten

Gastronom G. betreibt eine Gaststätte mit Biergarten. Er erhält von der zuständigen kreisfreien Stadt S. eine Anordnung mit der Aufforderung, den Biergarten täglich um 22:00 Uhr zu schließen. Begründet wird die Anordnung mit erheblichen Belästigungen und Störungen der Nachtruhe der Nachbarn. Lärmmessungen haben ergeben, dass der nach 22:00 Uhr zulässige Schallpegel häufig überschritten wird. Für den Fall der Zuwiderhandlung wird ein Zwangsgeld von 200,00 € angedroht, die sofortige Vollziehung ist angeordnet und ausreichend begründet. Das Schreiben enthält eine fehlerfreie Rechtsbehelfsbelehrung und ist vom Neffen des G. (stellv. Leiter des Ordnungsamtes) unterzeichnet.

Der Bescheid mit Datum vom 18. Juni wird am 20. Juni (Freitag) als eingeschriebener Brief (Übergabe-Einschreiben) zur Post gegeben und G. am 21. Juni zugestellt. Vor dieser Maßnahme wurde G. Gelegenheit gegeben, sich zur Sache zu äußern.

221065340

G. ist mit dieser Anordnung zwar nicht einverstanden, wegen anhaltend schlechten Wetters muss er den Biergarten aber ohnehin geschlossen halten und denkt nicht mehr an den Widerspruch. Nach Wetterbesserung hat er so viel zu tun, dass er seine Schwägerin, die Finanzinspektorin F., bevollmächtigt, für ihn Widerspruch zu erheben. Frau F. legt am Freitag, den 23. Juli, um 22:00 Uhr per Fax Widerspruch ein (Kopie des unterschriebenen Briefes sowie ihrer Bevollmächtigung). Als Begründung führt F. u. a. an, dass eine derartige Einschränkung zu hohen Umsatzeinbußen führe. Deshalb sei die verlangte frühe Schließung des Biergartens völlig unverhältnismäßig. Den späten Widerspruch begründet F. mit der saisonalen Arbeitsüberlastung ihres Schwagers im Sommer und mit der späten Bevollmächtigung.

a) Prüfen Sie die Zulässigkeit und die Begründetheit des Widerspruchs und stellen Sie diese in einem Vermerk dar. (Setzen Sie den Verwaltungsrechtsweg und die Widerspruchsbefugnis als gegeben voraus; führen Sie die Prüfung im Übrigen vollständig durch.)
b) G. möchte den Biergarten trotz der Auflage der Stadt S. vorerst weiter bis zur allgemeinen Sperrstunde offen halten. Wie sollte er sich verhalten?

Beachten Sie das Gaststättengesetz sowie das Verwaltungszustellungsgesetz.

§ 5 GastG (Bundesgesetz; anzuwenden, wenn kein Landes-GastG besteht):

Gewerbetreibenden, die einer Erlaubnis bedürfen, können jederzeit Auflagen zum Schutze

1. der Gäste gegen Ausbeutung und gegen Gefahren für Leben, Gesundheit oder Sittlichkeit,
2. der im Betrieb Beschäftigten gegen Gefahren für Leben, Gesundheit oder Sittlichkeit oder
3. gegen schädliche Umwelteinwirkungen im Sinne des Bundes-Immissionsschutzgesetzes und sonst gegen erhebliche Nachteile, Gefahren oder Belästigungen für die Bewohner des Betriebsgrundstücks oder der Nachbargrundstücke sowie der Allgemeinheit erteilt werden.

Auszug aus dem Niedersächsischen GastG (als Beispiel für die Landesgaststättengesetze, in denen keine Gaststättenerlaubnis vorgesehen ist):

§ 5 Anordnungen

(1) Die zuständige Behörde kann gegenüber der Betreiberin oder dem Betreiber eines Gaststättengewerbes im stehenden Gewerbe die Anordnungen treffen, die zum Schutz der Gäste gegen Ausbeutung oder gegen Gefahren für Leben oder Gesundheit erforderlich sind. Die behördlichen Befugnisse, aufgrund anderer Rechtsvorschriften, insbesondere zum Schutz der Jugend, der Beschäftigten, der Nachbarschaft oder der Umwelt, Anordnungen zu treffen, bleiben unberührt.

Auszug aus dem Verwaltungszustellungsgesetz

§ 4 Zustellung durch die Post mittels Einschreiben

(1) Ein Dokument kann durch die Post mittels Einschreiben durch Übergabe oder mittels Einschreiben mit Rückschein zugestellt werden.

(2) Zum Nachweis der Zustellung genügt der Rückschein. Im Übrigen gilt das Dokument am dritten Tag nach der Aufgabe zur Post als zugestellt, es sei denn, dass es nicht oder zu einem späteren Zeitpunkt zugegangen ist. Im Zweifel hat die Behörde den Zugang und dessen Zeitpunkt nachzuweisen. Der Tag der Aufgabe zur Post ist in den Akten zu vermerken.

4.4 Möglichkeiten des vorläufigen Rechtsschutzes unterscheiden

4.4.1 Lernsituation

Elternengagement

a) Die Stadtelternschaft Neustadt e. V. ist mit den Unterrichtsbedingungen an den Neustädter Schulen nicht zufrieden. Daher hatte die Vorsitzende, Frau Kruse, am 10. Juli bei der Polizeibehörde eine Demonstration angemeldet: Der Demonstrationszug sollte am Samstag, den 20. Juli vormittags vom Bahnhof zum Marktplatz ziehen, auf dem eine Kundgebung geplant war. Die Polizeibehörde erließ daraufhin am 15. Juli gegen die Stadtelternschaft Neustadt e. V.

eine versammlungsrechtliche Auflage gem. § 15 Versammlungsgesetz und ordnete die sofortige Vollziehung dieser Auflage an (Zustellung mit PZU am 16. Juli). Wegen des Wochenmarkts und wegen der durch den Demonstrationszug zu erwartenden massiven Verkehrsbehinderungen auf der Bahnhofstraße, die nur über schmale Bürgersteige verfügt, macht die Polizeibehörde dem Versammlungsveranstalter die Auflage, über die Ringstraße zum Stadtgarten zu ziehen und die Kundgebung dort zu veranstalten. Das besondere Interesse an der sofortigen Vollziehung wird begründet.

Frau Kruse ist mit der Auflage nicht einverstanden. Sie hält die Öffentlichkeitswirkung einer Demonstration auf der Ringstraße und einer Versammlung im Stadtgarten für zu gering.

b) Frau Kruse hat noch ein zweites Problem: Ihr Sohn Björn ist am Ende der Klasse 9 nicht versetzt worden. Bereits im Mai wurde eine Klassenarbeit in Englisch mit „ungenügend" bewertet. Deswegen hatten die Eltern Kruse bereits mit dem Schulleiter und der Fachlehrerin gesprochen, denn vor dieser Arbeit hatte Björn zwei Wochen lang wegen Krankheit gefehlt. Nun war zwar eine weitere schriftliche „Sechs" hinzugekommen, aber Björn hatte sich – wie er selbst meinte – mündlich besser beteiligt und ein kurzer Lückentest wenige Tage vor der Zeugniskonferenz wurde sogar mit „ausreichend" bewertet. Wäre in Englisch die Note „mangelhaft" erteilt worden, hätte Björn diese Note durch die befriedigende Leistung im Fach Deutsch ausgleichen und so die Versetzung knapp schaffen können. Bei der Note „ungenügend" jedoch ist aufgrund der Versetzungsordnung nur die Nichtversetzung möglich.

Die Eltern Kruse legten sofort Widerspruch bei der Schule ein: Die erste „Sechs" in Englisch sei bedingt durch Björns Erkrankung und die Unwilligkeit der Fachlehrerin, die Arbeit aufzuschieben. Bei einer derart „harten Gangart" im Unterricht sei die zweite „Sechs" schon fast unvermeidbar gewesen. Dennoch habe Björn durch unermüdlichen Fleiß am Ende des Schuljahres gezeigt, dass er in der Lage sei, im nächsten Schuljahr besser mitzukommen. Die Eltern verlangen daher die Änderung der Note im Fach Englisch und die Versetzung ihres Sohnes in die 10. Klasse.

Die Zeugniskonferenz der Schule tagte am letzten Tag vor den Ferien und sah sich nicht in der Lage, Abhilfe zu schaffen. Die Fachlehrerin für Englisch trug vor, eine mündliche Mitarbeit im Unterricht sei bei Björn kaum sichtbar. Zeitweise sei er ohne Hausaufgaben in den Unterricht gekommen. Außerdem wolle sie die Leistungssteigerung vier Wochen vor dem Zeugnistermin nicht honorieren. Sie erwarte keine saisonale, sondern eine kontinuierliche Leistung. Sie bleibe daher bei der erteilten Note. Die Konferenz bestätigte die Nichtversetzung.

Der Schulleiter informierte das Ehepaar Kruse über dieses Ergebnis und kündigte an, die Schulaufsichtsbehörde werde nun wohl einen Widerspruchsbescheid erlassen, gegen den man klagen könne.

4.4.2 Arbeitsaufträge zur Lernsituation

1. Finden Sie heraus, welche praktischen Probleme sich in den beiden geschilderten Situationen ergeben, wenn Frau Kruse (nach erfolglosem Widerspruch) vor dem Verwaltungsgericht Klage erhebt.
2. Art. 19 Abs. 4 GG lautet: „Wird jemand durch die öffentliche Gewalt in seinen Rechten verletzt, so steht ihm der Rechtsweg offen."
   Welche Anforderungen sind an die gerichtliche Überprüfung von Rechtsverletzungen zu stellen, damit der gerichtliche Rechtsschutz effektiv (wirksam, nützlich) ist?
3. In der nachstehenden Übersicht werden Möglichkeiten des vorläufiger Rechtsschutzes nach der VwGO dargestellt. Untersuchen Sie mithilfe der Übersicht und der dort genannten Vorschriften der VwGO, welche rechtlichen Möglichkeiten die Stadtelternschaft Neustadt e. V. nutzen sollte.
4. Prüfen Sie, welche rechtliche Möglichkeit die Eltern Kruse für ihren Sohn Björn nutzen sollten.
5. Welche Überlegungen werden hinsichtlich der Versetzungsentscheidung für das Verwaltungsgericht im Rahmen des vorläufigen Rechtsschutzes wichtig sein?

221065342

4.4.3 Arbeitsmaterialien zur Lernsituation

Vorläufiger Rechtsschutz nach der VwGO

Vorläufiger Rechtsschutz
(gerichtlicher Rechtsschutz vor dem Hauptverfahren)

- bei Anfechtung eines **belastenden** Verwaltungsakts
  - wenn der VA **sofort vollziehbar** ist kraft Gesetzes oder kraft behördlicher Anordnung (Behörde wird gehindert, „vollendete Tatsachen“ zu schaffen.)
    - Anordnung bzw. Wiederherstellung der aufschiebenden Wirkung gem. § 80 Abs. 5 (siehe auch §§ 80 a und 80 b VWGO)
    - Beispiel:
      vorläufige Verhinderung der Durchsetzung einer Abbruchverfügung
- in **sonstigen Fällen,** die sofortigen Rechtsschutz erfordern, z. B. begünstigende Verwaltungsakte
  - zur Sicherung des gegenwärtigen Zustands (wenn z. B. durch eine Gefahr ein beanspruchtes Recht vereitelt würde)
    - Sicherheitsanordnung gem. § 123 Abs. 1 S. 1 VwGO
    - Beispiel:
      vorläufige Verhinderung der (rechtsfehlerhaften) Übertragung einer Beamten-Planstelle an einen konkurrierenden Bewerber
  - zur Änderung der Rechtslage zugunsten des Antragstellers für eine Übergangszeit (um wesentliche Nachteile oder drohende Gefahr abzuwenden)
    - Regelungsanordnung gem. § 123 Abs. 1 S. 2 VwGO
    - Beispiel:
      vorläufige Einweisung des gekündigten Mieters in die bisherige Wohnung, um Obdachlosigkeit zu verhindern

Wichtige Anträge an das Verwaltungsgericht zum vorläufigen Rechtsschutz

- Antrag gem. § 80 Abs. 5 VwGO auf Anordnung der aufschiebenden Wirkung des Widerspruchs (Bezug: § 80 Abs. 2 Nr. 1 bis 3 VwGO):
  Dieser Antrag ist begründet, wenn das Interesse des Antragstellers an der Aussetzung der sofortigen Vollziehbarkeit vorrangig ist gegenüber dem öffentlichen Interesse (und dem Interesse des begünstigten Dritten) am Vollzug der getroffenen Regelung (z. B., wenn ernstliche Zweifel an der Rechtmäßigkeit des belastenden VA bestehen).
- Antrag gem. § 80 Abs. 5 VwGO auf Wiederherstellung der aufschiebenden Wirkung des Widerspruchs (Bezug: § 80 Abs. 2 Nr. 4 VwGO):
  Dieser Antrag ist begründet, wenn das besondere öffentliche Interesse (und das Interesse des begünstigten Dritten) an der Anordnung der sofortigen Vollziehung geringer ist als das Interesse des Antragstellers an der aufschiebenden Wirkung seines Rechtsbehelfs (z. B. wenn ernsthafte Zweifel an der Rechtmäßigkeit des belastenden VA bestehen).
- Antrag auf Erlass einer einstweiligen Anordnung gem. § 123 VwGO:
  Der Antrag auf Erlass einer einstweiligen Anordnung ist die richtige Antragsart, wenn in einem Klageverfahren eine Verpflichtungsklage, eine allgemeine Leistungsklage oder Feststellungsklage zu erheben ist (nicht: Anfechtungsklage). Der Antrag ist begründet, wenn der Antragsteller Anspruch und Grund für die Anordnung glaubhaft macht.
  Es ist nicht erforderlich, mit dem Antrag anzugeben, ob eine Sicherungs- oder Regelungsanordnung begehrt wird. Das Verwaltungsgericht prüft von Amts wegen, welche Art der einstweiligen Anordnung beantragt wird.
  Anwendungsfälle des Verfahrens auf Erlass einer einstweiligen Anordnung sind z. B.: die Zulassung zum Studium, die Zulassung zur Prüfung, die Gewährung einer Schreibzeitverlängerung und die Teilnahme von Politikern an Fernsehsendungen, Aufnahme eines Schülers in eine bestimmte Schule, Teilnahme am Unterricht der nächsthöheren Klasse oder Jahrgangsstufe.
  Weitere Informationen: https://www.justiz.nrw/BS/lebenslagen/verwaltungsrecht/einstweilige_anordnung [01.07.2025]

4.4.4 Aufgaben

1. B. ist Kaufmann und betreibt eine Baustoffhandlung. Auf Bitten von Kunden geht er nun auch daran, mit einigen Hilfsarbeitern Dachdeckerarbeiten auszuführen. Die zuständige Behörde untersagt ihm dies und ordnet die sofortige Vollziehung der Verfügung an, um Bauherren und Passanten vor Schäden durch unsachgemäße Dachdeckerarbeiten zu bewahren. B. will zumindest bis zu einer Gerichtsentscheidung weiter Dachdeckerarbeiten ausführen. Wie sollte er sich verhalten? Erläutern Sie bitte Ihre Antwort.
2. Welche Möglichkeit des vorläufigen Rechtsschutzes kann in den folgenden Fällen jeweils genutzt werden?
   a) Ein in Frankfurt lebender Marokkaner hatte die Verlängerung seiner Aufenthaltserlaubnis beantragt. Der Antrag wurde abgelehnt und seine Ausreise verfügt.
   b) Bei einem Auswahlverfahren wurde Frau F. für die Besetzung einer Beförderungsstelle (A 11) vorgesehen. Der dienstältere und gleich qualifizierte Konkurrent Herr H. hält diese Entscheidung für fehlerhaft und will die eigene Beförderung erreichen. Um die Stelle freizuhalten, will er die Besetzung durch Frau F. verhindern.
   c) Die Stadt Neustadt erhebt Abfallbeseitigungsgebühren. Der Gewerbetreibende G. hat von einer Entscheidung des OVG erfahren, nach der bestimmte Kosten nicht in die Gebührenkalkulation einbezogen werden dürften. Daher hält er die von der Stadt Neustadt verlangte Abfallbeseitigungsgebühr für zu hoch und legt Widerspruch ein. Allerdings wurde er in dem Bescheid bereits darauf hingewiesen, dass gem. § 80 Abs. 2 Ziffer 1 die aufschiebende Wirkung des Widerspruchs hier entfällt. Da in seinem Betrieb reichlich Abfälle entstehen, ist er daran interessiert, die verlangte Gebühr nicht zu zahlen. Beachten Sie hierzu auch § 80 Abs. 4 und 6 VwGO.

4.5 Über Möglichkeiten des gerichtlichen Rechtsschutzes Auskunft geben

4.5.1 Lernsituation

Ende einer Spielhalle?

Tim Becker, der Inhaber der Spielhalle Am Heubach, betritt aufgeregt das Dienstzimmer von Jörg Wilde, Sachbearbeiter für Gewerbeangelegenheiten bei der Stadt Neustadt.

„Guten Tag, Herr Wilde! Sie haben mich zu einer Anhörung eingeladen. Habe ich das richtig verstanden, dass Sie meine Gewerbeerlaubnis widerrufen wollen? Ich habe die beliebteste Spielhalle in Neustadt! Sie nehmen mir nicht nur meine Konzession, sondern auch meine Existenz und der Stadt Neustadt eine bedeutende Steuerquelle! Wollen Sie das wirklich?"

Herr Wilde bittet Herrn Becker, erst einmal Platz zu nehmen, und erklärt ihm, er habe nicht anders entscheiden können. „Zwei Ihrer Angestellten haben mit Drogen gehandelt, sie sind deswegen zu Freiheitsstrafen verurteilt worden. Die Straftaten wurden auch in Ihrer Spielhalle begangen. Sie haben dazu die Gelegenheit verschafft, auch selbst mit Betäubungsmitteln gehandelt und wurden zu einer 18-monatigen Freiheitsstrafe auf Bewährung verurteilt."

„Genau. Es ist aber nur eine Bewährungsstrafe. Ich sitze nicht im Gefängnis wie die Haupttäterin Frau Benita García Fernández, die ich entlassen habe. Ich möchte in der Spielhalle meinen Lebensunterhalt verdienen. Es ist doch unverhältnismäßig, die Halle zu schließen und mich arbeitslos zu machen. Sie dürfen mich doch nicht ein zweites Mal bestrafen!"

Herr Wilde: „Ihre Bewährungsstrafe ist keine Kleinigkeit. § 12 StGB ordnet Ihre Straftat klar als Verbrechen ein. Wären Sie deswegen bereits vor einem Jahr verurteilt worden, hätte ich Ihnen die Gewerbeerlaubnis versagen müssen. Denn die Verurteilung wegen eines Verbrechens rechtfertigt die Annahme, dass Sie die für den Spielhallenbetrieb erforderliche Zuverlässigkeit nicht besitzen. Dies ergibt sich so aus § 33i Abs. 2 Nr. 1 in Verbindung mit § 33c Abs. 2 GewO. Nun werde ich die Erlaubnis gem. § 49 VwVfG widerrufen. Es heißt da: ‚Ein ... Verwaltungsakt darf ... widerrufen werden, ... wenn die Behörde aufgrund nachträglich eingetretener Tatsachen berechtigt wäre, den Verwaltungsakt nicht zu erlassen, und wenn ohne den Widerruf das öffentliche Interesse gefährdet würde.'"

221065344

Herr Becker wird immer unruhiger. „Da haben wir es doch: Sie dürfen widerrufen, aber Sie müssen doch nicht! Bei dieser kleinen Strafe ist das doch völlig übertrieben."

Herr Wilde reagiert gelassen: „Das ist natürlich hart für Sie. Aber Sie haben in Ihrer Spielhalle verbrecherische Handlungen zugelassen und auch selbst begangen. Das öffentliche Interesse wäre gefährdet, wenn Sie als Täter diese Spielhalle weiterbetreiben würden. Denn mit der Vorstrafe wegen eines Verbrechens sind Sie für dieses Gewerbe nicht mehr zuverlässig. Und Zuverlässigkeit ist eine gesetzliche Voraussetzung für jedes Gewerbe. Dass Sie selbst nun die Voraussetzungen für den Spielhallenbetrieb nicht mehr erfüllen und daher die Erlaubnis verlieren, ist keine zweite Bestrafung. Und die Arbeitslosigkeit ist keine zwangsläufige Folge."

Herr Becker: „Das hört sich alles sehr kompliziert an. Wenn Ihr Bescheid kommt, werde ich auf jeden Fall Widerspruch einlegen."

Herr Wilde: „Da muss ich Sie leider enttäuschen, Herr Becker. Das Widerspruchsverfahren in Gewerbeangelegenheiten wurde in unserem Bundesland abgeschafft. In dem Bescheid informiere ich Sie darüber, dass Sie direkt vor dem Verwaltungsgericht klagen können."

Herr Becker: „In meinem früheren Wohnort Berlin konnte ich immer Widerspruch einlegen. Können Sie denn nicht meine Klage aufschreiben und per E-Mail an das Gericht weiterleiten? Die Gründe müsste ich noch genauer überlegen. Aber bei den Widersprüchen früher brauchte ich auch nicht unbedingt Gründe anzugeben. Ein Prozess verursacht sicher Gerichtskosten. Und einen Anwalt muss ich wohl auch nehmen. Wie ist das eigentlich mit der Prozesskostenhilfe, wenn man die Kosten nicht selbst aufbringen kann? Die möchte ich jetzt bei Ihnen beantragen, oder muss ich da zum Sozialamt? ..."

Herr Wilde atmet erst einmal tief durch, dann gibt er Herrn Becker Auskunft.

4.5.2 Arbeitsaufträge zur Lernsituation

Informieren Sie sich in der Verwaltungsgerichtsordnung und im Grundlagenband über die folgenden Punkte. Klären Sie dabei die Fragen.

a) Welche rechtlichen Vorgaben muss Herr Wilde bei der Rechtsmittelbelehrung über die verwaltungsgerichtliche Klage beachten?
b) Welche Regelungen über Form und Inhalt der Klage muss Herr Becker befolgen?
c) Ist Herr Becker verpflichtet, sich durch einen Anwalt im verwaltungsgerichtlichen Verfahren vertreten zu lassen?
d) Herrn Becker interessieren die Kosten eines verwaltungsgerichtlichen Verfahrens, Beratungs- und Prozesskostenhilfe. Welche Auskünfte können Sie ihm geben? Informationen finden Sie im Arbeitsmaterial und im Internet (z. B. bei den Justizministerien der Länder).
e) Informieren Sie sich über die Gerichtsorganisation (Aufbau der Verwaltungsgerichtsbarkeit).
f) Geben Sie wichtige Grundsätze für das Verfahren vor den Verwaltungsgerichten an.

4.5.3 Arbeitsmaterialien zur Lernsituation

Informationen zu Beratungshilfe und Prozesskostenhilfe

Die Rechtsberatung der Bürger und ihre Vertretung gegenüber Dritten und vor Gericht ist den Rechtsanwälten vorbehalten. Nach dem Rechtsberatungsgesetz dürfen andere Personen ohne Erlaubnis der zuständigen Behörde nicht rechtsberatend tätig werden.

Wer die erforderlichen Mittel für die Rechtsberatung bzw. die Prozesskosten nicht aufbringen kann, hat grundsätzlich Anspruch auf Beratungshilfe nach dem Gesetz über Rechtsberatung und Vertretung für Bürger mit geringem Einkommen (Beratungshilfegesetz) und – wenn es zu einem Gerichtsverfahren kommt – auf Prozesskostenhilfe nach den Vorschriften der Zivilprozessordnung oder speziellen Regelungen.

Die verfassungsmäßig garantierte Gleichheit vor dem Gesetz erfordert, dass finanzielle Gründe niemanden daran hindern dürfen, seine Rechte wahrzunehmen. Beratungshilfe und Prozesskostenhilfe sollen dazu beitragen, die wirtschaftlich Schwachen und Starken im Bereich des Rechtsschutzes annähernd gleichzustellen.

Beratungshilfe

Beratungshilfe umfasst im Wesentlichen die Beratung von Bürgern durch einen Rechtsanwalt eigener Wahl, wenn ihr Einkommen eine bestimmte Grenze nicht übersteigt. Hierfür ist eine Gebühr von 15,00 € zu entrichten. Beratungshilfe wird vor allem gewährt in Angelegenheiten

- des Zivilrechts (z. B. Mietsachen, Ehe- und Kindschaftssachen, Verkehrsunfallsachen),
- des Verwaltungsrechts
- sowie des Arbeits- und Sozialrechts.

Die Beratung kann auch das Fertigen von Briefen und andere Formen außergerichtlicher Vertretung umfassen. Jedoch wird in Angelegenheiten des Strafrechts und des Ordnungswidrigkeitenrechts nur Beratung gewährt.

Anspruch auf Beratungshilfe hat, wer im Falle eines Prozesses Anspruch auf Prozesskostenhilfe (ohne Ratenzahlung) hat.

Beratungshilfe ist beim Amtsgericht oder einem Rechtsanwalt zu bekommen:

Beim Amtsgericht (Rechtsantragsstelle) berät der zuständige Rechtspfleger, soweit dem Anliegen des Rechtsuchenden durch eine Auskunft, die Aufnahme eines Antrags oder einer Erklärung oder den Hinweis auf andere Hilfsmöglichkeiten entsprochen werden kann. In Angelegenheiten der Arbeitslosenhilfe beraten die Arbeitsagenturen bzw. die Arbeitsgemeinschaften (ARGE), die Jugendämter unterstützen bei der Geltendmachung von Unterhalts- und Unterhaltsersatzansprüchen. Bei einem Verbraucherinsolvenzverfahren wird der Rechtspfleger eine Schuldnerberatungsstelle vermitteln.

Kommt anwaltliche Beratung infrage, stellt die Rechtsantragsstelle dem Rechtsuchenden einen Berechtigungsschein aus, wenn er die Voraussetzungen für die Inanspruchnahme von Beratungshilfe erfüllt. Dazu ist es erforderlich, dass er seine persönlichen und wirtschaftlichen Verhältnisse darlegt. Dies kann Nachweise in erheblichem Umfang erfordern, insbesondere Bescheinigungen über jegliches Einkommen, Kontoauszüge, Nachweise über Zahlungsverpflichtungen sowie Unterlagen zum Vermögen (z. B. Sparbücher, Lebensversicherungspolicen, Bausparverträge, Fahrzeugschein). Mit dem Berechtigungsschein kann der Rechtsuchende dann zu einem Rechtsanwalt seiner Wahl gehen.

Wer unmittelbar einen Rechtsanwalt aufsucht, muss diesem gegenüber die persönlichen und wirtschaftlichen Verhältnisse darlegen. Bei der Ausfüllung des Antragsformulars kann der Rechtsanwalt beraten.

Prozesskosten

Das Verwaltungsgericht entscheidet, wer die Kosten des verwaltungsgerichtlichen Verfahrens (Gerichtskosten und außergerichtliche Kosten der Beteiligten) zu tragen hat. Die im Verfahren unterlegene Partei trägt grundsätzlich die Kosten des Verfahrens (§ 154 Abs. 1 VwGO). Bei der Berechnung der Gebühr wird ein Streitwert zugrunde gelegt. Liegt er z. B. bei 5.000,00 €, so beträgt die allgemeine Verfahrensgebühr im Klageverfahren 438,00 € (Stand 2022). Hinzu kommen Auslagen wie z. B. Zeugengelder und Vergütungen für Sachverständige oder Übersetzer. Die Verfahrensgebühren werden bereits mit der Einreichung der Klageschrift fällig.

Zu den außergerichtlichen Kosten der Beteiligten gehören insbesondere die Kosten, die ihm durch die Beauftragung eines Bevollmächtigten entstanden sind. Wird jede Partei anwaltlich vertreten, können die gesamten Aufwendungen für einen Rechtsstreit bei einem Streitwert von 5.000,00 € leicht 1.000,00 € überschreiten. Im verwaltungsgerichtlichen Verfahren wird sich die beteiligte Behörde in der Regel nicht anwaltlich vertreten lassen, sondern einen Sachbearbeiter oder das Rechtsamt beauftragen. In diesem Fall entstehen keine Rechtsanwaltskosten.

Prozesskostenhilfe

Wer nach seinen persönlichen und wirtschaftlichen Verhältnissen die Kosten der Prozessführung nicht, nur zum Teil oder nur in Raten aufbringen kann, hat grundsätzlich Anspruch auf Prozesskostenhilfe.

Wird (ratenfreie) Prozesskostenhilfe gewährt, so muss der Rechtsuchende keine Gerichtskosten tragen und auch keinen Gerichtskostenvorschuss zahlen. Wird ihm ein Rechtsanwalt beigeordnet, so werden auch dessen Kosten aus der Staatskasse bezahlt. Ein Rechtsanwalt seiner Wahl wird dem Rechtsuchenden beigeordnet, wenn eine Vertretung durch Rechtsanwälte vorgeschrieben ist (z. B. vor dem Landgericht, dem Oberlandesgericht oder dem

221065346

Oberverwaltungsgericht), anwaltliche Vertretung erforderlich erscheint oder der Prozessgegner durch einen Anwalt vertreten ist. Auch für die vom Beteiligten benannten Zeugen oder Sachverständigen hat er im Falle der Prozesskostenhilfe keinen Kostenvorschuss zu leisten.

Prozesskostenhilfe wird auf Antrag von dem Gericht bewilligt, bei dem der Prozess geführt werden soll (Prozessgericht). Das Gericht prüft,

- ob der Rechtsuchende nach seinen persönlichen und wirtschaftlichen Verhältnissen die Kosten der Prozessführung nicht, nur zum Teil oder nur in Raten aufbringen kann und
- ob die beabsichtigte Rechtsverfolgung oder Rechtsverteidigung hinreichende Aussicht auf Erfolg bietet und nicht mutwillig erscheint.

Wem von seinem Einkommen nach Abzug von Steuern, angemessenen Miet- und Heizkosten, Versicherungsbeiträgen, einem Freibetrag für Erwerbstätige und unter Berücksichtigung von Unterhaltsverpflichtungen nicht mehr als ein bestimmter monatlicher Betrag zum Leben bleibt, dem kann Prozesskostenhilfe ohne Ratenzahlungsverpflichtung gewährt werden. Dieser Betrag wird jährlich angepasst.

Übersteigt der zum Leben verbleibende Betrag diese Grenze um mehr als 15,00 € oder ist größeres Vermögen vorhanden, so kann das Gericht die Zahlung der Gerichtskosten in monatlichen Raten anordnen.

Die Prozesskostenhilfe deckt die Gerichtskosten. Die Kosten des eigenen Rechtsanwalts deckt sie nur, wenn das Gericht auf besonderen Antrag einen Rechtsanwalt beigeordnet hat. Wer den Prozess verliert, muss in jedem Fall – auch bei Prozesskostenhilfe – die Kosten des Gegners bezahlen. Eine Ausnahme besteht nur in Arbeitsrechtsprozessen. Dort bezahlt grundsätzlich jeder seine Anwaltskosten selbst. Ein gewisses Kostenrisiko bleibt also auch bei Gewährung von Prozesskostenhilfe bestehen.

Rechtsgrundlage der Prozesskostenhilfe sind die §§ 114 bis 127a Zivilprozessordnung (ZPO). Nach § 166 VwGO gelten diese Vorschriften für das verwaltungsgerichtliche Verfahren entsprechend. Für das Verfahren vor den Sozial- und Arbeitsgerichten gelten besondere Regelungen (§ 73a Sozialgerichtsgesetz, § 11a Arbeitsgerichtsgesetz).

4.5.4 Aufgaben

1. Prüfen Sie, welche Klagearten in Betracht kommen
   a) Die X-Partei beantragt bei der Stadt Neustadt, ihr für eine Wahlkundgebung die Nutzung des Friedensplatzes zu gestatten. Die Behörde lehnt ohne Angabe von Gründen ab.
   b) Der Abfallentsorgungsbetrieb Neustadt stellt im Auftrag der Stadt unweit des Grundstücks von Gustav Gruber zwei Altglascontainer auf. Herr Gruber befürchtet Lärmbelästigungen und ist bereit, auch gerichtlich gegen die Aufstellung vorzugehen.
   c) Jens Wagner erhält einen Hundesteuerbescheid. Er behauptet, das Tier vor einem Jahr abgegeben zu haben. Die Behörde bezweifelt die Aussage Wagners und besteht auf Zahlung.
   d) In einer Angelegenheit, in der ein Widerspruchsverfahren vorgeschrieben ist, hat die zuständige Behörde drei Monate nach Einlegung des Widerspruchs nicht reagiert.
   e) Unternehmer Jung hat einen Bescheid über die Höhe einer Subvention erhalten, dennoch wird ihm nur die Hälfte des angekündigten Betrags überwiesen.
   f) Der Dackel Rambo von Rentner Hubert Schneider hat bereits mehrere Passanten gebissen. Das Ordnungsamt der Stadt Neustadt verfügt deshalb, dass der Hund nur noch mit einem Maulkorb auf die Straße darf. Schneider hält dies für eine Überreaktion der Behörde und für Tierquälerei.
   g) Bodo Bebel ist der Meinung, er bekomme weniger Wohngeld, als ihm gesetzlich zustehe.
2. Rechtsschutz gegen den Staat wird häufig als „Krönung des Rechtsstaates“ bezeichnet. Erläutern Sie, wie Rechtsschutz und Rechtsstaat zusammenhängen und warum der Rechtsschutz als Vollendung des Rechtsstaats angesehen werden kann.
3. Art. 3 GG gewährt Gleichheit vor dem Gesetz. Dennoch hört man gelegentlich: „Wer genug Geld hat, hat auch bessere Chancen, sich gerichtlich durchzusetzen.“ Nehmen Sie Stellung.
4. Was bedeutet der Grundsatz von der Unabhängigkeit der Richter und warum ist er gerade im Verwaltungsgerichtsverfahren so wichtig?

Exkurs: Staats- und verfassungsrechtliche Zusammenhänge berufsbezogen darstellen und beurteilen

5.1 Eingriffe der Verwaltung in Freiheitsrechte

5.1.1 Lernsituation

Festsetzung einer Demonstration

a) Die „Radikal-Partei" ist eine nicht verbotene Partei, die aber gegen politisch Andersdenkende und Bürger ausländischer Herkunft häufig gewalttätig aufgetreten ist. Sie will am Samstag, den 21. April, eine Kundgebung in der Stadthalle der Stadt S. veranstalten. Die Stadt S. hatte sich zwar geweigert, die Halle zur Verfügung zu stellen. Doch das von der „Radikal-Partei" angerufene Verwaltungsgericht hat am Freitag, den 20. April entschieden, dass die Stadt S. die Halle für die geplante Veranstaltung überlassen muss. Die Kundgebung soll also am Samstag doch noch stattfinden.

Nachdem die Presse dies am Morgen des 21. Aprils berichtet, sammeln sich ab 09:00 Uhr spontan Gegner der „Radikal-Partei" mit Transparenten an verschiedenen Stellen der Stadt. Wenig später ziehen etwa dreihundert Menschen in einem nicht angemeldeten Demonstrationszug in Richtung Innenstadt. Sie führen Plakate mit sich, die Aufschriften tragen wie „Nazis raus!" und „Keine Freiheit für die Feinde der Freiheit!". Die Polizei erklärt, sie müsse eine mögliche Behinderung der gerichtlich erlaubten Parteiveranstaltung durch die Gegendemonstranten ausschließen. Um die Gegendemonstranten daran zu hindern, zur Stadthalle zu ziehen und dort eventuell mit den Anhängern der „Radikal-Partei" zusammenzustoßen, kesselt die Polizei die Gegendemonstranten gegen 11:00 Uhr auf dem Rathausplatz ein und setzt so die Versammlung unter freiem Himmel fest. Bis 14:00 Uhr werden die Demonstranten in das Polizeigewahrsam – eine geräumte Wagenhalle – gebracht. Dort werden die Personalien aufgenommen. Um 17:00 Uhr – die Anhänger der „Radikal-Partei" haben die Stadt inzwischen verlassen – werden die Gegendemonstranten wieder auf freien Fuß gesetzt.

Einige Teilnehmer der Gegendemonstration beklagen sich anschließend über die Behandlung durch die Polizei.

Sie argumentieren, Demonstrationen bedürften nach Art. 8 Abs. 1 GG ausdrücklich keiner Anmeldung, spontane Demonstrationen erst recht nicht. Außerdem hätte die Polizei die Demonstration nicht behindern dürfen, auf gar keinen Fall hätte sie die Teilnehmer einkesseln und stundenlang festsetzen dürfen. Die Polizei habe sich somit verfassungswidrig verhalten. Einige Teilnehmer wollen dies auch durch das Bundesverfassungsgericht feststellen lassen.

b) Seit dem Inkrafttreten der Föderalismusreform (Gesetz zur Änderung des GG vom 28. August 2006) besteht keine Gesetzgebungskompetenz des Bundes mehr für das Versammlungsrecht. Die Vorschriften des Versammlungsgesetzes gelten aber so lange fort, wie sie nicht durch Landesrecht ersetzt worden sind (vgl. Artikel 125a Abs. 1 GG).

Im nun zuständigen Landtag wird eine neue Regelung des Versammlungsrechts vorgeschlagen. Der folgende Satz soll in den Gesetzestext eingearbeitet werden: „Eine öffentliche Versammlung unter freiem Himmel kann vorbeugend verboten werden, wenn eine Gefährdung der öffentlichen Sicherheit oder Ordnung bei Durchführung der Versammlung möglich ist."

Anmerkung: Die Länder Bayern, Berlin (teilweise), Niedersachsen, Sachsen, Sachsen-Anhalt und Schleswig-Holstein haben eigene Landesversammlungsgesetze erlassen. In allen anderen Ländern gilt das Versammlungsgesetz des Bundes (Stand April 2022).

5.1.2 Arbeitsaufträge zur Lernsituation

1. (zu a) Untersuchen Sie mithilfe des Grundgesetzes, des Versammlungsgesetzes und der nachstehenden Arbeitsmaterialien, ob die Polizei sich im vorliegenden Fall verfassungswidrig verhalten hat. Beachten Sie mögliche rechtliche Grundrechtseinschränkungen. Im Grundlagenband finden Sie eine Aufbauhilfe.
2. (zu a) Untersuchen Sie, ob die Teilnehmer die Möglichkeit haben, das Verhalten der Polizei durch das Bundesverfassungsgericht prüfen zu lassen (Zulässigkeitsprüfung).
3. (zu b) Prüfen und beurteilen Sie, ob die beabsichtigte Regelung verfassungsgemäß ist.

221065348

5.1.3 Arbeitsmaterialien zur Lernsituation

Orientieren Sie sich auch im Grundgesetz und im Grundlagenband.

Informationen zum Grundrecht der Versammlungsfreiheit (Art. 8 GG)

Art. 8 GG

(1) Alle Deutschen haben das Recht, sich ohne Anmeldung oder Erlaubnis friedlich und ohne Waffen zu versammeln.

(2) Für Versammlungen unter freiem Himmel kann dieses Recht durch Gesetz oder aufgrund eines Gesetzes beschränkt werden.

Die Versammlungsfreiheit gehört zu den Kommunikationsgrundrechten. Sie sichert auch den freien und öffentlichen Meinungs- und Willensbildungsprozess. Da die politischen Mitwirkungsmöglichkeiten des Einzelnen in der repräsentativen Demokratie von vornherein begrenzt sind, stellt die Versammlungsfreiheit eine notwendige Möglichkeit staatsbürgerlicher Einflussnahme dar. Die gesetzlichen Regelungen hierzu enthält das Versammlungsgesetz des Bundes (VersammlG). Nach Wegfall der Bundeszuständigkeit für das Versammlungsrecht 2006 (Föderalismusreform) haben mehrere Länder eigene, inhaltlich meist ähnliche Landesversammlungsgesetze erlassen. Solange ein Land von dieser Befugnis keinen Gebrauch gemacht hat, gilt dort das VersammlG des Bundes weiter. Es wird auch nachfolgend zugrunde gelegt. Das jeweils anzuwendende Versammlungsgesetz geht als spezielles Gesetz dem allgemeinen Polizei- und Ordnungsrecht vor.

Persönlicher Schutzbereich

Das Grundrecht der Versammlungsfreiheit steht allen Deutschen zu. Hintergrund ist die Ausrichtung des Grundrechts auf die Demokratie der Bundesrepublik Deutschland, in der die Staatsgewalt vom deutschen Volke ausgeht. Nach § 1 Abs. 1 VersammlG hat jedermann das Recht, öffentliche Versammlungen und Aufzüge zu veranstalten und an solchen Veranstaltungen teilzunehmen.

Sachlicher Schutzbereich

Eine Versammlung ist das Zusammentreffen von mehreren Personen aufgrund eines sie verbindenden, gemeinsam getragenen Zwecks. Die Versammlung ist abzugrenzen von der „Ansammlung", die eher zufällig ist und zwar einen gleichen, aber keinen gemeinsam getragenen Zweck hat (Zuschauer nach einem Verkehrsunfall, Besucher einer Theatervorstellung).

Der sachliche Schutzbereich ist eingeschränkt auf die friedliche Versammlung ohne Waffen. Die Versammlung darf also keinen gewalttätigen oder aufrührerischen Verlauf nehmen (vgl. § 5 Nr. 3 VersammlG). Ein besonderes Problem stellt allerdings die Unfriedlichkeit Einzelner dar.

Neben der eigentlichen Versammlung sind auch deren Organisation und Vorbereitung einschließlich der Anreise zur Versammlung durch das Grundrecht geschützt.

Eingriffe

In das Versammlungsgrundrecht kann auf unterschiedliche Weise eingegriffen werden:

Aus § 14 VersammlG ergibt sich eine Anmeldepflicht (keine Erlaubnispflicht!). Wer die Absicht hat, eine öffentliche Versammlung unter freiem Himmel oder einen Aufzug zu veranstalten, hat dies spätestens 48 Stunden vor der Bekanntgabe bei der zuständigen Behörde unter Angabe des Gegenstands der Versammlung oder des Aufzugs anzumelden.

Nach § 15 VersammlG kann die zuständige Behörde die Versammlung oder den Aufzug unter bestimmten Voraussetzungen

- verbieten,
- von Auflagen abhängig machen
- oder auflösen.

Verfassungsrechtliche Rechtfertigung

Eine Rechtfertigung für Eingriffe könnte sich ergeben aus einer verfassungsunmittelbaren Schranke, einem Gesetzesvorbehalt oder aus verfassungsimmanenten Schranken.

Art. 8 Abs. 2 GG enthält einen Gesetzesvorbehalt für Versammlungen unter freiem Himmel. Diese Versammlungen können größer und gefährlicher sein als solche in geschlossenen Räumen. Abgrenzungsmerkmal ist hier die räumliche Abgrenzung nach außen (Beispiel: Fußballstadion), nicht das Vorhandensein eines Dachs. Diese Unterscheidung ist nicht identisch mit der zwischen öffentlichen und nichtöffentlichen Versammlungen.

Das Bundesverfassungsgericht hat sich mehrfach zur Versammlungsfreiheit geäußert. Wichtige Entscheidungen wurden im „Brokdorf-Urteil" getroffen (BVerfGE 69, 315 – „Brokdorf", Leitsatz 2):

„Die Regelung des Versammlungsgesetzes über die Pflicht zur Anmeldung von Veranstaltungen unter freiem Himmel und über die Voraussetzungen für deren Auflösung oder Verbot (§§ 14, 15 VersammlG) genügt den verfassungsrechtlichen Anforderungen, wenn bei ihrer Auslegung und Anwendung berücksichtigt wird, dass

a) die Anmeldepflicht bei Spontandemonstrationen nicht eingreift und ihre Verletzung nicht schematisch zur Auflösung oder zum Verbot berechtigt,

b) Auflösung und Verbot nur zum Schutz gleichwertiger Rechtsgüter unter strikter Wahrung des Grundsatzes der Verhältnismäßigkeit und nur bei einer unmittelbaren, aus erkennbaren Umständen herleitbaren Gefährdung dieser Rechtsgüter erfolgen dürfen."

Für Versammlungen in geschlossenen Räumen kann das Grundrecht nur durch verfassungsimmanente Schranken eingeschränkt werden.

5.2 Eingriffe der Verwaltung in Gleichheitsrechte

5.2.1 Lernsituation

Förderung politischer Jugendarbeit

Der Haushaltsplan der Stadt Neustadt weist für die Förderung der Jugendarbeit der ortsansässigen politischen Parteien einen Förderbetrag von 12.000,00 € aus. Für die Verteilung will der Rat eine Richtlinie beschließen. Hierfür macht die A-Fraktion folgenden Vorschlag:

„Die Stadt Neustadt fördert die Jugendarbeit der ortsansässigen politischen Parteien durch Zuschüsse. Verteilungsmaßstab ist die Zahl der Mitglieder der örtlichen Jugendorganisationen der Parteien zu Beginn des Haushaltsjahres. Parteien, die nicht dem Rat der Stadt Neustadt angehören, erhalten keine Fördermittel. ..."

In der Beratung des Tagesordnungspunktes begründen Mitglieder der **A-Fraktion** den Ausschluss der nicht im Rat vertretenen Parteien wie folgt:

a) „Nur die im Rat der Stadt vertretenen Parteien sind demokratisch zuverlässig, im Gegensatz zu links- oder rechtsradikalen Gruppen, die nicht in den Rat gewählt worden sind."

b) „Eine stetige und ernsthafte politische Jugendarbeit ist nur von Parteien zu erwarten, die im Rat der Stadt vertreten sind."

Der Vorsitzende der **C-Fraktion,** die den Einzug in den Stadtrat nur knapp geschafft hat, verlangt eine Förderung **aller** politischen Jugendorganisationen. Er wirft der A-Fraktion plumpe Bereicherungsabsichten und politische Intoleranz vor und hält es für verfassungswidrig, nicht dem Rat angehörende Parteien von der Förderung auszuschließen. Er verweist auch beispielhaft auf das jährlich mit großem Erfolg stattfindende Pfingstlager einiger sozialistischer Jugendorganisationen.

Die beiden alternativen Fördermöglichkeiten stellen sich konkret wie folgt dar:

Partei	Mitgliederzahl der Jugendorganisation	Partei ist im Rat vertreten	Verteilung der Fördermittel	
			nur an „Ratsparteien" (Vorschlag A-Fraktion)	an alle Parteien (Vorschlag C-Fraktion)
A	72	ja	5.538,00 €	4.800,00 €
B	48	ja	3.692,00 €	3.200,00 €
C	36	ja	2.770,00 €	2.400,00 €
D	24	nein	0,00 €	1.600,00 €
Summe	180		12.000,00 €	12.000,00 €

221065350

5.2.2 Arbeitsaufträge zur Lernsituation

1. Hier geht es um die Frage der Gleichbehandlung. Überlegen Sie, warum die Verfassungsmäßigkeit einer Ratsentscheidung in diesem Fall nicht nach dem gleichen Schema überprüft werden kann wie eine Maßnahme, die in ein Freiheitsrecht eingreift.
2. Prüfen Sie, ob der Vorschlag der A-Fraktion das Grundgesetz verletzt.

5.2.3 Arbeitsmaterialien zur Lernsituation

Informationen zum Grundrecht auf Gleichheit vor dem Gesetz

Art. 3 GG

(1) Alle Menschen sind vor dem Gesetz gleich.

(2) Männer und Frauen sind gleichberechtigt. Der Staat fördert die tatsächliche Durchsetzung der Gleichberechtigung von Frauen und Männern und wirkt auf die Beseitigung bestehender Nachteile hin.

(3) Niemand darf wegen seines Geschlechtes, seiner Abstammung, seiner Rasse, seiner Sprache, seiner Heimat und Herkunft, seines Glaubens, seiner religiösen oder politischen Anschauungen benachteiligt oder bevorzugt werden. Niemand darf wegen seiner Behinderung benachteiligt werden.

Das Gleichheitsrecht in Art. 3 GG erscheint in drei Ausformungen.

Der Gleichheitssatz im ersten Absatz bestimmt, dass gleiches Recht für alle gilt. Alle staatlichen Stellen haben die Pflicht, unter Beachtung des Gerechtigkeitsgedankens tatbestandlich Gleiches rechtlich gleich zu behandeln (Rechtsetzungsgleichheit und Rechtsanwendungsgleichheit). Eine Verletzung des Gleichheitssatzes liegt somit vor, wenn für eine Ungleichbehandlung ein vernünftiger, aus der Natur der Sache sich ergebender oder sonst einsichtiger Grund nicht ersichtlich ist, wenn also eine Entscheidung willkürlich ist. Ob zu regelnde Lebenssachverhalte, die selten absolut identisch sind, eher als tatbestandlich gleich oder als tatbestandlich ungleich zu bewerten sind, obliegt in erster Linie dem Gesetzgeber, der hier einen erheblichen Gestaltungsspielraum hat.

Beispiel

Der aus Art. 3 Abs. 1 GG abgeleitete Grundsatz der Steuergerechtigkeit verlangt nicht eine formale (arithmetische) Gleichbehandlung aller Steuerpflichtigen – etwa durch einen gleichen Steuersatz für Arm und Reich, sondern eine relative Gleichbehandlung, die auf die wirtschaftliche Leistungsfähigkeit und auf soziale Umstände die gebotene Rücksicht nimmt. Innerhalb eines solchen Rahmens müssen dann allerdings gleich Leistungsfähige gleich behandelt werden.

Besondere Ausformungen des Gleichheitssatzes finden sich z. B. in den Spezialnormen der Art. 6 Abs. 5, 33 Abs. 1 und 3, 38 Abs. 1 GG.

Der Gleichberechtigungsgrundsatz im zweiten Absatz ist eine Konkretisierung des allgemeinen Gleichheitssatzes für das Verhältnis von Mann und Frau. Die Regelung bestimmt, dass die biologischen Unterschiede nicht als Grund für eine unterschiedliche rechtliche Behandlung dienen dürfen (absolutes Differenzierungsverbot). Nur ausnahmsweise – wenn nämlich der zu beurteilende Sachverhalt entscheidend durch das Geschlecht geprägt ist – darf eine Differenzierung erfolgen (z. B. Regelungen zum Mutterschaftsschutz). Die Gleichberechtigung gilt für alle Rechtsgebiete, im Ehe- und Familienleben genauso wie im Arbeitsleben.

Beispiele

Die Reichsversicherungsordnung (RVO) sah vor, dass ein Mann Witwerrente nur erhalten konnte, wenn seine verstorbene Frau überwiegend den Unterhalt der Familie bestritten hatte. Die Witwe hatte demgegenüber einen Anspruch auf Hinterbliebenenrente auch dann, wenn ihr verstorbener Ehegatte den Unterhalt der Familie nicht überwiegend bestritten hatte. Das BVerfG sah hierin einen Verstoß gegen den Gleichberechtigungsgrundsatz und verpflichtete den Gesetzgeber, diese Ungleichbehandlung von Mann und Frau bei der Hinterbliebenenrente zu beseitigen (BVerfGE 39, 169 ff.). Der Gesetzgeber ist dieser Verpflichtung durch Gesetz nachgekommen.

Die nur für Männer geltende Wehrpflicht stellt keinen Verstoß gegen Art. 3 Abs. 2 GG dar, da diese Differenzierung durch Art. 12 a GG vorgesehen ist, der damit als Einschränkung des Art. 3 Abs. 2 GG anzusehen ist.

Das Diskriminierungsverbot im dritten Absatz ist ebenfalls als Konkretisierung des allgemeinen Gleichheitsgrundsatzes anzusehen. Die angeführten Gesichtspunkte dürfen nicht als Grund für unterschiedliche staatliche Regelungen verwendet werden. Allerdings sind Differenzierungen, die sich aus der Natur der Sache ergeben, auch hier zulässig.

Beispiele

Bei der Einbürgerung ist es zulässig, Abstammung, Rasse, Sprache, Heimat und politische Herkunft zu berücksichtigen.

Bei einer Bekenntnisschule darf auf das Bekenntnis des Lehrers abgestellt werden.

Der Gleichheitsgrundsatz

Allgemeiner Gleichheitsgrundsatz (Verbot willkürlicher Ungleichbehandlung, Art. 3 Abs. 1 GG)

spezielle Gleichheitssätze (sind vorrangig anzuwenden):

- **Gleichberechtigung von Mann und Frau** (Art. 3 Abs. 2 GG)
- **Diskriminierungsverbot** (Art. 3 Abs. 3 GG)
- **Gleichstellung nichtehelicher Kinder** (Art. 6 Abs. 5 GG)
- **allgemeine und gleiche Wahl** (Art. 38 Abs. 1 GG)
- **gleiche staatsbürgerliche Rechte und Pflichten, gleicher Zugang zu öffentlichen Ämtern** (Art. 33 GG)
- **Gleichbehandlung aller Parteien durch den Staat** (Art. 21 GG)

5.3 Gerichtliche Überprüfung von Grundrechtseingriffen

5.3.1 Lernsituation

Meinungsfreiheit in der Schule

Es ist wieder einmal Wahlkampfzeit. In diesem Jahr prallen auch in der Berufsschule Neustadt die Meinungen ungewohnt heftig aufeinander. Es geht um Jugendarbeitslosigkeit und mehr Ausbildungsplätze, um die Ausländerpolitik und um die Reform des Berufsbildungsgesetzes. Im Politikunterricht der Klassen werden die Wahlforderungen verglichen und diskutiert. Hier kann auch jeder seine Meinung in den Unterricht einbringen.

221065352

Seit jedoch in einer Klasse der Abteilung Metallberufe eine Vorrichtung zur Herstellung von Plaketten als Projektarbeit entstanden ist, werden diese Produkte mit den unterschiedlichsten Aufschriften in der Schule getragen. Die Aufschrift „Lehrer sind blöhd" verschwand nach wenigen Tagen von allein, vielleicht wegen möglicher Rückschlüsse auf den jeweiligen Träger. Nun werden im Wahlkampf auch Plaketten mit manchmal recht spitzfindig formulierten politischen Parolen verbreitet, die von der jeweiligen Gegenseite oft als ehrverletzend empfunden werden.

So kommt es häufig zu persönlichen Auseinandersetzungen zwischen Schülern sowie zwischen Schülern und Lehrern, die auch in den Unterricht hineingetragen werden. Eine Schülerin der Verwaltungsfachklasse beklagte sich, dass die Vorbereitung auf eine Klassenarbeit gelitten habe, weil im Unterricht zu häufig Wahlkampfthemen und schulische Auseinandersetzungen erörtert worden seien.

Nachdem eine Schlägerei mit politischen Extremisten vor dem Schulgebäude durch die Polizei beendet werden musste und die Unruhe in der Schule immer weiter zunimmt, erlässt der Schulleiter ein allgemeines Plakettenverbot auf dem Schulgelände vom Unterrichtsbeginn bis zum Unterrichtsende für den Rest des Schuljahres. Er begründet es damit, dass nur so den laufenden Störungen des Unterrichts und des Schulfriedens sowie der Gefährdung der Bildungs- und Erziehungsarbeit der Schule Einhalt geboten werden könne. Es wird in allen Klassen mitgeteilt und im Mitteilungskasten („Schwarzes Brett") ausgehängt. Einigen Schülern, die das Verbot missachten, werden sofort schulrechtliche Ordnungsmaßnahmen angedroht, in einem „hartnäckigen" Fall sogar die Entlassung aus der Schule. Einem widerspenstigen Lehrer wird ein Disziplinarverfahren angekündigt.

Die Schülervertretung findet, mit dem Plakettenverbot verletze der Direktor das Grundgesetz. Meinungsfreiheit könne man nicht dadurch lernen, dass man sie verbietet. Nachdem sich die örtliche Presse dieses Themas annimmt, fordert die XYZ-Partei die Versetzung des „undemokratischen" Schulleiters.

In der Verwaltungsfachklasse der Schule wird das Thema fachlich aufgearbeitet.

5.3.2 Arbeitsaufträge zur Lernsituation

1. Ordnen Sie die Maßnahme des Schulleiters rechtlich ein.
2. Prüfen Sie, ob das Plakettenverbot ein Grundrecht verletzt. Beachten Sie die vom Schulleiter selbst erlassene Schul- und Hausordnung, das Schulgesetz des Landes (s. Arbeitsmaterialien) und das Grundgesetz.
3. Die Androhung der Entlassung aus der Schule ist ein Verwaltungsakt. Untersuchen Sie die Möglichkeiten eines betroffenen Schülers, sich außergerichtlich und gerichtlich dagegen zu wehren.
4. Unter welchen Voraussetzungen ist im Falle einer Androhung der Entlassung aus der Schule eine Verfassungsbeschwerde vor dem Bundesverfassungsgericht möglich?

5.3.3 Arbeitsmaterialien zur Lernsituation

Auszug aus dem Schulgesetz des Landes

§ 45 Meinungsfreiheit

(1) Die Schülerinnen und Schüler haben das Recht, in der Schule ihre Meinung in Wort, Schrift und Bild frei zu äußern. Sie können ihre Meinung auch im Unterricht im sachlichen Zusammenhang mit diesem frei äußern.

(2) Durch die Ausübung dieses Rechts dürfen der Bildungs- und Erziehungsauftrag der Schule, insbesondere die Durchführung des Unterrichts und anderer schulischer Veranstaltungen sowie die Rechte anderer nicht beeinträchtigt werden.

Auszug aus der Schul- und Hausordnung der Berufsschule

10. In der Schule dürfen keine bedruckten Kleidungsstücke, Plaketten oder Sticker getragen werden, sofern diese sich gegen politische oder religiöse Überzeugungen von Lehrern oder Schülern richten.

11. ...

(Die Schul- und Hausordnung wurde nach Beratung und Beschluss in den Gremien der Schule vom Schulleiter erlassen.)

1.1 Aufgaben im sozialrechtlichen Verfahren bearbeiten und Leistungen ermitteln

1.1.1 Lernsituation: Familie Sörgenson in Not

Antrag auf Gewährung von Leistungen nach dem Sozialgesetzbuch XII (SGB XII) (Auszug)

☐ Hilfe zum Lebensunterhalt	3. Kapitel SGB XII	Eingangsvermerke
☐ Grundsicherung	4. Kapitel SGB XII	
☐ Krankenhilfe	5. Kapitel SGB XII	
☐ Eingliederungshilfe	6. Kapitel SGB XII	Eingangsdatum 10. August 20xx
☐ Hilfe zur Pflege	7. Kapitel SGB XII	
☐ Sonstiges	? Leider weiß ich nicht, was ich hier ankreuzen muss.	

Begründung
Mein Mann ist wegen einer Behinderung nicht erwerbsfähig. Ich selbst leide seit einigen Jahren an einer depressiven Erkrankung und kann deshalb kaum noch arbeiten. Bis zu meiner Erkrankung habe ich unseren Lebensunterhalt durch mein Einkommen als Biologin bestritten. Danach habe ich Krankengeld bzw. Arbeitslosengeld erhalten. Nun ist auch dies ausgelaufen und wir können unsere Miete und die Lebensmittel nicht mehr bezahlen. Zudem steht für unsere Tochter Mia ein Tagesausflug mit dem Kindergarten an, der 30 Euro kosten soll, sowie eine Reparatur der orthopädischen Schuhe von Jan in Höhe von 40,00 Euro. Auch das können wir uns nicht mehr leisten. Jans Mutter kann uns leider nicht unterstützen und meine Mutter ist nicht bereit dazu. Bitte helfen Sie uns!

Hinweis: Um sachgerecht über Ihren Antrag entscheiden zu können, werden Informationen und Unterlagen benötigt. Sie werden deshalb gebeten, den Antrag sorgfältig auszufüllen. Die Richtigkeit der Angaben ist durch Unterschrift der jeweiligen Person oder ihres gesetzlichen Vertreters auf der letzten Seite zu bestätigen. Die Datenerhebung im Zusammenhang mit dem Antrag erfolgt nach § 67 a Abs. 2 Satz 1 SGB X. Die weitere Datenverarbeitung erfolgt nach § 67 b Abs. 1 SGB X. Ihre Verpflichtung zur Mitwirkungspflicht in diesem Verfahren ergibt sich aus § 60 Abs. 1 SGB I. Um Missbräuche zu vermeiden, werden Ihre Angaben teilweise mit Angaben, die Sie eventuell gegenüber anderen Leistungsträgern gemacht haben, automatisch verglichen (§ 118 SGB XII).

Persönliche Verhältnisse des Antragstellers / der Antragstellerin

	Hilfesuchende(r) Person 1	Ehegatte(in) / Lebenspartner(in) (Person 2)
Name (Geburtsname)	Sörgenson (Lagrange)	Sörgenson
Vorname(n)	Amelie	Jan
Geburtsdatum	19. September 1990	30. April 1991
Geburtsort / Kreis / Land	Neustadt/Deutschland	Malmö/Schweden
Staatsangehörigkeit(en)	deutsch	deutsch
Familienstand	☐ ledig ☒ verheiratet ☐ getrennt lebend ☐ geschieden ☐ verwitwet ☐ Lebens-partnerschaft	☐ ledig ☒ verheiratet ☐ getrennt lebend ☐ geschieden ☐ verwitwet ☐ Lebens-partnerschaft
Eheschließung	am 16. Mai 2016	am 16. Mai 2016
Heiratsort	Neustadt	Neustadt
geschieden	am	am
Amtsgericht		
wurde eine Unterhaltsregelung vereinbart?	☐ nein ☐ ja	☐ nein ☐ ja
Wenn ja, welche?		
Anschrift Straße, Haus-Nr., PLZ, Ort, Telefon	Waldgasse 3, 49999 Neustadt, 02999 12345	Waldgasse 3, 49999 Neustadt, 02999 12345

Blatt 1 von 15

221065354

	Hilfesuchende(r) Person 1			**Ehegatte(in) / Lebenspartner(in) (Person 2)**		
Ausweispapiere	Bezeichnung (z. B. Reisepass) Personalausweis			Bezeichnung (z. B. Reisepass) Personalausweis		
	Nummer xyz234we			Nummer klu438ei		
	Ausstellungstag 12.03.20xx			Ausstellungstag 27.08.20xx		
	Ausstellungsbehörde Stadt Neustadt			Ausstellungsbehörde Stadt Neustadt		
Vertriebenenausweis	☐ A ☐ B ☐ C			☐ A ☐ B ☐ C		
	Ausstellungstag			Ausstellungstag		
	Ausstellungsbehörde			Ausstellungsbehörde		
Beschäftigung						
derzeitige Beschäftigung	Hilfskraft in einer Molkerei			Chorleiter des Kirchenchors		
Arbeitgeber derzeit	Molkerei Meier			Kirchengemeinde Neustadt		
Erwerbstätigkeiten im Ausland	von	bis		von	bis	
	von	bis		von	bis	
	von	bis		von	bis	
bei anderen Nichterwerbstätigen Grund der Nichterwerbstätigkeit	nur eingeschränkt erwerbsfähig			sonst nicht erwerbsfähig		
Voll- oder teilstationäre Unterbringung (z. B. Werkstatt für Behinderte, Tagesstätte)						
Bei Ausländern aufenthaltsrechtl. Status a) Duldung	☐ nein	☐ ja, gültig bis		☐ nein	☐ ja, gültig bis	
b) Aufenthaltsberechtigung	☐ nein	☐ ja, gültig bis		☐ nein	☐ ja, gültig bis	
c) Aufenthaltserlaubnis	☐ nein	☐ ja, gültig bis		☐ nein	☐ ja, gültig bis	
d) Aufenthaltsbefugnis	☐ nein	☐ ja, gültig bis		☐ nein	☐ ja, gültig bis	
e) Aufenthaltsbewilligung	☐ nein	☐ ja, gültig bis		☐ nein	☐ ja, gültig bis	
Besteht eine Verpflichtungserklärung nach § 68 Aufenthaltsgesetz?	☐ nein	☐ ja		☐ nein	☐ ja	
	Datum der Verpflichtungserklärung			Datum der Verpflichtungserklärung		

Weitere Personen im eigenen Haushalt		
	1	**2**
Name (Geburtsname)	Sörgenson	Sörgenson
Vorname(n)	Lydia	Mia
Geburtsdatum	17. Mai (8 Jahre)	15. Juli (4 Jahre)
Geburtsort / Kreis / Land	Neustadt / Deutschland	Neustadt / Deutschland
Staatsangehörigkeit(en)	deutsch	deutsch

221065355

Blatt 2 von 15

	1		2	
Familienstand	☒ ledig ☐ verheiratet ☐ getrennt lebend ☐ geschieden ☐ verwitwet ☐ Lebenspartnerschaft		☒ ledig ☐ verheiratet ☐ getrennt lebend ☐ geschieden ☐ verwitwet ☐ Lebenspartnerschaft	
Verwandtschaftsverhältnis zum Antragsteller	Tochter		Tochter	
bei Kindern: ehelich / nicht ehelich	ehelich		ehelich	
Anschrift (Straße, Haus-Nr., PLZ, Ort, Telefon)	Waldgasse 3, 49999 Neustadt, 02999 12345		Waldgasse 3, 49999 Neustadt, 02999 12345	
	1		2	
Bargeld	18,00	EUR	7,50	EUR
Spar- und Bankguthaben		EUR		EUR
Haus- und Grundbesitz	☒ nein ☐ ja		☒ nein ☐ ja	
sonstige Vermögenswerte, und zwar				
Höhe des Nettoeinkommens		EUR		EUR
Sonstiges		EUR		EUR

Blatt 3 von 15

Unterhaltspflichtige innerhalb und außerhalb des Haushaltes (Eltern, Kinder)

Verwandte in gerader Linie (§§ 1601 ff BGB)

Mutter zu Person 1 (Hilfesuchende/r)	
Name, Vorname	Lagrange, Brigitte
Geburtsdatum	15. Dezember 1963
Staatsangehörigkeit	deutsch
Anschrift	Neustädter Weg 1, 49999 Neustadt
Verheiratet seit	verwitwet
Beruf	Architektin
Arbeitgeber	Architekturbüro Buona
Art des Einkommens	Gehalt
Einkommen über 100.000 EUR brutto / Jahr	☐ nein ☒ ja
Vater zu Person 1 (Hilfesuchende/r)	
Name, Vorname	verstorben
Geburtsdatum	
Staatsangehörigkeit	
Anschrift	
Verheiratet seit	
Beruf	
Arbeitgeber	
Art des Einkommens	
Einkommen über 100.000 EUR brutto / Jahr	☐ nein ☐ ja

Blatt 4 von 15

221065356

Mutter zu Person 2 (Ehegatte/in / Lebenspartner/in)	
Name, Vorname	Sörgenson, Astrid
Geburtsdatum	29. Februar 1970
Staatsangehörigkeit	schwedisch
Anschrift	Malmö
Verheiratet seit	ledig
Beruf	technische Zeichnerin
Arbeitgeber	Stadt Malmö
Art des Einkommens	Gehalt
Einkommen über 100.000 EUR brutto / Jahr	☒ nein ☐ ja

Notwendige Ausgaben zur Erzielung des Arbeitseinkommens (§ 82 Abs. 2 SGB XII)

einfache Wegstrecke vom Wohnort zur Arbeitsstelle	12,7	km
Fahrtkosten mit öffentlichen Verkehrsmitteln	Fahrt mit Motorroller	EUR
sonstige Aufwendungen	8,00	Stammnummer EUR
arbeitslos	☒ nein ☐ ja	Stammnummer
wurde beim Arbeitsamt Arbeitslosengeld oder andere Leistungen beantragt?	☒ nein ☐ ja	
letzte Arbeitslosenmeldung am	Datum	*(Bestätigung vom Arbeitsamt)*
Ist bereits eine Arbeitsstelle in Aussicht?	☐ nein ☒ ja	
Wenn ja, bei welcher Firma?	Weiterarbeit bei der Molkerei Meier	

Blatt 7 von 15

Monatliches Nettoeinkommen des/der Hilfesuchenden und seiner/ihrer Familienangehörigen
Nachweise sind beizufügen (§§ 82 ff SGB XII)

(Bitte die inländischen und die ausländischen Einkünfte angeben)

Art des monatlichen Einkommens	Hilfesuchender (Person 1) EUR	Ehegatte / Lebenspartner EUR	Sonstige Haushaltsangehörige 1 EUR	2 EUR
Arbeitnehmertätigkeit	600,00 brutto	250,00		
Gewerbe				
Kindergeld		gesetzl. Höhe		
Krankengeld				
Mutterschaftsgeld				
Land- und Forstwirtschaft				
Wert des Austrages				
landwirtschaftliches Altersgeld				
Lastenausgleich / Unterhaltshilfe				
Miet- und Pachteinnahmen				
Ehegattenunterhalt				
Unterhaltszahlungen				
Unterhaltsvorschuss vom Jugendamt				
Altersruhegeld / Hinterbliebenenrente				
Erwerbs- / Berufsunfähigkeitsrente	900,00			
Knappschaftsrente				
Pension				
Unfallrente				
Österreichische Rente				
Schweizer Rente				
sonstige ausländische Renten				
Waisenrente				
Halbwaisenrente				
häusliches Pflegegeld		ja, Pflegegrad 3		
Arbeitslosengeld				
Elterngeld				
Unterhaltsgeld				
Übergangsgeld				
Berufsausbildungsbeihilfe				
Renten nach dem BVG				
Entschädigungsrente				
Betriebsrente				
Kapitalertrag / Zinsen		2 Euro pro Monat		
USG-Leistungen				
BAföG				
Ziv. Blinden-Pflegegeld				

Blatt 8 von 15

221065358

Kosten der Unterkunft (§ 35 SGB XII)

☒ **Mieter** ☐ **Untermieter**

Sind Sie Eigentümer eines Einfamilienhauses?	☐ ja ☒ nein
Sind Sie Eigentümer einer Eigentumswohnung?	☐ ja ☒ nein
Sind Sie Eigentümer eines Zwei- oder Mehrfamilienhauses?	☐ ja ☒ nein

Mietvertrag wurde abgeschlossen (Bitte Mietvertrag beilegen!)

Vermieter
Name, Vorname Kurt Bender
Anschrift (Straße, Haus-Nr., PLZ, Ort) Beethovenstr. 1, 49999 Neustadt
Mieter
Name, Vorname Sörgenson, Amelie und Jan
Anschrift (Straße, Haus-Nr., PLZ, Ort) Waldgasse 3, 49999 Neustadt

besteht eine Wohn- und Wirtschaftsgemeinschaft (§ 20 SGB XII) mit den im Haushalt lebenden Personen?		☒ ja ☐ nein	
Falls ja, mit wem?		Wir sind eine Familie.	
Belastung / Kaltmiete	655,00 EUR	Anzahl der Räume	5
Nebenkosten	85,00 EUR	Zentralheizung	☒ ja ☐ nein
Heizung	84,00 EUR	Stromheizung	☐ ja ☒ nein
Sonstiges Strom und Telefon (Festnetz)	100,00 EUR	Öl- / Kohle- / Holzofenheizung	☐ ja ☒ nein
Größe der Wohnung	95 m^2	Wann wurde die Wohnung bezugsfertig?	Baujahr 1973
Bad oder Dusche	☒ ja ☐ nein	Wurde die Miete im Antragsmonat bereits bezahlt?	☐ ja ☒ nein
Erhalten Sie Wohngeld oder Lastenzuschuss nach dem Wohngeldgesetz?		☐ ja ☒ nein	
Wenn ja, ☐ Wohngeld ☐ Lastenzuschuss		monatlich	EUR
Wurde von Ihnen Wohngeld oder Lastenzuschuss beantragt?		☐ ja ☒ nein	

Kranken- und Pflegeversicherung (§ 32 SGB XII und § 264 SGB V)		
Name und Anschrift der Krankenkasse / Pflegekasse AOK Neustadt	Beitrag monatlich vom Arbeitgeber EUR	
	☒ Pflichtmitglied ☐ Rentenantragsteller ☐ beitragsfrei	☐ freiwilliges Mitglied ☐ Rentner ☒ familienversichert

Blatt 9 bzw. 10 von 15

Wovon haben Sie Ihren Lebensunterhalt bestritten?	bisher von meinem Einkommen als Biologin bzw. vom Kranken- bzw. Arbeitslosengeld
Sind Sie schwerbehindert (**§ 30 SGB XII**)?	☒ ja ☐ nein *Bitte Bescheid in Kopie beifügen!*
Art und Grad der Behinderung	Jan: 100, Merkzeichen G, H und B Amelie: 30, kein Merkzeichen
Wurde ein Schwerbehindertenausweis beantragt oder erteilt?	☒ ja ☐ nein
Sind Sie Inhaber eines Vertriebenenausweises?	☐ ja ☒ nein *Bitte Betreuerausweis in Kopie beifügen!*
Liegt ein Impfschaden vor?	☐ ja ☒ nein
Sind Sie Opfer eines Verkehrsunfalles?	☐ ja ☒ nein
Sind Sie Opfer eines Gewaltverbrechens?	☐ ja ☒ nein
Steht eine der vorgenannten Personen unter Betreuung?	☐ ja ☒ nein *Bitte Betreuerausweis in Kopie beifügen!*
Wenn ja, welche Person?	
Name und Anschrift des Betreuers?	

Grundsicherung im Alter bei Erwerbsminderung (§ 41 SGB SGB XII)	
Bezug von Grundsicherungsleistungen	☒ nein ☐ ja, seit für
Antrag auf Grundsicherungsleistungen gestellt	☒ nein ☐ ja, seit für

Vermögenswerte (§ 90 SGB XII)

(Bitte beachten: Vermögenswerte im Inland und im Ausland sind anzugeben)

Hilfesuchender / Hilfesuchende		
Spar- und Bankguthaben	☒ ja ☐ nein	
	Geldinstitut Sparkasse Neustadt	
	IBAN DE99 9995 0001 0123 4567 89	BIC
Bargeld	Ich verfüge über 560,00	EUR
Haus- und Grundbesitz	☐ ja ☒ nein	
Wenn ja, welcher Art und wo?		
Vertraglich gesicherte Ansprüche	☐ ja ☒ nein	
Wenn ja, welche: (z. B. Wohnrecht, freie Kost, Wartung) *– Nachweise vorlegen! –*		

Blatt 12 von 15

221065360

Sonstige Vermögenswerte	☐ ich habe **kein** sonstiges Vermögen				
	☒ ich habe Vermögenswerte in Form von (z. B. Wertpapieren, Sammlungen, Bausparverträge, Schmuck, Ansprüche gegen Dritte (Darlehen) usw. **Ehering meines verstorbenen Vaters im Wert von 1.000,00 Euro**				
Kraftfahrzeug (auch ohne derzeitige Zulassung)	Kennzeichen NEU-JA16	Hersteller Eylwehr	Typ Retro Star	Baujahr 1998	Zeitwert 1.200,00 EUR
Ehegatte(in) / Lebenspartner(in)					
Spar- und Bankguthaben	☒ ja ☐ nein				
	Geldinstitut Sparkasse Neustadt				
	IBAN DE99 9995 0001 0155 5675 22			BIC	
Bargeld	Ich verfüge über Sparguthaben 8.000 EUR				
Haus- und Grundbesitz	☐ ja ☒ nein				
Wenn ja, welcher Art und Wo?					
Vertraglich gesicherte Ansprüche	☐ ja ☒ nein				
Wenn ja, welche: (z. B. Wohnrecht, freie Kost, Wartung) *– Nachweise vorlegen! –*					
Sonstige Vermögenswerte	☒ ich habe **kein** sonstiges Vermögen				
	☐ ich habe Vermögenswerte in Form von (z. B. Wertpapieren, Sammlungen, Bausparverträge, Schmuck, Ansprüche gegen Dritte (Darlehen) usw.				
Kraftfahrzeug (auch ohne derzeitige Zulassung)	Kennzeichen	Hersteller	Typ	Baujahr	Zeitwert EUR
Kind 1					
Spar- und Bankguthaben	☐ ja ☒ nein				
	Geldinstitut				
	IBAN			BIC	
Bargeld	Ich verfüge über 18,00 EUR				
Haus- und Grundbesitz	☐ ja ☒ nein				
Wenn ja, welcher Art und Wo?					
Vertraglich gesicherte Ansprüche	☐ ja ☒ nein				
Wenn ja, welche: (z. B. Wohnrecht, freie Kost, Wartung) *– Nachweise vorlegen! –*					

Blatt 12 bzw. 13 von 15

Sonstige Vermögenswerte	☐ ich habe **kein** sonstiges Vermögen				
	☒ ich habe Vermögenswerte in Form von (z. B. Wertpapieren, Sammlungen, Bausparverträge, Schmuck, Ansprüche gegen Dritte (Darlehen) usw. **Geige für den Musikunterricht von Lydia im Wert von 1.200,00 Euro**				
Kraftfahrzeug (auch ohne derzeitige Zulassung)	Kennzeichen	Hersteller	Typ	Baujahr	Zeitwert EUR
Kind 2					
Spar- und Bankguthaben	☐ ja ☒ nein				
	Geldinstitut				
	IBAN			BIC	
Bargeld	Ich verfüge über **7,50**	EUR			
Haus- und Grundbesitz	☐ ja ☒ nein				
Wenn ja, welcher Art und Wo?					
Vertraglich gesicherte Ansprüche	☐ ja ☒ nein				
Wenn ja, welche: (z. B. Wohnrecht, freie Kost, Wartung) *– Nachweise vorlegen! –*					
Sonstige Vermögenswerte	☒ ich habe **kein** sonstiges Vermögen				
	☐ ich habe Vermögenswerte in Form von (z. B. Wertpapieren, Sammlungen, Bausparverträge, Schmuck, Ansprüche gegen Dritte (Darlehen) usw.				
Kraftfahrzeug (auch ohne derzeitige Zulassung)	Kennzeichen	Hersteller	Typ	Baujahr	Zeitwert EUR

Blatt 13 von 15

221065362

Übergabe (Schenkung oder Veräußerung) von Vermögenswerten innerhalb der letzten 10 Jahre vor Antragstellung (§§ 516 ff BGB) (Bitte Nachweise vorlegen!)

	Hilfesuchende(r)	Ehegatte(in) / Lebenspartner(in)
Haus- und Grundbesitz	☐ ja ☒ nein	☐ ja ☒ nein
Barvermögen in EUR	☐ ja ☒ nein	☐ ja ☒ nein
Wertpapiere usw.	☐ ja ☒ nein	☐ ja ☒ nein
Sonstige	☐ ja ☐ nein	☐ ja ☐ nein
	☐ ja ☐ nein	☐ ja ☐ nein
Wenn ja: Zeitpunkt, Anlass, Art und Empfänger angeben		
Wurden Verträge zugunsten Dritter abgeschlossen?	☐ ja ☒ nein	☐ ja ☒ nein
Wenn ja, für wen?		

Bankverbindung

Empfänger	Geldinstitut
Sörgenson, Jan	Sparkasse Neustadt
IBAN: DE99 9995 0001 0155 5675 22	BIC: NOLADE21NEU

Erklärung des Hilfesuchenden und seines Ehegatten / Lebenspartners

Ich versichere, dass die Angaben in diesem Antrag voll der Wahrheit entsprechen und dass keine Angaben verschwiegen wurden. Es ist mir bekannt, dass ich mich durch unwahre oder unvollständige Angaben der Strafverfolgung aussetze und zu Unrecht bezogene Leistungen zurückzahlen muss.

Mir ist bekannt, dass meine Ansprüche gegen Drittverpflichtete (z. B. auf Unterhalt) auf den Träger der Hilfe übergeleitet und Erstattungsansprüche gegen andere Leistungsträger (z. B. auf Wohngeld, Arbeitslosengeld, Krankengeld, Rente) geltend gemacht werden können.

Ich verpflichte mich, jede Änderung der Tatsachen, die für die Hilfegewährung maßgebend sind, insbesondere der Einkommens- und Familienverhältnisse, sowie Aufenthaltsverhältnisse (Wohnortwechsel und länger als 1 Monat dauernde Abwesenheit (z. B. Krankenhausaufenthalte, Kuren) sofort unaufgefordert mitzuteilen.

Ich habe Kenntnis davon, dass Leistungsberechtigte, die sich länger als 4 Wochen ununterbrochen im Ausland aufhalten, nach Ablauf der vierten Woche bis zu ihrer nachgewiesenen Rückkehr ins Inland keine Leistungen erhalten. Geplante Auslandsaufenthalte von mehr als vierwöchiger Dauer werde ich daher vor der Abfahrt schriftlich anzeigen.

Den Träger der Hilfe ermächtige ich hiermit – soweit für die Hilfegewährung erforderlich – Akten anderer Sozial- leistungsträger einzusehen, von denen ich Leistungen erhalten habe oder erhalte.

Den behandelnden Arzt, Kliniken, ärztliche Gutachter und Rentenversicherungsträger entbinde ich hiermit gegenüber dem Sozialhilfeträger von der ärztlichen Schweigepflicht, soweit dies für die Entscheidung über die beantragte Hilfe erforderlich ist.

Diese Ermächtigung gilt zugleich als datenschutzrechtliche Einwilligung.

Sind die Voraussetzungen für Kriegsopferfürsorge erfüllt, wird diese Hilfe hiermit beantragt und die Zustimmung nach § 54 Abs. 2 der Verordnung zur Kriegsopferfürsorge (zur Leistung von Amts wegen) erteilt.

Ich erteile hiermit meine Zustimmung, dass zur Bearbeitung meines Antrages zur Grundsicherung bzw. Hilfe zum Lebensunterhalt gemäß SGB XII eine Kopie meiner Ausweisdokumente sowie aller mit mir in Bedarfsgemeinschaft lebenden Personen erstellt, verarbeitet und gespeichert wird. Des Weiteren bestätige ich, über die Möglichkeit der Schwärzung von Daten, die nicht zur Identifizierung benötigt werden, informiert worden zu sein.

Ort, Datum	Unterschrift des Antragstellers / gesetzl. Vertreter(in)	Unterschrift Ehegatte(in) / Lebenspartner
Neustadt, 08. August 20xx	Amelie Sörgenson	Jan Sörgenson

Blatt 14 von 15

Quelle: Auszug aus: Thüringer Ministerium für Digitales und Infrastruktur: Antrag auf Gewährung von Leistungen nach dem Sozialgesetzbuch XII (SGB XII). 21.07.2023. https://thformular.thueringen.de/buerger/?r=Sozialhilfe [07.07.2025] (verändert)

Verdienstbescheinigung

Verdienstbescheinigung

Herr/Frau	Amelie Sörgenson	geb. am	19.09.1990
wohnhaft in	Neustadt	Steuerklasse drei	
ist bei mir/uns beschäftigt vom - bis	seit 01.11.2018	als (Beruf/Tätigkeit)	Biologin

1

Er/Sie hat derzeit ein monatliches Bruttoeinkommen (Lohn, Gehalt, Werksrente, ggf. auch Ausbildungsvergütung) einschließlich Überstundenzuschläge, Lohnausgleich, Auslösungen, Trennungsentschädigungen, Fahrtkostenzuschüsse, sonstiger Zulagen und ähnlicher Bezüge oder Sachleistungen (wie z. B. Kost, Wohnung, Dienstkleidung u. Ä.) von insgesamt 600,00 Euro. Sie arbeitet Mo bis Fr täglich 2 Stunden bei uns.

2

Wird sich das Einkommen der Arbeitnehmerin /des Arbeitnehmers in den nächsten zwölf Monaten verringern oder erhöhen?

Ab wann und in welcher Höhe monatlich? (Datum, Euro)

☐ ja ab Beendigung der behinderungsbedingten Reduzierung der Arbeitszeit

☐ nein

Grund der Veränderung s. o.

3

Steuer- und Versicherungsleistungen

Von dem unter der Nummer 1 aufgeführten Einkommen werden einbehalten und abgeführt:

a) Lohnsteuer und andere Steuern vom Einkommen (mtl. 0,00 Euro)

b) Pflichtbeiträge zur gesetzlichen Rentenversicherung, zur gesetzlichen Kranken- und Pflegeversicherung zur gesetzlichen Arbeitslosenversicherung (mtl. 17,13 Euro)

Ort, Datum

Talfeld, 06. August 20xx

Unterschrift des Arbeitgebers

Rolf Meier

Molkerei Meier
Hauptstraße 1
48888 Talfeld

221065364

Aktenvermerk

Stadt Neustadt
-Fachdienst für Soziales und Jugend –

Neustadt, 10.08.20xx

Aktenvermerk
Aktenzeichen 50 02 456

Das Antragsformular wurde auf telefonische Nachfrage von Frau Sörgenson vom 05.08.20xx an Familie Sörgenson versandt und ist am 10.08.20xx hier eingegangen. Die erforderlichen Belege liegen vor, ebenso der aktuelle Bescheid der Rentenversicherung über die auf zwei Jahre befristete Rente wegen voller Erwerbsminderung nach § 43 II SGB VI von Frau Sörgenson sowie eine Kopie des Schwerbehindertenausweises von Jan Sörgenson. Frau Sörgenson zahlt monatlich 8,00 Euro für den Bundesverband für Molkereibeschäftigte. Für den Arbeitsweg stehen keine angemessenen öffentlichen Verkehrsmittel zur Verfügung, sodass Frau Sörgenson ihren Motorroller (NEU-JA16) hierfür nutzen muss.

Zudem liegt eine Bescheinigung vor, dass die volle Erwerbsminderung von Herrn Sörgenson nicht mehr behoben werden kann. Eine ärztliche Bescheinigung bestätigt, dass er wegen seiner Zöliakie-Erkrankung eine kostenaufwändige Ernährung benötigt. Nach einer Bescheinigung der Krankenkasse wird die Reparatur der orthopädischen Schuhe von Herrn Sörgenson nicht von der Krankenkasse übernommen. Sein Einkommen in Höhe von 250,00 Euro ist steuerfrei und resultiert aus seiner nebenberuflichen Tätigkeit als Chorleiter im hiesigen Kirchenchor.

Für folgende Versicherungen von Frau Amelie Sörgenson liegen Nachweise vor: Kfz-Haftpflichtversicherung für den Motorroller (2,50 Euro monatlich), private Haftpflichtversicherung für die Familie (5 Euro monatlich), Rechtsschutzversicherung für die Familie (13,00 Euro monatlich).

Weiterhin liegt eine Bescheinigung der Musikschule über den Geigenunterricht der Tochter Lydia (25,00 Euro monatlich) und die Tagesfahrt des Kindergartens am 25.08.20xx der Tochter Mia (30,00 Euro) vor.

Alle Angaben wurden überprüft und bestätigt. Die Nebenkosten für die Wohnung und die Kosten der Heizung sind angemessen, die Warmwasseraufbereitung erfolgt dezentral über Durchlauferhitzer. Der Hausrat ist angemessen.

Der Familie fließen keine Unterhaltsleistungen von Brigitte Lagrange oder Astrid Sörgenson zu.

Ester Bach

-Sachbearbeitung-

Auszug aus der Dienstanweisung der Stadt Neustadt

Dienstanweisung der Stadt Neustadt (Auszug)
1. Bei der Berechnung der Mehrbedarfe für kostenaufwändige Ernährung werden die Empfehlungen des Deutschen Vereins zur Gewährung von Krankenkostzulage herangezogen.
2. Kfz-Haftpflicht-Versicherungen können nur dann nach § 82 Abs. 2 Nr. 3 SGB XII abgesetzt werden, wenn kein Pauschbetrag für den Weg zur Arbeit abzusetzen ist.
3. Der Pauschbetrag für Arbeitsmittel ist anzusetzen, soweit nicht im Einzelfall höhere Aufwendungen nachgewiesen werden.
4. Bei der Berechnung des Absetzbetrages nach § 82 Abs. 3 SGB XII ist von der Summe des Bruttoeinkommens aus nichtselbständiger bzw. selbständiger Tätigkeit auszugehen.
5. Einkommensüberschüsse werden nach der Prozentmethode im Verhältnis der ungedeckten laufenden Bedarfe verteilt.

1.1.2 Arbeitsaufträge zur Lernsituation

1. Analysieren Sie den Antrag sowie die Verdienstbescheinigung und den Aktenvermerk und stellen Sie die aktuelle Situation der Mitglieder der Familie Sörgenson übersichtlich dar.
2. Prüfen Sie, welche Leistungsarten für die Familienmitglieder dem Grunde nach in Betracht kommen.

   Gehen Sie im Folgenden davon aus, dass die Stadt Neustadt eine kreisfreie Stadt in Deutschland ist und für die Bearbeitung dieses Sachverhalts sachlich und örtlich zuständig ist.
3. Ermitteln Sie die Höhe der Leistungen für Familie Sörgenson für den Monat August 20xx (dieses Jahres).
   a) Ermitteln Sie die Bedarfe für den Monat August für die einzelnen Familienmitglieder. Grenzen Sie auch die Bedarfe ab, die gesetzlich „gesondert erbracht" werden.
   (Für die Bedarfsermittlung steht Ihnen im Download-Bereich eine Tabellenvorlage zur Verfügung.)
   b) Ermitteln Sie das anzurechnende Einkommen für die einzelnen Familienmitglieder. (Für die Einkommensermittlung steht Ihnen im Download-Bereich eine Tabellenvorlage zur Verfügung.) Was ergibt sich hieraus?
   c) Ermitteln Sie das anzurechnende Vermögen für die einzelnen Familienmitglieder.
   d) Ermitteln Sie nun die Höhe der Sozialhilfe für die einzelnen Familienmitglieder für August 20xx. Begründen Sie Ihre Berechnungen mit Rechtsgrundlagen.

Web

Web

Person	**Amelie Sörgenson**	**Jan Sörgenson**	**Lydia Sörgenson**	**Mia Sörgenson**
Leistungsart				
Ermittlung der Höhe der Leistungen für August 20xx				
lfd. monatlicher Bedarf				
anzurechnendes monatliches Einkommen				
anzurechnendes Vermögen				
monatlicher lfd. Überschuss/Fehlbetrag				
Prozentaufaufteilung				
verbleibender monatlicher Fehlbetrag				
lfd. Leistungen für August 20xx				
gesondert zu erbringende Bedarfe für August 20xx				
Sofortzuschlag				
Sozialhilfe für August 20xx				

221065366

Form der Leistungserbringung

4. Unterbreiten Sie Vorschläge, in welcher Form und an wen die Sozialleistungen für Familie Sörgenson von der Stadt Neustadt erbracht werden sollten und diskutieren Sie Ihre Lösungen.
5. Verfassen Sie einen **Sozialhilfebescheid** unter Beachtung der Regeln und Muster des Kommunikationsleitfadens (siehe Grundlagenband) in bürgernaher Sprache.
6. Prüfen Sie, ob sich die Stadt Neustadt einen Teil der Sozialhilfeleistungen für Familie Sörgenson nach § 94 SGB XII von den unterhaltspflichtigen Personen (Blatt 4 des Antrags) im Rahmen des Übergangs von Ansprüchen „zurückholen" kann.

1.1.3 Aufgaben

1. In Art. 20 und 28 GG wird die Sozialstaatlichkeit als Verfassungsprinzip festgelegt.
   a) Erläutern Sie das Ziel des Sozialstaats.
   b) Auf welche Weise wird das Sozialstaatsprinzip im Grundgesetz dauerhaft geschützt und erhalten?
   c) Beschreiben Sie die Grundstruktur des sozialen Sicherungssystems in Deutschland.
2. Zu Beginn des SGB I werden soziale Leitideen für das gesamte Gesetzeswerk formuliert, die zugleich das Sozialstaatsprinzip konkretisieren. Nennen Sie diese Ideen.
3. In den §§ 2–10 SGB I geht es um soziale Rechte.
   a) Nennen Sie Beispiele für soziale Rechte aus vier verschiedenen Bereichen.
   b) Erläutern Sie die Bedeutung dieser Rechte.
   c) Weitere Rechte werden in den §§ 13–15 SGB I beschrieben. Erläutern Sie auch deren Rechtscharakter.
4. Erläutern Sie die Verpflichtungen der Leistungsträger nach §§ 14 bis 17 SGB I zur Ausführung der Sozialleistungen und benennen Sie je ein Beispiel aus Ihrer Behörde.
5. Die Mitwirkungspflichten der Leistungsberechtigten werden in den §§ 60–67 SGB I behandelt.
   a) Im Sozialverwaltungsverfahren gilt gemäß § 20 SGB X der Untersuchungsgrundsatz (Sachverhalt wird von Amts wegen ermittelt). Begründen Sie, warum die Mitwirkung des Leistungsberechtigten bei der Gewährung von sozialen Leistungen dennoch wichtig ist.
   b) Nennen Sie beispielhaft fünf gesetzliche Mitwirkungspflichten.
   c) Zur Mitwirkungspflicht kann auch das Vorlegen von Kontoauszügen gehören. Beschreiben Sie die grundsätzliche Problematik, die bei einer derartigen Offenlegung von Daten im Sozialverwaltungsverfahren auftreten kann.
   d) Beschreiben Sie Folgen, die durch Verletzen der Mitwirkungspflicht für den Antragsteller eintreten können.
6. Vergleichen Sie das Verwaltungsverfahren nach dem VwVfG und nach dem SGB X (ergänzt durch SGB I). Welche grundlegenden Unterschiede stellen Sie fest?

VwVfG	Regelung	SGB X	Besonderheit gegenüber VwVfG
§ 9			
§ 11		§ 11 SGB X § 36 SGB I	
§ 23			
§ 30		§ 67 SGB X § 35 SGB I	
§ 35			
§ 37 Abs. 6			
§ 48		§§ 44, 45 SGB X	
§ 49		§§ 46, 47 SGB X	
–	–	§ 44 SGB I	
–	–	§ 64 SGB X	

7. Situation: „Ehrlichkeit währt am längsten“ – Aufhebung von Verwaltungsakten: Durch einen anonymen Anruf erfährt Sachbearbeiter Fromme, dass Hans Schmidt ein ausgewiesener Oldtimer-Freund ist. Bei der Antragstellung am 31. Oktober hatte Schmidt die Frage nach Vermögen und dem Halten eines Kraftfahrzeugs allerdings verneint.

   Eine Anfrage beim Kraftfahrt-Bundesamt ergibt am 14. November, dass auf Schmidt ein Borgward Isabella, Limousine 1500, Baujahr 1958, zugelassen war. Wie bekannt wird, besuchte Schmidt mit diesem Fahrzeug gelegentlich Oldtimer-Veranstaltungen. Für den täglichen Straßenverkehr war der Borgward nicht tauglich. Er wurde deshalb für 6.200,00 Euro verkauft. Den Verkaufserlös hatte Schmidt als „Bares“ und Notreserve zu Hause verwahrt.

   Am 3. Dezember wird Hans Schmidt Gelegenheit gegeben, sich nach den Bestimmungen des SGB X bis zum 17. Dezember zur Situation zu äußern. Hans Schmidt lässt diese Frist ohne weitere Äußerung verstreichen. Der Sachbearbeiter beabsichtigt nun, den erteilten Sozialhilfebescheid aufzuheben und die geleistete Sozialhilfe zurückzufordern.

   a) Stellen Sie in einer einfachen Übersicht zusammen, welche Aufhebungsmöglichkeiten das SGB X für Verwaltungsakte vorsieht.
   b) Prüfen Sie, welche Aufhebungsmöglichkeit in der vorliegenden Situation gegeben sein konnte.
   c) Das Sozialverwaltungsverfahren schützt in besonderer Weise das Vertrauen des Bürgers in einmal getroffene Verwaltungsentscheidungen.

      Stellen Sie fest, ob dieser Vertrauensschutz in der vorliegenden Situation gewahrt werden muss.
   d) Ermitteln Sie mithilfe des SGB X und XII, welche verfahrensrechtlichen Folgen eine Aufhebung des ursprünglichen Leistungsbescheids nach sich ziehen könnte.
   e) Stellen Sie dar, welche Möglichkeiten des Rechtsschutzes Familie Schmidt im Sozialrechtsverfahren hätte, falls sie mit einem Ablehnungs- bzw. Aufhebungsbescheid nicht einverstanden wäre.

221065368

2.2 Personenkreis und Leistungsart abgrenzen

Gehen Sie bei allen folgenden Aufgaben davon aus, dass für keine der genannten Personen ein Leistungsausschluss nach § 7 Abs. 1 S. 2 SGB II beziehungsweise nach § 23 Abs. 3 SGB XII besteht.

2.2.1 Aufgaben

Leistungsarten nach dem SGB XII

1. Prüfen Sie, welche Leistungsarten nach dem SGB XII für folgende Sachverhalte in Betracht kommen und geben Sie Rechtsgrundlagen an.

	Sachverhalt	Leistungsart	Rechtsgrundlage
1.	Heute kam Herr Wolfgang Kramer mit der Bitte um Zahlung der Beerdigungskosten für seine Frau Karla Kramer, die kürzlich verstorben ist. Seine gesamten Ersparnisse wurden für die hohen Arztkosten und Medikamente, die Frau Kramer benötigte, ausgegeben. Herr Kramer weiß nun nicht mehr, woher er das Geld für die Beerdigung nehmen soll.		
2.	Heute kam die 27-jährige Anna Meyer. Sie berichtete, dass ihre kleine Mietwohnung wegen eines erheblichen Brandschadens nicht mehr genutzt werden könne. Sie finde nun keine neue Wohnung und müsse bei Freunden schlafen.		
3.	Heute erscheint Herr Arthur Meier, 87 Jahre alt. Er möchte seine Tochter und das neu geborene Enkelkind besuchen, die 400 km weit weg wohnen. Herr Meier hat sonst keine Verwandten. Daher bittet er um Zahlung dieser Zugfahrt. Seine Einkünfte reichen nicht aus, um eine so teure Fahrt mit dem ICE zu bezahlen. Ein anderer Zug sei ihm nicht zuzumuten.		
4.	Herr C. Jung und Frau S. Schulz (beide 25 Jahre alt) sprachen heute hier vor. Sie sind vorübergehend nicht erwerbsfähig. Sie möchten zusammen einen Haushalt aufbauen und beantragen dazu einige Haushaltsgeräte.		
5.	Frau Bengtson sprach vor. Ihr wurden empfängnisverhütende Mittel verordnet. Frau Bengtson kann die Mittel nicht bezahlen.		
6.	Lia Endres ist alleinerziehende Mutter der vierjährigen Stella. Sie muss wegen einer Operation für zwei Wochen ins Krankenhaus und weiß nicht, wie sie Stellas Betreuung regeln soll.		

2. Nennen Sie die **Leistungsarten zur Sicherung des Lebensunterhaltes** nach dem SGB unterscheiden Sie den Personenkreis.

3. Prüfen Sie die **Erwerbsfähigkeit** der folgenden Personen nach § 8 SGB II:

Person	erwerbs-fähig	nicht erwerbsfähig	Begründung
1. Natalie Boivin, 17 Jahre, Schülerin der 11. Klasse des Gymnasiums Neustadt	☐	☐	
2. Viktoria Meseke, 45 Jahre, kann wegen einer Behinderung nur vier Stunden pro Tag arbeiten.	☐	☐	
3. Achim Deeken, 78 Jahre, verdient sich zu seiner Rente noch etwas dazu.	☐	☐	
4. Jenny Ahrens, 32 Jahre, kann wegen der Betreuung ihrer Kinder nur 2 Stunden täglich arbeiten.	☐	☐	
5. Simon Leve, 28 Jahre, kann wegen eines komplizierten Knochenbruchs voraussichtlich für ein Jahr nicht arbeiten.	☐	☐	

Leistungen zur Sicherung des Lebensunterhalts ermitteln

Person	erwerbs-fähig	nicht erwerbsfähig	Begründung
6. Julia Lenne, 28 Jahre, kann wegen eines komplizierten Knochenbruchs voraussichtlich für 4 Monate nicht arbeiten.	☐	☐	
7. Florian de Vries, 35 Jahre, arbeitet täglich 8 Stunden als Rehabilitand in einer Werkstatt für Menschen mit Behinderung.	☐	☐	
8. Frank John, 63 Jahre, erhält eine vorgezogene Altersrente.	☐	☐	

4. Prüfen Sie, welche der folgenden Personen zur **Bedarfsgemeinschaft** der erstgenannten Person gehören. Gehen Sie dabei davon aus, dass die erstgenannte Person erwerbsfähiger Leistungsberechtigter bzw. erwerbsfähige Leistungsberechtigte ist. Belegen Sie Ihre Ergebnisse mit der entsprechenden Rechtsgrundlage nach dem SGB II.

	Person	Wer gehört zur Bedarfsgemeinschaft?	Wer gehört nicht zur Bedarfsgemeinschaft?
1.	Constanze Lange wohnt gemeinsam mit ihrer Ehegattin Frauke Musil in einem Haushalt.		
2.	Iris Neumann hat sich von ihrem Ehegatten Ralf Neumann getrennt. Sie wohnen nun dauerhaft in getrennten Haushalten.		
3.	Sylke Amrei wohnt gemeinsam mit ihrem Ehegatten Lars Amrei und dem gemeinsamen Sohn Paul, 5 Jahre, in einem Haushalt.		
4.	Miriam Thöne, 48 Jahre, wohnt gemeinsam mit ihren Söhnen Daniel, 26 Jahre, und Christoph, 22 Jahre, in einem Haushalt.		
5.	Monique Lagrange, 30 Jahre, hat ihre Mutter Brigitte Lagrange, 62 Jahre, in ihren Haushalt aufgenommen.		
6.	Jana Blasky, 28 Jahre, wohnt seit drei Monaten „auf Probe“ gemeinsam mit ihrem Lebensgefährten Artur Mönne, 30 Jahre. Sie wirtschaften mit getrennten Konten.		
7.	Jana Blasky und Artur Mönne (siehe oben) nehmen Arturs Tochter Leonie, 4 Jahre, mit in den Haushalt auf.		
8.	Basia Gajda wohnt zusammen mit ihrem Bruder Julek Gajda und ihrer Cousine Ewa Witek in einer Wohngemeinschaft. Alle sind 28 Jahre alt.		
9.	Arion Pipes, 22 Jahre, wohnt seit drei Jahren gemeinsam mit seinem Vater Tymek Pipes, 48 Jahre, und dessen Lebensgefährtin Ria Bietz, 51 Jahre, in einem Haushalt.		

5. Prüfen Sie, welche Leistungsart zur Sicherung des Lebensunterhaltes nach dem SGB jeweils in Betracht kommt. Tragen Sie den Vornahmen der jeweiligen Person(en) in die entsprechende Zelle ein. Gehen Sie dabei davon aus, dass die in der jeweiligen Zeile genannten Personen in einem Haushalt leben.

221065370

	Sachverhalt	SGB II **Bürgergeld** (§ 19 Abs. 1 S. 1 SGB II)	SGB II **Bürgergeld** (§ 19 Abs. 1 S. 2 SGB II)	SGB XII **HLU**	SGB XII **GAE**
1.	Die Rente von Elvira A., 76 Jahre, reicht nicht aus.				
2.	Vera B., 26 Jahre, ist alleinstehend und wegen eines Unfalls für sieben Monate voll erwerbsgemindert. Sie kann nur zwei Stunden täglich arbeiten.				
3.	Lukas C., 28 Jahre, kann wegen einer Behinderung nur vier Stunden täglich arbeiten. Er ist der alleinerziehende Vater der vierjährigen Louisa.				
4.	Isabell D. ist 45 Jahre alt und alleinerziehend. Sie ist wegen einer Behinderung dauerhaft voll erwerbsgemindert. Die Töchter Mona und Lea sind 12 und 8 Jahre alt.				
5.	Orhan E., 29 Jahre, hatte einen schweren Motorradunfall. Er ist deshalb für ein Jahr in einem Pflegeheim, danach kann er voraussichtlich wieder voll arbeiten.				
6.	Sabine F., 52 Jahre, lebt gemeinsam mit ihrem Sohn Frank F., 31 Jahre. Frank ist arbeitssuchend. Sabine ist vorübergehend voll erwerbsgemindert.				
7.	Marita G., 62 Jahre, erhält eine vorgezogene Altersrente.				
8.	Das Einkommen von Ute H., 56 Jahre, reicht nicht aus, um den Lebensunterhalt für ihren vorübergehend voll erwerbsgeminderten Ehegatten Rolf H., 48 Jahre, und die gemeinsamen Kinder Karla, 12 Jahre, und Volker, 28 Jahre, zu finanzieren.				
9.	Uli J., 36 Jahre, ist erwerbsfähig, aber arbeitssuchend. Er erhält kein Arbeitslosengeld mehr. Seine Frau Jenny J., 35 Jahre, ist dauerhaft voll erwerbsgemindert. Die gemeinsame Tochter Julia ist 8 Jahre alt.				

2.4 Materielle Anspruchsvoraussetzungen prüfen

2.4.1 Aufgaben zur Ermittlung des Bedarfs

1. Erläutern Sie allgemein die Berechnung der Höhe von Leistungen zur Sicherung des Lebensunterhalts.
2. Erläutern Sie allgemein die Berechnung des Bedarfs zur Sicherung des Lebensunterhaltes.
3. Erläutern Sie die Begriffe „Regelbedarf“, „Mehrbedarf“ und „Einmaliger Bedarf“ und grenzen Sie diese jeweils durch die Verwendung von Beispielen voneinander ab.
4. Erläutern Sie die Berechnung der Höhe des Regelbedarfs nach dem Regelbedarfsermittlungsgesetz.
5. Ordnen Sie zu, ob bzw. in welchem Bedarf die folgenden Ausgaben enthalten sind. Wenn Sie zu dem Ergebnis kommen, dass die Ausgabe durch den Regelbedarf gedeckt ist, geben Sie bitte auch die entsprechende Abteilung gemäß RBEG an. Sollten Sie zu dem Ergebnis kommen, dass die Ausgabe nicht im Regelbedarf enthalten ist, begründen Sie dies bitte mit Angabe der Rechtsgrundlage aus dem SGB XII.

	Ausgabe	enthalten in					Begründung
		Regelbedarf	Mehrbedarf	einmaliger B.	andere Bedarfe	nicht enthalten	
1.	Winterstiefel	☐	☐	☐	☐	☐	
2.	Handyvertrag	☐	☐	☐	☐	☐	
3.	Kurs bei der Volkshochschule	☐	☐	☐	☐	☐	

	Ausgabe	enthalten in					Begründung
		Regelbedarf	Mehrbedarf	einmaliger B.	andere Bedarfe	nicht enthalten	
4.	Friseurbesuch	☐	☐	☐	☐	☐	
5.	Zigaretten	☐	☐	☐	☐	☐	
6.	Stromkosten für den Herd	☐	☐	☐	☐	☐	
7.	Stromkosten für die Warmwasseraufbereitung im Boiler	☐	☐	☐	☐	☐	
8.	angemessene Miete	☐	☐	☐	☐	☐	
9.	Reparatur orthopädischer Schuhe	☐	☐	☐	☐	☐	
10.	Schreibmaterialien für die Schule	☐	☐	☐	☐	☐	
11.	Kosten für Schulbücher						
12.	Kosten für eine gemeinschaftliche Mittagsverpflegung in einer Werkstatt für Menschen mit Behinderung	☐	☐	☐	☐	☐	

6. Stellen Sie sich vor, sie müssten vom Regelsatz Ihren Lebensunterhalt (ohne Bedarfe für die Unterkunft und Heizung) finanzieren. In welcher „Abteilung" würden Sie für sich die gravierendsten Einschränkungen sehen? In welchen „Abteilungen" könnten Sie Einsparungen vornehmen? Diskutieren Sie Ihre Überlegungen in der Klasse.

7. Recherche-Auftrag:
   a) Ermitteln Sie anhand der Daten des Statistischen Bundesamtes die Anzahl der Personen im Leistungsbezug der verschiedenen Rechtsgebiete zur Sicherung des Lebensunterhalts und stellen Sie diese mit einem Kreisdiagramm grafisch dar.
   b) Ermitteln Sie anhand der Rechtsgrundlagen die Höhe der „Regelbedarfe". Gehen Sie bei der Bedarfsermittlung von einer alleinstehenden 28-jährigen Person aus.
   c) Diskutieren Sie Ihre Ergebnisse.

Rechtsgebiet	SGB II	SGB XII	BAföG	AsylbLG
a) Anzahl der Personen im Leistungsbezug				
b) „Regelbedarf" in €	Regelbedarf:	Regelbedarf:	Grundbedarf für Studierende an Hochschulen:	notwendiger Bedarf + notwendiger persönlicher Bedarf:

8. Ermitteln Sie den **Mehrbedarf für die alleinerziehende Person** für folgende Fälle und geben Sie die Rechtsgrundlage nach dem SGB XII an:

	Alleinerziehende Person mit ...	Mehrbedarf in %	Rechtsgrundlage
1.	... Tochter Hannah, 4 Jahre		
2.	... Sohn Jonah, 11 Jahre		
3.	... Söhne Nikola, 8 Jahre, und Boris, 10 Jahre		
4.	... Zwillingstöchter Katarina und Sandrine, 17 Jahre		
5.	... Sohn Lasse, 12 Jahre, und Tochter Lea, 17 Jahre		
6.	... drei Kinder, 10, 15 und 18 Jahre		
7.	... Drillinge, 13 Jahre		
8.	... zwei Kinder, 4 und 11 Jahre		
9.	... Sechslinge, 17 Jahre		

221065372

9. Berechnen Sie die Bedarfe für **Bildung und Teilhabe** für den Monat August für Familie Lehmann unter Angabe der Rechtsgrundlagen nach dem SGB XII:

Zur Familie Lehmann gehören die Kinder Elias,12 Jahre, Emma, 8 Jahre, und Mathea, 4 Jahre. Mathea besucht eine Kindertagesstätte in der Nachbarschaft. Die beiden Schulkinder haben eine kostenlose Jahreskarte für den Bus zur Schule erhalten und bekommen auch die Schulbücher kostenfrei von der Schule ausgeliehen. Aber beide bringen vom ersten Schultag eine umfangreiche Liste für die zu beschaffenden Materialien (Ranzen, Hefte, Stifte, Tuschkästen etc.) mit. Für den Sohn Elias steht eine Klassenfahrt in eine Jugendherberge (Kosten: 140,00 €) und für Mathea eine Tagesfahrt in einen Kleintierzoo (Kosten 48,00 €) an. Emma muss monatlich für ihren Flöten-Unterricht 18,00 € zahlen. Mathea benötigt für den Vereinsbeitrag ihres Fußballvereins monatlich 15,00 €. Mathea ist aus ihren Fußballschuhen herausgewachsen und benötigt neue, die sie gebraucht für 12,00 € kaufen kann. Emma und Elias nehmen an der Mittagsverpflegung in der Schule teil und müssen dafür monatlich jeweils 80,00 € zahlen. Elias benötigt Nachhilfe im Fach Englisch, eine Bescheinigung der Schule hierüber liegt vor. Hierfür entstehen Kosten in Höhe von 40,00 € monatlich. Elias möchte am Wochenende an einer Reitfreizeit teilnehmen, der Teilnahmebeitrag liegt bei 14,00 €.

10. Nach Berechnungen aus dem Jahr 2022 haben deutschlandweit im Rahmen des Bildungs- und Teilhabepakets etwa 1 220 000 Personen zwischen 6 und 15 Jahren Anspruch auf Teilhabeleistungen (Teilhabe am sozialen und kulturellen Leben). Bundesweit nahmen nur 17,8 % der Leistungsberechtigen diese Leistungen in Anspruch.

Vgl. Deutscher Paritätischer Wohlfahrtsverband Gesamtverband e. V.: Empirische Befunde zum Bildungs- und Teilhabepaket: Teilhabequoten im Fokus. Berlin November 2023, S. 10.

a) Diskutieren Sie, auf welche Gründe Sie dies zurückführen.

b) Recherchieren Sie, welche Maßnahmen Ihre Ausbildungskommune bzw. der Sozialhilfeträger in Ihrer Region im Rahmen des Hinwirkungsgebots ergreift, um diese Teilhabequote zu erhöhen.

c) Unterbreiten Sie Vorschläge, welche Maßnahmen aus Ihrer Sicht zusätzlich von den Kommunen ergriffen werden könnten und stellen Sie diese vor.

11. Bedarfe für die Unterkunft: Familie Kaminski reicht persönlich bei Ihnen einen Erstantrag auf Leistungen zur Sicherung des Lebensunterhaltes ein. Sie stellen fest, dass die Aufwendungen für die Unterkunft nicht angemessen sind. Erläutern Sie der Familie das weitere Vorgehen.

12. Ermitteln Sie die **Bedarfe** für folgende Fälle für den Monat Januar des Jahres unter Angabe der Rechtsgrundlagen nach dem SGB XII. Gehen Sie dabei davon aus, dass die Personen in einem Haushalt leben und die angegebenen Bedarfe für Unterkunft und Heizung angemessen sind.

a) Im gemeinsamen Haushalt der Familie Kornmüller leben die Eheleute Anton, 40 Jahre, und Ulrike, 38 Jahre, sowie deren Kinder Laura, 16 Jahre, und Mark, 11 Jahre. Die Kaltmiete beträgt 430,00 €. Zusätzlich sind Nebenkosten für Wasser (70,00 €), Müllabfuhr (18,00 €), Öl-Heizung (80,00 € einschließlich Warmwasseraufbereitung) und Stromkosten (40,00 €) monatlich zu zahlen. Mark spielt Fußball im Sportverein, dafür muss monatlich ein Mitgliedsbeitrag von 20,00€ gezahlt werden. Laura nimmt Klavierunterricht und zahlt dafür 15,00 € monatlich.

b) Felix und Natalia Czech, beide 26 Jahre, erwarten in vier Monaten ihr erstes Kind. Die Kosten für die gemeinsame Wohnung betragen kalt 370,00 € monatlich. Zusätzlich sind monatlich 120,00 € für Nebenkosten, 30,00 € für Strom, 60,00 € Telefongebühren und 50,00 € für die Heizung (inklusive der Kosten für die Warmwasseraufbereitung) zu zahlen. Außerdem fallen für Felix monatlich 80,00 € Versicherungsbeiträge für die Weiterversicherung in einer Krankenkasse und 5,00 € Pflegeversicherungsbeiträge an. Natalia benötigt Umstandsbekleidung in nachgewiesener Höhe von 50,00 €.

c) Johanna Lund, 33 Jahre, wohnt mit ihrem Ehegatten Eric, 43 Jahre, und den Kindern Charlotte, 8 Jahre, Jasmin, 7 Jahre, und Lukas, 1 Jahr, in einem Haushalt. Johanna besitzt wegen ihrer dauerhaften vollen Erwerbsminderung einen Ausweis nach § 69 SGB IX mit dem Merkzeichen G. Der kleine Lukas leidet unter Laktoseintoleranz und benötigt deshalb laktosefreie Milchprodukte. Die Kaltmiete für ihre Wohnung beträgt 400,00 €. Zusätzlich sind monatlich 100,00 € für die Nebenkosten und weitere 60,00 € für die Heizung zu zahlen. Die Kosten für die Warmwasseraufbereitung per Boiler sind in den 80,00 € monatlichen Stromkosten enthalten. Für die Reparatur ihrer orthopädischen Schuhe muss Johanna im Januar 18,00 € zahlen.

d) Konstantin Sowinski ist 40 Jahre alt und alleinstehend. Er versorgt seine Kinder Leon und Marie, Zwillinge, 8 Jahre, Tom, 10 Jahre, und Dominic, 12 Jahre. Er ist vorübergehend voll erwerbsgemindert und besitzt einen Schwerbehindertenausweis mit dem Merkzeichen G. Die monatliche Kaltmiete beträgt 620,00 €. Zusätzlich zur Kaltmiete sind Nebenkosten in Höhe von 80,00 € und Heizkosten in Höhe von 100,00 € monatlich zu zahlen. Für die dezentrale Warmwasseraufbereitung fallen gesondert mit den monatlichen Stromkosten 60,00 € an. Herr Sowinski kann auch die Beiträge für seine angemessene Sterbegeld-Versicherung in Höhe von 5,00 € monatlich nicht mehr bezahlen.

2.4.2 Aufgaben zur Ermittlung der Bedarfsdeckungsmöglichkeiten

1. Diskutieren Sie, mit welcher Absicht der Gesetzgeber die folgenden Regelungen in das SGB XII bzw. SGB II aufgenommen hat.
   a) zum Absetzbetrag nach § 82 Abs. 3 S. 1 SGB XII bzw. § 11b Abs. 3 SGB II,
   b) zur Nichtanrechenbarkeit von Einkünften nach § 82 Abs. 1 S. 1 Nr. 9 SGB XII bzw. § 11a Abs. 1 Nr. 5 SGB II,
   c) zur Nichtanrechenbarkeit von Einkünften nach § 82 Abs. 1 Nr. 7 SGB XII bzw. zum Absetzbetrag nach § 11b Abs. 2b SGB II,
   d) zur Karenzzeit bei den Bedarfen für die Unterkunft nach § 35 Abs. 1 Nr. 2 SGB XII bzw. § 22 Abs. 1 S. 2 SGB II und beim anzurechnenden Vermögen nach § 12 Abs. 3 SGB II.

Berechnung des anzurechnenden Einkommens nach SGB XII

2. Rena Möllring, 48 Jahre, bezieht Hilfe zum Lebensunterhalt. Sie kann täglich zwei Stunden in einem Steuerberaterbüro arbeiten und verdient dadurch 650,00 € brutto im Monat. Sie zahlt hierfür keine Lohnsteuer, aber monatlich 32,25 € Sozialversicherungsabgaben. Sie arbeitet fünf Tage pro Woche. Den Arbeitsort, der 12,5 km von ihrer Wohnung entfernt liegt, erreicht sie mit ihrem Auto, da keine öffentlichen Verkehrsmittel zur Verfügung stehen. Berechnen Sie das anzurechnende Einkommen unter Angabe der Rechtsgrundlagen.

Berechnung des anzurechnenden Einkommens nach SGB II

3. Leon Pohl ist 28 Jahre alt, erwerbsfähiger Leistungsberechtigter und alleinstehend. Ermitteln Sie die Höhe des Freibetrages für Erwerbstätigkeit für folgende Fälle:

	Höhe des Erwerbseinkommens brutto	Höhe des Freibetrages für Erwerbstätigkeit	Rechtsgrundlage für die Freibeträge
1.	100,00 €		
2.	180,00 €		
3.	650,00 €		
4.	1.200,00 €		
5.	1.600,00 €		

Abgrenzung Einkommensarten

4. Ermitteln Sie, ob folgende **Einkommensarten** anzurechnen sind. Wenn die Einkommensart anzurechnen ist, geben Sie bitte auch an, welchem Paragrafen der Verordnung zur Durchführung des § 82 SGB XII die Einkommensart zuzurechnen ist. Wenn die Einkommensart anrechnungsfrei ist, geben Sie bitte die entsprechende Rechtsgrundlage aus dem SGB XII an. Ergänzen Sie die folgende Tabelle:

221065374

	Einkommensart	anzurechnen	anrechnungsfrei	Rechtsgrundlage
1.	Einkünfte als Steuerberater/-in	☐	☐	§ 4 VO zu § 82 SGB XII
2.	Mieteinnahmen	☐	☐	
3.	Arbeitsförderungsgeld nach § 59 SGB IX	☐	☐	
4.	Schadensersatz nach § 253 Abs. 2 BGB	☐	☐	
5.	Elterngeld aus vorheriger Erwerbstätigkeit in Höhe von 300,00 € pro Monat	☐	☐	§ 10 Abs. 5 BEEG
6.	Mutterschaftsgeld nach § 19 des Mutterschutzgesetzes	☐	☐	
7.	Weihnachtsgeld	☐	☐	
8.	Lottogewinn	☐	☐	
9.	Einkünfte als Influencer/-in	☐	☐	
10.	Blindenhilfe nach § 72 SGB XII	☐	☐	
11.	Einkünfte als Winzer/-in	☐	☐	
12.	Freies Mittagessen bei der Hilfsorganisation „Tafel"	☐	☐	
13.	Stipendium in Höhe von 300,00 € im Monat	☐	☐	§ 5 Abs. 3 S. 1 Stipendienprogramm-Gesetz
14.	Dividendenausschüttung	☐	☐	
15.	Altersrente	☐	☐	
16.	Unterhalts- bzw. Unterhaltsvorschussleistungen	☐	☐	
17.	Vom Arbeitgeber zur Verfügung gestellte Unterkunft in einer Gemeinschaftsunterkunft	☐	☐	
18.	Pflegegeld	☐	☐	§ 13 Abs. 5 S. 1 SGB XI
19.	Einmalige Einnahmen aus einer Erbschaft	☐	☐	
20.	Einnahmen aus einem Freiwilligendienst nach dem Bundesfreiwilligendienstgesetz in Höhe von 438,00 € monatlich	☐	☐	

Einzusetzendes Vermögen

5. Prüfen Sie, ob folgende Vermögensgegenstände bei der Berechnung der Leistungen zur Sicherung des Lebensunterhaltes nach SGB II bzw. nach SGB XII nach Ablauf der Karenzzeit zu berücksichtigen bzw. einzusetzen sind und geben Sie Rechtsgrundlagen an:

	Vermögensgegenstand	SGB II			SGB XII		
		zu berücksichtigen	nicht zu berücksichtigen	Rechtsgrundlage	einzusetzen	nicht einzusetzen	Rechtsgrundlage
1.	Möbel in angemessenem Umfang	☐	☐		☐	☐	
2.	75-Zoll-Fernseher mit einem Pfandsiegel eines Gerichtsvollziehers	☐	☐		☐	☐	
3.	Kraftfahrzeug im Wert von 7.000,00 €	☐	☐		☐	☐	
4.	Selbstgenutzte Eigentumswohnung mit einer Wohnfläche von 100 qm für eine dreiköpfige Familie	☐	☐		☐	☐	

	Vermögensgegenstand	SGB II			SGB XII		
		zu berücksichtigen	nicht zu berücksichtigen	Rechtsgrundlage	einzusetzen	nicht einzusetzen	Rechtsgrundlage
5.	Ferienwohnung mit einer Wohnfläche von 80 qm für eine dreiköpfige Familie auf Mallorca	☐	☐		☐	☐	
6.	Geige einer Musiklehrerin	☐	☐		☐	☐	
7.	Sparvermögen einer dreiköpfigen Familie (alle volljährig) im Wert von 45.000,00 €	☐	☐		☐	☐	

2.4.3 Aufgaben zur Ermittlung des monatlichen Gesamtanspruchs

1. Situation: Die Eheleute Gustav und Amalie Beier sind beide über 70 Jahre alt und wohnen in Altdorf, Kreis Neuhausen. Bis vor zwei Jahren konnte ihr Sohn sie noch finanziell unterstützen. Seit sein Handwerksbetrieb zahlungsunfähig wurde und schließen musste, sind sie jedoch ganz auf sich allein gestellt und kommen mit der Rente kaum aus. Nach einer Fernsehsendung über Armut im Alter fassen sie sich ein Herz und vereinbaren für den 31. August (Freitag) einen Termin bei der Gemeindeverwaltung Altdorf. Hier erfahren sie, dass ein Antrag auf Sozialhilfe sinnvoll wäre. Für den sei jedoch die Kreisverwaltung Neuhausen zuständig. Da Beiers alle Einkommensunterlagen mitgebracht haben, füllen sie mit der Mitarbeiterin der Gemeindeverwaltung das Antragsformular aus und fügen Kopien weiterer Unterlagen bei. Die Gemeinde Altdorf gibt den Antrag am Montag weiter. Er geht am Dienstag, den 4. September bei der Kreisverwaltung Neuhausen ein. Prüfen Sie,
   a) welche Leistungsart nach SGB XII infrage kommen könnte,
   b) von welchem Zeitpunkt an der Anspruch auf Sozialhilfe im Allgemeinen besteht,
   c) ab wann im vorliegenden Fall die Hilfe gezahlt wird.

Einsetzen der Leistung zur Sicherung des Lebensunterhaltes

2. Prüfen Sie, **ab welchem Datum** die Sozialhilfe einsetzt. Ergänzen Sie hierfür die folgende Tabelle:

	Sachverhalt	Leistungsart	Einsetzen der Leistung (Datum)	Rechtsgrundlage
1.	Herr Reuter ist ein alleinstehender erwerbsfähiger Leistungsberechtigter. Sein Antrag auf Leistungen zur Sicherung des Lebensunterhaltes geht am **15. März** beim zuständigen Leistungsträger ein.			
2.	Brigitte Mira ist 69 Jahre alt. Ihr Antrag auf Leistungen zur Sicherung des Lebensunterhaltes geht am **25. Januar** beim zuständigen Leistungsträger ein.			
3.	Hilmar Wettig ist 34 Jahre alt und wegen eines Unfalls am **12. Mai** für mindestens ein Jahr nicht erwerbsfähig. Er gibt seinen Antrag auf Leistungen zur Sicherung des Lebensunterhaltes am **28. Mai** bei seiner Gemeindeverwaltung ab. Diese leitet den Antrag an den zuständigen Leistungsträger weiter. Dort geht der Antrag am **4. Juni** ein.			
4.	Christin Meyer beantragt am **23. Juli** telefonisch Grundsicherung im Alter und bei Erwerbsminderung beim zuständigen Leistungsträger. Diese senden ihr am **25. Juli** das Antragsformular zu. Der vollständige Antrag geht am **4. August** beim Leistungsträger ein.			

221065376

	Sachverhalt	Leistungsart	Einsetzen der Leistung (Datum)	Rechtsgrundlage
5.	Ein anonymer Anrufer berichtet am **14. September** dem zuständigen Leistungsträger von der Notlage seiner Nachbarin, die vorübergehend nicht erwerbsfähig und alleinerziehend mit zwei Kindern sei. Diese lebe in bitterer Armut, da sie sich scheue, zum Amt zu gehen. Die aufsuchenden Sozialarbeiter bestätigen am **16. September** die Notlage und helfen der Frau beim Ausfüllen des Antrags. Der ausgefüllte Antrag geht am **20. September** beim zuständigen Leistungsträger ein.			
6.	Am **30. August** spricht der pflegebedürftige Lothar Mattner bei der Pflegestelle seiner Krankenkasse vor und berichtet, dass er nun als „Aufstocker“ auf Grundsicherung angewiesen sei, um seinen Lebensunterhalt zu finanzieren. Einen entsprechenden Antrag gibt er in der Pflegestelle ab. Die Mitarbeiterin der Pflegestelle leitet den Antrag an den zuständigen Träger weiter, wo er am **4. September** eingeht.			

3. Situation: Josefine Bachmann ist 68 Jahre alt. Sie bezieht nach einer Grundrentenzeit von 35 Jahren eine gesetzliche Rente von 780,00 € monatlich und konnte keine Ersparnisse bilden. Sie ist nicht schwerbehindert und konnte bisher als Garderobenfrau und durch gelegentliche Reinigungsarbeiten etwas dazuverdienen. Diese Arbeitsmöglichkeiten hat sie nun verloren und bittet die Stadt Neustadt um Hilfe.

   Frau Bachmann bewohnt eine 2 1/2-Zimmer-Wohnung in Neustadt, für die sie 455,00 € Miete bezahlt. Im Mietvertrag wurden die von ihr zu tragenden Heizungskosten pauschal mit 85,00 € vereinbart. Die Stadtwerke

   Neustadt buchen monatlich Abschlagszahlungen für Strom in Höhe von 69,00 € und für Kaltwasser in Höhe von 38,00 € ab. Diese Beträge wurden zum Jahresbeginn neu festgesetzt.

   a) Prüfen Sie, welche Leistungsart hier infrage kommt.

   b) Berechnen und begründen Sie die Höhe der zu zahlenden Sozialhilfeleistung.

4. Berechnen Sie die Höhe der Leistungen zur Sicherung des Lebensunterhaltes für den Monat des Einsetzens der Leistung. Gehen Sie dabei von einer Angemessenheit der Bedarfe für Unterkunft und Heizung aus.

   a) Frau Martina **Miller** beantragt am 19. Mai für sich und ihre Tochter Eileen, 6 Jahre, Sozialhilfe. Sie bewohnen eine Drei-Zimmer-Wohnung, für die sie monatlich 610,18 € Miete zahlen. An die Stadtwerke müssen monatlich 62,50 € gezahlt werden, wovon 11,50 € für Verbrauchsstrom anfallen und der Rest für Heizkosten einschließlich der Kosten für die Warmwasseraufbereitung. Frau Miller verfügt über keinerlei Einkommen, da sie aufgrund eines Sturzes lt. eines ärztlichen Attestes für zunächst acht Monate nicht erwerbsfähig ist. Die einzigen Mittel, die Frau Miller zufließen, sind laut Kontoauszug Kindergeld in gesetzlicher Höhe und Unterhaltsvorschuss in Höhe von 299,00 € vom Fachdienst Jugend. Eileen besitzt eine Geige im Wert von 400,00 €, die sie von ihrem Großvater geerbt hat. Der Geigenunterricht für Eileen kostet monatlich 100,00 €.

   b) Herr **Krause**, 42 Jahre, erscheint am 28. Mai im Sozialamt und beantragt Sozialhilfe für sich und seine beiden Töchter Leonie, 14 Jahre, und Kira, 4 Jahre. Aus den vorliegenden Unterlagen geht hervor, dass die Frau von Herrn Krause aus der gemeinsamen Wohnung ausgezogen ist. Herr Krause kann wegen einer vorübergehenden Erwerbsminderung nur 2,5 Stunden täglich als Architekt arbeiten. Für diese Tätigkeit erhält er 1.053,86 € monatlich brutto. Herr Krause muss monatlich 154,55 € Einkommensteuer entrichten. Weiterhin betragen seine Kosten für die Kranken- und Pflegeversicherung 136,00 € sowie für Renten- und Arbeitslosenversicherung 95,33 € monatlich. Um zu seiner Arbeitsstelle zu kommen, muss Herr Krause öffentliche Verkehrsmittel in Anspruch nehmen. Dafür entstehen Kosten in Höhe von 41,35 € für die Monatskarte. Für beide Kinder wird Kindergeld in der gesetzlichen Höhe gezahlt. Zudem zahlt Frau Krause für Kira Unterhalt in Höhe von 320,00 € und für Leonie 450,00 €. Familie Krause bewohnt eine Wohnung, deren Grundmiete 600,00 € beträgt. Die Nebenkosten betragen 102,30 €. An die Versorgungs-AG müssen monatlich Versorgungsabschläge in Höhe von 115,00 € gezahlt werden, wobei 60,00 € für Heizgas einschließlich WWA und 55,00 € für Strom sind. Seitdem die Ehefrau ausgezogen ist, kommt Herr Krause mit dem Einkommen nicht mehr aus. Der Beitrag beträgt für seine Hausratversicherung beträgt 6,50 € monatlich. Es besteht keinerlei anzurechnendes Vermögen.

c) Frau Erna **Surbier**, 72 Jahre alt, wohnt in einer Zwei-Zimmer-Wohnung in Neustadt, für die sie 290,00 € Kaltmiete zuzüglich 30 € Nebenkosten und 68,70 € Heizkosten zahlt. Zusätzlich sind die Kosten für die dezentrale WWA zu berücksichtigen. Frau Surbier bezieht nach 35 Jahren an Grundrentenzeiten eine gesetzliche Rente in Höhe von 384,20 € monatlich. Um ihre Rente etwas aufzubessern, geht Frau Surbier dreimal pro Woche für je zwei Stunden putzen. Für diese Tätigkeit erhält sie monatlich 312,00 € netto. Sie hat keinerlei anzurechnendes Vermögen. Der Antrag auf Finanzierung des Lebensunterhaltes von Frau Surbier geht am 14. April ein. Laut ärztlichem Attest leidet Frau Surbier an einer terminalen Niereninsuffizienz mit Dialysetherapie und benötigt eine besondere Ernährung.

d) Christian und Anne **Boyle** sprechen am 4. August im Sozialamt vor und beantragen Hilfe für sich und ihre beiden Kinder Caroline, 9 Jahre, und Paul, 14 Jahre. Sie wohnen in einer Vier-Zimmer-Wohnung und zahlen laut dem gemeinsamen Mietvertrag monatlich Miete in Höhe von 760,00 € einschließlich der Nebenkosten plus monatlich 90,00 € für die Heizung einschl. Warmwasseraufbereitung. Christian und Anne sind teilweise erwerbsgemindert und können beide nur jeweils zwei Stunden am Tag arbeiten. Christian verdient 800,00 € im Monat und zahlt davon 72,00 € Sozialabgaben. Er fährt täglich mit seinem E-Bike zur 42,8 km entfernten Arbeitsstätte. Anne verdient 1.300,00 € im Monat, davon muss sie 210,00 € Pflichtbeiträge zur Sozialversicherung zahlen. Sie erreicht ihre Arbeitsstelle zu Fuß, da diese nur einen Kilometer von der Wohnung entfernt liegt. Für die Kinder erhalten sie das gesetzliche Kindergeld. Anzurechnendes Vermögen besteht nicht.

e) Nehmen Sie nun an, dass Christian und Anne Boyle aus Fall d) erwerbsfähig sind. Vergleichen Sie die Ergebnisse der Aufgaben d) und e).

5. Situation: Am 31. Oktober erscheint der 42-jährige Hans Schmidt im Fachbereich II – Bürgerdienste der Stadt Neustadt. Im Fachdienst Soziales werden hier als Produkte u.a. die Grundsicherung nach SGB II und die Grundversorgung nach SGB XII angeboten. Herr Schmidt erklärt dem zuständigen Sachbearbeiter Jens Fromme, dass er völlig mittellos sei und dass seine Familie finanziell jede Hilfe benötige, die sie bekommen könne. Die angehende Verwaltungsfachangestellte Nele Müller, Auszubildende im dritten Ausbildungsjahr, verfolgt die Situation interessiert.

Hans Schmidt bewohnt mit seiner Ehefrau Angelika (39) und seinen beiden Kindern Pascal Rio (14) und Vanessa Marilyn (8) eine Wohnung, die nach geltendem Recht als angemessen gilt. Es sind 525,00 € Miete und 96,00 € Heizkostenpauschale für diese Wohnung zu zahlen.

Die Eltern von Hans und Angelika Schmidt sind verstorben. Das Ehepaar Schmidt ist nach ärztlicher Bescheinigung langfristig nicht in der Lage, länger als 1-2 Stunden am Tag zu arbeiten.

Als Küchenhilfe in einem kleinen Neustädter Hotel bezieht Herr Schmidt ein Nettoeinkommen von 430,00 €. Als Waschstraßenhilfe bei CarWash verdient er durch samstägliche Aushilfstätigkeit noch einmal netto 96,00 €.

Frau Schmidt hilft im örtlichen Friseursalon „Schnittpunkt" als gelernte Friseurin stundenweise aus und verdient damit 372,00 € monatlich netto. Sie erhält nach eigenen Angaben noch ca. 45,00 € Trinkgeld im Monat.

Für Pascal Rio und Vanessa Marilyn erhält das Ehepaar das staatliche Kindergeld. Hans und Angelika Schmidt besitzen noch ein Sparbuch, das einen Betrag von 2.538,00 € aufweist.

Herr Schmidt weist folgende monatliche Kosten nach:

- Fahrtkosten ÖPNV H. Schmidt, Deutschlandticket (58,00 € pro Monat)
- Hausratversicherung 6,40 €
- Private Haftpflichtversicherung 5,35 €

221065378

- Gewerkschaftsbeitrag H. Schmidt 3,90 €
- Abonnement Fotofachzeitschrift „ColorVision“ 6,10 €

Darüber hinaus beantragt Hans Schmidt eine einmalige Unterstützung für die Beschaffung eines Kühlschranks, weil der alte nicht mehr zu reparieren ist. Pascal Rio steht zudem kurz vor einer Klassenfahrt, deren Kosten in Höhe von 220,00 € die Familie Schmidt nicht zu finanzieren weiß.

Nele Müller möchte eine Entscheidung vorbereiten, da sie schon umfangreichere Verfahrenskenntnisse aus dem Verwaltungsrecht mitbringt. Einfache Bescheide hat sie nach dem VwVfG schon verfasst. Sachbearbeiter Fromme sieht das Interesse der Auszubildenden mit großer Freude. Er fragt allerdings kritisch nach, ob ihr denn auch die Besonderheiten der sozialrechtlichen Verfahrensbestimmungen vertraut seien.

a) Ermitteln Sie mithilfe des SGB II, X und XII, welche Verfahrensschritte und Grundsätze Nele Müller bei der Bearbeitung des Antrags von Familie Schmidt zu beachten hat.
b) Stellen Sie fest, welche Leistungsart des SGB XII in der vorliegenden Situation in Betracht kommen könnte.
c) Prüfen Sie, ob auch eine Leistung des SGB II infrage kommen könnte.
d) Ermitteln Sie mithilfe des Gesetzes, ab wann eine mögliche Leistungsgewährung einsetzt.
e) Stellen Sie unter Beachtung der § 27 ff. SGB XII die einzelnen Bedarfe der Familienmitglieder fest.
f) Stellen Sie unter Beachtung des § 82 SGB XII i. V. m. der maßgeblichen Durchführungsverordnung fest, welches Einkommen die einzelnen Familienmitglieder einzusetzen haben. Prüfen Sie, ob das Einkommen um Absetzungsbetrage bereinigt werden kann. Nutzen Sie die Arbeitsmaterialien.
g) Stellen Sie mithilfe des § 90 SGB XII i. V. m. der maßgeblichen Durchführungsverordnung fest, ob die Familie Schmidt Vermögen in die Leistungsberechnung einzusetzen hat.
h) Berechnen Sie die Höhe der Ansprüche auf laufende Leistungen zur Sicherung des Lebensunterhalts für Familie Schmidt pro Monat.
i) Prüfen Sie, ob einmalige Leistungen als Sonderbedarfe gewahrt werden können, ggf. auch als Darlehen.
j) Verfassen Sie einen Sozialhilfebescheid unter Beachtung der Regeln und Muster des Kommunikationsleitfadens (s. Grundlagenband, Grundsätze schriftlicher Kommunikation, Kap. 3.8). Die äußere Form des Bescheids darf unberucksichtigt bleiben.

Aufteilung des anzurechnenden Einkommens nach SGB II und SGB XII

6. Folgende Personen leben jeweils in einem Haushalt und beantragen Leistungen zur Sicherung des Lebensunterhaltes. Anzurechnendes Vermögen liegt nicht vor. Berechnen Sie die Höhe der Leistungen nach dem SGB II und nach dem SGB XII für einen vollen Monat ohne den Sofortzuschlag, indem Sie die Einkommensüberschüsse nach der Bedarfsanteilsmethode (SGB II) bzw. nach der Prozentmethode (SGB XII) vornehmen. Vergleichen Sie die Ergebnisse.

a) Familie Müller

	Elternteil 1	Elternteil 2	Kind 1	Kind 2
Bedarf	800,00 €	850,00 €	650,00 €	600,00 €
anzurechnendes Einkommen	1.000,00 €	220,00 €	Kindergeld	Kindergeld

b) Familie Olekson

	Elternteil 1	Elternteil 2	Kind 1	Kind 2
Bedarf	800,00 €	850,00 €	650,00 €	600,00 €
anzurechnendes Einkommen	480,00 €	800,00 €	Kindergeld	Kindergeld

c) Familie Mahmud

	Elternteil 1	Elternteil 2	Kind 1	Kind 2
Bedarf	800,00 €	850,00 €	650,00 €	600,00 €
anzurechnendes Einkommen	1.000,00 €	1.000,00 €	Kindergeld	Kindergeld

Gegenüberstellung SGB XII / SGB II

7. Situation: Inez Mannheimer, 28 Jahre, ist alleinstehend und arbeitet als Aushilfe in einem Lebensmittelgeschäft in der Nachbarschaft. Hierfür erhält sie monatlich 480,00 €, Abgaben fallen nicht an. Frau Mannheimer ist im sechsten Monat schwanger. Sie zahlt eine angemessene Miete in Höhe von 380,00 € sowie angemessene Heizkosten (ohne zentrale Warmwasseraufbereitung) in Höhe von 60,00 € monatlich. Außerdem muss Frau Mannheimer monatlich 6,00 € für ihre Haftpflichtversicherung zahlen. An Vermögen hat sie ihren angemessenen Hausrat und ein Sparguthaben von 11.800,00 €. Am 6. Januar stellt sie einen Antrag auf Sozialleistungen zur Sicherung des Lebensunterhaltes. Ergänzen Sie die folgende Tabelle und vergleichen Sie die Ergebnisse:

	Frau Mannheimer ist vorübergehend erwerbsgemindert (HLU, SGB XII):		Frau Mannheimer ist erwerbsfähig (Bürgergeld, SGB II):	
Bedarfsermittlung				
	§§ 27a, 28 SGB XII, Anlage zu § 28		§ 20 SGB II	
= monatlicher Bedarf				
Ermittlung des anzurechnenden Einkommens				
= anzurechnendes Einkommen				
Ermittlung des anzurechnenden Vermögens				
= anzurechnendes Vermögen				
Gegenüberstellung von Bedarf und Bedarfsdeckungsmöglichkeiten				
Fehlbetrag				
Leistungen für Januar				

Mischfall SGB II / SGB XII

8. Situation: Robert Leinert, 28 Jahre, wohnt gemeinsam mit seiner Mutter Christa Leinert (48 Jahre) und seiner Schwester Isabell (8 Jahre) in einem Haushalt. Christa Leinert ist dauerhaft erwerbsgemindert und bezieht eine Rente wegen voller Erwerbsminderung in Höhe von 680,00 €. Robert Leinert ist seit zwei Monaten arbeitslos und erhält Arbeitslosengeld in Höhe von 1.600,00 €. Frau Leinert erhält das Kindergeld für Isabell in gesetzlicher Höhe sowie Unterhaltsvorschussleistungen in Höhe von 299,00 € pro Monat. Frau Leinert zahlt für die Familie eine angemessene Miete in Höhe von 800,00 € einschließlich Nebenkosten und Heizkosten (einschließlich Warmwasseraufbereitung) in Höhe von 70,00 €. Anzurechnendes Vermögen besteht nicht. Sie beantragen am 10. März Leistungen zur Sicherung des Lebensunterhalts. Bestimmen Sie Art und Höhe der Leistungen zur Sicherung des Lebensunterhalts für die Familienmitglieder für den Monat März.

   Bearbeitungshinweise:
   - Es ist nicht davon auszugehen, dass volljährige Geschwister an der Erziehung ihrer minderjährigen Geschwister beteiligt sind.
   - Robert Leinert bildet zusammen mit seiner Familie eine Wohn- und Wirtschaftsgemeinschaft. §§ 1 Abs. 2, 7 Abs. 2 Bürgergeld-V sind entsprechend anzuwenden.

2.5 Formen der Leistungserbringung ermitteln

2.5.1 Aufgaben

1. Folgende Personen, die bereits Leistungen zur Sicherung des Lebensunterhalts (einschließlich Bedarfe für die Unterkunft und Heizung) erhalten, sprechen bei Ihnen als Sachbearbeiter/-in in der zuständigen Behörde im Oktober vor und bitten um Hilfe. Erläutern Sie, welche Möglichkeit(en) aus Ihrer Sicht in Betracht kommt/kommen.
   a) Lorenz Veit berichtet, dass er heute eine fristlose Kündigung seiner Wohnung wegen Mietrückständen erhalten habe, da habe er wohl die Zahlungstermine „nicht auf dem Schirm gehabt".
   b) Renée-Marie Ryling ist 25 Jahre alt und möchte aus dem Elternhaus ausziehen. Sie hat auch schon eine angemessene Wohnung gefunden, allerdings kann sie sich die Mietkaution nicht leisten.
   c) Serhan Tolk wohnt in einer kleinen Eigentumswohnung. Er spricht vor, weil seine Heizung nicht mehr funktioniere und seine Familie im Kalten sitze. Eine Reparatur könne er sich nicht leisten.
   d) Steven Myers spricht vor. Er berichtet, dass er seine Tochter Lynn heute nach längerer Erkrankung in den Kindergarten gebracht habe. Deshalb habe er von dem Ausflug des Kindergartens am heutigen Tag in den Kleintierzoo nichts gewusst. Als er mit seiner Tochter kam, habe der Bus schon bereitgestanden. Auf die Schnelle habe er die für den Ausflug erforderlichen 25,00 € der Erzieherin bar „in die Hand gedrückt". Was nun?

3 Ausgewählte öffentlich-rechtliche Leistungen bearbeiten

3.1 Aufgabe

1. Situation: Erstellen Sie ein strukturiertes Schaubild zu den Leistungen der öffentlichen und privaten Kinder- und Jugendhilfeträger Ihrer Wohngemeinde bzw. der Gemeinde Ihrer Ausbildungsbehörde. Ermitteln Sie die notwendigen Informationen im Wege einer Praxiserkundung und/oder einer Internetrecherche. Präsentieren Sie Ihre Ergebnisse im Plenum Ihrer Lerngruppe.

4 Zukunft der sozialen Sicherung diskutieren

4.1 Aufgabe

1. Situation: Ahmed Dede war bis vor 15 Jahren Arbeiter im Chemiewerk von Neustadt. „Er war immer fröhlich", berichtet seine Tochter Tugba Öztürk, „aktiv und stets hilfsbereit". Vor drei Jahren dann ging er in Altdorf bei einem Ausflug „verloren". Im Städtischen Krankenhaus von Neustadt wurde eine beginnende Demenz diagnostiziert. Mittlerweile hat Ahmed Dede den Pflegegrad 3 zuerkannt bekommen und ist damit in höherem Maße pflegebedürftig. Tugba betreut ihren Vater rund um die Uhr. Dafür ist sie sogar mit ihrem Mann und den beiden schulpflichtigen Kindern Arzu und Husni in eine Wohnung im selben Haus gezogen. Unterstützung bekommt sie, soweit möglich, von der gesamten Familie. Ihrem Beruf als Verwaltungsfachangestellte bei der Stadtverwaltung Neustadt kann Tugba zurzeit nicht nachgehen. „Mit den Jahren bin ich in die Pflegerolle hineingewachsen. Es ist ein harter Job", erzählt Tugba. „Das Lächeln meines Vaters ist es mir aber wert!"
   a) Nehmen Sie in einem Rollenspiel die Situation verschiedener Familienmitglieder, des Hausarztes, des Arbeitgebers von Tugba oder eines Nachbarn ein. Weitere Rollenspieler sind denkbar.
   b) Diskutieren Sie sowohl die Situation Tugbas als auch die Zukunft des Sozialstaats mit Blick auf die demografische Entwicklung und die damit verbundenen Herausforderungen.
   c) Bereiten Sie sich in Teamarbeit auf Ihre Rolle vor. Beachten Sie die Regeln der Diskussion (Grundlagenband, s. Kommunikationsleitfaden im Anhang).

1 Öffentliche Unternehmen nach ihrer Selbstständigkeit unterscheiden

1.1 Die Selbstständigkeit verschiedener Organisationsformen für die Stadtbibliothek Neustadt untersuchen

1.1.1 Lernsituation[1]

Schließung der Stadtbibliothek Neustadt?

Antrag auf Schließung der Stadtbibliothek

Sehr geehrter Herr Schultheiß,

die X-Fraktion im Rat der Stadt Neustadt stellt hiermit folgenden Antrag:

Der Rat möge die Schließung der Stadtbibliothek Neustadt beschließen.

Begründung:

Der Fehlbetrag der Stadtbibliothek beträgt in diesem Jahr 1,2 Mio. Euro für nur noch rund 5000 aktive Nutzerinnen und Nutzer pro Jahr. Der Rückgang der Besucherinnen und Besucher zeigt, dass kein öffentliches Interesse an der Bibliothek mehr besteht. Deutlich wird dies auch daran, dass die Benutzungsgebühren im vergangenen Jahr auf 40.000,00€ gefallen sind. In Zeiten knapper Kassen sollten die demnach unnötigen Ausgaben für die Stadtbibliothek eingespart werden.

Zusätzlich sollte der Betrieb der Stadtbibliothek zum Schutze der Arbeitsplätze im ortsansässigen Buchhandel, deren Bestand durch die Konkurrenz seitens der öffentlichen Hand gefährdet ist, eingestellt werden.

J. Bemseler
X-Fraktion

Umwandlung der Stadtbibliothek in eine selbstständigere Organisationsform

Sehr geehrter Herr Schultheiß,

die Y-Fraktion im Rat der Stadt Neustadt stellt den Antrag, der Rat der Stadt möge beschließen:

„Die Verwaltung wird beauftragt, zu überprüfen, in welcher Organisationsform die Aufgaben der Stadtbibliothek zukünftig besser und wirtschaftlicher wahrgenommen werden können."

Begründung:

Der Rückgang der Besucherinnen und Besucher in der Stadtbibliothek zeigt an, dass die Aufgabe der einzigen öffentlichen Bibliothek im Umkreis von 20 km nicht mehr hinreichend erfüllt wird. Eine Steigerung der Bibliotheksnutzung kann nur durch eine Steigerung der Attraktivität der Bibliothek erreicht werden. Hierzu gehören beispielsweise aktuellere Literatur, die Einrichtung eines speziellen Bereichs mit mehrsprachigen Medien, Ausstattung mit elektronischen Medien, verlängerte Öffnungszeiten, der Ausbau der Online-Ausleihe, kulturelle Veranstaltungen (z. B. Lesungen von Autorinnen und Autoren und Ausstellungen), Zielgruppenveranstaltungen (z. B. Lesenächte für Kinder, Führungen für Senioren).

Die wirtschaftliche Durchführung entsprechender Maßnahmen zur Attraktivitätssteigerung setzt eine größere Selbstständigkeit und Flexibilität der Bibliotheksleitung in Haushalts- und Personalführung, einen Abbau bürokratischer Hemmnisse – und somit eine andere Organisationsform als die bisherige des Regiebetriebs – voraus.

Die Verwaltung sollte bei der Überprüfung der Eignung verschiedener Organisationsformen für die Stadtbibliothek auch die Möglichkeit der Beteiligung Privater berücksichtigen.

F. Lopez
Y-Fraktion

1.1.2 Arbeitsaufträge zur Lernsituation

1. a) Diskutieren und entscheiden Sie, ob die Stadtbibliothek geschlossen werden soll.

   Sie sind Ratsmitglieder in folgenden Ausschüssen der Stadt Neustadt:
   - Finanzausschuss
   - Ausschuss für Wirtschaftsförderung, Strukturverbesserung und Tourismus
   - Kultur- und Bildungsausschuss
   - Ausschuss für Soziales, Jugend und Familien

1 Die Organzuständigkeit für die Beschlussfassung über die Schließung bzw. Umwandlung einer öffentlichen Einrichtung in eine andere Organisations- bzw. Rechtsform ist in den Gemeindeordnungen der Bundesländer teilweise unterschiedlich geregelt. Gehen Sie für diesen Sachverhalt deshalb im Folgenden von einer Zuständigkeit des Rates der Stadt Neustadt für die entsprechenden Beschlussfassungen aus.

221065384

b) Fertigen Sie anschließend ein Protokoll über diese Sitzung an. Beachten Sie dabei den Kommunikationsleitfaden der Stadt Neustadt (im Grundlagenband).

2. Angenommen, der Rat der Stadt Neustadt hat entschieden, die Stadtbibliothek nicht zu schließen, sondern in einer selbstständigeren Organisationsform zu führen. Sie sind Mitarbeiter/-in der Abteilung Organisation und Datenverarbeitung im Fachbereich 1 der Stadt Neustadt und werden vom Rat beauftragt, verschiedene Organisationsformen kommunaler Einrichtungen für die Stadtbibliothek vorzustellen. Ergänzen Sie hierzu die Tabelle, die Ihnen auch im Download-Bereich zur Verfügung steht:

Web

Zusammenfassende Darstellung der möglichen Organisationsformen für die Stadtbibliothek Neustadt

		Regiebetrieb (bisherige Organisationsform)	**Eigenbetrieb**	**rechtl. selbst. Anstalt des öffentlichen Rechts**	**Eigen- bzw. Beteiligungsgesellschaft** am Beispiel einer gGmbH
1.	**Selbstständigkeit der Organisationsform**				
1.1	**rechtliche Selbstständigkeit**				
a)	rechtliche Selbstständigkeit				
1.2	**organisatorische Selbstständigkeit**				
a)	eigene Organe (+ Bezeichnung)				
b)	eigenes Vermögen/eigenes Personal				
c)	Befreiungsmöglichkeit vom öffentlichen Dienstrecht				
d)	eigene Organisationsstruktur				
e)	Möglichkeit der Beteiligung privaten Kapitals				
1.3	**finanzwirtschaftliche Selbstständigkeit**				
a)	eigene Kassen- und Kreditwirtschaft				
b)	eigene doppelte Buchführung				
c)	Nettobetrieb				
d)	eigene Pläne				
e)	(teilweise) Befreiung vom Vergaberecht				
2	**Handlungsformen der Organisationsform**				
mögliche Handlungsformen		☐ öffentl.-rechtl. ☐ fiskalisch	☐ öffentl.-rechtl. ☐ fiskalisch	☐ öffentl.-rechtl. ☐ fiskalisch	☐ öffentl.-rechtl. ☐ fiskalisch

3. Steuerpflicht der Organisationsform				
Körperschaftsteuer	☐ ja ☐ nein	☐ ja ☐ nein	☐ ja ☐ nein	☐ ja ☐ nein
Gewerbesteuer	☐ ja ☐ nein	☐ ja ☐ nein	☐ ja ☐ nein	☐ ja ☐ nein
Umsatzsteuer	Steuerpflicht ☐ ja ☐ nein	Steuerpflicht ☐ ja ☐ nein	Steuerpflicht ☐ ja ☐ nein	Steuerpflicht ☐ ja ☐ nein
	Steuersatz ☐ befreit ☐ ermäßigt ☐ voll	Steuersatz ☐ befreit ☐ ermäßigt ☐ voll	Steuersatz ☐ befreit ☐ ermäßigt ☐ voll	Steuersatz ☐ befreit ☐ ermäßigt ☐ voll

4. Zulässigkeit der Organisationsform				
Rechtsgrundlage für die Zulässigkeit der Organisationsform gemäß Landesrecht				
Weitere Voraussetzung für die Zulässigkeit				

1.1.3 Aufgaben

1. Erläutern Sie den Begriff „öffentliche Einrichtung".
2. Erläutern Sie den wesentlichen Unterschied zwischen:
   a) Amt und Regiebetrieb
   b) Regiebetrieb und Eigenbetrieb
   c) Eigenbetrieb und Eigengesellschaft
   d) Eigengesellschaft und Beteiligungsgesellschaft
   e) wirtschaftlicher und nichtwirtschaftlicher Betätigung
   f) Betrieb gewerblicher Art und Hoheitsbetrieb
   g) Zweckverband und Zweckbetrieb
3. Untersuchen Sie die Organisationspläne der Stadt Neustadt (LF 3, Kap. 1) sowie Ihrer Ausbildungsbehörde und stellen Sie übersichtlich zusammen, welche Organisationsformen hier für die öffentlichen Einrichtungen gewählt wurden.
4. Stellen Sie analog zu dem Schaubild in LF 12, Kapitel 1.1 als Kreisdiagramm dar, welche Bedeutung kommunale Unternehmen in Ihrer Ausbildungsbehörde (Anzahl der Beschäftigten) haben. Informationen hierzu finden Sie im Haushaltsplan und im Beteiligungsbericht sowie in den Wirtschaftsplänen der Eigenbetriebe Ihrer Ausbildungsbehörde.
5. Kulturelle und soziale Einrichtungen einer Kommune sind oftmals von Schließungen bedroht. Erkundigen Sie sich innerhalb Ihrer Region, welche öffentliche Einrichtung schon vor der Schließung gestanden hat. Bringen Sie auch in Erfahrung, ob die Einrichtung dann tatsächlich geschlossen wurde und welche Auswirkungen dies für die Bürger und die Kommune hatte. Eventuell konnte eine Schließung auch vermieden werden. Bringen Sie dann in Erfahrung, wie dies erreicht wurde. Präsentieren Sie Ihre Ergebnisse in der Klasse.
6. Erläutern Sie, welche Merkmale bei der Beurteilung der Selbstständigkeit öffentlicher Einrichtungen unterschieden werden.

221065386

7. Stellen Sie in einer Tabelle gegenüber, welche Vor- und Nachteile ein höherer Grad an Selbstständigkeit der Organisationsform für die Leitung der Organisation und für die Kommune hat. Diskutieren Sie die Ergebnisse.
8. Diskutieren Sie, welche Vor- und Nachteile für die Stadtbibliothek Neustadt entstehen, wenn sie das Benutzungsverhältnis mit den „Kunden" öffentlich-rechtlich oder fiskalisch ausgestaltet und ob es demnach sinnvoller ist, die Stadtbibliothek Neustadt in öffentlich-rechtlicher oder in privatrechtlicher Organisationsform zu führen.
9. Beantworten Sie die Fragestellungen mit Hilfe des Beispiels.

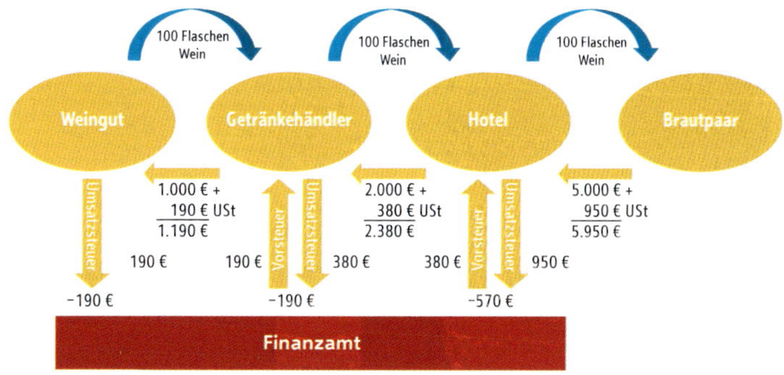

Beispiel: Ein Weingut verkauft 100 Flaschen Wein an einen Getränkehändler zum Preis von 1.000 € + 190 € MwSt. Der Getränkehändler zahlt damit 1.190 €, von denen das Weingut 190 € an das Finanzamt als Umsatzsteuer abführt. Der Getränkehändler hat aber im Wege des Vorsteuerabzugs die Möglichkeit, sich die gezahlten 190 € Umsatzsteuer vom Finanzamt erstatten zu lassen. Der Weinhändler verkauft den Wein für 2.000 € + 380 € MwSt an ein Hotel weiter. Hier greift der gleiche Mechanismus: Der Weinhändler führt die Umsatzsteuer an das Finanzamt ab, das Hotel erhält im Wege des Vorsteuerabzugs die 380 € vom Finanzamt zurück. Der Hotelier schließlich schenkt die 100 Flaschen Wein im Rahmen einer Hochzeit aus und stellt dem Hochzeitspaar hierfür 5.000 € + 950 € MwSt in Rechnung. Ein Vorsteuerabzug ist den Brautleuten nicht möglich (s.Abb. 1).

Quelle: Georg Große Verspohl: Gemeinden zwischen zwei Systemen – die Umsatzsteuerpflicht der öffentlichen Hand. In: Bayerischer Gemeindetag (Die Zeitschrift des Bayerischen Gemeindetages), 6/2016, S. 191.

a) Berechnen Sie, wieviel Euro Steuereinnahmen der Staat durch die Transaktionen erhält.
b) Geben Sie an, wer die Umsatzsteuer im Endeffekt trägt.
c) Berechnen Sie die Anschaffungskosten des Weins für den Hotelier.
d) Berechnen Sie die Anschaffungskosten des Weins für das Brautpaar.
e) Erläutern Sie, an welchen Stellen dieser Kette kommunale Einrichtungen stehen können.

10. Geben Sie an, inwiefern die folgenden Produkte der Fachdienste bzw. Regiebetriebe Steuern abführen müssen. Gehen Sie dabei von der Neuregelung des UStG aus.

	Abwasserbeseitigung	**Städt. Kindertagesstätten**	**Blumenverkäufe der städt. Friedhofsgärtnerei**	**Verkauf von Stammbüchern durch das Standesamt**	**Öffentlicher Personennahverkehr**	**Städt. Parkhaus**
Erträge in Euro	Gebühren 1.143.400,00	Gebühren 84.000,00	Verkaufserlöse 22.000,00	Verkaufserlöse 1.600,00	Privatrechtl. Entgelte 120.000,00	Parkgebühren 50.000,00
Aufwendungen in Euro	1.300.000,00	240.000,00	20.000,00	1.600,00	780.000,00	16.000,00
Körperschaft- und Gewerbesteuer	**BgA** ☐ ja ☐ nein	**BgA** ☐ ja ☐ nein	**BgA** ☐ ja ☐ nein	**BgA** ☐ ja ☐ nein	**BgA** ☐ ja ☐ nein	**BgA** ☐ ja ☐ nein
	Gewerbebetrieb ☐ ja ☐ nein	**Gewerbebetrieb** ☐ ja ☐ nein	**Gewerbebetrieb** ☐ ja ☐ nein	**Gewerbebetrieb** ☐ ja ☐ nein	**Gewerbebetrieb** ☐ ja ☐ nein	**Gewerbebetrieb** ☐ ja ☐ nein

	Abwasser-beseitigung	Städt. Kindertages-stätten	Blumen-verkäufe der städt. Friedhofs-gärtnerei	Verkauf von Stamm-büchern durch das Standesamt	Öffentlicher Personen-nahverkehr	Städt. Parkhaus
	Steuerbe-günstigte Zwecke ☐ ja ☐ nein	**Steuerbe-günstigte Zwecke** ☐ ja ☐ nein	**Steuerbe-günstigte Zwecke** ☐ ja ☐ nein	**Steuerbe-günstigte Zwecke** ☐ ja ☐ nein	**Steuerbe-günstigte Zwecke** ☐ ja ☐ nein	**Steuerbe-günstigte Zwecke** ☐ ja ☐ nein
	Zahlungs-pflicht ☐ KSt ☐ GewSt	**Zahlungs-pflicht** ☐ KSt ☐ GewSt	**Zahlungs-pflicht** ☐ KSt ☐ GewSt	**Zahlungs-pflicht** ☐ KSt ☐ GewSt	**Zahlungs-pflicht** ☐ KSt ☐ GewSt	**Zahlungs-pflicht** ☐ KSt ☐ GewSt
Umsatz-steuer	**Unternehmer** ☐ ja ☐ nein **Steuersatz** ☐ befreit ☐ ermäßigt ☐ voll	**Unternehmer** ☐ ja ☐ nein **Steuersatz** ☐ befreit ☐ ermäßigt ☐ voll	**Unternehmer** ☐ ja ☐ nein **Steuersatz** ☐ befreit ☐ ermäßigt ☐ voll	**Unternehmer** ☐ ja ☐ nein **Steuersatz** ☐ befreit ☐ ermäßigt ☐ voll	**Unternehmer** ☐ ja ☐ nein **Steuersatz** ☐ befreit ☐ ermäßigt ☐ voll	**Unternehmer** ☐ ja ☐ nein **Steuersatz** ☐ befreit ☐ ermäßigt ☐ voll

11. Erläutern Sie die rechtlichen Grenzen für die wirtschaftliche Betätigung einer Gemeinde mittels einer Eigengesellschaft bzw. einer Anstalt des öffentlichen Rechts anhand Ihrer Gemeindeordnung.
12. Erstellen Sie eine Übersicht über die kommunalrechtlichen Voraussetzungen für die Errichtung von wirtschaftlichen und nichtwirtschaftlichen Einrichtungen in den alternativen Organisationsformen.
13. Der Stadtpark genießt bei den Einwohnerinnen und Einwohnern einer kreisfreien Stadt einen guten Ruf. Gern nutzen sie die grüne Lunge der Stadt als Naherholungsgebiet. Dem ungetrübten Erholungsgenuss steht allerdings eine am Rande des Stadtparks gelegene baufällige Jugendstilvilla entgegen, die häufig als „Schandfleck" bezeichnet wird.

    Die Stadt hat Überlegungen zum Abriss des ihr gehörenden Gebäudes aufgegeben, nachdem feststand, dass eine Renovierung noch lohnenswert ist. Es wurde beschlossen, das Gebäude instand zu setzen und so umzubauen, dass es als Restaurant genutzt werden kann.

    Die Stadt fand allerdings auch nach längerer Suche keinen geeigneten Pächter und keine geeignete Pächterin für das geplante Restaurant. Deshalb wird jetzt erwogen, eine Parkrestaurant GmbH zu gründen. Als Geschäftsführung der GmbH würde ein erfahrener Restaurantleiter oder eine erfahrene Restaurantleiterin mit hervorragenden Empfehlungen zur Verfügung stehen.

    Die Stadtkämmerei hat signalisiert, dass sich die Gemeinde die erforderliche GmbH-Mindesteinlage und die Renovierungskosten für das Gebäude leisten kann. Zudem räumt eine Marktanalyse dem Restaurant gute Chancen ein, Gewinn zu erwirtschaften.

    Die Vertreterinnen und Vertreter der Gastronomiebranche zeigten sich allerdings im Dialog mit der Stadt wenig begeistert von dem Vorhaben. Sie sprachen von einem ausreichenden Gastronomieangebot in der Stadt und forderten, die Villa abzureißen oder für andere Zwecke zu verwenden.

    Die Bürgermeisterin der Stadt ist allerdings davon überzeugt, dass die Gründung der Parkrestaurant GmbH sinnvoll und zulässig ist und vom Rat der Stadt beschlossen werden kann.

    Aufgaben zum Fall:

    a) Erklären Sie den Begriff Eigengesellschaft anhand des hier vorliegenden Beispiels.

    b) Prüfen Sie anhand Ihrer Gemeindeordnung, ob das Betreiben des Restaurants durch die Stadt, die in Ihrem Bundesland liegt, zulässig ist.

221065388

c) Die Eigengesellschaft erfüllt im Gegensatz zum Regiebetrieb zahlreiche Merkmale organisatorischer und finanzwirtschaftlicher Selbstständigkeit. Wählen Sie ein Merkmal aus, von dem Sie erwarten, dass es bei der Eigengesellschaft gegenüber einem Regiebetrieb zu Kostenersparnissen führen kann. Erläutern Sie, auf welche Weise das von Ihnen ausgewählte Merkmal Kostenersparnisse möglich macht.

14. Im Rat der Gemeinde Freudental wird darüber diskutiert, das von Bürgerinnen, Bürgern und Touristen genutzte kommunale Sport- und Freizeitbad in eine AöR Freudentaler Bad umzuwandeln. Bisher ist es organisatorisch dem Sport- und Bäderamt der Stadt zugeordnet. Von der Umwandlung versprechen sich die Befürworterinnen und Befürworter dieser Maßnahme Kostenersparnisse durch eine wirtschaftlichere Betriebsführung.

Aufgaben zum Fall:

a) Prüfen Sie anhand der Vorschriften Ihrer Gemeindeordnung, ob das Bad als AöR betrieben werden darf.

b) Vergleichen Sie die Organisationsformen Amt und AöR in Hinblick auf ihre rechtliche Selbstständigkeit.

2.1 Auswirkungen der Umwandlung für die Beschäftigten und Kundinnen und Kunden der Stadtbibliothek Neustadt ermitteln

2.1.1 Lernsituation

Interview in der Stadtbibliothek

NNN Neustädter Neueste Nachrichten

Umwandlung der Organisationsform der Stadtbibliothek Neustadt – NNN befragt die Betroffenen

Neustadt (md)

Lang und ausführlich haben die Politikerinnen und Politiker im Rat der Stadt Neustadt mit ihren Fraktionen und Ausschüssen über eine mögliche Umwandlung der Organisationsform der Stadtbibliothek diskutiert (NNN berichtete), nur die Beschäftigten und die Besucherinnen und Besucher der Stadtbibliothek sind noch nicht zu Wort gekommen: Was halten sie eigentlich von der Umwandlung des Regiebetriebs in einen Eigenbetrieb, eine Anstalt oder eine „Stadtbibliothek Neustadt GmbH"? NNN befragte einige der Beschäftigten und der Bibliotheksnutzerinnen und -nutzer direkt in der Stadtbibliothek.

NNN: Frau Lohmann, Sie sind als Diplombibliothekarin seit 18 Jahren in der Stadtbibliothek Neustadt beschäftigt. Welche Erwartungen haben Sie persönlich bezüglich der Umwandlung der Stadtbibliothek in einen Eigenbetrieb oder eine GmbH?

Lohmann: Zunächst einmal bin ich natürlich froh, dass die Debatte um die Schließung der Stadtbibliothek endlich vom Tisch ist und somit die elf Arbeitsplätze hier erhalten bleiben. Zusätzlich bin ich sehr gespannt, wie sich die größere Selbstständigkeit der neuen Organisationsform auf die Arbeitsabläufe auswirkt. Ich hoffe, dass viele Vorgänge unbürokratischer ablaufen werden und dass wir uns schneller auf veränderte Bedürfnisse unserer Kundinnen und Kunden einstellen können. Außerdem hoffe ich auf eine flexiblere Personaleinsatzplanung.

NNN: Vielen Dank, Frau Lohmann. Herr Krause, Sie sind Nutzer dieser Bibliothek. Sind Sie auch der Meinung, dass eine neue Organisationsform dazu führen könnte, dass mehr auf die Bedürfnisse der Kundschaft geachtet wird?

Herr Krause: Eigentlich bin ich ja ganz zufrieden mit dem Service und dem Angebot dieser Bibliothek. Obwohl, es wäre schon besser, wenn die Öffnungszeiten ausgedehnt werden könnten, zum Beispiel auch mal am Abend oder am Wochenende. Ach ja – und wenn Neuerscheinungen schneller hier wären, das wäre auch schön. Elektronische Medien wären auch interessant. Und wenn hier mal ordentlich die ganze Bürokratie raus ist, können bestimmt sogar die Gebühren gesenkt werden – oder halt die Gelder, die die öffentliche Hand hier zusteuern muss. Und das freut mich als Steuerzahler natürlich auch!

NNN: Herr Krause, vielen Dank. Frau Krause, Sie sind ebenfalls als Nutzerin hier. Stimmen Sie der Meinung ihres Mannes zu?

Frau Krause: Ganz und gar nicht! Wenn eine privatrechtliche Organisationsform kommt, kommt doch auch privates Gewinnstreben. Und das heißt doch dann für uns höhere Preise! Und wenn die hier auch noch rationalisieren, um Kosten zu sparen, befürchte ich eine Verschlechterung des Service.

NNN: Vielen Dank, Frau Krause. Herr Ercan, Sie sind seit drei Jahren als Verwaltungsfachangestellter hier beschäftigt. Was erhoffen Sie sich von der Umwandlung der Organisationsform?

Ercan: Ich bin jung, 28 Jahre, arbeite engagiert – ich wäre gerne auch bereit, die Wünsche unserer Kundinnen und Kunden zu erfüllen und abends oder am Wochenende zu arbeiten. Dennoch verdiene ich mit meiner Entgeltgruppe 5 weniger als die meisten meiner Freunde, die ständig zusätzliche Prämien und Umsatzbeteiligungen einstreichen. Ich hoffe einfach auf eine bessere Bezahlung!

NNN: Das ist eine deutliche Aussage. Vielen Dank, Herr Ercan. Frau Benning, Sie sind als Bibliotheksassistentin seit zwölf Jahren hier beschäftigt. Was erwarten Sie von einer Umwandlung der Stadtbibliothek in eine andere Organisationsform?

Benning: Ich erwarte nichts, ich befürchte nur! Ich bin alleinerziehend und habe einen vierjährigen Sohn. Ich bin halbtags beschäftigt und bisher wird auf meine familiären Bedürfnisse bei der Festlegung der Arbeitszeit Rücksicht genommen. Ich befürchte, dass künftig nur noch auf „Profit" Rücksicht genommen wird – und dass es deshalb zu Kündigungen kommt. Außerdem bin ich Personalratsmitglied der Stadt Neustadt und befürchte, dass der TVöD wegfällt und auch die Mitbestimmungsrechte bei jeder Verselbstständigung der Stadtbibliothek abnehmen werden. Aber bisher wurden wir von der Stadt Neustadt nicht über etwaige Konsequenzen einer Änderung der Organisationsform informiert. Ich hoffe, dass die Stadt Neustadt das schnellstmöglich nachholt!

NNN: Dieser Hoffnung schließen wir uns an. Vielen Dank für die Gespräche. Wir hoffen, ein kleines Stimmungsbild aufgezeigt zu haben, und sind gespannt auf die zukünftigen Entwicklungen in der Stadtbibliothek.

221065390

2.1.2 Arbeitsaufträge zur Lernsituation

1. Ergänzen Sie den Auszug aus der Personalliste um die entsprechenden Informationen aus dem Interview.

Auszug aus der Personalliste der Stadt Neustadt					
Name	**Amt/ Regiebetrieb**	**Beruf**	**Entgeltgruppe**	**Alter (Jahre)**	**Beschäftigungszeit (Jahre)**
Benning, Sandra	Stadtbibliothek		6	35	
Ercan, Milas	Stadtbibliothek				
Lohmann, Martina	Stadtbibliothek		10	42	

2. Sandra Benning hat in dem Interview die Befürchtung geäußert, dass „der TVöD wegfällt".

Ermitteln Sie mithilfe des Grundlagenbands und der DVP, wie sich dies auf die individuellen Arbeitsbedingungen der befragten Beschäftigten auswirken würde. Vervollständigen Sie hierzu die Tabelle:

Vergleich der Arbeitsbedingungen
TVöD ↔ gesetzliche Mindestregelungen

Merkmal	**öffentlich-rechtliche Organisationsform (Regie-, Eigenbetrieb, AöR)**	**privatrechtliche Organisationsform (ohne tarifliche Bindung, gesetzliche Mindestregelung)**
Arbeitszeit		
Anzahl der wöchentlichen Arbeitsstunden		
Rechtsgrundlage		
Erholungsurlaub		
Erholungsurlaub pro Jahr		
Rechtsgrundlage		
Kündigungsfristen / letzter Arbeitstag bei einer Kündigung am 10. Januar		
Sandra Benning		
Milas Ercan		
Martina Lohmann		
Rechtsgrundlage		
Tabellenentgelt zurzeit (in Euro) (bei einer durchschnittlichen Regelarbeitszeit von 160 h / Monat)		
Sandra Benning (EG __ / Stufe _)		
Milas Ercan (EG __ / Stufe _)		
Martina Lohmann (EG __ / Stufe _)		
Rechtsgrundlage		

Mitbestimmung		
Anzuwendendes Gesetz		
Interessen des Personals werden durch ... vertreten		

Anspruch auf familiengerechte Gestaltung der Arbeitszeiten		
Ja / Nein		
Rechtsgrundlage/n		

3. Sie werden als Mitarbeiterin oder Mitarbeiter im Fachbereich 1 (Personal) der Stadt Neustadt beauftragt, die Beschäftigten in der Stadtbibliothek Neustadt – wie von Frau Benning angeregt – über etwaige Konsequenzen einer Änderung der Organisationsform zu informieren. Bereiten Sie einen entsprechenden Vortrag vor; berücksichtigen Sie dabei die Regelungen im Kommunikationsleitfaden (siehe Grundlagenband) der Stadt Neustadt.
   a) Stellen Sie zuerst die Hoffnungen und Befürchtungen zusammen, die in dem Interview geäußert werden.
   b) Bereiten Sie mithilfe der Informationen aus dem Grundlagenband stichwortartig eine Stellungnahme zu den Hoffnungen und Befürchtungen vor.
   c) Gehen Sie auch darauf ein, wie mögliche negative Konsequenzen aus der Umwandlung der Stadtbibliothek in eine selbstständigere Organisationsform ausgeschlossen bzw. begrenzt werden können.

   Tragen Sie Ihre Ergebnisse vor.

2.1.3 Aufgaben

1. Erläutern Sie ausführlich, in welchen Fällen der TVöD auch nach Umwandlung einer öffentlichen Einrichtung von öffentlich-rechtlicher in privatrechtliche Organisationsform Anwendung findet.
2. Warum wird die unternehmerische Mitbestimmung in öffentlichen Betrieben als „verfassungsrechtlich bedenklich" angesehen?
3. Welche Konsequenzen würden sich für die Mitbestimmung in der Stadtbibliothek Neustadt bei einer Umwandlung des Regiebetriebs in einen Eigenbetrieb bzw. eine Eigengesellschaft ergeben, wenn dort nur noch vier Arbeitnehmende beschäftigt wären?
4. Diskutieren Sie mögliche Auswirkungen der Umwandlung der Organisationsform für die Bürgerinnen und Bürger.

221065392

3 Privatisierungsformen unterscheiden

3.1 Privatisierungsformen für die Stadtbibliothek Neustadt untersuchen

3.1.1 Lernsituation

Stadtbibliothek und VideoTec?

Folgendes Schreiben ist bei der Stadt Neustadt eingegangen:

VideoTec Meier e. K.
Ihr Verleih für Videos und andere Medien

VideoTec Meier e. K. · Postfach 89345 · 49998 Neustadt

Herrn
Bürgermeister Schultheiß
Postfach
49999 Neustadt

VideoTec Meier e. K.
Vor dem Tore 1
49990 Neustadt

Öffnungszeiten:
Mo – Sa 9:00 bis 20:00 Uhr
Wir freuen uns auf Ihren Besuch!

Ihr Zeichen, Ihre Nachricht vom	Mein Zeichen (bei Angebot bitte angeben)	Telefon 02999	Telefax 02999	E-Mail:	Datum
	mei/la	266-266	265-377	meier@videotec-wvd.de	20..-11-08

Stadtbibliothek Neustadt

Sehr geehrter Herr Bürgermeister Schultheiß,

mit großem Interesse habe ich den Bericht in der NNN zur Umwandlung der Stadtbibliothek Neustadt in eine andere Organisationsform gelesen. Ich selbst bin als Bürger – und auch als selbstständiger Unternehmer – sehr an einer attraktiven Infrastruktur unserer Stadt interessiert – und dazu gehört selbstverständlich auch eine gut ausgestattete öffentliche Bücherei mit gutem Service.

Natürlich ist es mir als Bürger dieser Stadt auch nicht entgangen, dass unsere kommunalen Mittel begrenzt sind. Deshalb möchte ich Ihnen folgenden Vorschlag unterbreiten:

Ich beteilige mich mit einem nicht unerheblichen Betrag (bis 25.000,00 Euro) an einer von uns gemeinsam zu gründenden Bibliotheksgesellschaft. Sie tragen weiterhin die laufenden Kosten und verpflichten sich, mir gegen eine angemessene Pacht Räumlichkeiten in der Bibliothek zur Verfügung zu stellen, in denen ich mein Angebot an Videos, CDs und DVDs, Computerspielen und Hörbüchern vorhalten kann. Sie konzentrieren sich dann ganz auf Ihr „Kerngeschäft", die Ausleihe von Literatur und anderen Print-Medien.

Sollte mein Vorschlag auf Ihr Interesse stoßen, setzen Sie sich bitte mit mir zur detaillierten Aushandlung des Gesellschaftsvertrags in Verbindung.

Mit freundlichen Grüßen

Jens Meier

Geschäftsräume:
Vor dem Tore 1
49990 Neustadt

Amtsgericht Neustadt
HRA 5671
Inhaber: Jens Meier
Steuernummer: 133/8150/8159

Kontoverbindungen:
Kreissparkasse Neustadt
Konto: 2 626 344, BLZ 999 500 01
BIC: NEUSDE38,
IBAN: DE58 9995 0001 0002 6263 44

Postbank Neustadt
Konto: 4 488, BLZ 999 900 00
BIC: VEDITUVE239,
IBAN: DE77 9999 0000 0000 0044 88

3.1.2 Arbeitsaufträge zur Lernsituation

Beantworten Sie begründet folgende Fragestellungen mithilfe der Informationen aus dem Grundlagenband:

1. Angenommen, die Stadt Neustadt ginge auf das Angebot von Herrn Meier ein. Begründen Sie,
   a) ... in welcher Organisationsform die Stadtbibliothek dann geführt wird.
   b) ... ob dann eine formale Privatisierung vorliegt.
   c) ... um welche Form(en) der Privatisierung es damit geht.
   d) ... welche Privatisierungsart vorliegt.
2. Informieren Sie sich im Grundlagenband über Ziele öffentlicher und privater Betriebe (LF 8, Kapitel 1). Stellen Sie dar, welche Ziele eine Stadtbibliothek bzw. eine Videothek verfolgt und welche Konsequenzen sich daraus jeweils für die „Geschäftspolitik" (z. B. Angebot an Medien, Lage und Ausstattung des Gebäudes, Personal, Öffnungszeiten, Gebührenhöhe) ergeben. Diskutieren Sie, welche Auswirkungen eine materielle Privatisierung der Stadtbibliothek demnach haben könnte.

3.1.3 Aufgaben

1. Nennen und vergleichen Sie Ziele öffentlicher und privatwirtschaftlicher Betriebe.
2. Erläutern Sie die Entscheidungen, die von der Kommune über die Form der Privatisierung getroffen werden müssen.
3. Prüfen Sie, ob es sich bei der Umwandlung eines Regiebetriebs in eine AöR um eine formale Privatisierung handelt.
4. Erläutern Sie den Unterschied zwischen
   a) Privatisierung und Rekommunalisierung.
   b) formeller (formaler) und materieller Privatisierung.
   c) Contracting out und Outsourcing.
   d) Betreibermodell und Betriebsführungsvertrag.
   e) Stilllegung und Indienstnahme Privater.
   f) Veräußerung und Aufnahme privater Kapitaleigner.
5. Verkauft eine Kommune eine Immobilie an einen Privaten, um sie anschließend von diesem zu mieten, handelt es sich um eine Sonderform des Leasings: Sale-Lease-Back (Rückmietverkauf). Welche Vorteile verspricht sich die Kommune hiervon? Welche Nachteile können sich daraus ergeben?
6. Erläutern und diskutieren Sie, welche Aspekte der Privatisierung in folgenden Zitaten kritisiert werden.
   a) **„Rosinenpickerei: Privatisierung der Gewinne – Sozialisierung der Verluste**
   [...] Dies betrifft nur jene Aufgabenbereiche, in denen die öffentliche Hand einer umfassenden Versorgungspflicht unterliegt, während sich die Privaten aus dem Gesamtkuchen nur die Rosinen der lukrativen Teilaufgaben herauspicken. Dadurch verteuert sich der öffentliche Dienst, weil ihm die Überschussbereiche, aus denen er auf dem Wege einer Mischkalkulation die Defizite der kostenintensiveren Bereiche abdecken konnte, zunehmend verloren gehen. [...] Folge dieser Verschiebung lukrativer Teilbereiche auf den privaten Sektor: Der öffentliche Betrieb muss für die bei ihm verbleibenden Defizit-Bereiche die Gebühren kostendeckend anheben, oder aber nichtkostendeckende Gebühren aus Steuermitteln subventionieren."
   Quelle: Mendner, Jürgen H./Sauerborn, Werner/Möller, Dorothee: Privatisierung – Angriff auf den Sozialstaat. Reihe: Zur Privatisierung öffentlicher Dienstleistungen, Nr. 13/1982. Herausgegeben vom Hauptvorstand der Gewerkschaft Öffentliche Dienste, Transport und Verkehr, S. 120.

221065394

b) „[...] Wesentlich öfter droht bei Privatisierungen eine andere Gefahr. Durch Privatisierungen riskiert man, dass sich neue private Monopole bilden. Private Unternehmen neigen weit mehr zu Kartellen und Fusionen als die Unternehmen öffentlicher Träger. Entflechtet und privatisiert man öffentliche Monopolunternehmen, besteht hinfort die Gefahr, dass sie sich nach Ablauf gewisser Fristen wieder zu Monopolen zusammenschließen – nun aber zu privaten. Private können Verbraucher und die Allgemeinheit mehr schädigen als öffentliche. Auf private Monopole können die Parlamente und Regierungen nicht denselben Einfluss ausüben wie auf öffentliche."
Quelle: von Loesch, Achim: Privatisierung öffentlicher Unternehmen. Schriftenreihe der Gesellschaft für öffentliche Wirtschaft und Gemeinwirtschaft, Heft 23, Nomos-Verlagsgesellschaft, Baden-Baden 1987, S. 121.

c) „Auf eine weitere Betroffenengruppe sei hier verwiesen. Gerade im Bereich der kommunalen Leistungs- und Wirtschaftsverwaltung wird ein relativ hoher Anteil der Arbeitsplätze mit sogenannten schwer vermittelbaren Arbeitsplätzen besetzt, wozu auch der Kreis der Behinderten zählt. Diesen Arbeitsplätzen ist in sozialpolitischer Hinsicht besonderer Wert beizumessen. Da aber jene Bereiche besonders privatisierungsbedroht sind, in denen gerade diese Mitarbeitergruppe sinnvolle Beschäftigungsmöglichkeiten findet (z. B. im Bereich der Garten- und Friedhofsverwaltungen), muss man wohl auch hier von einer besonderen Privatisierungsbetroffenheit sprechen."
Quelle: Mendner, Jürgen H./Sauerborn, Werner/Möller, Dorothee: Zur Privatisierung öffentlicher Dienstleistungen, Privatisierung – Angriff auf den Sozialstaat, Stuttgart 1983, S. 42.

d) **„Kein Tafelsilber, sondern Essbesteck**
In den 1980er und 1990er Jahren haben viele Städte und Gemeinden ihre Leistungen, etwa im Bereich der Abfallentsorgung, privatisiert. Als die Finanz- und Wirtschaftskrise die Kommunen 2009 mit voller Wucht traf und sie ein Defizit von über 7 Mrd. Euro verbuchen mussten, wurde in einigen Medien gemutmaßt, dass die Städte und Gemeinden wieder verstärkt auf Privatisierungen oder den Verkauf von Beteiligungen setzen. Das entsprach nicht den Tatsachen. Denn hierbei handelt es sich nicht um ein nachhaltiges Konzept gegen Finanznöte. Das kommunale Vermögen, sei es in Form eines kommunalen Unternehmens mit den daraus entwickelten wirtschaftlichen Aktivitäten oder aber beispielsweise in Gestalt des kommunalen Wohnungsbestandes, ist ein wesentlicher Baustein zur Gestaltung der lokalen Politik. Es handelt sich im Regelfall also nicht um Tafelsilber, das lediglich zu besonderen Anlässen benötigt wird und auf das im Zweifelsfall verzichtet werden kann, sondern um das „Essbesteck" der Städte und Gemeinden. Mit diesem kann Ansiedlungs- und Arbeitsmarktpolitik gestaltet werden. So ist die Ausbildungsquote in kommunalen Betrieben höher als in der Privatwirtschaft. Erlöse aus einem Verkauf haben nur einen Einmaleffekt, der sich nicht wiederholen lässt. Dauerhafte Gewinnausschüttungen der Unternehmen fallen dafür künftig weg. Anders verhält es sich auch nicht hinsichtlich des kommunalen Wohnungsbestandes, der ein Grundpfeiler für eine soziale Stadtentwicklungspolitik ist. Sind die Wohnungen privatisiert, kann dieses in Zeiten eines angespannten Wohnungsmarktes die Situation noch verschärfen."
Quelle: Landsberg, Gerd: Wirtschaftliche Betätigung von Kommunen – Chancen und Risiken. In: Wirtschaftsdienst 2013, Heft 2, S. 84, ZBW – Leibniz-Informationszentrum Wirtschaft.

7. Erläutern Sie, mit welcher Bedeutung der Begriff der „Privatisierung" in der Karikatur verwendet wird und diskutieren Sie die Vor- und Nachteile der gewerblichen Nutzung lokaler Wasserressourcen aus Sicht der Kommune.

8. Erläutern Sie, wie sich Rekommunalisierung aus Sicht von Keynes und Friedman (LF 14, Kapitel 5.1) auf die Beschäftigung sowie auf Qualität und Preise der Leistung auswirkt. Diskutieren Sie Ihre Ergebnisse.

9. Privatisierungsarten (Ü = Ü, Ä = Ä, ß = ß)

Senkrecht

1. Ein Privater spendet finanzielle Mittel und verspricht sich davon eine Werbewirkung.
2. Wenn die öffentliche Hand die eigenen Büroräume nicht mehr von eigenem Personal reinigen lässt, sondern diese Aufgabe per Vertrag auf eine private Reinigungsfirma überträgt, handelt es sich um ...
3. Wenn aus einer Eigengesellschaft eine Beteiligungsgesellschaft wird, handelt es sich um die Aufnahme privater ...
4. Wenn die Kommune ein Parkhaus errichtet und von einem Privaten gegen Entgelt führen lässt, handelt es sich um einen ....
5. Bei einer ... des Unternehmens vom Staat an einen Privaten handelt es sich immer um materielle Privatisierung.
6. Wenn die öffentliche Hand einen Vertrag mit einem Privaten schließt, in dem dieser sich verpflichtet, die öffentliche Aufgabe künftig zu erfüllen, handelt es sich um ... out.

Waagerecht

7. Eine Kläranlage wird von einem Privaten errichtet und betrieben – bezahlt wird dies aus dem Gebührenaufkommen der Kommune.
8. Die öffentliche Hand erfüllt die Aufgabe nicht mehr und lässt offen, wer sie künftig übernimmt.
9. Die öffentliche Hand mietet ein Bürogebäude von einem Privaten.
10. Die öffentliche Hand verpflichtet Private zur Durchführung einer öffentlichen Aufgabe.

221065396

1
2
3
4
5
6
7
8
9
10

4 Rechtsformen kommunaler Unternehmen vergleichen

4.1 Eine geeignete Rechtsform für die Stadtbibliothek Neustadt auswählen

4.1.1 Lernsituation

Stadtbibliothek als Eigenbetrieb oder GmbH?

Stadt Neustadt
Der Bürgermeister

Neustadt, 15. November 20..

An die
Damen und Herren
Mitglieder des Rates der Stadt Neustadt

Einladung

Sehr geehrte Damen und Herren,

hiermit lade ich Sie zur Sitzung des Rates der Stadt Neustadt
am 25. November 20.. um 18:00 Uhr
in den Sitzungsraum der Stadt Neustadt ein.

Tagesordnung

1. Feststellung der ordnungsgemäßen Ladung und der Beschlussfähigkeit
2. Genehmigung der Niederschrift über die Sitzung am 22. Oktober 20..
3. Umwandlung der Stadtbibliothek Neustadt in eine andere Rechtsform
4. ...

Hochachtungsvoll

Schultheiß
Bürgermeister

Anlagen: Sitzungsvorlagen zu TOP 3

Sitzungsvorlagen zu TOP 3

Umwandlung der Stadtbibliothek in eine GmbH als Beteiligungsgesellschaft

Sehr geehrter Herr Schultheiß,

die X-Fraktion im Rat der Stadt Neustadt stellt hiermit folgenden Antrag:

„Der Rat der Stadt möge beschließen, für den Betrieb der Stadtbibliothek Neustadt eine GmbH zu errichten."

Begründung:

Es liegt ein sehr interessantes Angebot von Herrn Jens Meier, Inhaber der Firma VideoTec Meier e.K. in Neustadt, vor. Dieses Angebot in diesen Zeiten knapper finanzieller Ressourcen unserer Stadt sollte wahrgenommen werden.

Zudem ermöglicht diese Rechtsform größtmögliche Selbstständigkeit der Bibliothek und somit weitere Kosteneinsparungsmöglichkeiten.

Durch eine entsprechende Ausgestaltung des Gesellschaftsvertrages soll die Beachtung gemeinwohlorientierter Ziele sichergestellt werden.

J. Bemseler

X-Fraktion

Umwandlung der Stadtbibliothek in einen Eigenbetrieb

Sehr geehrter Herr Schultheiß,

die Y-Fraktion im Rat der Stadt Neustadt stellt den Antrag:

„Der Rat der Stadt möge beschließen, die Stadtbibliothek Neustadt in einen Eigenbetrieb umzuwandeln."

Begründung:

Der Eigenbetrieb ist nach unserem Wissen die einzige selbstständigere Rechtsform, bei der die Einflussnahme der Stadt auf die Zielsetzung und Zielverfolgung der Stadtbibliothek verbleibt. Das Angebot von Jens Meier lehnen wir ab, eine kommunale Einrichtung soll der Verfolgung gemeinwohlorientierter Ziele dienen und nicht als „Kundenanlocker" für private Unternehmen und deren Gewinnerzielungsabsichten zur Verfügung stehen.

Außerdem befürchten wir, dass ein privatrechtlich organisiertes Unternehmen zugunsten des Gewinns lieber lukrativen Schund anbietet als hochwertige Kultur. Unsere Stadtbibliothek soll schließlich keine „Stadtvideothek" werden!

Zusätzlich verursachen andere – zumal privatrechtliche – Organisationsformen gegebenenfalls unkalkulierbare finanzielle Risiken, wenn die Stadtbibliothek nach Belieben wirtschaften kann und die Stadt Neustadt dann für die Schulden einstehen muss. Bei einer Beteiligung Privater könne sich dann der Private auf Kosten der Steuerzahlerinnen und Steuerzahler bereichern.

Außerdem ist die Rechtsform des Eigenbetriebs aus personalpolitischen Gründen sinnvoller.

Durch eine entsprechende Ausgestaltung der Satzung eines Eigenbetriebs kann die Beachtung unserer Vorstellungen sichergestellt werden.

F. Lopez

Y-Fraktion

4.1.2 Arbeitsaufträge zur Lernsituation

Bearbeiten Sie folgende Aufgabe mithilfe der Informationen im Grundlagenband und der DVP:

1. Bereiten Sie als Ausschussmitglieder die Ratssitzung vor, indem Sie sich begründet für eine geeignete Rechtsform für die Stadtbibliothek entscheiden.

   a) Informieren Sie sich zuerst über die infrage kommenden Rechtsformen für die Stadtbibliothek. Stellen Sie hierfür die Entscheidungsstruktur der Rechtsform dar (siehe Abb. folgende Seite).

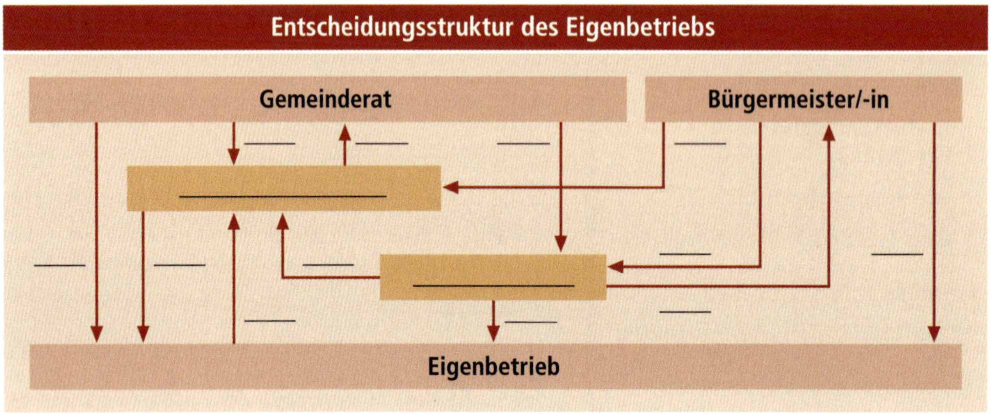

Ergänzen Sie die Abbildung „Entscheidungsstruktur des Eigenbetriebs“ um folgende Begriffe:

1. Betriebsausschuss, 2. Betriebsleitung, 3. wählt Vertreter/-innen, 4. wählt Vertreter/-innen, 5. bestellt, 6. leitet , 7. unterrichtet, 8. unterrichtet, 9. unterrichtet, 10. Weisungsrechte, 11. Dienstvorgesetzte/-r, 12. bereitet Beschlüsse vor, 13. erlässt Betriebssatzung, 14. setzt Lieferungsbedingungen fest

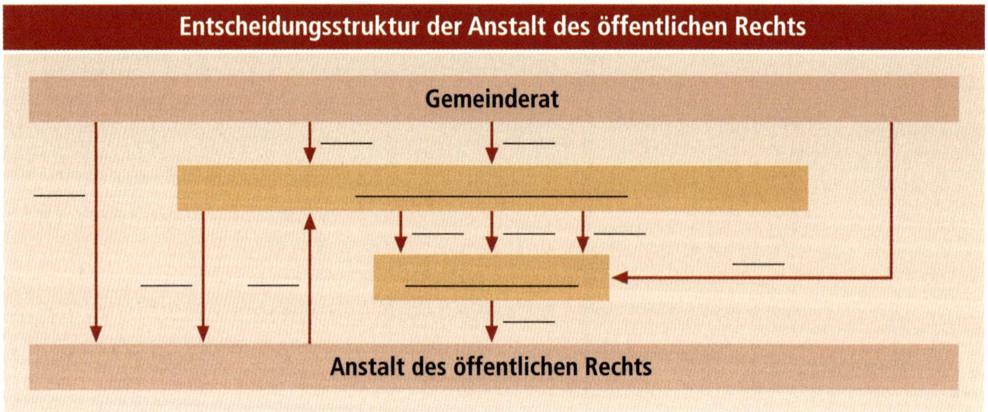

Ergänzen Sie die Abbildung „Entscheidungsstruktur der AöR“ um folgende Begriffe:

1. Verwaltungsrat, 2. Vorstand, 3. wählt Vertreter/-innen, 4. wählt Vertreter/-innen, 5. bestellt, 6. leitet, 7. überwacht, 8. Weisungsbefugnisse, 9. ggf. Weisungsbefugnisse, 10. ggf. Weisungsbefugnisse, 11. erlässt Satzung der Anstalt, 12. erlässt Satzung des Aufgabengebiets

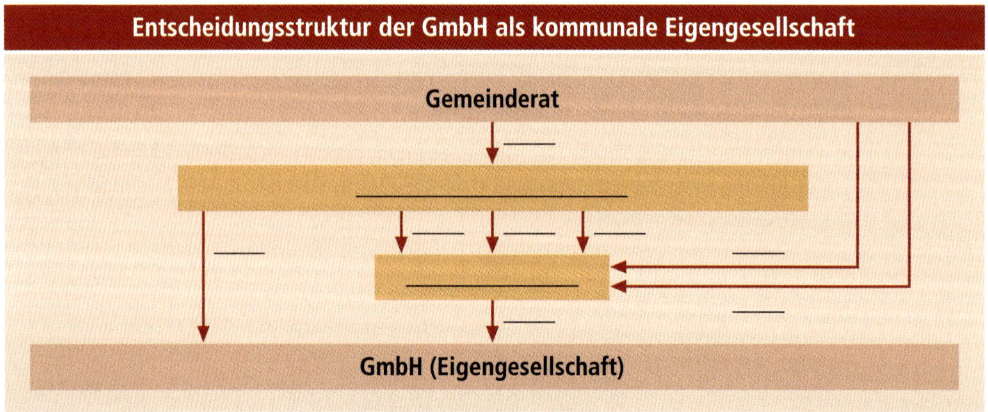

221065400

Ergänzen Sie die Abbildung „Entscheidungsstruktur der GmbH als kommunale Eigengesellschaft" um folgende Begriffe:

1. Gesellschafterversammlung, 2. Geschäftsführer/-in, 3. bildet, 4. bestellt, 5. bestellt ggf., 6. leitet, 7. überwacht, 8. Auskunftsrecht, 9. erlässt Gesellschaftsvertrag, 10. ggf. Weisungsbefugnisse

Entscheidungsstruktur der AG als kommunale Eigengesellschaft

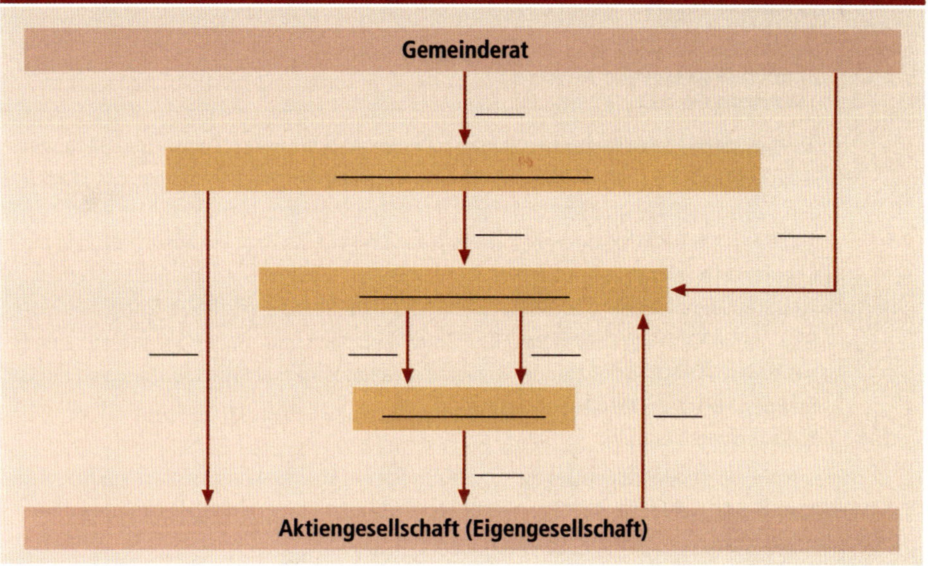

Ergänzen Sie die Abbildung „Entscheidungsstruktur der AG als kommunale Eigengesellschaft" um folgende Begriffe:

1. Hauptversammlung, 2. Vorstand, 3. Aufsichtsrat, 4. leitet, 5. bestellt, 6. wählt, 7. wählt Vertreter/-innen, 8. wählt Vertreter/-innen, 9. überwacht, 10. entsenden ggf. Mitglieder, 11. erlässt Satzung der AG

b) Erstellen Sie eine Übersicht über die infrage kommenden Rechtsformen für die Bibliothek mit den Möglichkeiten der Einflussnahme durch die Stadt Neustadt. Nutzen Sie hierfür die Tabellenstruktur, die Ihnen auch im Download-Bereich zur Verfügung steht:

Web

Organisationsform			**Eigen- oder Beteiligungsgesellschaft**	
Rechtsform	**Eigenbetrieb**	**rechtsfähige Anstalt des öffentlichen Rechts**	**Gesellschaft mit beschränkter Haftung (GmbH)**	**Aktiengesellschaft (AG)**
Gesetze/Verordnungen				
interne Rechtsgrundlage				

Beschlussfassung				
Organ				
Einfluss der Gemeinde auf die Zusammensetzung				
Einfluss der Gemeinde auf die Satzung / den Gesellschaftsvertrag				

Überwachung				
Organ				
Einfluss der Gemeinde auf die Zusammensetzung				

Geschäftsführung / Leitung				
Organ				
Einfluss der Gemeinde auf die Zusammensetzung				
Einfluss der Gemeinde auf die Tätigkeit				

Fazit/Einflussmöglichkeiten der Gemeinde				

c) Sie sind Mitglied des Finanzausschusses/Personalausschusses/Kultur- und Bildungsausschusses/Ausschusses für Wirtschaftsförderung, Strukturverbesserung und Tourismus der Stadt Neustadt. Entscheiden Sie sich, ob das Angebot von Herrn Meier angenommen werden soll, in welcher Rechtsform die Stadtbibliothek künftig betrieben werden soll und welche Aspekte ausdrücklich in die Satzung bzw. den Gesellschaftsvertrag aufgenommen werden sollen. (Zusatzinformation: Das Stammkapital soll ggf. 50.000,00 € betragen.) Begründen Sie Ihre Entscheidung in der Ratssitzung (Rollenspiel).

Diskutieren Sie in der Ratssitzung Ihre Entscheidungen und einigen Sie sich auf eine Rechtsform, beachten Sie dabei die Regelungen der Gemeindeordnung über die Durchführung von Ratssitzungen. Fertigen Sie ein Protokoll über die Ratssitzung an. Beachten Sie dabei den Kommunikationsleitfaden (s. Grundlagenband).

2. Prüfen Sie, ob der Beschluss des Rats in Bezug auf die kommunalrechtlichen Voraussetzungen materiell rechtmäßig ist. Gehen Sie dabei von einer rechtmäßigen Vorbereitung des Ratsbeschlusses aus.

3. Ergänzen Sie entsprechend Ihrer Entscheidung in der Ratssitzung
   - die Betriebssatzung für den Eigenbetrieb oder
   - die Satzung einer AöR (Kommunalunternehmen) oder
   - den Gesellschaftsvertrag einer GmbH

   (im Download-Bereich) so, dass die Vorteile der Privatisierung maximiert und die Nachteile minimiert werden – aus Sicht der Verwaltung, der Bibliotheksleitung, der Beschäftigten und der Bürger. Web

221065402

4.1.3 Aufgaben

1. Ordnen Sie folgende Überschriften zu und ergänzen Sie die Lücken:

   Einzelunternehmen, Gesellschaft bürgerlichen Rechts (GbR), Offene Handelsgesellschaft (OHG), Kommanditgesellschaft (KG), Gesellschaft mit beschränkter Haftung (GmbH), Aktiengesellschaft (AG)

____

Ein Unternehmen im Eigentum einer einzelnen natürlichen Person. Diese hat das Recht, die Geschäfte zu führen und die Unternehmung nach außen zu vertreten. Für die Unternehmensschulden haftet sie mit ihrem gesamten Vermögen.

____

Eine Gesellschaft mit eigener Rechtspersönlichkeit (juristische Person), die gegenüber Dritten nur mit ihrem Gesellschaftsvermögen haftet. Die Gesellschafter sind mit Stammeinlagen am Stammkapital beteiligt. Sie haften nicht persönlich für die Schulden der Gesellschaft. Die Gründung kann auch durch eine einzige Person erfolgen.

____

Eine Unternehmung, die von mindestens zwei Gesellschaftern durch Vertrag gegründet wird. Die Gesellschafter betreiben ein Handelsgewerbe unter einer gemeinsamen Firma (Firma = Benennung des Unternehmens). Jeder von ihnen haftet für die Schulden der Gesellschaft mit seinem betrieblichen und seinem privaten Vermögen.

____

Eine Unternehmung, die von mindestens zwei Gesellschaftern durch Vertrag gegründet wird. Die Gesellschafter betreiben ein Handelsgewerbe unter einer gemeinsamen Firma. Mindestens ein Gesellschafter ist Vollhafter (______________), der mit seinem gesamten Vermögen haftet, und mindestens ein Gesellschafter ist Teilhafter (______________), der nur mit seiner Einlage haftet.

____

Eine Gesellschaft mit eigener Rechtspersönlichkeit (juristische Person), die gegenüber Dritten nur mit ihrem Gesellschaftsvermögen haftet. Die Gesellschafter (______________) sind mit Anteilen an dem in Wertpapiere (______________) zerlegten Grundkapital der Gesellschaft beteiligt. Sie haften nicht persönlich für die Schulden der Gesellschaft. Die Gründung kann auch durch nur eine einzige Person erfolgen.

____

Eine vertragliche Vereinigung von mindestens zwei Personen zur Erreichung eines gemeinsamen Zweckes. Jede Person haftet mit ihrem gesamten Vermögen.

2. Erläutern Sie die wesentlichen Unterschiede zwischen Personen- und Kapitalgesellschaften.
3. Nennen und beschreiben Sie jeweils zwei Rechtsformen der Personen- bzw. Kapitalgesellschaften.
4. Vergleichen Sie die Entscheidungsstruktur einer privatwirtschaftlichen GmbH mit einer GmbH als Eigengesellschaft.
5. Erläutern Sie mindestens zwei Gründe für die Verpflichtung der Kommunen zur Steuerung und Kontrolle ihrer kommunalen Unternehmen ausführlich.
6. Erläutern Sie die wesentlichen rechtlichen Grenzen für die Führung einer öffentlichen Einrichtung in privatrechtlicher Rechtsform anhand Ihrer Gemeindeordnung.
7. Nennen Sie die Organe der verschiedenen Rechtsformen kommunaler Unternehmen.
8. Was unterscheidet die gGmbH von der GmbH?
9. Prüfen Sie, ob die Beteiligung einer Kommune an einer KG als Komplementär oder Kommanditist grundsätzlich zulässig bzw. geeignet ist.
10. Die **GmbH & Co. KG** ist als KG eine Personengesellschaft, an der eine Kapitalgesellschaft – nämlich eine GmbH – beteiligt ist. Die GmbH ist regelmäßig einziger persönlich haftender Gesellschafter der GmbH & Co. KG.
    a) Prüfen Sie, ob die Beteiligung der Kommune als Komplementär oder Kommanditist an einer GmbH & Co. KG zulässig ist.
    b) Prüfen Sie, ob die Beteiligung einer Kommune an einer GmbH & Co. KG als Komplementär oder Kommanditist bezüglich Selbstständigkeit und Einflussmöglichkeiten geeignet ist.
    c) Skizzieren Sie die Entscheidungsstruktur einer GmbH & Co. KG als Beteiligungsgesellschaft einer Kommune.
11. Eine Stadt in Ihrem Bundesland will ihre Hafenbetriebe GmbH unter Beteiligung des Einzelunternehmens Spedition Meier in eine GmbH & Co. KG umwandeln. Begründen Sie stichwortartig, wer Komplementär und wer Kommanditist der KG werden soll.
12. Fortführung des Falls aus Kapitel 1, Aufgabe 13:
    Prüfen Sie anhand der Gemeindeordnung, ob die Rechtsform der GmbH für das Restaurant am Stadtpark zulässig ist.
    (Hinweis: Gehen Sie davon aus, dass ...
    - ein angemessener Einfluss der Stadt in einem Überwachungsorgan der Parkrestaurant GmbH durch Ausgestaltung des Gesellschaftsvertrages gesichert ist.
    - die Parkrestaurant GmbH durch Gesellschaftsvertrag auf den öffentlichen Zweck ausgerichtet ist.
    - durch die Ausgestaltung des Gesellschaftsvertrages gewährleistet ist, dass der Jahresabschluss der Parkrestaurant GmbH nach den gesetzlich vorgegebenen Bestimmungen aufgestellt und geprüft wird.)
13. Prüfen Sie, ob folgende Beschlüsse des Rates der Stadt Talfeld in Bezug auf die kommunalrechtlichen Voraussetzungen materiell rechtmäßig sind. Gehen Sie dabei davon aus, dass
    a) sich die Stadt die Errichtung bzw. Betreibung in einer entsprechenden Organisationsform „leisten kann",
    b) die entsprechenden Gesellschaftsverträge bzw. Satzungen den rechtlichen Vorgaben entsprechen,
    c) die Stadt Talfeld eine kreisfreie Stadt ist.

Auszüge aus den Niederschriften der Ratssitzungen:

13.1 Errichtung einer kommunalen Anstalt des öffentlichen Rechts für die städtische Straßenreinigung
Ratsfrau Roland begründet den Antrag der Y-Fraktion. Die Straßenreinigung wird bisher durch einen städtischen Regiebetrieb sichergestellt. Um die Qualität der Aufgabenerfüllung zu sichern und gleichzeitig die Straßenreinigungsgebühren möglichst gering zu halten, sollte dies künftig in einer kommunalen Anstalt des öffentlichen Rechts betrieben werden.

<u>Beschluss:</u> Es wird eine Straßenreinigungs-AöR errichtet.

221065404

13.2 Beteiligung an der Akku-Talfeld AG
Ratsherr Ingolf begründet den Antrag der X-Fraktion. Der ortsansässige Industriebetrieb Akku-Talfeld AG fertigt und vertreibt Autobatterien und realisiert hohe Gewinne. Die Stadt Talfeld sollte Aktien dieses Betriebes erwerben, um von den hohen Dividenden zu profitieren.

Beschluss: Die Stadt Talfeld erwirbt Aktien im Wert von 100.000,00 € der Akku-Talfeld AG.

13.3 Errichtung eines Eigenbetriebs für den Bauhof der Stadt Talfeld
Ratsfrau Könneke begründet den Antrag der X-Fraktion, den Bauhof, der bisher in der Organisationsform des Regiebetriebes geführt werde, in eine andere Organisationsform umzuwandeln. Der Bauhof der Stadt ist ausschließlich für die Unterhaltung der städtischen Grundstücke, Gebäude und Anlagen zuständig.

Beschluss: Für den Betrieb des Bauhofes wird ein Eigenbetrieb errichtet.

13.4 Errichtung einer kommunalen Anstalt des öffentlichen Rechts für die Errichtung und den Betrieb eines Netzes für die Breitbandtelekommunikation
Oberbürgermeisterin Lässig begründet die Beschlussvorlage. Die Versorgung der Bevölkerung mit Telekommunikationsmöglichkeiten werde bisher durch verschiedene private Betreiber angeboten. So wollen diese langfristig auch den Ausbau des Netzes mit Kupferkabeln vorantreiben. Allerdings seien die Möglichkeiten der Breitbandkommunikation im Bereich der Stadt Talfeld noch bei Weitem nicht ausgeschöpft. Leistungsfähige Breitbandnetze zum schnellen Informations- und Wissensaustausch seien für Wirtschaft und Gesellschaft eine ebenso bedeutende Infrastruktur wie gut ausgebaute Straßen oder Schienennetze. Sie seien inzwischen ein wichtiger Standortfaktor für die Ansiedlung von Unternehmen und erhöhen die Attraktivität von Wohnstandorten, insbesondere auch im ländlichen Raum. Sie schafften Arbeitsplätze und seien vielfach Voraussetzung für Innovationen und Wachstum. Durch die Errichtung und den Betrieb eines kommunalen Netzes insbesondere in den weniger dicht besiedelten Regionen wie Talfeld solle dieser notwendige Ausbau in Talfeld nun massiv vorangetrieben werden. Um die Kosten möglichst gering und den Betrieb möglichst flexibel zu halten, sollte dies in einer kommunalen Anstalt des öffentlichen Rechts betrieben werden.

Ratsfrau Gülden betont die steigende Nachfrage nach einem leistungsfähigen Breitbandnetz, insbesondere durch die ortsansässige Industrie. ...

Beschluss: Es wird eine kommunale Anstalt des öffentlichen Rechts für die Einrichtung und den Betrieb eines Netzes für die Breitbandtelekommunikation (TalTele AöR) errichtet.

13.5 Errichtung einer Abfallentsorgungs-OHG
Oberbürgermeisterin Lässig begründet die Beschlussvorlage. Die Entsorgung des Abfalls aus privaten Haushalten wird bisher durch einen Regiebetrieb sichergestellt. Um die Qualität der Aufgabenerfüllung zu sichern und gleichzeitig die Abfallentsorgungsgebühren möglichst gering zu halten, solle dieser künftig in einer Beteiligungsgesellschaft mit dem Altmetallhändler Lars Resebrecht in der Rechtsform der OHG betrieben werden. Dabei soll Resebrecht 20 % der Anteile der OHG halten. ...

Beschluss: Die Abfallentsorgung wird künftig als Beteiligungsgesellschaft mit Resebrecht in einer Rechtsform des privaten Rechts als „TalEntsorgungsOHG" betrieben.

13.6 Errichtung einer Eigengesellschaft in der Rechtsform der GmbH für die regionale Energieerzeugung
Oberbürgermeisterin Lässig weist zuerst darauf hin, dass der Rat in seiner letzten Sitzung die Übernahme der Aufgabe der regionalen Stromerzeugung beschlossen hat.

Ratsfrau Gülden begründet den Antrag der Y-Fraktion. Die Versorgung der Bevölkerung mit Energie wird bisher durch verschiedene private Betreiber sichergestellt. Allerdings wachse die Nachfrage nach regional erzeugtem Ökostrom. Nun sei die Stadt endlich in der Lage, einen Teil des benötigten Stroms gemäß § 1 des Erneuerbare-Energien-Gesetzes hauptsächlich mittels Windkraft und Solarzellen selbst zu erzeugen. Um die Energiepreise möglichst gering zu halten, sollte dies in einem Eigenbetrieb in der Rechtsform der GmbH betrieben werden.

Ratsherr Friedrich gibt zu bedenken, dass die privaten Stromerzeuger hiermit wohl kaum einverstanden seien. ...

Beschluss: Es wird eine TalStrom GmbH errichtet.

14. Schreiben Sie hinter die Aussagen die Rechtsformen (AG, KG, GmbH oder OHG), für die die Aussage zutreffend ist.

a)	Es handelt sich um eine Personengesellschaft.	
b)	Es handelt sich um eine Kapitalgesellschaft.	
c)	An der Gründung dieser Gesellschaft sind mindestens zwei Personen beteiligt.	
d)	Alle Gesellschafter haften unbeschränkt.	
e)	Mindestens ein Gesellschafter haftet unbeschränkt und mindestens ein Gesellschafter haftet nur mit seiner Einlage.	
f)	Es handelt sich um juristische Personen mit eigener Rechtsfähigkeit.	
g)	Die Gesellschafter sind mit Stammeinlagen am Stammkapital beteiligt und haften nur in Höhe ihrer Stammeinlage für die Schulden der Gesellschaft.	
h)	Die Gesellschafter sind mit Anteilen an dem in Wertpapiere zerlegten Grundkapital der Gesellschaft beteiligt.	
i)	Es handelt sich um eine privatrechtliche Rechtsform von Unternehmen.	

15. Beurteilen Sie die folgenden Aussagen zur Frage der Zulässigkeit alternativer Rechtsformen. Kennzeichen Sie richtige Aussagen mit einem „r“ und falsche Aussagen mit einem „f“ und begründen Sie Ihre Lösung mit der entsprechenden Rechtsnorm.

a)	Die Rechtsform „Eigenbetrieb“ kommt nur für wirtschaftliche Betätigung infrage.	
b)	Die Rechtsformen GmbH, AG und AöR kommen sowohl für wirtschaftliche als auch für nichtwirtschaftliche Betätigung infrage.	
c)	Die Rechtsform „OHG“ kommt nur für nichtwirtschaftliche Betätigungen infrage.	
d)	Vor der Errichtung einer „Abfallentsorgungs-GmbH“ muss die Gemeinde prüfen, ob ein wichtiges Interesse an der Gründung vorliegt.	
e)	Eine Gemeinde muss vor der Gründung einer „Sportanlagen-GmbH“ prüfen, ob das Subsidiaritätsprinzip erfüllt ist.	

16. Ein kommunaler Verkehrsbetrieb erbringt mit seinem Bus- und Straßenbahnnetz Dienstleistungen im öffentlichen Personennahverkehr. Der Betrieb beschäftigt 400 Mitarbeiter.

Prüfen Sie die unten stehenden Aussagen zu den jeweiligen Rechtsformen für den Verkehrsbetrieb. Kennzeichnen Sie richtige Aussagen mit einem „r“ und falsche Aussagen mit einem „f“.

a) Verkehrsbetrieb als Eigenbetrieb

1.	Die Haftung ist auf das Sondervermögen beschränkt.	
2.	Die Betriebsleitung wird vom Gemeinderat bestellt.	
3.	Durch eine Explosion auf dem Betriebsgelände wurde eine nicht unerhebliche Anzahl von Bussen beschädigt. Der Betriebsleiter muss den Bürgermeister und den Betriebsausschuss darüber schnell informieren.	
4.	Der Gemeinderat darf dem Betriebsleiter Weisungen für die Führung der laufenden Geschäfte erteilen (z. B. wie der Personaleinsatz im Schichtbetrieb zu organisieren ist).	
5.	Dem Betriebsausschuss gehören Vertreterinnen bzw. Vertreter der Beschäftigten des Eigenbetriebs an.	
6.	Der Eigenbetrieb muss als externe Rechtsgrundlage eine spezielle Verordnung beachten.	
7.	Das Sparkonzept sieht vor, den Fahrplan erheblich auszudünnen, Haltestellen abzubauen und das Angebot in den Abendstunden drastisch zu senken. So soll der Betrieb wesentlich verkleinert werden. Die Umsetzung dieses Planes muss der Gemeinderat bewilligen.	
8.	Der Betriebsleiter trifft den Beschluss zur Feststellung des Jahresabschlusses.	
9.	Die Satzung kann vorsehen, dass der Bürgermeister Befugnisse im Rahmen seiner Eigenschaft als Dienstvorgesetzter dem Betriebsleiter überträgt.	
10.	Die Betriebssatzung wird vom Betriebsausschuss erlassen.	

221065406

b) Verkehrsbetrieb als Anstalt des öffentlichen Rechts

1.	Die Satzung der Anstalt wird vom Gemeinderat erlassen.	
2.	Der Verwaltungsrat besteht zu maximal einem Drittel aus Vertreterinnen und Vertretern der Beschäftigten.	
3.	Der Vorstand wird vom Gemeinderat bestellt.	
4.	Die Bestellung des Abschlussprüfers, der den Jahresabschluss kontrolliert, erfolgt durch den Verwaltungsrat.	
5.	Der Gemeinderat ist ein wichtiges Organ der Anstalt.	
6.	Interne Rechtsgrundlage für die AöR ist die entsprechende Verordnung.	
7.	Das Sparkonzept sieht vor, den Fahrplan erheblich auszudünnen, Haltestellen abzubauen und das Angebot in den Abendstunden drastisch zu senken. So soll der Betrieb wesentlich verkleinert werden. Die Umsetzung dieses Planes muss der Gemeinderat bewilligen.	
8.	Der Vorstand trifft den Beschluss zur Feststellung des Jahresabschlusses.	
9.	Der Verwaltungsrat stellt den Wirtschaftsplan fest.	
10.	Die Haftung ist auf das Vermögen der Anstalt beschränkt.	

c) Verkehrsbetrieb GmbH (Eigengesellschaft)

1.	Der Geschäftsführer trifft den Beschluss zur Feststellung des Jahresabschlusses.	
2.	Die Gesellschafterversammlung bestellt den Geschäftsführer, wenn der Gesellschaftsvertrag keine andere Regelung vorsieht.	
3.	Die Gesellschafterversammlung besteht zur Hälfte aus Vertretern der Beschäftigten.	
4.	Die Bildung eines Aufsichtsrates ist zwingend vorgeschrieben.	
5.	Die Gesellschafterversammlung darf dem Geschäftsführer vorschreiben, wie der Personaleinsatz im Schichtbetrieb zu organisieren ist, wenn der Gesellschaftsvertrag Eingriffe in die laufende Geschäftsführung zulässt.	
6.	Das Stammkapital der Gesellschaft beträgt mindestens 50.000,00 €.	
7.	Wenn der Gesellschaftsvertrag dies vorsieht, kann der Geschäftsführer auch durch den Gemeinderat bestellt werden.	
8.	Der Gesellschaftsvertrag wird vom Gemeinderat erlassen.	
9.	Die Gemeinde haftet für Verbindlichkeiten der Gesellschaft unbeschränkt, soweit nicht Befriedigung aus deren Vermögen zu erlangen ist (Gewährträgerschaft).	
10.	Der Gemeinderat ist ein wichtiges Organ der GmbH.	

d) Verkehrsbetrieb AG (Eigengesellschaft)

1.	Die Satzung wird vom Gemeinderat erlassen.	
2.	Die Hauptversammlung bestellt den Vorstand.	
3.	Die Arbeitnehmer wählen die Hälfte der Aufsichtsratsmitglieder.	
4.	Das Grundkapital der Gesellschaft beträgt mindestens 25.000,00 €.	
5.	Die Möglichkeiten der Kommune, den Vorstand der AG in seinem Handeln zu beeinflussen, sind begrenzt, da der Vorstand ausschließlich dem Wohl der Gesellschaft verpflichtet ist.	
6.	Die Gemeinde haftet für Verbindlichkeiten der Gesellschaft unbeschränkt, soweit nicht Befriedigung aus deren Vermögen zu erlangen ist (Gewährträgerschaft).	
7.	Der Aufsichtsrat überwacht die Geschäftsführung.	
8.	Wenn die Satzung dies vorsieht, kann der Gemeinderat einzelne Personen direkt in den Aufsichtsrat entsenden.	
9.	Wenn die Satzung dies vorsieht, kann der Gemeinderat einzelne Personen in den Vorstand entsenden.	
10.	Der Gemeinderat ist ein wichtiges Organ der AG.	

4 Rechtsformen kommunaler Unternehmen vergleichen

17. Kreuzen Sie an, für welche Organisations- bzw. Rechtsform die Aussage jeweils zutrifft.

Aussage	Regiebetrieb	Eigenbetrieb	AöR	Eigengesell-schaft (GmbH)	Eigengesell-schaft (AG)
Die Einrichtung erfüllt eine öffentliche Aufgabe.					
Die Einrichtung ist rechtlich unselbstständig.					
Die Einrichtung unterliegt grundsätzlich dem TVöD.					
Die Gemeinde kann gegebenenfalls auf die „Geschäftsführung" einwirken.					
Die Einrichtung ist Teil der Kommunalverwaltung.					

221065408

1 Merkmale der sozialen Marktwirtschaft analysieren

1.1 Ordnungsmodelle unterscheiden

1.1.1 Lernsituation

Die begrenzte Natur gesellschaftlicher Ressourcen

„Das Wort Volkswirtschaft (Ökonomie) lässt sich von einem griechischen Wort ableiten, das jemanden bezeichnet, der einen Haushalt führt. Auf den ersten Blick mag dieser Ursprung recht speziell erscheinen. Doch tatsächlich haben Haushalt und Volkswirtschaft vieles gemeinsam.

Ein Haushalt steht vielerlei Entscheidungen gegenüber. Er muss entscheiden, welche Haushaltsmitglieder welche Aufgaben erledigen und wie viel jedes Haushaltsmitglied dafür bekommt: Wer kocht das Essen? Wer macht die Wäsche? Wer bekommt die überzähligen Nachspeisen? Wer darf das Fernsehprogramm auswählen? Kurzum, der Haushalt muss seine knappen Mittel auf die verschiedenen Mitglieder verteilen und dabei die Fähigkeiten, Anstrengungen und Wünsche eines jeden berücksichtigen.

Wie ein Haushalt, so muss sich auch eine Gesellschaft zahlreichen Entscheidungen stellen. Eine Gesellschaft muss darüber entscheiden, welche Arbeiten von wem getan werden. Sie braucht Leute, um Nahrungsmittel zu erzeugen, um Kleidung herzustellen, und wieder andere zur Erstellung von PC-Programmen. Sobald die Gesellschaft einmal die Arbeitskräfte (wie im Übrigen auch Boden, Gebäude und Maschinen) den verschiedenen Aufgaben zugeordnet hat, muss sie auch die damit erzeugten Waren und Dienstleistungen verteilen. Sie muss darüber entscheiden, wer Kaviar isst und wer Kartoffeln. Sie muss entscheiden, wer einen Porsche fährt und wer den Bus nimmt.

Die Bewirtschaftung der gesellschaftlichen Ressourcen ist wichtig, weil Ressourcen knapp sind. Knappheit bedeutet, dass die Gesellschaft weniger anzubieten hat, als die Menschen haben wollen. So wie ein Haushalt nicht jedem Mitglied alles geben kann, was es wünscht, kann auch die Gesellschaft nicht jedem Individuum den höchsten von ihm angestrebten Lebensstandard gewähren.

Volkswirtschaftslehre ist die Wissenschaft von der Bewirtschaftung der knappen gesellschaftlichen Ressourcen."

Quelle: Mankiw, Nicholas Gregory, übersetzt von Adolf Wagner und Marco Herrmann: Grundzüge der Volkswirtschaftslehre. 3. Auflage. Stuttgart: Schäffer-Poeschel 2004, S. 3.

1.1.2 Arbeitsaufträge zur Lernsituation

1. In einem Familienhaushalt sind viele Probleme zu lösen. Es gibt Familien, in denen bei wichtigen Entscheidungen alle Familienmitglieder beteiligt sind, in anderen Familien entscheidet allein der Vater oder die Mutter. Beschreiben Sie die Vorteile und Nachteile beider Verfahren.
2. In der Volkswirtschaft der Bundesrepublik müssen ebenfalls wirtschaftliche Entscheidungen getroffen werden. Informieren Sie sich, welche Personen, Organisationen in einer Volkswirtschaft Entscheidungen treffen.
3. Entscheiden heißt immer das Abwägen von Alternativen bzw. das Lösen von Zielkonflikten.
   Mit welchen anderen Zielen können folgende Entscheidungen in Konflikt geraten?
   a) in der Familie, der Kauf eines neuen Autos
   b) in einem Unternehmen, die Gründung eines Zweigwerks
   c) im Parlament, die Ausgabenerhöhung für die Bildung
   d) bei einem Schüler, Vorbereitung auf eine Prüfung
4. Wichtige Informationsquellen, die bei der Bewältigung volkswirtschaftlicher Fragestellungen wertvolle Hilfe leisten, finden sich im Internet. Legen Sie ein Lesezeichen mit folgenden Adressen an, da bei einigen der folgenden Aufgaben auf diese Adressen zurückgegriffen wird.
   www.destatis.de (Zahlen des Statistischen Bundesamts)
   www.bundesbank.de (Informationen der deutschen Bundesbank)
   www.arbeitsagentur.de (Bundesagentur für Arbeit)
   www.bmwi.de (Bundesministerium für Wirtschaft und Klimaschutz)

www.bundesfinanzministerium.de (Bundesministerium der Finanzen)

Empfehlenswert sind auch noch die Adressen folgender Informationsdienste:
www.iwkoeln.de (Institut der deutschen Wirtschaft Köln)
www.ifw-kiel.de (Institut für Weltwirtschaft an der Universität Kiel)
www.sachverstaendigenrat-wirtschaft.de (Sachverständigenrat: „Fünf Wirtschaftsweise")

5. Wirtschaften ist nichts anderes als der sinnvolle Umgang mit knappen Mitteln, mit dem Ziel, möglichst viele Bedürfnisse zu befriedigen. Im Verhältnis zu den Bedürfnissen einer Gesellschaft sind die Steuereinnahmen des Staates immer zu knapp.
   a) Informieren Sie sich über die derzeitige Einnahmen-Ausgaben-Situation des Bundes, Ihres Landes und Ihrer Gemeinde.
   b) Nehmen Sie bezüglich der derzeitigen Verwendung der jeweiligen Steuermittel kritisch Stellung. Entwickeln Sie Verbesserungsvorschläge und begründen Sie diese.
6. Legen Sie einen Glossar (Erklärungswörterbuch) für Ihre Unterlagen an. Erklären Sie die Begriffe Wirtschaftsordnung, Wirtschaftsverfassung und Wirtschaftssystem in Ihrem Glossar.
7. Geben Sie einen Überblick über die wichtigsten Ordnungselemente in einer Volkswirtschaft.
8. Informieren Sie sich über die Wirtschaftsordnung der ehemaligen Deutschen Demokratischen Republik.
   a) Auf welchem Wirtschaftssystem baute diese Volkswirtschaft auf?
   b) Beschreiben Sie an konkreten Beispielen die Vor- und Nachteile dieser Wirtschaftsordnung.
   c) Nennen Sie die ökonomischen Gründe, die zum Untergang der ehemaligen DDR geführt haben.
9. Wirtschaftssysteme: Idealtypen der Wirtschaftsordnungen/Modelle
   Übernehmen Sie die Tabelle in Ihre Unterlagen und fügen Sie an der richtigen Stelle ein:

   1. garantierte Freiheit des Individuums – 2. Planerfüllung, Einhaltung staatlich bestimmter Ziele – 3. Abstimmung der Pläne über den Markt – 4. kollektivistische Sichtweise – 5. eigennützig: „homo oeconomicus" – 6. Verteilung nach dem Preis von Arbeitskraft und Gütern – 7. Gemeineigentum an Produktionsmitteln – 8. staatlich gesetzte Preise – 9. Wettbewerb ist unverzichtbar – 10. Staat greift nicht ein („Nachtwächterstaat")

Freie Marktwirtschaft ◄	Organisationsproblem	► Zentralverwaltungswirtschaft
■ Wirtschaftssubjekte planen dezentral ■ .... ■	Wer plant, lenkt und koordiniert den Wirtschaftsprozess?	■ zentrale Planung und Steuerung durch den Staat
■ Wechselspiel von Angebot und Nachfrage ergibt die Preise	Wer bildet die Preise?	■ ....
■	Gibt es Wettbewerb?	■ Wettbewerb ist überflüssig
■ Gewinnmaximierung	Welche Ziele haben Unternehmungen?	■ ....
■	Wie werden Einkommen und Güter verteilt?	■ Zuteilung nach politischen Maßstäben
■ Privateigentum an Produktionsmitteln ■	Wie sind Eigentums- und Freiheitsrechte gestaltet?	■ .... ■ beschränkte individuelle Freiheit
individualistische Sichtweise ◄	Menschenbild des Wirtschaftssystems	► ....
.... ◄	Annahme über das Verhalten der Wirtschaftenden	► solidarisch

Web

221065410

1.2 Die freie Marktwirtschaft charakterisieren

1.2.1 Lernsituation

Die „unsichtbare Hand“ des Wettbewerbs im Markt

Bei der freien Marktwirtschaft, deren Prinzip von Adam Smith (1723 – 1790) beschrieben wurde, bestimmen lediglich Angebot und Nachfrage die Wirtschaftstätigkeiten. Smith ging vom Menschenbild des sogenannten Homo oeconomicus aus, nach dem jeder Mensch nur seinen persönlichen Nutzen verfolgt. Die unsichtbare Hand des Marktes würde daraus einen Nutzen für das gesellschaftliche Ganze und einen Ausgleich zwischen knappen Gütern und grenzenlosen Bedürfnissen entstehen lassen. Nach seiner Ansicht bietet das Wirtschaftssystem der freien Marktwirtschaft die Möglichkeit, durch die egoistischen Handlungen des Einzelnen automatisch das Beste für den allgemeinen Wohlstand zu erreichen.

1.2.2 Arbeitsaufträge zur Lernsituation

1. Informieren Sie sich kurz über Leben und Werk von Adam Smith und erklären Sie den Begriff „Homo oeconomicus“ in Ihrem Glossar.
2. Erläutern Sie das Wesen bzw. die Vor- und Nachteile des Modells der freien Marktwirtschaft.
   a) Zeichnen Sie ein Preis-Mengen-Diagramm mit Angebotskurve, Nachfragekurve, Gleichgewichtspreis und Gleichgewichtsmenge.
   Gehen Sie davon aus, dass die angebotene Menge sinkt. Tragen Sie diese Situation in das Diagramm ein und erläutern Sie die Auswirkungen auf den Preis.
   Welche Auswirkungen auf den Preis hat ein steigendes Angebot? Bearbeiten Sie auch die Variante einer sinkenden Nachfrage.
   b) Suchen Sie nach konkreten Märkten, auf denen diese Marktregeln gelten.
3. Nach der Ansicht von Adam Smith sollte der Egoismus des Einzelnen die zentrale Triebfeder des Wirtschaftens sein. Nehmen Sie in Form einer Pro- und Kontra-Diskussion ausführlich zu dieser These Stellung.

1.3 Das Wesen der sozialen Marktwirtschaft erörtern

1.3.1 Lernsituation

Die „unsichtbare Hand“ wird gebändigt

Für die Väter der sozialen Marktwirtschaft Alfred Müller-Armack (1901 – 1978) und Ludwig Erhard (1897 – 1977) war die freie Entfaltung des Menschen das oberste Gut. Sie waren davon überzeugt, dass alles Wirtschaften das freiheitliche Menschenbild fördern muss. Deshalb ist für sie das Privateigentum die wichtigste Grundlage der Marktwirtschaft. Das umfassende Recht der eigenen Sache soll es dem Einzelnen ermöglichen, in wirtschaftlicher und gesellschaftlicher Eigenverantwortung zu handeln. Privateigentum garantiert zielgerichtetes Handeln. Das Privateigentum an den Produktionsmitteln sorgt dafür, dass Kapital an den Stellen eingesetzt wird, wo es den größten Ertrag bringt. Unternehmen produzieren dort, wo sie die für ihre Unternehmensziele besten Bedingungen vorfinden – wie etwa bezüglich der Materialkosten und -qualität, der Arbeitskosten oder Zinsen. Jeder Unternehmer konzentriert sich auf das, was er am besten kann. Die damit verbundene Arbeitsteilung fördert die Effizienz des gesamten wirtschaftlichen Handelns. Weil sich letztlich der am Markt durchsetzt, dessen Angebote von der Nachfrage angenommen werden, sorgt ‚die unsichtbare Hand des Wettbewerbs‘ dafür, den Wohlstand des Volkes insgesamt zu mehren, hatte schon der Urvater der klassischen Volkswirtschaftslehre Adam Smith (1723 – 1790) erkannt.

Merkmale der sozialen Marktwirtschaft analysieren

Die moderne Marschrichtung der sozialen Marktwirtschaft heißt heute so viel Staat wie nötig, so viel Eigeninitiative wie möglich. Aufgabe des Staates ist es, beispielsweise durch Gesetze und Verordnungen die Rahmenbedingungen so zu setzen, dass sich alle Bürger möglichst frei entwickeln können und ein fairer Wettbewerb gewährleistet wird.

Den Preis für die Güter und Dienstleistungen regeln das Angebot und die Nachfrage. Der Anbieter von zu teuren Waren verschwindet vom Markt oder muss billiger anbieten.

1.3.2 Arbeitsaufträge zur Lernsituation

1. Informieren Sie sich anhand eines Lexikons bzw. einer Suchmaschine über Leben und Werk von Ludwig Erhard.
2. Zwischen der Wirtschaftsordnung und der Gesellschaftsordnung eines Landes bestehen prinzipielle Zusammenhänge. Entnehmen Sie dem Text einige tragende Säulen der Gesellschaftsordnung der Bundesrepublik.
3. Begründen Sie, wieso die „unsichtbare Hand“ des Wettbewerbs den Wohlstand eines Volkes mehrt.
4. Die Eigentumsrechte an den im Marktprozess getauschten Gütern müssen vom Staat definiert und gewährleistet werden. Das Eigentum ist auch bei uns nicht schrankenlos garantiert. Im Artikel 14 des Grundgesetzes heißt es dazu: Eigentum verpflichtet.
   a) Lesen Sie den Artikel gründlich und zeigen Sie Inhalt und Grenzen des verfassungsrechtlichen Eigentumsrechts auf. Nutzen Sie dazu geeignete Informationsquellen (Kommentar des GG, Internet).
   b) Informieren Sie sich über die Eigentumsverhältnisse der folgenden Wirtschaftsbereiche:
      - im Einzelhandel
      - im Handwerk
      - bei den Banken
      - im Bildungswesen
   c) Belegen Sie am Beispiel der Automobilindustrie den Unterschied zwischen Eigentum an den Produktionsanlagen und Verfügungsgewalt über die Produktionsanlagen.
   d) Suchen Sie nach Gründen für die Aufspaltung von Eigentumsrecht und Verfügungsgewalt in einigen Wirtschaftsbereichen.

1.3.3 Aufgaben

1. **Staatsquote: Der Anteil der Staatsausgaben am Bruttoinlandsprodukt**

   Am 12. Juli 2023 war es so weit: Bis dahin hatte ein Bundesbürger mit einer durchschnittlichen Steuer- und Abgabenquote allein für den Staat gearbeitet (Steuerzahlergedenktag). Alles, was er bis zu diesem Datum im Jahr verdiente, musste er für Steuerzahlungen und sonstige Abgaben wie Renten-, Arbeitslosen- und Krankenversicherung aufwenden. Und das hat einen einfachen Grund: Der Anteil der Staatsausgaben am Bruttoinlandsprodukt – also dem Wert, was in Deutschland an Sach- und Dienstleistungen jährlich erwirtschaftet wird – ist in der Vergangenheit ständig gestiegen.

   Folge: Die Kosten für staatliches Handeln haben inzwischen solche Ausmaße angenommen, dass sie nur noch über höhere Steuern und Abgaben zu finanzieren sind und die Gesamtverschuldung des Staates sehr hoch ist.

   aus: vgl. Hrsg. Institut der deutschen Wirtschaft Köln in Zusammenarbeit mit der Bundesarbeitsgemeinschaft Schule Wirtschaft: Thema: Soziale Marktwirtschaft (I), Jahrgang 24/Nr. 5 1998, S. 1 (Datum im Text aktualisiert)

   a) Nennen Sie Gründe, warum der Anteil der Staatsausgaben am Bruttoinlandsprodukt in der Vergangenheit ständig zugenommen hat.
   b) Was versteht man unter den Begriffen „Vollkasko-Mentalität“ und „schlanker Staat“?
   c) Erläutern Sie Beispiele, bei denen staatliche Leistungen privatisiert wurden.

221065412

2. Probleme der sozialen Marktwirtschaft

a) Beschreiben Sie zunächst allgemein die Situation, die in der Karikatur abgebildet wird.
b) Erläutern Sie die Kritik der Karikatur anhand der Symbole Aschenbecher, Zigarre und Bild.
c) Formulieren Sie die Grundaussage der Karikatur. Nehmen Sie zu dieser Grundaussage kritisch Stellung und gehen Sie der Frage nach, ob „Alles Asche" ist.

2 Wirtschaftspolitische Ziele der sozialen Marktwirtschaft einordnen

2.1 Preisniveaustabilität und hohen Beschäftigungsstand darstellen

2.1.1 Lernsituation

Wie man das Preisniveau misst

Was ist gemeint, wenn man in der Zeitung liest, „die Preise" sind um 1,5 % gestiegen? Für ein einzelnes Gut ist der Sachverhalt klar: Verändert sich sein Preis von 50,00 € auf 55,00 €, so kann man aus dem Preisverhältnis neuer Preis : alter Preis = 55,00 € : 50,00 € = 1,10 ablesen, dass der Preis von 100 % (im Basisjahr, z. B. 2020) um 10 Prozentpunkte auf 110 % (im Berichtsjahr, z. B. 2021) gestiegen ist. Will man jedoch durch eine Zahl die Preisentwicklung für mehrere Güter beschreiben, könnte man zuerst den Durchschnitt der Preisverhältnisse dieser Güter berechnen. Angenommen, jemand will wissen, wie sich die laufenden Kosten für sein Auto entwickelt haben: Er bezieht dafür in seine Überlegungen die Versicherungsprämie, den Benzinpreis und den Preis für eine Reparaturstunde in der Werkstatt ein (Angaben jeweils in Euro).

Versicherung $\frac{630 \text{ im Berichtsjahr} \times 100}{600 \text{ im Basisjahr}} = 105$

Reparaturstunde $\frac{53 \text{ im Berichtsjahr} \times 100}{50 \text{ im Basisjahr}} = 106$

Benzin $\frac{1{,}60 \text{ im Berichtsjahr} \times 100}{1{,}40 \text{ im Basisjahr}} = 114$

Das durchschnittliche Preisverhältnis und damit auch die durchschnittliche Preissteigerung lässt sich nun berechnen:

$$\frac{105 + 106 + 114}{3} = 108$$

Das durchschnittliche Preisverhältnis ist demnach von 100 % auf 108 %, also um 8 Prozentpunkte gegenüber dem Basisjahr gestiegen.

Nun bleibt diese Rechnung deshalb ungenau, weil in ihr davon ausgegangen wird, dass Versicherungsprämie, Benzin- und Reparaturpreise die Finanzen des Autofahrers zu gleichen Anteilen belasten. Dies muss aber nicht immer so sein. Je nachdem, wie alt das Auto ist, wie viele Kilometer man im Jahr zurücklegt usw. werden die einzelnen Kosten unterschiedlich stark ins Gewicht fallen. Gewichtet man bei der Bildung des Durchschnitts die Preisverhältnisse mit den jeweiligen Verbrauchsanteilen pro Zeitraum, entsteht ein sinnvoller Mittelwert: der **Preisindex.**

Beispiel zur Berechnung des Preisindexes für einen Warenkorb mit drei Gütern:

Gut	Verbrauchsmenge pro Jahr (Gewichtungsfaktor)	Preis im Basisjahr je Einheit (in €)	Verbrauchsausgaben (in €)	Preis im Berichtsjahr je Einheit (in €)	Verbrauchsausgaben (in €)
Versicherung	1	600,00	600,00	630,00	630,00
Reparaturstunde	24	50,00	1.200,00	53,00	1.272,00
Benzin	1960	1,40	2.744,00	1,60	3.136,00
Summe			4.544,00		5.038,00

Ermittlung des Preisindexes für den Warenkorb:

$$\frac{\text{Verbrauchsausgaben im Berichtsjahr (z. B. 2021)} \times 100}{\text{Verbrauchsausgaben im Basisjahr (z. B. 2020)}} = \frac{5.038{,}00 \times 100}{4.544{,}00} = 110{,}87$$

Der Preisindex steigt um fast 11 %, wobei man das Basisjahr gleich 100 % setzt und ein Anstieg auf 110,9 % im Berichtsjahr erfolgt.

221065414

2.1.2 Arbeitsaufträge zur Lernsituation

1. Nehmen Sie an, der Warenkorb für die Ermittlung eines Preisindexes für junge Lebenskünstler enthalte nur drei Güter. Die Preise in Euro sind der Tabelle zu entnehmen. Folgende Verbrauchsmengen sind gegeben: Täglich wird eine Dose Corned Beef verzehrt, jedes Wochenende wird eine Bar besucht und zweimal pro Jahr müssen neue Turnschuhe erworben werden. (Preisangaben in Euro)

   a) Übernehmen Sie die Tabelle in Ihre Unterlagen. Ermitteln Sie zunächst die fehlenden Werte und berechnen Sie dann den Preisindex für den Berichtsmonat auf eine Stelle hinter dem Komma.

Web

Gut	monatliche Verbrauchsmenge	Basismonat		Berichtsmonat	
		Preis	Verbrauchsausgaben	Preis	Verbrauchsausgaben
Corned Beef		1,99		2,30	
Barbesuch		45,00		46,00	
Turnschuhe		68,00		70,00	

   b) Erläutern Sie das Ergebnis.

2. **Verbraucherpreisindex für Deutschland**

   Der Verbraucherpreisindex für Deutschland (früher: Preisindex für die Lebenshaltung aller privater Haushalte) ist ein wichtiger Bestandteil des preisstatistischen Berichtssystems in Deutschland. Dieses System umfasst u. a. den Index der Erzeugerpreise gewerblicher Produkte, Preisindizes für Bauwerke, den Index der Erzeugerpreise land- und forstwirtschaftlicher Produkte, den Index der Großhandelsverkaufspreise, den Index der Einzelhandelspreise sowie die Indizes der Ein- und Ausfuhrpreise.

   Der Verbraucherpreisindex misst die durchschnittliche Preisveränderung aller Waren und Dienstleistungen, die von privaten Haushalten für Konsumzwecke gekauft werden. Er bildet die Veränderung der Verbraucherpreise umfassend ab. Berücksichtigt werden Güter des täglichen Bedarfs (z. B. Lebensmittel, Bekleidung) sowie Mieten und langlebige Gebrauchsgüter (z. B. Kraftfahrzeuge, Kühlschränke), ebenso aber auch Dienstleistungen (z. B. Friseur, Reinigung, Versicherungen).

   Der Verbraucherpreisindex für Deutschland dient verschiedenen Zwecken:

   Er ist ein Indikator für die Beurteilung der Geldwertstabilität und wird als Inflationsmaßstab verwendet. Aus diesem Grund wird die Veränderungsrate häufig als ‚Inflationsrate' bezeichnet.

   Er dient zur Wertsicherung wiederkehrender Zahlungen in Preisgleitklauseln (auch bekannt als Wertsicherungsklauseln) in längerfristigen Vertragsbeziehungen.

   a) Was misst der Verbraucherpreisindex und welche Güter werden dabei berücksichtigt?
   b) Welchen Zwecken dient der Verbraucherpreisindex?
   c) Die Stadt Neustadt hat ein größeres Grundstück an ein örtliches Bauunternehmen über 50 Jahre verpachtet und dabei eine Wertsicherungsklausel vereinbart.
      ca) Erklären Sie das Wesen einer Wertsicherungsklausel.
      cb) Suchen Sie nach Gründen für diese vertraglichen Vereinbarungen.
      cc) Beschreiben Sie weitere Beispiele von Preisgleitklauseln.
   d) Für Ihre Gemeinde benötigen Sie abgesicherte Zahlen für die Entwicklung der Baupreise und des Kaufwerts von Grundstücken bzw. der Erzeugerpreise gewerblicher Produkte.
      Benutzen Sie dazu die Quelle des Statistischen Bundesamts (www.destatis.de).

3. Entwicklung des Verbraucherpreisindexes

Verbraucherpreisindex für Deutschland Veränderungsraten zum Vorjahr in %					
Jahr	**Verbraucherpreisindex insgesamt**	**Nahrungsmittel und alkoholfreie Getränke**	**Alkoholische Getränke und Tabakwaren**	**Bekleidung und Schuhe**	**Wohnung, Wasser, Strom, Gas und andere Brennstoffe**
2024	2,2	1,9	4,4	3,0	1,2
2023	5,9	12,3	8,5	3,7	4,9
2022	6,9	12,5	4,3	0,8	7,3
2021	3,1	3,1	3,5	1,5	1,7
2020	0,5	2,1	1,9	- 1,7	1,0

Quelle: Statistisches Bundesamt (Hrsg.): Verbraucherpreisindex für Deutschland Veränderungsraten zum Vorjahr in %. Wiesbaden 10.07.2025: www.destatis.de. https://www.destatis.de/DE/Themen/Wirtschaft/Preise/Verbraucherpreisindex/Tabellen/Verbraucherpreise-12Kategorien.html#236130 [11.07.2025] (verändert)

Beantworten Sie anhand der Tabelle folgende Fragen:

a) Wie entwickelte sich seit dem Jahr 2020
- der Gesamtindex für die Verbraucherpreise?
- der Preisindex für Nahrungsmittel und alkoholfreie Getränke?
- der Preisindex für alkoholische Getränke und Tabakwaren?
- der Preisindex für Bekleidung und Schuhe?
- der Preisindex für Wasser, Strom, Gas und andere Brennstoffe?

b) Suchen Sie nach den Gründen für die Preisentwicklung bei
- Nahrungsmittel und alkoholfreie Getränke,
- Wohnung, Wasser, Strom, Gas und andere Brennstoffe.

4. Inflation – Deflation

a) Übernehmen Sie folgende Tabelle in Ihre Unterlagen und ergänzen Sie die Lücken.

Zustand	Gütermenge (in Stück)	Geldmenge (in €)	Preisentwicklung (↑↓=)	Preisniveau (in € pro Stück)
a) Gleichgewicht	1 000	1.000,00		
b) Gütermenge steigt schneller als die Geldmenge = …………	1 800	1.200,00		
c) Geldmenge steigt schneller als die Gütermenge = …………	1 200	1.800,00		

b) Stellen Sie mithilfe geeigneter Quellen ein Informationspapier zu folgenden Kernfragen zusammen:

ba) Was ist Inflation und wie misst man sie?

bb) Welche Arten von Inflation werden unterschieden?

bc) Welche Ursachen werden für Inflation genannt?

bd) Wer ist Gewinner, wer Verlierer bei einer Inflation?

be) Welche Möglichkeiten gibt es, Inflation zu bekämpfen?

221065416

2.1.3 Lernsituation

Die Wirtschaftssituation 2023/2024

Wettbewerbsfähigkeit nachhaltig stärken (Auszüge aus dem Geleitwort des Jahreswirtschaftsberichts 2024)

Die wirtschaftliche Lage zum Anfang dieses Jahres bietet weiterhin Anlass zur Sorge. Im Jahr 2023 ist die deutsche Wirtschaft um 0,3 Prozent geschrumpft. Für das laufende Jahr prognostiziert der Jahreswirtschaftsbericht zwar eine Stabilisierung der wirtschaftlichen Lage, eine deutliche Erholung bleibt aber weiterhin aus. (...)

Zur nüchternen Wahrheit gehört jedoch auch: Viele unserer wirtschaftlichen Probleme sind trotz der eklatanten externen Herausforderungen (Ukrainekrieg, Energiepreisschock, gestiegene Inflation a.d.V.) hausgemacht. Übermäßige Bürokratie, der Fach- und Arbeitskräftemangel, angesichts der Notwendigkeiten zu wenig private und öffentliche Investitionen, all das bremst die wirtschaftliche Dynamik. Diese Probleme haben sich zum Teil über viele Jahre hinweg angestaut und verfestigt.

Die Bundesregierung arbeitet seit zwei Jahren intensiv daran, diese Probleme zu lösen. Wir haben den Umstieg auf ein erneuerbares Energiesystem beschleunigt, Planungs- und Genehmigungsprozesse verschlankt, ein Fachkräfteeinwanderungsgesetz beschlossen und den Abbau von Bürokratie in Angriff genommen. Die staatliche Investitionsquote liegt auf dem höchsten Niveau seit Mitte der Neunzigerjahre. Wichtige Technologien von der Halbleiterindustrie über die Batteriezellenfertigung bis zur KI siedeln sich an, genauso sehen wir große Investitionen in der Pharmabranche. Hier entstehen Arbeitsplätze und Wertschöpfung. Start-ups werden gestärkt, mit Mitteln aus dem Zukunftsfonds haben wir zusätzliche 1,75 Milliarden Euro zur Start-up-Finanzierung zur Verfügung gestellt und investieren in die Ideen und Geschäftsmodelle von morgen. (...)

Unter diesen Vorzeichen geht es nun verstärkt darum, die Potenziale und Leistungsfähigkeit unserer Gesellschaft zur Generierung von Wertschöpfung bestmöglich zu entfesseln und zu heben – auch und insbesondere durch Sicherstellung und Nutzung marktlicher Effizienz. (...)

Quelle: Habeck, Robert: Geleitwort. In: Bundesministerium für Wirtschaft und Klimaschutz: Jahreswirtschaftsbericht 2024. Wettbewerbsfähigkeit nachhaltig stärken. Berlin 21.02.2024: https://www.bundeswirtschaftsministerium.de/Redaktion/DE/Publikationen/Wirtschaft/jahreswirtschaftsbericht-2024.pdf?__blob=publicationFile&v=12 [11.07.2025], S. 5–7

Globalisierung am Ende – Zeit für Alternativen (Auszüge aus dem Memorandum 2023 der Arbeitsgruppe Alternative Wirtschaftspolitik)

Wir leben in einer Zeit vielfältiger, sich überlagernder Krisen. Die Corona-Pandemie, die fortschreitende Umweltkatastrophe, Kriege und hier in besondere der Angriffskrieg gegen die Ukraine sowie sich insgesamt ausweitende geopolitische Konflikte halten die Welt in Atem.

Angesichts dieser außerordentlichen Belastungen erweist sich die deutsche Konjunktur als außerordentlich robust. Das war nur möglich, weil der Staat aktiv eingegriffen und unverschuldet in die Krise geratene Unternehmen sowie die gesamtwirtschaftliche Nachfrage gestützt hat. Die Arbeitsgruppe Alternative Wirtschaftspolitik kritisiert allerdings die mangelnde soziale Zielgenauigkeit dieser Programme. (...)

Bei der Finanzpolitik geht es um eine aktive Konjunkturpolitik. Für den sozial-ökologischen Umbau der Gesellschaft braucht es langfristige Ausgaben und Infrastrukturinvestitionen. (...) Die Arbeitsgruppe Alternative Wirtschaftspolitik fordert eine Steuerpolitik, die hohe Einkommen und große Vermögen viel stärker zur Finanzierung der öffentlichen Aufgaben heranzieht. Dazu gehören eine Vermögensteuer, ein höherer Spitzensteuersatz bei der Einkommensteuer und die Verhinderung von Steuerflucht und Steuergestaltung. (...)

Die Preisrallye an den Energiemärkten bescherte etlichen Großkonzernen erhebliche leistungslose Extragewinne. Die Arbeitsgruppe Alternative Wirtschaftspolitik fordert eine wirksame Abschöpfung von Übergewinnen. Die bisherigen Regelungen laufen weitgehend ins Leere. Die deutsche Exportindustrie ist ein großer Gewinner der Globalisierung. Die hohen Exportüberschüsse werden seit Jahren von der Arbeitsgruppe Alternative Wirtschaftspolitik kritisiert. Die Störungen in den Lieferketten haben aber auch die Abhängigkeit Deutschlands von seinen Importen gezeigt. (...)

Die Arbeitsgruppe Alternative Wirtschaftspolitik fordert ein grundsätzliches Umdenken. Wir brauchen mehr multilaterale, regelbasierte Strukturen.

Quelle: Arbeitsgruppe Alternative Wirtschaftspolitik e. V: Memorandum 2023. Globalisierung am Ende – Zeit für Alternativen. 04.05.2023: https://www.alternative-wirtschaftspolitik.de/de/article/10656827.memorandum-2023.html [11.07.2025]

2.1.4 Arbeitsaufträge zur Lernsituation

1. Ziele der Wirtschaftspolitik
   a) Entnehmen Sie dem Grundlagenband die Hauptziele staatlicher Wirtschaftspolitik. Erläutern Sie, warum man vom „magischen Viereck" oder vom „magischen Sechseck" der Ziele spricht.
   b) Welche Ziele der Wirtschaftspolitik nennt der Jahreswirtschaftsbericht 2024 bzw. die Arbeitsgruppe Alternative Wirtschaftspolitik für 2023?
2. Ursachen der wirtschaftlichen Situation Deutschlands
   a) Stellen Sie die Ursachenbeschreibungen der wirtschaftlichen Situation der Bundesrepublik Deutschland im Jahreswirtschaftsbericht bzw. Memorandum einander gegenüber.
   b) Erläutern Sie die Auswirkungen des Arbeitskräftemangels auf das Ziel Wirtschaftswachstum.
3. Arbeitslosigkeit und Arbeitskräftemangel
   a) Geben Sie einen Überblick über die Arten der Arbeitslosigkeit.
   b) Der Arbeitsmarkt in Deutschland ist nicht durch Arbeitslosigkeit, sondern durch einen Arbeitskräftemangel gekennzeichnet. Entwickeln Sie mögliche Vorschläge, wie dem Arbeitskräftemangel abgeholfen werden kann.
4. Maßnahmen und Wirtschaftssystem
   a) Stellen Sie die im Jahreswirtschaftsbericht geplanten Maßnahmen der Bundesregierung den Maßnahmenvorschlägen der Arbeitsgruppe Alternative Wirtschaftspolitik gegenüber.
   b) Reflektieren Sie die Maßnahmen beider Quellen in Bezug auf ihre Einstellung zu den Wirtschaftssystemen.

2.1.5 Aufgaben

1. **Bildung entscheidet am Arbeitsmarkt**

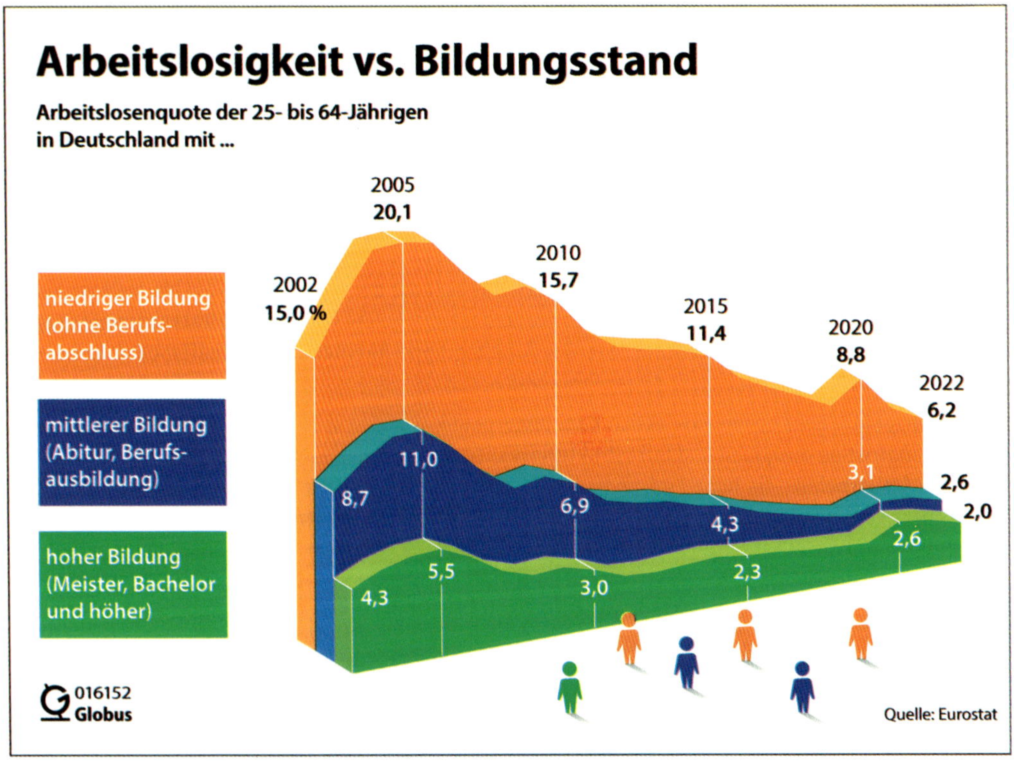

221065418

a) Beschreiben Sie den Zusammenhang zwischen Bildungsstand und Arbeitslosigkeit und gehen Sie auf die Veränderung im Zeitablauf ein.

b) Entwickeln Sie Vorschläge bzw. Konzepte, wie das Problem der hohen Arbeitslosigkeit bei Minderqualifizierten abgebaut werden kann.

2.

Volkswirtschaftliche Gesamtrechnungen, Einwohner und Erwerbsbeteiligung (Inländerkonzept), 1 000 Personen

Arbeitsmarktdaten	2012	2013	2014	2015	2016	2017	2018	2019	2020	2021	2022	2023
Einwohner[1]	80 426	80 646	80 983	81 687	82 349	82 657	82 906	83 093	83 161	83 196	83 798	84 537
Erwerbspersonen	44 186	44 467	44 741	44 987	45 333	45 752	46 094	46 413	46 369	46 404	46 800	47 119
Erwerbslose[2]	2 064	2 024	1 939	1 808	1 649	1 509	1 367	1 280	1 551	1 536	1 343	1 334
Erwerbstätige	41 962	42 285	42 651	43 037	43 559	44 131	44 727	45 133	44 818	44 868	45 457	45 785
Arbeitnehmer	37 440	37 790	38 192	38 632	39 218	39 858	40 502	40 974	40 763	40 911	41 548	41 906
Selbstständige[3]	4 522	4 495	4 459	4 405	4 341	4 273	4 225	4 159	4 055	3 957	3 909	3 879

1 Ab 2011 Ergebnisse der laufenden Bevölkerungsstatistik, davor Rückrechnungen auf Basis des Zensus 2011.
2 Ergebnisse der Arbeitskräfteerhebung; Personen in Privathaushalten im Alter von 15 bis 74 Jahren.
Hochrechnung anhand der Bevölkerungseckwerte auf Basis des Zensus 2011; vor 2011 Rückrechnung.
3 Einschließlich mithelfende Familienangehörige.

Quelle: Statistisches Bundesamt (Hrsg.): Volkswirtschaftliche Gesamtrechnungen, Einwohner und Erwerbsbeteiligung (Inländerkonzept), 1 000 Personen. Wiesbaden 30.04.2025: www.destatis.de. https://www.destatis.de/DE/Themen/Arbeit/Arbeitsmarkt/Erwerbstaetigkeit/Tabellen/einwohner-erwerbsbeteiligung-jahr.html [11.07.2025] (verändert)

Beantworten Sie anhand obiger Statistiken folgende Fragen:

a) In den letzten Jahren ist in Deutschland die Zahl der Einwohner angestiegen und die Zahl der Erwerbspersonen hat leicht zugenommen. Suchen Sie nach Gründen für diese Entwicklung.

b) Berechnen Sie den prozentualen Anteil der Erwerbspersonen an der Einwohnerzahl (Erwerbsquote) in der Bundesrepublik Deutschland für das Jahr 2023.

c) Maßgeblich für die Höhe der Erwerbsquote sind demografische, ökonomische, politische und psychosoziale Gründe. Diskutieren Sie diese Einflussgrößen in Bezug auf die Situation in Deutschland.

d) Woraus setzen sich folgende Größen zusammen: Erwerbspersonen, Erwerbstätige?
Erläutern Sie kurz die benutzten Fachbegriffe.

e) Welche Personengruppen gehören zu den Nichterwerbspersonen?

f) Statistische Grundlage für die Berechnung der Arbeitslosenquote ist die Zahl der registrierten Arbeitslosen in Bezug zu den Arbeitnehmern. Um eine internationale Vergleichbarkeit zu ermöglichen, wird auch die Zahl der Erwerbslosen und der Erwerbspersonen (Erwerbslosenquote) in Beziehung gesetzt.
Berechnen Sie die Erwerbslosenquote für das Jahr 2023.

g) Erläutern Sie die Unterschiede von Arbeitslosenquote und Erwerbslosenquote.

2.2 Wirtschaftswachstum und außenwirtschaftliches Gleichgewicht beschreiben

2.2.1 Lernsituation

Wirtschaftswachstum = Wohlstand?

Der amerikanische Senator Robert Kennedy lieferte während seines Wahlkampfes im Jahre 1968 eine bewegende Kritik am Bruttoinlandsprodukt:

„Das Bruttoinlandsprodukt sagt nichts aus über die Gesundheit unserer Kinder, die Qualität der Erziehung und der Ausbildung oder die Lebensfreude. Es enthält nicht die Schönheit unserer Poesie oder die Stärke unserer Ehen, die Intelligenz unserer öffentlichen Auseinandersetzungen oder die Integrität unserer Staatsbediensteten. Es misst auch weder unseren Mut noch unsere Weisheit oder unsere Hingabe an unser Land. Kurz gesagt, es misst alles, außer den Dingen, die das Leben lebenswert machen, und es kann uns alles über Amerika sagen, außer warum wir stolz darauf sind, Amerikaner zu sein."

Vieles von dem, was Robert Kennedy sagte, stimmt. Warum aber interessiert uns dann überhaupt das BIP? Die Antwort lautet: Ein hohes BIP hilft uns tatsächlich, ein gutes Leben zu führen. Das BIP misst zwar nicht die Gesundheit unserer Kinder, aber Länder mit einem höheren BIP können sich ein besseres Gesundheitssystem für ihre Kinder leisten.

Das BIP misst auch nicht die Qualität der Ausbildung, aber Länder mit einem höheren BIP können sich ein besseres Bildungssystem leisten. Das BIP misst ebenso wenig die Schönheit der Poesie, aber Länder mit höherem BIP können es sich leisten, mehr Bürgern das Lesen und damit auch den Genuss von Poesie zu lehren. Das BIP berücksichtigt auch nicht unsere Intelligenz, unsere Integrität, unseren Mut oder unsere Ergebenheit gegenüber unserem Land, aber alle diese lobenswerten Eigenschaften lassen sich leichter fördern, wenn die Menschen weniger damit beschäftigt sind, sich um die materiellen Notwendigkeiten des Lebens zu sorgen.

Quelle: Mankiw, Nicholas Gregory, übersetzt von Adolf Wagner und Marco Herrmann: Grundzüge der Volkswirtschaftslehre. 3. Auflage. Stuttgart: Schäffer-Poeschel 2004, S. 554.

2.2.2 Arbeitsaufträge zur Lernsituation

1. a) Definieren Sie den Begriff Bruttoinlandsprodukt.
   b) Welche der folgenden Güter gehen in das Bruttoinlandsprodukt ein, welche nicht? (kurze Begründung)
   - Kauf eines neuen Kühlschranks
   - Verzehr der im eigenen Garten angebauten Früchte
   - Ausbesserung einer neuen Straße
   - Hausarbeit wie Kochen, Putzen, Waschen
   - Reparatur eines Unfallautos
   - Heimwerken in der Wohnung
   - Entsorgung vergifteter Fische aus einem verseuchten Fluss

   c) Aktivitäten der Schattenwirtschaft gehen grundsätzlich nicht ins Bruttoinlandsprodukt ein. Erläutern Sie den Begriff kurz und geben Sie ein Beispiel für eine Tätigkeit an, die zur Schattenwirtschaft gehört.
   d) Was versteht man unter Wirtschaftswachstum? Welche Arten von Wirtschaftswachstum kann man unterscheiden?
   e) Nennen Sie die Vorteile bzw. Nachteile, die ein steigendes Wirtschaftswachstum für ein Land bringt.
   f) Wie dem obigen Text zu entnehmen ist, ist das quantitative Wachstum des Inlandsprodukts kein präziser Maßstab für die Wohlfahrt einer Gesellschaft. Es gibt darum Versuche, Gesamtwohlfahrtsrechnungen bzw. -indikatoren zu entwickeln. Derartige Konzepte stellen z. B. Umwelt- und sozioökonomische Gesamtrechnungen, der Umwelt-Nachhaltigkeits-Index (Environment Sustainability Index, ESI) sowie der Human-Development-Index (HDI) für Entwicklungs- und Industrieländer dar. Informieren Sie sich über Möglichkeiten der Wohlfahrtsmessung im Internet und stellen Sie ein Konzept näher dar.

2. a) Entnehmen Sie der Seite des Statistischen Bundesamtes das Wirtschaftswachstum ab dem Jahr 2005 bis heute. (Quelle: www.destatis.de)
   b) Interpretieren Sie diese Entwicklung und vergleichen Sie die Situation in Deutschland mit drei von Ihnen ausgewählten anderen Ländern.

   c) Beschreiben und deuten Sie die Karikatur.

2.2.3 Aufgaben

1. **Ziele in der sozialen Marktwirtschaft: Zielharmonie oder Zielkonkurrenz?**

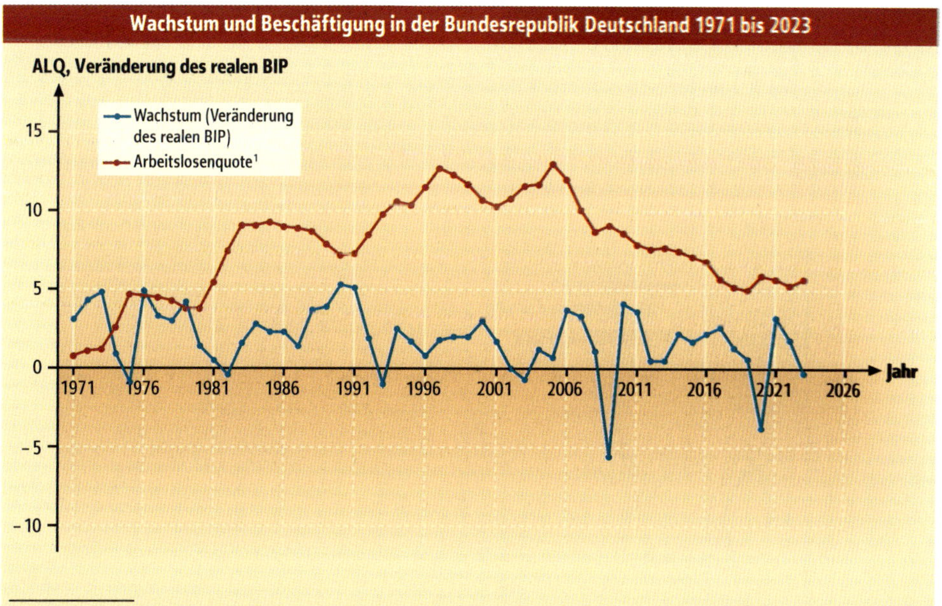

1 Arbeitslosenquote aller abhängigen zivilen Erwerbspersonen

a) Wie entwickelt sich die Wachstumsrate (im Trend)?
b) Wie entwickelt sich die Arbeitslosenquote (im Trend)?
c) Betrachten Sie die Wachstumstiefs/Rezessionen und tragen Sie für die Arbeitslosenquote die Tendenz ↓ fallend oder ↑ steigend ein.

Zeitraum	1974/75	1981/82	1993	2003	2009	2013	2020	2023
Wachstum	↓	↓	↓	↓	↓	↓	↓	↓
Arbeitslosenquote								

d) Welche Entwicklung ist zu erkennen?
e) Betrachten Sie die Wachstumshochs und tragen Sie für die Arbeitslosenquote die Tendenz ↓ fallend oder ↑ steigend ein.

Zeitraum	1976	1983/84	1990	1994	2000	2006	2010	2014	2017	2021
Wachstum	↑	↑	↑	↑	↑	↑	↑	↑	↑	↑
Arbeitslosenquote										

f) Welche Entwicklung ist zu erkennen?

Fazit: Was trifft zu:

- Zielharmonie/Zielkonkurrenz?
- Wachstum fördert/gefährdet Beschäftigung?

2. Ziele in der sozialen Marktwirtschaft: Zielharmonie oder Zielkonkurrenz?

Beschäftigung und Preisniveaustabilität in der Bundesrepublik Deutschland 1971 bis 2023

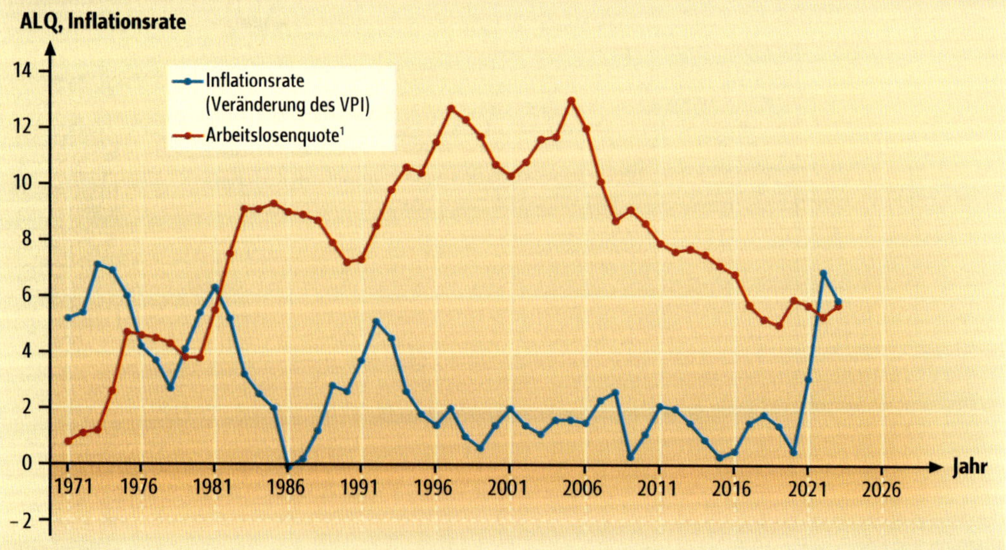

1 Arbeitslosenquote aller abhängigen zivilen Erwerbspersonen

221065422

a) Wie entwickelt sich die Inflationsrate (im Trend)?

b) Betrachten Sie die Zeiten eines hohen Beschäftigungsniveaus und tragen Sie für die Inflationsrate die Tendenz ↓ fallend oder ↑ steigend ein.

Zeitraum	**1971**	**1979/80**	**1991**	**2001**	**2008**	**2019**
Arbeitslosenquote	↓	↓	↓	↓	↓	↓
Inflationsrate						

c) Betrachten Sie die Hochphasen der Arbeitslosigkeit und tragen Sie für die Inflationsrate die Tendenz ↓ fallend oder ↑ steigend ein.

Zeitraum	**1975**	**1983–87**	**1994**	**1997/98**	**2005**	**2009**
Arbeitslosenquote	↑	↑	↑	↑	↑	↑
Inflationsrate						

d) Welche Entwicklung ist bei b) und c) zu erkennen?

e) Wie entwickelte sich die Inflationsrate ab der Einführung des Euro?

Fazit: Was trifft bis 2014 zu:

- Zielharmonie/Zielkonkurrenz?
- Preisniveaustabilität fördert/gefährdet Beschäftigung?

3. **Außenwirtschaftliches Gleichgewicht**

In seinem Buch „Ist Deutschland noch zu retten?“ schrieb Hans-Werner Sinn, der ehemalige Präsident des Ifo-Instituts: „Die Verbraucher glauben, deutsche Produkte zu erwerben, aber in Wahrheit wird in Deutschland häufig nur die Endmontage durchgeführt, und in manchen Fällen wird nicht einmal mehr das Firmenschild aufgeklebt. Das Produkt kommt fix und fertig mit seinem deutschen Markennamen aus Fernost oder ‚Nahost' im Sinne der neuen EU-Beitrittsländer. Nur der Vertrieb findet noch in Deutschland statt und nur hinter dem Verkaufstresen gibt es noch deutsche Arbeitsplätze. Ansonsten wird das Geld bei der Produktion im Ausland verdient. Deutschland entwickelt sich schleichend zu einer Basar-Ökonomie. [...]

Kein einziger Audi-Motor wird mehr in Deutschland gefertigt. Die gesamte Produktion wurde ins ungarische Györ verlagert, wo speziell für Audi schon vor dem EU-Beitritt eine zollfreie Zone eingerichtet wurde. Volkswagen produziert neben seinem Polo auch den Touareg im slowakischen Bratislava. [...]“

Quelle: Sinn, Hans-Werner: Ist Deutschland noch zu retten? 3. Auflage. Berlin: Econ Verlag 2005, S. 71 f.

a) Nennen Sie Vor- und Nachteile, die die Exportstärke der Bundesrepublik mit sich bringt.

b) Beschreiben Sie Möglichkeiten und Schwierigkeiten bei der Definition des außenwirtschaftlichen Gleichgewichts.

c) Was versteht man unter „Basar-Ökonomie“?

d) Wie wirkt sich die „Basar-Ökonomie“ aus
   da) auf den Arbeitsmarkt?
   db) auf das Transportwesen?
   dc) auf das Bildungswesen?

e) Unter der Szenariomethode versteht man ein Verfahren, bei dem hypothetische Zukunftsbilder entwickelt werden und bei dem unter anderem überlegt wird, wie sich die wirtschaftliche Zukunft bestenfalls (best-case-scenario) und schlechtestenfalls (worst-case-scenario) entwickelt.

   Versuchen Sie, ein best-case-scenario und ein worst-case-scenario der Export- und Importsituation der Bundesrepublik für die nächsten zehn Jahre zu entwickeln.

2.3 Gerechte Einkommensverteilung und Umweltschutz kennzeichnen

2.3.1 Lernsituation

Verteilung des Volkseinkommens

Einkommensentstehung: Im volkswirtschaftlichen Produktionsprozess werden die Produktionsfaktoren Natur, Kapital und Arbeit eingesetzt, die von den privaten Haushalten bereitgestellt werden. Durch die Kombination inländischer Produktionsfaktoren entsteht das Bruttoinlandsprodukt: einerseits Sachgüter und Dienstleistungen und andererseits Ansprüche der Inhaber der Produktionsfaktoren auf Entlohnung.

Einkommensverteilung: Die Verteilung des Volkseinkommens auf die Produktionsfaktoren wird als primäre Einkommensverteilung bezeichnet. Die sekundäre Einkommensverteilung ist die Verteilung des Einkommens auf einzelne private Haushalte, die sich im zweiten Schritt nach der Umverteilung durch den Staat ergibt. Der Staat erhebt direkte Steuern (Lohn-, Einkommensteuer) und Sozialversicherungsbeiträge (Renten-, Kranken-, Pflege-, Arbeitslosenversicherung) und überträgt Einkommen in Form von unentgeltlichen Zuwendungen, die Transfers genannt werden. Dabei handelt es sich um Rente, Arbeitslosengeld, Wohngeld, Kindergeld, BAföG usw. Um das verfügbare Einkommen der privaten Haushalte zu ermitteln, müssen vom Faktoreinkommen Steuern und Sozialversicherung abgezogen und die Transfers hinzugerechnet werden.

Volkseinkommen und Lohnquote: Die Lohnquote zeigt den Anteil des Faktors Arbeit (ohne Unternehmertätigkeit) am Volkseinkommen. Der auf die Unternehmens- und Vermögenseinkommen („Gewinnquote") entfallende Teil zeigt, in welchem Umfang die Produktionsfaktoren Natur und Kapital (mit Unternehmertätigkeit) zum Volkseinkommen beigetragen haben.

Aus der Lohnquote allein kann jedoch nicht auf die Einkommenssituation der Arbeitnehmerhaushalte geschlossen werden, weil diese auch Vermögenseinkommen, beispielsweise in Form von Dividenden für Aktien, beziehen können. Außerdem schließt der Arbeitnehmerbegriff nicht nur Arbeiter, sondern auch angestellte Vorstände großer Aktiengesellschaften mit sehr hohen Einkommen ein, während bei den Selbstständigen Kleingewerbetreibende mit geringem Einkommen berücksichtigt werden. Schließlich muss bedacht werden, wie sich das Verhältnis von Arbeitnehmern zu Selbstständigen über die Jahre hinweg entwickelt: Nur wenn der Anteil der Arbeitnehmer an den Erwerbstätigen konstant bleibt, bedeutet ein Anstieg oder ein Absinken der Lohnquote auch eine Steigerung/Senkung des durchschnittlichen Einkommens der Arbeitnehmer. Aus diesem Grund wird die Lohnquote manchmal auf der Grundlage konstanter Beschäftigungsstruktur berechnet. Man spricht dann von der bereinigten Lohnquote.

2.3.2 Arbeitsaufträge zur Lernsituation

Web

1. Übernehmen Sie die folgenden Übersichten in Ihre Unterlagen. Füllen Sie die Lücken mit den angegebenen Begriffen aus (Word-Vorlage, siehe Download-Bereich).
   1. Transfers – 2. Staat – 3. Lohn – 4. ...entstehung – 5. „Gewinnquote" – 6. Volkseinkommen – 7. Natur (2 x) – 8. Dividende – 9. sekundäre – 10. Produktionsfaktoren (2 x) – 11. Pacht – 12. „Lohnquote" – 13. Arbeit (2 x) – 14. ...verteilung – 15. Kapital – 16. Sozialversicherungsbeiträge

221065424

Web

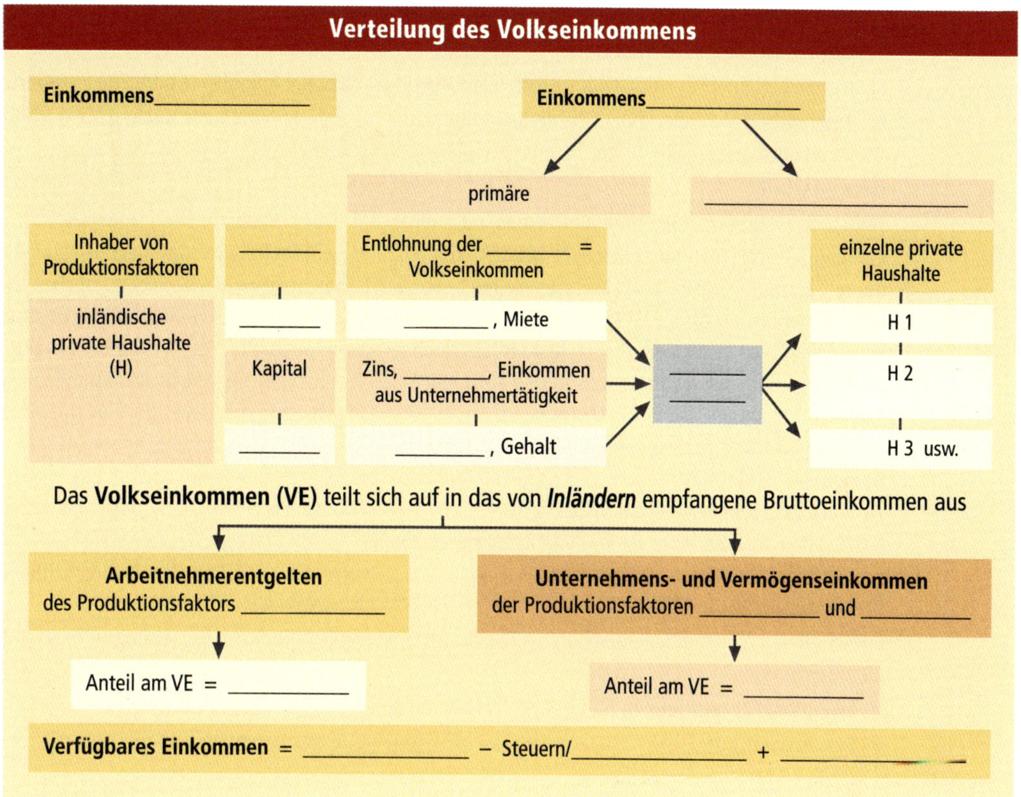

2. **Einkommen der privaten Haushalte**

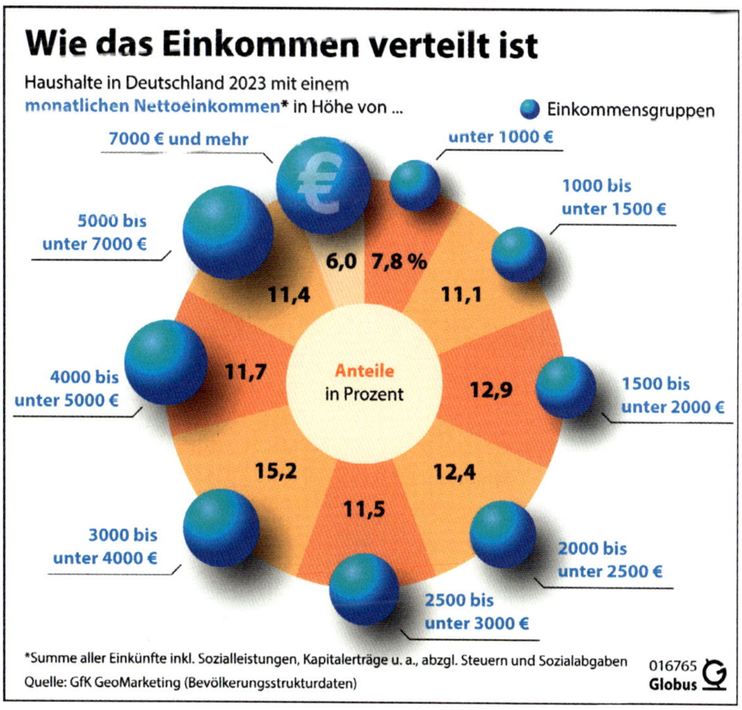

a) Nennen Sie Gründe für die Aufnahme des Ziels der „gerechten Einkommensverteilung" in den Katalog der wirtschaftspolitischen Ziele.

b) Warum bedeutet ein wachsendes Bruttoinlandsprodukt nicht unbedingt eine gerechte Einkommensverteilung?

c) Beschreiben Sie anhand der Grafik die monatlichen Nettoeinkommen und suchen Sie nach Gründen für deren unterschiedliche Höhe.

3. **Umweltschutz**

„Mittlerweile gibt es einen breiten Konsens, dass wirtschaftliches Wachstum und Umweltschutz miteinander kompatibel sind (zumindest gemacht werden können), und zwar im Rahmen der marktwirtschaftlichen Ordnung. Ökonomen bestreiten nicht, was sie nie bestritten haben, dass nämlich wirtschaftliches Wachstum die Umwelt gefährden kann. Ökologen stehen nicht mehr unerschütterlich auf dem Standpunkt, dass dies zwangsläufig so sein muss. Die Verfechter des Nachhaltigkeitspostulats stellen zwar die Erhaltung des gegenwärtig vorhandenen Naturkapitals in den Mittelpunkt der Diskussion; aber auch sie kommen nicht an der Tatsache vorbei, dass es ohne wirtschaftliches Wachstum noch schwieriger sein würde, eine gute Umweltqualität zu bekommen und zu bewahren. Denn der Umweltschutz ist nicht zum Nulltarif zu haben, es müssen zusätzliche Ressourcen eingesetzt werden, sodass gesamtwirtschaftlich Kosten entstehen und der Einzelne auf etwas verzichten muss (zum Beispiel auf reales Einkommen oder den Konsum anderer Güter), das er bei weniger Umweltschutz unter sonst gleichen Bedingungen realisieren könnte."

aus: J. B. Donges: Rahmenbedingungen für ein umweltverträgliches Wachstum, in: Gerken, L./Schick, G. (Hrsg.): Grüne Ordnungsökonomik: Eine Option moderner Wirtschaftspolitik?, Metropolis Verlag, Marburg 2000, S. 83

Zwischen den Zielen des magischen Sechsecks können unterschiedliche Beziehungen herrschen. Folgende Zielbeziehungen können bestehen:

- **komplementäre Ziele:** d. h., bei der Verfolgung eines Ziels wird auch ein anderes Ziel besser erreicht.
- **konkurrierende Ziele:** d. h., ein Mehr an Verwirklichung des einen Ziels ist nur unter Zurückdrängung eines anderen Ziels möglich.

a) Um welche Zielbeziehungen handelt es sich bei den folgenden Zielen (kurze Begründung)?

- Wirtschaftswachstum ⟷ Vollbeschäftigung
- Wirtschaftswachstum ⟷ Preisstabilität
- Preisstabilität ⟷ außenwirtschaftliches Gleichgewicht

b) Diskutieren Sie die im obigem Text angesprochenen Zielbeziehungen.

c) Was versteht man unter „Nachhaltigkeit"? Nennen Sie Beispiele für die Umsetzung dieses Prinzips in der wirtschaftlichen Wirklichkeit.

221065426

LF 14

3 Wirtschaftskreislauf und volkswirtschaftliche Gesamtrechnungen interpretieren

3.1 Modelle einer stationären und evolutorischen Volkswirtschaft unterscheiden

3.1.1 Lernsituation

Wirtschaftskreislauf (2- und 3-Sektoren-Modell)

Das für den kleinen Inselstaat „Einsiedel" zuständige statistische Amt möchte die wirtschaftlichen Vorgänge in einem Monat erheben. In Einsiedel gibt es folgende Wirtschaftssubjekte: Anton Acker, Bärbel Beyme, Carl Cramer, Robin Robinson sowie ein Friseur- und ein Lebensmittelgeschäft. Im Berichtsmonat wurden die folgenden wirtschaftlichen Transaktionen abgewickelt:

- Bärbel arbeitet beim Friseur. Von ihrem Lohn kauft sie sich Lebensmittel.
- Carl arbeitet als Angestellter im Lebensmittelgeschäft. Er gibt sein Geld für Friseurbesuche aus.
- Anton ist Auszubildender im Lebensmittelgeschäft.
- Robin ernährt sich wie stets von den Erträgen seiner kleinen Landwirtschaft und vom Fischen. Er lässt seine Haare wachsen.

3.1.2 Arbeitsaufträge zur Lernsituation

Web

1. a) Übernehmen Sie die Tabelle in Ihre Unterlagen und finden Sie die fehlenden Begriffe heraus.

beteiligte Wirtschaftssubjekte	Art der Leistung	Art der Gegenleistung
Bärbel – Friseur	....	Einkommen (Lohn)
Bärbel – Lebensmittelgeschäft	Entgelt	....
Carl – Lebensmittelgeschäft	Arbeit	....
Carl – Friseur	....	Konsumgut (Dienstleistung)
Anton – Lebensmittelgeschäft	....	Einkommen (Ausbildungsvergütung)
Robin	....	

b) Zeichnen Sie die in der oben stehenden Tabelle bezeichneten Beziehungen zwischen den Wirtschaftssubjekten in Ihren Unterlagen mit Pfeilen ein und benutzen Sie für Geldströme Rot und für die übrigen Grün.

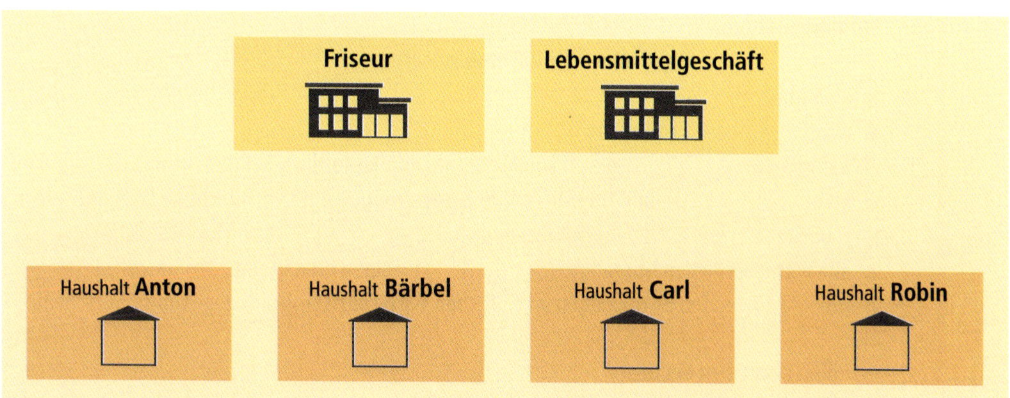

Wirtschaftskreislauf und volkswirtschaftliche Gesamtrechnungen interpretieren

2. Wenn man die einzelnen privaten Haushalte und Unternehmen zu den Sektoren private Haushalte und Unternehmen sowie die zwischen ihnen fließenden Geld- und Güterströme zusammenfasst (= aggregiert), gelangt man zum einfachen Wirtschaftskreislauf. Übernehmen Sie die Abbildung in Ihre Unterlagen und ergänzen Sie die angegebenen Begriffe an der richtigen Stelle.

   1. Sachgüter – 2. Einkommensverwendungs – 3. Konsumgüter – 4. Ausland – 5. Sparen – 6. Arbeit – 7. C – 8. Löhne/Gehälter – 9. Y – 10. Real – 11. Geldabflüsse – 12. Güter – 13. entgegengerichtet – 14. Produktions – 15. Faktor – 16. Transaktionen

Der einfache Wirtschaftskreislauf (2-Sektoren-Modell)

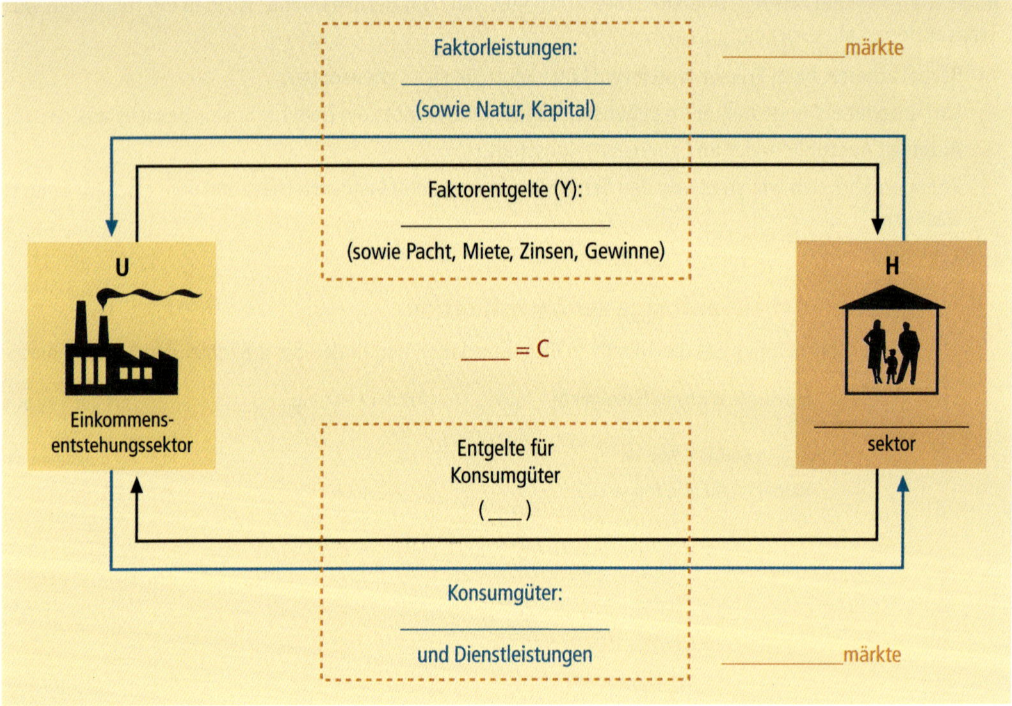

Erläuterungen:

→ Blau: Produktionsfaktoren und Güter = ... strom

← Schwarz: Geld = Nominalstrom

Die Ströme sind immer ....

Y = yield (Ertrag, Gewinn)

C = consumption (Verbrauch, Konsum)

Modellannahmen:

- kein .... (geschlossene Volkswirtschaft)
- kein Staat
- nur .... produktion
- Summe der .... gleich Summe der Geldzuflüsse eines Sektors, keine Leistung ohne Gegenleistung
- kein .... und Investieren, Anlagevermögen nutzt sich nicht ab (stationäre Wirtschaft)
- H besitzen alle .... faktoren
- alle wirtschaftlichen Vorgänge (....................) erfolgen gleichzeitig

3. Werden die folgenden Beziehungen im einfachen Wirtschaftskreislauf abgebildet? Entscheiden und begründen Sie.
   - Robin backt sich ein Brot.
   - Bärbel kauft im Lebensmittelgeschäft Zucker.

221065428

- Bärbel schenkt Anton ein paar Geldstücke.
- Das Lebensmittelgeschäft liefert dem Friseur Getränke zum Bewirten seiner Kunden.
- Anton und Carl bauen nach Feierabend am Haus von Carl.

4. Robin Robinson ist Selbstversorger. Er will autark (= frei, unabhängig) von anderen sein.
   a) Beschreiben Sie an einem Beispiel, warum Arbeitsteilung – also die Trennung von Produktion und Konsum und damit die Aufteilung in die Sektoren Unternehmen und private Haushalte – für Robin Robinson keine Rolle spielt.
   b) Erläutern Sie anhand der Geldfunktionen Zahlungs-/Tauschmittel, Wertspeicher und Recheneinheit, warum Geld für Robin Robinson keine Bedeutung hat.
5. Robin sichert seinen Lebensunterhalt, indem er zunächst mit der Hand den Boden bearbeitet und Fische fängt. Das heißt, er kombiniert die Produktionsfaktoren Natur und Arbeit, um zu seinen Konsumgütern zu gelangen. Er weiß jedoch, dass es sinnvoller ist, den Boden mit Geräten zu bearbeiten und Fische mit einem Netz zu fangen. Er beschließt deshalb, eine Zeit lang weniger zu essen und einen Teil der Nahrungsmittel aufzubewahren. Die Zeit, in der er diesen Vorrat verbraucht, will er nutzen, um einen Pflug und ein Fangnetz herzustellen, um Bodenbearbeitung und Fischfang zu verbessern.
   a) Erklären Sie anhand dieser Geschichte den prinzipiellen Zusammenhang von Konsum, Konsumverzicht (= Sparen) und Investieren.
   b) Wie verändert sich dadurch langfristig der Lebensstandard des Robin Robinson?
6. Die stationäre Volkswirtschaft im einfachen Wirtschaftskreislauf wird in der dynamischen/evolutorischen Volkswirtschaft im 3-Sektoren-Modell um den Sektor Vermögensänderung (VÄ) erweitert. Übernehmen Sie die Abbildung in Ihre Unterlagen. Füllen Sie die Lücken aus und geben Sie an, welche Modellannahmen des einfachen Wirtschaftskreislaufs hier entfallen bzw. geändert werden.

Der erweiterte Wirtschaftskreislauf (3-Sektoren-Modell)

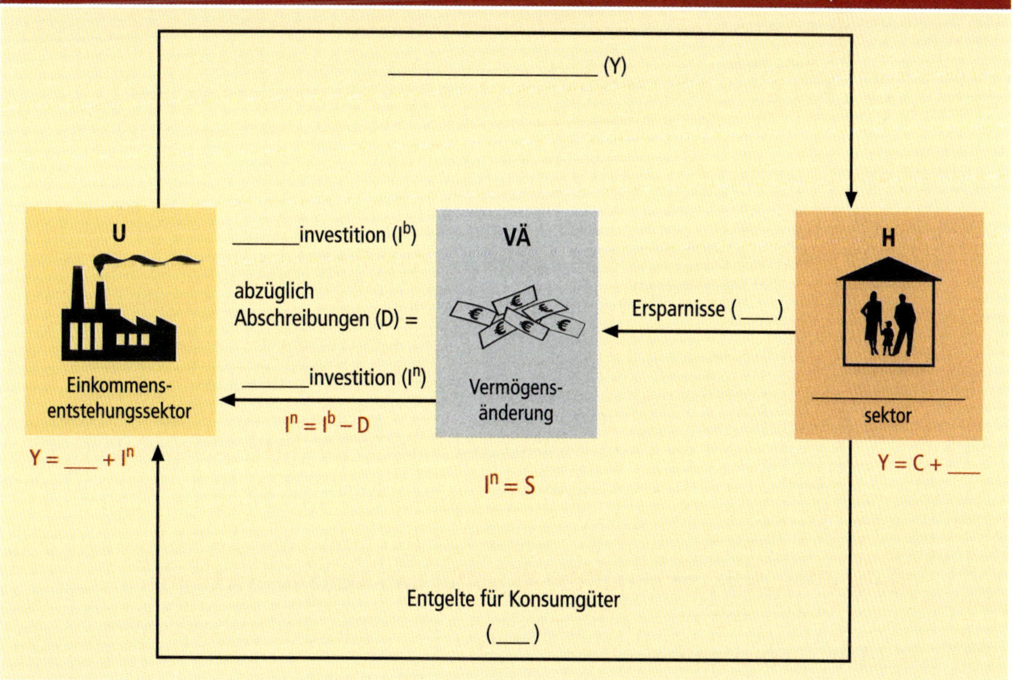

Erläuterungen:
S = save (Sparen)
I = investment (Investition)
D = depreciation (Kaufkraftverlust)

3.1.3 Aufgaben

1. Einfacher Wirtschaftskreislauf/stationäre Volkswirtschaft

a) Erläutern Sie kurz folgende kreislauftheoretische Begriffe:
- Sektor private Haushalte
- Sektor Unternehmen
- Strom der Faktorleistungen
- Strom des Volkseinkommens
- Strom der Konsumausgaben
- Strom der Konsumgüter

b) Vergleichen Sie die Kreislaufsektoren privater Haushalte und Unternehmen nach folgenden Kriterien:
- Ziele der Wirtschaftssubjekte des Sektors
- Handlungsweisen der Wirtschaftssubjekte des Sektors

2. Erweiterter Wirtschaftskreislauf mit Vermögensänderung/evolutorische Volkswirtschaft

Für das Modell einer evolutorischen Volkswirtschaft sind folgende Kreislaufströme gegeben:
$Y = 100$; $C_H = 80$

a) Entwickeln Sie zunächst die grafische Darstellung einer evolutorischen Volkswirtschaft mit H, U, VÄ.

b) Berechnen Sie die restlichen Stromgrößen und tragen Sie diese in das Kreislaufmodell ein.

c) Übernehmen Sie die Tabelle in Ihre Unterlagen und ergänzen Sie die folgenden Begriffe an der richtigen Stelle: 1. Vorratsinvestitionen – 2. Ersatzanlageinvestitionen – 3. Nettoanlageinvestitionen – 4. Bruttoanlageinvestitionen – 5. staatliche Investitionen – 6. Nettoinvestitionen (Word-Vorlage, siehe Download-Bereich)

Web

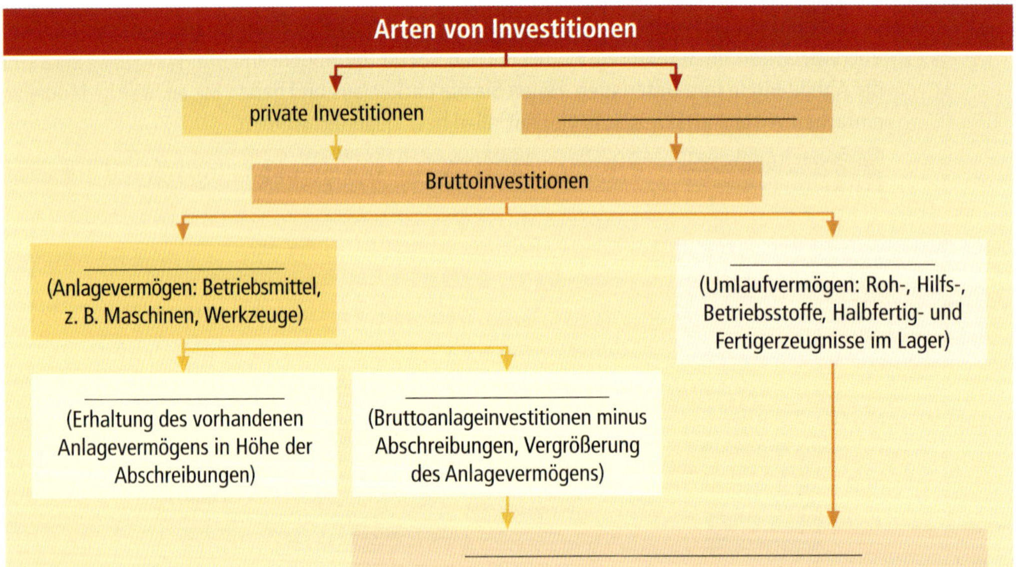

d) Beantworten Sie kurz folgende Fragen:
- Welche Arten von Investitionen werden in einer evolutorischen Volkswirtschaft getätigt?
- Wodurch unterscheiden sich die Sektoren Unternehmen bzw. private Haushalte und Vermögensänderung?

3.2 Kreislaufmodelle um staatliche Aktivität und Ausland erweitern

3.2.1 Lernsituation

Erweiterter Wirtschaftskreislauf (5-Sektoren-Modell)

Der erweiterte Wirtschaftskreislauf mit Unternehmen (U), privaten Haushalten (H) und Vermögensänderung (VÄ) wird im 5-Sektoren-Modell um Staat (St) und Ausland (A) ergänzt.

3.2.2 Arbeitsaufträge zur Lernsituation

1. Bitte geben Sie jeweils an: Grund der Zahlung (z. B. Vertrag, Steuer usw.), betroffene Sektoren (Geldstrom von ➝ nach).

1.	Eine Bank vergibt einen Kredit an ein Unternehmen.
2.	Die Stadt Neustadt zahlt einem Bürger Sozialhilfe.
3.	Eine Familie legt monatlich 200,00 € „auf die hohe Kante".
4.	Der Sportverein TUS Neustadt kauft Büromaterialien bei einem Großhändler.
5.	Die Allgemeine Ortskrankenkasse Neustadt zieht Krankenversicherungsbeiträge ein.
6.	Personen fahren mit dem Intercity der Deutschen Bahn AG.
7.	Ein französisches Unternehmen kauft Elektronikteile in Deutschland.
8.	Ein Deutscher fährt jeden Tag zur Arbeit nach Belgien.
9.	Ein Industriebetrieb erweitert seine Kapazität und stattet sein Werk mit neuen Fertigungsmaschinen aus.
10.	Eine Gewerkschaft erhält Gewerkschaftsbeiträge.
11.	Ein Beamter der Technischen Universität Neustadt zahlt Einkommensteuer.
12.	Der Beamte erhält seine monatliche Besoldung von der TU.
13.	Die Stadt Neustadt lässt eine neue Schule errichten.
14.	Ein privater Kunde zahlt seine Stromrechnung.
15.	Eine Aktiengesellschaft zahlt Körperschaftsteuer.
16.	Deutsche Touristen geben auf Mallorca Geld für ihre Unterkunft und Verpflegung aus.
17.	Ein großes deutsches Unternehmen erhält zur Abwendung der Insolvenz Zahlungen vom Staat.
18.	Der Deutsche Bundestag erwirbt 10 000 Kartons DIN-A4-Papier.

2. Übernehmen Sie die folgende Abbildung in Ihre Unterlagen. Füllen Sie die Lücken aus, ergänzen Sie die Pfeilrichtungen und ordnen Sie die Vorgänge aus Aufgabe 1 den Pfeilen zu (Nr. angeben).

Der erweiterte Wirtschaftskreislauf mit Vermögensänderung, Staat und Ausland (5-Sektoren-Modell)

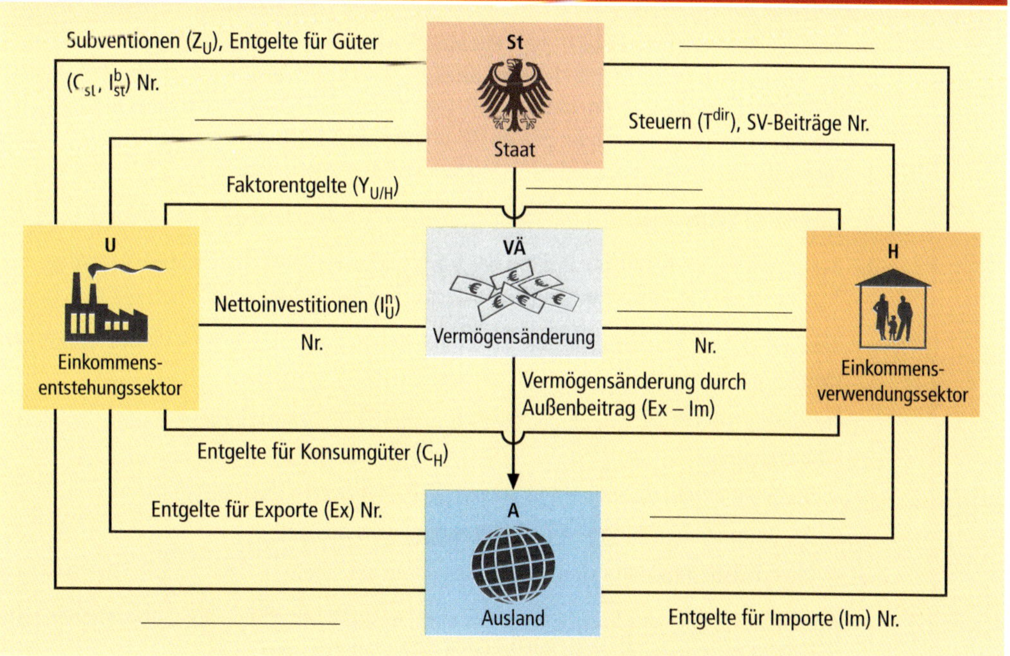

Wirtschaftskreislauf und volkswirtschaftliche Gesamtrechnungen interpretieren

Hinweis zu den folgenden Arbeitsaufträgen:

Bezüglich des Sektors Staat wird Folgendes angenommen:

- Der Kreislaufstrom „staatlicher Konsum“ (C_{St}) enthält die Bruttoinvestitionen des Staates.
- Der Kreislaufstrom „direkte Steuern“ (T^{dir}) enthält die Sozialversicherungsbeiträge der privaten Haushalte.
- Aus Vereinfachungsgründen wird der Strom der Löhne und Gehälter der Angestellten und Beamten des Staates aus dem Volkseinkommen (Y), **das zwischen U und H fließt,** nicht herausgelöst.

3. Erweiterter Wirtschaftskreislauf mit Staat/Volkswirtschaft mit staatlicher Aktivität

a) Entscheiden Sie sich für die richtige Antwort: Transfers sind Einkommen,
- die im Transport- und Verkehrswesen entstehen.
- die bei Im- und Exporten fließen.
- die Beamten des Staates erhalten.
- die der Staat anderen Sektoren ohne Gegenleistung zahlt.

b) Zeichnen Sie zunächst die Sektoren U, H und St. Tragen Sie in dieses Schema die Zu- und Abströme des Sektors Staat ein.

c) Welche Wirtschaftssubjekte werden beim Sektor Staat erfasst? Welche ökonomische Handlungsweise wird dem Sektor Staat unterstellt?

d) Entwickeln Sie zunächst allgemein die Gleichung für den Sektor Staat.

e) Nehmen Sie an, der Staat verschuldet sich bzw. erzielt Überschüsse.
Verändern Sie die Gleichung des Staates entsprechend den obigen Bedingungen.

4. Erweiterter Wirtschaftskreislauf mit Vermögensänderung, Staat und Ausland

In einer evolutorischen Volkswirtschaft mit staatlicher Aktivität liegen folgende Ströme vor. Volkseinkommen Y = 400. Die öffentliche Hand erhebt direkte Steuern (T^{dir}) ausschließlich von den Haushalten in Höhe von 170, der staatliche Konsum beträgt 150. Die Gesamteinnahmen des Staates betragen 210. Der Staat zahlt zu gleichen Teilen Zuwendungen an die private Wirtschaft und die Haushalte. Die Nettoinvestitionen betragen 50. Der Staat erhebt indirekte Steuern von den Unternehmen.

a) Entwickeln Sie die grafische Darstellung eines Kreislaufmodells mit den Sektoren U, H, VÄ und St.

b) Berechnen Sie die restlichen Größen des Wirtschaftskreislaufs. (Zuströme = Abströme)
Tragen Sie die Ergebnisse in das Modell der vorherigen Aufgabe ein.

c) Beschriften Sie ein Schema des Kreislaufmodells einer geschlossenen Volkswirtschaft mit staatlicher Aktivität (U im Zentrum).

d) Entwickeln Sie anhand des obigen Modells mögliche Ursache-Wirkungs-Ketten für folgende wirtschaftliche Ereignisse:
- Der Staat erhöht die indirekten Steuern (z. B. Mehrwert-/Umsatzsteuer).
- Die Unternehmen verlagern ihre Investitionen ins Ausland.
- Die privaten Haushalte steigern (senken) ihren Konsum.

e) Weisen Sie mithilfe des Kreislaufmodells nach, dass die Streichung von Subventionen mittelfristig nicht zwingend zur Konsolidierung des Staatshaushalts beitragen muss.

Web

221065432

3.3 Gesamtwirtschaftliche Größen beurteilen

3.3.1 Lernsituation

Analyse gesamtwirtschaftlicher Daten in Deutschland

Wichtige gesamtwirtschaftliche Größen in Mrd. Euro (in jeweiligen Preisen)			
Gesamtwirtschaftliche Größen	**2021**	**2022**	**2023**
Bruttoinlandsprodukt	3.617,45	3.876,81	4.121,16
Konsumausgaben	2.582,33	2.830,22	2.978,24
Private Konsumausgaben	1.785,49	1.979,30	2.089,70
Konsumausgaben des Staates	796,84	850,92	888,53
Bruttoanlageinvestitionen	770,49	856,19	904,20
Vorratsveränderungen	69,35	114,12	67,18
Inländische Verwendung	3.422,18	3.800,53	3.949,64
Außenbeitrag (Exporte minus Importe)	195,26	76,27	171,52
Exporte	1.710,31	1.974,22	1.942,52
Importe	1.515,05	1.897,95	1.771,00
Bruttonationaleinkommen	3.756,8	4.027,6	4.286,16
Volkseinkommen	2.769,29	2.890,93	3.080,43
Abschreibungen	703,56	788,84	848,05
Steuereinnahmen	888,99	955,86	963,01
Direkte Steuern	488,94	525,72	529,65
Indirekte Steuern	400,05	430,14	433,36

Quelle: Statistisches Bundesamt (Hrsg.): Volkswirtschaftliche Gesamtrechnungen, Wichtige gesamtwirtschaftliche Größen in Milliarden Euro, Veränderungsrate des Bruttoinlandsprodukt (BIP). Wiesbaden 23.05.2025: https://www.destatis.de/DE/Themen/Wirtschaft/Volkswirtschaftliche-Gesamtrechnungen-Inlandsprodukt/Tabellen/inlandsprodukt-gesamtwirtschaft.html?templateQueryString=gesamtwirtschaftliche+gr%C3%B6%C3%9Fen [11.07.2025] (verändert)

3.3.2 Arbeitsaufträge zur Lernsituation

1. a) Entnehmen Sie der obigen Statistik die Teilströme der gesamtwirtschaftlichen Nachfrage für das Jahr 2023 und ermitteln Sie diese Größe.
   (Anmerkung: Die Bruttoinvestitionen berechnen sich aus den Bruttoanlageinvestitionen und den Vorratsveränderungen.)
   b) Ermitteln Sie für das Jahr 2023 die Inlandsnachfrage.
   c) Berechnen Sie für 2023 ebenfalls anhand der Teilströme des Wirtschaftskreislaufs das Bruttoinlandsprodukt. Überprüfen Sie Ihr Ergebnis anhand der Angabe in der Statistik.
   d) Ermitteln Sie die Differenz zwischen Bruttoinlandsprodukt und Bruttonationaleinkommen für das Jahr 2023. Erklären Sie den Unterschied.

2. a) Zeichnen Sie zunächst das Kreislaufmodell einer evolutorischen offenen Volkswirtschaft mit staatlicher Aktivität. Entnehmen Sie der Statistik die entsprechenden kreislauftheoretischen Größen (ohne Bruttoinvestitionen) für das Jahr 2023 und tragen Sie diese in das Schema ein.

b) Berechnen Sie der Reihe nach folgende Ströme und tragen Sie diese ins Modell ein:
- Nettoinvestitionen (I^n) (= Bruttoinvestitionen – Abschreibungen)
- Ersparnisse der privaten Haushalte (S_H)
- Transferzahlungen an die privaten Haushalte (Z_H)
- Transferzahlungen an die Unternehmen (Z_U)

c) Überprüfen Sie, ob die Sektoren des Kreislaufs mit Zuströmen und Abströmen ausgeglichen sind.

3.3.3 Aufgaben

1. Begriff des Bruttoinlandsprodukts

Das BIP entspricht dem Marktpreis der im Inland neu hergestellten Waren und Dienstleistungen (Wertschöpfung) in einem Zeitabschnitt, soweit diese nicht als Vorleistungen für die Produktion anderer Waren und Dienstleistungen verwendet werden.

Entscheiden Sie mithilfe dieser Begriffsbestimmung, ob und wie sich die angegebenen Aktivitäten auf das Bruttoinlandsprodukt Deutschlands auswirken: steigernd (↑), senkend (↓), keine Veränderung (=).

a) Ein Geländewagen mit einem Verbrauch von 20 l/100 km wird in Deutschland hergestellt und an Hubert Klose verkauft.
b) Die Bundesrepublik Deutschland kauft bei einem deutschen Unternehmen Waffen und Munition.
c) Katrin Schmidt versteigert ihre gebrauchte Kleidung im Internet.
d) Thorsten Zegel geht mit seiner Freundin im Chinarestaurant in Neustadt essen.
e) Eine Werkzeugmaschine wird in Deutschland produziert und in die USA verkauft.
f) Die Bundesrepublik Deutschland lässt eine Autobahn bauen.
g) Bei einem Waldbrand sterben Tausende von Wildtieren.
h) Stefan Krause ist seit zwei Jahren Hausmann und kümmert sich um seine Zwillinge.
i) Ein deutsches Unternehmen kauft für seinen Fuhrpark italienische Autos.
j) Durch starke Regenfälle schwillt ein Fluss an, ein Damm bricht, ein Ort wird überflutet. Die betroffene Gemeinde beauftragt nach dem Abfließen des Wassers ein Unternehmen mit Aufräumarbeiten.

2. Entstehung des BIP: Berechnung über die Angebotsseite

Web

Übernehmen Sie die Formel und die Erläuterung in Ihre Unterlagen. Ergänzen Sie die fehlenden Wörter in der Erläuterung und errechnen Sie die Werte im Beispiel (Word-Vorlage, siehe Download-Bereich).

Formel: BIP = $\underbrace{\text{Produktionswert – Vorleistungen}}_{\text{Bruttowertschöpfung}}$ + Gütersteuern/indirekte Steuern – Subventionen

Erläuterung: Würde man in der Entstehungsrechnung alle .... der Sektoren einfach nur addieren, käme man zu falschen Ergebnissen, da Güter, die als .... zur Produktion anderer Güter verwendet werden, doppelt oder mehrfach gezählt würden. Es ergibt sich die .... der Sektoren, d. h. der Produktionswert abzüglich der Vorleistungen. Außerdem muss berücksichtigt werden, dass die Produktion in der Bruttowertschöpfung zu den Kosten der Produktionsfaktoren (Faktorkosten) bzw. zu Herstellungskosten bewertet wird. Die Marktpreise werden aber durch staatliche Einflüsse beeinflusst: Sie enthalten zusätzlich .... und werden teilweise durch Subventionen künstlich gesenkt. Um zu den Marktpreisen zu gelangen, muss die Berechnung deshalb korrigiert werden. Indirekte Steuern .... den Marktpreis der Produkte, sie müssen also zu den Herstellungskosten addiert werden. Staatliche Subventionen .... den Marktpreis der Produkte, sie müssen also von den Herstellungskosten abgezogen werden.

221065434

Beispiel

Ein großes Möbelhaus verkauft seinen Kunden Holzregale. Ermitteln Sie den Produktionswert und die Bruttowertschöpfung des gesamten Produktionsprozesses zu Marktpreisen = den Beitrag zum Bruttoinlandsprodukt. (Zur Vereinfachung wird von der Berechnung von Steuern und Subventionen abgesehen.)

a) Ein forstwirtschaftlicher Betrieb schlägt ein Jahr lang in einem Privatwald Holz; dieses wird für 100 Tsd. € an ein Sägewerk verkauft. Volkswirtschaftlich ist durch das Fällen der Bäume eine Bruttowertschöpfung in Höhe von 100 Tsd. € entstanden.

Entgelte für Faktorleistungen:		
■ Arbeit ■ Kapital (einschließlich Abschreibung) ■ Natur	=	} **100 Tsd. €** = Verkaufserlöse/Umsatz/Produktionswert hier = Wertschöpfung

b) Im Sägewerk werden die Stämme zu Brettern gesägt, getrocknet und anschließend an eine Möbelfabrik für 120 Tsd. € verkauft.

Vorleistungen	=	.... **Tsd. €**
Entgelte für Faktorleistungen		.... **Tsd. €**

c) Die Möbelfabrik fertigt die Regale und verkauft sie an das Möbelhaus für 200 Tsd. €.

Vorleistungen	=	.... **Tsd. €**
Entgelte für Faktorleistungen		.... **Tsd. €**

d) Das Möbelhaus verkauft seinen Kunden die Regale für insgesamt 300 Tsd. €.

Vorleistungen	=	.... **Tsd. €**
Entgelte für Faktorleistungen		.... **Tsd. €**

3. **Verwendung des BIP: Berechnung über die Nachfrageseite**
Übernehmen Sie die Formel und die Erläuterung in Ihre Unterlagen. Ergänzen Sie die fehlenden Wörter (Word-Vorlage, siehe Download-Bereich). Web

Formel: BIP = Konsumausgaben (C) + Bruttoinvestitionen (I^b) + Außenbeitrag (Ex – Im)

Erläuterung: In der Verwendungsrechnung wird die Aufteilung der Produktion auf die großen Endnachfragearten aufgezeigt. Dabei unterscheidet man zunächst den .... Verbrauch, den Staatsverbrauch und die .... In einer offenen Volkswirtschaft kommt der Export abzüglich der Importe dazu (Saldo Ex – Im = ...).

Der **private Verbrauch** umfasst Waren- und Dienstleistungskäufe der privaten .... und der Organisationen ohne Erwerbscharakter (Kirchen, Vereine, Parteien, Verbände) sowie den Eigenverbrauch der Unternehmer. Dieser besteht aus den im eigenen Unternehmen hergestellten und im privaten Haushalt des Unternehmers verbrauchten Gütern. Käufe von Grundstücken und Gebäuden werden den Bruttoanlageinvestitionen zugerechnet.

Der **Staatsverbrauch** umfasst die der Allgemeinheit zur Verfügung gestellten Dienstleistungen einschließlich der Sozialversicherung. Da es jedoch für die vom Staat bereitgestellten .... Güter (Schulwesen, Polizei, Verteidigung, Straßen) keine Märkte gibt, können dafür auch keine Marktpreise gefunden werden. Diese Dienstleistungen werden als Eigenverbrauch des öffentlichen Haushalts registriert und zu ihren Produktionskosten bewertet.

Die **Bruttoinvestitionen** bestehen aus staatlichen und privaten .... und Vorratsinvestitionen.

Im **Außenbeitrag** werden die Ex- und Importe von .... und Dienstleistungen berücksichtigt.

4. **Ermittlung des BIP am Beispiel**

Für eine Volkswirtschaft sind für ein Jahr die folgenden Zahlen veröffentlicht worden (in Mrd. GE):

Staatsverbrauch	360
indirekte Steuern	180
privater Verbrauch	940
Abschreibungen	210
Subventionen	30
Außenbeitrag	0
Bruttoinvestitionen	390

Errechnen Sie die Höhe des BIP.

5. **Unterschied Bruttoinlandsprodukt – Bruttonationaleinkommen**

Inlandskonzept/Inländerkonzept

Das Bruttoinlandsprodukt erfasst die Bruttowertschöpfung/die Faktoreinkommen aus wirtschaftlicher Tätigkeit von Inländern und Ausländern **im Inland.** Es erfasst jedoch nicht die Einkommen der **Inländer.**

Formel Bruttonationaleinkommen:

	BIP	
+	aus dem Ausland empfangene Faktoreinkommen	Saldo der Primäreinkommen mit der übrigen Welt
–	an das Ausland gezahlte Faktoreinkommen	
=	Bruttonationaleinkommen	

Erläuterung: Das Bruttoinlandsprodukt des Inlands spiegelt nicht das Einkommen der Inländer wider. Je nach Wohnsitz der Personen, die Produktionsfaktoren bereitstellen, sind Korrekturen vorzunehmen. Zum BIP hinzu kommen die Faktoreinkommen aus dem Ausland, abzuziehen sind die Faktoreinkommen an das Ausland. Nach Abzug dieses Saldos der Einkommen aus der übrigen Welt ergibt sich das Bruttonationaleinkommen. Kurz: Das BIP gibt Aufschluss über die Bruttowertschöpfung/das Faktoreinkommen im **Inland,** das Bruttonationaleinkommen über die Faktoreinkommen/Bruttowertschöpfung der **Inländer.**

a) Setzen Sie an der richtigen Stelle ein:
1. Produktionsfaktor (PF) Kapital – 2. gezahltes (2 x) – 3. empfangenes (2 x) – 4. PF Arbeit.

Ergänzen Sie, welche Ströme zum BIP hinzuaddiert (+), welche abgezogen werden müssen (–), um das Bruttonationaleinkommen zu ermitteln.

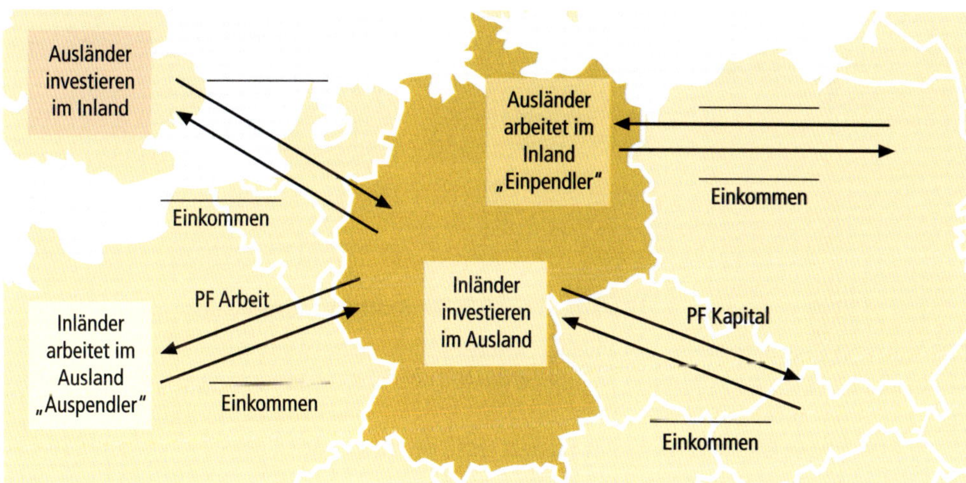

b) Fügen Sie die Daten für 2023 an der richtigen Stelle ein (Word-Vorlage, siehe Download-Bereich):
4.286,15 – 848,05 – 921,63 – 164,99 – 3.438,10

Web

(Zahlen aus: Statistisches Bundesamt, Volkswirtschaftliche Gesamtrechnung des Bundes, Deutschland Jahre

Deutsches Bruttoinlandsprodukt, Bruttonational- und Volkseinkommen 2023				
Saldo der Primäreinkommen mit der übrigen Welt: ______ Mrd. EUR		Abschreibungen: ______ Mrd. EUR		
Bruttoinlandsprodukt: 4.121,16 Mrd. EUR	**Bruttonationaleinkommen:** ______ Mrd. EUR	Nettonationaleinkommen: ______ Mrd. EUR	Produktions- und Importabgaben abzüglich Subventionen: 357,68 Mrd. EUR	
			Volkseinkommen: 3.080,42 Mrd. EUR	Unternehmens- und Vermögenseinkommen: ______ Mrd. EUR
				Arbeitnehmerentgelt 2.158,79 Mrd. EUR

Web

6. Überblick zu den Berechnungsarten des Bruttoinlandsprodukts

Ergänzen Sie an der richtigen Stelle (Nr. einfügen):
1. Angebots – 2. Produktionswert – 3. privater Konsum – 4. Einkommens – 5. Subventionen – 6. Außenbeitrag – 7. Vermögens – 8. verwendet – 9. Bruttoinvestitionen – 10. Arbeitnehmerentgelte – 11. Vorleistungen (Word-Vorlage, siehe Download-Bereich)

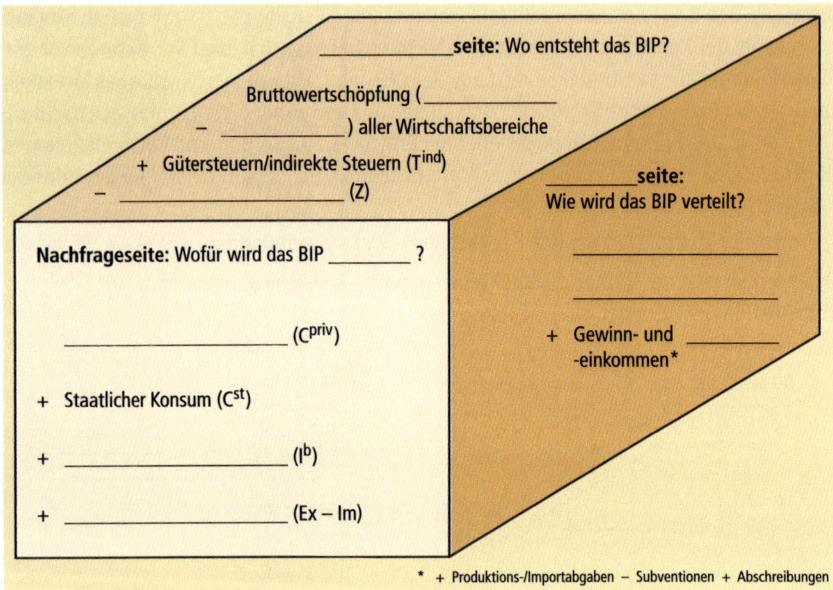

7. Beispiele zu den drei Berechnungsarten des Bruttoinlandsprodukts

Entscheiden Sie bei den angegebenen Beispielen, welche der drei Möglichkeiten zur Ermittlung des Bruttoinlandsprodukts jeweils angesprochen wird oder ob der Sachverhalt gar nicht in der volkswirtschaftlichen Gesamtrechnung erfasst wird.

a) Die Neustädterin Ricarda Schmidt erhält am Monatsende ihren Lohn.
b) Ricarda Schmidt macht ihren Wochenendeinkauf.
c) Sie erhält Zinsen für ihr bei der Sparkasse Neustadt angelegtes Festgeld.
d) Die Schneider Bau-GmbH errichtet in Neustadt ein Einkaufszentrum.
e) Kurt Uhle hilft seiner behinderten Mutter im Haushalt.
f) Er baut für seine Familie ein Haus.
g) Die Stadt Neustadt kauft Kopierpapier für die Büros.
h) Neustadt zahlt bedürftigen Bürgern Wohngeld aus.
i) Neustadt erhält den Gewinn der Stadtmarketing Neustadt GmbH.
j) Japanische Touristen übernachten im Hotel Stadt Neustadt.

8. Einfluss der gesamtwirtschaftlichen Nachfrage auf die Konjunktur

Die konjunkturelle Situation der Bundesrepublik Deutschland kann durch die Teilströme der volkswirtschaftlichen Gesamtnachfrage beschrieben werden.

a) Entnehmen Sie den einschlägigen Veröffentlichungen, welche Teilströme der volkswirtschaftlichen Gesamtnachfrage zu einer positiven oder negativen konjunkturellen Entwicklung beigetragen haben.
b) Entwickeln Sie Vorschläge, wie in der derzeitigen wirtschaftlichen Situation die Nachfragekomponenten zu beeinflussen sind.

4 Konjunktur und Konjunkturpolitik einordnen

4.1 Indikatoren und Ausgangslage beschreiben

4.1.1 Lernsituation

Das Auf und Ab der Wirtschaft

In einer Marktwirtschaft werden Angebot und Nachfrage von bzw. nach Gütern und Leistungen vom Wettbewerb bestimmt. Bevor sich jedoch jeweils ein Gleichgewicht einpendelt, kann die Nachfrage dem Angebot vorauseilen oder umgekehrt. Übersteigt die Nachfrage das Angebot, so wird die Produktion – bei sich erweiternden Preis- und Gewinnspielräumen – durch höhere Auslastung und später auch durch Erweiterung der Kapazitäten bzw. durch neue Anbieter erhöht: Die Wirtschaftstätigkeit belebt sich, die Wertschöpfung nimmt zu. Übertrifft das Angebot die Nachfrage, so treten die umgekehrten Prozesse ein.

Dieses ‚Auf' und ‚Ab', nämlich die Veränderungen im Grad der wirtschaftlichen Aktivitäten, gemessen an den Wachstumsraten des Sozialprodukts, ergibt den Konjunkturverlauf als wellenförmige Kurve zwischen den Zeiten des Geringst- und des Höchsteinsatzes aller Produktionsfaktoren.

Voll ausgelastete Kapazitäten bedeuten also eine Hochkonjunktur (Boom), überbeanspruchte (z. B. Überstunden, Sonderschichten) eine Konjunkturüberhitzung, brachliegende bzw. vernichtete Kapazitäten ein Konjunkturtief (Talsohle, Depression). Den Weg vom Tief zum Höhepunkt des Konjunkturverlaufs kennzeichnen zunehmend besser beanspruchte, die umgekehrte Bewegung zunehmend schlechter ausgenutzte Kapazitäten (Aufschwung/Prosperität und Abschwung/Rezession).

4.1.2 Arbeitsaufträge zur Lernsituation

1. a) Was versteht man unter gesamtwirtschaftlichem Angebot und gesamtwirtschaftlicher Nachfrage?
   b) Unter welchen Bedingungen befindet sich eine Volkswirtschaft im Gleichgewicht?
   c) Nehmen Sie an, in einer Volkswirtschaft übersteigt im Zeitablauf die gesamtwirtschaftliche Nachfrage das gesamtwirtschaftliche Angebot.
      ca) Erläutern Sie mögliche Ursachen für eine zunehmende Nachfrage und orientieren Sie sich dabei an den Teilströmen der volkswirtschaftlichen Nachfrage.
      cb) Beschreiben Sie die Auswirkungen der Nachfragesteigerung auf eine Volkswirtschaft.
      cc) Unter welchen Bedingungen entsteht ein Boom?
   d) Beantworten Sie die Fragen ca) bis cc) unter der Bedingung, dass die gesamtwirtschaftliche Nachfrage hinter das gesamtwirtschaftliche Angebot zurückfällt.
2. **Konjunkturindikatoren**
   Wie verändern sich die Indikatoren in Abhängigkeit von den vier Phasen der Konjunktur?
   a) Entwickeln Sie zunächst ein Schema mit der Kopfleiste:
      Indikatoren, Depression, Aufschwung, Hochkonjunktur, Abschwung
   b) Schreiben Sie in die Vorspalte:
      I. Industrie/Dienstleistung: Auftragslage, Kapazitätsauslastung, Lagerhaltung, Produktion, Gewinne, Investitionen, Insolvenzen,
      II. Gütermarkt: Konsum, Preise,
      III. Arbeitsmarkt: Arbeitslosenzahl, offene Stellen, Löhne,
      IV. Geld- und Kapitalmarkt: Zinsen, Sparen
   c) Füllen Sie das Schema aus und verwenden Sie dabei folgende Symbole.
      ↓ niedrig ↑ hoch ↗ steigend ↘ fallend

221065439

3. **Konjunkturelle Phänomene**

Entscheiden Sie, ob die folgenden Beispiele konjunkturelle Erscheinungen sind oder nicht. Wenn ja, kennzeichnen Sie die entsprechende Entwicklung des Wirtschaftswachstums: aufwärts ↑ oder abwärts ↓.

a) Infolge des Rückgangs der Gas- und Ölreserven geht die industrielle Produktion zurück.

b) Die inländische Nachfrage ist gegenüber dem gleichen Zeitraum im Vorjahr erheblich angestiegen.

c) Die Auftragseingänge der Automobilindustrie gehen stark zurück.

d) Die Arbeitslosigkeit geht im laufenden Winterhalbjahr zurück, obwohl normalerweise aus saisonalen Gründen mehr Menschen arbeitslos werden.

e) Aufgrund der Überfischung schrumpfen die Fangmengen der Hochseefischer.

f) Die Arbeitsplätze im Bergbau nehmen ständig ab.

g) Die Maschinenbauindustrie meldet, dass die durchschnittliche Lieferdauer einer Maschine im Juni 6,3 Monate beträgt. Noch im Februar habe die Lieferdauer bei 5,3 Monaten gelegen.

h) Die Zahl der offenen Stellen hat sich gegenüber dem vorigen Halbjahr halbiert.

i) Wegen der Ölknappheit steigt der Benzinpreis stark an.

j) Die derzeitige Auslastung der Industriebetriebe beträgt 91,8 %. Als betriebswirtschaftlich optimal gilt nach Angaben des Verbands eine Quote von 88 %.

221065440

4.2 Konjunktur und Wirtschaftsschwankungen analysieren

4.2.1 Lernsituation

Energiekrise solidarisch bewältigen, neue Realität gestalten

1. Der Angriffskrieg Russlands auf die Ukraine im Frühjahr 2022 und dessen Auswirkungen stellen Europa, und in besonderem Maße Deutschland, vor große wirtschaftliche Herausforderungen. Die Energiepreise sind seit Beginn des Krieges weiter kräftig gestiegen. Die deutliche Einschränkung russischer Erdgaslieferungen im Sommer 2022 hat die Energiekrise verschärft und die bereits im Jahr 2021 erhöhte Inflation weiter angeheizt. Dies **belastet Haushalte und Unternehmen massiv**. und trübt den konjunkturellen Ausblick deutlich ein. Erschwerend kommt hinzu, dass die negativen wirtschaftlichen Folgen der Corona-Pandemie noch nicht vollständig überwunden sind und Lieferkettenstörungen andauern. Zusammen mit spürbaren Fachkräfteengpässen verlangsamt dies die konjunkturelle Erholung.

2. Deutschland und Europa sollten **die Energiekrise solidarisch bewältigen**. Dazu sind umfangreiche Maßnahmen gegen die Energieknappheit und zielgenaue Entlastungen notwendig. Die Energieknappheit sollte durch eine Stärkung des Angebots und Energieeinsparungen, insbesondere bei Erdgas, bekämpft werden. Die **Entlastungsmaßnahmen** sollten in drei Dimensionen **zielgerichtet ausgestaltet** werden. Erstens sollten sie das Knappheitssignal hoher Energiepreise nicht schwächen, damit ein starker Anreiz zum Energiesparen erhalten bleibt. Zweitens sollten möglichst nur diejenigen Haushalte entlastet werden, die von den hohen Energiepreisen betroffen sind und sie nicht verkraften können, sowie die Unternehmen, die besonders durch die hohen Energiepreise belastet sind, mittelfristig aber ein tragfähiges Geschäftsmodell haben. Drittens sollten die Entlastungen die Staatshaushalte nicht übermäßig strapazieren und angesichts der hohen Inflationsraten die Nachfrage und damit den Preisdruck nicht übermäßig verstärken. Angesichts der europäischen Dimension der Energiekrise sollten die staatlichen Maßnahmen zur Entlastung und zur Sicherstellung der Energieversorgung eng mit den europäischen Partnerländern abgestimmt werden.

3. Aufgrund der veränderten geopolitischen Situation und der Energiekrise sind Deutschland und Europa mit einer **neuen Realität** konfrontiert. Diese gilt es, aktiv und in enger Kooperation mit den EU-Mitgliedstaaten zu **gestalten**. Mittel- bis langfristige Herausforderungen wie die Dekarbonisierung, die demografische Alterung und die Stabilität der Wirtschafts- und Währungsunion dürfen nicht in den Hintergrund rücken. All dies erfordert ein **gemeinsames Vorgehen und Solidarität in Europa**. Angesichts hoher Schuldenstandsquoten und steigender Zinsen sowie der krisenbedingt gestiegenen Anforderungen an die staatliche Aufgabenerfüllung sollte das institutionelle Rahmenwerk der Wirtschafts- und Währungsunion gestärkt werden. Der Wegfall der russischen Energielieferungen macht die gemeinsame Beschaffung von Energie sowie den Ausbau des europäischen Energieangebots notwendig, insbesondere der erneuerbaren Energien. Zudem sollten Anreize zur Steigerung der Energieeffizienz der Haushalte und Unternehmen erhalten und verbessert werden. (...)

Quelle: Sachverständigenrat zur Begutachtung der gesamtwirtschaftlichen Entwicklung: Jahresgutachten 2022/23. Energiekrise solidarisch bewältigen, neue Realität gestalten (Kurzfassung). Wiesbaden Dezember 2022: https://www.sachverstaendigenrat-wirtschaft.de/fileadmin/dateiablage/gutachten/jg202223/JG202223_Gesamtausgabe.pdf [11.07.2025], S. 1

4.2.2 Arbeitsaufträge zur Lernsituation

1. Definieren Sie in Ihrem Glossar (Erklärungswörterbuch) kurz die Begriffe: Indikatoren; Ausgangslage; Diagnose; Prognose.
2. Entwickeln Sie aus dem Jahresgutachten des Sachverständigenrats 2022/2023 anhand von Indikatoren eine Diagnose und Prognose der wirtschaftlichen Situation der Bundesrepublik.
3. Beschreiben Sie allgemein die zwei wichtigsten wirtschaftlichen Probleme, die Deutschland zurzeit zu lösen hat.
4. Formulieren Sie daraus resultierend die Zielsetzungen, die sich aus dieser Problemlage ergeben.
5. Entwickeln Sie mögliche Maßnahmen, die geeignet sind, die wirtschaftlichen Probleme der Bundesrepublik Deutschland zu lösen. Präsentieren Sie die Ergebnisse Ihrer Lerngruppe.

4.2.3 Aufgaben

1. **Konjunktur und Konjunkturschwankungen**
   a) Erklären Sie in Ihrem Glossar kurz folgende Begriffe: Konjunkturschwankung, Konjunkturzyklus, Konjunkturphase, saisonale Schwankungen, mittelfristige Schwankungen, Kondratieff-Zyklus.
   b) Informieren Sie sich über die derzeitige Konjunktursituation der Weltwirtschaft, der Vereinigten Staaten und Europas. Nutzen Sie dazu z. B. das Internet bzw. geeignete Veröffentlichungen.
   c) Warum können Investitionen im Verlauf der Konjunkturschwankungen größere Ausschläge nach oben und unten aufweisen als der private Konsum?
   d) Was vermuten Sie: Welche Teilbereiche des privaten Konsums schwanken bei Konjunkturveränderungen am meisten – langlebige Konsumgüter (wie Möbel und Autos), Verbrauchsgüter (wie Essen und Kleidung) oder Dienstleistungen (wie medizinische Versorgung oder Haarschnitte)?

2. **Überblick zur Wirtschaftspolitik und zu verwandten Politikbereichen**
   Ordnen Sie die folgenden Beispiele dem/den jeweiligen Politikbereich/-en zu (s. Überblick auf der folgenden Seite).
   a) Die Europäische Zentralbank erhöht die Leitzinsen im Euroraum.
   b) Werbung für Zigaretten wird verboten.
   c) Das Krankenversicherungssystem wird neu geordnet.
   d) Eine sogenannte Reichensteuer wird eingeführt.
   e) Im Gesetz gegen Wettbewerbsbeschränkungen (GWB) werden die Vorschriften zur Zusammenschlusskontrolle (Fusionskontrolle) in Deutschland denen der Europäischen Union angepasst.
   f) Das Briefmonopol der Deutschen Post AG wird aufgehoben.
   g) Der Verkauf von deutschen Waffen an einen ausländischen „Schurkenstaat“ wird verboten.
   h) Die Leistungen der Arbeitsagentur an Arbeitslose werden geändert.
   i) In einem Gebiet mit hoher Arbeitslosenquote soll die Ansiedlung von Unternehmen durch Investitionen in die Infrastruktur (Verkehr, Kommunikation, Ver- und Entsorgung) verbessert werden.
   j) Die EZB erhöht die Mindestreservesätze, die jede Geschäftsbank auf einem Konto der Bundesbank halten muss.
   k) Aktien der Deutschen Bahn AG kommen an die Börse.
   l) Das Rabattgesetz wird abgeschafft.
   m) Die Erzeugung von Strom aus erneuerbaren Energien wie Wind-, Solarenergie oder Biogas wird staatlich unterstützt: Die Stromnetzbetreiber müssen den Strom abnehmen und dem Erzeuger einen Mindestpreis bieten, den der Stromkunde mit seiner Rechnung zahlt.
   n) Die „Ökosteuer“ auf Kraftstoffe und Strom wird erhöht.
   o) Die EU erhebt Zoll auf importierte Kleidung aus Asien.
   p) Die Umsatzsteuer wird erhöht.

221065442

Überblick zur Wirtschaftspolitik und zu verwandten Politikbereichen

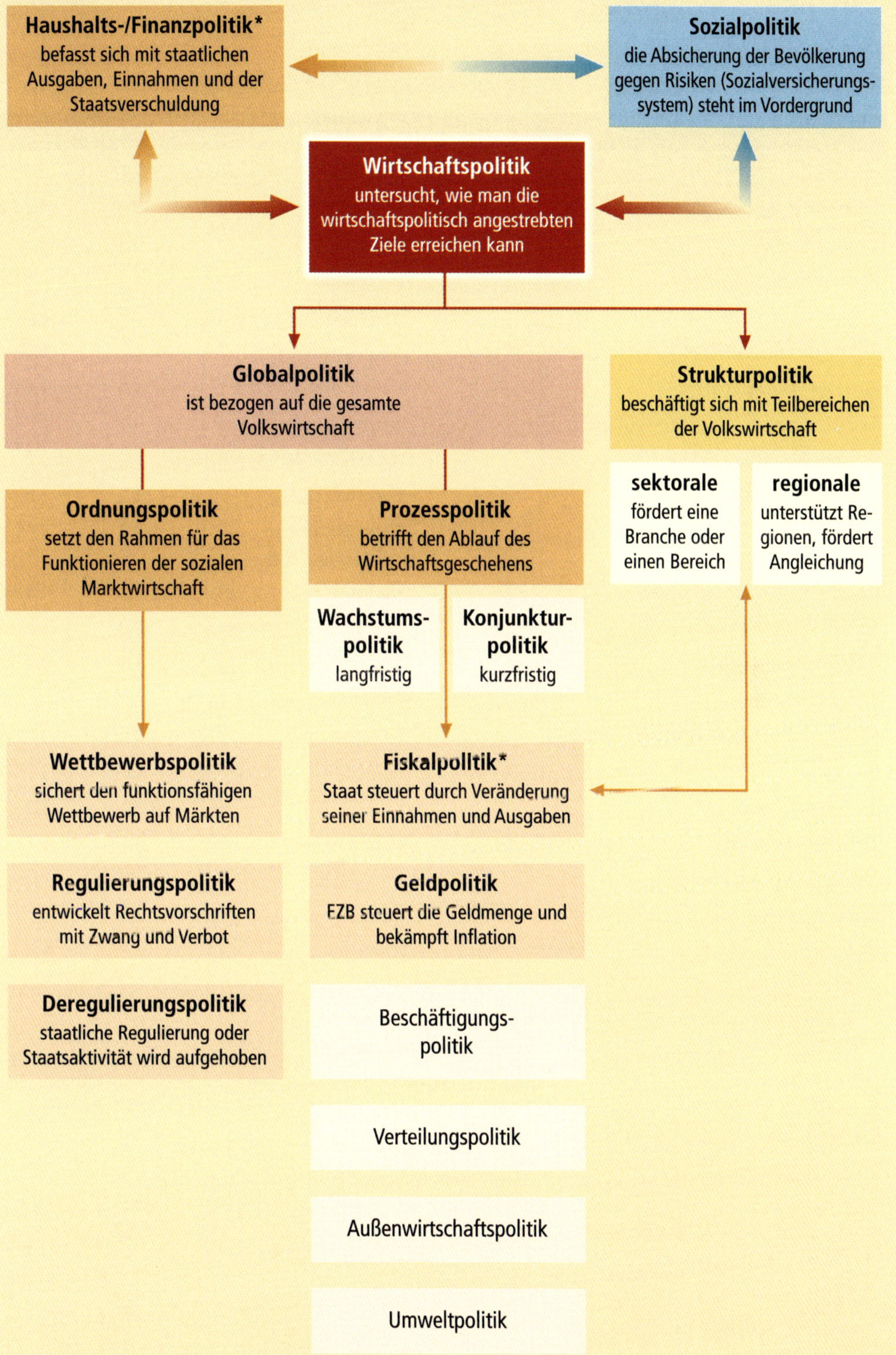

* Teilweise werden Finanz- und Fiskalpolitik gleichgesetzt.

4.3 Konjunkturverlauf in Deutschland beurteilen

4.3.1 Lernsituation

Analyse der Wirtschaftsentwicklung in Deutschland

Wirtschaftliche Eckdaten

	Einheit	2020	2021	2022[1]	2023[1]
Bruttoinlandsprodukt[2,3]	**Wachstum in %**	**–3,7**	**2,6**	**1,7**	**–0,2**
Konsumausgaben	Wachstum in %	–3,0	1,4	4,3	–0,2
Private Konsumausgaben[4]	Wachstum in %	–5,7	0,4	4,6	–0,6
Konsumausgaben des Staates	Wachstum in %	4,0	3,8	3,8	0,8
Bruttoanlageinvestitionen	Wachstum in %	–2,3	1,2	0,0	–0,3
Ausrüstungsinvestitionen[4]	Wachstum in %	–11,0	3,5	1,6	2,1
Bauinvestitionen	Wachstum in %	3,9	0,0	–1,4	–2,5
Sonstige Anlagen	Wachstum in %	–3,3	1,0	1,8	2,8
Inländische Verwendung[3]	Wachstum in %	–3,0	1,9	3,5	–0,1
Außenbeitrag	Wachstumsbeitrag in Prozentpunkten	–0,8	0,8	–1,6	0,0
Exporte	Wachstum in %	–9,3	9,7	1,5	1,4
Importe	Wachstum in %	–8,5	9,0	5,5	1,5
Leistungsbilanzsaldo[6]	**%**	**7,0**	**7,4**	**3,9**	**4,2**
Erwerbstätige	**Tausend**	**44 915**	**44 980**	**45 530**	**45 619**
Sozialversicherungspflichtig Beschäftigte	**Tausend**	**33 579**	**33 897**	**34 465**	**34 601**
Registriert Arbeitslose	**Tausend**	**2 695**	**2 613**	**2 422**	**2 498**
Arbeitslosenquote[7]	**%**	**5,9**	**5,7**	**5,3**	**5,4**
Verbraucherpreise[8]	**Wachstum in %**	**0,5**	**3,1**	**8,0**	**7,4**
Finanzierungssaldo des Staates[9]	**%**	**–4,3**	**–3,7**	**–2,3**	**–2,8**
Bruttoinlandsprodukt je Einwohner[10,11]	**Wachstum in %**	**–3,8**	**2,6**	**1,7**	**–0,2**
Bruttoinlandsprodukt, kalenderbereinigt[11]	**Wachstum in %**	**–4,1**	**2,6**	**1,8**	**0,0**

1 Prognose des Sachverständigenrates. 2 Preisbereinigt. Veränderung zum Vorjahr. Gilt zudem für alle angegebenen Bestandteile des BIP. 3 Da die verwendungsseitige Zusammensetzung der Revisionen des BIP im 1. Halbjahr 2022 noch aussteht, wird unterstellt, dass es sich um eine Anpassung der Vorratsveränderungen handelt. 4 Einschließlich privater Organisationen ohne Erwerbszweck. 5 Einschließlich militärischer Waffensysteme. 6 In Relation zum BIP- 7 Registriert Arbeitslose in Relation zu allen zivilen Erwerbspersonen. 8 Veränderung zum Vorjahr. 9 Gebietskörperschaften und Sozialversicherung in der Abgrenzung der Volkswirtschaftlichen Gesamtrechnung; in Relation zum BIP. 10 Bevölkerungsentwicklung gemäß Mittelfristprojektion des Sachverständigenrates. 11 Preisbereinigt. Veränderung zum Vorjahr.

Quellen: BA, Statistisches Bundesamt, eigene Berechnungen

Quelle: Sachverständigenrat zur Begutachtung der gesamtwirtschaftlichen Entwicklung: Jahresgutachten 2022/23. Energiekrise solidarisch bewältigen, neue Realität gestalten. Wiesbaden Dezember 2022: https://www.sachverstaendigenrat-wirtschaft.de/fileadmin/dateiablage/gutachten/jg202223/JG202223_Gesamtausgabe.pdf [11.07.2025], S. 57

221065444

4.3.2 Arbeitsaufträge zur Lernsituation

1. a) Beschreiben Sie anhand der „Wirtschaftlichen Eckdaten für Deutschland" die aktuelle wirtschaftliche Situation. Betrachten Sie dazu insbesondere die Indikatoren für das Erreichen der wirtschaftspolitischen Ziele: Entwicklung des BIP, des Leistungsbilanzsaldos, der Arbeitslosenquote und der Verbraucherpreise.
   b) Unterscheiden Sie drei verschiedene Arten von Konjunkturindikatoren nach ihrer zeitlichen Beziehung zur Wirtschaftslage und geben Sie jeweils zwei Beispiele an. Welche Arten von Indikatoren sind in der Tabelle vertreten?
   c) Beschreiben Sie anhand wichtiger Indikatoren die wirtschaftliche Ausgangslage, in der sich die Bundesrepublik Deutschland zurzeit befindet. Sammeln Sie dazu Artikel aus Tageszeitungen, Zeitschriften bzw. im Internet und verfolgen Sie die aktuelle Berichterstattung in Rundfunk und Fernsehen.
      ca) Ordnen Sie diese Ausgangslage einer Konjunkturphase zu.
      cb) Entwickeln Sie auf der Grundlage Ihrer Informationssammlung in Gruppen eine Prognose für den zukünftigen Wirtschaftsverlauf und legen Sie diese schriftlich auf einer Seite nieder. Erläutern Sie der gesamten Lerngruppe Ihre Prognose. Bewahren Sie die Prognosen Ihrer Lerngruppe auf.
      cc) Überprüfen Sie Ihre Prognosen nach ca. sechs und zwölf Monaten auf Richtigkeit. Bei Abweichungen der Wirtschaftslage von Ihren Prognosen versuchen Sie, sich über die Gründe des Abweichens klar zu werden, und diskutieren Sie diese in Ihrer Lerngruppe.

2. **Rezessionen in der Bundesrepublik Deutschland**

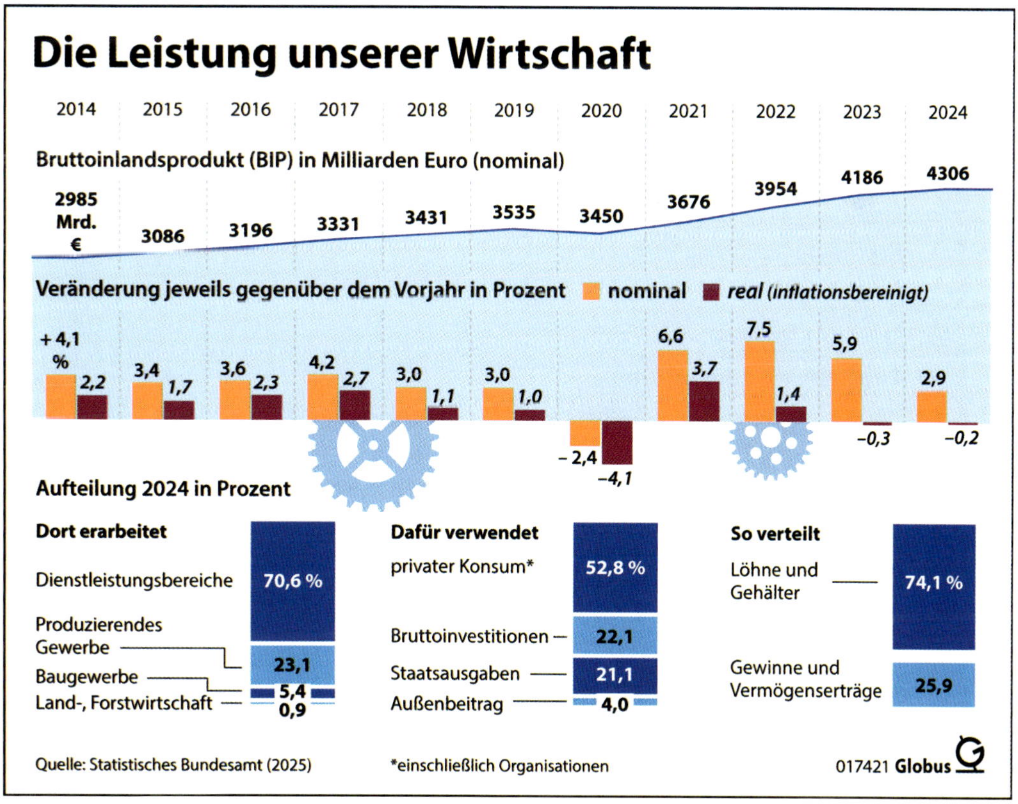

   a) Beschreiben Sie die Entwicklung des Bruttoinlandsprodukts in Milliarden Euro.
   b) Interpretieren Sie die realen Wachstumsraten des Bruttoinlandsprodukts.
   c) Grenzen Sie mögliche Konjunkturzyklen voneinander ab.

5 Beschäftigungspolitik charakterisieren

5.1 Staatliche Beschäftigungspolitik bewerten

5.1.1 Lernsituation

Angebots- und nachfrageorientierte Wirtschaftspolitik

„Für die Gesellschaft gibt es keinen Grund, die Auf- und Abschwünge der Konjunkturzyklen erdulden zu müssen. Man kennt ja durch die Fortentwicklung der makroökonomischen Theorie die Mittel und Wege zur Verringerung der konjunkturellen Ausschläge. Indem sich Fiskalpolitik und Geldpolitik mit ihren Möglichkeiten gegen die Windrichtung der jeweiligen aktuellen Konjunkturschwankung auflehnen, können sie die gesamtwirtschaftliche Nachfrage und damit auch das Produktions- und das Beschäftigungsniveau stabilisieren. Sofern die Gesamtnachfrage nicht ausreicht zur Sicherung von Vollbeschäftigung, sollten die Wirtschaftspolitiker eben die Staatsausgaben erhöhen, die Steuern senken und das Geldvolumen ausdehnen."

Quelle: Mankiw, Nicholas Gregory, übersetzt von Adolf Wagner und Marco Herrmann: Grundzüge der Volkswirtschaftslehre. 3. Auflage. Stuttgart: Schäffer-Poeschel 2004, S. 876.

5.1.2 Arbeitsaufträge zur Lernsituation

1. Beschreiben Sie Ziele staatlicher Beschäftigungspolitik.
2. Geben Sie Maßnahmen der nachfrageorientierten und angebotsorientierten Beschäftigungspolitik wieder. Welcher ökonomischen Richtung sind die oben zitierten Aussagen zuzurechnen?
3. Informieren Sie sich im Internet über Leben und Werk von John Maynard Keynes und Milton Friedman.
4. Erklären Sie den Begriff der „antizyklischen Haushaltspolitik" und nehmen Sie diesen in Ihr Glossar (Erklärungswörterbuch) auf.
5. Entwickeln Sie ein Schema zur Unterscheidung von Fiskalismus und Monetarismus.
   Schreiben Sie in die Kopfleiste Fiskalismus und Monetarismus. Die Vorspalte soll folgende Begriffe aufnehmen: persönliche Vertreter, Hauptträger der Politik, Einstellung zum Marktgleichgewicht, Angebots- bzw. Nachfrageorientierung, Instrumente.
   Füllen Sie das Schema mit den entsprechenden Fachbegriffen auf.

5.1.3 Aufgaben

1. **Träger der Wirtschaftspolitik**

   Übernehmen Sie die Tabelle in Ihre Unterlagen und ordnen Sie die Begriffe an der richtigen Stelle ein:

   1. Verbraucherorganisationen – 2. Berufsgenossenschaften – 3. Industrie- und Handelskammern (IHK) – 4. IWF – 5. Deutsche Rentenversicherung – 6. Sachverständigenrat zur Begutachtung der gesamtwirtschaftlichen Lage (SVR) – 7. Landesverwaltungen – 8. Gewerkschaften – 9. Bundestag – 10. Bundesnetzagentur – 11. Landesregierungen – 12. Unternehmerverbände – 13. Massenmedien (Word-Vorlage, siehe Download-Bereich)

Web

internationale/ europäische Ebene	staatliche Ebene	weitere öffentlich-rechtliche Träger	nichtstaatliche Ebene
Internationaler Währungsfonds (..............) Welthandelsorganisation (WTO)	**Bund**: .... Bundesrat Bundesregierung oberste Bundesgerichte	**Bundesverwaltung**: Bundeskartellamt Bundesagentur für Arbeit Bundesanstalt für Finanzdienstleistungen .... Landeskartellämter Kommunalverwaltung	.... Arbeitgeberverbände .... Bund der Steuerzahler .... Bund für Umwelt und Naturschutz usw.

221065446

Europäische Union (EU) Europäische Zentralbank (EZB)	**Länder:** Landesparlamente …………………… oberste Landesgerichte	**Sozialversicherungsträger:** …………………… gesetzliche Krankenkassen …………………… usw. **Kammern:** …………………… Handwerkskammern	Parteien …………………… Wissenschaft
	Kommunen: Kommunalparlamente	**Räte und Kommissionen:** …………………… Monopolkommission	(große) Unternehmen

2. Perspektive: Arbeitslosigkeit

a) Beschreiben Sie die Karikatur zunächst genau.
- Welche Personen sind zu erkennen?
- Wie ist der Bildaufbau (Vordergrund, Hintergrund, Perspektive)?
- Welche Situation wird dargestellt?

b) Wie typisiert der Karikaturist Personen und Situation zeichnerisch?

c) Welche Kernaussage vermittelt die Karikatur?

3. Keynesianische Theorie

„Und was behauptet unser Professor (gemeint ist hier John Maynard Keynes, d. V.) in seinem berühmten, 1936 erschienen Werk: Allgemeine Theorie der Beschäftigung, des Zinses und des Geldes? Erstens, dass man bei der Analyse des wirtschaftlichen Gleichgewichts nicht weiter von der Hypothese einer vollkommenen Flexibilität der Preise ausgehen könne, insbesondere was die immer schlechter werdende Anpassung des Preises für Arbeit (das heißt des Lohnes) betraf. Und zweitens, dass das Wirtschaftssystem sich nicht automatisch in einem Zustand der Vollbeschäftigung einpendele, wovon die Neoklassiker ausgingen."

aus: Fourcans, A: Die Welt der Wirtschaft, 1. Aufl., Weinheim und Basel 2000, S. 68

a) Folgt man der Lehre der Neoklassiker, funktioniert der Arbeitsmarkt genauso wie der Gütermarkt. Entwickeln Sie zunächst ein Koordinatensystem für den Gütermarkt mit Preis (y-Achse), Menge (x-Achse), Nachfragekurve, Angebotskurve, Gleichgewichtspreis und Gleichgewichtsmenge. Welche Veränderungen ergeben sich durch eine sinkende Nachfrage (eintragen)?

b) Entwickeln Sie ein entsprechendes Koordinatensystem für den Arbeitsmarkt mit Lohn (y-Achse), Arbeitsmenge (x-Achse) und Nachfrage nach Arbeitskräften, Angebot an Arbeitskräften, Gleichgewichtslohn und Gleichgewichtsarbeitsmenge. Welche Veränderungen ergeben sich durch eine sinkende Nachfrage nach Arbeitskräften vonseiten der Unternehmen (eintragen)?

c) Beschreiben Sie die Kritik des John Maynard Keynes an der neoklassischen Vollbeschäftigungstheorie.
d) Welche Maßnahmen sollen nach Ansicht der Keynesianer bei steigender Arbeitslosigkeit ergriffen werden?

4. Gegenüberstellung wirtschaftspolitischer Sichtweisen

Ordnen Sie die folgenden Begriffe (Nummern) an der richtigen Stelle in die Tabelle ein:

1. Unfrieden – 2. ...versagen – 3. ...erhöhung – 4. Staatsausgaben – 5. steigen (2 x) – 6. Zinssenkungen – 7. Markt – 8. Nachfrage – 9. kurz... – 10. Unternehmen – 11. Abbau – 12. Investitionen – 13. Sozialleistungen – 14. Nachfrageerhöhung – 15. ...senkungen – 16. Angebot – 17. Löhne – 18. Staat (2 x) – 19. lang... – 20. Steuern – 21. Privatisierung – 22. mäßigen – 23. Geldmengenwachstum – 24. Sozial...(Word-Vorlage, siehe Download-Bereich)

Web

nachfrageorientierte Wirtschaftspolitik/Fiskalisten	angebotsorientierte Wirtschaftspolitik/Monetaristen
Ursache von gesamtwirtschaftlichen Ungleichgewichten	
Vorrangig durch .... und Haushalte verursachte Nachfragestörung	Vorrangig durch den .... verursachte Störung der Angebotsbedingungen
Ausgangspunkt einer wirtschaftlichen Belebung	
Steuerung der wirtschaftlichen Entwicklung über die gesamtwirtschaftliche ...., da bei steigender Nachfrage mehr produziert wird und damit Beschäftigung und Einkommen steigen	Schaffung von stabilen Rahmenbedingungen für Unternehmen (bzw. das gesamtwirtschaftliche ....), da die Rentabilität der Produktion die Beschäftigung und damit das Einkommen bestimmt
Zeithorizont der politischen Maßnahmen	
Eher ....-/mittelfristige Steuerung, Konjunkturpolitik	Eher mittel-/............fristige Maßnahmen, Wachstumspolitik
(fiskal-)politische Maßnahmen	
Antizyklische Fiskalpolitik („Deficitspending") des Staates mittels .... durch ■ Erhöhung von .... (staatliche Nachfrage), auch durch Kreditaufnahme ■ Steuer ...., (Nachfrage von Unternehmen und Haushalten) ■ Investitionsförderung (Nachfrage von Unternehmen) ■ Unterstützen von Lohnerhöhungen	Deregulierungs-/Verstetigungspolitik zur Förderung der .... ■ geringe ..../einfaches Steuersystem ■ geringe Staatsverschuldung ■ .... öffentlicher Unternehmen ■ .... von Subventionen ■ Verringerung von .... ■ Unterstützen von nur .... Lohnerhöhungen
Geldpolitische Maßnahmen	
Vorrang der Fiskalpolitik, Geldpolitik unterstützt über	Geldpolitik steht im Zentrum und sorgt für gleichmäßiges ...., das an das Wachstum der Produktion angepasst ist
Folgen	
Gesamtwirtschaftliche Nachfrage steigt – Produktion, Beschäftigung, Einkommen	Angebotsbedingungen verbessern sich – Investitionen steigen/Nachfrage der Unternehmen steigt – Produktion, Beschäftigung, Einkommen ....
Ausrichtung der Politik: Mehr Markt oder mehr Staat?	
Mehr ....: Staat steuert Marktprozesse	Mehr ....: Staatseinfluss wird eingedämmt
Kritik an der jeweiligen Politikrichtung	
■ Staatsversagen wird ausgeklammert (Planungsfehler, „Übersteuerung") ■ mehr Bürokratie ist notwendig ■ „Versorgungsmentalität" – der ....staat kümmert sich um alles ■ Gefahr steigender Staatsverschuldung ■ künstliche Nachfrage .... kann zur Inflation führen	■ Markt............ wird ausgeklammert (z. B. Entlassungen trotz steigender Gewinne) ■ Senkung der Sozialleistungen kann zu sozialem .... führen ■ ungleiche Einkommens- und Vermögensverteilung, Schere zwischen Arm und Reich wird größer ■ sinkende ..../geringe Einkommen – geringe Nachfrage – sinkende Produktion

221065448

5. **Nachfrageorientierte fiskalpolitische Maßnahmen**
Welche der folgenden Vorschläge eignen sich zur Beschäftigungsförderung in einer Rezession? Begründen Sie Ihre Entscheidung kurz.
a) Kürzung öffentlicher Ausgaben
b) Herabsetzung der Einkommensteuer
c) Abbau von Subventionen
d) steuerliche Abschreibungssätze erhöhen
e) Abbau staatlicher Investitionen
f) Streichung von Stellen im öffentlichen Dienst
g) Förderung von energiesparenden Baumaßnahmen
h) Erhöhung der Verteidigungsausgaben
i) Sparförderung ausweiten
j) Senkung der Sozialversicherungsbeiträge
k) Erhöhung der Mehrwertsteuer

5.2 Lohnpolitik der Tarifparteien erörtern

5.2.1 Lernsituation

Die Tarifbindung und ihr Schicksal

Christiane Benner: „Die Menschen brauchen Zuversicht“

Einblick April 2024 (Auszüge)

Die Erste Vorsitzende der IG Metall im Einblick-Interview über die aktuelle wirtschaftliche Lage, den Einsatz von KI und wie ein Update für Mitbestimmung und mehr Tarifbindung aussehen muss. (...)

Auch Tarifverträge tragen dazu bei, den Wandel im Sinne der Beschäftigten zu gestalten...

... ja, Tarifverträge sind ein wichtiger Eckstein bei Veränderungen. In Betrieben, in denen es Betriebsräte und Tarifverträge gibt, herrscht eine andere Ruhe in diesen Veränderungsprozessen. Es gibt eine Basis, von der man ausgehen kann: Wie gestalten wir das weiter? Wie gehen wir mit den erwarteten Veränderungen um? Wir als Tarifpartner gestalten die Transformation auch kreativ, zum Beispiel mit Zukunftstarifverträgen. Wenn man das intelligent spielt, mit Tarifverträgen und einer weiter entwickelten Mitbestimmung, dann sind da ganz große Gestaltungsspielräume, um Arbeitsplätze zu sichern und das ganze Thema rund um die Klimaneutralität zu gestalten. Das A und O ist, die Menschen wirklich mitzunehmen. Das tun wir Gewerkschaften. (...)

Was muss die Politik für mehr Tarifbindung tun?

Im geplanten Bundestariftreuegesetz ist vorgesehen, die Auftragsvergabe des Bundes an die Tarifbindung zu koppeln. Uns ist wichtig, dass auch Investitionen und Subventionen in große Firmen und Fabriken an Tarifbindung und Beschäftigungssicherung gebunden werden. Durch die Lücken in der Tarifbindung entgehen dem Staat viele Gelder, die unseren Sozialstaat sichern können. Auch beim Thema Geschlechtergerechtigkeit sieht man ja, dass es in tarifgebundenen Unternehmen weniger Einkommensunterschiede gibt. Die europäische Mindestlohnrichtlinie schreibt übrigens eine Tarifbindung von 80 Prozent vor – davon sind wir in Deutschland aktuell weit entfernt. Schon deshalb ist das Gesetz wichtig. Wir warten aber nicht auf das Gesetz, sondern arbeiten daran, unsere Basis durch mehr Mitglieder in den Betrieben zu stärken.

Der Mindestlohn ist die absolute Untergrenze der Lohnskala. Wie hoch wäre ein guter Mindestlohn?

Nach Vorgabe der EU muss der Mindestlohn bei 60 Prozent vom Median-Einkommen liegen und das wären Stand jetzt circa 14 Euro. Ich hoffe, dass die Mindestlohnkommission wieder so funktioniert wie sie angedacht war, nämlich dass Arbeitgeber und Gewerkschaften *gemeinsam* einen Vorschlag vorlegen. Und nicht so wie beim letzten Mal, als die Gewerkschaftsseite überstimmt wurde. (...)

Quelle: Benner, Christiane: Die Menschen brauchen Zuversicht. In: Deutscher Gewerkschaftsbund: einblick. Gewerkschaftlicher Info-Server Nr. 04. Berlin April 2024: https://www.dgb.de/fileadmin/download_center/Einblick/einblick_April_2024.pdf [11.07.2025], S. 4–5

Statt Betteln beim Gesetzgeber echte Anreize für Tarifbindung schaffen

BDA-Hauptgeschäftsführer Steffen Kampeter erklärt zur DGB-Kampagne für mehr Tarifschutz:

Berlin, 7. November 2023. „Die Gewerkschaften suchen immer die Schuld und Verantwortung bei anderen. Tarifverträge und Tarifbindung sind aber in erster Linie eine Gemeinschaftsaufgabe der Sozialpartner, für die jeder Verantwortung trägt. Der DGB verzwergt sich selbst mit seinen dauernden Hilferufen in Richtung Politik. Die Stabilisierung des Beitragsaufkommens in der Sozialversicherung ist jedenfalls nicht Aufgabe moderner Tarifarbeit.

Während die Arbeitgeberverbände eine weitgehend stabile Mitgliedschaft haben, nimmt der Organisationsgrad der Gewerkschaften kontinuierlich ab. Wir haben eher eine Flucht aus den Gewerkschaften als aus den Arbeitgeberverbänden.

Der Gesetzgeber soll dieses Defizit für die Gewerkschaften ausgleichen. Passt einem das Ergebnis der Mindestlohnkommission nicht, soll das Ergebnis per Gesetz passend gemacht werden. Ist der Organisationsgrad zu gering für Tarifverträge, ruft man den Bundesarbeitsminister zur Hilfe: Beispiel Pflege. Mit der Forderung nach gesetzlichen Tarifbindungsvorgaben leitet man das Ende der Sozialpartnerschaftsbeziehungen ein.

Anstatt echte Anreize für Tarifbindung durch innovative, schlanke Tarifverträge mit Öffnungsklauseln für die Betriebe zu vereinbaren, wird die über viele Jahrzehnte bewährte Tarifpartnerschaft mit dem Ruf nach dem Staat leichtfertig aufs Spiel gesetzt.

Statt Betteln beim Gesetzgeber brauchen wir moderne, flexible und modular anwendbare Tarifverträge, die die unterschiedlichen Bedürfnisse einer sich transformierenden Unternehmenswelt aufgreifen. Sie müssen unkomplizierter und damit weniger abschreckend sein. Sie sollten die positiven Erfahrungen betrieblicher Gestaltungsspielräume damit einem weiteren Bereich eröffnen."

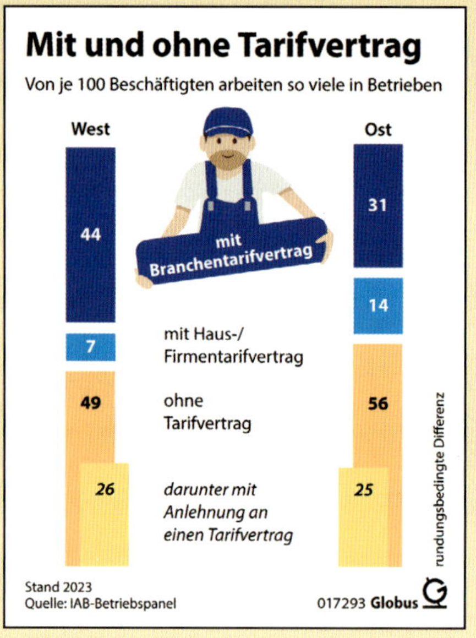

Quelle: BDA – Bundesvereinigung der Deutschen Arbeitgeberverbände e. V.: Statt Betteln beim Gesetzgeber echte Anreize für Tarifbindung schaffen. Berlin 07.11.2023: https://arbeitgeber.de/statt-betteln-beim-gesetzgeber-echte-anreize-fuer-tarifbindung-schaffen/ [11.07.2025].

5.2.2 Arbeitsaufträge zur Lernsituation

1. a) Beschreiben Sie das Wesen der Tarifbindung.
   b) Suchen Sie nach den Ursachen für die nachlassende Tarifbindung in Deutschland.
   c) In den neuen Bundesländern ist die Tarifbindung deutlich niedriger als in den alten Bundesländern. Begründen Sie die Unterschiede.
   d) Welche Vorteile bzw. Nachteile bietet die Tarifbindung den Arbeitnehmern bzw. Arbeitgebern?
   e) Stellen Sie die Forderungen der Arbeitnehmer bzw. Arbeitgeber in Bezug auf die Tarifbindung einander gegenüber.
   f) Reflektieren Sie die zukünftige Entwicklung der Tarifbindung in Deutschland.

221065450

2. Arbeitslosigkeit in den deutschen Bundesländern

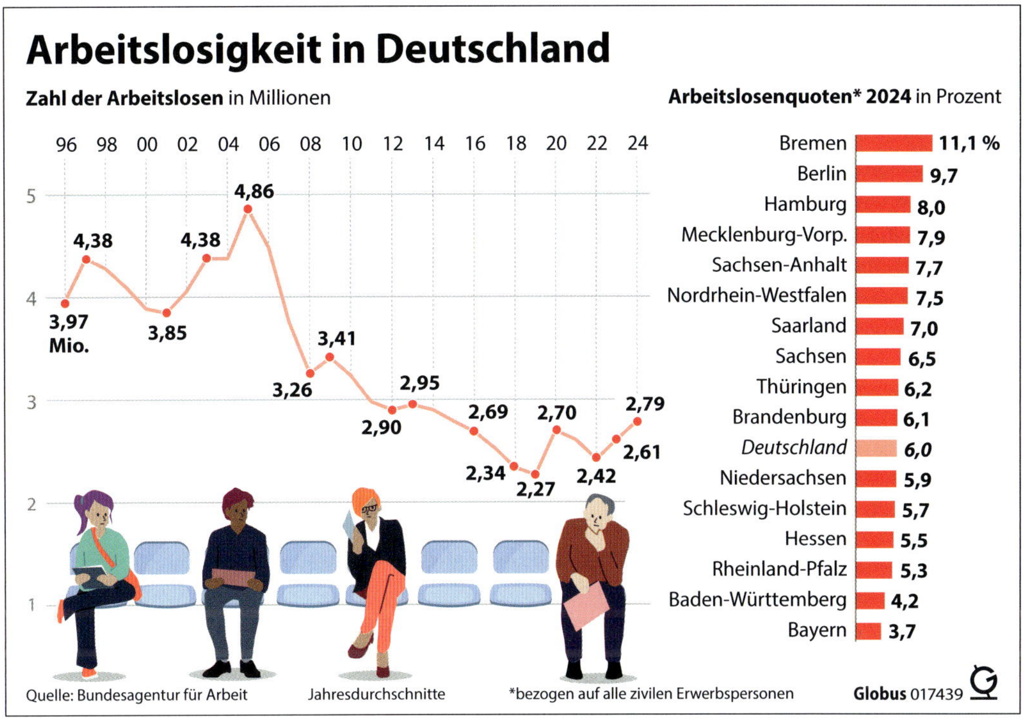

Die Arbeitslosigkeit ist in den einzelnen Bundesländern unterschiedlich stark ausgeprägt.

a) Suchen Sie zunächst Bundesländer mit den höchsten Arbeitslosenquoten und beschreiben Sie denkbare Ursachen für diese Situation.

b) Suchen Sie nach Bundesländern mit den niedrigsten Arbeitslosenquoten und geben Sie mögliche Gründe für diese Situation an.

c) Überlegen Sie sich staatliche Maßnahmen der Beschäftigungspolitik, die zu einem Abbau der starken Unterschiede in den Bundesländern führen könnten.

6 Geldpolitik beschreiben

6.1 Europäisches System der Zentralbanken darstellen

6.1.1 Lernsituation

Buchgeldschöpfung durch Kreditvergabe der Banken

In der Modellwelt des kleinen Inselstaats Einsiedel gibt es vier Kreditinstitute: die Geschäftsbanken I, II, III und IV. Sämtliche Banken bieten lediglich Girokonten an, Sparkonten gibt es nicht.

Der Auszubildende Anton Acker erhält zu seinem 18. Geburtstag von seiner Großmutter 1.000,00 € in bar geschenkt, die er bei der Bank I auf sein Girokonto einzahlt. Bank I weiß aus Erfahrung, dass diese Sichteinlage nicht sofort wieder abgehoben wird. Im Allgemeinen genügt eine Barreserve von 10 % der Einlage, also 100,00 €, um den eventuellen Auszahlungswünschen der Kunden nachzukommen. Die Überschussreserve in Höhe der verbleibenden 900,00 € gibt Bank I als Barkredit an Bärbel Beyme weiter. Bärbel zahlt damit ihre Schulden beim Lebensmittelgeschäft ab. Das Lebensmittelgeschäft zahlt die 900,00 € bei der Bank II auf ein Girokonto ein. Auch Bank II kalkuliert mit einem Barreservesatz von 10 %, d. h., sie behält 90,00 € als Barreserve und vergibt die Überschussreserve von 810,00 € als Kredit an Carl Cramer. Auch Carl hat beim Lebensmittelhändler anschreiben lassen und zahlt mit den 810,00 € einen Teil ab. Das Lebensmittelgeschäft zahlt den Betrag auf sein Konto bei der Bank III ein. Bank III verfährt wie Bank I und II. Sie kalkuliert mit 10 % Barreserve und Überschussreserve. Die Überschussreserve wird an Denise Dannert als Barkredit vergeben. Denise hat viele Friseurbesuche noch nicht bezahlt und begleicht damit ihre Außenstände. Der Friseur zahlt wiederum den gesamten Betrag auf seinem Konto bei der Bank IV ein. Bank IV kalkuliert wie die vorigen Banken. Emil Ebert erhält eine Geldsumme in Höhe der Überschussreserve von Bank IV als Barkredit.

6.1.2 Arbeitsaufträge zur Lernsituation

Web

1. Übernehmen Sie die Abbildung in Ihre Unterlagen und ergänzen Sie die Daten der Lernsituation (Word-Vorlage, siehe Download-Bereich).
   Abkürzungen: EZ/Einzahlung, BR/Barreserve, ÜR/Überschussreserve

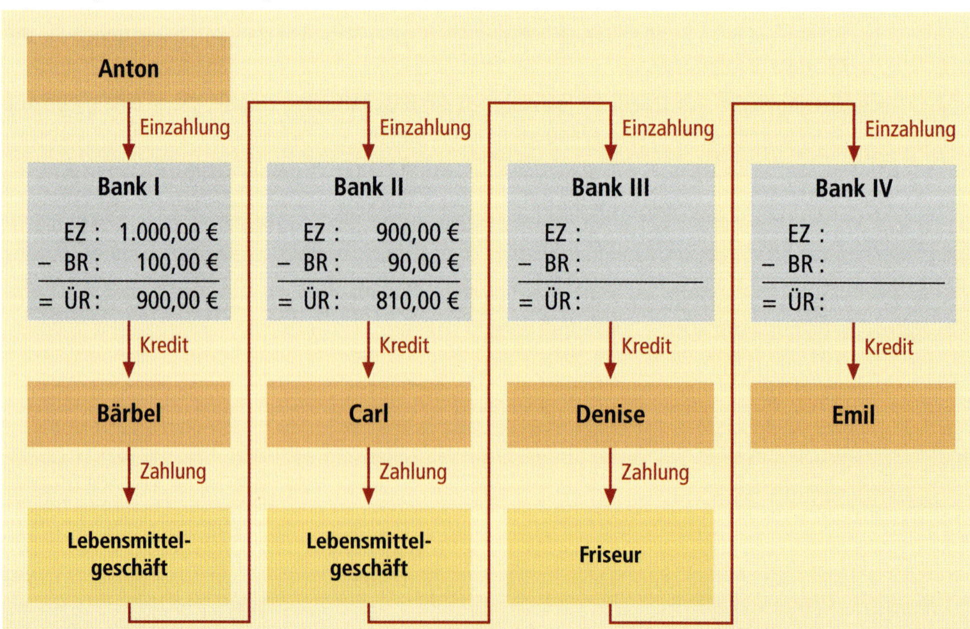

2. Ermitteln Sie für die Banken III und IV die jeweiligen Beträge und erläutern Sie die Formel.

Summe der Sichteinlagen	=	Summe der Barreserven	+	Kreditsumme
? Euro	=	? Euro	+	? Euro

3. Wie viel Buchgeld ist somit aus der Bargeldeinzahlung entstanden?
4. Mithilfe einer Formel kann der maximale Betrag der Buchgeldschöpfung ermittelt werden. Dazu multipliziert man die erste Bareinlage mit dem Geldschöpfungsmultiplikator $\frac{1}{r}$ (r = Reservesatz, im Beispiel 10 %): Bargeldeinzahlung $\cdot \frac{1}{r}$ = Buchgeldschöpfungsbetrag.
   Errechnen Sie für das vorliegende Beispiel die maximale Buchgeldschöpfung.
5. In der Modellwelt des Inselstaates Einsiedel wird eine Zentralbank gegründet, die mithilfe einer Mindestreserve, die die Geschäftsbanken bei ihr auf Girokonten halten müssen, das Buchgeldmengenwachstum kontrollieren will. Sie erhebt einen Mindestreservesatz von 15 %.
   a) Wie hoch ist der neue Reservesatz der Geschäftsbanken, der sich nun aus Bar- und Mindestreserve zusammensetzt?
   b) Geben Sie den Geldschöpfungsmultiplikator vor und nach der Einführung der Mindestreserve an.
   c) Errechnen Sie die maximale Buchgeldschöpfung für das vorliegende Beispiel nach Einführung der Mindestreserve.
   d) Ermitteln Sie mithilfe des Internets den Mindestreservesatz, den die EZB tatsächlich erhebt.

6.1.3 Aufgaben

1. **Ziele und Mittel der Geldpolitik**

   Übernehmen Sie das Schema in Ihre Unterlagen und setzen Sie an der richtigen Stelle ein: (Word-Vorlage, siehe Download-Bereich) Web

   Geldmarktzinses – Unterziel – Wachstumsrate – Preisniveaustabilität

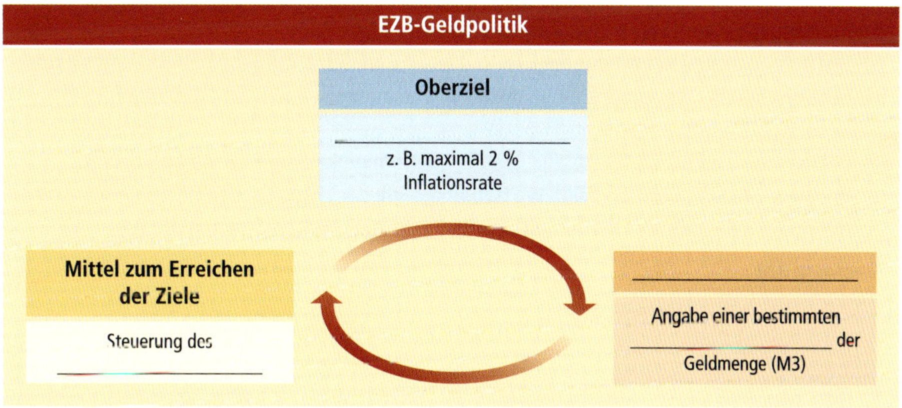

2. **Die EZB als Hüter des Euro**

   „Wenn ein Land sich auf ein Rechengeldsystem verlässt, wie es in den allermeisten Ländern üblich ist, muss eine Institution existieren, die für die Überwachung und Steuerung dieses Systems verantwortlich ist. Diese wird in der Regel Zentralbank genannt und hat die Aufgabe, das Bankensystem zu überwachen und die Geldmenge in einer Volkswirtschaft zu steuern. Unter den international bedeutenden Zentralbanken sind an erster Stelle das Federal Reserve System (kurz: Fed) der Vereinigten Staaten sowie auch (mit abnehmender Bedeutung) die Bank of Japan und die Bank of England zu nennen. Für Deutschland übernahm bis Ende 1998 die Deutsche Bundesbank diese Aufgabe. Im Zuge der Europäischen Währungsunion und der damit verbundenen Einführung des Euro ging diese im Europäischen System der Zentralbanken (ESZB) unter Führung der europäischen Zentralbank (EZB) auf.

   Das Europäische System der Zentralbanken (ESZB) besteht aus der Europäischen Zentralbank (EZB), die ihren Sitz in Frankfurt hat, sowie den nationalen Zentralbanken (NZBen) der Mitgliedstaaten der Europäischen Union. Gemäß dem Vertrag von Maastricht und der Satzung des ESZB und der EZB obliegt es dem ESZB, Preisstabilität im Euro-Raum zu gewährleisten. Zudem soll das ESZB die allgemeine Wirtschaftspolitik der Europäischen Union unterstützen, soweit diese in Einklang mit dem Ziel der Preisstabilität steht. Die Grundsätze einer offenen Marktwirtschaft dienen dabei als Leitbild."

   Quelle: Mankiw, Nicholas Gregory, übersetzt von Adolf Wagner und Marco Herrmann:: Grundzüge der Volkswirtschaftslehre. 3. Auflage. Stuttgart: Schäffer-Poeschel 2004, S. 686 f.

a) Erläutern Sie folgende Abkürzungen bzw. Begriffe: ESZB, EZB, EZB-Rat, EZB-Direktorium, Deutsche Bundesbank, Landeszentralbanken, Eurosystem.

b) Welches zentrale Ziel verfolgt die EZB und welche weiteren Aufgaben übernimmt sie noch?

c) Die Europäische Zentralbank ist unabhängig und an Weisungen nicht gebunden. Erklären Sie diese Aussage.

d) Belegen Sie die Vor- und Nachteile, die die Unabhängigkeit der EZB mit sich bringt.

e) Wie kann die EZB die allgemeine Wirtschaftspolitik der Europäischen Union unterstützen?

f) Informieren Sie sich im Internet über die Organe, Ziele und die Stellung der Fed.

3. Geldbegriffe

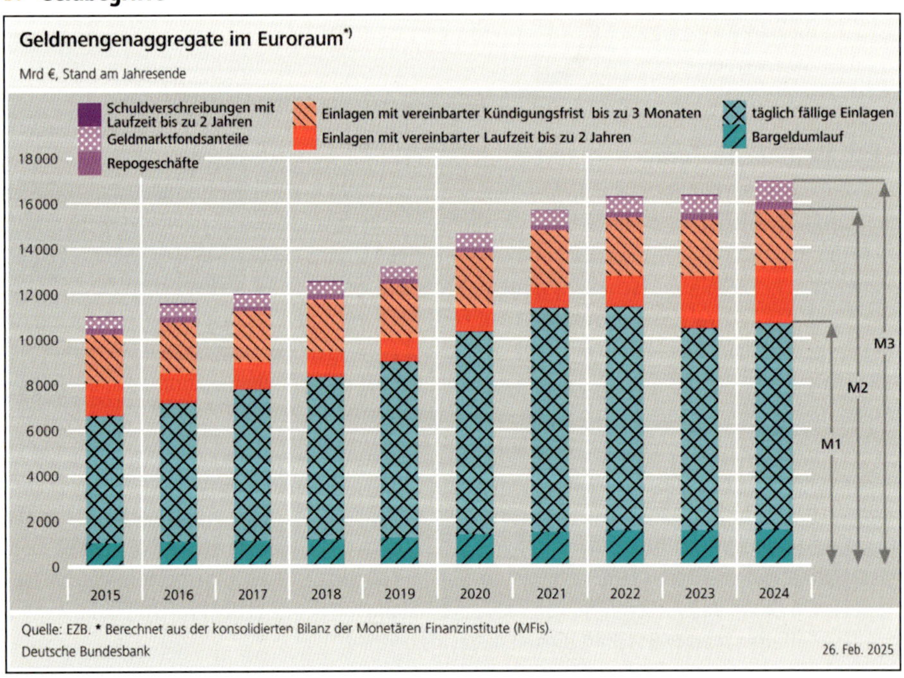

a) Was versteht man unter Geldmenge M 1, M 2, M 3? Beschreiben Sie die Arten der Geldmenge M3 genauer. Nehmen Sie die Geldmengenbegriffe in das Glossar in Ihren Unterlagen auf.
b) Die EZB hat die Aufgabe, die Geldmenge in der Eurozone zu beeinflussen. Was versteht man unter Eurozone?
c) Wie erfolgt die Geldmengensteuerung in den restlichen Ländern der Europäischen Union?
d) Interpretieren Sie die Entwicklung der Geldmenge M 1 in relativen und in absoluten Zahlen. Beschaffen Sie sich unter www.bundesbank.de Informationen über die Entwicklung der Geldmenge M1, M2 und M3 und interpretieren Sie diese.
e) Es ist die Aufgabe der Zentralbank, die Geldmenge in Abhängigkeit von der Gütermenge zu beeinflussen. Vergleichen Sie für die letzten Jahre die Wachstumsraten der Geldmenge und des Bruttoinlandsprodukts. Nutzen Sie dazu geeignete (Internet-)Quellen, z. B. Angaben der Deutschen Bundesbank und des Statistischen Bundesamtes.
f) Das Ergebnis einer sinnvollen Geldmengenpolitik äußert sich im möglichst geringen Anstieg des harmonisierten Verbraucherpreisindex. Hat die EZB ihr gestecktes Ziel, eine Inflationsrate von 2 % nicht zu überschreiten, in den letzten Jahren erreicht?

6.2 Geldpolitische Instrumente im Eurosystem benennen

6.2.1 Lernsituation

Die geldpolitischen Instrumente des Eurosystems

Das Eurosystem besteht aus der Europäischen Zentralbank und den nationalen Zentralbanken der EU-Mitgliedstaaten, die den Euro eingeführt haben. Die Geldpolitik des Eurosystems hat das vorrangige Ziel, die Preisniveaustabilität im Euroraum zu wahren. Das Eurosystem nutzt dabei die Tatsache, dass die Geschäftsbanken dauerhaft einen Bedarf an Zentralbankgeld haben.

Das Eurosystem lenkt das Wirtschaftsgeschehen hauptsächlich über die Veränderung der Zinssätze für Zentralbankgeld, der sogenannten **Leitzinsen**. Die Leitzinsen sind die Zinssätze, zu denen die Geschäftsbanken bei der Zentralbank Kredit aufnehmen oder Geld anlegen können. Die Geschäftsbanken haben bei der nationalen Zentralbank (in Deutschland bei der Bundesbank) ein Konto, auf dem der gewährte Kreditbetrag bzw. die Einlage gutgeschrieben wird, und ein Depotkonto, in dem als Pfand hinterlegte Sicherheiten verwahrt werden.

Mithilfe der Geldpolitik wird versucht, die Höhe der Zinssätze auf dem Geld- und Kapitalmarkt und die Geldmenge zu steuern. Die geldpolitischen Instrumente beeinflussen die **Kreditvergabe** der Geschäftsbanken an Unternehmen und private Haushalte sowie die **Buchgeldschöpfung** der Banken (vgl. Lernsituation 6.1.1). Die **geldpolitischen** Instrumente des Eurosystems sind die Mindestreserven, die Offenmarktgeschäfte und die ständigen Fazilitäten.

Das Eurosystem verlangt, dass die Geschäftsbanken einen bestimmten Prozentsatz ihrer kurzfristig fälligen Kundeneinlagen als Guthaben bei der Zentralbank halten. Diese Zwangseinlage nennt man **Mindestreserve**. Die Einlage muss von den Geschäftsbanken nicht täglich, sondern nur im Durchschnitt monatlich eingehalten werden. Das jeweilige Mindestreserve-Soll wird anhand der reservepflichtigen Einlagen der Vormonatsbestände ermittelt. Mindestreservepflichtig sind Einlagen von Kunden, die nicht Banken sind. Unterschreitet eine Bank ihr Mindestreserve-Soll (abzüglich eines pauschalen Freibetrags von 100.000,00 €), muss sie einen Strafzins an die Zentralbank zahlen.

Bei **Offenmarktgeschäften** bietet die Zentralbank den Geschäftsbanken vorwiegend an, bestimmte festverzinsliche Wertpapiere zu kaufen oder als Pfand anzunehmen. Die Geschäftsbank erhält dafür Zentralbankgeld. Die Offenmarktgeschäfte können z. B. nach Laufzeit der Instrumente (z. B. über Nacht, Woche, Monat) und dem Durchführungsrhythmus (regelmäßig, unregelmäßig) unterschieden werden. Zu den **Offenmarktgeschäften des Eurosystems** zählen die Hauptrefinanzierungsgeschäfte, die längerfristigen Refinanzierungsgeschäfte, die Feinsteuerungs- und die strukturellen Operationen.

Das **Hauptrefinanzierungsgeschäft** bietet das Eurosystem wöchentlich an. Dabei erhalten die Geschäftsbanken für eine Laufzeit von einer Woche Zentralbankgeld gegen die Verpfändung von bestimmten Wertpapieren. Der Zinssatz der Hauptrefinanzierungsgeschäfte ist ein wichtiger Leitzins. Vor der Finanzkrise 2008 war das Hauptrefinanzierungsgeschäft das bedeutendste Offenmarktinstrument. Etwa drei Viertel des benötigten Zentralbankgeldes wurde über Hauptrefinanzierungsgeschäfte zur Verfügung gestellt. Seitdem stehen eher die **längerfristigen Refinanzierungsgeschäfte** im Vordergrund. Diese haben im Vergleich zu den Hauptrefinanzierungsgeschäften eine längere Laufzeit. Jeden Monat wird ein längerfristiges Refinanzierungsgeschäft mit dreimonatiger Laufzeit durchgeführt. Während der Finanzkrise ging das Eurosystem dazu über, neben diesen herkömmlichen längerfristigen Refinanzierungsgeschäften auch Geschäfte mit Laufzeiten von einem Jahr und länger anzubieten.

Mit besonderen Offenmarktmaßnahmen, den **Feinsteuerungs- und strukturellen Operationen** (Devisengeschäfte, Termineinlagen oder Schuldverschreibungen der EZB), kann das Eurosystem kurzfristig nach Bedarf Zentralbankgeld entweder bereitstellen oder abschöpfen.

Schließlich bietet das Eurosystem den Geschäftsbanken zwei sogenannte **ständige Fazilitäten** an: die Spitzenrefinanzierungsfazilität und die Einlagefazilität. Die ständigen Fazilitäten können von den Geschäftsbanken nach Bedarf kurzfristig in Anspruch genommen werden. Bei der Spitzenrefinanzierungsfazilität wird den Geschäftsbanken Zentralbankgeld bis zum nächsten Geschäftstag als Kredit angeboten, bei der Einlagefazilität kann überschüssige Liquidität über Nacht angelegt werden. Die Zinssätze der ständigen Fazilitäten bilden die Leitzinsen (Ober- und Untergrenze) für den Tagesgeldzins.

Um den Folgen der Finanzkrise und späteren Staatsschuldenkrise zu begegnen, hat das Eurosystem darüber hinaus eine Reihe von Sondermaßnahmen aufgelegt, wie z. B. den Ankauf von Euro-Staatsanleihen.

6.2.2 Arbeitsaufträge zur Lernsituation

Web

1. a) Übernehmen Sie die Tabelle in Ihre Unterlagen und setzen Sie an der richtigen Stelle ein (Word-Vorlage, siehe Download-Bereich):

1. über Nacht – 2. Einlagefazilität – 3. Hauptrefinanzierungsgeschäfte – 4. unregelmäßig – 5. bis zu 3 Monaten – 6. unbefristet – 7. wöchentlich – 8. durch Kredit – 9. bei Bedarf der Banken – 10. durch erzwungene Einlagen

geldpolitische Instrumente	Art der Geldmarktsteuerung		Laufzeit	Rhythmus
	Liquiditätserhöhung	Liquiditätssenkung		
I. Offenmarktgeschäfte				
....	ja		1 Woche	....
längerfristige Refinanzierungsgeschäfte	ja		....	monatlich
Feinsteuerungsoperationen und strukturelle Operationen	ja	ja	unterschiedlich	....
II. ständige Fazilitäten				
Spitzenrefinanzierungsfazilität	....		....	bei Bedarf der Banken
....		durch freiwillige Einlage	über Nacht	....
III. Mindestreserven				
		.... in Höhe von z. Z. 1 % der kurzfristig fälligen Einlagen (Laufzeit bis 2 Jahre) von Nichtbanken bei Banken	........................; 1 % des 2. Vormonatsbestands (z. B. Einlagen März maßgeblich für Mindestreserve im Mai)	

221065456

b) Entwickeln Sie ein Schema mit der Kopfleiste: Ansatzpunkte, Maßnahmen in der Hochkonjunktur, Maßnahmen in der Depression. Schreiben Sie in die Vorspalte die drei Instrumente der Geldpolitik. Füllen Sie das Schema inhaltlich auf. (Word-Vorlage, siehe Download-Bereich)

Web

c) Übernehmen Sie die Wirkungskette (siehe nächste Seite) in Ihre Unterlagen und setzen Sie an der richtigen Stelle ein (Word-Vorlage, siehe Download-Bereich):
1. steigen – 2. Liquidität (2x) – 3. sinkt – 4. billiger – 5. Angebot – 6. Leitzinsen – 7. Investitionen

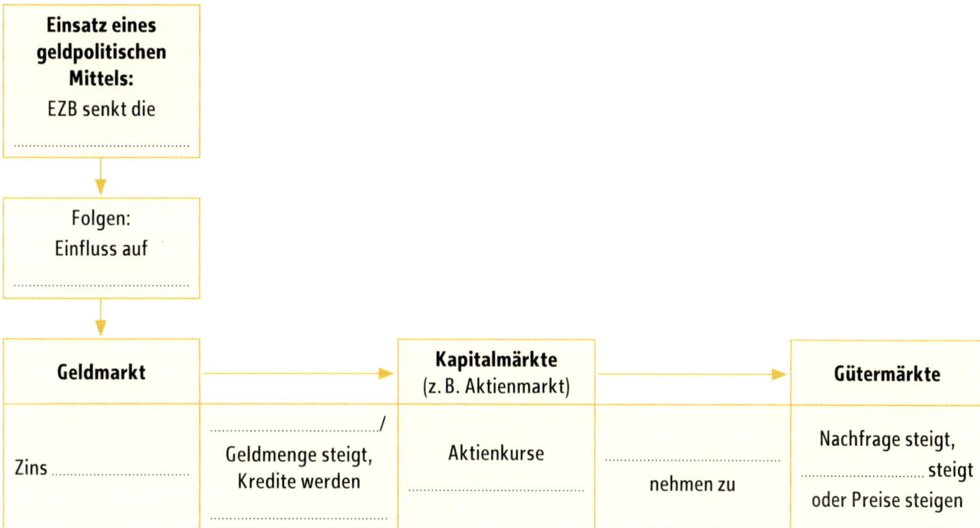

d) Beschreiben Sie die Wirkungskette der Offenmarktpolitik, der Politik der ständigen Fazilitäten sowie der Mindestreservepolitik zur Geldmengensenkung.

e) Nehmen Sie für den europäischen Wirtschaftsraum einen beginnenden Abschwung mit zunehmender Arbeitslosigkeit an. Erläutern Sie den Einsatz und die erhoffte Wirkungsweise der Instrumente der EZB.

2. Leitzinsen der EZB

Im Mittelpunkt der Geldpolitik der EZB stehen die **Hauptrefinanzierungsgeschäfte** im Rahmen der Offenmarktpolitik. Sie geben den Banken die Möglichkeit, sich Zentralbankgeldguthaben zu beschaffen, indem sie Wertpapiere für einen begrenzten Zeitraum an die Zentralbank verkaufen und anschließend wieder zurückkaufen. Die Zentralbank steuert diese Transaktionen gemäß den geldpolitischen Erfordernissen und verändert, wenn nötig, den Zinssatz, den die Banken dafür zu zahlen haben und der als **Leitzins** auf den gesamten Geldmarkt ausstrahlt.

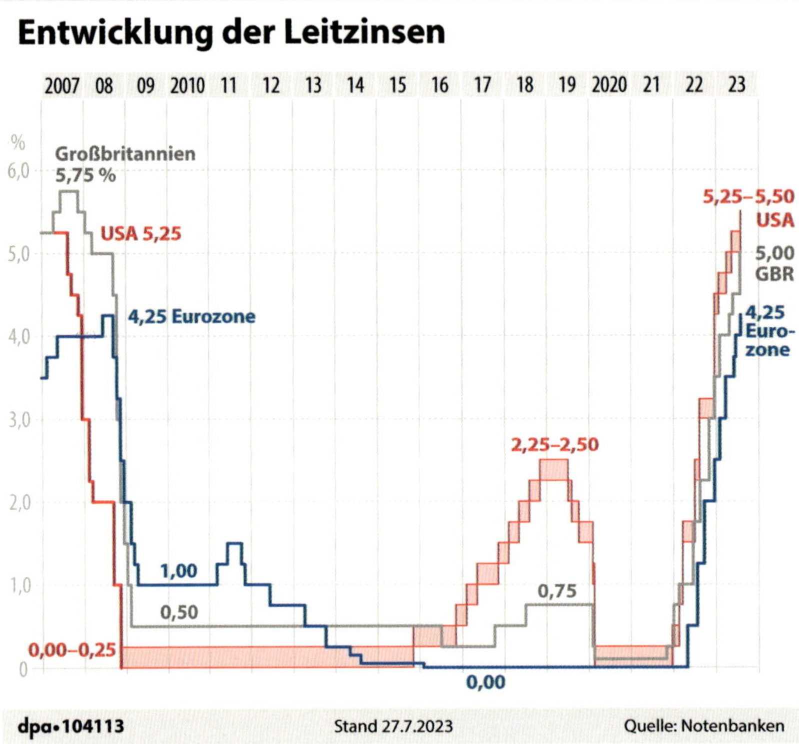

a) Erläutern Sie den Begriff Leitzinsen.

b) Welche Auswirkungen hat eine Erhöhung der Leitzinsen auf die Sparzinsen und die Kreditzinsen?

c) Beschreiben Sie die Entwicklung des Leitzinses in der Eurozone von 2007 bis 2023.

d) Stellen Sie einen Bezug zwischen der Veränderung des Leitzinssatzes und der konjunkturellen Situation in der Europäischen Union in den letzten fünf Jahren dar. Vergleichen Sie dazu die Entwicklung des Leitzinses und des Bruttoinlandsprodukts.

6.3 Grenzen der Geldpolitik diskutieren

6.3.1 Lernsituation

Geldpolitik in der Ukraine-Krise

In der Folge des Angriffs der russischen Truppen auf die Ukraine im Februar 2022 kam es zu einem Ausfall der Gasversorgung nach Europa. Diese unsichere Energiesituation führte nicht nur zu einem Anstieg der Gas-, Strom- und Rohölpreise, sondern auch die Lebensmittel und Immobilien wurden teurer. In Deutschland stiegen die Verbraucherpreise von 0,5 % im Jahr 2020 auf 7 % im Jahr 2022.

Die EZB als Träger der Finanzstabilität in der Eurozone war gezwungen zu handeln, denn die hohen Rohstoff- und Energiepreise stellten eine Gefahr für das Wirtschaftswachstum und die Konjunkturaussichten in Europa dar. Für den EZB-Rat handelte es sich um eine sehr schwerwiegende Entscheidung zwischen einer nachgiebigen, gleichbleibenden und einer straffen Geldpolitik.

Namhafte Volkswirte befürchteten nämlich bei einer straffen Geldpolitik eine Stagflation, also ein rückläufiges Wirtschaftswachstum (Stagnation), bei gleichzeitig deutlich steigenden Preisen (Inflation). Einerseits forderten Unternehmensverbände und Banken eine straffe Geldpolitik und eine Zinswende, andererseits durfte die Erholung der Wirtschaft nach der Corona-Pandemie nicht gefährdet werden. Für die südeuropäischen Schuldenstaaten würde ein Zinsanstieg nur große Probleme mit sich bringen.

Am 21. Juli 2022 entschloss sich die EZB zu einer Zinswende also einer straffen Geldpolitik. Vor diesem Datum lag der Leitzins jahrelang bei null und wurde danach in 10 Schritten auf 4,5 % angehoben. In der Folge sank die Inflationsrate im Jahr 2023 kontinuierlich und erreichte im März 2024 die Marke von 2,2 %.

6.3.2 Arbeitsaufträge zur Lernsituation

1. Beschreiben Sie die gesamtwirtschaftliche Ausgangslage, im Ukraine-Krisenjahr 2022.
2. Welche Probleme ergeben sich für die EZB und welche Ziele verfolgt sie?
3. Welche Maßnahme ergreift die Zentralbank, um das gesteckte Ziel zu erreichen?
4. Die EU-Länder, die den Euro noch nicht eingeführt haben, schließen sich normalerweise der Geldpolitik der EZB an. Begründen Sie diese Verhaltensweise.

7 Finanzpolitik erläutern

7.1 Staatshaushalt und Stabilitätspakt schildern

7.1.1 Lernsituation

Finanzierung der Staatsaufgaben

„‚Soll ein Land glücklich sein, will der Fürst geachtet werden, so muss er unbedingt Ordnung in seinen Finanzen haben. Noch nie hat eine arme Regierung sich Ansehen verschafft.' Was Friedrich der Große 1752 in seinem politischen Testament seinen Nachfolgern als Mahnung hinterließ, hat zweieinhalb Jahrhunderte nichts an Aktualität eingebüßt: Sparsamkeit und Ordnung in den Ausgaben, die der preußische König von einem Herrscher verlangte, sind auch in der modernen parlamentarischen Demokratie nicht selbstverständlich. [...]

In einer marktwirtschaftlichen Ordnung, die auf dem eigenständigen Handeln von Produzenten und Verbrauchern, auf Wettbewerb und freier Preisbildung beruht, unterliegen finanzwirtschaftliche Aktivitäten des Staates einem besonderen Begründungszwang. Die Bereitstellung von Gütern und Dienstleistungen ist grundsätzlich dem Markt überlassen. Dem Staat wird die Verantwortung für die Infrastruktur zugewiesen, das heißt beispielsweise für Verkehrswege, die Energieversorgung, das Telefonnetz, Abfall- und Abwasserbeseitigung, Schulen, Kindergärten, Krankenhäuser und Sportstätten. Der Staat unterstützt hilfsbedürftige Bürger, etwa in Form von Sozialhilfe, indem er die Verteilung von Einkommen und Vermögen, die sich am Markt ergibt, korrigiert. Und der Staat versucht, durch seine Einnahmen- und Ausgabenpolitik die konjunkturellen Schwankungen zu glätten und auf ein gesamtwirtschaftliches Gleichgewicht hinzuwirken."

Quelle: Jürgen Jeske und Hans D. Barbier: So nutzt man den Wirtschaftsteil einer Tageszeitung. Daten und Fakten der deutschen Wirtschaft. 2. Auflage. Frankfurt: Societäts-Verlag 1995, S. 108 ff.

7.1.2 Arbeitsaufträge zur Lernsituation

1. a) Was versteht man unter Finanzpolitik?
   b) Worin unterscheiden sich Finanz- und Fiskalpolitik?
   c) Welche Aufgaben hat die Finanzpolitik in einer modernen Volkswirtschaft zu erfüllen?
   d) Definieren Sie Gebühren, Beiträge und Steuern und nehmen Sie diese Begriffe in Ihr Glossar (Erklärungswörterbuch) auf.
   e) Beschreiben Sie ausführlich die Einnahmen und Ausgaben der öffentlichen Hand.
   f) Nennen Sie Beispiele für Aufgabenschwerpunkte von Bund, Ländern und Gemeinden.
   g) Welche Haushaltspolitik empfiehlt der preußische König Friedrich der Große seinen Nachfolgern? Wird diese Politik in unserer Zeit verwirklicht? (Begründung)
2. **„Gesunde öffentliche Finanzen" laut Stabilitätspakt**

   Die Europäische Zentralbank soll die Stabilität des Euro sichern. Dies kann ihr jedoch nur gelingen, wenn die „Euroländer" ihre Finanzpolitik anpassen. Art. 104 des EG-Vertrags legt deshalb fest, dass die EU-Mitgliedstaaten übermäßige Defizite in ihren öffentlichen Haushalten vermeiden müssen. Der Begriff „übermäßiges Defizit" wurde durch den Stabilitäts- und Wachstumspakt 1997 näher bestimmt. Als Grenzwerte gelten grundsätzlich eine jährliche Nettoneuverschuldung von 3 % des BIP sowie ein Stand der Staatsschulden von 60 % des BIP. Diese Werte

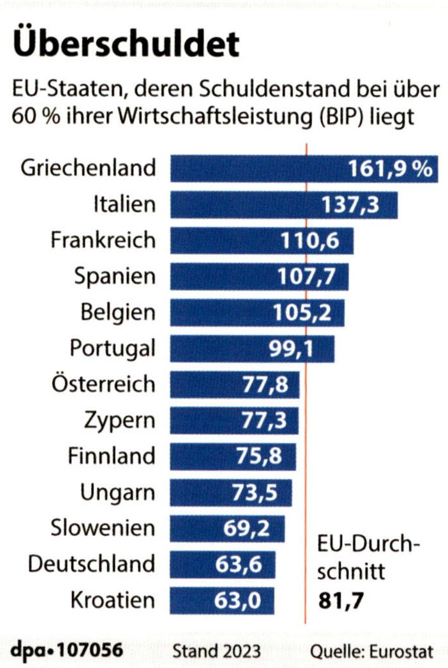

dürfen kurzfristig überschritten werden, wenn bestimmte Ausnahmen vorliegen (außergewöhnliche Geschehnisse). „Defizitsündern" drohen Bußgelder, die der EU-Rat nach einem förmlichen Verfahren verhängt.

a) Warum wurde der Stabilitäts- und Wachstumspakt der Europäischen Union beschlossen?
b) Beschreiben Sie die Situation der Schuldenstände der EU-Staaten.
c) Suchen Sie nach Gründen für die unterschiedlich hohen Schuldenstände.
d) Vergleichen Sie die Geldpolitik der EZB und die Finanzpolitik der Mitgliedstaaten nach folgenden Kriterien (in Schema eintragen): Ziele, Träger, Maßnahmen (Instrumente), Probleme.

7.2 Staatsverschuldung und Staatsquote deuten

7.2.1 Lernsituation

Das „Gesetz der wachsenden Staatstätigkeit"

Das „Wagnersche Gesetz"

„... Vergleiche zeigen, daß bei fortschreitenden Culturvölkern ... regelmäßig eine Ausdehnung der Staatsthätigkeiten ... erfolgt. ... Der Staat ... hört immer mehr auf, einseitig Rechtsstaat, im Sinne der möglichst alleinigen Verwirklichung des Rechts- und Machtzweckes, zu sein und wird immer mehr Cultur- und Wohlfahrtsstaat, in dem Sinne, daß gerade seine Leistungen auf dem Gebiet des Cultur- und Wohlfahrtszweckes sich beständig mehr ausdehnen ..."

Quelle: Hansebooks GmbH ISBN 978-3-7446-0696-7, 2017: Adolph Wagner: Grundlegung der politischen Ökonomie (1876). 3. Auflage. Leipzig 1892, S. 893, 888.

Die Messung der Staatsausgaben durch die Staatsquote

Welche Zahlen werden verwendet?

Die Beurteilung des Umfangs der staatlichen Aktivität wird je nach der zu ihrer Messung gewählten Zahlen unterschiedlich ausfallen. Es können

- absolute Zahlen (z. B. Staatsausgaben in Mrd. Euro) oder
- relative Zahlen, also das Verhältnis verschiedener Zahlen, in Prozent ausgedrückt (z. B. die Staatsausgaben verhalten sich zum Bruttoinlandsprodukt 2023 wie 51,3 zu 100 %),

betrachtet werden.

Absolute Zahlen geben nur Hinweise zur Entwicklung staatlicher Aktivität eines Staates im Zeitablauf. Sie sind wenig aussagekräftig, weil man keine zwischenstaatlichen Vergleiche anstellen kann, ohne andere Angaben (Einwohnerzahl, BIP o. a.) einzubeziehen. Aus diesen Gründen ist die Benutzung von relativen Zahlen, also das Verhältnis verschiedener Zahlen, in Prozent ausgedrückt (= Quoten), üblich.

Was sagt die „Staatsquote" aus?

Für die Einschätzung der Staatstätigkeit wird meist die „Staatsausgabenquote", häufig nur „Staatsquote" genannt, benutzt. Sie bezeichnet das Verhältnis aller Staatsausgaben zum BIP, in Prozent ausgedrückt.

Formel Staats(ausgaben)quote:

$$\frac{\text{Staatsausgaben in Mrd. Euro}}{\text{BIP in Mrd. Euro}} \cdot 100\,\% = x\,\%$$

Vorsicht bei der Auslegung der Staatsquote: Man kann …

- **nicht** sagen, dass der Staat im Jahr 2020 51,3 % des BIP für sich verwendet hat,
- **nur** sagen, dass 2020 51,3 % des BIP durch die öffentlichen Hände geflossen sind.

Wieso ist die erste Aussage falsch? Der Grund liegt darin, dass die Staatsausgaben neben dem Staatsverbrauch (C_{St}) und den staatlichen Bruttoinvestitionen (I_{St}^{br}) noch die Übertragungen (= Transfers an private Haushalte Z_H, Subventionen an Unternehmen Z_U) beinhalten. Bei der Ermittlung der Staatsausgabenquote stehen über dem Bruchstrich Übertragungen bei den Staatsausgaben, die unter dem Bruchstrich beim BIP bei der Verwendung der Unternehmen und Haushalte auftreten. Die Übertragungen werden doppelt gezählt: bei den Staatsausgaben und bei den privaten Ausgaben.
Die Summe von Staatsausgabenquote und Quote der privaten Ausgaben ist daher größer als 100 % des BIP. Die Staatsausgabenquote weist also nicht aus, welchen Anteil des BIP der Staat für sich in Anspruch nimmt, deshalb wird sie auch als „unechte" Quote bezeichnet. Obwohl die Staatsquote leicht missverstanden werden kann, ist sie die wichtigste Maßzahl für die Staatstätigkeit in Meldungen und Statistiken. Also: Staatsquote richtig deuten!

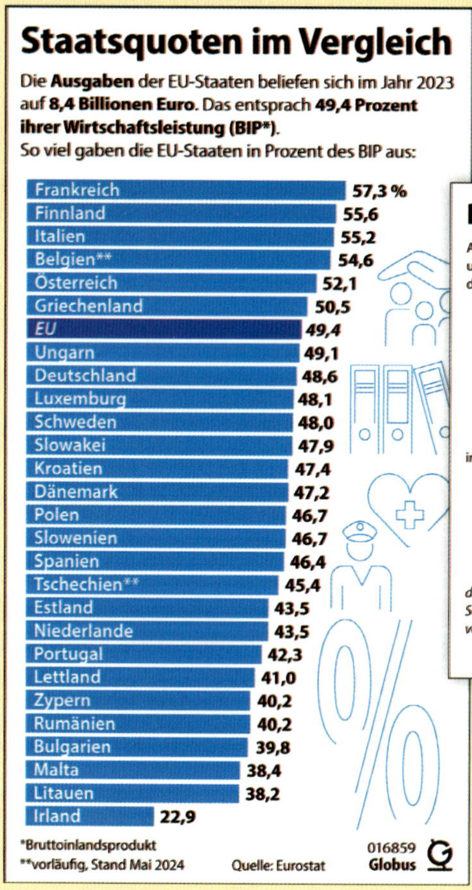

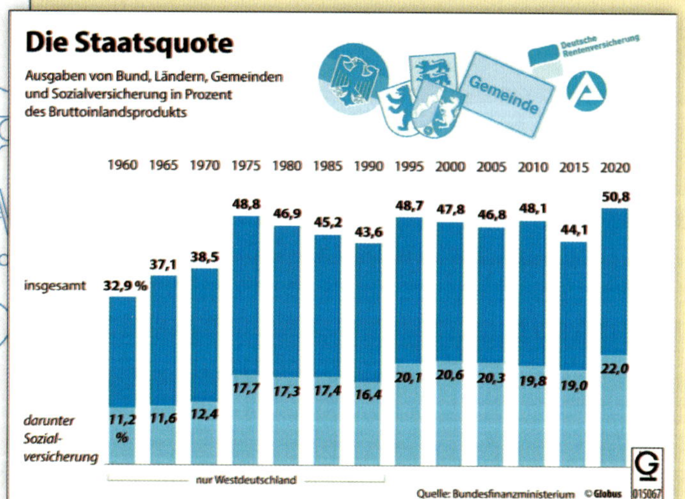

7.2.2 Arbeitsaufträge zur Lernsituation

1. a) Welche zwei Tätigkeitsschwerpunkte des Staates spricht Wagner an? Nennen Sie jeweils zwei Beispiele.
   b) Welche Behauptung stellt Wagner auf?
   c) Beschreiben Sie die Entwicklung der Staatsquote in Deutschland seit 1990.
   d) Übernehmen Sie die Übersicht in Ihre Unterlagen und füllen Sie die Lücken aus (Word-Vorlage, siehe Download-Bereich). Web

Vergleich BIP – Staatsausgaben

<table>
<tr><td></td><td></td><td></td><td colspan="3">Staatsausgaben</td></tr>
<tr><td></td><td></td><td></td><td>……………
……………
……………
……………
(I^{br}_{St})</td><td>Staatsverbrauch (C_{St})</td><td>Übertragungen (Transfers an private Haushalte, …………… an Unternehmen)</td></tr>
<tr><td>……………
……………
……………
(Ex – Im)</td><td>……………
Verbrauch (C_H)</td><td>Bruttoinvestitionen der
……………
……………
(I^{br}_{u})</td><td>Bruttoinvestitionen des Staates (I^{br}_{St})</td><td>……………
……………
(C_{St})</td><td></td></tr>
<tr><td colspan="5">Bruttoinlandsprodukt von der Verwendungsseite</td><td></td></tr>
</table>

   e) Übernehmen Sie die Tabelle in Ihre Unterlagen.
      ea) Hat sich das Wagnersche Gesetz für diese Staaten für 2025 im Vergleich zu 1960 bestätigt?
      eb) Welche Länder hatten 2025 die höchste bzw. niedrigste Staatsquote? Können Sie sich erklären, wieso?

Staatsquote in % vom BIP für	1960	2025
Frankreich	22,1	56,0
Großbritannien	32,6	43,6
Schweden	31,1	48,4
USA	27,6	39,2
Bundesrepublik Deutschland	32,5	47,8

Vgl.: Bundesministerium der Finanzen (Hrsg.): BMF-Monatsbericht April 2024. Staatsquoten im internationalen Vergleich. In: https://www.bundesfinanzministerium.de/Monatsberichte/Ausgabe/2024/04/Inhalte/Kapitel-6-Statistiken/6-1-22-staatsquoten-im-internationalen-vergleich.html [18.03.2025].

   f) Wie wird sich die Situation Deutschlands in Zukunft entwickeln? Geben Sie in Ihrer Prognose jeweils eine mögliche Tendenz (↗ ↘ ↑ ↓ =) und eine entsprechende Begründung an.

Kennzahl	Tendenz
Staatsausgaben	
BIP	
Staatsquote	

2. Staatsverschuldung

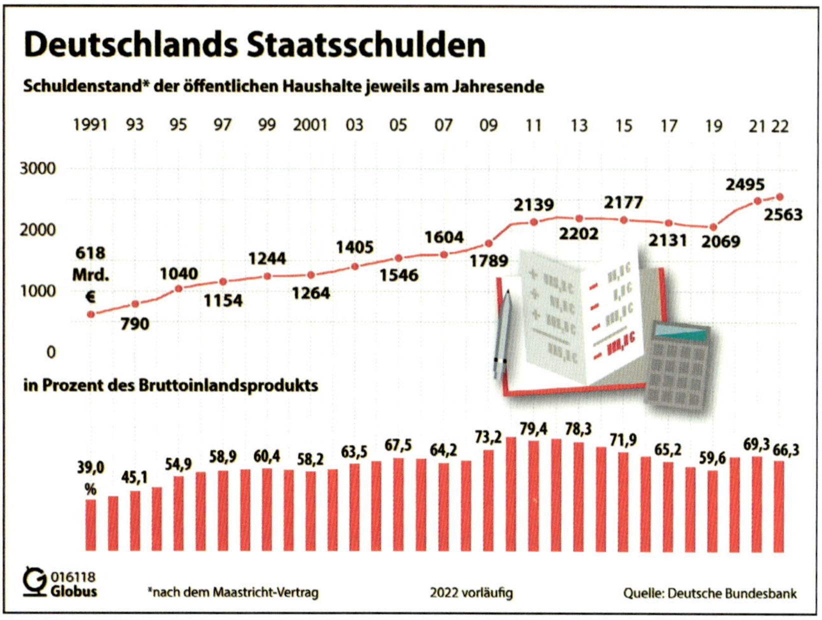

a) Erläutern Sie die wesentlichen Gründe, die zu der hohen Staatsverschuldung in der Bundesrepublik Deutschland geführt haben.

b) Beschreiben Sie die gesetzlichen und die ökonomischen Grenzen der Staatsverschuldung.

c) Beschreiben und begründen Sie die Entwicklung der Staatsschulden von 2008/2009 bis 2022.

d) Berechnen Sie die Pro-Kopf-Verschuldung in Deutschland (Einwohnerzahl 84 Mio.) und reflektieren Sie ihre Höhe.

3. Bundeshaushalt

a) Entnehmen Sie dem Internet oder anderen Medien aktuelle Informationen über Einnahmen und Ausgaben im Bundeshaushalt der Bundesrepublik Deutschland.

b) Interpretieren Sie die Entwicklung der Gesamtausgaben des Bundeshaushalts in den letzten Jahren.

c) Beschreiben Sie die Höhe der wichtigsten Ausgabenposten und analysieren Sie kritisch die Probleme. Welche Maßnahmen könnten getroffen werden, um diese „Schieflage" zu beheben?

d) Erklären Sie die Entwicklung der Nettokreditaufnahme in den letzten Jahren.

e) Nehmen Sie an, zur Ankurbelung einer Wirtschaft wird über mehrere Konjunkturzyklen hinweg das Instrument der kreditfinanzierten Finanzpolitik eingesetzt. Nennen Sie mögliche negative Auswirkungen dieser Wirtschaftspolitik.

221065464

7.3 Staatliches Handeln und soziale Kosten bewerten

7.3.1 Lernsituation

Alkohol? Weniger ist besser!

„Alkohol macht aus der Leber Hackfleisch und aus unserem Gehirn ein Sieb!" (Titel Bild-Zeitung)

In Deutschland ist Alkohol eine gesetzlich erlaubte und gesellschaftlich akzeptierte Droge. Zum geselligen Leben gehört Alkoholkonsum dazu: auf Geburtstagspartys, Hochzeiten, beim Ein- und Ausstand am Arbeitsplatz, bei der Weihnachtsfeier. Auch allein oder zu zweit wird gern mal einer „gehoben": ein Glas Sekt zum Anstoßen, ein Schluck Wein zum Essen, ein Schnaps zum Verdauen, ein Feierabend-Bier zum Absacken. Solange es bei einem Gläschen bleibt ... – das ist aber oft genug nicht der Fall.

Betrunkene verursachen Verkehrsunfälle, Gelegenheitstrinker werden alkoholkrank, Süchtige müssen in Behandlung oder zu Entziehungskuren, Alkoholmissbrauch führt zu Arbeitsausfall bis hin zu dauernder Arbeitsunfähigkeit, ungeborene Kinder werden im Mutterleib geschädigt und mit Untergewicht geboren, Jugendliche halten „Komasaufen" (binge drinking) für cool und schädigen ihren in der Entwicklung befindlichen Körper. Das sind nur einige Beispiele.

Klare Gewinner des Alkoholkonsums sind die Anbieter: Sektkellereien, Brauereien, Winzer, Brennereien. Die Alkoholherstellung gehört zu den großen Industriezweigen Europas.

Auch die Werbebranche profitiert. Die Werbeaufwendungen für alkoholische Getränke in Fernsehen, Rundfunk, Plakatwerbung und Zeitungen/Zeitschriften erreichen bedeutende Summen.

Verlierer sind wir alle. Wenn bei der Produktion oder dem Gebrauch eines Produktes Schäden entstehen, die nicht der Verursacher zahlt, sondern Dritte, spricht man von externen Kosten. Da diese Auswirkungen nicht im Markt bzw. Preis des Gutes – also intern – berücksichtigt werden, heißen sie auch negative externe Effekte. Von sozialen Kosten spricht man, wenn Wohlfahrtsverluste für die Gesellschaft entstehen, die in keiner volkswirtschaftlichen Gesamtrechnung erscheinen.

Zu diesen sozialen Kosten einige Fakten:

- **Die Deutschen trinken zu viel:** Der Gesamtverbrauch an alkoholischen Getränken stieg im Jahr 2022 gegenüber dem Vorjahr (2021: 118,5 l) um 1,4 % (1,6 l) auf 120,1 l Fertigware pro Kopf der Bevölkerung.

  Quelle: Vgl. https://www.spirituosen-verband.de/fileadmin/user_upload/04-presse/downloads/BSI-Datenbroschuere_2023.pdf [11.07.2025], S. 11

- **Krankheit und Tod durch Alkohol:** Alkohol macht abhängig und verursacht nicht nur Krankheiten wie Leberzirrhose oder Bauchspeicheldrüsenentzündungen, sondern ist für weitere 200 Krankheiten und Störungen verantwortlich, z. B. Immunstörungen, Krankheiten des Knochenbaus und der Muskulatur, geistige Störungen, vorgeburtliche Schädigungen, einschließlich Frühgeburten und niedrigem Geburtsgewicht. Embryo und Fötus werden durch das Zellgift Alkohol und seinem Stoffwechselabbauprodukt Acetaldehyd unmittelbar und schwer geschädigt.

  Experten rechnen Alkoholkonsum zu den weltweiten „Top Ten" der Krebsrisikofaktoren. Acetaldehyd ist krebserregend. Besonders häufig sind durch Alkohol verursachte Tumore im oberen Verdauungstrakt (Speiseröhre, Mundhöhle und Rachenraum), an der Leber und im Dickdarm sowie bei Frauen in der Brust.

  Die Kosten des Alkoholkonsums in Deutschland bestehen zum einen aus den direkten Kosten für das Gesundheitssystem wie Behandlungskosten beim Arzt, Krankenhausaufenthalt und Medikamenten. Andererseits gibt es auch indirekte Kosten wie z.B. Produktionsausfall durch krankheitsbedingte Arbeitsunfähigkeit, Arbeitslosigkeit und Frühverrentung.

- **Straftaten durch Alkohol:** Alkoholkonsum wirkt direkt auf die körperlichen und geistigen Funktionen des Menschen. Aufgrund reduzierter Selbstkontrolle reagieren Alkoholtrinkende in Konfrontationen eher gewalttätig als Menschen, die keinen Alkohol getrunken haben. Kinder und Jugendliche sind von Gewalt im familiären Bereich betroffen, direkt oder indirekt, wenn sie Gewaltszenen miterleben. Um die Gewalt des Partners besser ertragen zu können, beginnen einige Frauen selbst zu trinken und werden so wiederum leichter Zielscheibe für Gewalt.

- **Alkohol am Steuer:** Welche Sanktionen zieht Alkohol am Steuer nach sich? Das Übertreten der 0,5-Promillegrenze wird mit einem Bußgeld von 500,00 €, zwei Punkten und einem Fahrverbot von einem Monat geahndet. Dasselbe gilt bei einem Wert ab 0,3 Promille und einer auffälligen Fahrweise. Ein Verstoß gegen die 0-Promillegrenze in der Probezeit zieht ein Bußgeld von 250,00 € und einen Punkt im Fahreignungsregister nach sich.

Welche Promillegrenze gilt in Deutschland? Für Fahranfänger und Fahranfängerinnen, die sich in der Probezeit befinden und für Fahrzeugführer und Fahrzeugführerinnen unter 21 Jahren gilt ein absolutes Alkoholverbot am Steuer (siehe hierzu: https://www.bussgeldkataloge.de/probezeit/). Für die übrigen Verkehrsteilnehmer und Verkehrsteilnehmerinnen gilt die 0,5-Promillegrenze.

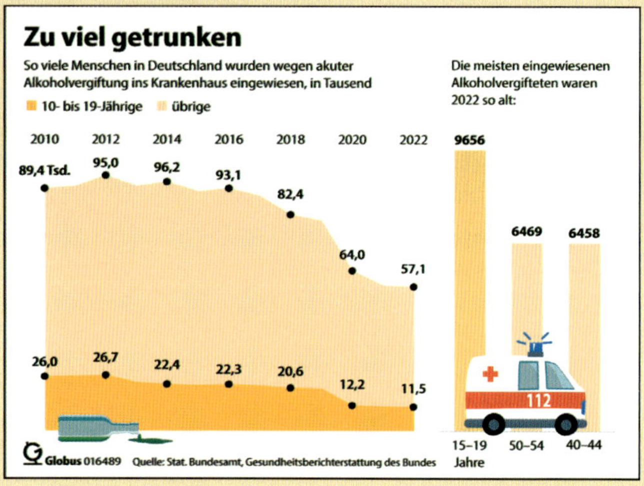

Kann Alkohol am Steuer eine Straftat sein? Der Straftatbestand „Trunkenheit am Steuer" ist grundsätzlich ab einem Wert von 1,1 Promille erfüllt. Er kann aber auch bei einem geringeren Wert verwirklicht werden, wenn der Fahrer oder die Fahrerin nicht mehr in der Lage ist, das Fahrzeug sicher zu führen.

Der Preis des Gutes, der nur die privaten Kosten berücksichtigt, müsste um die sozialen Kosten erhöht werden. Dies könnte z. B. durch Steuern geschehen. Der Staat nimmt mit seinen Steuern zwar schon am Geschäft mit dem Rausch teil. 2020 wurde aus der Alkoholsteuer 2.000 Mio. €, der Biersteuer 500 Mio. € und der Steuer auf Schaumwein 360 Mio. € vereinnahmt. 15 Mio. € erbrachte die Alkopopsteuer, die Mischdrinks aus Softdrinks und Alkohol besteuert. Die Steuern müssten aber so erhöht werden, dass sie den sozialen Kosten entsprechen. Dadurch wird erreicht, dass der negative externe Effekt internalisiert wird, d. h. der Marktpreis die sozialen Kosten beinhaltet.

7.3.2 Arbeitsaufträge zur Lernsituation

1. a) Begründen Sie, warum Alkoholkonsum das Bruttoinlandsprodukt erhöht.
   b) Auch die negativen externen Effekte bzw. sozialen Kosten des Alkoholgenusses gehen häufig in das BIP positiv ein. Erläutern Sie ein Beispiel.
   c) Ermitteln Sie, welche Alkoholsteuern in Deutschland existieren.
   d) Finden Sie weitere Beispiele für soziale Kosten bzw. negative externe Effekte, die durch die Produktion anderer Sachgüter oder Dienstleistungen entstehen.
2. **Ökosteuer**

   Ein Beispiel für den Versuch, externe Effekte in den Marktpreis einzubeziehen, d. h. zu internalisieren, ist die sogenannte Ökosteuer.
   a) Informieren Sie sich über die Ökosteuer mithilfe geeigneter Quellen und erfassen Sie wesentliche Eckpunkte: Um welche Steuern handelt es sich, seit wann werden sie erhoben?
   b) Erläutern Sie die oben stehende Aussage.
   c) Warum wird die Ökosteuer als sozial ungerecht kritisiert?

221065466

8 Außenwirtschaftspolitik und Globalisierung interpretieren

8.1 Außenhandel und Außenwirtschaftspolitik erläutern

8.1.1 Lernsituation

Strukturelle Veränderungen im Welthandel

Zunehmende Handelsverflechtungen führen zu strukturellen Veränderungen, wovon zwei besonders gravierend sind:

1. In den ersten Jahrzehnten des 20. Jahrhunderts importierten die großen Industrienationen vor allem Rohstoffe und exportierten Fertigprodukte. Die Handelsverflechtungen der führenden Volkswirtschaften untereinander waren deshalb noch relativ gering. In den letzten Jahrzehnten gingen die Industrienationen bevorzugt zu Im- und Exporten von Fertigprodukten über. Während in früheren Jahren überwiegend Waren im- und exportiert wurden, die im jeweiligen Land nicht hergestellt werden konnten, werden heute auch Produkte, die sich von den Erzeugnissen der landeseigenen Hersteller kaum unterscheiden, in beide Richtungen gehandelt. So sind im deutschen Handel z. B. Pkws, Haushaltsgeräte, Computer und Handys aus den USA, Japan oder China zu finden und umgekehrt werden vergleichbare Produkte aus deutscher Fertigung auch in diese Länder exportiert. Dieser sogenannte intra-industrielle Handel findet vor allem zwischen den reichen Industrieländern statt. Vereinfacht kann man heute sagen, dass fast alle Produkte überall erhältlich sind.

Hierfür gibt es einige Gründe: Die Verbraucher haben inzwischen nahezu unbegrenzte Informationsmöglichkeiten und fragen gezielt nach Waren mit bestimmten Eigenschaften nach. Hierzu zählt neben technischen und optischen Merkmalen oftmals auch das Image. „Made in Germany“ steht in vielen Ländern für eine hohe Verarbeitungsqualität und Zuverlässigkeit von Pkws, Haushaltsgeräten und auch Produktionsmaschinen. Im Gegenzug gelten Handys und Computer aus amerikanischer oder japanischer Fertigung hierzulande als besonders innovativ. Im Zuge der internationalen Arbeitsteilung lassen viele Hersteller inzwischen komplette Baugruppen in asiatischen, südamerikanischen oder osteuropäischen Ländern fertigen, da sich diese auf kostengünstige Großserienfertigungen spezialisiert haben.

2. Seit Beginn des 21. Jahrhunderts ist der industrielle Aufstieg einiger Schwellenländer zu beobachten. So entwickelte sich beispielsweise Brasilien vom Agrarstaat zu einer aufstrebenden Industrienation. Weitere Länder sind Südafrika, Mexiko und Malaysia.

8.1.2 Arbeitsaufträge zur Lernsituation

1. Erläutern Sie klassische Gründe, warum Länder in einen wirtschaftlichen Austausch treten.
2. Beschreiben Sie anhand des Textes weitere Ursachen für wachsende Handelsverflechtungen.
3. Erklären Sie die Merkmale des Handels zu Beginn des 20. Jahrhunderts und heute.
4. Was versteht man unter Industrieländern, Schwellenländern, Entwicklungsländern, Dritter Welt?
5. Außenhandelsbeziehungen entstehen nicht nur bei Investitionsgütern, sondern auch bei Konsumgütern. Belegen Sie diese Aussage.
6. Der Handel zwischen den Ländern erfordert Regelungen für den Austausch. Definieren Sie in diesem Zusammenhang folgende Begriffe und nehmen Sie diese in Ihr Glossar (Erklärungswörterbuch) auf: Sorten, Devisen, Devisenbörse, Wechselkurs.
7. Ein deutscher Autoimporteur bezieht aus den Vereinigten Staaten Fahrzeuge. Er vereinbart mit seinem Geschäftspartner Bezahlung in US-Dollar bei Übergabe. Erläutern Sie die Abwicklung dieses Geschäfts.

8.1.3 Aufgaben

1. **Wirkungen flexibler Wechselkurse (siehe Grafik auf der folgenden Seite)**
   a) Interpretieren Sie die Entwicklung des Euro-Wechselkurs in Dollar von 2014 bis 2022.
   b) Erläutern Sie den Einfluss eines fallenden (steigenden) Eurokurses auf die Exporte und Importe der deutschen Wirtschaft.

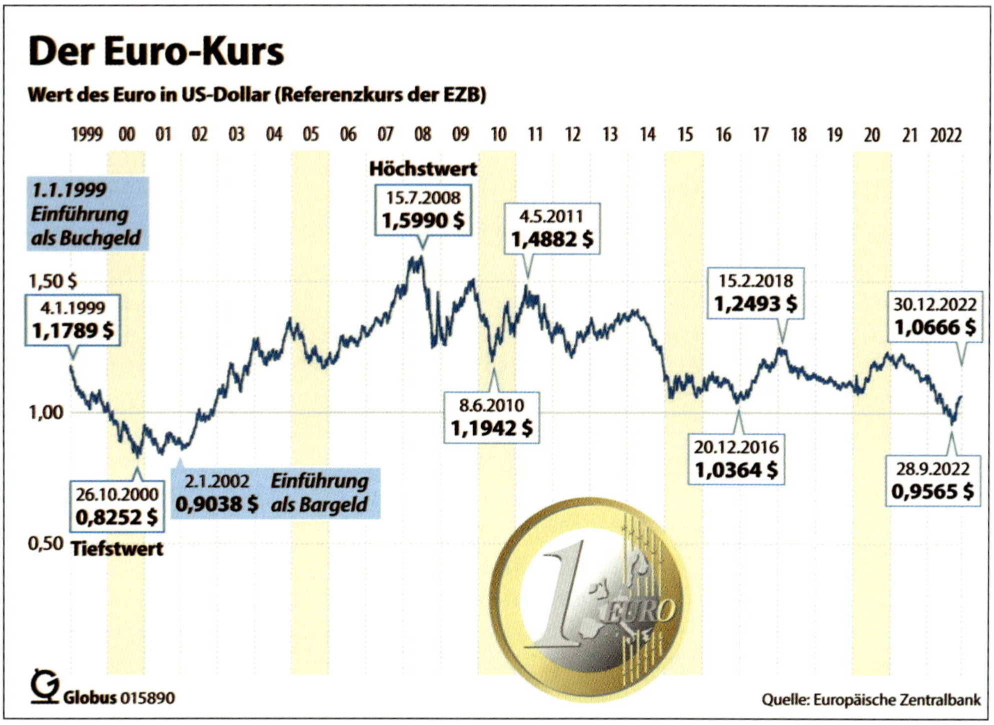

2. Wechselkursänderung bei einem Exportgeschäft

Ein mittelständischer Betrieb aus dem Erzgebirge verkauft im September in die USA kunsthandwerklichen Weihnachtsschmuck im Gesamtwert von 100.000,00 €, zahlbar im Dezember in US-Dollar. Legen Sie bei den Berechnungen die folgenden Wechselkurse zugrunde: Am 29.08.2022 ein Kurs von 1 USD = 1,00; am 28.09.2022 ein Kurs von 1 USD = 0,95 €..

a) Was wird der Betrieb im Erzgebirge mit den USD tun, wenn er den Erlös für Lohnzahlungen und die Deckung sonstiger Kosten dringend benötigt?

b) Wie viel hätte der amerikanische Importeur im August für die Lieferung bezahlen müssen, wenn er die Rechnung sofort beglichen hätte?

c) Wie viel muss er im September tatsächlich zahlen? Wie viel mehr bzw. weniger muss er aufwenden?

d) Wird er bei weiter sinkendem Wechselkurs eher mehr oder weniger aus Deutschland importieren?

3. Begriffspuzzle Außenwirtschaft

Ordnen Sie die jeweils richtige/-n Nummer/-n zu.

Aufwertung =	Währung =
Devisen =	Fester Wechselkurs =
Wechselkurs =	Devisenmarkt =
Abwertung =	Floating =

1. Bezeichnung für die Anpassungsprozesse bei freien Wechselkursen
2. Ein Beispiel dazu: vorher 1,00 € = 1 USD, nachher 1,50 € = 1 USD
3. Der Gegensatz dazu ist der freie Wechselkurs.
4. Der Außenwert der Währung ist gestiegen.
5. gesetzlich geschaffene Geldordnung, Einheit in Deutschland: Euro

221065468

6. tatsächlicher (Börse) oder gedachter Ort (Internet im Interbankenhandel), an dem Angebot und Nachfrage nach ausländischer Währung aufeinandertreffen
7. Ein Beispiel dazu: vorher 1,00 € = 1 USD, nachher 0,70 € = 1 USD
8. das Austauschverhältnis zwischen in- und ausländischer Währung (z. B. Anzahl ausländischer Währungseinheiten für eine Einheit inländischer Währung: $ pro €)
9. Der Außenwert der Währung ist gesunken.
10. ein Wechselkurssystem mit bestimmtem Paritätskurs
11. Ansprüche auf Zahlungen in ausländischer Währung (Sichtguthaben bei ausländischen Geschäftsbanken in ausländischer Währung, ausländische Schecks)

4. **Welthandel**

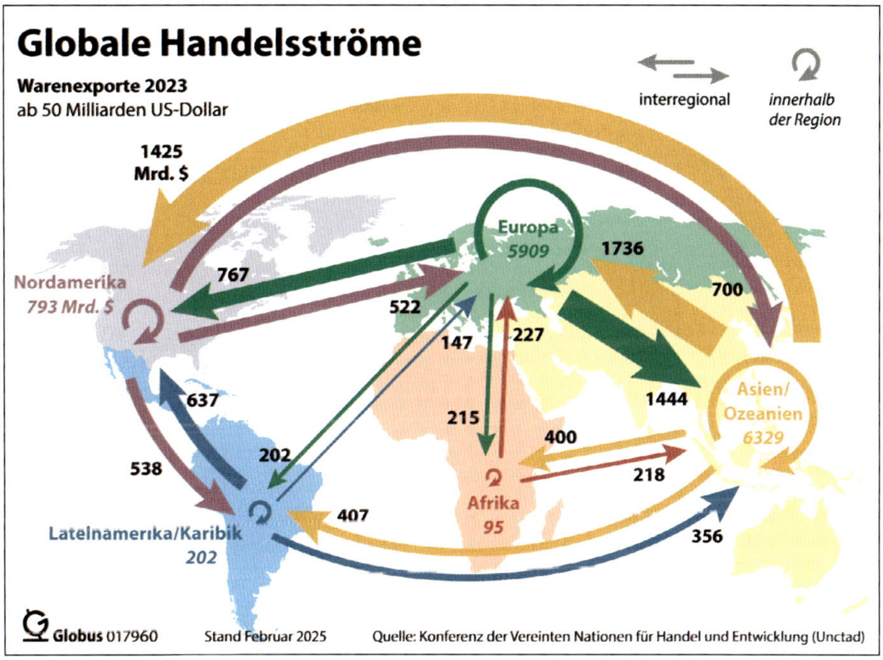

a) Interpretieren Sie die obige Grafik nach folgenden Gesichtspunkten:
   - Handel innerhalb der Regionen
   - Handel in andere Weltregionen
b) Suchen Sie nach Gründen für diese Tatsachen.
c) Gehen Sie besonders auf die Welthandelsverflechtungen zwischen Westeuropa und Asien sowie Afrika ein.

5. **Überblick zur Wirtschaftspolitik**

a) Entwickeln Sie ein Schema, das in der horizontalen Leiste die Arten der Wirtschaftspolitik (Beschäftigungspolitik, Geldpolitik, Finanzpolitik, Außenwirtschaftspolitik) enthält.
   Tragen Sie in die vertikale Leiste die Begriffe Träger, Ziele, Instrumente und Probleme ein.
   Füllen Sie das Schema auf.
b) Informieren Sie sich ausführlich über die aktuelle wirtschaftliche Situation in der Bundesrepublik Deutschland (z. B. anhand des Geschäftsberichts der Deutschen Bundesbank oder des Jahresgutachtens des Sachverständigenrats).
   Beschreiben Sie so weit wie möglich den derzeitigen Einsatz der Instrumente der Wirtschaftspolitik.

8.2 Zahlungsbilanz analysieren

8.2.1 Lernsituation

Aufbau und Entwicklung der Zahlungsbilanz in Deutschland

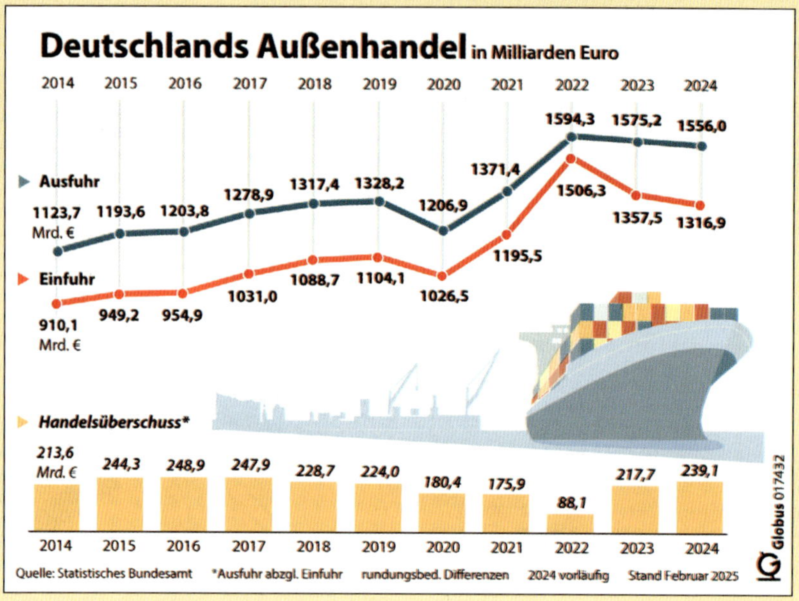

Die Zahlungsbilanz einer Volkswirtschaft registriert alle wirtschaftlichen Transaktionen, also den Austausch von Sachgütern, Dienstleistungen und finanziellen Ansprüchen, die innerhalb eines Jahres zwischen Inland und Ausland vorgenommen werden.

Grundsätzlich ist zwischen dem Leistungsverkehr und dem Kapitalverkehr mit dem Ausland zu unterscheiden. Die Leistungsbilanz als Teil der Zahlungsbilanz erfasst alle Bezüge und Lieferungen im grenzüberschreitenden Warenhandel und Dienstleistungsverkehr, die Erwerbs- und Vermögenseinkommen, die über die Grenzen zu- oder abfließen, und die laufenden Übertragungen zwischen In- und Ausland. Als besonderer Posten neben der Leistungsbilanz werden die „einmaligen" Vermögensübertragungen wie Schuldenerlasse, Erbschaften oder bestimmte Investitionszuschüsse verbucht.

Der Kapitalverkehr mit dem Ausland – die Aufnahme oder Gewährung von Krediten, die Wertpapiergeschäfte und der Erwerb von Eigentumsrechten an Unternehmen und Grundstücken – schlägt sich in der Kapitalbilanz nieder. Finanziellen Charakter hat auch die Veränderung des Bestands an Währungsreserven bei der Bundesbank. Sie wird jedoch getrennt von der Kapitalbilanz in der sogenannten Vermögensbilanz dargestellt.

8.2.2 Arbeitsaufträge zur Lernsituation

1. Informieren Sie sich mithilfe des Grundlagenbands (auch beim Thema wirtschaftspolitische Ziele der sozialen Marktwirtschaft: außenwirtschaftliches Gleichgewicht) sowie sonstiger geeigneter Quellen zu folgenden Fragen:
   a) Was versteht man unter einer Zahlungsbilanz?
   b) In welche Teilbilanzen zerfällt die Zahlungsbilanz?
   c) Ermitteln und interpretieren Sie die Entwicklung folgender Posten der Zahlungsbilanz in den letzten Jahren:
      - Ausfuhr und Einfuhr
      - Dienstleistungen, insbesondere Reiseverkehr
      - Direktinvestitionen
      - Währungsreserven
   d) Welche Aufgaben übernimmt die Zahlungsbilanz?
   e) Welche Teilbilanz ist im Schaubild angesprochen? Beschreiben Sie die Entwicklung der Werte.

221065470

2. **Ökonomische Transaktionen und Zahlungsbilanz**

Geben Sie für jeden Vorgang jeweils an:

- Welche Art von ökonomischer Transaktion liegt vor: Im- oder Export von Sachgütern/Dienstleistungen/Kapital?
- Welche Teilbilanz der Zahlungsbilanz wird angesprochen?
- Führt die Transaktion im Inland zu Devisenangebot oder -nachfrage?

a) In Tunesien erwirbt ein deutscher Tourist einen Teppich.
b) Mercedes-Pkws werden in China verkauft.
c) Eine Deutsche lässt sich in Tschechien vom Zahnarzt behandeln.
d) Schloss Sanssouci in Potsdam wird von ausländischen Touristen besichtigt.
e) Arabische Ölscheichs errichten in Deutschland ein Unternehmen.
f) Deutsche Kapitalanleger kaufen Luxemburger Wertpapiere.

8.3 Globalisierung und wirtschaftspolitische Zusammenarbeit diskutieren

8.3.1 Lernsituation

Was ist Globalisierung?

Megatrend Globalisierung

Der Megatrend Globalisierung bezeichnet das Zusammenwachsen der Weltbevölkerung. Während internationale Wirtschaftsbeziehungen unter schwankenden nationalen Interessenlagen stehen, befinden sich Wissenschaft und Wirtschaft, Kultur und Zivilgesellschaften weltweit in zunehmend engerem freien Austausch der Ideen, Talente und Waren. Diese Verbindungen sind der vielleicht wichtigste Treiber des menschlichen Fortschritts.

Globalisierung beschreibt den **Prozess einer weltweiten Verflechtung verschiedener Akteure,** der in den vergangenen Jahrzehnten erheblich an Dynamik gewonnen hat. Immer mehr **Menschen, Organisationen** und **Staaten** sind miteinander vernetzt und interagieren. Grund dafür sind zum Teil revolutionäre Fortschritte in den Bereichen Netzwerktechnologie, Logistik und Mobilität. Waren die Menschen in früheren Zeiten fast ausschließlich von Personen und Institutionen auf lokaler und nationaler Ebene abhängig, führt die Globalisierung zu einer Interdependenz zwischen Staaten und Menschen auf der ganzen Welt. Ein Weltereignis wie die Corona-Pandemie hat uns diese Vernetzung und Abhängigkeit drastisch vor Augen geführt, sowohl was die Ausbreitung des Virus als auch die Entwicklung, Produktion und Verteilung von Impfstoffen betrifft.

Die Dynamik, die sich aus den Interaktionen ergibt, kann in bestimmte Richtungen weisen. Sie kann den Gedanken einer „Welt als eins" verstärken und eine Annäherung von Akteuren oder Ländern fördern, dann spricht man von Konvergenz. Sorgt die Dynamik dagegen dafür, dass sich die Nationen oder Regionen separieren, nennt man diesen Effekt Divergenz. Möglich ist es, dass die Konvergenz in einem Bereich Divergenzen in einem anderen auslösen kann. Erkennbar ist dies beim russischen Angriff in der Ukraine: Während sich Russland von den Staaten des Westens separiert hat und sich nun möglichen neuen Partnern wie China zuwendet, gewinnt das Militärbündnis der NATO bei den westlichen Staaten an Größe und Bedeutung. Gleichzeitig verhalten sich andere Mächte wie Indien oder Brasilien eher neutral.

Quelle: Zukunftsinstitut: Megatrend Globalisierung. Frankfurt am Main 07.12.2023: https://www.zukunftsinstitut.de/zukunftsthemen/megatrend-globalisierung [24.03.2025].

8.3.2 Arbeitsaufträge zur Lernsituation

1. a) Was versteht man unter Globalisierung?
   b) Welche Auswirkungen zeigt die Globalisierung in Ihrem persönlichen Umfeld?
   c) Beschreiben Sie die Ursachen, die zum Prozess der Globalisierung geführt haben.
   d) Welche Auswirkungen brachte die Verstärkung der internationalen Verflechtungen für die Bundesrepublik Deutschland?
   e) Mit welchen Maßnahmen versucht die Bundesrepublik, auf die Globalisierung zu reagieren?
   f) Stellen Sie die wichtigsten Vor- und Nachteile der Globalisierung einander gegenüber.
   g) Globalisierung erfordert nicht nur eine nationale, sondern eine internationale Umweltpolitik. Entwickeln Sie Vorschläge für deren Gestaltung.
   h) Globalisierung bedeutet für ein Industrieland strukturelle Veränderungen bei den Arbeitsbedingungen, den Sozialsystemen, den Berufsfeldern, dem Bildungssystem und der Einkommenssituation. Belegen Sie diese strukturellen Veränderungen an Beispielen.
   i) Die Bundesrepublik Deutschland hat sich zu spät und unzureichend auf den Prozess der Globalisierung eingestellt. Nehmen Sie zu dieser Aussage kontrovers Stellung.
   j) Informieren Sie sich zunächst über die Szenariomethode. Entwickeln Sie ein Szenario (best case, worst case) für das Jahr 2030, in dem Sie den Einfluss der Corona-Pandemie und dem Ukrainekrieg auf die Globalisierung in den Mittelpunkt stellen.

2. **Standort Deutschland**

   a) Beschreiben Sie zunächst allgemein klassische Faktoren der Standortwahl von Industriebetrieben.
   b) Wie verändert der Globalisierungsprozess die Standortwahl von Industriebetrieben?
   c) Nennen Sie deutsche Unternehmen, die sich weltweit als Global Player betätigen.
   d) Zur Karikatur:
      da) Beschreiben Sie die Karikatur zunächst genau.
         - Welche Personen sind zu erkennen?
         - Wie ist der Bildaufbau (Vordergrund, Hintergrund, Perspektive)?
         - Welche Situation wird dargestellt?

221065472

db) Wie typisiert der Karikaturist Personen und Situation zeichnerisch?

dc) Welche Kernaussage versucht die Karikatur zu „transportieren"? Auf welche Probleme bei der Standortverlagerung weist die Karikatur besonders hin?

e) Stellen Sie in einem Schema die Vor- und Nachteile des Standorts Deutschland einander gegenüber.

3. **Internationale Organisationen**

Übernehmen Sie die Tabelle in Ihre Unterlagen und tragen Sie die folgenden Begriffe an der richtigen Stelle ein:
1. Genf – 2. 90 % des Welthandelsvolumens – 3. Sonderziehungsrechte – 4. Bretton Woods – 5. Kapitalanteilen – 6. Industrieländer – 7. Koordination – 8. Zahlungsverkehr – 9. Washington – 10. OEEC – 11. Konferenz – 12. Paris – 13. GATT – 14. Handelshemmnissen – 15. Wechselkurs-Systems – 16. Verhandlungsrunden.

Web

	WTO	OECD	IWF
Sitz	....	....	....
Gründung	Vorläuferorganisation .... 1947 gegründet	Vorläuferorganisation .... 1948 gegründet	bereits 1944 in .... gegründet
Zielsetzung	Abbau von .... und Liberalisierung des Welthandels	.... von nationaler und internationaler Politik, um den Lebensstandard, das Wirtschaftswachstum und den Welthandel zu fördern.	Förderung eines internationalen .... Zusammenarbeit in der Währungspolitik und dem ....
Mitglieder	ungefähr 150 Teilnehmer, die .... erwirtschaften	Mitgliedstaaten sind	ca. 185 Mitgliedsländer, deren Stimmrecht sich nach ihren .... richtet
Instrumente	....	permanent tagende	Ziehungs- bzw. ....

Zusammenfassende Aufgabe

4. **Grunddaten zur Wirtschaftsentwicklung in Deutschland**

a) Beschreiben Sie ausführlich anhand der Indikatoren aus der Tabelle auf der folgenden Seite die wirtschaftliche Situation der Bundesrepublik Deutschland. Beantworten Sie dabei folgende Fragen:

aa) Erläutern Sie die Entwicklung folgender Teilkomponenten der gesamtwirtschaftlichen Nachfrage: private Nachfrage, staatliche Nachfrage und Export.

ab) Zeichnen Sie ein Koordinatensystem mit der y-Achse „Prozent" und der x-Achse „Jahre". Tragen Sie anhand der prozentualen Veränderung des Bruttoinlandsprodukts den Konjunkturverlauf ein und interpretieren Sie diesen.

ac) Erklären Sie die Entwicklung der Beschäftigtensituation in Deutschland in den letzten Jahren.

ad) Interpretieren Sie den Verlauf der Verbraucherpreise in der Bundesrepublik.

ae) Erläutern Sie zunächst den Indikator „Bruttoinlandsprodukt je Einwohner" und beschreiben Sie anschließend dessen Verlauf.

af) Erläutern Sie den Begriff „Finanzierungssaldo des Staates" und begründen Sie dessen Entwicklung.

b) Mit welchem zentralen wirtschaftlichen Problem hat die Bundesrepublik zu kämpfen? Welches wirtschaftspolitische Ziel steht damit im Vordergrund?

c) Entwickeln Sie für die wirtschaftspolitische Zielsetzung (Frage b) Vorschläge für mögliche Maßnahmen, die die Europäische Zentralbank, die Bundesregierung bzw. die Tarifparteien Ihrer Meinung nach ergreifen müssten.

Web

Wirtschaftliche Eckdaten

	Einheit	2021	2022	2023[1]	2024[1]
Bruttoinlandsprodukt[2]	**Wachstum in %**	**3,2**	**1,8**	**−0,4**	**0,7**
Konsumausgaben	Wachstum in %	2,0	3,2	−1,3	1,2
Private Konsumausgaben[3]	Wachstum in %	1,5	3,9	−0,8	1,1
Konsumausgaben des Staates	Wachstum in %	3,1	1,6	−2,4	1,4
Bruttoanlageinvestitionen	Wachstum in %	−0,2	0,1	0,2	−0,4
Ausrüstungsinvestitionen[4]	Wachstum in %	2,8	4,0	3,1	1,7
Bauinvestitionen	Wachstum in %	−2,6	−1,8	−1,3	−2,3
Sonstige Anlagen	Wachstum in %	2,1	−0,7	−0,2	2,4
Inländische Verwendung	Wachstum in %	2,5	3,2	−0,8	0,9
Außenbeitrag	Wachstumsbeitrag in Prozentpunkten	0,9	−1,2	0,3	−0,2
Exporte	Wachstum in %	9,7	3,3	−1,2	0,5
Importe	Wachstum in %	8,9	6,6	−1,9	1,0
Leistungsbilanzsaldo[5]	**%**	**7,7**	**4,2**	**6,4**	**6,8**
Erwerbstätige	**Tausend**	**44 984**	**45 596**	**45 904**	**45 971**
Sozialversicherungspflichtig Beschäftigte	**Tausend**	**33 897**	**34 507**	**34 810**	**34 938**
Registriert Arbeitslose	**Tausend**	**2 613**	**2 418**	**2 580**	**2 533**
Arbeitslosenquote[6]	**%**	**5,7**	**5,3**	**5,6**	**5,5**
Verbraucherpreise[7]	**Wachstum in %**	**3,1**	**6,9**	**6,1**	**2,6**
Finanzierungssaldo des Staates[8]	**%**	**−3,6**	**−2,5**	**−2,2**	**−1,5**
Bruttoinlandsprodukt je Einwohner[9,10]	**Wachstum in %**	**3,1**	**1,1**	**−1,1**	**0,4**
Bruttoinlandsprodukt, kalenderbereinigt[10]	**Wachstum in %**	**3,1**	**1,9**	**−0,2**	**0,7**

1 Prognose des Sachverständigenrates. 2 Preisbereinigt. Veränderung zum Vorjahr. Gilt zudem für alle angegebenen Bestandteile des BIP. 3 Einschließlich privater Organisationen ohne Erwerbszweck. 4 Einschließlich militärischer Waffensysteme. 5 In Relation zum BIP. 6 Registriert Arbeitslose in Relation zu allen zivilen Erwerbspersonen. 7 Veränderung zum Vorjahr. 8 Gebietskörperschaften und Sozialversicherung in der Abgrenzung der Volkswirtschaftlichen Gesamtrechnungen; in Relation zum BIP. 9 Bevölkerungsentwicklung gemäß Mittelfristprojektion des Sachverständigenrates. 10 Preisbereinigt. Veränderung zum Vorjahr.

Quellen: BA, Statistisches Bundesamt, eigene Berechnungen

Quelle: Sachverständigenrat zur Begutachtung der gesamtwirtschaftlichen Entwicklung: Jahresgutachten 2023/24. Wachstumsschwäche überwinden – in die Zukunft investieren. Wiesbaden Dezember 2023: https://www.sachverstaendigenrat-wirtschaft.de/fileadmin/dateiablage/gutachten/jg202324/JG202324_Gesamtausgabe.pdf [11.07.2025], S. 58

Bildquellenverzeichnis

Alamy Stock Photo, Abingdon/Oxfordshire: Goddard Archive 32.1.

AVERY ZWECKFORM GmbH, Oberlaindern / Valley: 182.1, 183.1.

Baaske Cartoons, Müllheim: Mester, Gerhard 396.1, 421.1; Mohr, Burkhard 413.1; Wössner, Freimut 447.1.

Bundesministerium für Arbeit und Soziales, Bonn: Bundesministerium für Arbeit und Soziales Referat Information, Monitoring, Bürgerservice, S. 5, Stand Februar 2004 219.1.

Bundesministeriums für Digitales und Staatsmodernisierung, Berlin: 264.1.

ddp images GmbH, Hamburg: Kappeler, Michael 298.1.

Deutsche Bundesbank, Frankfurt am Main: 454.2.

fotolia.com, New York: fotodo 197.1; morganka 23.1; Photographee.eu 383.1; Tavani, Romolo 382.1.

Greser & Lenz, Aschaffenburg: 472.1.

Hild, Claudia, Angelburg: 40.1, 83.1, 85.1, 88.1, 94.1, 97.1, 97.2, 98.1, 104.1, 112.1, 113.1, 114.1, 115.1, 119.1, 131.1, 137.1, 143.1, 150.1, 151.1, 156.1, 157.1, 159.1, 162.1, 164.1, 165.1, 173.1, 180.1, 186.1, 235.1, 236.1, 244.1, 246.1, 252.1, 256.1, 263.1, 266.1, 305.1, 312.1, 315.1, 320.1, 352.1, 397.1, 400.1, 400.2, 400.3, 401.1, 403.1, 421.2, 422.1, 425.1, 427.1, 428.1, 429.1, 430.1, 431.1, 436.1, 437.1, 438.1, 443.1, 452.1, 453.1.

iStockphoto.com, Calgary: AJ_Watt Titel.

Jouve Germany GmbH & Co. KG, München: 393.1.

Picture-Alliance GmbH, Frankfurt a.M.: dpa-infografik 418.1, 425.2, 445.1, 450.1, 451.1, 454.1, 458.1, 460.1, 462.1, 462.2, 464.1, 466.1, 468.1, 469.1, 470.1.

Ringhut, Daniela, Dreieich: 154.1.

Shutterstock.com (IT), New York: AI-generated 45.1.

Stuttmann, Klaus, Berlin: 198.1.

Tomicek/www.tomicek.de, Werl: 100.1.

YPS - York Publishing Solutions Pvt. Ltd.: 44.1, 96.1, 163.1, 234.1, 234.2, 387.1.